동학농민혁명의
동아시아사적 의미

Historical Meanings of Donghak Peasant Revolution in East Asia

동학농민혁명기념사업회 학술총서 04

동학농민혁명의
동아시아사적 의미

동학농민혁명기념사업회 편

서 경 문 화 사

동학농민혁명기념사업회 학술총서 04

실린순서

동학농민혁명의 동아시아사적 의미

Historical Meanings of Donghak Peasant Revolution in East Asia

책
머
리
에

동학농민혁명은 한국근현대사의 성패를 가르는 분수령이었다. 나아가 천년 넘게 이어온 한·중·일 동아시아 삼국간의 질서를 재편하는 계기가 된 역사적 대사건이었다. 동학농민혁명기념사업회는 그간 꾸준히 학술대회를 열어 이같은 동학농민혁명의 실상을 복원하고 그 역사적 대의를 널리 알리며, 오늘의 시대정신으로 계승·발전시키기 위해 노력해왔다. 이런 노력은 농민혁명의 지역적 전개와 실상, 의미를 밝히는 연구의 폭발적 증가를 불러왔고, 농민혁명에 대한 왜곡된 인식을 개선하는데도 크게 기여했다. 그러나 동학농민혁명의 의미는 축소·왜곡된 상태를 완전히 벗지는 못하였다. 나라와 민족을 위해 처절하게 싸우다 숨겨간 갑오년 선열들의 높은 뜻은 충분히 계승되지 못하였으며, 한·중·일 동아시아 삼국의 역학관계 속에서의 의의 등은 한번도 제대로 검토된 적이 없었다.

이에 기념사업회는 지난 2001년에 동학농민혁명 107주년을 기념하여, 동아시아 평화·인권 한국위원회와 공동으로 '동학농민혁명의 21세기적 의미'라는 주제하에 한국과 일본·중국의 연구자들이 참여하는 국제학술대회의 자리를 마련하였다. 이 학술대회의 취지는 동학농민혁명의 역사적 의미를 동아시아적 차원에서 규명하고 그 21세기적 계승 전략을 모색하며, 더불어 동학 농민군 진압 때로부터 본색을 드러낸 일본제국주의의 대륙침략 야욕과 그 과정에서 이루어진 일제의 피침략지 민중, 소수 민족에 대한 인권유린과 학살 실태를 점검하자는 것이었다.

동학농민혁명 107주년기념 국제학술대회에서 발표된 연구논문과 토론을 묶은 이 책은 크게 3개의 섹션으로 구분되어 있다.

제1부에서는 '동학농민혁명과 동아시아 국제질서의 변화'라는 주제하에, 중국의 조선 속방화정책에 대한 동학농민군의 저항, 일본군의 경복궁 점령의 불법성과 그 이후 일본의 역사조작, 1894년 6월 청·일전쟁으로 치달아가기까지의 조·중·일 삼국의 활동과 일본의 도발책임 문제가 다루어졌다.

제2부는 두 분야로 나누어져 있다. 2-1부는 '동학농민군이 꿈꾼 세상', 2-2부는 '일본제국주의와 동아시아인의 인권'을 주제로 삼고 있다. 2-1부에서는 동학농민군이 꿈꾼 세상의 실체와 이를 바라보는 우리의 태도, 농민혁명에 대한 그간의 문학적 성과와 과제, 동학과 동학농민전쟁에 나타난 여성의 역할과 시대적 대응, 동학농민혁명에 대한 지난 100년간의 인식 변화과정과 한계가 다루어졌다. 2-2부에서는 동학농민혁명 때부터 시작된 일본제국주의의 피지배지 민중과 소수 민족에 대한 인권유린과 학살(제노사이드) 문제가 집중적으로 다루어졌다. 일본군의 동학농민군 학살, 남경과 대만에서의 대학살, 일제의 조선인 전쟁동원과 수탈, 오키나와 황민화 정책과 현재적 진행, 아이누 민족의 인권유린 등이 그것이다. 2-2부의 발표는 주로 일본인 학자에 의해 이루어졌는데, 때마침 일본의 역사교과서 왜곡문제가 터져 나온 상황이어서 이들의 용기있는 발표는 국내 언론의 지대한 관심을 받았다.

제3부에서는 '동학농민혁명의 21세기적 계승 전략'이라는 주제하에, 중국 태평천국농민혁명과 동학농민혁명의 유사점과 차이점, 동학농민혁명 기념 조형물을 통해 본 인식의 변화과정과 바람직한 형상화 작업의 문제가 점검되었다.

이상에서 이 책의 구성을 간단히 소개하였다. 경우에 따라서는 서로 동떨어진 내용처럼 비치기도 하는 이 주제들은 각 부의 발표 끝에 진행된 토론, 그리고 학술대회의 말미를 장식한 종합토론 과정에서, "동학농민혁명의 동아시아적 의미가 무엇인지, 그 혁명의 정신을 어떻게 자리매김하여 계승·발전시켜가야 할 것인지"라는 하나의 주제의식으로 다시 결합하였다.

　　모쪼록 1박 2일에 걸쳐 치열하게 진행된 한·중·일 세나라 학자의 연구와 토론의 결과가, 국내적으로는 동학농민혁명에 대한 올바른 역사인식의 정립을 통하여 한반도의 통일과 평화체제를 구축하는데 도움이 되고, 국외적으로는 동아시아의 평화와 공생·번영의 길을 모색하는데 밑거름이 되기를 바란다.

2002년 5월
동학농민혁명기념사업회 학술분과

'동학농민혁명' 연구의 어제, 오늘 그리고 내일

정 창 렬
한양대학교 교수

　안녕하십니까. 산 넘고 바다 건너 멀리 오시느라 고생이 많으셨습니다. 한국의 동학농민혁명은 107년전의 일이었습니다. 혁명이 일어난지 107년이 지난 지금, 그 중요한 전개의 땅에서 이런 뜻깊은 국제학술대회가 열리게 되어 감회가 깊습니다.

　배움이 모자라고 재주가 무딘 제가 기조강연이라는 중책을 맡게 되어 영광스럽기도 하지만 몹시 죄송합니다. 그러나 제힘이 자라는대로 동학농민혁명 연구의 어제와 오늘을 살펴보고 가능하면 내일의 전망의 한 끄트머리나마 얻어보려고 합니다. 기조 발제라는 형식에 용기를 내어서 무단적인 얘기도 서슴치 않겠습니다. 널리 양해하여 주시기 바랍니다.

　동학농민혁명의 오늘까지의 연구는 크게 보아 세 경향으로 나눌 수 있다고 보입니다. 첫째는 근대결핍으로서의 동학농민혁명(이하 혁명이라고 줄이겠습니다)이라는 성격파악이고, 둘째는 근대지향으로서의 성격파악이고, 셋째는 근대극복의 계기가 내재되어 있는 것으로서의 성격파악이라고 생각됩니다.

　첫째부터 살펴보겠습니다. 교단적인 입장이 아닌 객관적인 學으로서의 연구의 효시는 1930년의 田保橋潔의 「동학당변란과 日支의 간섭」이었습니다.

일본과 청국의 국제관계의 갈등의 피조물로서만 혁명이 파악되었습니다. 信夫淸三郞도 1940년『陸奧外交』『근대일본외교사』에서, 혁명은 기본적으로는 청의 원세개의 사주에 의하여 발생·전개된 것, 즉 국제관계전개의 피조물로서, 근대지향의 성격은 전적으로 결여한 것으로 파악되었습니다.

山邊健太郞는 1961년「갑신사변과 동학의 란」에서, 혁명은 학정에 대한 농민의 반항으로서 봉건제의 울타리에서 한걸음도 벗어나지 못한 것이고, 그리고 단순한 배외주의로서 反침략전쟁으로서도 한계가 있는 것이라고 하여, 근대성 결핍을 강조하였습니다.

柳永益은 1994년「전봉준의거론」에서, 갑오농민봉기는 혁명도 아니고 농민전쟁도 아니며, 조선왕조의 내정을 복고적으로 개혁하려고 한 유교적 의거였다고 성격 규정하였습니다. 이러한 연장선상에서 盧鏞弼은 2001년『동학사와 집강소연구』에서, 동학농민봉기는 기존의 행정체계 내에서의 농민군의 개혁의지의 시도였다고 하여 근대지향성의 결여를 강조하였습니다. 이와 같이 근대지향성 결여설은 1930년대 이래 오늘에 이르기까지 강인하게 지속되고 있습니다. 그러나 유영익과 노용필의 연구에서는 앞의 일본인 연구자들과는 달리, 혁명을 국제관계 전개의 단순한 피조물로서만이 아니라, 복고적인 방향, 또는 기존의 질서 테두리 안에 갇혀진 성격이기는 하지만, 내정개혁 즉 사회개혁의 시도였다는 점은 인정되고 있습니다. 즉 한국인들의 주체적 영위의 소산이었고, 따라서 한국사 안에 내재되는 것으로서의 봉기로 파악되고 있습니다.

둘째는 혁명을 근대지향성의 성격으로 파악하는 것인데, 이는 다시 두 흐름으로 나눌 수 있다고 보입니다. 먼저, 사회경제적 변화·발전과의 유기적 관련없이 사상과 행동의 측면에서만 근대지향성을 형상화하려는 흐름입니다. 한국근대역사학의 창립자인 朴殷植은 1920년의 『한국독립운동지혈사』에서, "대체로 그(동학농민혁명--인용자) 동력은 양반의 압제와 관리의 탐학에 격발된 것이었으니 우리나라의 평민의 혁명이었다. 농민군은 모두가 어리석고 무식하여 그 기동이 또한 난폭하고 기율이 없었다. 낡은 정치를 개혁할 능력은 없었지만 썩은 질서는 철저히 파괴하였다. 가령 외세의 간섭이 없었고 또 농민군 중에 낡은 정치를 개혁할 수 있는 현명하고 유식한 지도자가 있었다면 썩은 질서를 파괴한 터전 위에서 새롭고 선명한 독립국을 세우는 것도 애초에 불가능한 것은 아니었다"라고 하여, 혁명을 '평민혁명'이라고 성격규정하여, 행동의 성격면에서 근대지향성을 立像하면서도, 혁명을 역사적으로 마무리하고 매듭지을 리더쉽이 없었음을 그 한계로서 지적하였습니다. 한국근대 역사학이 가지고 있는 민족주의적 성격, 즉 일본인들의 식민주의적 한국사관에서는 결여되었던, 한국인들의 주체적 영위의 소산으로서의 한국의 역사라는 관점의 발현이었다고 생각됩니다.

野原四郎은 1930년 「근대조선을 둘러싼 일로관계」에서, "조선국민도 또한 진보적 전통을 가지고 있다. 조선 국민이 다른 나라들의 가장 뛰어난 진보적 사상가에 비교될 수 있는 인재를 세계사적으로 산출한 시대, 조선의 농민과 평민이 그들의 자손으로 하여금 경악하게 하기에 충분할 만큼의 사상과 계획을 회포한 그들의 대표자를 가진 시대, 그러한 시대가 있었던 것이다"라고 전봉준을 평가하여, 혁명을 그 행동의 측면에서 근대민족운동의 선구라고 성격 파악하였습니다. 金庠基는 1931년 「동아일보」에 연재된 『동학과 동학란』에서, 혁명을, 지도원리가 있고 조직적이며 방향·목표도 갖추어진 일대 민중운동으로 민란과는 전혀 차원을 달리하는 성격의 것으로 立像하였습니다. 사회경제적 조건과의 유기적 관련성의 천착을 결여함으로써, 그 근대지향성에 자연히 일정한 한계를 설정하는 결과로 귀결되는 것이었지만, 혁명을 동학농민군들의 주체적 선택의 행동으로서 입상함으로써, 오늘에 이르기까지의 연구시각의 기본틀을 확립하였고, 따라서 연구사에서 결정적 중요성을 가지게 되었다고 생각됩니다.

이렇게 사회경제적 조건과 밀착된 유기적 관련성을 결여한 채, 사상과 행동의 측면에서 혁명의 근대지향성을 입상하려는 노력은, 8・15 해방 후에는 더욱 본격화하였습니다. 金龍德은 1964년 「동학사상연구」에서, 동학사상의 성격을 평등주의・혁명주의・민족주의로 파악하고, "동학사상에 있어서 새나라의 실현을 기하는 혁명적 요소는 (중략) 농민전쟁이 걸친 종교적 분장 즉 외곽적인 것이 아니라, 교리 자체가 혁명의 원리이며 추진력이었으니, 동학사상없이 동학혁명이 없었음은 명백하다"라고 하여, 혁명의 성격도 평등주의・혁명주의・민족주의라고 하여, 혁명을 사상과 행동의 측면에서 명백한 근대지향성으로 입상하였습니다. 그러나 여기에서도 사회경제적 조건과 밀착된 유기적 관련성과의 절연성으로 말미암아 그 근대지향성에는 자연히 일정한 한계성이 결과적으로 설정된다고 보입니다.

다음은 사회경제적 변화・발전과 밀착된 유기적 관련성에서, 사상과 행동에서 나타난 근대지향성을 형상화하려는 흐름입니다. 朴慶植은 1953년 「개국과 갑오농민전쟁」에서, 일본자본주의 침략과 조선봉건체제의 해체기적 사회경제적 조건과 유기적으로 밀착된 관계에서 전개된 反봉건・反침략의 농민전쟁으로 혁명을 입상하였습니다. 이러한 연구시각은 그후 姜在彦, 朴宗根, 金義煥, 韓㳓劤, 金容燮, 金榮作, 愼鏞廈 등에서도 기본적으로는 관류되고 있고, 오늘의 연구경향의 大宗을 이루고 있다고 생각됩니다. 이들 연구의 경향은 복잡다기하여 도저히 일도양단식으로 말하는 것은 전혀 불가능하지만, 그러나 무단을 자행한다면, 이들 연구에서 대체로 전제되어 있는 것은, 강재언의 경우가 전형적인데, 사회경제관계가 농노관계에 정체되어 있다는 것, 봉건제도의 근본적 지양을 지향하는 새로운 계급의 등장이 없었다는 것이었습니다. 강재언 이외의 경우에도 濃淡의 차이는 크지만 대체로는 같은 경향이 관류하고 있다고 보입니다.

그러나 다른 한편 1960년대 말 이후에는, 같은 흐름 즉 사회경제적 조건과 밀착된 유기적 관련성에서 근대지향성을 입상하려는 흐름에서도, 또 새로운 연구시각이 대두하였습니다. 梶村秀樹는 1968년 「이조말기 조선의 섬유제품의 생산 및 유통상황」에서, 혁명을, 어느 정도 생산력을 상승시켜도 그 성과를 자기의 것으로 할 수 없었던 소상품생산자로서의 농민계층의 이윤축적의 요구와 유기적으로 관련시킴으로써, 사회경제적인 내재적인 발전의 터전 위에 혁명의 근대지향성을 定置시키려고 시도하였습니다. 즉 바로 위에서의 연구시각과는 크게 다른 것이었습니다.

馬淵貞利는 1979년 「갑오농민전쟁의 역사적 위치」에서, 혁명의 성격을, 상품경제의 발전에 따라서 진행되고 있었던 국내시장의 재편을 배경으로 하는 정치노선을 둘러싼 (정부와 농민군의 --인용자) 대결이라고 하여, 농민층의 사회경제적 생활조건의 내재적 변화와 밀착된 농민전쟁으로 성격규정하였습니다.

朴贊勝은 1985년 「동학농민전쟁의 사회 · 경제적 지향」에서, 혁명을 소상품생산자로서의 경제적 성장, 소농민경제의 자립성을 쟁취하고 나아가서는 전국 단위의 지배권력을 장악하려고 한 농민전쟁으로 입상함으로써, 역시 사회경제의 내재적 발전의 터전 위에 혁명의 근대지향성을 정치하려고 하였습니다.

1990년대 후반에는, 80년대 연구세대의 집단적 공동연구작업으로서 『1894년 농민전쟁연구』 5책이 1991년에서 1997년까지에 걸쳐서 간행되었습니다. 우리 학계에서는 전무후무한 끈질긴 공동연구작업의 소산이라는 점에서만도 획기적인 업적이었습니다. 한마디로 집약하기 어렵지만 기본적으로는 바로 위의 연구시각을 공유하고 있는 것이었고, 그 총결산이었다고 할 수 있겠습니다(안병욱 「1894년 농민전쟁의 역사적 위치」, 박찬승 「1894년 농민전쟁의 주체와 농민군의 지향」 『1894년 농민전쟁연구 5』 1997).

셋째는 동학농민혁명에 근대극복의 계기가 내재되어 있는 것으로 파악하는 연구입니다. 위에서의 연구경향을 비판하면서, 동학농민혁명을 후진종속지역 특유의 '근대화'운동으로 보려는 연구가 趙景達의 1983년의 「갑오농민전쟁지도자＝전봉준의 연구」였습니다. 혁명에서 추구된 近代像을 反봉건주의와 反자본주의・反식민주의를 동시에 추구하는 근대상, 즉 反근대를 포함하면서 근대를 초극하려는 복합적인 새로운 근대상으로 입상하려는 시도였습니다. 그 노력의 결실이 1998년의 『異端의 民衆反亂 -- 동학과 갑오농민전쟁』이었습니다. 근대극복의 계기가 내재되어 있는 것으로서의 동학농민혁명 파악의 시발이었습니다.

金容燮은 1988년의 「근대화과정에서의 농업개혁의 두 방향」, 1992년의 「조선왕조 최말기의 농민운동과 그 지향」에서, 혁명을 부르조아혁명운동의 일환으로서의 농민혁명, 지주적 코오스의 근대화운동에 정면으로 대립하여 싸운 농민적 코오스의 근대화운동으로 立像하였습니다. 후자는, 토지개혁이 결여된 부르조아혁명을 시도한 전자에 대항하여 토지개혁을 수반하는 진정한 부르조아혁명을 시도하는 것이었기에, 그 이후 일제식민지 지배하에서, 전자의 연장선상에 있는 자본가적 지주경영의 경영강화와 농민수탈 강화라는 조건 속에서, 새로운 차원의 농민운동 즉 새로운 차원의 이념과 조직으로 전개되었던 바, 사회주의사상과 사회주의노농운동이 그것이었다고 하여, 1894년의 혁명에는 근대지향성과 동시에 근대극복의 계기도 아울러 내재되어 있다고 파악하였습니다.

高錫珪는 1993년 「1894년 농민전쟁과 '反봉건 근대화'」에서, 농민군은 봉건주의 반대, 식민지화 반대, 종속적 자본주의화・代자본주의화 반대 등의 속성을 지니는 '근대화'를 지향하였고, 그리고 농민운동은 비록 실패는 했지만 부르조아혁명과 구별되는 자율적 운동이었음을 주목하면서, 혁명에서의 농민들은 계급으로 결집할 충분한 경험을 갖고 있었기에 농민들의 독자적인 혁명운동이 객관적으로 가능하였고, 따라서 동학농민혁명은, 부르조아혁명에 포함된 농민혁명이라기 보다는 독자성을 지니는 농민혁명이었으며, 평등주의적이고 민주주의적인 사회건설에로의 역할을 충분히 해내었다는 점에서, 민주주의혁명을 완결시킬 변혁주체세력이 형성·발전하는 단계의 始點이었다고 하여, 부르조아혁명에 포함되지 않는 독자적인 자율적인 운동 즉 근대극복의 계기가 내재되어 있는 동학농민혁명으로 입상하였습니다.

 이 세 연구자의 내부에서도 두 경향으로 나뉘어진다고 보입니다. 조경달과 고석규의 경우에는, 동학농민혁명이 주로 '反근대' 즉 근대거부를 초점으로 하여 파악되고 있음에 반하여, 김용섭의 경우에는, 근대에 적응·대응하면서 다시 그 근대를 넘어서려 한 데에 초점이 맞추어져 있다고 보입니다. 발제자의 생각으로는 후자의 시각 내지는 역사의식이 한국근현대史像에서 그 유효 射程이 넓다고 여겨집니다.

 대체로 보아 동학농민혁명을, 근대지향성 결핍으로 보는 경향에서 근대지향성 추구로 보는 경향에로 연구시각이 변화되는 추세였다고 보입니다. 다시 근대지향성 추구로 보는 경향내부에서도, 사상과 행동의 측면에서만 근대지향성을 추구하는 연구시각에서 사회경제적 조건과의 유기적 관련성에서 근대지향성을 추구하려는 연구시각에로 대체로 이행하였고, 다시 그 내부에서도 사회경제적 정체를 전제로 한 연구시각에서 사회경제적 내재적 발전의 터전 위에 근대지향성을 정치시키려는 연구시각에로 대체로 변화되었다고 보입니다. 그러나 최근에는 이 경향에 대한 강력한 반론이 제기되고 있어서, 현재는 위의 경향과 그것에 대한 반론이 팽팽한 긴장관계에서 대결하고 있다고 보입니다. 다시 1980년대 이후에는, 동학농민혁명을 주로 근대지향성의 유무에 초점을 맞추어 탐색하려는 이전의 모든 연구시각에 대립하여, 혁명에서 근대극복의 내재적 계기까지도 찾아보려는 연구시각에로 변화되었다고 보입니다.

 이렇게 매우 복잡다기하게 연구경향이 착종되고 있지만, 아주 거시적으로 보면, 첫째와 둘째 연구경향에서는 기본적으로 근대지향성의 존재 여부에 연구의 초점이 놓여져 있음에 반하여, 셋째에서는 근대극복의 내재적 계기까지도 찾아보려는 것으로 크게 나뉘어지고 있다고 보입니다. 이러한 연구시각의 분기는, 자료적 근거와의 정합성이라는 측면에서도 논의되어야 하겠지만, 여기에서는 그런 논의는 제쳐두고, 오로지 연구시각을 뒷받침하는 문제의식 내지는 역사의식이라는 측면에서만 살펴보기로 하겠습니다.

첫째 전자(첫째와 둘째 연구경향)에서는 근대미화의 의식 내지는 '近代追隨型'(宮嶋博史, 「근대극복지향형 민족주의와 새로운 조선史像」, 『역사비판』, 1986 가을)의 역사의식이 깔려 있다고 보입니다. 이에 반하여 후자(셋째 연구경향)에서는 근대비판의 의식 내지는 '근대극복지향형'의 역사의식이 깔려 있다고 보입니다. 오늘날 지구촌의 차원에서 전개되고 있는 생태계의 파괴, 남과 북으로의 빈부의 대극적 양극화현상, 인류의 존속 그 자체가 의심될 수 있는 상황의 불가역적인 도래라는 역사적 상황에서 볼 때, 내일의 동학농민혁명연구가 나아갈 방향은 후자와 보다 적합적이지 않을까 생각됩니다.

둘째 근대미화의식 내지 근대추수형 역사의식에서는, 한국근현대사에서의 농민층의 전층적 몰락, 민주주의 발전의 결여, 민족자본가계급의 계급으로서의 결여 등을 일본자본주의의 역사적 후진성과 한국전근대사회의 전근대적 요소의 강인한 존속 등으로 말미암은 근대성의 결핍·불구자적 근대로 보는 경향을 필연화시키지 않는가 여겨집니다. 서구적 이미지의 근대는 성숙된 근대이고, 식민지근대는 미성숙·결격·비정상의 근대라는 이분법적 근대관에서는, 식민지근대의 고유의 역사적 성격 즉 '미성숙·결격·비정상'의 근대 그 자체가 자본의 논리의 자기관철의 현상형태라는 측면이 외면되고, 따라서 근대 그 자체의 세계사적 다원성·다양성이 외면되며, 따라서 한국근현대史像도 서구적 이미지의 근대에서만 가치평가됨으로써 한국근현대사상의 개별적 특수성이 외면되지 않을까 우려됩니다.

셋째 근대미화의식에서 본 한국근현대사는, 오늘날의 자본주의사회에로
귀결된, 실현되고 발현된 역사적 계기들의 필연적 과정으로서의 역사상으로
만 형상화되고 있는 경향이 농후합니다. 따라서 필연적으로 자본주의사회에
로 귀결된 역사전개과정에서 미실현·미발현의 계기로 남게된 역사적 계기들
을 외면하는 경향도 매우 짙습니다. 이것은 현실에 대한 엄정한 역사적 비판
을 원천적으로 틀어막는 현실추수로 떨어지지 않을 수 없다고 보입니다.

동학농민혁명의 미실현·미발현의 역사적 계기는, 그 이후의 한국근현대
사의 민중운동들의 미실현·미발현의 역사적 계기와 함께 축적되고 응결되면
서, 오늘날에도 새로운 실현·발현의 계기를 기다리면서, 그러나 기다리지만
은 않고 조금씩 자신을 실현·발현하면서, 오늘의 역사적 현실의 형성에 나
름으로 역할하지 않았는가 여겨집니다. 그러나 크게는 아직도 미실현·미발
현의 계기로서 기다리고 있는 것이지 않은가 여겨집니다.

달리 말하면 동학농민혁명에서 희생된 수만, 수십만의 영령은 아직도 저
승세상에 안착하지 못한 채 구천에서 떠돌고 있습니다. 뿐만 아니라 한국 근
현대사에서 미실현·미발현의 계기로서 희생된 수백만의 영령들이 역시 구천
에서 떠돌고 있지 않은가 여겨집니다. 한국근현대사의 파란만장의 고비고비
에서 살아 남아 있는 오늘의 우리들에게는 이들 영령들을 위로하는 鎭魂의
역사학을 이룩해야 할 의무가 있다고 생각됩니다. 따라서 그 鎭魂의 역사학
은, 위의 미실현·미발현의 역사적 계기들을 계승·발전시키는 연장선상에
서 오늘의 역사적 현실에 대결하는 성격의 것으로 되어야 하지 않을까 생각
됩니다. 고맙습니다.

동학농민혁명의 동아시아사적 의미

제1부　동학농민혁명과 동아시아 국제질서의 변화

청의 조선 '속방화'정책과 동학농민전쟁

김 정 기
서원대학교 교수

1. 머리말

19세기는 제국주의를 낳은 시대다. 그리고 이 주의를 만들어 실행한 서양의 몇나라에서 서양과 동양의 비생성실행국으로 전파 전염되어, 비생성실행국에서 제국주의의 침략성을 흉내내는 '모방제국주의'가 유행병처럼 번지게 되었다.[1] 예컨대, 동아시아에도 그 징후가 세계적인 표준사례로 나타나는데

---

1) 제국주의의 개념을 정의할 때 그 논리의 중심축을 경제적인 요인에 두느냐 아니면 비경제적인 요인에 두느냐에 따라 거칠게나마 크게 양분된다. 나는 전자에 손을 든다. 경제적인 요인이 유일하지는 않더라도 여전히 가장 중요한 동인이었음을 인정하기 때문이다. 따라서 자본주의의 독점단계에서 제국주의를 정의한 이론에 따른다. '모방제국주의'는 독점단계 이전의 자본주의, 때로는 산업혁명을 거치지 않은 미숙한 자본주의 단계에서 제국주의 대외 침략성만을 외형적으로 모방한 수준으로 필자는 정의한다. 예컨대, 자본부족국가가 자본수출을

일본과 중국이 바로 그 장본국이었다.

자본주의의 해외침투는 대체로 불평등조약의 강제를 그 시발점으로 하여 그 침탈을 실현한다.2) 상품시장의 확보, 원료·식량의 공급확보, 기독교 전파 등의 빈틈없는 실현을 위한 도구가 바로 불평등조약이기 때문이다. 불평등조약이란 서양의 가치를 기준으로 한 '문명국'이 비서양의 국가를 '야만국'으로 규정하며 그야말로 야만적으로 약탈을 자행해 버리고는 그 약탈 과정에서 진행되는 온갖 폭력적 불법 비법을 합법적인 것으로 정의해버린 폭력조항의 집합체이다. 또한 불평등조약을 강요당한 약소국은 거의 대부분 예외없이 식민지 또는 보호국으로 전락되는 비운의 노정을 걷게 된다. 따라서 약소국의 반제국주의 의식의 팽창과 그 폭발을 촉진시키는 인자는 불평등조약안의 도처에 잠재되어 있었다. 그러니까 불평등조약은 제국주의가 침략해오며 동시에 민족주의를 확산시키는 이질적인 쌍생아를 잉태시킨 모태였다.

1876년 이른바 개항 때부터 1905년 '보호국'으로 탈바꿈 할 때까지 조선에서 전개된 대외모순 ['외압']은 제국주의, 모방제국주의가 혼재하여 그 침탈 강도(强度)의 다양한 편차를 내보이면서 동시에 병발적으로 진행된 형국이었다. 이를 좀더 자세히 들여다보면, 동학농민전쟁, 청일전쟁, 갑오경장이 터지는 1894년을 기준으로하여 그 이전에는 청과 일본이, 그 이후에는 일본과 러시아가 침탈경쟁의 선두그룹을 형성했으며 영미독불 등 서양제국주의가 후열에 포진되어 있었다. 요컨대, 조선에서는 당대 세계에 그 유례가 없는 모방제국주의가 제국주의를 압도하는 특이한 현상이 등장한 것이다.

이글의 주제는 1876년부터 1894년까지 청의 조선정책이다. 조선이 일본

감행하며 경제침탈을 강화하는 경우가 그 대표적 사례이다.
2) 불평등조약의 총체적 침략성에 관해서는 김정기, "동학농민전쟁은 과연 반제국주의 였는가," 동학농민혁명기념사업회 편, 1983, 「동학농민혁명과 사회변동」, 도서출판 한울, pp.74~80를 보십시오.

의 식민지였다는 역사적 경험 때문이어서인지, 청의 조선 '속방화' 정책(朝鮮 '屬邦化' 政策)을 통한 지배책동은 간과되기 십상이다. 그러나 개항직후 청세력의 침투는 경제면을 제외한 모든 면에서 일본을 압도하고 있었다. 왜 압도했을까? 그 원인 분석이 이 글의 핵심내용이며, 그리고 부차적으로 저 '속방화'정책의 실천현장에서 필연적으로 쌓튼, 그것도 광범하게 촉발된 반중국의식〔反淸意識〕의 포착에도 관심을 두었다.

서언 말미에 덧말 한가지. 왜 일본과 청은 당시 일반회된 국제용어인 '조약'(條約, treaty)이란 용어사용을 회피했을까?3) 1876년 강화도에서 체결된 조일수호조규(朝日修好修規)와 1882년 천진(天津)에서 체결된 조청상민수륙무역장정(朝淸常民水陸貿易章程)에서 보듯이 '조규'와 '장정'을 고집한 두 나라의 속셈은 무엇이었을까? 본론의 첫 대목을 이 속셈의 조명으로부터 시작할까 한다.

2. 불평등조약체제와 청·일

1876년부터 1894년까지 조선에서 구축된 불평등조약체제에서 침투와 약탈을 주도한 국가는 앞서 말한 바와 같이 청일 두 나라였다. 여기에서 필자가 주목하고져하는 것은 조선에 강요한 양국의 조약명칭이다.

국가 간의 첫 조약체결 시 그 명칭은 중영'수호'통상조약(中英修好通商條

---

3) 수없이 무심코 지나가다 우연히 발견한 朝日修好條規에서 '條規'란 용어. 일제시대 한일 간의 비극을 솔직한 사과 대신에 '통석'이란 단어로 얼버무려버린 일본 '천황'의 태도에서 치밀하게 계산된 일본인의 간지가 엿보인다. '조규'는 '통석'의 원조임이 분명한데 그 저의를 밝힐 자료가 눈에 띠질 않는다. '修好'(peace and friendship)라는 용어도 문제다. '야만국'에 대한 침탈을 제도화한 것이 불평등조약의 내용일진데, 이 용어는 거부되어야 한다. 해서 '조일수호조규'는 조일조규 또는 강화도조약으로 '朝英修好通商條約'은 조영조약으로 쓰여져야 한다. 도처에 존재하는 이러한 오용된 용어가 역사의식을 마비시킨다.

約, 1842년), 일미화친조약(日米和親條約, 1854년), 조미'수호'통상조약(朝美修好通商條約, 1882년) 등등처럼 무슨 조약이라고 이름 붙이는 것이 국제적 관례였다. 그런데 일본과 청이 이 보편적인 용어를 거부해버린 것이다. 왜 그랬을까?

1) '조규(條規)'라는 용어의 선택배경

먼저 '조규'를 고집한 일본의 저의는 무엇이었을까? 이 의문해결의 한 열쇠는 1871년 청일간에 조인된 청일수호조규(淸日'修好'條規)의 명칭에서 발견된다. 조일수호조규(朝日'修好'條規)와 국가표시 명칭을 제외하면 똑같다. 전자는 일본측의 논리적 모순을 집요하게 공격함으로해서 청측의 의도대로 조인된 '평등한 조약'이었다.4) 서로 외교사절과 영사를 주재시키며, 상호 간에 제한적인 영사재판권을 가진 반면에 불평등조약의 상징인 최혜국조관(最惠國條款)이 결여되어 있었다. 이 '조규'가 체결될 수 있었던 결정적인 계기는 '문화열등국' 일본과 중국이 제휴하여 서양세력을 막아보자는 이홍장(李鴻章, 1820 - 1901)의 중일연합론이었다. 또한, '조규'라는 용어도 선뜻 받아들였다. 왜냐하면 서양 여러나라와 체결한 불평등조약의 명칭과 차별성이 오히려 일본에 대한 중국의 자존의식을 유지시키리라 계산했을 것으로 추정되기 때문이다.5) 일본은 일본대로 그 차별성을 유지시킴으로써 근대국가의 형성열망으로 들뜬 일본의 새로운 지배층으로 하여금 중국에 대한 문화적 열등감을 극복하면서 생산력 증강에만 역점을 둔 근대 자본주의국가 형성에 매진하려하고 있었다. '조약'이라는 명칭 반열에서 중국을 제외시켜 처음으로 중국멸시론

---

4) '논리적 모순'이란 교섭 당시 일본은 처음보다 더욱 불평등한 조약초안을 뒤에 제시한 것을 말한다.

5) 독립국 사이에 체결된 것이 조약이고 상국(중국)과 하국(속국) 사이에 체결된 것이 '조규'라고 당시 중국관료들은 인식하고 있었다. 「李文忠公(鴻章)全集」, 譯書函稿 卷13, 光緖 8年 8月 29日 '議朝鮮通商章程'. 주 9)를 참조.

을 정착시키려고 '조약'이 아닌 '조규'라는 비관용적 용어가 선택되었던 것이다. 1842년 남경조약 이후 노대국(老大國) 청의 중화체제는 붕괴에 붕괴를 거듭하고 있었다. 일본의 대륙침략이 멀리서나마 눈에 어른거리기 시작한 것이다.

1876년 조일수호조교(朝日'修好'條規)가 강화도에서 조인되었다. 역시 이홍장의 중일연합론을 기반으로 중국의 안전 만을 고려한 이홍장의 권유와 국제정세가 차단된 민씨정권의 준비부족이 어우러져 빚어낸 산물이었다. 물론 중국것과는 달리 불평등조약이었다. 그런데 왜 일본은 여기에서도 '조규'를 고집했을까? 이 조규의 핵심은 개항장설정, 해안측량·해도작성, 영사재판등의 불평등 조문보다도 "조선은 自主之邦으로써 일본과 平等之權을 보유한다"(제1조)라하여, 널리 알려졌다시피, 전래해온 조선 중국 간의 전통적인 관계(중화체제에 편입된 '종속관계')를 파괴한 조문이다. 이는 조선주권에 대한 일본의 존중의사를 만방에 천명하면서 장차 조선을 침략했을 때 청의 간섭 또는 장애물을 사전에 제거하자는 일본의 음험한 술책을 반영한 것이다. 동시에 임진왜란 이후 상존해오다 '조규'체결에 즈음하여 더욱 고도로 촉발된 반일의식을 잠재우면서, 예컨대, 친일파의 형성을 촉진시키려는 일본의 음모도 이 조문에 부수적으로 반영된 것이다. 이러한 노림수를 배면에 내장시킨 '자주지방'(自主之邦)의 조문은 저 조청'수호'조규의 청·일간 공수동맹(제2조) 조문과 연결될 때 '조규'(條規)를 고수한 일본의 책략이 드러나게 된다. 청일 양국이 연합하여 서양제국의 침략을 방어하자는 이홍장의 열망이 공수동맹 조문에 실현될 것처럼 보이나 이의 환상은 파괴된 것이다. 중국에 대한 일본의 침략의지를 감춘것이다. 요컨대, '자주지방'의 조문과 공수동맹의 조문을 관통하는 정곡의 공통내용은 그뒤의 역사가 증명했듯이, 조선과 중국을 한데묶는 대륙침략정책의 추진의지를 '조규' 이면에 내장시킨 것이다. 따라서 일본은 노골적인 침략의지를 담은 서양제국의 불평등조약과는 다르다는 차별성을 겉으로 드러내고, 실제로는 중국처럼 조선인민에 대한 멸시감을 국민적차원으로 확대하기 위해 '조약'이 아닌 '조규'를 선정한 것이다.

또한 이 용어의 선택은 일본을 발광시킨 이른바 정한론(征韓論)의 여파임이 분명하다. 뿐만 아니라 당시 일본이 서양의 반열에 끼려는 입구탈아론(入歐脫亞論)의 한 실체임이 분명하다.

2) '장정(章程)'이란 용어의 선정배경

1842년 청영'수호'통상조약(속칭 南京條約)의 조인 때부터 1870년대까지 중국적 세계질서〔中華體制・中華屬藩體制・朝貢體制〕는 거의 붕괴되어 가고 있었다. 지고(至高)의 '중화의식'이 그렇게도 경멸해마지않던 양이(洋夷), 바로 이 서양자본주의의 침략에 의해 중국의 남서북쪽 인접국들이 서양국가의 반식민지 또는 보호국 아니면 식민지로 전락되고 말았다. 남은 것은 중국 동쪽, 그러나 이곳도 '왜이(倭夷)'가 겁없이 침투해 들어오고 있었다. 그러니까 당시 중국은 사면초가가 아닌 사면이가(四面夷歌)의 상태였다. 1871년 청일'수호'조규 체결을 계기로 중국과 국제법상 대등한 지위를 확보한 일본은 1874년 그 여세를 몰아 대만을 침공하고 (이른바 台灣征伐), 이듬해 운양호(雲揚号)의 조선공격에 이어 1876년 조일조규를 체결하였으며 마침내 1879년에는 청일 양국에 조공하던 유구(琉球) 왕국을 병탄하기에 이르렀다. 중국 동쪽의 인접국에 대한 일본의 공격, 조약체결, 병탄은, 특히 유구의 병탄은 중국지배층의 안이한 대일관에, 그리고 이홍장의 중일연합이라는 환상에 직격탄을 날렸다.

중국은 자국의 안전을 위해 조선을 주목한 것이다. 북경(北京)을 지키기 위해 중국의 최전방 방어선을 조선에다 구축한 것이다. 이홍장과 그의 막료들은 군사외교 양면에서 발빠르게 움직였다. 조선의 군사유학생을 받아들이고 즉 1881년 조선의 영선사일행 파청(派清), 무상으로 무기를 제공하며, 병기생산공장을 서울에 설립하는(1883년 機器局창설) 등의 대조선 군사원조정책을 추진하였다.6) 한편 1876년 강화도조약의 체결 이후, 특히 경제를 비롯한 다방면에서 독점적 침투체제를 착실하게 준비해가는 일본을 조선에서 견제 또는 약화시키기 위해, 청은 서양제국(諸國)으로 하여금 조선과 조약체결을 권유하는 외교정책을 밀고 나갔다. 그 결과 1882년에 미국, 영국, 독일이 조약을 체결하게 되었다. 군사지원정책은 조선으로 하여금 러시아와 일본에 대적하게 하며, 조약체결권유정책은 조선에서 체약국(締約國)들로 하여금 일본의 침탈독점을 분산시키게하는, 말하자면 중국전통의 이이제이(以夷制夷) 정책이었던 것이다.7) 그러나 현지 조선의 땅에 청의 영향력이 존재하지 않는 제반 정책은 모래 위의 누각처럼 그 실효성을 걸을 수 없었다.

그래서 청도 조선 불평등조약의 체제 속으로 뛰어들게 되었다. 1882년 10월 4일 조청상민수륙무역장정(朝淸商民水陸貿易章程)의 체결이 그 결과였다. 조선'속방화'정책의 실체가 거의 그대로 이 장정에 투영되어 있으므로 그 내용에 대한 조명은 다음 장에서 다루기로 하고, 여기서는 '장정'이란 용어선택의 배경을 짚어 보기로 한다.8)

朝淸商民水陸貿易章程, 이 뜻은 조선과 청나라 상인이 바다나 육지를 통해서 무역(인천·부산·원산의 개항장 무역과 압록강·두만강에서의 국경무역) 할 때의 규정(regulation)이다. '상민'이란 용어의 투입은 조선이 청의 '속국'이기 때문에 외교업무를 담당하는 대사, 공사, 참사관 등 외교관 파견을 거절하는 대신에 무역 등 상무활동 만을 책임지는 영사 만을 파견하겠다는 차별의식의 산물이다. '장정' 역시 앞에서 보았듯이 '속국'이기에 양국 수뇌의

---

6) 권석봉, 1962, 「領選使行에 대한 일고찰」『역사학보』17·18 합집호.
　김정기, 1978, 「1880년대 機器局·機器廠의 설치」『한국학보』제10집.
7) 이이제이 정책을 군사적, 외교적 측면으로 나누어서 분석한 논문, 김정기, 1993, 「청의 조선정책연구(1876-1894)」, 문학박사 학위논문, 서울대학교, pp.27-46.
8) 주7)의 김정기, 학위논문, pp.57-58.

비준이 요구되는 조약은 가당치않고 청황제의 특별한 '윤허'로 효력이 발생하는 '장정'이 제격이라고 중국측은 주장했다. 이 또한 체질화된 중국관료의 차별의식이 노출된 것이자, 만국공법의 유리한 면만을 끌어들이는 강자의 편의주의와 같은 행위였다. 뿐만 아니라 이러한 차별의식의 촉수가 1871년 淸日 '修好條規에도 휘감고 있음을 다음 글에서 확인할 수 있다.9) "章程이란 것은 … 上國과 下國 간에 정하는 條規이다." 물론 1871년 교섭당시 일측 대표의 면전에서 내뱉은 말이 아니라, 1882년 조청장정을 강요할 즈음의 중국측 태도였다.

3. '속방화(屬邦化)' 정책의 개념

조선의 수도 서울이나 개항장에 청국의 외교관, 상인, 군인 등이 없이 추진되는 '이이제이' 정책의 한계는 때마침 터진(1882. 7. 23) 임오군인항쟁[임오'군란']을 계기로 하여 극복되었다. 3천여 명의 이홍장 직계부대가 서울을 점령, 조선정부를 장악하게 되었으며, 태평천국의 혁명군을 진압했던 이 점령군의 군사폭력을 바탕으로 하여 그해 10월 3일 조청장정을 조인, 불평등조약체제 속으로 중국은 자진 편입하였다. 원격조정에서 직접조정이 가능하게 된 것이다.

언제나 불평등조약의 전문(前文)에서는 두 국가의 수뇌가 양국간의 친선과 우의를 다지는 외교적 수사로 치장하는게 관례인데 반해 조청장정은 다짜고짜 조선이 청국의 '속방'임을 천명하는 특례로 장식되었다. 파격이었다.

조선은 오랫동안 藩封의 반열에 서왔으며 여기에 관련된 일체의 典禮에는 制가 있으므로 다시 논의할 필요가 없다. 단, 이번에 체결되는 수륙무역장정에

---

9) 주5).

서는 중국이 속방을 우대한다는 뜻에 따라 각 조약국에 부여하는 모든 균점의
사례는 존재하지 않는다. 이에 따라 각 條를 아래에 정한다.10)

　이것이 '속방화'정책의 골격을 드러낸 그 유명한 전문이다. 3가지로 요약해
보면, 하나는 전례에 의한 속방 규정이며, 둘은 최혜국조관의 거부이고, 셋은
불평등조문의 내용이다. 전자는 이 장정체결 이전에 실행되어 왔던 전통적인
조공제도를 유지하고 책력·연호도 계속 사용하며, 왕위를 계승할 때도 여전
히 사전에 승인제를 지속하겠다는, 그러니까 '중화 - 속번체제'를 이어가겠다
는 구속방개념이다. 중자(中者)는 중국이 획득한 조약상 특권이나 이권을 다
른 조약국에게도 똑같이 나눠가지는(均占) 최혜국조관을 폐기한 것이다. 자
기들만 갖겠다는 배타적 최혜국조관의 인정이다. 후자는 중자의 구체적 내용
을 담은 불평등조문들로서 여기에는 관세협정권, 내지통상·여행권, 연안통
상·운송권, 서울·양화진의 상점개설권, 두만강·압록강 무역권, 황해·평
안도 연해의 어채권, 초상국(招商局) 윤선항로 개설권, 상무위원재판권, 청군
함의 정박·운항권, 청군함의 조선해방권(海防權)등 서양 자본주의 침탈방식
의 조문들이 포함되어 있다.11)

　이밖에도 상국과 속국 간의 위계질서를 강화하기 위해 각종 차등장치를

---

10) 조청상민수륙무역장정은 전문과 8개조로 구성되어 있다. 장정의 체결과정에 관
　　해서는 김종원, 1966, 「한중상민수륙무역장정에 대하여」 『역사학보』32호를 참
　　조하고, 장정의 내용분석에 관해서는 주7)의 김정기, 논문을 참조
11) 조선의 불평등조약이 한중일 삼국에서 가장 불평등하다는 증거는 서울상점개설
　　권, 상무위원재판권, 조선해방권에 근거하고 있다. 전자(前者)는 당시 청일수도
　　에 외국상인, 상점이 진출할 수 없었던 데서 조선의 경우 최악의 상태였고, 중
　　자는 당시 영사재판권에서 철칙으로 지켜졌던 피고주의(피고가 소속된 국가의
　　영사가 소속국의 법률로 재판함)가 무시된 점에서 극악의 상태였으며, 후자는
　　외국이 침략해 왔을 때 조선의 방위를 청의 해군에게 이양해 버린 그야말로 최
　　극악의 상태로 떨어져 버렸다. 때문에 조청장정을 필자는 불평등조약의 최악성
　　돌연변이로 진단하고 있다.

장정조문 속에 끼워넣었다. 그 장치에는 조선왕과 중국북양대신의 동격(同格) 규정, 천진주재조선 대원(駐津大員)과 조선의 개항장에 주재하는 상무위원(영사에 해당)의 동격규정, 공문서 용어의 상하차등 규정 등등이 포함된다.12) 요컨대 1882년부터 1894년까지 전개된 청의 조선'속방화'정책은 전통적인 '중화 - 속번정책'의 유지와 함께 서구 자본주의 침탈방식의 채용을 결합한(朝鮮水陸通商章程 以維藩屬 而擴利權) 이른바 근대중국적 식민지화정책의 이채로운 형태였다.13) 따라서 이 '속방화정책'은 "일체의 政敎와 禁令은 조선이 옛부터 自行 專主하여 왔으므로 중국은 그에 따라서 관여하지 않는다."(一切政敎禁令 向由該國 自行專主 中國從與關)하는 장정체결 이전의 전통적인 중국식의 불간섭정책과는 판이한 특징을 띠게 되었다.14)

4. '속방화' 정책의 추진

1) 1882 - 1885년의 '속방화'정책15)

1882년 7월 23일, 가뭄 끝에 비가 억수로 쏟아지던 날 서울의 군인과 주민은 민비세력의 폭정과 일본의 침투에 저항하는 민중항쟁을 폭발시켰다. 이

---

12) 인천, 부산, 원산에 청의 상무위원이 주재해 있었고, 서울에는 총판상무위원이 주재하고 있었다. 차등장치는 상하질서유지를 근간으로 하는 유교문화의 자연스런 부산물이었다.
13) 中國近代史資料 彙編, 「淸季中日韓關係史料」, 光緒 19年 4月 8日, p.3155.
14) 위의 책, 光緒元年 12月 21日, p.246.
15) 1882 - 1885 - 1894, 1885년을 기점으로 그 전후를 가른 기준은 조선의 정세변화에 상응했던 청 군사정책의 전변이었다. 1882년 임오군인항쟁이 터지자 북양육군이 서울을 점령했고 그해 바로 조청장정에서 조선해방권을 탈취해갔으며, 1884년 12월 갑신정변이 발생하자 곧이어 정변의 사후를 처리했던 천진조약에서 청일양군의 공동철수를 명문화 했고, 1894년 동학농민전쟁이 발발하자 청일전쟁이 촉발하게 되었다.

른바 임오군란(壬午軍亂). 다시 9년 만에 정권을 장악한 홍선대원군(興宣大院君 1820 - 1898)이 경제안정과 서정쇄신으로 민중의 기대를 한몸에 받고 있을 무렵, 이홍장은 3천명의 최정예부대로 서울을 점령하고 말았다(8월 20일). 이어 8월 25일 '민족의 구원자'로 둔갑한 대원군을 중국으로 납치해가는 국제적 폭거가 자행되었다.16) 정권을 장악한지 33일 만의 일이었다. 이 점령과 납치는 '조선의 내정과 외치의 자주성'을 보장하는 기존의 전통적인 '종속체제'유지 정책에 사형을 선고한 조치였다.

'임오군란'때부터 갑신정변(1884. 12. 4)의 사후처리로 체결된 천진(天津)조약(1885. 4. 18)에 따라 청일 양국의 군대가 동시 철수할 때(1885. 7. 21)까지 다루게 될 이 시기는 '속방화'정책의 추진기반을 조성한 기간이었다. 군사, 정치, 경제면에서 그 정책의 실상을 조명해 보도록 한다.

군사점령정책.17) 이 시기 '속방화'정책의 추진을 떠받치는 버팀목은 물론 북양육군(北洋陸軍)의 서울점령을 거의 3년간 유지시킨 주둔정책이었다. 경기도 남양만의 마산포 - 수원 - 서울을 잇는 보급로의 수비대와 서울점령군 3천여명, 이 가운데 1500여명이 청불전쟁의 대비책으로 철수하였지만(1884. 5), 그 존재의 위력은 조금도 줄어들지 않았다. 당시 일본군은 공사관을 지키

---

16) 임오군인항쟁〔'임오군란'〕의 성공은 서울 군인·주민의 거대한 반일·반민(反門) 에네르기에다 대원군의 정확한 기회포착과 대담한 전략이 포개졌기에 이루어진 것이다. 대원군 없는 '임오군란'의 성공은 있을수 없다. 뿐만아니라 대원군은 33일의 집권기간을 통하여 추진된 각종 개혁정책은 조선민중을 환호의 도가니로 밀어 넣었다. 각종 진상품의 중지, 주전(鑄錢)의 철폐, 도고(都賈)의 혁파, 무명잡쇄의 폐쇄, 공가(貢價)의 환원, 경복궁 수리의 중지 등으로 일시에 서민생활이 안정되었다. 당시기록에서 보듯이 "참으로 曠絶한 혜택"이었다. 대원군이 민중의 구원자로 등장하는 순간이었다. 이럴즈음 청의 서울 점령군에 의한 납치가 감행되어 청나라로 송치되고 말았다. 반중국〔반청〕의식이, 그래도 중국인지라 억제되어 왔던 반중국〔반청〕의식이 전국적으로 확대되었다.
17) 김정기, 1985, 「청의 조선에 대한 군사정책과 宗主權」『변태섭박사회갑기념논총』, 삼영사.

는 150여명에 지나지 않았다. 청의 서울주둔군 사령부는 틈을 놓치지 않고 신건친군(新建親軍)이라는 1천명의 새부대를 창설하여 수도의 조선군 일부를 청국군제로 재편하였다. 조선군대의 내부 핵심까지 청의 영향력을 독점적으로 행사할 여지를 만들어 놓은 것이다.

정계의 일방적 불균형.18) 청군의 서울점령은 조선의 정치지형을 완벽하게 파괴하였다. 대원군의 납치는 부패한 민씨정권과 고종의 재집권을 보증한 것이었으며, 김옥균 등 개화파의 패퇴 역시 민씨정권의 안전운행을 보장하면서 동시에 조선근대화의 직선적 코스를 차단시킨 민족의 비극이었다. 따라서 대원군파와 개화파의 소멸은 민씨중심의 친청파가 청의 독점적 정치간섭을 지지하는 정계의 일방적인 불균형을 초래하게 되었다. 물론 개화파의 소멸은 곧 일본정치세력의 침투로가 괴멸된 것이기에 청세의 침투는 견제없는 일방통행로의 무임승차였다. 또한 이홍장은 근대적인 경제외교 전문가가 태부족하다는 이유로 외부, 세관, 전환국〔조폐국〕 등의 부처에 최고위직 또는 고위직책으로 서양인과 자국인을 투입, 조선정부의 내외정을 효과적으로 간여할 발판을 구축하였다.

경제침탈의 기반조성.19) 군사정책 못지 않게 이홍장이 신경을 쓴 것은 당시 일본에 압도적으로 처져있는 경제침투면에서의 열세를 만회하는 방법모색이었다. 조청장정의 체결이 그것이었고(1882. 10. 3), 체결 사흘전 출혈차관 70만량(兩)(당시 일본차관은 17만元, 兩 : 元 ≒ 0.7 : 1)을 제공한 것도

---

18) 이 시기 민씨정권의 성격규정이 현안으로 떠오른다. 민을 탄압하고 개화정책을 외면하며 청에 복속한 이 정권이 1885년 이후에는 고종과도 결별하게 된다. 고종이 계속해서 주미공사를 파견하고 청국 이외에서 외채도입을 계획하는 등 자주정책을 유지했기 때문이다. 1885년부터 1894년까지 대원군은 운현궁에 유폐되어 있었다. 이 부패하고 비자주적인 정권의 최정점에 요즘 사극 또는 뮤지컬로 미화되고 있는 민비가 자리잡고 있었다.
19) 김정기, 1976, 「조선정부의 청 차관 도입」 『한국사론』3.

바로 그것이었다. 이 차관으로 조선해관이 창설되고(1882년 5월 조미조약체결 이전까지 조선에서 관세의 지불은 없었다), 3개항장의 근대적인 부두시설이 완공되었다. 개화와 외세침투가 교류하는 개항장의 접점구조(接點構造)가 악성조건의 청차관으로 완성된 것이다. 이어 이홍장은 조청장정에 따라 경제침탈의 현장조타수인 상무위원을 각 개항장에 파견하였다. 특히 이홍장은 상무위원의 우두머리인 총판상무위원(總辦商務委員)의 선정에 신중을 기했다. 왜냐하면 이 총판의 기능이야말로 바로 경제침탈은 물론 조선내정의 간섭을 총괄할 총수였기 때문이다. 그러나 그때 첫 선택은 그의 기대를 밑돌고 말았다.

2) 1885 - 1894년의 '속방화'정책[20]

1885년 7월 21일부터 공동철수 직후부터 동학농민전쟁이 터져 진행되는 1894년까지, 이 시기의 '속방화'정책은 제2단계로 그 정책의 확산시기였다.

군사정책의 전환.[21] 양국 주둔군의 서울철수는 즉각 조선에서의 힘의 공백상태를 이루었으나, 이홍장은 북양해군기지의 인천신설로 그 공백을 메꾸어갔다(駐在仁川水師管駕官). 물론 이 신설은 조청장정 제7조 중국군함에 의한 조선해방권(海防權)에 기초한 것으로, 대조선군사정책의 중심축이 북양육군에서 북양해군으로 이전된 것이다. 그러나 해군의 전략상 한계 때문에 불안을 느낀 이홍장은, 그 보완책으로 첫째 여순지역의 이홍장 직계부대 4500명을 압록강가인 봉황성 변문(邊門)으로 이동 전진배치 시켰고(1885년 말), 둘째 인천 - 서울 - 평양 - 의주 - 변문으로 연계되는 서로전선(西路電線)을

---

20) 1885년을 기점으로 그 이전 시기를 '속방화'기반조성단계, 그 이후를 '속방화'확산단계로 변별하였다. 그 변별점은 원세개의 재부임에서 발견된다. 일본에 압도당한 경제침탈의 질과 양을 일본수준으로 끌어올린 것이 그의 정치적 리더쉽에 기초한 경제침탈의 활성화정책이었다.

21) 주17)

그해 10월 가설완료하였다. 이로써 "수륙상의(水陸相依)"에 의한 군사정책의
골격이 형성된 것이다.

경제침탈의 강화.[22] 갑신정변 직후부터 일본의 정치세력이 조선에서 몰락
되었지만, 조선에 대한 일본의 경제침탈기반은 탄탄하게 온존되고 있었다.
이때 신군창설을 주도했으며, 갑신정변의 진압에 결정적 공을 세운 원세개
(袁世凱, 1859 - 1916)가 주차총리조선교섭통상사의(駐箚總理朝鮮交涉通商
事宜)라는 직책을 띠고 조선에 다시 부임하게 되었다(1885. 12). 당시 유일
하게 조선에서 압도적으로 승승장구 하고 있었던 무역면에서의 일본우위구조
를 따라잡기 위해 원은 특단의 조치를 감행하였다. 청상의 조선침투를 위한
탈법상행위의 조장, 청군함의 밀수선화, 수도서울 전지역으로의 청상인유치,
상병정책(商兵政策)의 실시, 밀무역의 권장, 국경무역의 강화 등등. 이 결과
1885년 이전개항장에만 보였던 청상인이 전국 각지에서 일상과 비슷하게 횡
행하게 되었으며, 개항장에서도 인천의 경우 청상과 일상이 균형을 이룰 정
도가 되었다. 해관무역(조선상품수입)면에서도 1892년에는 거의 대등한 수준
에 이르게 되었다. 조선으로의 상품수출면에서는 여전히 일본이 주도하고 있
었으나 그 격차가 줄어들고 있었다.

이 시기 차관제공면에서는 원세개가 주장한 '전대화관(專貸華款)'정책, 그
러니까 차관제공의 독점정책이 거의 준수되고 있었다. 이 시기 서로건설가설,
외채상환, 배상금지불등 차관합계액이 대략 38만 5천량(일본차관은 13만元,
당시 조선정부의 세입은 대략 2백만兩). 당시 이 차관은 상환에 따른 부대조
건이 악성인데다가 국가의 주권을 침해할 수도 있는 정치차관으로서의 성격
이 매우 강했다.

---

22) 林明德, 1970, 「袁世凱與朝鮮」, 台北:中央研究院近代史研究所.
   한우근, 1971, 「한국개항기 상업연구」, 일조각.
   김정기, 주17.

원세개는 이 시기 이홍장의 충실한 대리인으로써 '조선총독' 또는 '조선의 왕'이라 부를 정도로 막강한 위력을 발휘하고 있었다.23)

5. '속방화'정책에 대한 민(民)의 저항

지금도 동학농민전쟁의 반외세의식이나 투쟁을 얘기하면 반일(反日)만 강조하지, 아니 반일의식, 투쟁만 존재하지 반중국 또는 반청(反淸)은 아예 없는 것으로 치부해 버리는 것이 내외학계의 현실이다. 1880년대 90년대 사료의 바다에 그물을 드리우면 아무 곳에서 걸려드는게 반청 자료이며, '속방화' 정책은 추진 초기부터 그 추진현장에서 예외없이 민의 반중[반청]의식을 촉발하는 매체로서 작동하고 있었다. 예컨대, 청국 군대의 남양만 상륙 때 행패라든가 대원군의 납치가 그 대표 사례였으며,24) 특히 1885년 이후 확산된 청상인의 침투현장은 전국적인 민의 저항을 불러일으킨 부화장이었다. 여기서는 동학농민전쟁 당시의 대표적인 사례 몇 가지만을 추려보고자 한다.

서로전선(인천 - 서울 - 평양 - 의주)은 가설할 때나 가설한 뒤에도 민의 노동력을 거의 강제로 동원하였으며, 전선의 보호·감시 뿐아니라 전선유지경비 마저 잡세화 되어 민의 부담을 가중시키고 있었다. 1886년에 서울 - 공주 - 전주 - 장수 - 거창 - 대구 - 부산으로 이어지는 남로전선이, 1891년에도 서울 - 원산의 북로전선이, 1889년에는 공주 - 청주의 청주지선이 준공되었다. "민간에게 가장 큰 폐해를 끼치는 것은 전보국이니 없애버릴 것"(電報局弊害民間最大革罷事), 이것이 바로 동학농민군의 요구였다.25)

---

23) 원세개는 고종의 폐위를 반공개적으로 획책하는 대담성을 표출하였다. '폐위'시킨다는 것은 반국가사범의 으뜸죄였다. 당시 그의 나이는 20代 후반.

24) 이홍장의 직계부대가 부린 행패는 주17)의 논문을, 그리고 대원군 납치와 관련된 반청의식의 형성은 주16)을 참조.

25) 『續陰晴史』 上券7, '又原情列錄追到者' 고종31년 6월 24일.

내지통상・여행권 - 연안무역・운송권 - 국경무역권 - 서울상점개설권으로 연결된 불평등조약의 그물망은 개항장, 미개항장, 국경지역(두만강・압록강), 심지어 수도 서울까지도 망라하여 조선의 전지역을 포획해버렸다.26) 동아시아 삼국 가운데 가장 완벽하게 외국상인의 침투체제가 구축된 조선천지는 거리낌 없는 침탈의 낙원으로 전락되었다. 장시에서, 포구에서, 서울에서까지, 청상과 일상에 대한 조선민의 습격・방화・살인사건이 줄이어 터졌다.27) 이렇게 볼 때, 불평등조약은 저항민족주의를 촉발시키는 지원지인 셈이다. 1887, 1889, 1890년 세차례에 걸쳐 서울에서는 청상 일상 양상(洋商)의 축출투쟁이 발생했으며, 이 중 가장 격렬했던 맨 마지막의 최대목표는 청상을 서울밖으로 축출시키는 것이었다. 연좌대모와 상가철시투쟁이 계속된 것이다. 사농공상(士農工商)의 위계질서 속에서, 농(農)의 불만에 익숙해왔던 조선에서 상(商)의 반발은 예상치 못한 충격을 지배층(士)에게 주었다. 상품유통의 정지에서 오는 민(民)의 생활불편은 조선 지배층에게 최대의 치욕을 안긴 셈이다. 우리는 바로 여기에서 지배층의 통치능력한계와 함께 외세에 대한 경제적 민족주의의 구체적 사례를 확인하게 된다.

동학농민전쟁 당시 민의 슬로건이 전국을 뒤덮었다. "각국 상인은 개항장에서만 장사할 일이지, 도성[서울]에서 시장을 개설하거나 전국 각처에서 멋대로 행상을 하지 말 것"(各國人商賈市 右各港口買賣 勿入城設 勿出各處任意行商事).28) 바로 예서 눈에 띄는 것은 개항장교역 만큼은 인정하겠다는 불평

김정기, 1983, 「西路電線(인천 - 서울 - 의주)의 가설과 반청의식의 형성」『김철준 박사회갑기념논문집』, 지식산업사.

26) 조선처럼 외국인의 활동범위를 전국으로 확대 포괄된 예는 동아시아 삼국 중 조선이 유일하다. 중국에서는 해안가와 대하(大河)변에 그쳤고, 일본에서는 개항장 밖으로는 나갈수 없었다. 내지통상권을 거부했기 때문이다. 따라서 조선에서는 중일 양국보다 더욱 강력한 저항민족주의의 폭발요인이 불평등조약에 내재되어 있었다.

27) 필자가 주장하는 이른바 장터민족주의의 실상이다. 주22) 한우근의 책.

등조약체제의 부분적 허용이다. 이 밖에도 민은 청상과 일상에 의해 일본으로 대부분 유출되는 쌀무역을 강력하게 반대하고 있으며, 이 글에서는 다루지 않았지만 조선연해의 어민들도 청일양국의 어장침투로 빚어지는 생활고의 가중 때문에 이들의 침투를 저지해주고 또한 어업세를 없애라고 외치고 있었다.[29]

뿐만 아니라 청의 군인 역시 반청의식의 확대에 일조하고 있었다. 동학농민전쟁과 겹쳐서 진행되고 있었던 청일전쟁 당시 군대규율면에서 일본군보다 훨씬 악명이 높았던 청군(태평천국을 격파했던 봉건부대의 직계후예)의 행패를 잊어서는 안된다.

결론적으로 각 나라의 침탈에 대한 조선민의 저항의식이 그 강도(强度)에 따라 다양한 편차를 드러내 보이고 있지만, '반일·반청·반서양 의식의 병존'이야말로 당대 민의 심장에 각인된 배외의식의 전체상이었다.

---

28) 鄭喬, 「大韓季年史」, 고종 31년, 甲午 5月.
   김정기, 1988, 「1890년 서울상인의 철시동맹파업과 시위투쟁」『한국사론』19.
29) 동학농민기념사업회(편), 「동학농민혁명과 사회변동」 : 김정기, 1993, 「동학농민전쟁은 과연 반제국주의였는가」, 한울, pp.82 - 83.

갑오농민전쟁과 일본
- 조선왕궁 점령사건 및 그 뒤의 일본 -

中塚明
나라여자대학 명예교수

1. 머리말

최근 일본에서는 근대 일본의 조선을 비롯한 아시아 여러 나라에 대한 침략 사실을 은폐·왜곡할 뿐만 아니라 그 같은 침략사실을 미화하는 사람들의 움직임이 두드러지게 나타나고 있다. 「새로운 역사교과서를 만드는 모임」에 의한 역사교과서 왜곡 사건이 그 중 하나이다. 이러한 일본측 동향에 대해 일본 국내외, 특히 한국을 비롯한 아시아 여러 나라로부터 격렬한 비판이 일고 있는 사실은 기억에 새롭다.

일본은 1945년 패전 뒤에도 천황(天皇)의 침략전쟁 책임을 면책했던 것을 근원적인 이유로 군국주의적인 사상을 계속 온존(溫存)해 왔다. 전후(1945년 패전이후) 일본의 역사학계는 조선을 비롯한 아시아 여러 나라에 대한 일본 군국주의의 침략사를 해명하는 연구를 크게 진전시켰으며, 역사 교육 분야에서도 일정한 진전을 보였다. 그러나 다른 한편으로는 전전(1945년 이전)의 낡은 역사관에 근거한 주장도 그치지 않았으며, 일본 정부 역시 교과서 검정 제도를 통하여 일본 군국주의의 아시아 침략 사실을 일본 국민들이 정확하게 이해하는 것을 음으로 양으로 방해해 왔다. 일본 군국주의가 저지른 침략 사실을 은폐하는 역사 인식은 침략을 당한 여러 민족들의 민족적 자주성을 부정하는 것과 표리일체를 이룬다.

이 논문에서는 청일전쟁(1894~1895년) 당시 일본군에 의한 최초의 무력행사였던 조선왕궁(경복궁) 점령을 둘러싼 사실을 중심으로 일본의 역사 특히 전사(戰史)위조가 조직적으로 자행되어 왔음을 규명하는 것을 주제로 하고, 그와 더불어 청일전쟁 기간중에 조선에서 일어났던 항일운동과 갑오동학농민전쟁의 진실이 일본에서 어떤 식으로 은폐되어 왔는가를 밝히고자 하며, 또한 당시의 전시 국제법에 대해서도 문제 제기 차원에서 언급하고자 한다.

2. 조선왕궁 점령을 둘러 싼 전사(戰史) 위조

1) 공간전사(公刊戰史)와 일본외교문서의 기술

청일전쟁 당시 일본군에 의한 최초의 무력행사는 1894년 7월 23일(음력 6월 21일) 새벽에 일어난 조선왕궁 점령이었다. 구 일본 육군참모본부가 편찬하여 공간(公刊)한 전사인『메이지이십칠팔년 일청전사(明治二十七八年 日淸戰史)』는 일본군에 의한 무력행사를 '한병(韓兵)의 폭거'에 의한 '한일 양국군대의 충돌'이라고 아래와 같이 기술하고 있다.

오토리(大鳥) 공사는 한정(韓廷=조선정부)에 대하여 비정(秕政)개혁 담판이 용이하게 진척되지 않을 뿐만 아니라 (중략) 우리 일본 정부의 요구를 거부(중략) 사태 대단히 용이하지 않았기 때문에 다시 여단 일부 병력을 입경(入京) 시키도록 할 것을 청구하기에 이르렀다. 이에 여단장(오시마 요시마사, 大島義昌;번역자주)은 보병 제21연대 제2대대 및 공병 1소대를 왕궁 북방 산지(山地)로 옮겨 막영(幕營)하도록 하였으며, 인민의 소요를 피하기 위해 특히 23일 새벽녘에 위 부대를 경성으로 들여 보내 왕궁의 동쪽을 통과하자마자 왕궁 수비병 및 왕궁 부근에 주둔하고 있던 한병(韓兵=조선 정부군) 돌연 우리 군대에 사격을 가했으며, 우리 군대도 또한 응사 방어하였고, 또한 이 규율 없는 한병을 구축하여 경성 바깥으로 격퇴하지 않으면 언제 어떤 사변을 다시 일으킬지 헤아릴 수 없었기 때문에 마침내 왕궁으로 들어가(중략) 일시적으로(한병을 ; 번역자주) 대신하여 왕궁 사방을 수비하였다.

(『메이지 이십칠팔년 일청전사(明治二十七八年 日淸戰史)』제1권, 동경인쇄 주식회사, 1904년 3월 발행, 119 - 120쪽)

앞뒤로 불과 800자 채 되지 않는 기술이 있을 뿐이다. 같은『메이지 이십칠팔년 일청전사(明治二十七·八年 日淸戰史)』제 8권에 실려 있는「부록 제122 ;일청전력(日淸戰曆)」에서도 이 조선왕궁 점령 사건을 '경성의 한일 양국 군대의 충돌'이라고 쓰고, 참가 병력은 '보병 3개 중대, 공병1개 소대'에 지나지 않은 극히 소규모적인 무력 충돌사건이었다고 쓰고 있다.

조선 주재 일본 공사관이 일본 외무성으로 왕궁점령에 관한 구체적 상황을 최초로 보고한 문건은 점령사건 당일인 7월 23일 오후 5시에 오토리 케이스케 공사가 무츠무네미츠(陸奧宗光)외상 앞으로 발신한 공전(公電)인「왕궁을 포위했을 때의 정황 보고의 건」(『일본외교문서』제27권 제1책, 421호 문서)이다.

오토리 공사는 이 공전에서 조선에 주재하고 있는 외국 외교관 앞으로 상황 설명을 하는 문서를 보냈으며, 그 문서 내용에서 조선 정부와의 교섭 결과

에 따라 일본군이 왕궁 뒷편에 있는 언덕에 진을 치기 위해 왕궁을 따라 나
아가고 있을 때 왕궁과 그 주변에 배치되어 있던 다수의 조선 병사들이 일본
군을 향해 발포했다. 그래서 일본군은 어쩔 수 없이 응전하였으며 왕궁 안으
로 들어가 왕궁을 수비하기로 하였다. 일본 정부에게는 침략 의도가 없다는
뜻을 보증했다 라고 설명하고 있다.

공간전사(公刊戰史)의 기술은 위의 오토리 공사의 공전(公電)과 기본적으
로 동일한 내용이다. 또한 주지하듯이 일본 정부는 청일전쟁이 시작된 뒤 조
선왕궁 점령으로부터 1개월 뒤인 8월 20일 조선정부와 「한일 잠정 합동조관」
을 맺었는데, 그 속에서 "금년 7월 23일 왕궁 근방에서 일어났던 양국 군대
의 우발적인 충돌 사건은 피차(조선 정부와 일본 정부; 번역자주) 모두 그
책임을 추궁하지 않는다」라는 항목을 넣어 조선 정부로 하여금 인정하도록
만들었다.

요약하자면 조선왕궁 점령 사건에 대한 일본 정부·일본군의 공식견해는
조선왕궁 점령은 먼저 발포한 조선 병사와의 우발적인 충돌에서 시작되었으
며, 일본군은 어쩔 수 없이 응전하고 왕궁으로 들어가 조선 국왕을 보호했다.
소규모적인 충돌 사건에 지나지 않았다고 시종일관하고 있다. 이 같은 공식
견해는 청일전쟁 당시의 신문보도와 항간에 유포된 전기류(戰記類)는 물론,
제2차 세계대전 뒤에 간행된 전기류에서도 그대로 답습되고 있으며, 청일전
쟁에 대한 최근의 일본측 연구도 이 같은 공식 견해를 따르고 있는 것도 있
다.

2) 후쿠시마(福島)현 현립 도서관 소장 「사토문고(佐藤文庫)」의 『일청전
사』초안

(1) 그렇지만 필자는 청일전쟁으로부터 백년째인 1994년 후쿠시마현 현립
도서관 사토문고 소장 『일청전사』초안으로부터 일본측 공식 견해와 전혀 다

른 조선왕궁 점령에 관한 상세한 기술을 발견했다.

(자세한 내용은 졸저 『역사의 위조를 밝힌다』, 코분켄, 1997년을 참조할 것)

새로 발견된 『일청전사』초안의 기술에 의하면 왕궁점령은 일본 정부의 의도를 짐작한 조선주재 일본 공사관이 일본군과 협의하여 용의주도하게 계획한 군사행동이었음이 분명하게 드러나 있다.

청국과의 개전 구실을 찾는데 곤란을 겪고 있던 일본 정부 및 조선주재 일본공사 오토리 등은 "속방(조선;번역자주)을 보호한다"는 구실로 청국 군대가 조선에 출병한 것은 "조선은 자주국이다"고 한 〈조일수호조규(朝日修好條規)〉 위반이다. 조선이 독립국이라면 청국 군대를 나라 밖으로 몰아 내라, 조선 정부에게 그럴 힘이 없다면 일본군이 대신해서 몰아 낼 터이니 조선 정부는 일본 정부에 '청국 군대 구축'을 의뢰하는 공식 문서를 발송하라고 조선 정부를 압박하여 개전(開戰)으로 끌고 가려고 하였다. 무츠 외상이 청일전쟁 직후에 쓴 회상록 『건건록(蹇蹇錄)』에서 '교활한 수단', '고수(高手)적 수단', '혁박(嚇迫) 수단'이라고 표현했던 것처럼 교활하고 강제적인 방식이었다.

(자세한 내용은 졸저 『건건록의 세계』, 미스즈쇼보, 1992년을 참조할 것)

그러나 조선 정부는 위와 같은 일본측 요구를 받아 들일 리가 없었다. 그래서 7월 20일 오토리 공사는 최후 통첩을 들이대고 22일 중으로 답변할 것을 요구했다. 7월 12일 청국에 대한 영국의 중재 교섭이 실패한 뒤 일본 정부는 이미 개전 결심을 굳히고 있었으며, 16일에는 현안이던 영국과의 조약개정 교섭에서도 성공하였기 때문에 대본영(大本營)도 19일 조선에 있는 일본군에게 "청국 군대를 증파하면 독단(獨斷)조치를 취할 것"이라는 내용의 개전 허가를 내리고 있었다.

조선왕궁 점령은 이 같은 상황 아래에 일본 정부·조선 주재 일본 공사관·일본군 사이에서 용의 주도하게 계획되어 실행되었던 것이다.

오토리 공사가 조선 정부에 최후 통첩을 들이댄 날인 7월20일 오후 1시, 일본 정부가 조선에 파견한 모토노 이치로(本野一郎) 참사관이 제5사단 혼성 여단장 오시마 요시마사 소장을 방문하여 조선 정부를 위혁(威嚇)하기 위해 왕궁을 포위할 것을 제안했다.

『일청전사』초안 기술에 따르면 모토노 참사관의 제안을 받은 오시마 요시마사 혼성 여단장은 이미 아산의 청국 군대를 공격하기 위하여 남하 준비를 하고 있고, 또 남하을 연기하는 것은 전략상 불리한 것은 말할 필요도 없으나 "개전 명분을 만드는 일도 또한 가볍게 여길 수 없으며 특히 조선 정부가 일본 공사의 수중에 있게 되면 여단이 남하하는 사이에 경성(京城)의 안전을 유지하기가 용이하며, 군대의 행진에 관련해서도 군수품의 운반·징발이 모두 편리함을 얻을 것이다"고 생각하여 모토노 참사관의 제안에 동의했다.

결국 조선왕궁 점령은 조선의 국왕 고종(高宗)을 사실상 '포로'로 삼아 왕비의 일족(민씨;번역자주)과 대립하고 있던 국왕의 부친 대원군(大院君)을 추대하여 권좌에 앉혀 조선 정부를 일본에 종속시킴으로써 청국 군대를 조선 바깥으로 구축할 것을 일본군에 위촉하게 하는, 즉 '개전 구실'을 손에 넣었으며, 그 위에 서울에 있는 조선 군대를 무장 해제함으로써 일본군이 서울 남방에서 청국 군대와 싸우는 사이 서울의 안전을 확보하며, 동시에 군수품 수송과 징발 등을 조선 정부의 명령을 통해 시행하는 편의를 얻는다고 하는 목적으로 수행되었다.

오시마 여단장은 다음날인 21일 오토리 공사를 방문하여 '1개 대대'로 위혁(威嚇)한다는 공사의 제안을 "절차를 생략하고 즉각 여단을 진격시켜 이 임무에 종사 시킬 것"으로 수정하였다. 그리고 보병 제21연대장 타케다 히데타카(武田秀山) 중좌에게 작전계획 입안을 비밀리에 지시했다.

(2) 『일청전사』초안 속에 들어 있는 「조선왕궁에 대한 위혁적(威嚇的)운동 계획」은 왕궁점령 뿐만 아니라 시내 요충지의 점거 등을 목적으로 중대규모까지의 부서 및 임무를 상세하게 규정하고 있다. 이것을 통해 조선왕궁점령 작전이 당시 조선에 출병했던 일본군의 총력을 기울여 자행되었다는 사실을 알 수 있다.

(계획 전문(全文)은 졸고『역사의 위조를 밝힌다』에 수록되어 있음)

왕궁을 점령할 핵심 부대는 보병 제21연대(연대장 타케다 히데타카 중좌) 제2대대(대대장 야마구치 케이죠 소좌)였다. 이 대대는 공병 1개 소대를 대동하여 7월 23일 오전 3시 용산(龍山)을 출발하여 왕궁으로 들어가 왕궁을 수비하도록 임무를 부여 받았다. 공병이 동행한 까닭은 왕궁을 둘러싸고 있는 담 또는 문을 파괴하는데 폭약취급 등에 익숙해 있는 공병부대가 필요했기 때문이었다.

7월 23일의 왕궁점령사건이 '한일 양국 군대의 우연한 충돌'은 결코 아니었으며, 일본 공사관·일본 육군의 혼성 여단이 일체가 되어 사전에 용의주도하게 준비한 작전 계획에 의거했다는 것, 그리고 그 작전은 왕궁과 그 주변의 중추(中樞)지역을 전면 점령하는 것이었다는 사실이 위의 일본 육군 참모본부 자신이 쓴 기록에 의해 상세하게 밝혀졌다.

『일청전사』초안은 또 왕궁 점령을 위한 '핵심부대'가 영추문(迎秋門, 경복궁의 서쪽 문;번역자주)을 파괴하여 경복궁으로 돌입하는 상황, 국왕을 사실상 '포로'로 삼았을 때의 상황 등을 상세하게 기술하고 있다. 기술 내용은 대단히 정확하고 상세하여 왕궁 돌입 상황 등을 손에 쥐듯이 알 수 있다. (상세한 내용은 졸저『역사의 위조를 밝힌다』를 참조할 것)

(3) 후쿠시마현 현립 도서관 '사토문고' 소장 『일청전사』초안에서 조선왕

궁점령에 관한 자세한 기록이 발견된 사실의 역사적 의미에는 두 가지가 있다.

첫째 전술(前述)한 바와 같은 조선왕궁 점령에 대한 종래 일본 정부·일본군의 공식 견해가 일본군 자신이 쓴 기록에 의해 뒤집혔다는 사실이다. 바꿔 말하면 공식 견해는 거짓이며 '조작된 내용'이었다는 사실이 일본군의 기록에 의해 입증되었다.

둘째 조선왕궁 점령에 관한 전말(顚末)이 일본군에 의해 상세하게 기록되었으면서도 진실은 은폐되고, 거짓과 '조작된 내용' 만이 일본 군대를 비롯한 정부 당국자와 일본 국민 사이에 버젓이 통용되어 왔다는 사실이 밝혀졌다는 점이다.

이러한 사실을 통해서 일본의 전사 편찬이 어떤 식으로 이루어졌는가 하는 문제가 새로운 연구 과제로 부상하였다.

3. 계속되는 전사 위조

1) 「일로전사 편찬강령(日露戰史編纂綱領)」

근대 일본에 있어 전사의 위조는 일청전사 편찬 당시의 일시적인 것이 아니었다는 사실은 후쿠시마현 현립 도서관 사토문고에 소장되어 있는 「일로전사 편찬 강령」에 의해 한층 명확해졌다.

「일로전사편찬령」은 러일전쟁이 끝난 그 다음해인 1906년 2월 참모총장 오야마 이와오(大山巖)의 이름으로 정리되었다. 주문(主文)에 해당하는 「메이지 삼십칠팔년 일로전사 편찬강령」제 6항에 다음과 같이 설명되어 있다.

　편찬사업을 2기로 나누어 그 제1기는 사고 편찬으로 하고 제2기는 전사 수정으로 한다. 사고(史稿)는 전사 초안이다. 사실의 진상을 정확하게 서술하여

전사 체재를 구비하여 사고를 완성한 다음에는 제2기 작업으로 옮겨, 그 전부
에 걸쳐 분합증산(分合增刪)하며, 또한 기밀사항을 삭제함으로써 본래의 전사
를 수정하여 그것을 공간하기로 한다.

동 제8항에는 전사 편찬에 임해서는 "대본영, 각 부단대(部團隊)의 기밀작
전일지, 진중일지, 전투상보, 보고, 기타 공문서" 등의 사료를 사용하여 정확
하게 쓰지만 그것은 제6항에 있는 바와 같이 전사 편찬의 제1단계인 '사고 편
찬'의 단계이다. 이 "사고를 완성한 다음에 제2기 작업으로 옮겨, 그 전부에
걸쳐 분합증산하며, 또한 기밀 사항을 삭제함으로써 본래의 전사를 수정하기
로 한다"는 것이다.

즉 공간 전사에서는 '기밀사항'은 삭제되어 사건의 진상이 은폐되고 있다는
사실을 위의 「일로전사 편찬강령」은 증명해 주고 있다.

2) 써서는 안되는 15개조

이 「일로전사 편찬강령」에는 「일로전사 편찬규정」외에 「일로전사 편찬에
관한 주의」, 「일로전사 사고 심사에 관한 주의」, 「일로전사 정리에 관한 규
정」이라는 네 종류의 부속 문서가 있다. 이 중에서 특히 주목되는 것이 「일
로전사 사고 심사에 관한 주의」이다.

즉 '사고편찬'이 이루어져 그것을 심사해서 공간 전사를 만들 때 무엇을
'기밀사항'으로써 삭제할 것인가. 삭제 이유는 무엇인가 하는 것이 「일로전사
사고심사에 관한 주의」에 15개조에 걸쳐 씌어 있다. 근대 일본의 전쟁의 역
사가 당사자인 육군의 입장에서 어떻게 서술되어 왔던가. 공간 전사는 어떤
사항에 대해 진상을 말하고 있지 않을까를 아는데 대단히 중요한 기록이다.
전문(全文)을 소개할 만한 지면이 없기 때문에 여기서는 생략하지 않을 수
없다. (전문은 졸저 『역사의 위조를 밝힌다』, 90~94쪽 참조)

그 써서는 안되는 15개조 가운데 특별히 주목되는 것이 바로 제 11항이다. 제11항의 내용은 다음과 같다.

국제법 위반 또는 외교에 영향을 끼칠 만한 염려가 있는 기사는 기술하지 말 것.

이유 … 포로 토인(土人)에 대한 학대, 또는 중립 침해라고 오해될 만한 내용, 또는 당국자가 부인한 마적(馬賊)사용에 관한 기사 등과 같이 종종 물의를 불러 일으켜 국교(國交)에 누를 끼치게 되며, 또는 우리 군대의 가치를 감소시킬 염려가 있기 때문임.

3) 현대 일본에 와서도 위조는 계속 이어지고 있다.

그렇다면 이 같은 전사 위조는 현대 일본에 와서는 극복되고 있을까? 제2차 세계대전 뒤 '자위대(自衛隊)'에서 전사 연구에 중요시되는 한 사람으로 노무라 미노루(野村實)라는 인물이 있다. 그는 구 일본해군 장교로써 제2차 세계대전 뒤에는 극동 국제 군사재판에서 해군측 피고에 대한 변호 업무에 종사하였으며, 그 뒤 방위청에 들어가 전사연구에 종사하여 방위 대학교 교수가 되었다.

그의 저서에 『태평양 전쟁과 일본군부』(산천출판사, 1983년)가 있다. 그는 그책 서설인 「태평양 전쟁과 일본군부」의 모두(冒頭)에서 '역사의 교훈'에 대해 논하면서 위의 「일로전사 편찬강령」에 있는 일련의 문서를 소개했다. 그 중에서도 가장 주목해야 할 내용으로 위에 소개한 「일로전사 사고심사에 관한 주의」를 들고 그 '주요 내용을 적기(摘記)' 하고 있다.

그는 "정략 지도·전략 지도·작전 지도에 대한 심층적인 연구를 위해서는 사고 심사에 관하여 주의해야 할 사항 속에서 '명기하지 말 것', '개략적으로 할 것', '막연함을 요함', '기술하지 말 것' 등으로 되어 있는 곳이야말로 중요성이 있었다고 말하지 않으면 안된다"(위의 책, 14쪽) 고 주장하고 있다.

그렇지만 그는 「일로전사 사고심사에 관한 주의」를 전문 소개한 것이 아니었다. 원문의 각 항목에는 1에서 15까지의 번호가 붙어 있음에도 불구하고 번호를 붙히지 않은 채 소개함으로써 어느 항목을 소개하지 않았는지, 소개된 내용이 전문인지 독자에게는 확실하지 않는 혼동하기 쉬운 소개 방법을 취하고 있다. 또 전혀 소개하지 않은 항목도 있다. 특히 제11항에 대해서는 전혀 언급하지 않은 사실이 주목된다. "국제법 위반 또는 외교에 영향을 끼칠 만한 염려가 있는 기사"는 군사사(軍事史)와 직접 관계가 없다고 말하고 있는 것일까?

태평양전쟁을 하는데 있어서 공간된 "일로전사에 기술 되지 않았던 곳이야말로 중요성이 있었다"고 비판하고 있음에도 불구하고 "국제법 위반 또는 외교에 영향을 끼칠 만한 염려가 있는 기사"를 삭제한 의미에 대해서 전혀 언급하지 않았다는 사실은 무엇을 의미하는가. 필자는 노무라를 포함한 현대 일본의 '자위대' 전사 연구자 들의 근대 일본이 저지른 전쟁 특히 청일·러일전쟁에 대한 견해, 나아가서는 그 역사관을 드러내고 있다고 생각한다.

청일전쟁은 청국과의 전쟁이었지만 전쟁 발발 특히 초기에는 조선이 주된 전장(戰場)이었다. 그리고 필자가 설명한 바와 같이 청일전쟁에서 일본군에 의한 최초의 무력 행사가 바로 조선왕궁 점령이었다. 일본군은 또한 전쟁수행을 위해 조선의 인마·식량 등을 난폭한 방법으로 징발했다. 조선 왕궁 점령을 비롯하여 조선에서 일본군이 행했던 여러 가지 징발이 조선의 관민에게 어떻게 받아들여졌을까. 조선의 민족적 감정을 어떻게 손상시켰을까. 그리고 항일투쟁은 어떻게 일어났던 것일까. 또한 항일 투쟁을 위해 봉기했던 조선인을 일본군은 얼마나 잔혹하게 진압했던 것일까? 청일전쟁에 대해 고찰하는 데 있어서 이 같은 문제들은 경시되어서는 안될 것이다.

러일전쟁 역시 조선과 중국 동북 지방(만주)를 둘러싼 러시아와 일본 사이의 전쟁으로 그 전장이 된 것도 조선과 중국 동북지방이었다. 러일전쟁을 눈앞에 둔 조선은 국외중립을 선언했다. 그러나 일본은 그것을 무시하고 조선을 군사 점령하에 둔 다음에 러일전쟁에 나섰다. 이러한 사실은 당시 조선에 주둔했던 '조선주차군'의 행동을 봐도 명백하다. 러일전쟁 결과 '한국병합'이 이루어져 일본의 식민지로 전락한 조선은 망국이라는 쓰라림을 맛보게 되었다는 것은 주지의 사실이다. 새로 일본의 식민지가 된 관동주(關東州)에서는 러일전쟁 후 '반일행동'을 이유로 중국인에 대한 학살이 자행되었던 것도 사실이다.

당시 일본군이 저지른 행위 가운데 어느것이 "국제법 위반인지 아닌지"를 논하는 데는 여러 가지 의견이 있을 것이다.

그러나 필자가 이미 설명했듯이 예를 들면 조선왕궁 점령에 관한 기술을 공간전사에 실을 수 없었던 것은 당시가 비록 제국주의 여러 나라의 의도대로 행동할 수 있었던 시대였다 하더라도 일본군이 저지른 행위가 세계에 공표할 수 없는 것이었다는 사실을 증명하고 있다.

그리고 이상과 같은 청일·러일 전쟁을 거친 일본과 조선·중국과의 관계는 이후 일본과 조선·중국 사이에 깊은 상흔을 남겼으며, 일본과 조선·중국 사이의 민족적 대립은 청일·러일 전쟁 이후 일본의 아시아 정책을 고려하는 데 있어서 대단히 심각한 문제를 제기하게 되었다.

이러한 문제가 있음에도 불구하고 '자위대' 전사 연구자가 앞에서 말한 제11항을 소개하지 않았던 사실은 바로 현대 일본이 안고 있는 역사 인식의 문제로써 무시할 수 없는 문제이다. 청일전쟁 뒤 반세기 만에 붕괴한 군국주의 일본에 의한 '전사연구'가 안고 있는 최대의 문제점이 여기에 있다고 해도 과언이 아니기 때문이다.

이 '자위대' 전사 연구자는 "국제법 위반 또는 외교에 영향을 끼칠 만한 염려가 있는 기사는 기술하지 말 것"이라는 항목을 고의로 소개하지 않았다고 단정해도 틀리지 않을 것이다. 노무라 미노루 역시 구 일본군이 국제법을 위반한 사실은 밝혀서는 안된다는 청일·러일 전쟁 이래 일본군이 지니고 있던 잘못된 전통을 암암리에 지키고 있었던 것이다.

4. 조선의 항일투쟁과 그 탄압 사실의 은폐

1) 왕궁점령에 대항한 조선정부군의 저항을 왜소화하다

필자는 이 논문 서두에서 "일본 군국주의가 저지른 침략 사실을 은폐하는 역사 인식은 침략을 당한 여러 민족들의 민족적 자주성을 부정하는 것과 표리일체를 이룬다"고 말했다.

이미 설명한 바와 같이 일본 정부와 일본군은 조선왕궁 점령사건을 우발적이며 극히 소규모적인 전투였다고 조작하려고 애를 썼다. 이 같은 사실은 왕궁점령 직후 오토리 공사가 "발포는 대강 15분간 계속되었으나 지금은 모두 조용해졌다"는 내용의 공전(公電)때부터 일관되고 있다.

그러나 일본 정부와 일본군 등 일본의 공권력이 조선왕궁 점령 사건의 의미를 아무리 무시하려 해도, 또한 역사적 사실을 아무리 왜곡하여 쓰려고 해도 조선인들은 왕궁이 점령당한 굴욕적 사건을 망각하지 않는다.

우선 왕궁점령 당일 조선 병사들의 전투 상황은 어떠했던가. 『일청전사』 초안 기술 조차도 조선병사들의 저항을 다음과 같이 기록하고 있다.

타케다 히데타카 중좌가 지휘하는 보병 제21연대 제2대대가 영추문을 파괴하고 왕궁으로 돌입한 시각은 오전 5시경이었다. 그 전에 동쪽 건춘문을 사이에 두고 한일 양국 군대 쌍방간의 사격이 시작된 시각은 오전 4시 20분이었다. 왕궁을 둘러싼 "쌍방간의 발화 점차 누그러진" 시간은 오전 7시반이었다. 그로부터 국왕 수색이 시작되어 야마구치 케이죠(山口圭藏) 대대장이 국왕을 만났으며, 일본군이 경계를 위해서 왕궁 각 문에 초병을 배치하는 조치가 완전히 끝난 시간은 오전 9시가 지나서였다. 왕궁 북방 고지에서는 "오전 6시 전후 한병(韓兵) 격렬한 저항을 하여 한일 양국 군대 사이의 사격이 완전히 그친" 시간은 오전 8시 40분이었다. 그러나 왕궁 북방 백악(白岳) 정상과 그 남쪽 사면에서 소수의 조선 병사들의 발포가 "계속 그치지 않아 오후 2시에 이르기까지 아직 그치지 않는" 상황이었다. 또 친군 장위영(親軍壯衛營) 점령에 나선 일본군도 조선 병사들의 격렬한 저항을 만나 그곳을 점령한 시간이 오후 3시의 일이었다.

그러나 공간전사에는 이상과 같은 기술조차 말소되었다는 사실은 앞에서 설명한 그대로이다.

2) 조선 전역으로 퍼진 항일 움직임을 은폐하다

일본 외무성 외교사료관에 『자메이지이십육년사월 지이십팔년구월 한국동학당봉기일건(自明治二十六年四月至二十八年九月韓國東學黨蜂起一件)』이라는 외교문서 원사료 파일(문서번호 5문 3류 2항 5호)이 있다. 이 파일은 1893년 4월 이래 조선 '동학당(동학농민군 ; 번역자주)'의 동정과 그 토벌 상황과 관련하여 일본 외무성에 보고된 문서와 그 관련 문서를 수록한 것이다.

물론 이 파일은 '한국 동학당 봉기'의 모든 것을 말해 주는 사료는 아니다. 그러나 이 기록만으로도 청일전쟁의 선전포고가 있었던 1894년 8월 이후에도 8월28일부 부산 총영사 무로다 요시후미(室田義文)로부터 외무차관 하야시 타다스(林董) 앞으로의 보고를 비롯하여 끊임없이 문서가 도착하고 있었다는 사실을 알 수 있다. 일단 종식된 것처럼 보였던 농민군의 봉기는 청일전쟁 개시 직후부터 다시 격렬해져 각지에서 농민군들이 잇따라 봉기하고 있었음을 이 파일은 잘 보여주고 있다.

일본 군인의 체포·살해, 일본군 군용전선의 절단, 보급 기지이자 징발

거점이었던 일본군 병참부에 대한 공격 등 각지에서 봉기한 조선 인민들의
일본에 대한 분노를 이 문서에서 읽어 낼 수 있다. 그러나 『일본 외교문서』
에 위 파일 기록은 단 한 건도 수록되어 있지 않다.

갑오농민전쟁 가을 재봉기는 그 해 봄의 봉기를 포함하여 종래의 농민봉
기와는 명확하게 성격을 달리하고 있었다. 가을 재봉기는 분명히 왕궁 점령
을 비롯한 일본의 군사적 침략에 대한 반대가 주된 동기가 되었다는 사실은
이미 「전봉준 공초」(한국 국사편찬위원회 『동학란기록』)에서도 명확하게 드
러났다.

최근 일본에 유학하고 있는 강효숙(姜孝叔, 치바대학 대학원 사회문화과
학연구과 박사과정 재학중)은 위의 일본 외무성 외교 사료관 파일 외에 방위
연구소 도서관 사료를 널리 섭렵하여 「청일전쟁과 제2차 동학농민전쟁」이라
는 석사 논문을 쓴 바 있다. 강효숙은 그 석사 논문에서 "조선인들의 일본군
에 대한 공격은 특히 조선왕궁 점령사건을 경계로 격렬해 졌으며, 군용전선
파괴 등도 현저해 지는 경향과 그것을 탄압했던 일본군의 작전 내용을 상세
하게 밝혀냈다. 그리고 조경달의 『이단의 민중반란 - 동학과 갑오농민전쟁』
(이와나미 서점, 1998년), 이노우에 카츠오의 「갑오농민전쟁(동학농민전쟁)
과 일본군」(『근대일본의 안과 밖』, 요시카와코분칸, 1999년) 등의 연구성과
를 토대로 하여 청일전쟁 기간중 조선 농민들의 항일투쟁에 대해 일본군이
"모조리 살륙하라"는 명령을 내려 토벌한 것은 "어떤 의미에서는 나중에 일본
군이 동아시아 침략을 하는 과정에서 자행했던 삼광작전(三光作戰)의 '살광
(殺光)'의 원점이었다고 할 수 있을 것이다"고 결론 짓고 있다.

3) 일본의 공권력이 진상을 은폐한 이유

그런데 일본의 공권력이 전사 위조 뿐만 아니라 외교 문서에도 동학 관계
사료를 전혀 수록하지 않았던 것은 어떤 이유 때문이었을까? 향후 학문적 검

토를 할 만한 흥미로운 문제이다.

필자는 이 문제에 대한 향후 검토를 위해 한 가지 가설을 제시하고자 한다.

일본의 학계와 일반 저널리즘, 또는 픽션의 세계(문학작품;번역자 주)에서는 "청일·러일 전쟁 당시의 일본은 국제법을 잘 지켰다"는 주장이 아직도 뿌리 깊다. 작가 시바 요타로(司馬遼太郎)의 『언덕위의 구름』등이 항간에서 많은 독자를 얻고 있는 사실에 그 같은 현실이 잘 나타나 있다.

청일전쟁에서 "적은 전시 국제법을 무시했음에도 불구하고 아군은 문명 교전의 조규(條規)에 준거했던 상세한 사실을 유럽 국제법 학자들에게 전달하고자 함"을 목적으로 씌여진 저작에 아리가 나가오(有賀長雄)의 『일청전역 국제법론(日淸戰役國際法論)』(육군대학교, 1896년)이 있다. 일본에서는 널리 알려진 책이다.

그러나 이 책에도 조선왕궁 점령 관계 기술은 앞에서 인용했던 일본정부·일본군에 의한 형식적 기술을 더 짧게 기술한 데 지나지 않는다. 그 기술은 다음과 같다.

> 오토리 공사는 조선 정부에 대해 그 독립국임에 부끄럽지 않는 체면을 지키기 위하여 제1착으로 아산에 주둔하고 있는 청국 군대를 국외로 물리칠 것을 요구하였다. 그러나 조선정부는 우유부단하여 몇 번이나 회답 기일을 어겼기 때문에 일본 공사는 병력을 이끌고 왕궁으로 들어가 결단을 촉구하였다. 그런데 조선 병사들은 공사의 병력을 습격하였기 때문에 즉각 그것을 격퇴하였다. 이것은 7월 23일의 일이다.(위의책, 31~32쪽)

아리가가 국제법 학자의 신분으로 종군한 부대는 제2군(1894년 9월 21일 편성 착수 사령관 오야마 이와오 육군대장)으로 이 제2군은 조선왕궁 점령 때는 현지에 없었다. 그러므로 제2군은 왕궁점령에 관한 계획·실행에 직접 참가했던 것은 아니었다고 생각된다. 그러나 육군대학교에서 '만국전시공법 (萬國戰時公法)'을 강의하는 등 그 당시 육군의 중추와 깊은 관계에 있었다는 사실은 부정할 수 없다.

아리가가 조선왕궁 점령 사실을 알고 있었는지 아닌 지는 금후의 조사를 기다릴 수 밖에 없다. 그러나 육군 중추와 깊은 관계에 있었다는 점을 고려하면 그 실상을 조사하려고 했다면 불가능했을 리가 없다. 그는 조사를 해보지도 않은 채 오토리 공사의 공전을 근거로 위의 『일청전역국제법론』을 서술했을 것이다.

오토리 공사가 조선왕궁 점령 직후부터 외국 공사관에 진상을 왜곡한 문서를 보낸 것은 일본군에 의한 조선 왕궁 점령이 당시의 국제법에 비추어보더라도 정당화 될 수 없다는 점을 알고 있었기 때문일 것이다. 또 일본 육군이 『일청전사』초안에서 일단 사실을 상세히 기술했음에도 불구하고 공간전사에서는 오토리 공사의 공전과 같은 내용으로 바꿔 기술한 것도 똑같은 이유 때문이었다고 생각된다.

일본군에 의한 조선왕궁 점령이 당시의 전시 국제법에 비추어 보더라도 정당화 될 수 없는 것이라는 점을 학문적으로 논증하는 작업은 앞으로의 과제이다. 조선왕궁 점령에 대해 필자는 일본의 공권력이 계획 단계부터 일관해서 진상을 밝히지 않고 또 공문서에서 말소를 했던 까닭은 당시의 전시 국제법에 의해서도 도저히 정당화할 수 없다는 사실을 알고 있었기 때문이었다는 하나의 가설을 세우고 있는데 이 같은 가설은 큰 잘못이 없는 가설이라고 생각한다.

일본 정부가 청일전쟁 기간중 동학농민군들의 항일 투쟁과 그것을 토벌한 관련 기록을 『일본 외교문서』에 수록하지 않은 것도 아마도 위와 똑같은 이유에 의한 것으로 생각된다. 동학 농민군의 항일 투쟁과 그에 대한 토벌이 그 구체적 실상과 함께 어떠한 '법적 근거'에 바탕하고 있었는가. 법적 근거를 전

혀 지니지 못한 불법 살육이었던가를 국제법의 견지에서 하루빨리 규명해야
한다고 생각한다.

5. 전시 국제법에 대한 연구 과제

1) 외국 군함기를 내건 일본 군함

『일청전사』는 육군 뿐만 아니라 일본 해군도 공간전사인 해군군령부 편찬
『이십칠팔년해전사』(수교사 장판, 춘양당, 상·하 별권 3책) 와는 별도로
『비이십칠팔년해전사(秘二十七八年海戰史)』를 만들었다. 육군과 다른 것은
군령부 내「부내비(部內秘)」자료로 만든 것으로 활판 인쇄로 잘 제본된 것이
었다는 점이다.

이 『비이십칠판년해전사』는 공간 해전사에 비해「범례 및 총목록」만도
62쪽에 달하는 방대한 분량이다. 해전의 실태에 대해서는「전기(戰紀)」라는
제목으로 제1편 조선역, 제2편 황해역, 제3편 요동역, 제4편 산동역, 제5편
팽호도역이라 하여 각 1권씩 정리하여 전투상황을 상세하게 기록하고 있다.
뿐만 아니라「비고문서」라 하여 전투에 참가한 각 함정의 함장 이름의 보고
서를 수록하여 전투상황을 더욱 상세하게 이해할 수 있도록 하고 있다. 그 외
「시설 및 방비」(해군성을 비롯한 각 진수부에 관한 기록 등),「별기」,「외교
요(要)」 등등 방대한 규모의 전사이다. 방위 연구소 도서관에는 그 전책(全
冊)이 소장 되어 있지는 않으나 주요 내용이 담긴 자료는 소장되어 있어서
열람이 가능하다.

필자도 아직 이 방대한 『비이십칠팔년 해전사』를 전부 통독하지 않았지만
「위해위(威海衛)해전」(위의 책, 제4편 산동역)을 펼쳐 보는 것만으로도 공간
전사에는 공표되지 않은 여러 가지 사실이 기술되어 있음을 알 수 있다.

그 중에서 특히 필자를 놀라게 만든 내용은 다음과 같은 사실이었다. 청일전쟁 중 일본군은 요동 반도를 점령한 뒤 북경을 공격하기 위해 산해관 근처에 상륙을 기도하여 상륙 지점 정찰을 한다. 그때 일본 군함이 중국측의 눈을 속이기 위해 놀랍게도 외국 군함기를 걸고 행동했다.

1894년(메이지27년) 12월 7일 오후 두 척의 일본 군함은 대련만(大連灣)을 출발하여 직예 해협(발해해협) 서쪽으로 향하는데 출발에 앞서 '상륙지점 정찰원'은 정찰 방법을 상담하여 그 일정을 세우고 있다. 이 같은 내용은 『비이십칠판년해전사』제4편 산동역(山東役)에 다음과 같이 씌어 있다.

우리의 정찰을 적이 눈치채지 못하게 하기 위하여 특별히 외국 군함기를 게양한다. 12월8일과 9일은 미국 군함기, 그 다음 10일은 영국 군함기를 게양할 것

정찰 결과 "편동풍(偏東風) 강하게 불 때 도저히 군대를 상륙시키기 어렵다 …"는 사실을 알게 되어 대본영에서는 요동만 해안에 육군을 상륙시키는 것을 중지하고, 청국 해군이 위해위에 존재하는 한 직예성으로 진군함에 있어서는 후방을 공격당할 염려가 있기 때문에 작전을 변경하여 먼저 위해위를 공략하여 청국 함대를 섬멸하기로 결정했다.

그래서 다시 산동반도의 상륙 지점 정찰을 위해 또 군함이 파견되었다. 그때도 "특별히 영국 군함기를 내걸어 만으로 들어가" 정찰을 하였다.

사이토 세이지(齋藤聖二, 시온 단기대학 교수)에 따르면 방위연구소 도서관 소장 『메이지 이십칠팔년 전시서류권일』(청구기호⑪일청전역 M27 - 1, 121)에 청일전쟁 개전 직전인 1894년 7월 22일, 당시 해군성 대신 관방주사(大臣官房主事)였던 야마모토 곤베에(山本權兵衛, 나중에 해군대신 및 내각총리대신이 되는 일본 해군의 중진)의 이름으로 사메지마 인키(鮫島員規)

연합함대 참모장 앞으로 보낸 전보에 "적함을 속이기 위해 중립국 기장(旗章)을 걸고 항해하다가 급히 아군 깃발로 바꿔 포격을 시작하는 행위는 현재 국제법상 시인하고 있음에 주의하라"는 내용이 있다는 사실도 드러났다.

일본 국제법 학자 타테사쿠 타로(立作太郎)의 『전시국제법론(戰時國際法論)』(일본 평론사, 1931년)에 따르면

> 기계(奇計)는 육전(陸戰)과 마찬가지로 해전에 있어서도 배신 행위가 되지 않는 이상은 그 사용을 허락하는 것이 관습 국제법상의 원칙이다. 허위로 기장(旗章)사용에 관해서는 교전국 군함이 적에게 가까이 다가가기 위하여 또는 적으로부터 도망가기 위하여 중립국 또는 적국의 기장을 사용하는 것을 허용하지만 공격을 시작하거나 또는 임검, 수색, 나포를 행하기 전에 진짜 국기를 제시하지 않으면 안된다(위의 책, 345쪽)

라고 되어 있다.

2) 전시 국제법에 대한 역사적 연구를 진행하자

청일·러일 전쟁 당시의 일본군은 "국제법을 잘 지켰다"는 그 '국제법'에는 군함이 외국기를 걸고 군사행동을 하는 마치 '해적 비슷한 행위'도 정당화되어 있었다는 사실을 명기해야 할 것이다. 일본 국내에서 "청일·러일전쟁 당시 일본은 국제법을 잘 지켰다"고 주장하는 사람들은 이상과 같은 외교문서와 전사(戰史)상의 사실 위조와 전시 국제법상의 '해적 비슷한 행위' 시인이라는 내용을 과연 알고 있었던 것일까?

필자는 일본의 "청일·러일전쟁 당시 국제법 준수론"을 비판하기 위하여 조선 왕궁 점령 진상의 위조, 「일로전사편찬강령」의 문제점 등을 해명한 연장선상에서 다음 단계의 연구과제로써 청일·러일전쟁과 전시 국제법과의 관

계를 규명하려고 생각하고 있다.

아직 시작 단계에 지나지 않지만 우선 여기서는 청일전쟁과 러일전쟁에 있어 역사 위조 사실, 당시의 국제법 내용으로부터 생각해 볼 때 "청일·러일전쟁에 즈음하여 일본은 국제법을 모범적으로 준수한 나라"였다는 주장은 다음과 같은 문제를 낳게 된다고 생각하고 있다는 점을 밝혀두고자 한다.

첫째 '국제법 준수론'은 마치 청일·러일전쟁이 '정의(正義)의 전쟁'이었다는 '플러스 가치'와 결합되어 있다는 것.

둘째 이러한 주장은 역사적 사실에 근거한 독자적인 분석에서 나온 결론이 아니라 공간전사와 『일본 외교문서』의 기술 내용에 따른 것으로써 그 기술 내용이 위조되어 있을 때 진정한 사실에 이르고자 하는 분석을 하지 않았으며, 따라서 전쟁의 진상 규명을 등한시하고 있는 경향을 시정할 수 없다는 것.

셋째 당시 국제법의 역사적 성격을 논의하지 않은 채 예를 들면 '기계(奇計)=중립국 또는 적국의 기장 사용' 등 '해적 비슷한 행위'에 대한 역사적 문제를 불문에 부치게 된다는 것.

넷째 위와 같은 문제점에서 다시 파생되어 제1차 세계대전 뒤의 세계정세(특히 조선에서 일어난 3·1독립운동과 중국의 5·4운동 등의 민족 운동의 고양, 중국의 국제적 지위 변화 등)에 수반된 국제법의 변화에 대해 일본은 어떻게 대응해 왔던가, 아니면 대응하지 못했던가, 일본의 국제법 수용 태도와 그 변천, '국제법학사(國際法學史)'에 대한 역사적 규명이라는 문제에 대하여 관심 조차도 불러 일으키지 않는 결과가 되고 있다는 점 등이다.

6. 맺음말

이 논문에서 밝힌 바와 같이 일본은 청일전쟁 당시부터 역사 위조를 거듭해 왔다. 그 결과 일본의 정치·군사 지도자들은 자신들의 행위가 어떤 문제를 불러 일으켰던가. 일본으로부터 침략을 당한 조선을 비롯한 주변국가에서는 무슨 일이 일어났던가. 그 역사적 의미는 무엇인가. 일본은 아시아를 비롯한 국제사회 속에서 어떤 정책을 취해야 할 것인가 라는 문제에 대하여 정당한 판단을 내리는 일이 불가능했다.

거짓을 되풀이하면서 야망은 점점 더 비대해져서 조선 침략이 다시 중국 동북 지방 침략으로, 다시 중국 본토와 동남아시아, 태평양 위의 여러 섬으로까지 확대되어 갔다. 그 결과 아시아 여러 나라 국민과 일본 국민에게 참담한 희생·비극이 도래하였으며 당연한 결말로써 1945년 천황제 군국주의의 나라 대일본 제국은 제2차 세계대전에서 패배하고 말았다.

1945년의 패전으로부터 반세기를 넘는 세월이 경과했다. 그럼에도 불구하고 패전 뒤 일본은 천황의 전쟁 책임을 면책한 것이 근본 원인이 되어 아직도 패전 이전의 고질(固疾)로부터 해방되지 못하고 있다. 일본은 현재 일본이 국제사회에서 특히 아시아에서 어떤 국제적 위치에 놓여 있는지, 그 같은 위치를 차지하기 위해 아시아 여러 나라와 공존 공영관계를 어떻게 맺어야 할 것인가에 대해 확고한 원칙을 지니고 있지 않다. 이러한 현상은 일본이 아직도 패전 이전의 고질에 홀려 있기 때문이다. 만약 그 같은 고질이 다시 기세를 얻게 되면 그 불행은 일본에만 그치지 않고 주변 여러 나라에게까지 미치게 될 것이다.

역사의 진실을 직시하는 자세야말로 미래를 개척하는데 없어서는 안될 양식이라는 사실을 다시금 확인하면서 이 논문을 마친다.

甲午農民戦争と日本

－ 朝鮮王宮占領事件およびその後の日本 －

中塚明(奈良女子大学名誉教授)

報告の目的

　　最近、日本では、近代日本の朝鮮をはじめるとするアジア諸国への侵略の事実を隠蔽・歪曲するのみならず、それを美化する一部の人たちの動きが目立っている。「新しい歴史教科書をつくる会」の歴史教科書問題はその一つである。こうした日本の動向に対して、日本の内外, とりわけ韓国をはじめアジア諸国からきびしい批判が起こっていることも記憶に新しい。

　　日本は1945年の敗戦後も、天皇の戦争責任を免責したことを根源的な理由として、軍国主義的な思想を温存し続けてきた。 前後日本の歴史学界では、 朝鮮をはじめとするアジア諸国に対する日本軍国主義の侵略の歴史を解明する研究も大いに進み、 歴史教育でも一定の前進をみたが、 他方で戦後の旧い歴史観にもとづく主張も後を絶たず、 日本政府も教科書検定を通して日本軍国主義のアジア侵略の事実を日本国民が正しく解明することを陰に陽に妨げてきた。

　　日本軍国主義の侵略の事実を隠す歴史認識は、 侵略を受けた諸民族の民族的自主性を認めないことと表裏一体ものである。

　　この報告では、 日清戦争 （1894～95年） で日本軍の最初の武力行使であった朝鮮王宮 （景福宮） 占領をめぐる事実を述べ、 日本における歴史、 とくに戦史の偽造が系統的におこなわれてきたこと明らかにすることを主題とし、 あわせて日本において日清戦争中の朝鮮の抗日運動、 甲午東学農民戦争の事実がどのように隠されてきたのか、 また当時の戦時国際法の実態についても問題提起的に言及する。

Ⅰ. 朝鮮王宮占領をめぐる戦史の偽造

(1) 公刊戦史・日本外交文書の記述

　　日清戦争での日本軍の最初の武力行使は、 1894年7月23日未明の朝鮮王宮占領であっ

た。旧日本陸軍参謀本部が編纂、公刊した戦史、『明治廿七八年日清戦史』は、この武力行使を「韓兵の暴挙」による「日韓両兵の衝突」とし、次のように記述している。

　　　… 大鳥公使は韓廷に対する秕政治改革談判のたやすく進捗せざる飲みならず、… 我が要求を拒否 … 事態すこぶる容易ならざるをもって、更に旅団の一部を入京せしめんことを請求するに至れり。困ってた旅団長は歩兵第二十一連隊第二大隊及び工兵一小隊を王宮北方山地に移し幕営せしめんとし、人民の騒擾を避けんがため特に二十三日払暁前において右諸隊を京城に入れ、その進んで王宮の東側を通過するや、王宮守備兵及びその附近に屯在せる韓兵突然たって我を射撃し、我兵も亦匆卒応射防御し、なおこの不規律なる韓兵を駆逐し京城以外に退かしむるにあらざればいつ如何の事変を再起すべきも測られざるに困り、ついに王宮入り … 一時代りて王宮四周を守備せり。（『明治廿七八年日清戦史』第 1 巻、東京印刷株式会社、1904年3月発行、119～20ページ）。

　前後わずかに 800字たらずの記述があるだけである。同じく『明治廿七八年日清戦史』第 8 巻所収の「付録第百二十二・日清戦暦」でも、この朝鮮王宮占領事件を「京城における日韓両国兵の衝突」とし、参加した兵力は「歩兵三中隊、工兵一小隊」に過ぎず、きわめて小規模な武力衝突事件であったと書いている。

　朝鮮駐在の日本公使館が日本の外務省に王宮占領の具体的状況を初めて伝えたのは、当日、7月23日午後5時発信の大鳥圭介公使から陸奥宗光外相にあてた公電、「王宮ヲ囲ミシ際ノ情況報告ノ件」（『日本外交文書』第27巻第 1 冊、421号文書）である。

　この公電で、大鳥公使は、朝鮮に駐在している外国の外交官に対して状況説明の文書を送り、その中で、朝鮮政府との交渉の成り行きにより、日本軍が王宮の後ろにある丘に陳取るため王宮に沿って進んでいたところ、王宮やその周辺に配置されていた朝鮮兵の多数が日本軍に発砲した、そこで日本軍は余儀なく応戦し、王宮に入って王宮を守ることにした。日本政府には侵略の意図は無い旨を保証した——と述べている。

　公刊戦史の記述は、この大鳥公使の公電と基本的に同じである。

　また周知のように、日本政府は、日清戦争が始まった後、この朝鮮王宮占領から約一カ月後の8月20日、朝鮮政府と「日韓暫定合同条款」結んだが、そのなかで、「本年七月二十三日王宮近傍において起こりたる両国兵員偶爾衝突事件は彼此共にこれを追究せざるべし」との一項を朝鮮政府に認めさせた。

　要するに、日本政府・軍の公式見解では、朝鮮王宮占領は最初に発砲した朝鮮の兵士との偶発的な衝突から始まり、日本軍はやむを得ず応戦し、王宮に入り国王を保護した、小規模な衝突事件に過ぎなかったと一貫して言われてきたのである。この見解は日清戦争当時の新聞報

道や巷間に流布した戦記類はもちろん、　第二次世界大戦後に刊行された戦記の類でも踏襲去れ、また日本における最近の日清戦争研究でも、なおこれによっているものもある。

(2) 福島県立図書館所蔵「佐藤文庫」の『日清戦史』草案

①　ところが、　私は日清戦争から百年目の1994年、　福島県立図書館佐藤文庫所蔵の『日清戦史』草案から、　この日本の公式見解とはまったく異なる詳細な朝鮮王宮占領の記述を発見した。(詳細は中塚明『歴史の偽造をただす』、高文研、1997年、参照)。

　この『日清戦史』草案の記述によれば、　王宮占領は日本政府の意図を汲み、　朝鮮駐在の日本公使館が日本軍に持ちかけ、　周到に計画された軍事行動であったことは明らかである。
　日清戦争の口実に困った日本政府および大鳥朝鮮駐在日本公使らは、「属邦を保護する」と言って清朝中国の軍隊が朝鮮に出兵しているのは、「朝鮮国は自主の邦」とした日朝修好条規 (丙子条約) 違反である、朝鮮が独立国なら清国軍を国内に追い出せ、朝鮮政府にその力がないなら日本軍が代わって追い出すから朝鮮政府は日本に対して「清軍駆逐」の公式な依頼文書を出せ、と朝鮮政府に迫って開戦に持ち込もうとした。陸奥外相が、　日清戦争直後の回想録『蹇蹇録』で、「狡獪手段」「高手的手段」「嚇迫手段」と表現したように、ずるがしこく強引なやり方であった。(その詳細は中塚明『「蹇蹇録」の世界』、みすず書房、1992年、参照)

　しかし朝鮮政府がこのような日本の要求を素直に受け入れるはずはなかった。　そこで大鳥公使は、7月20日、最後通牒をつきつけ、22日中の返答を求めた。すでに7月12日、清朝中国へのイギリスの調停工作が失敗して日本政府は開戦の決心を固め、　16日は懸案のイギリスとの条約改正交渉にも成功、　19日には大本営も朝鮮にいる日本軍に「清国軍増派せば独断ことを処すべし」と開戦の許可を与えていた。
　朝鮮王宮占領はこうした状況下で、　日本政府・朝鮮駐在の日本公使館・日本軍の間で周到に計画され、実行されたのである。
　大鳥公使が最後通牒を朝鮮政府つきつけた日、7月20日午後 1時、日本政府から朝鮮に派遣されていた本野一郎参事官が、第五師団混成旅団長大島義昌少将を訪ねて、朝鮮政府を威嚇するために王宮を囲むことを提案した。
　『日清戦史』草案の記述によれば、この提案を受けて、大島義昌混成旅団長は、すでに牙山の清朝中国の軍隊を攻撃するため南下の準備していて、それを延期するのは戦略上、不利なのは言うまでもないが、「開戦の名義の作為もまた軽んずべからず、ことに朝鮮政府にして日

本公使の掌中に在らば、旅団の南下の間、京城の安全を保つに容易にして、またその行進に関しては軍需の運搬、徴発、皆便利を得べし」と考え、この提案に同意した。

つまり、この王宮占領は、朝鮮の国王高宗を事実上「とりこ」にし、王妃の一族と対立していた国王の実父である大院君を担ぎだして政権の座につけ、朝鮮政府を日本に従属させ、清朝中国の軍隊を朝鮮外に駆逐することを日本軍に委嘱させる、つまり「開戦の名義」を手にいれる、さらにソウルの朝鮮兵を武装解除することによって、日本軍が南北で清朝中国の軍隊と戦っている間、ソウルの安全を確保し、同時に軍需品の輸送や徴発などをすべて朝鮮政府の命令で行なう便宜を得る、―こういう目的で遂行されたのである。

大鳥旅団長は、翌21日、大鳥公使を訪ね「一個大隊」で威嚇するという公使の提案を改め、「手続きを省略し直ちに旅団を進めてこれに従事せしむること」にした。そして歩兵二十一連隊長武田秀山中佐に作戦計劃の立案をひそかに命じた。

②『日清戦争』草案によれば、作成された「朝鮮王宮に対する威嚇的運動の計画」では、王宮占領だけではなく市内要衝の占拠などを、中隊規模まで部署及び任務を詳細に定めている。この作戦が当時朝鮮に 出兵していた日本軍の総力をあげておこなわれたことを知ることができる。（計劃の全文は中塚、前掲『歴史の偽造をただす』に収録）。

王宮を占領する核心部隊とされたのは、歩兵第二十一連隊（連隊長・武田秀山中佐）の第二大隊（大隊長・山口圭蔵少佐）である。この大隊は、工兵一小隊を伴い午前三時龍山を出発、王宮に入りこれを守備することを任務とされた。工兵が同行したのは、王宮を囲んでいる塀あるいは門を破壊するには、爆薬の取扱いなどになれている工兵部隊が必要だったからである。

7月23日の王宮占領事件が「日韓両国兵士の偶然の衝突」といったものでは決してなく、日本公使館・日本陸軍の混成旅団が一体となって、事前に周到に準備した作戦計画に基づくものであったこと、そしてその作戦は王宮とその周辺のソウルの中枢地域の全面占領であったことは、右の日本陸軍参謀本部自身が書いた記録によって詳細に明らかになった。

また、『日清戦史』草案は、「核心部隊」が迎秋門を破壊して景福宮に突入する模様、国王を事実上「とりに」にした時の状況などを詳細に記述している。記述はきわめて精細で、王宮突入の様子などは手に取るようにわかる。（詳細は中塚、前掲『歴史の偽造をただす、参照）。

③ 福島県立図書館「佐藤文庫」所収の『日本戦史』草案から、朝鮮王官占領の系統的な顛末記録が見つかったことの意味は二つある。

第一は、前述したような朝鮮王官占領についての従来の日本政府・軍の公式見解が、日

本軍自身が書いた記録によって覆されたことである。言い換えれば、公式見解がウソであり、「作り話」であったことが、日本軍の記録によって立証されたのである。

第二は、朝鮮王宮占領の顛末が日本軍によって詳細に記録されながら、それが隠され、ウソ・「作り話」だけが、日本国の軍隊をはじめ政府当局者、そして日本国民一般に広くまかりとおったことが明らかになったことである。

この事実から、日本における 戦史編纂がどのように行われたのかという新たな研究課題が生じた。

II. 引きつづく戦史の偽造

(1)「日露戦史編纂綱領」

近代日本における戦史の偽造は、 日清戦史編纂の時の一時的なものでないことは、 同じく福島県立図書館の佐藤文庫に所蔵されている参謀本部の「日露戦史編纂綱領」によりいっそう明確になった。

「日露戦史編纂綱領」は、 日清戦争が終わった翌年、 1906年2月、 参謀総長大山巌の名で定められた。 主文に当たる「明治三十七八年日露戦史編纂綱領」の第六項に次のように述べられている。

> 編纂事業を分かちて二期とし、 その第一期は史稿の編纂にして、 第二期は戦史の修訂とす。史稿は戦史の草案なり。精確に事実の真相を叙述し戦史の体裁を具備せしめ、史稿完成の上は第二期作業に移り、その全部にわたり分合増刪し、 且つ機密事項を削除しもって本然の戦史を修訂し、これを公刊するものとす。

同第八項には、 戦史の編纂に当たっては、 史料として「専ら大本営、 各部団隊の機密作戦日誌、 陣中日誌、 戦闘詳報、 報告、 その他の公文書」を用いて精確に書くが、それは第六項にあるように、 戦史編纂の第一段階の「史稿の編纂」なのである。 この「史稿完成の上は第二期作業に移り、 その全部にわたり分合増刪し、 且つ機密事項を削除しもって本然の戦史を修訂 し、これを公刊する」というのである。

すなわち公刊戦史では「機密事項」は削除され、 ことの真相は隠されているということを、 疑問の余地なくこの「日露戦史編纂綱領」は語っている。

(2) 書いてはならない十五カ条

　この「日露戦史編纂綱領」には、「日露戦史編纂規定」のほか「日露戦史編纂ニ関スル注意」「日露戦史史稿審査ニ関スル注意」、「日露戦史整理ニ関スル規定」の四つの附属文書がある。そのなかでとりわけ注目すべきものは「日露戦史史稿審査ニ関スル注意」である。

　すなわち、「史稿の編纂」が行われ、それを審査し公刊戦史を作る際に、何を「機密事項」として削除するか、削除の理由は何かが、この「日露戦史史稿審査ニ関スル注意」に十五カ条にわたって書かれている。近代日本における戦争の歴史が、当の陸軍でどのように叙述されてきたか、公刊戦史はどういうことがらについて真相を語っていないかを知る上で、きわめて興味深い記録である。全文を紹介する紙数はないので割愛せざるを得ない。（全文は中塚明、前掲『歴史の偽造をただす』90〜94ページ、参照）

　その書いてはならない十五カ条のうち、特に注目されるのは、第十一項である。

　　　　国際法違反又は外交に影響すべき恐ある記事は記述すべからず。
　　　　理由　俘虜土人の虐待、もしくは中立侵害と誤られ得べきもの、又は当局者の否認せる馬賊使用に関するなどの記事のでとき、往々物議をかもしやすくひいて累を国交に及ぼし、あるいは私が軍の価値を減少するの恐れあるが故なり。

(3) 偽造は現在の日本に引き継がれている

　それでは、この戦史の偽造は現在の日本では克服されているのか。第二次世界大戦後、「自衛隊」で戦史研究に重きをなした一人に野村実という人物がいる。彼は旧日本海軍将校で、第二次世界大戦後は、極東国際軍事裁判の海軍側被告の弁護事務に従事、やがて防衛庁にはいり、戦史研究に従事し防衛大学校教授にもなった。

　彼は著書に『太平洋戦争と日本軍部』（山川出版社、1983年）がある。その序説「太平洋戦争と日本軍部」の冒頭で「歴史の教訓」を論じ、この「日露戦史編纂綱領」の一連の文書を紹介した。中でももっとも注目すべきものとして、右に紹介した「日露戦史史稿審査ニ関スル注意」をあげ、その「主要なものを摘記」している。

　彼は「政略指導・戦略指導・作戦指導の深刻な研究のためには、史稿審査に関し注意すべき事項のなかで、明記すべからず、概略にすべし、漠然たらしむるを要す、記述すべからず、などとされた個所こそ、重要性があったと言わなければならない」（同前、14ページ）と主張している。

　ところが、彼は「日露戦史史稿審査ニ関スル注意」を全文紹介したのではない。原文の各

項目には一から十五の番号が付けられているにもかかわらず、番号を付けずに紹介して、どの項目を紹介しなかったのか、これが全文なのか、読者には判然としないまぎらわしい紹介の仕方をしている。全く紹介しなかった項目もある。特に前記、第十一項についてはまったく言及しなかったことが注目される。「国際法違反又は外交に影響すべき恐ある記事」は、直接軍事史とは関係ないと言うのであろうか。

太平洋戦争を戦う上で、公刊された日清戦史では書かれなかった「個所こそ、重要性があった」と批判しているにもかかわらず、「国際法違反又は外交に影響すべき恐ある」の削除の意味について全く言及しなかったことは、かえって野村を含めた現代日本における「自衛隊」の戦史研究者の近代日本における戦争、とりわけ日清・日露戦争の見方、ひいてはその歴史観を表明することになっていると私は考える。

日清戦争は、清朝中国との戦争であったが、戦争の勃発ととくに初期においては朝鮮がその主戦場であった。そして私が力説したように、日清戦争における日本軍の最初の武力行使は朝鮮王宮占領であった。また、日本軍の戦争遂行に朝鮮における人馬・食糧などの乱暴な徴発が行われた。朝鮮王宮占領はもちろんのこと、朝鮮におけるさまざまな徴発が、朝鮮の官民にどのように受け取られたか、どのように朝鮮の民族的感情を損なったか、そしてどのように抗日闘争が起ったか、また抗日闘争に決起した朝鮮人を日本軍がどれほど無残に鎮圧したか。日清戦争を考えるうえで、こういう問題が軽視されてよいはずはない。

また日露戦争といっても、これまた朝鮮・中国東北（満洲）をめぐる日本とロシアの戦争であり、その戦場になったのも朝鮮であり、中国東北地方であった。日本は日露戦争を前にした朝鮮政府の局外中立の宣言を無視して、朝鮮を軍事占領下に置いたうえで日露戦争を戦ったことは、「朝鮮駐箚軍」の行動を見ても明らかである。そして日露戦争の結果として、「韓国併合」が実現し、日本の植民地として朝鮮は亡国の憂き目を見たことは周知のことである。また、新たに日本の植民地となった関東州では、日露戦争後も「反日行為」を理由に中国人の殺害が行われた事実もある。

日本軍の当時における行為の一つひとつのどれが「国際法違反が否か」を論じることには、もとよりさまざまな議論のあるところであろう。

しかし、私がすでに述べたように、例えば朝鮮王宮占領に関わる記述を、公刊戦史には載せることができなかったのは、この日本軍の行動が、帝国主義諸国の思いのままに行動できた当時にあっても、世界に公表できるものではなかったことを物語っている。

そしてこうした日清・日露戦争を経た日本と朝鮮・中国との関係は、その後、日本と両国の間に深い傷痕を残し、日本と朝鮮・中国との民族的対立は、その後の日本のアジア政策を考える上で、きわめて深刻な問題を提起していたはずである。

こうした問題があるにもかかわらず、「自衛隊」の戦史研究者が前記の第十一項目を紹介し

なかったことは、まさに現代日本における歴史認識の問題として無視できない。日清戦争後、半世紀にして崩壊した軍国主義日本の「戦史研究」の最大の問題がここにあったと言って過言ではないからである。

　この「自衛隊」の歴史研究者は、この「国際法違反又は外交に影響すべき恐ある記事は記述すべからず」という項目を故意に紹介しなかったと断定しても間違いではあるまい。彼もまた旧日本軍が国際法を犯したような事実は明らかにすべきでないという、日清・日露戦争以来の日本軍の戦史編纂の伝統を墨守しているのである。

Ⅲ．朝鮮の抗日闘争とその弾圧の隠蔽

（1）王宮占領への抵抗を矮小化する

　私はこの報告の冒頭で「日本軍国主義の侵略の事実を隠す歴史認識は、侵略を受けた諸民族の民族的自主性を認めないことと表裏一体のものである」と述べた。

　すでに述べたように、日本政府や軍は、朝鮮王宮占領事件は偶発的できわめて小規模なものであったとするのにつとめた。それは王宮占領の直後、大鳥公使が公電で「発砲はおよそ十五分間も引き続き今はすべて静謐に帰したり」と伝えたときから一貫している。

　しかし、政府・軍など日本の公権力が無視しようと、また事実をどう歪めて書こうと、朝鮮人はこの王宮占領の屈辱を忘れない。

　まず、当日の朝鮮兵士の戦いぶりはどうであったのか。『日清戦史』草案の記述からでさえ、朝鮮兵士の抵抗は次のようにうかがえる。

　　　武田秀山中佐の率いる歩兵第二十一連隊第二大隊が迎秋門を破壊して王宮に突入したのは午前五時ごろであった。それより前、東側、建春門を挟んで双方の撃ちあいがはじまったのは午前四時十分である。王宮をめぐる「双方の発火漸く緩徐なるに至」ったのは午前七時半であった。これから国王探しがはじまり、山口大隊長が国王に会い、日本軍が警戒のため各間に哨兵を配置する動作が完全に終わったのは午前九時過ぎであった。
　　　王宮北方の高地では「午前六時前後韓兵甚だ抗拒につとめ」、「日韓両兵の射撃まったく止」むのは午前八時四十分であった。しかし、王宮北方、白岳頂上や南斜面から、少数の朝鮮兵士の発砲が「常に止まず」、「午後二時に至るもいまだ止まず」という状況であった。また、親軍壮衛営の占領に向かった日本軍も朝鮮兵士の激しい抵抗に出会い、そこを占領したのは午後三時のことであった。

しかし、公刊戦史には、こうした記述さえ抹消されたことは前述の通りである。

(2) 朝鮮に広まる抗日の動きを隠す

　日本外務省外交史料館に『自明治二十六年四月至二十八年九月　韓国東学党蜂起一件』という外交文書の原史料のファイル(5門3類2項5号)がある。このファイルは1893年4月以来の、朝鮮におけるいわゆる「東学党」の動きやその討伐について、日本外務省に届いた文書などのほか関係文書を収録したものである。

　もちろん、この記録は「韓国東学党蜂起」のすべてを語ったものではない。しかし、この記録からだけでも、日清戦争の宣戦布告が行われた1894年8月以降も、8月28日付、釜山総領事室田義文の林董外務次官あての報告をはじめとして引きも切らず文書が到着していることがわかる。いったん終息したかに見えていた農民の戦いが、日清戦争開始直後からまた激しくなり、各地で次々に起ったことをこのファイルはよく示している。

　日本軍人の逮捕・殺害、日本軍軍用電線の切断、補給の基地であり徴発の拠点でもあった日本軍の兵站部への襲撃等々、各地で蜂起した朝鮮人民の日本への怒りがそれらの文書から読み取れる。

　しかし、『日本外交文書』にこのファイルの記録は一つも収録されていない。

　甲午農民戦争の秋の再蜂起は、この年の春の農民蜂起を含めて、従来の農民蜂起とは明らかに性質を異にしていた。秋の再蜂起は、明らかに王宮占領をはじめとする日本の軍事的侵略に反対することが主な動機になっていたことは、すでに「全琫準供草」（韓国国史編纂委員会『東学乱記録』）からも明らかである。

　最近、日本に留学した韓国の姜孝叔（千葉大学大学院社会文化科学研究科）は、上記の日本外務省外交史料館のファイルのほか、防衛研究所図書館の史料を博捜し、「日清戦争と第二次東学農民戦争」という論文を書き、朝鮮人の日本軍への攻撃が「特に朝鮮王宮侵入事件を境に激しくなり、軍用電線破壊など」が顕著になっていく様子とそれを弾圧した日本軍の作戦を詳細に解明した。そして趙景達『異端の民衆反乱 - 東学と甲午農民戦争』（岩波書店、1998년）、井上勝生「甲午農民戦争（東学農民戦争）と日本軍」（『近代日本の内と外』、吉川弘文館、1999年）などの研究成果を踏まえ、日清戦争中の朝鮮農民の抗日闘争に対する日本軍の「悉く殺戮すべし」との命令による討伐は、「ある意味においては、後、日本軍の東アジア侵略の際に行われていた三光作戦の「殺光」の原点であったと言えるだろう」と結論づけている。

(3) 日本の公権力が事実を隠蔽した理由

さて、日本の公権力が、戦史の偽造だけではなく、外交文書にも東学関係史料をまったく収録しなかったのは、いかなる理由にもとづくのか、今後の学問的検討に値する興味深い問題である。

私はこの問題について、今後の検討のために一つの仮説を提示したい。

日本では学界や日本ジャーナリズム、あるいはフィクションの世界でも、「日清・日露戦争当時の日本は国際法をよく守った」という主張がいまだに根強い。作家、司馬遼太郎の『坂の上の雲』などが巷間で多くの読者を得ていることにそれがよく現れている。

日清戦争で「敵ハ戦律ヲ無視シタルニ拘ラス我軍ハ文明交戦ノ条規ニ準拠シタル詳細ノ事実ヲ欧州ノ国際法学者ニ伝ヘントスル」ことを目的として書かれた著作に、有賀長雄の『日清戦役国際法論』（陸軍大学校、1896年）がある。日本では広く知られている書物である。

しかし、この書物でも、朝鮮王宮占領の記述は、前掲の日本政府・日本軍が表向きにした記述をもっと短くしたものに過ぎない。その記述は次の通りである。

> 大鳥公使ニ朝鮮政府ニ対シ其ノ独立国タルニ恥チサル体面ヲ全ウスル為ニ第一着ニ牙山ニ屯在スル清国ノ軍隊ヲ国外ニ退カシメンコトヲ要求シタリ、而シテ　朝鮮政府ハ優柔不断ニシテ幾回モ決答ノ期日ヲ誤リタルニ依リ日本公使ハ兵員ヲ率キテ王宮ニ入リ決断ヲ促シタリ、然ルニ韓兵ハ公使ノ兵員ヲ襲ヒタリカハ即チ撃テ之ヲ却ケタリ、是レ七月二十三日ノ事ナリ。（31〜32ページ）

有賀が国際法学者として従軍したのは第二軍（1894年9月21日編成着手。司令官、大山巌陸軍大将）で、朝鮮王宮占領のときは現地にいなかった。したがって、王宮占領の計画・実行に直接参画したことはなかったと思われる。しかし、「万国戦時公法」を陸軍大学校で講義するなど、当時から陸軍の中枢と深い関係にあったことは否定できない。

有賀が朝鮮王宮占領の事実を知っていたか否かは、今後の調査に待つほかはないが、しかし、陸軍中枢と深い関係から考えれば、その実態を調査しようとすればできなかったはずはない。彼は調査をせずに、大鳥公使の公電を根拠に、上記の『日清戦役国際法論』の叙述をしたのであろう。

そもそも大鳥公使が朝鮮王宮占領の直後から、外国の外交官に対して事実を偽った状況説明の文書を送ったのは、日本軍によるこの朝鮮王宮占領が、当時の国際法に照らしても正当化できないことを知っていたからであろう。また、日本陸軍が『日清戦史』の草案で一旦事実を詳細に書いたにもかかわらず、公刊戦史では、大鳥公使の公電と同じ趣旨に書き替えたのも同様

の理由と考えられる。

　日本軍による朝鮮王宮占領が、当時の戦時国際法に照らしても正当化できないことを学問的に論証することは今後の課題である。私は、朝鮮王宮占領について、日本の公権力がその企てのはじめから一貫して真相を述べず、また公文書から抹消したのは、当時の戦時国際法によっても到底正当化できないことを彼らが知っていたからであると、一応の仮説をたてているが、それは大過ないものと考えている。

　日本政府が日清戦争中の甲午農民戦争の抗日闘争とそれへの「討伐」関係記録を『日本外交文書』に収録しなかったのも、おそらく同様の理由によるものと考えられる。甲午農民戦争の抗日闘争とそれへの「討伐」が、その実態とともに、それがどのような「法的根拠」にもとづいていたのか、まったく法的根拠を持たない不法殺戮であったのか、国際法の見地から早急に明らかにすべきであると考える。

Ⅳ．戦時国際法研究の課題

(1) 外国の軍艦旗を掲げる日本軍艦

　日清戦史では、陸軍だけではなく、日本海軍も公刊戦史である海軍軍令部編纂『廿七八年海戦史』（水交社蔵版、春陽堂、上・下・別巻三冊）とは別に、『秘廿七八年海戦史』を作っていた。陸軍と異なるのは、これは「部内秘」の資料としたもので、活版印刷されきちんと製本されていることである。

　この『秘廿七八年海戦史』は公刊海戦史にくらべて、「凡例及総目録」だけでも62ページにもなる膨大なものである。海戦の実態については、「戦紀」として、第一篇 朝鮮役/第二篇 黄海役/第三篇 遼東役/ 第四篇 山東役/第五篇 澎湖島役 と、それぞれ一巻ずつにまとめられ、戦闘状況を詳細に記録しているだけではなく、「備考文書」として戦闘にかかわる各艦艇の長からの報告書を収録して、戦闘状況をさらに詳しく理解できるようにしてある。その他、「施設及防備」（海軍省をはじめ各鎮守府の記録など）「別記」「外交 要」 等々、膨大な戦史である。防衛研究所図書館にはその全冊が揃ってはいないが 主要な巻は所蔵されていて閲覧することができる。

　私もこの膨大な『秘廿七八年海戦史』をまだ全部通読していないが、例えば、「威海衛の海戦」（上記、第四篇 山東役)を紐どくだけでも、公刊戦史には公表されなかったさまざまの事実が書かれていることがわかる。

　とりわけ私を驚かせたのはつぎのような事実である。

　　日清戦争で日本軍が遼東半島を占領したあと、　北京を攻めようと山海関近くに上陸すること
を企て、上陸地点の偵察を行うが、そのとき日本の軍艦が中国側の目をごまかすために、なんと
外国の軍艦旗を掲げて行動したのである。
　　1894(明治27)年12月7日午後、二隻の日本軍艦は大連湾を出発し直隷海峡（渤海
海峡)の西方に向かうが、出発に先立って、「上陸地点視察員」は視察の方法を相談し予定を
たてている。それを『秘廿七八年海戦史』（第四篇　山東役）はつぎのように書いている。

　　　　我偵察ヲシテ敵ニ覚知セサラシメムカ為メ、特ニ外国軍艦旗ヲ掲揚ス、即チ十二月八日
　　ト九日ハ米国軍艦旗、翌十日ハ英国軍艦旗ヲ掲クル事

　　偵察の結果、「偏東風強吹スル時到底軍隊ヲ上陸セシムルコト能ハス…」ということがわかり
、大本営では遼東湾岸に陸軍を上陸させることをやめ、清国海軍が威海衛に存在するかぎり直
隷省に進軍するには後顧の憂いがあるので、作戦を変更してこの際まず威海衛を攻略して清国
艦隊を殲滅することに決した。
　　そこで今度は山東半島の上陸地点偵察のため、また軍艦が派遣された。その際も「特ニ英
国軍艦旗ヲ掲ケテ湾内ニ入り」偵察を行っている。
　　斎藤聖二(シオン短期大学教授)の教示によれば、防衛研究所図書館所蔵「明治廿七
年二十七八年戦時書類　巻一」（請求記号⑪日清戦書　M27‐1、121)に、日清戦争開
戦直前の1894年7月22日、当時、海軍省大臣官房主事であった山本権兵衛（後、海軍大
臣、内閣総理大臣にもなる日本海軍の重鎮）の名による鮫島員規連合艦隊参謀長宛の電報
案、「敵艦ヲ欺ク為メ中立国ノ旗章ヲ掲テ進航シ急ニ我軍艦旗ニ引煥ヘ砲撃ヲ始ムルハ今猶
国際上是認シ居ルヨシ注意迄申送ル」があることも判明している。
　　日本の国際法学者、立作太郎の『戦時国際法論』（日本評論社、1931年)によれば

　　　　奇計は、海戦に於ても、陸戦と同じく、其の背信の行為ならざる以上は、之を用ふるを許
　　さるることが、慣習国際法上の原則である。虚偽の旗章の使用に関しては、交戦国軍艦が、
　　敵に近づかんとする為め又は敵より遁れんとする為、中立国又は敵国の旗章を用ふることを得
　　べきも、攻撃を始め又は臨検、捜索、拿捕を行はんとする前 に於て、其の真の国旗を示さ
　　ねばならぬ。……（345ページ）

とある。

(2) 戦時国際法の歴史的研究を進めよう

日清・日露戦争当時の日本軍は「国際法をよく守った」というその「国際法」には、軍艦が外国の旗を掲げて軍事行動をするというまさに「海賊まがいの行為」も正当化されていたことを銘記すべきである。日本で「日清・日露戦争当時の日本は国際法をよく守った」と主張する人びとは、こうした外交文書や戦史における事実の偽造や、戦時国際法でのこうした「海賊まがいの行為」の是認という事実をはたして知っているのか。

私は日本における「日清・日露戦争当時日本の国際法遵守論」を批判するために、朝鮮王宮占領の事実の偽造、「日露戦史編纂綱領」の問題点などを解明してきた延長線上で次の研究課題として日清・日露戦争と戦争国際法の関連を究明することを考えている。

まだ緒についたばかりであるが、ここではさしあたって、日清戦争や日露戦争における歴史の偽造の事実や、当時の国際法の内実から考えて、「日清・日露戦争に際して日本は国際法の模範的な遵守国」であったという主張は、次のような問題を生むことになると考えていることだけを記しておきたい。

第一は、「国際法遵守論」はあたかも日清・日露戦争は「正義の戦争」であったという「プラス価値」に結びつくこと。

第二は、こうした主張は、事実にもとづく独自の分析からの結論ではなく、公刊戦史や『日本外交文書』の記述によっているもので、その記述が偽造されているとき、真の事実にまで立ち入った分析をしておらず、したがって戦争の実態究明をなおざりにする傾向を是正できないこと。

第三に、当時の戦時国際法の歴史的性格を議論せず、例えば「奇計＝中立国または敵国の旗章使用」などの「海賊まがいの行為」の歴史的問題性を不問に付すことになること。

第四に、こうした問題点からさらに派生して、第一次世界大戦後の戦間期の世界情勢(とくに朝鮮の三・一独立運動や中国の五・四運動など民族運動の高まり、中国の国際的地位の変化など)にともなう国際法の変化に日本はどう対応したのか、あるいはしなかったのか、日本における国際法の受容の仕方とその変遷、「国際法学史」の歴史的究明という問題関心すらも呼び起こさない結果になることなどである。

結び

日本は、本稿では明らかにしたように、日清戦争当時から歴史の偽造を重ねてきた。その結果、自らの行為がどういう問題をひき起こしたか、日本の侵略を受けた朝鮮をはじめ周辺の国々では何が起こっていたのか、その歴史的意味は何か、日本はアジアをはじめとする国際社会の中

でいかなる政策をとるべきか—— といった問題についての、 正当な判断を打ち立てることを政治・軍事の指導者の間でも不可能にした。

　　虚構を重ねて、 野望はますます肥大化し、 朝鮮への侵略は、 さらに中国の東北へ、 さらに中国本土へ、 そして東南アジア、 太平洋上の島々にまで拡大されていった。 その結果、 惨たんたる犠牲・悲劇がアジア諸国民に、 そして日本国民にもおよび、 そして当然の結末として、 1945年、 天皇制軍国主義の大日本帝国は敗北した。

　　その敗戦から半世紀をこえる年月が経過した。 にもかかわらず敗戦後の日本が天皇の戦争責任を免責したことを根本の原因として、 いまだに日本は敗戦前の固疾から解放されていない。現在の日本は、 日本が国際社会で、 とりわけアジアにおいてどういう国際的位置を占めるのか、そのためにアジア諸国とどのような共存共生関係を取り結ぶべきか——、 そのことについて確固たる原理原則を持ち合わせていない。 こういう現状は、 敗戦前の固疾に日本がいまだにとりつかれていることの結果である。 こうした固疾がまた勢いをとりもどすなら、 その不幸は日本のみにとどまらず周辺諸国にもおよぶことは必至である。

　　歴史の事実を正視することこそ、 未来をきり拓く必須の糧であることを、 あらためて確認してこの報告を終わる。

동학농민군의 기의와 中·韓·日 삼국의 외교 각축

郭衛東
북경대학 교수

1860년 조선 경주부(慶州府)의 몰락 양반 출신인 최제우(崔濟愚, 福述)는 서학(西學, 기독교)의 전래와 교세확장을 통탄하여, 스스로 말하기를 상제(上帝)의 계시를 얻어 8자(至氣今至願爲天降) 혹은 13자(侍天主造化定永世不忘萬事知)의 진결(眞決)을 받아 가르침을 베풀고 백성을 구제한다고 하면서, 유교는 명분론과 지조론에 구애받아 현묘함에 이르지 못하였고; 불교는 적멸론에 빠져서 윤상(倫常)과 인연을 끊었으며; 도교는 자연에서의 한가함에 치중하여 치국과 평천하의 방법을 잃었다고 주장하였다. 그리하여 유불도 3교와 조선의 고유신앙(降神·木劍舞·呪文·향을 피워 병을 치료하는 등)을 결합하여 "동학(東學)"을 창립하여 "서학(西學)"에 대항하였다. 여기에서 우리는 동학당이 동방의 전통문화를 선양하고 서방의 외침에 저항하려는 숨은 뜻을 분명히 나타내고 있었음을 알 수 있다. 1864년 조선의 당국은 "혹란무지(惑亂無知)의 사교(邪敎)"라는 명목으로 대구에서 최제우를 사형에 처해 죽였다. 그러나 동학당은 좌절을 겪을수록 더욱 분발하여 제2세 교주인 최시형(崔時亨, 스스로 "위대한 丈夫"라고 불렀다)의 영도 하에 교세가 더욱 커졌으나, 때로 부침이 있었다. 19세기 70년대이래, 일본의 조선에 대한 침략의 발길이 더욱 강화되고 조선의 국정이 더욱 부패해 짐에 따라, 동학당의 공격목표는 서학에 대한 대항 이외에도 일본에 대한 배척과 국정에 대한 개혁 요구 등이 추가되었다. 1893년 3월에 동학교도들은 전라도에서 격문을 내 걸었는데 그 내용은 다음과 같다 :

> 지금 왜인과 양인 도적들이 나라의 심장과 폐에 들어와 대란이 극에 달하였다. 오늘날 수도는 오랑캐 무리의 소굴이 되었다. 가만히 생각건데 임진년의 원수(1592년 풍신수길의 조선 침략을 가리킨다)와 병자년의 치욕(1876년의 강화도 조약을 가리킨다)을 어찌 차마 참고 말하지 않을 수 있으며, 어찌 차마 잊을 수 있다는 것인가. 오늘날 우리 삼천리 강역(彊域)이 금수(禽獸)의 근거지가 되었으며, 오 백년 종사(宗社)가 서리지탄(黍離1)之嘆)을 면치 못하게 되었다. 인의예지와 효제충신은 오늘날 어디에 있는가? 그런데도 왜적은 오히려 음흉한 마음을 가지고 흉계를 꾸미고 있어 위기가 조석으로 다가오고 있다. ……옛말에 이르기를 : 큰 건물이 기우려고 할 때 기둥 하나도 서있기 어렵고, 큰 파도가 몰려올 때 갈대 하나로는 항해해 나갈 수 없다고 하였다. 우리 수 백만 인이 한결같이 죽기를 맹서하고 왜인과 양인을 깨뜨려 타도하려고 한다면 큰 복수의 뜻을 이룰 수 있을 것이다.2)

아울러 충청도 보은현의 장내(帳內) 취회(聚會)에서 "教祖伸寃運動"을 전개하였다. 조선 정부는 토벌(討伐)과 안무(按撫)의 두 가지 방법을 동원하여 대응하였다. 그러나 동학당의 기세가 누그러지지 않자 당국은 중국에 군대를 파견해 달라고 요청하기로 결정하였다. 일본은 일찍부터 조선을 병탄(倂呑)

---

1) 黍離 : 『詩經』 王風 중의 편명. 周 나라의 宗廟와 宮室이 허물어져 기장 밭으로 변해 있는 것을 보고 탄식하며 지은 시에서 유래함.(역자주)
2) 王藝生, 『六十年來中國與日本』第2卷, 生活讀書新知三聯書店, 1980年版, pp.17 - 18.

하려는 마음을 가지고 있었는데, 이를 이용하여 출병의 기회를 찾게 되었다. 그리하여 조선에서 중일 양국의 군사적인 충돌이 일어나게 되었으며 ; 중일 간의 갑오전쟁이 발생하게 되었으며 ; 중한일 삼국간의 지위가 뒤집히게 되었으며 ; 동북아시아의 국제정세에 전면적인 변화가 발생하게 되었다. 이 것은 중한일 삼국의 근대화발전역사(近代化發展歷史)에 있어서 결정적인 사변(事變)이었으며, 기회가 있을 때마다 삼국이 서로를 억제하거나 혹은 상대를 누름으로써 발전해 나가는 계기가 되었다. 또한 중국이나 한국의 입장에서 본다면 한번의 충격으로 이후에도 계속하여 좌절을 겪어야만 하는 의외의 판국을 가져 왔다. 아래에서는 동학당의 농민기의(農民起義) 이후 중한일 삼국의 외교적인 충돌과 책략을 분석하겠다. 연구의 대상 시기는 갑오전쟁이 전면적으로 폭발한 때까지로 제한하였다. 이후의 정세에 대해서는 대량의 논저와 연구가 있기 때문이다.

一

조선과 중국은 장기간 종번관계(宗藩關係)에 있었다. 그러므로 동학의 기의에 대해서 청 정부는 시종 주목하고 있었다. 1893년 4월 6일, 청국(淸國)의 북양대신(北洋大臣) 겸 직예총독(直隷總督) 리훙장(李鴻章)은 총서(總署)에 전보를 보내어 청국의 주한대표(駐韓代表) 위안스카이(袁世凱)의 이 일에 관한 보고를 거론하였다 :

동학이라는 사교들이 연명으로 조선의 국왕에게 양인을 몰아내자고 청원을 하고, 이어서 격문을 내어 걸어 서양인들이 여러 가지 폐단을 가져 왔으므로 장차 모두 죽이자고 하니 한성(漢城)에 있는 서양인들이 매우 두려워하고 있습니다. 일본인들은 여럿이서 칼을 차고 횡행하여 더욱 소란하게 상황을 만들고 있습니다. 위안스카이(袁世凱)가 조선 조정에 권하여 엄하게 처벌하게 하였더니 끝내 두려워하여 감히 어기지 못하였습니다다. 영국인 W. C. Hillier가 와서 말하기를 : 각국의 서양인들이 병선을 옮겨와 방범(防範)을 하기로 의논하고 있는데, 한편으로 말하기를 (동학을) 진압할 책임이 중국에 있다고 하면서, 위안스카이에게 병선 수 척을 옮겨와서 의외의 사태에 대비하고 동시에 서양 각국의 의심(청국이 고의로 진압을 하지 않는다는 의심)을 풀어야 한다고 청하였다고 합니다. 서양인들이 중국이 진압하기를 기다리는 것은 스스로 좋은 일에 속하는 것입니다. 수사(水師)에 신칙(申飭)하기를 병선 두 척을 속히 인천으로 파견하여 진압의 책임을 다하라고 하였습니다. 생각하건데, 한국은 본래부터 요언(謠言)이 많은 곳이나, (정부가 무능하여)능히 이루어지는 바는 없는 나라에 불과하므로, 속히 토벌하도록 권해야 합니다.[3]

이것은 청국 관방(官方)의 동학에 대한 비교적 빠른 통보(通報)이다. 영국인들이 이미 중국이 파병을 하여 (동학군을)진압해야 한다고 하는 의견을 제출한 것은 전통적인 번속관계(藩屬關系)에서 나온 것인데, 청국의 관료들도 또한 이 것은 종번체제 내에서 당연히 해야 할 일이라고 여기고 있었다. 그러므로 리홍장(李鴻章)은 즉시 "정원(靖遠)"호(號)와 "來遠(내원)"호(號)를 인천으로 파견하여 "기회를 보아 진압하게" 하였다. 그러나 동시에 생각하기를 이것은 조선의 내정에 관계되는 일이므로 중국은 응당히 거리를 유지하고 있어야 한다고 생각하여 "전보를 쳐서 위안스카이(袁世凱)에게 조선 정부에 진압을 하도록 재촉하게" 하였다.[4]

기세 등등한 동학혁명을 마주하여 조선정부의 진압역량은 유한한 것이었으므로, 전통적인 관계에 근거하여 중국의 힘을 빌려 난을 평정하려는 생각 또한 이 일(청 정부의 반응)이 있기 이전에 조선의 조정에서 거론되고 있었

---

3) 吳汝綸 編, 『李文忠公全書 · 電稿』 卷14, 光緒34年 刊本, p.28.
4) 『李文忠公全書 · 電稿』 卷14, p.29.

다. 1893년 3월 17일, 한국의 조정은 대신회의(大臣會議)를 개최하였는데, 동학당의 세력이 만연(蔓延)하나 정부의 병력은 약하여 난을 평정하고 경기 지방을 방어하는 중임을 감당할 수 없다. 오직 중국의 병력을 빌려와 대신 토벌하게 할 수밖에는 없다는 (의견이) 제출되었다. 회의가 끝난 후, 한국의 국왕은 내무부사(內務府事) 박제순(朴齊純)을 위안스카이(袁世凱)에게 파견하여, 중국이 군함과 육군을 파견하여 마산포(馬山浦)에 주둔하여 진압에 참여해 주기를 요청하였다. 위안스카이는 "병력이 이동하는 소문이 원근에 들리면 반드시 소요가 있을 것"이라는 이유를 들어 경솔하게 동의하지는 않았다 ; 그리고 위안스카이 또한 동학당의 규모에 대해 사전 정보가 부족하여 "오합(烏合)"지중(之衆)이라고 생각하고, 한국 조정에 사태의 변화를 지켜 볼 것을 권고하였다. 25일, 동학당에 대한 한국 조정의 안무책(按撫策)이 실패하자 형세는 더욱 긴장되었다. 국왕은 경복궁의 함원전(含元殿)에서 묘당회의(廟堂會議)를 열어 영의정 심순택(沈舜澤)과 좌의정 조병세(趙秉世), 우의정 정범조(鄭範朝) 등에게 의견을 물었다. 회의가 끝난 후, 국왕은 다시 박제순을 위안스카이에게 보내 원군을 요청하는 일을 다시 상의하게 하였다. 위안스카이는 계속하여 대신 토벌에 나서는 것에 관해 반대하면서, 한국의 조정에서 스스로 군대를 남쪽으로 보내 토벌에 나설 것을 권하였다. 그러나 위안스카이 또한 사태가 엄중함을 느껴 책략을 준비하기 위해 위에서 말한 병선을 급히 한국으로 보내 달라는 사유의 청을 하게 되었던 것이다.[5]

중국의 "정원(靖遠)"과 "내원(來遠)"호(號)가 인천에 도착한 후, 그 곳에 일본의 군함 2척이 정박해 있는 것을 발견하였다. 이때는 중일 양국이 한국 개화당의 영수 김옥균(金玉均)이 상하이(上海)에서 한국 조정이 파견한 홍종우(洪鍾宇)에게 살해된 사건으로 인해 긴장된 교섭을 벌이고 있던 때였다(김옥

---

5) 林明德, 『袁世凱與朝鮮』, ((臺灣)中央研究院近代史研究所 專刊 第26號, 臺北, 1971년) pp.338 - 339을 참고할 것.

균은 오래 동안 일본에 거주하였었다). 그러므로 인천에 동시에 중일 양국의
군함들이 동시에 정박하게 된 것을 중국 측은 심각하게 여기게 되었고, 드디
어 "실력의 보호"를 조정에 요구하여, 즉시 군함을 본국으로 철수시켰다. 4월
하순에 보은 등지에서 동학당 삼 사만 명이 모여 집회를 열었다. 따라서 "한
성(漢城)의 인심이 크게 놀랬고, 서양인들이 피해를 입어 이로 인해 외환(外
患)이 일어날 것을 두려워하였고, 각국의 관리와 상인들도 몹시 당황해 하였
다". 그러자 위안스카이는 다시 리훙장에게 군함의 파견을 요청하는 전보를
몇 차례 보내게 된다. 5월 2일, 리훙장은 북양함대(北洋艦隊)의 제독 띵루창
(丁汝昌)에게 소형 쾌속선 두 척을 인천으로 파견하여 위안스카이의 계획을
자세히 알아오라고 명령하였다. 그러면서 동시에 인천에 일본의 군함이 정박
해 있으므로, 리훙장은 "의외의 변고를 만들지 말라"고 재삼 부탁하였다.6) 여
기에서 중국 측은 일본과 충돌이 일어나는 것을 피하려고 힘껏 노력하고 있
었음을 알 수 있다. 얼마 지나지 않아 조선 당국의 안무와 토벌을 동시에 실
시하는 방침에 따라 동학당의 기의는 잠시 소강상태를 유지하게 되었다.

　　1894년 초, "만석보(萬石洑)"사건으로 인해, 전라도에서 농민들의 기의가
다시 일어나게 되었고, 농민군과 동학교단이 서로 모여 합하여[彙合], 규모
가 방대한 조선의 농민혁명전쟁을 형성하였다. 5월 14일, 조선의 양호초토사
(兩湖招討使) 홍계훈(洪啓薰)이 인솔하는 정부군이 황토현(黃土峴)에서 기의
군에게 크게 패하자, 홍계훈은 청군의 원조를 청하는 주청(奏請)을 올렸다.
16일, 실권자인 경리사(經理使) 민영준(閔泳駿)이 이 일을 다시 제의하자,
국왕과 대신들이 토의하였지만, 통과되지는 않았다. 18일, 민영준의 강력한
주장에 따라, 한국 조정은 다시 원군을 요청하는 문제를 논의하였는데, 여러
신하들은 외국 군대를 불러들여 본국의 민중들을 진압한다면 장차 인심이 근

---

6)˙ 中國近代史資料叢刊,『中日戰爭』(二), 新知識出版社, 1956년, p.142.

본적으로 동요하게 된다는 이유를 들어 여전히 반대하였다. 이 후에도 한국의 조정에서는 몇 차례에 걸쳐 이 문제를 위해 집회를 가졌지만 결국 결과를 얻지는 못하였다.[7]

청국 또한 군대를 파병하는 문제에 대해서 신중한 태도를 갖고 있었다. 5월 25일, 이홍장은 "한국의 국왕이 우리에게 파병하여 원조해 줄 것을 요청하지 않았고, 일본 또한 파병한다는 소리가 없으므로, 경솔하게 병력을 움직이는 것은 좋지 않다"[8]는 의견을 제출하였다. 이때, 중국 측은 다만 인천에 정박해 있는 "평원(平遠)"호(號)을 이용하여 한국 당국을 대신하여 군대를 이동시켜주고, 한국의 정부군에게 무기를 증여하며, 아울러 차판(差辦) 쉬방지에(徐邦杰)로 하여금 수 십 명의 관병을 이끌고 한국 정부군을 따라 종군하여 전쟁으로 나가 상황을 관찰하게 하였다. 중국 측의 이 같은 행동은 군사상의 정식적인 개입을 의미하지 않는다. 그러나 이 같은 중국 측의 제한된 행동조차도 일본측의 적극적인 주목을 받았다. 일본의 주한 대리공사 杉村濬은 인천에 정박해 있던 "대도(大島)"호(號)에 출동을 명령하여 그 무력의 존재를 과시하였으며, "축자(筑紫)"호(號)를 출항시켜 동정을 정찰하게 하였다. 또한 통역관을 한국의 외서(外署)에 보내 "평원(平遠)"함이 어디를 향해 갔는지 물었다.[9]

5월 31일, 동학농민군이 전주를 공격하여 점령하였고, 사태는 급박하게 전개되었다. 6월 1일, 리홍장은 총서(總署)에 전보를 보내 조선의 상황에 대해 보고하였다.

7) (한국) 金昌洙, 「論淸日戰爭前後淸日兩國的對韓政策」, 『甲午戰爭與近代中國和世界』論文集, 人民出版社, 1995년, p.323.
8) 中國近代史資料叢刊, 『中日戰爭』(二), p.545.
9) 杉村濬, 「明治二十七年在韓苦心錄」(中國近代史資料叢刊續編의 『中日戰爭』제7책, 中華書局, 1996년판, pp.2-3). 이 밖에 中國近代史資料叢刊, 『中日戰爭』(二), p.546을 참고할 것.

원도누전(遠道屢電) : 한병(韓兵)이 싸움에 패해 군기(軍機)를 탈취 당하였으며, 한국의 각군(各軍)이 모두 간담을 떨었다. 어제와 오늘 연속하여 한성과 평양의 군대 2000여인을 보내어 적당(敵黨)을 막는 것을 의논하였다. 국왕은 병력이 적어 더 많이 파견할 수 없고 또한 그 군대도 믿을 수 없다고 말하면서, 중국에 병력을 파견하여 대신 토벌하도록 청하는 것에 대해 의견을 구하였다. 한국이 스스로 내란을 종료시키지 못하여 중국에 보호해 주기를 청하며 또한 중국이 대신 토벌해 주기를 청하니, 상국(上國)이 된 체면으로 거절하기가 어려웠다. 그러므로 말하기를 "만약에 중국의 군대가 반드시 필요하다면, 정부에서 문서를 갖추어 우리에게 보내십시오. 우리가 중국정부에 전보를 보내 처리될 수 있도록 청하겠습니다"라고 말하였다. 만약에 이 같이 처리하도록 허락하지 않는다면, 이 사태를 즐기는 타국인들이 반드시 있을 것인데, 이들이 장차 중국을 어떤 처지로 몰아 넣겠는가? 그러나 먼저 경솔히 움직일 수는 없는 일이다. 한국 조정이 보낸 문서가 오기를 기다려, 총서(總署)에 전보를 보내 일본에 주재하는 공사 왕씽(汪星)이 일본 외부(外部)에 문서를 보내 한국이 군대를 파견해 달라고 청원한 사실을 알리게 해달라고 전칙(電飭)하였다. 을유년(乙酉年)의 약정(約定)에는 일본과 중국이 조선에 파병을 할 경우에는, 사전에 문서로 상대국에 통보해야 한다는 내용만이 있었지, 중국이 파병을 하면 일본도 또한 파병을 한다는 문구는 없었다. 일본은 사관(使館)을 보호한다는 명목으로 100여 명을 조선으로 파견하였다. 그런데 적당(敵黨)이 아직 한성으로부터 멀리 떨어져 있음에도 일본의 군대가 한성으로 오게되자 오히려 한성에서는 소동이 일어나게 되었고, 때문에 한국의 외서(外署)가 일본에 대해 항의를 하였다. 서양 각국인들도 일본이 먼저 소란을 떠는 것을 원하지 않고 있다.10)

중한 양국의 입장에 변화가 있었음을 설명해 준다. 한국 정부는 기본적으로 청국 군대를 빌려오기로 방침을 확정한 것이다. 중국 측 또한 군대를 파견하여 토벌을 돕기로 원칙적으로 동의하였다. 그러나 정식의 수속을 이행하기 위해서는 한국정부로부터 정식의 문서가 와야만 하였다.

---

10)『李文忠公全書·電稿』卷15, pp.32 - 33.

중국은 당시 출병문제에서 두 가지 어려운 난제를 안고 있었다. 만약에 한국을 돕지 않는다고 할 때 다른 나라, 특히 일본이 기회를 틈타 한국에 손을 뻗치게 될 것이다. 이는 종번관계(宗藩關係)의 관례(慣例)에 어긋나는 것이고, 장차 중국을 어려운 처지에 빠트리는 결과를 가져오게 될 것이었다. 한편 출병을 하게 된다면, 일본이 이를 기회로 삼아 일을 만들 것에 대해 특별히 고려하여야 할 것이므로, 일본의 태도에 대해 극도로 마음을 쓰게 되었다. 왜냐하면, 1885년 『천진회의전조(天津會議專條)』 제3관에 : "장래에 조선국(朝鮮國)에 변란이나 중대한 사건이 있어서, 중·일 양국이나 혹은 어느 일방이 출병을 할 필요가 있을 때에는 먼저 상대방에게 문서로써 사실을 알리고, 사태가 안정되면 즉시 철병(撤兵)하고 남아 주둔해서는 안 된다"고 규정하였다.11) 따라서 중국 측은 병력을 파견하는 일에 대해서 매우 조심하였고, 조약의 내용을 엄격하게 지키면서 일을 진행하여 일본이 이를 핑계로 구실을 찾는 것을 막으려고 노력하였다. 그러나 리홍장과 위안스카이가 내린 '중국이 출병을 한다고 하더라도 일본은 크게 반응하지 않을 것이다'라는 판단은 착오였음을 강조해야 하겠다. 이 같은 판단은 일본측의 속임수에 크게 당한 것이고, 이 판단착오로 인해서 청국 조정은 출병 자체를 경솔하게 결정하게 되었으며, 중국으로 하여금 참혹한 전쟁의 심연으로 빠져들게 하였던 것이다. 한국에서 군대를 빌려 오려고 준비하고 있을 때 일본 또한 빈번하게 활동하고 있었는데, 중국 측에서 일본의 기도에 대해서 오판을 하게 된 것은 일본측이 의도적으로 연막을 피웠기 때문이다. 6월 1일, 杉村濬이 한국 조정이 "영의정의 명의로 위안스카이에게 구원병을 청하는 공문을 제출하려고 한다"는 사실을 탐지해 낸 후, 일본 공사관의 서기 鄭永邦이 원세개를 방문하여, "도적이 오래 동안 소란을 피워 상무(商務)에 손해가 크다. 한인들은 스스로 진압할

---

11) 王鐵崖, 『中外舊約章彙編』 第1冊, 生活讀書新知三聯書店, 1982年版, p.465.

수 있는 능력이 없으며, 시간이 지날수록 더욱 처리하기가 어려워지니, 귀 정
부에서 속히 군대를 보내 대신 진압하도록 하라"는 의견을 제출하게 하였다.
이 같이 적극적으로 중국 측에 출병을 권하였을 뿐 아니라, 빠르면 빠를수록
좋다고 하였던 것이다. 위안스카이가 중국 측이 출병한다면 일본측이 어떤
반응을 보일 것인가를 탐지하고 있을 바로 그 때 鄭永邦은 "우리 정부는 다른
이론이 없을 것이다"라고 말하였던 것이다. 鄭永邦의 이 같은 태도는 중국의
일본에 대한 고려를 상당 정도 감소시켰으며, 리홍장과 위안스카이로 하여금
출병의 결심을 빨리 굳히게 하였다. 그러나 이 것은 일본측의 중국에 대한 표
면상의 말이었을 뿐이었고, 한국정부에 대해서는 매우 다른 모습을 보였다.
鄭永邦이 중국 측에 출병할 것을 권하고 있을 때, 杉村濬은 한국의 외무독판
조병직(趙秉稷)에게 말하기를 "내란을 평정하기 위해 공공연하게 외국의 원병
을 청하는 것은 매우 타당하지 못한 일이다"라고 말하면서, 이 같은 내용을
국왕에게 주청해 달라고 부탁하였다.12) 일본 측 사신은 중대한 국제문제에
대해 양면적인 수단을 사용하여 고의로 외교적인 함정을 만들어서 사태를 더
욱 미궁에 빠지게 하였으며, 일본을 위해 차후의 사태 진전 중에 큰 재량권을
주동적으로 행사할 수 있는 여지를 만들었다.

　6월 3일 새벽에, 杉村濬은 위안스카이를 직접 방문하여 "세 시간 여 동안
담화를 나누면서 청·한 양국의 원병요청에 대한 시말을 이해"했다고 한다.
杉村濬은 이 회견에 대해 아래와 같은 기록을 남겨 더욱 주목하게 한다 :

　이때 본인(杉村濬)은 반쯤은 농담으로 말하기를, "그와 같다면 처리하기가
어려울 것입니다. 귀국이 만약에 출병을 하게 된다면, 우리 또한 형세에 따라
어쩔 수 없이 출병하게 될 것입니다"라고 말하니, 위안스카이는 얼굴빛이 변
하여 묻기를 "왜 출병을 합니까?"라고 하였다. 내가 말하기를 "우리나라의 외

12) 杉村濬, 『明治27-8年在韓苦心錄』(中國近代史資料叢刊續編, 『中日戰爭』 第7
　　　冊, p.3). 『李文忠公全書·電稿』 卷15, p.33.

교인원과 인민들을 보호하기 위해서 입니다" 라고 말하니, 위안스카이가 거듭 말하기를 "우리가 출병하는 것은 난민들을 진압하기 위한 것으로, 외국인에게 는 조금의 위험도 없을 것이므로, 귀국은 출병할 필요가 없습니다"라고 말하 였다. 내가 대답하여 말하기를 "만약에 조선 정부가 스스로 난민을 평정할 역 량이 없어서 외국으로부터 병력을 빌려와 평정을 해야하는 정도에 이르렀다 면, 우리는 그들이 우리의 인민을 보호해 줄 것이라고 안심하고 믿을 수 없을 뿐 아니라, 또한 조선이 내부적으로 귀국에 의지하여 보호를 받기를 원한다 는 의견을 제출하지 않았다고 한다면, 우리도 당연히 군대를 보내어 스스로 를 지킬 충분한 이유가 있는 것입니다"라고 하였다. 그러자 위안스카이가 말 하기를 "귀국이 만약에 출병을 하게 된다면, 다른 나라들도 모두 출병을 하게 될 것이고, 이 같은 사태는 장차 큰 화근을 가져오게 될 것입니다. 그리고 조 선의 국왕 또한 외국 군대가 경성에 들어오는 것을 원하지 않고 있습니다"라 고 말하였다. 그의 말이 너무 진지하였으므로, 나는 앞의 말은 단지 가설일 뿐이니 염두에 둘 필요가 없다고 말하면서 앞의 말을 취소하고, 화두를 돌려 다른 말을 하였다.13)

이 것은 정말로 하늘도 웃을 국제적인 우화였다. 이 같은 일본의 태도는 한・중 양국으로 하여금 일본의 외교적인 입장에 대해 더욱 종잡을 수 없게 만들었다. 그리고 위의 인용문은 일본 사신이 후일에 기록한 것에 불과한데, 그는 사실의 일부만을 서술하였고, 다른 사실에 대해서는 여전히 숨기고 있 다. 아래에 인용한 것은 중국 측이 이 회담에 대해 어떤 관점을 가지고 있었 는지를 알려주는 것인데, 한번 비교해 보기로 하자.

원도삼십일(袁道三十日) [6月3日] 전(電) : 하루는 일본공사 杉村이 와서 함께 말을 하는데, 그 뜻 또한 중국이 속히 한국을 대신하여 토벌에 나설 것을

13) 『明治27－8年在韓苦心錄』(中國近代史資料叢刊續編, 『中日戰爭』 第7冊, p.4).

바라는 듯 하였으며, 아울러 중국이 한국의 요구를 허락할 것인지를 물었다. 세개(世凱)가 대답하기를 :"한국 조정이 백성의 생명을 아껴, 안무하여 해산하기를 바라므로, 고로 글로써 파병을 요청하지 않고 있다. 만약에 한국 측에서 요청이 있다면 파병을 허락하게 될 것이다"라고 하였다. 杉村이 묻기를 :"아직도 요청이 없는데, 도적의 무리들은 이미 전주에 도착하였고 한성 또한 위험에 처하게 되었다. 먼저 병력을 파견하여 한성을 방호하는 것은 어떠한가? 중국은 무슨 방법을 가지고 있는가?"하고 물었다. 대답하기를 :"혹은 병력을 움직여 한성을 보호하거나, 혹은 (중국의)상민을 인천으로 이동시키든지 하는 일은 도적의 무리가 더 가까워 진 후에 다시 정할 것이다"라고 하였다. 杉村이 말하기를 :"한국 조정이 글을 보내 원병을 청하게 되면, 군대를 움직이기 전에 먼저 일본 측에 알려 주기 바란다. 오래 동안 난이 평정이 안 되니 염려스럽다" 등의 말을 하였다. 杉村과 세개(世凱)는 오래 동안 관계가 좋았는데, 그 말하는 뜻을 살펴 보니, 자국의 상민을 보호하는 데 중점이 있고, 다른 뜻은 없는 것 같다고 말하였다. 홍(鴻, 李鴻章)이 어제 천진(天津) 주재 일본영사를 만나 서로 대화를 하였는데, 말하는 뜻이 대개 비슷하였다. 내가 말하기를 한국에서 청병을 하게되면 약정에서 정한대로 일본주재 공사로 하여금 일본 외부에 알리고, 파병한 목적이 완료되면 즉시 철군을 한다고 하였다. 일본 영사 또한 "옳다"고 말하였다.14)

이 것은 중국 측이 일본의 사절과 상담을 한 후에 얻어 낸 다른 종류의 관점으로, 여기에서 보면 일본측은 중국에게 빨리 출병하라고 재촉하는 역할을 담당하고 있었다. 우리가 6월 3일의 사태에 대해서 검토를 하는 까닭은 이 날이 중한일 삼국의 관계에 있어서 결정적인 하루였으며, 이 날은 이후 삼국의 외교관계가 나가는 길에 중대한 영향을 미쳤기 때문이다. 이날 한국의 조정은 중국 정부를 향해 정식으로 원병을 청하는 외교문서를 전달하였다.

---

14) 中國近代史資料叢刊, 『中日戰爭』(二), p.548.

우리나라의 전라도에 있는 태인과 고부 등 고을은 백성의 습관이 흉악하고 성격이 음흉하여 평소부터 다스리기 어렵다고 칭하여 왔었습니다. 몇 달 전에 동학교 도적의 무리가 무리를 지어 만 여인이 모여들어 현성(縣城) 십 여 곳을 함락시켰고, 최근에는 북쪽으로 방향을 바꾸어 전주(全州)의 성치(省治, 감영에 대한 중국 식 표현)를 함락시켰습니다. ……오래 동안 (소란이 그치지 않아) 중조(中朝, 중국)에 심려를 끼침이 더욱 커졌습니다. 임오년과 갑신년에 우리나라에서 두 차례의 내란이 있었는데 모두 중국의 병사들이 대신 진압하였습니다. 이에 원병을 청하는 문안(文案)을 보내오니, 총리(總理)께서 북양대신(北洋大臣)께 전보를 보내시어, 약간의 군대를 파견하여 한국으로 와서 속히 대신 토벌하게 하여 주시기 바랍니다. 아울러 우리나라의 병사들이 중국의 군대를 따라 군무를 익힐 수 있게 하여 장차 스스로 지킬 수 있는 능력을 키울 수 있게 해 주시기 바랍니다. 또한 사나운 도적의 무리를 진압한 후에는 즉시 철군하옵기를 바랍니다. 상국의 군대를 외지에 오래 동안 머물게 할 수 없으므로 감히 남아서 지켜달라고 청하지는 못하겠습니다. 아울러 귀 총리께옵서 빠르게 주선하셔서 급박한 상황에서 구원해 주시기를 바랍니다.15)

문서를 받은 후 위안스카이(袁世凱)는 리홍장(李鴻章)에게 급전으로 알렸다. 6월 4일, 리홍장은 수사(水師) 제독 띵루창(丁汝昌)에게 명령하여 "제원(濟遠)"호와 "양위(揚衛)"호 두 척의 군함을 보내 인천(仁川)과 한성으로 가서 중국의 상인들을 보호하도록 하고, 다른 한편으로 직예(直隸) 총독(提督) 예쯔차오(葉志超)와 총병(總兵) 써쓰청(聶士成)에게 회군(淮軍) 1,500인을 인솔하여 바다를 건너 조선으로 가서 아산(牙山)에 주둔하게 하였다. 동시에 주일 공사 왕펑짜오(汪鳳藻)에게 전보를 보내 앞에 거론한 『天津會議專條』의 정신에 따라 일본정부에 통지하게 하였다. 6월 6일, 왕펑짜오(汪鳳藻)는 일본의 외무대신 陸奧宗光에게 각서를 보내어 중국이 한국의 요청에 응해 출병을 하여 대신 난을 진압할 것임을 알렸고 ; 아울러 중국 측은 원칙적으로 일

15) 『李文忠公全書·電稿』 卷15, pp.33-34.

단 난이 평정되면 즉각 조선으로부터 철병(撤兵)하고 "다시 남아 주둔하지 않겠다"고 알렸다.16)

　사실상으로 본다면, 중국이 군대를 파견한 것보다 앞서서 일본은 이미 출병 준비를 하고 있었다. 6월 2일, 일본 내각은 회의를 열었는데, 陸奧宗光은 杉村浚이 막 보내 온 조선정부가 중국 정부를 향해 원군을 요청하였다는 것에 관한 보고를 회의에 제출하였다. 회의에 참석하였던 사람들은 "이것은 홀시(忽視)할 수 없는 문제로, 만약에 무시하고 제재(制裁)하지 않는다면, 조선에 있어서 이미 불평형(不平衡)하게 전개되고 있는 중일 양국의 균형이 더욱 크게 될 것이다"라고 일치하여 생각하였다. 陸奧가 "만약에 중국이 조선으로 병력을 파견한다면, 그 명목이 무엇이든지 불문하고 우리 또한 반드시 조선으로 상당한 병력을 파견하여 예측할 수 없는 사태에 대비하여야 한다"고 제의하였다. 제의는 즉시 회의 참가자 전원의 동의를 얻어 통과되었다. 伊藤博文 총리대신은 즉시 참모총장 熾仁 친왕(親王) 및 참모본부 차장 川上操六 육군 중장을 만나 조선으로 가서 작전을 하는 것에 대해 비밀결의를 하였다. 회의가 끝난 후 시간을 아끼기 위해 伊藤과 陸奧는 각기 길을 나누어 가서, 이등은 내각의 비밀결의를 휴대하고 천황에게 가서 상주하여 허락을 얻고, 陸奧는 외무차관 林董과 참모차장 川上과 함께 그의 관저로 가서 구체적인 출병방법을 연구하는 한편, "어떻게 작전을 전개하고 어떻게 승리를 거둘 것인지의 문제"17)를 상의하여 결정하였다. 그 결론은 다음과 같다. 청군은 5000여인 이상을 파병하지 않을 것이므로, 승리를 거두기 위해 일본은 6천 내지 7천명의 병력을 파견한다는 것이었다. 여기에서 일본측이 주목하였던 것은 조선에서의 내전이 아니고, 어떻게 하면 중국에 싸워 이길 수 있느냐 하는 것이었음을 알 수 있다. 시작하자마자 일본의 공격목표와 가상적이 누구

---

16) 故宮博物院編, 『清光緒朝中日交涉史料』(958), 民國21年刊本, 권13, p.9.
17) 藤村道生, 『日清戰爭』 上海譯文出版社, 1981년 中文本, p.55.

인가는 명확해 졌다. 6월 4일, 陸奧는 국내에 돌아와서 휴가를 보내고 있던 일본의 주한 공사 大鳥圭介에게 한성으로 귀임하라고 명령하였고, 아울러 일본 해군의 육전대와 동행하게 하였다. 大鳥가 동경을 출발하기 전에 陸奧는 긴급한 상황에서 본국으로 문의할 것 없이 즉각적으로 조치를 할 수 있는 전권(全權)을 주었다. 같은 날, 일본은 전쟁에 대비한 동원을 실시하여 함선과 군수품을 징집하였고, 大島義昌 소장이 통솔하는 부한(赴韓) 혼성여단을 편성하였다.18) 다음날, 전시조례(戰時條例)에 따라서 熾仁이 막료장, 川上操六과 中牟田倉 중장이 각기 육·해군의 참모를 담당하고, 병참총감은 川上이 겸임하는 최고군사지휘부(最高軍事指揮部)―대본영(大本營)을 설치하였다. 이 같이 중국을 상대로 한 전시체제를 완성하였다. 동시에 부한 혼성여단은 매우 빠른 동원속도를 보이며, 히로시마(廣島)의 宇品港에서 승선하여 조선으로 항해하였다. 이때 중국 정부는 아직까지 정식으로 일본 정부에 조선으로 출병하는 것에 관해 각서를 보내지 않고 있었음을 주목해 주시기 바란다. 바꾸어 말한다면, 중국에서 외교적으로 통보하기 이전에 일본은 조선에 대한 군사행동을 이미 시작하였던 것이다.

　　그러나 일본정부는 외교적으로는 계속하여 상대를 속이는 수단을 사용하였다. 6월 6일, 杉村濬은 조선의 외무독판과 위안스카이(袁世凱)에게 大鳥가 이미 출발하여 조선으로 오고 있으며, "호위로 삼을 경찰 20명을 인솔하고 있다고 밝히면서도, 해군 병력이 온다는 일에 대해서는 비밀로 하고 밝히지 않았다. 따라서 조선 정부 내의 어떤 사람도 군대가 파견되어 온다는 일에 대해서 알지 못하였다".19) 같은 날, 陸奧는 주(駐)중국 대리공사 小村壽太郎에게

---

18) 陸奧宗光,『蹇蹇錄』, 商務印書館, 1963년 中譯本, p.9.
19) 杉村濬의 이 같은 사기성 통보는 일본정부의 지령에 따라서 행사된 것으로, 6월 5일 11시 30분에 杉村濬은 陸奧 외상의 전보를 받았는데, 그 내용은 다음과 같다 : "大鳥가 대략 6월 5일 하오 1시 경, 八重山艦에 승선하여 橫須賀를 떠나 인천으로 직항할 것이다. 현재 그는 300명의 해군과 20명의 경찰로부터 호위

전보를 보내어, 서면 형식으로 중국정부에 조선의 동란으로 말미암아 일본측
도 출병을 할 의도가 있음을 통지하도록 하였다. 그러나 출병시간과 병력에
대해서는 전혀 언급하지 않았다. 陸奧가 杉村濬에게 동시에 보낸 지령 가운
데 이 점에 대해서 더욱 분명히 하였다. 즉, 일본정부는 1882년에 체결된
『濟物浦條約』의 규정에 근거하여 한국으로 군대를 파견한다고 한국정부에 통
지하게 하였다. 그러나 "한국 측에 파견하는 군대의 수효에 대해서는 말하지
말라"[20]고 지령하였던 것이다. 6월 7일, 일본 외무성은 중국 공사 왕평짜오
(汪鳳藻)에게 각서에 대한 회신을 보내면서, 계속하여 출병에 대해서는 언급
을 회피하였다. 중국 측은 일본의 계획에 넘어가고 있었다. 이 날, 조선의 외
무독판이 위안스카이(袁世凱)를 방문하여 大鳥가 이번에 온 것은 반드시 어
떤 "일을 벌이려고 하는 것"이라고 걱정을 하자, 위안스카이(袁世凱)는 "大鳥
는 복잡한 일을 즐기지 않는데, 이번에 경찰 20명만 거느리고 온 것을 보면
출병할 마음이 없는 것이다"[21]라고 대답하였다. 6월 9일에 大鳥가 인천에 도
착한 후에 즉시 군대 488명과 경찰 20명을 이끌고 야전포 4문으로 무장한
채 한성으로 들어 올 것을 아무도 몰랐다. 12일에 일본의 상선이 병력 1000
여명을 싣고 인천에 도착하는 등, 16일 까지 일본이 조선으로 들여보낸 군대
는 이미 400여 명에 달하였으며, 松島 · 吉野 · 大和 · 武藏 · 高雄 · 千代
田 · 筑紫 · 八重山 · 赤城 · 海鳥 등 10여 척의 군함이 한국의 각 항구에 정
박하였다. 이렇게 해서 중국의 주둔군에 비해 강대한 군사적인 우세를 확보

　　를 받고 있는데, 곧 바로 경성에 도착하게 될 것이다. 앞에서 말한 해군에 관한
　　일은 다음 번 전보가 도착하여 지시할 때까지 비밀을 지킬 것. 중국과 조선의
　　군대 및 반란군의 동향에 관한 첩보는 신속하게 보고할 것", 「明治27 - 8年在韓
　　苦心錄」, 中國近代史資料叢刊續編, 『中日戰爭』제7책, p.5. 이 밖에 『日本外交
　　文書』제27권과 中國近代史資料續編, 『中日戰爭』제9책, p.191을 참고로 할 것.
20) 『日本外交文書』제27권, 中國近代史資料續編, 『中日戰爭』제9책, p.191.
21) 『李文忠公全書 · 電稿』권15, p.37; 『中日甲午戰爭檔案』; 中國近代史資料續編,
　　『中日戰爭』제1책, p.4.

하였다.

이때, 한국의 국내 정세에는 중대한 변동이 있었다. 6월 11일, 동학기의군(東學起義軍)과 조선 정부의 대표가 『全州和約』을 체결하고, 기의군(起義軍)은 즉시 전주성에서 철수하였다. 출병한 중국 군대의 공격 대상은 이미 존재하지 않았다. 일본의 출병을 위한 평계 또한 성립될 수 없었다. 이후부터 동학에 대한 문제는 거론되지 않게 되었고, 양국의 철군문제가 두드러지게 나타나게 되었다.

二

일본의 출병은 한·중 양국의 엄중한 관심을 불러 일으켰고, 각기 일본을 향해 철군해 줄 것을 요구하였다.

1894년 6월 8일, 한국 정부는 일본에 엄중히 항의하였는데, 그들이 출병한 것은 불법적인 행동이므로, 즉각 철수할 것을 요구하였다. 그 후에도 일본군의 한성 진입을 허락하지 않는 각서를 여러 차례 보내었다. 한국 측은 정부의 고문인 이선득(李仙得)과 통상사무참의(通商事務參議) 민상호(閔商鎬) 등을 인천으로 보내어 大鳥 공사와 접촉을 시도하여 일본군이 한성을 향해 전진해 오는 것을 막으려고 하였다. 그러나 대조를 만나지는 못하였다. 10일, 한국의 교섭통상사무협판(交涉通商事務協辦) 이용식(李容植)이 落龍登浦(?)에서 大鳥를 만나서 일본군이 한성으로 진군하는 것을 막으려고 시도하였으나, 실패하였다.

중국 측도 여러 가지 경로를 통하여 일본과 교섭을 하였다. 그 중 하나는 주(駐) 중국(中國) 일본 공사관을 통해서였다. 총리아문(總理衙門)은 小村 대리공사에게 각서를 보냈는데,

……현재 인천과 부산 등 각 항구의 정황은 안정되었으며, 통상을 하는 곳에 兵船을 잠시 주둔시키는 것은 보호를 하기 위해서 일 뿐이다. 귀국이 군대를 보낸 것은 공사관과 영사관 그리고 商民을 보호하기 위한 것이니 그 수효가 많을 필요도 없다. 뿐 만 아니라 조선에서 청한 것이 아니니 조선의 내지(內地)로 들어가서 사람들을 놀라게 해서는 절대로 안 된다. 더욱 중국과 일본의 부대들이 서로 만난다면 언어가 다르고 군례(軍禮)가 각기 달라서 혹시 의외의 일이 생겨 날 수도 있다. 그러므로 귀국의 대신에게 전보를 보내 철군하는 것을 정부에 요청하게 하라.22)

중국 측의 각서는 그 말투가 비교적 절제되어 있고 온화한 것이었다고 말할 수 있다. 그러나 도리어 일본으로부터 이해 할 수 없는 논박을 당하였다. 陸奧는 小村에게 훈령을 보내 중국의 각서에 대해 항의하도록 명령하였다. 항의 내용은 다음과 같다.

서면으로 총리아문에 다음과 같이 항의한다 : 일본정부는 조선이 청국(淸國)의 속방(屬邦)이라는 것을 승인하지 않는다. 일본이 군대를 파견한 이유는 제물포조약(濟物浦條約)에 근거한 것이고, 아울러 파견을 할 때에도 天津條約의 규정에 따른 수속을 이행하였다. 파견한 병력의 다소(多少)는 일본정부가 결정할 사항이다.23)

중국 측의 주 중국 일본공사관을 통한 일본정부와의 교섭은 순조롭지 않았다. 그러나 조선 내에서 진행된 교섭은 거의 사태를 전환시킬 수 있는 계기가 될 수도 있었다. 위안스카이(袁世凱)는 大鳥 공사가 한성으로 들어오려고 한다는 소식을 들은 후, 즉시 일본어 통역관 차이사오지[蔡紹基]를 일본 공사관으로 파견하여 출병의 이유와 상륙지점 및 시간 등을 질문하게 하는 한

---

22) 『日本外交文書』 第27卷(中國近代史資料續編, 『中日戰爭』第9冊, p.206).
23) 『日本外交文書』 第27卷 (中國近代史資料續編, 『中日戰爭』 第9冊, p.208).

편, 내방한 일본 공사관 서기관 鄭永邦에게 大鳥 공사가 도착하는 즉시 회견
할 뜻이 있음을 표시하였다. 6월 12일, 위안스카이와 大鳥는 더 이상 증병
(增兵)하지 않는다는 문제에 대해서 상의하였는데, 大鳥는 호위임무를 맡고
있는 800명의 위병이 이미 한성에 들어와 있는 해군의 육전대와 교대하는 것
을 제외하고는 조선으로 더 이상 증병(增兵)하지 말라는 전문을 일본정부로
즉시 보내겠으며, 이미 출발하여 한국으로 오고 있는 병력은 한국에 도착한
후 "힘을 다해 상륙하지 못하게 하겠다"고 말하였다. 위안스카이(袁世凱)도
또한 "만약에 뒤이어 오는 병력을 막는다면, 본인도 더 이상 파병하지 말라고
전보를 보내겠다"고 말하였다. 大鳥는 "우리 둘이 이미 약정을 하였다. 본인은
팔백 명 이외에는 모두 한국으로 상륙하지 못하게 막을 것이니, 당신 또한 추
가로 파병하지 말라고 전보를 보내라. 우리가 여기에서 성의를 다해 협상을
해서 사태를 안정시키자"24)라고 말하였다. 사태는 좋은 방향으로 전환되는
것처럼 보여졌다. 13일, 한국정부는 중·일 양국에 각각 각서를 보내어 철병
을 요구하였다. 한국 측이 위안스카이에게 보낸 각서는 일본이 한국으로 병
력을 보내면서 내세운 핑계를 없애는데 주안점이 있었다.

 ……일본이 천병(天兵, 중국군)이 와서 토벌하는 것에 대해 여러 가지로
의심하여 일전에 돌연 5 - 600명의 군대를 우리의 수도에 주둔시켰으므로, 우
리 外署에서 그들의 주장에 대해 논박을 하고 저지하려고 하였으나, 끝내 우리
의 말을 따르지 않고 있습니다. 생각하기에 천병(天兵, 중국군)이 철수한다면
그들도 비로소 철수할 것이라고 여겨집니다. 듣기에 수 천명의 병력이 뒤를 이
어서 올 것이라고 합니다. 우리 수도는 본래부터 경비가 소홀하였는데, 강한 적
이 나쁜 마음을 품고 우리 심장에 들어 와 있으니, 동토(東土, 조선)의 신민들
이 위기를 느껴 하루를 넘기는 것이 마치 일년처럼 길게 느껴지고 인심이 크게
소란해 졌습니다. 다행이 적당(賊黨)이 이미 제거되어 화가 풀릴 것을 희망할

___

24)『淸光緖朝中日交涉史料』(986), 第13卷, 제14 - 15쪽.

수 있게 되었습니다. 귀 총리께 청하니 즉시 중당(中堂)에 전보로 품하여 구원할 방법을 작정하여 주십시오. 이 문제는 우리나라가 감히 귀찮게 청할 일이 아닙니다. 정세가 급박하오니 (우리 조정이) 명맥을 유지해 나갈 수 있도록 해주실 것을 기대합니다. 운운.25)

조병직(趙秉稷)이 大鳥에게 보낸 각서는 동학이 평정된 것을 주로 거론하였다.

생각하건데 전주(全州)의 도적의 무리가 이미 제거되었고, 우리 수도 또한 안정이 되었습니다. 그런데 귀국의 군대가 차례를 교대한다고 우리 도성으로 들어오고 그 수효도 전에 비해 배가 넘는 고로, 인심이 크게 놀라고 각국의 손님들도 모두 의심을 하고 있습니다. 이 같은 정황은 실로 위험한 일이라고 생각되어 집니다. 귀 공사께서 (이 같은 전후 사실을)밝게 헤아렸을 것이라고 생각합니다. 귀 공사께서 급히 귀국 정부에 전보를 보내어 온 병력들을 속히 철수할 수 있게 해 주시기 바랍니다.26)

조선의 철수요구에 대한 중일 양국의 태도는 양(兩) 극단(極端)에 서 있었다.
중국 측의 위안스카이는 조선정부의 각서를 접수하자마자 리훙장에게 전보로 보고하였고, 리훙장 또한 즉시 조선에 있는 예쯔차오(葉志超)에게 전보로 다음과 같이 명령하였다.

부대를 인솔하고 즉시 아산(牙山)으로 돌아가 귀국할 준비를 하라. 병력을 실을 상선(商船)이 도착하는 것을 대기할 것. 한편으로는 위안스카이(袁世凱)에게 편지를 보내 일본도 동시에 철군하도록 재촉할 것. 지연하는 모습을 보여

---

25) 『李文忠公全集·電稿』 卷15, p.40.
26) 『日本外交文書』 第27卷 (中國近代史資料續編, 『中日戰爭』 第9冊, p.230).

(일본의)의심을 사지 않도록 주의할 것.27)

　　리홍장(李鴻章)의 지시에 근거하여 위안스카이(袁世凱)는 大鳥를 방문하
여 동시 철병 문제를 다시 의논하였다. 大鳥는 신속하게 쌍방이 동시에 철병
한다는 것에 원칙적으로 동의하면서, 자신이 이미 공사관의 무관과 서기관을
인천으로 보내어 일본군을 지휘하여 온 大鳥 소장과 상의하여 일본군이 더
상륙하지 않게 했다고 말하였다. 그러나 大鳥의 방법은 일본 정부 내에서 채
택되지 않았다. 13일, 陸奧는 大鳥의 전보를 받은 후, 즉시 大鳥에게 전보를
보내 "각하가 한성으로 병력이 들어가는 것을 중지시킨 이유는 무엇인가? 청
국과 조선 측에서 적지 않은 반발이 있을 것은 이미 처음부터 예견되었던 것
이고, 이는 각하도 상세히 알고 있는 바이다. 만약에 大鳥가 거느리고 있는
병력이 인천에 계속 머물게 된다면, 한성에 들어가는 기회를 영원히 잃게 될
것이다. 한가지 일을 처리하지 못한다면 한 곳도 점령할 수 없는 것이고, 끝
내 아무 것도 얻지 못하고 귀국하게 될 것이니, 이는 체면의 문제일 뿐만 아
니라, 좋은 책략이 아닌 것이다. 만약에 특별히 중대한 장애가 없다면 주저하
지 말고 병력을 즉시 한성으로 입성하게 하는 것이 유리할 것이다". 陸奧는
또한 중국의 주둔군이 아무런 행동도 하지 않는다면, 일본군은 "폭도를 진압"
한다는 명의를 들어 부대를 한성으로 이동시키라는 의견을 제시하고, 아울러
"조선의 장래에 관한 정책으로 일본은 부득이 강경한 방법을 채택할 수밖에는
없다"고 선언하였다.28) 이 같이 일본의 대한정책(對韓政策)이 장차 크게 조
정될 것임을 스스로 털어 놓았다. 14일, 大鳥는 陸奧에게 전보를 보내 동학
당을 진압한다는 부대를 움직여서 한성으로 입성시킨다는 핑계는 성립되기

---

27)『李文忠公全集·電稿』卷15, p.40.
28) 田保橋潔,『甲午戰前日本挑戰史』, pp.88－89. 戚其章,『甲午戰爭國際關係史』,
　　人民出版社, 1994年, pp.19－20에서 轉載함.

어렵다는 해석을 전하였다. 즉, "전라도의 폭도들은 이미 패하였고, 청병들도 한성에 도착하지 않았습니다. 이 같은 경우에 처해 있는데, 우리 공사관과 교민들을 보호한다고 한다면 다수의 병력을 파견할 필요도 없을 뿐만 아니라, 청국과 러시아 및 기타 국가들 또한 일본의 의도를 의심하여 각국이 조선으로 파병을 하는 결과를 가져올 것입니다. 고로 일전의 사태변화는 우리로 하여금 더욱 위험한 경지에 빠지게 하는 것으로, 사천이나 되는 병력이 한성으로 들어 올 이유는 없는 것입니다. 일본 정부가 만일 이 같은 조치를 실행한다면 반드시 우리의 외교관계에 손해가 있을 것입니다". 그 사이에 중국의 복주(福州) 해역으로부터 인천으로 급히 이동해 온 일본 함대의 사령관 伊東祐亨 또한 이 의견에 동감을 표시하였다. 즉, "대개 조선의 난민이 급히 진정되어지면서 청병(淸兵)들 또한 돌아갈 것을 준비하고 있습니다. 목표는 이미 수포로 돌아갔고 사정은 이미 평시로 되돌아갔습니다. 그런데 우리 군대는 (최초 계획에) 연연하여 인천과 경성에서 노숙(露宿)을 하면서 마치 비상시기를 대비하고 대적(大敵)을 마주하고 있는 것 같이 행동하고 있으므로, 전혀 관계가 없는 외국인들이 본다고 하더라도 의외의 일이라고 개탄하고 있습니다. 모두 한 사람(일본을 가리키는 듯)의 무대이고 한 사람의 수작이라고 보고 있습니다".29) 15일, 大鳥는 스스로의 의견을 가지고 일본공사관에서 원세개와 철병(撤兵)을 달성하기 위한 초보적인 협의를 가졌다.

一. 일본은 조선에 있는 병력의 3/4를 철수하는 한편, 한성으로부터 철수하여 250명의 병력만을 인천에 잠시 주둔시킨다;

二. 중국 군대는 4/5를 철수시키고, 400명의 사병만 남겨둔다.

三. 민란이 평정되기를 기다려서 양국은 전체 병력을 동시에 철수시킨다.30)

29) 『日本外交文書』 第27卷 (中國近代史資料續編, 『中日戰爭』 第9冊, p.222), 『中日海戰史料』 (中國近代史資料續編, 『中日戰爭』 第6冊, p.27).

그러나 大鳥는 그는 자신의 생각대로 일을 처리할 권한이 없으므로, 반드시 본국 정부의 비준을 기다려야 한다고 분명하게 성명(聲明)을 발표하였다. 大鳥의 철군에 대한 의견은 곧바로 반대의견에 부딪혔는데, 주한 일본 공사관 내에서 大鳥는 비교적 고립된 위치에 있었으며, 杉村浚 등이 철군에 즉시 반대하였다. 그리고 "조선의 독립론(獨立論)을 포기하고 승패를 무력으로 가려보자"는 의견을 제출하였다. 大鳥와 위안스카이가 철군에 대한 초보적인 합의를 달성하고 있을 때, 杉村浚은 공사관에 없었는데, 그가 돌아오기를 기다려 견습(見習) 교제관(交際官)인 松井相이 보고하기를 "쌍방이 이미 동시철병(同時撤兵)을 합의하였고, 심지어 서로간에 공문을 교환할 정도에 이르렀다"고 하면서 杉村浚에게 이를 저지해 달라고 말하였다. 杉村浚은 주한 참사관 本野一郎 등과 몰래 협의하여 "일·청의 동시 철병을 결정한 결의를 버리고, 이를 이용하여 청국과 전쟁을 시작하는 단서를 찾자"는 주장을 제출하고, 이를 가지고 大鳥를 설득하였다. 일본의 주(駐) 한성(漢城) 영사 內田定槌 및 한성으로 진입한 일본군 부대의 福島 중좌 등도 또한 大鳥의 평화주의에 대해서 반대 의견을 표시하였다.[31] 그러나 大鳥가 제출한 문제는 "동학기의(東學起義)가 이미 종식(終熄)되었고, 일본이 평란(平亂)을 구실로 조선에 군대를 주둔시키는 것이 확실히 무리수인 정황을" 반영하고 있는 것이었다. 따라서 일본 정부는 노심 끝에 별도의 핑계거리를 찾게 되었다. 6월 14일, 伊藤博文 총리대신이 내각회의에서 조선의 내정개혁을 감독하는 방안을 제출하였다. 즉,

"민란(民亂)이 종료된 후, 조선의 내정을 개혁한다는 차원에서 중일 양국이 조선에 약간 명의 상설위원을 파견하여 해국(該國)의 재정상태를 조사하고, 중

양 및 지방의 관리들을 도태시키고, 경비병을 설치하여 국내의 안녕을 유지한
다. 해국(該國)의 재정을 정돈하여 가능한대로 공채를 모집하여 공익사업을 일
으키는데 사용한다".

위 방안은 각의 참석자 전원의 의견으로 통과되었다. 陸奧 외상은 중국과
동시에 철병하는 것을 거절하게 되면 비록 일시적으로 외교상 일본이 피동적
인 위치에 몰리겠지만, 이후에 군사상으로는 "선제하여 적을 제압"하는데 유
리한 조건을 만들어 두는 것이라고 생각하였다. 그러므로 목전에 조정되어야
할 것은 외교상에 있어서의 주동적인 지위를 점하는 것이라고 보고, "제국정
부는 외교적으로 권변정책(權變策略)을 사용할 시기에 도달하였다"고 생각하
였다. 그는 분명하게 알고 있었다. 종주국인 중국은 십중팔구 "조선의 내정을
개혁하자"는 방안을 접수하지 않을 것임을. 그러나 사정은 이 같이 단계에서
머물러 있을 수는 없는 것이었다. 그러므로 다음 날 다시 열린 내각회의에서
陸奧는 伊藤博文의 제안에 대해 두 가지의 부대조건을 제출하였다 : "중국정
부와 진행하는 협상의 성공여부와 관계없이, 그 어떤 결과를 얻기 이전에 우
리가 조선에 현재 주둔하고 있는 병력을 철수시켜서는 안 된다 ; 만약에 중
국 정부가 일본의 제안에 찬성을 하지 않을 경우, 제국정부는 독자적으로 조
선정부를 개혁시킨다". 이 것은 의심할 바 없이 일본이 단독으로 조선을 지배
하겠다는 것이며, 또한 "일본이 조선의 내정을 개혁하겠다"는 주장이 거짓임
을 말해주는 것이다. 이를 이용하여 중국을 배제하겠다는 것이 진실인 것이
다. 陸奧는 이 같은 부대조건을 제출할 때 이미 "중일 양국간의 충돌은 피할
수 없는 것"[32]이라는 사실을 알고 있었다. 삼국간의 외교활동의 방향은 철병
을 교섭하는 과정에서 일본의 고의적인 전쟁도발이라는 방향으로 바뀌게 되
었으며, 갑오전쟁의 기운은 이미 짙게 느낄 수 있게 되었다.

---

32) 『蹇蹇錄』, pp.22 - 24.

三

　1894년 6월 15일, 陸奧는 大鳥에게 전보를 보내, 내각에서 이미 "강경한 조치를 취하여" 조선문제를 처리할 것을 결정하였음을 통보하였다. 그러나 "이 일은 극비사항이므로, 위안스카이나 혹은 그 어떤 사람에게든지 새어나가서는 안 된다"고 말하였다. 大鳥가 부여받은 임무에 대해서는 "어떤 구실을 대서라도 일본 군대가 한성에 진입하고 주둔할 수 있게 할 것이며, 동시에 방법을 생각하여 조선에 주둔하는 청군이 계속 남아있게 하라"는 것이었다. 이전에는 일본정부의 조선과 중국에 대한 정책이 분명하지 않았으므로, 大鳥가 철병을 할 의견을 지니고 있었다. 그러나 현재 일본정부가 전쟁을 도발하겠다는 정책을 이미 확정하였으므로, 大鳥도 또한 생각을 바꾸어, 무력으로 중국 군대를 조선으로부터 축출하려는 격렬한 의견을 제출하였다.[33] 大鳥와 강경파의 의견이 완벽하게 합류한 것이다.

　일본정부는 그 전략방침의 전환에 대해서 비상하게 중시하여, 陸奧가 직접 나서서 활동하였다. 6월 16일 오전 10시부터 오후 1시 반까지,[34] 陸奧가 주일(駐日) 중국공사 왕펑짜오(汪鳳藻)를 불러 양국 군대가 천천히 철수하는 것과 조선의 내정을 개혁하는 것에 관해 통고하였다. 그러나 陸奧 자신이 내세운 두 가지 부대조건에 대해서는 비밀로 하고 말하지 않았다. 陸奧는 왕펑짜오(汪鳳藻)에게 가능한 한 빨리 청 정부로 일본의 제안에 대해 동의해 달라는 전보를 보낼 것을 요구하였다. 왕펑짜오(汪鳳藻)는 우선 검토해야 할 것

---

33) 『日本外交文書』第27卷(中國近代史資料續編, 『中日戰爭』第9冊, p.232, 241)
34) 陸奧宗光은 그의 회고록 『蹇蹇錄』에서 이 회담의 시간을 16일 하오 8시부터 새벽 1시까지라고 기술하였다(같은 책 p.24). 그러나 현장을 기술한 기록에 의하면 회담시간은 "오전 10시부터 오후 1시 반까지"였다고 한다. 여기에서는 후자를 기준으로 하였다. 『日本外交文書』第27卷(中國近代史資料續編, 『中日戰爭』제9책, p.232)을 참고할 것.

은 양국의 철병과 조선의 개혁이 (청국의)"장기계획"에 방해가 되지 않는지 검토해 봐야 한다고 말하였다. 陸奥는 거짓으로 "오직 조선이 개혁을 통하여 전면적인 안정을 실현하여야만 일본은 바야흐로 안심하고 철병할 수 있다"고 말하였다. 그 동안 일본의 주(駐) 천진(天津) 영사 荒川이 리홍장(李鴻章)의 부탁을 받았다고 말하면서 양국이 즉각 철병하자고 청하는 내용의 전문을 보냈으며, 조선에 있는 중국 군대는 "牙山 밖으로 나가지 않는다"는 통보 내용을 전달하였다. 전보를 받은 후, 陸奥는 "우리는 아직까지 조선에서 질서를 회복하였다는 확실한 보고를 받지 못하였다. 이 같은 보고는 하루빨리 조선에서 평화가 회복되었다는 것을 알리는 것일 뿐 아니라, 장래에도 영원히 조선에서 소란(騷亂)이 일어나지 않는 다는 것을 보장해 주는 것이다"[35)]라고 답신을 보냈다. 일본 정부는 사태를 확대하기로 결심하였던 것이다.

6월 17일, 일본 정부는 왕펑짜오(汪鳳藻)에게 정식의 외교각서 1통을 넘겼는데, 조선의 내정을 개혁하는 것에 관한 조항들을 하나 하나 열거하고 있다 : 재정에 대한 조사 : 관원의 감축 : 군대의 정돈(整頓) 등. 이를 통해 일본은 조선의 재정과 행정과 군대를 전면적으로 통제하려고 생각하고 있었음을 볼 수 있다. 또한 일본의 주(駐) 중국(中國) 공사를 통하여 방안을 직접 청국의 총리아문(總理衙門)에 전달하였는데, 그 내용도 또한 3개 방면이었는데, 그러나 두 번째 항목에서 상업개혁문제에 대해서 거론하고 있다. 이 같이 두 개 방안의 내용이 서로 달랐던 것은 일본의 이른바 개혁방안에는 한계가 없는 것임을 반영하는 것이다. 사실, 일본은 조선의 진정한 개혁에 대해서는 별다른 흥미가 없었다. 그 것은 항장(項莊)의 검무[36)]와 같은 것으로 뜻은 패

---

35) 『日本外交文書』 第27卷 (中國近代史資料續編, 『中日戰爭』 第9冊, pp.234 - 237).

36) 楚漢 전쟁 기에 楚의 范增이 한왕 劉邦을 살해하기 위해 주연에서 項莊에게 검무를 추게 한 고사에서 나옴. (출전 :『史記』項羽本紀) (역자 주)

공(沛公)을 암살하는데 있었던 것과 같이, 주안점은 조선의 개혁에 있지 않고, 중국의 반응을 살피고 전쟁을 도발할 수 있는 단서를 찾는데 있었다. 이 것에 대해서 陸奧 본인이 명백하게 말해주고 있다.

> 이른바 조선 내정의 개혁이라는 것은 중일 양국 간의 해결되기 어려운 고착 국면(固着局面)을 타개해 나가려 계획에 따라 만들어진 하나의 정책에 불과한 것이다. ……그러므로 나는 시작부터 조선의 내정개혁에 대해서는 특별히 중시하지 않았다 ; 뿐 만 아니라 조선과 같은 국가에 대해서 능히 합리적인 개혁을 진행할 수 있는지에 대해 아직까지도 회의를 갖고 있다. 그러나 조선의 내정개혁은 이미 외교상에 있어서의 하나의 구체적인 문제가 되었으며, 우리 정부는 어쩔 수 없이 시험적으로 실시해보게 되었다. 우리나라 조야(朝野)의 의논은 끝내 어떤 일이 어떤 원인에 기인(起因)하였는지 이미 깊이 묻지 않는데 이르게 되었다. ……결론적으로, 이 문제를 이용하여 암운이 드리워져 있던 하늘을 일시에 변화시켜 폭풍우가 몰려오게 한 것이며, 혹은 명랑한 하늘이 되게 한 것이다.……37)

원래 철병을 한다는 의논은 이미 (양국간에)대략 정해져 있던 것인데, 일본은 생가지를 잘라버리 듯이 이는 무시해 버리고, 조선의 내정개혁을 감독한다는 것을 내세워서 철병을 하지 않았을 뿐만 아니라, 도리어 조선에 병력을 증강하여 파견하였다. 일본의 침략행동을 대한 중국의 대응은 혼란스럽고 규율이 없는 것이었다. 적을 눈앞에 두고 있던 위안스카이(袁世凱)와 왕펑짜오(汪鳳藻)는 신속하게 태도를 바꾸어 일본에 강경하게 대응해야 한다고 주장하였다. 그러나 외교를 주관하고 있던 리홍장(李鴻章)과 청국(淸國)의 총서(總署)는 문제를 피해나가려고 급급하였다. 6월 17일에 왕펑짜오(汪鳳藻)는 리홍장(李鴻章)에게 전보를 보내

---

37)『蹇蹇錄』 p.29.

왜인들은 우리가 철병(撤兵)을 서두르자 야심(野心)을 더욱 분명하게 드러
내어, 부대를 마치 큰 적이라도 마주하고 있는 것처럼 배치하고 있습니다. 우리
도 병력을 집중하여 그 음모를 토벌한 후 다시 그들과 더불어 철병문제(撤兵問
題)를 상의함이 옳습니다 라고 건의하였다.

그러나 이 건의는 리홍장(李鴻章)으로부터 거절당했다. 리홍장은 "왜인은
그 성정(性情)이 경솔하여 만약에 우리가 병력을 집중한다면, 이를 이유로 삼
아 반드시 싸우고자 할 것이다. 싸우지 않고 토벌함이 상책(上策)이다"38)라
고 생각하여, 여전히 타협과 양보의 방침을 관철하고자 했다.

6월 18일, 위안스카이(袁世凱)는 예쯔차오(葉志超)에 전보를 보내

일본인들이 날뛰고있는 것은 그 뜻이 우리를 막자는 것으로, 강제로 대병을
우리 변방(藩邦)의 수도에 진주시켜 장차 교활한 기회를 노리고 있다. (그러나)
내가 만일 한번 위세를 떨치기만 하면, 일인들은 스스로 기운이 쇠해져 물러날
것이다. 생각하건데 (우리)병력이 조선까지 온 뜻은 정국을 안정시키고 사태를
종식시키기 위한 것이니, 막하(幕下)는 우선 병력을 이동시켜 한성(漢城)으로
진입(進入)하다고 선언을 하라(그러나 반드시 들어 올 필요는 없다) 연후에 그
들의 태도가 어떻게 바뀌는지 보도록 하자.39)

고 제의하였다.

또한 두 통의 전보를 연이어서 이홍장에게 보내 조선의 긴급한 정황을 보
고하였다. 그 술전(戌電)에서 보고하기를

현재 한성의 인심이 비등하여 어찌 막아볼 도리가 없고, 오직 중국이 왜병
을 막아주기만 기대하고 있습니다. 인천에 있는 왜병 4천 여 명이 다시 한성으

---

38) 中國近代史資料叢刊, 『中日戰爭』 (二), p.558.
39) 『李文忠公全集·電稿』 卷15, p.45.

로 오게 된다면 한성은 반드시 텅 비어 버릴 것이고, 한왕(韓王) 또한 도망하여
북쪽으로 가게 될 것이라는 소문이 퍼지고 있습니다. 과연 큰 혼란이 일어나게
될 것입니다.

그 해전(亥電)에서는 보고하기를

여러 차례 大鳥에게 새로운 병력이 한성으로 오지 못하게 하도록 권하여 그
도 또한 허락을 하였었습니다. 그러나 앞서의 말은 식언이 되어 버렸으니, 뒷날
한 말을 어찌 믿을 수 있겠습니까. 하물며 왜인들의 뜻은 한국을 위협하는데
있기에 大鳥 또한 스스로의 주장을 내세우지 못하고 있습니다. 남북의 수사(水
師)를 먼저 이동시켜 엄히 준비하고 이어서 육군도 준비시키는 것이 좋을 것
같습니다.

라고 건의하였다.

그러나 그 건의 또한 리홍장(李鴻章)에게 거부되었다. 리홍장은 여전히 외
교적인 해결을 우선하고 (청국이) 전쟁을 먼저 도발하지는 않는다는 원칙을
고집하고 있었다. 그러므로 다만 띵루창(丁汝昌)에게 몇 척의 군함을 인천으
로 보내어 시위하도록 하였다.[40] 청 조정의 총리아문은 사태에 대해서 더욱
오판을 하여 일본의 야심을 더욱 얕보고 있었다. 이 동안에 총서(總署)는 사
람들로 하여금 어리둥절할 수밖에 없도록 만든 명령을 내렸다.

총서전(總署電) : 한국이 전성(全城, 전주)을 회복하고 난 후, 약간의 도적
의 무리는 어디로 간 것인가? 아직까지 그에 대한 소식이 없다. 지금 한국은
일본을 호랑이와 같이 두려워하여 도적을 토벌하는 일조차 계획대로 하고 있지
못하다. 왜인의 평계는 병력으로 원조하는 것으로 한국에 위협이 되지 않는다

---

40) 中國近代史資料叢刊, 『中日戰爭』(二), p.559.

는 것이다. 지금까지 수괴를 하나도 잡지 못하였고 나머지 도적의 무리도 어디
로 갔는지 알지 못하고 있다. 두 개 성(省)에 걸쳐 소란을 피웠던 무리들이 하
루아침에 종적을 감추었다고 한다면 누가 이를 믿겠는가? 왜인이 핑계가 있으
니 결단코 물러나지 않을 것이다. 그들의 핑계인 즉, 함께 물러났다가 도적이
다시 난을 일으키면 또한 어찌 감당할 것인가 이다. 그러니 원세개에게 왜인에
게 빨리 철병하라고 독촉할 것이 아니라, 오히려 한국 측에 토벌을 서두르도록
재촉하도록 명령을 보내야 한다. 그러나 도적을 토벌하는 일에는 먼저 해결해
야 할 일이 있으니, 외국인들이 모두 그렇게 여기듯이, 왜인과 청국의 군대가
동시에 철병하는 것을 약조함이 순서에 맞는 일인 것이다. 지금은 왜인들이 감
히 한국을 삼키려고 도모하지 못한다. 외국인들이 모두 알고 있듯이 그러나 핑
계를 대어 군대를 주둔시키게 되면 아마도 그렇게 됨을 면할 수 없을 것이다.
…… 예쯔차오가 이미 부대를 보내어 도적의 수괴들을 체포하게 하고, 위안스
카이(袁世凱)도 또한 한국 조정을 재촉하여 신속하게 토벌하게 하여야 것이다.
반드시 깨끗이 (도적을)숙청하여야만 적란(賊亂)을 토벌하였다고 말할 수 있는
것이다.[41]

이 글에서 보듯이, 청국의 총서는 대군으로 운집해 있는 일본군에 대해 주
목하고 있는 것이 아니라, 이미 기본적으로 평정이 된 한국의 동학당에 대해
주목하고 있었다. 당시의 정황으로 볼 때, 동학당이 완전히 평정이 되었다고
하더라도 일본은 결코 철병하지 않았을 것이다. 왜냐하면 일본의 목적은 조
선과 중국을 침략하는 것이었기 때문이다. 그러나 청국의 조정은 오히려 일
본은 조선을 전면적으로 침략하지는 못할 것이라고 여기고 있었으므로, 요령
부득의 대책을 내놓고 있었던 것이다. 청국 조정의 외교에 대한 기본적인 생
각이 이 같이 현실에서 벗어난 것이 된 것은 결코 우연한 현상이 아니었다.
갑오년 10월 10일은 자희태후(慈禧太后)의 60세 탄생일인데, 이 기간에 청

41) 『淸光緖朝中日交涉史料』 (1011), 卷13. pp.20 - 21. 『日本外交文書』 第27卷
(中國近代史資料續編, 『中日戰爭』 第9冊, pp.260 - 261).

국의 군신(君臣) 그 누구도 큰 풍파가 발생하기를 원하지 않았다. 6월 17일 저녁, 중국의 정국을 면밀히 관찰하고 있던 小村 대리공사는 "책임을 질 것을 두려워하고 또한 생일기간동안 충돌이 생겨날 것을 피하기 위해 리홍장(李鴻章)은 매우 조바심하고 있다"[42]는 전보를 보내었다. 조선의 일에 대해 잘 알고 있던 갑오년 과거의 장원 장지앤(張謇)은 광서제(光緖帝)의 스승인 웡퉁화(翁同龢)에게 보낸 비밀 서한 중에서 "중국의 군대는 경축전례를 맞이하여 전쟁을 시작하지 않으려고 하여, 조선 팔도를 이미 다른 사람의 손에 넘겨주었다. 그러면서도 눈이 멀어서 말하기를 조선에는 별다른 일이 없다고들 말한다"[43]라고 쓰고 있다. 이는 정말로 사태를 정확히 파악하고 있는 판단인 것이다.

중국은 다만 외교적으로만 (일본의)조선 개혁안에 대해서 굳은 반대를 표시하였다. 6월 19일, 청국 총리아문의 쑨위웬(孫毓汶) 등 네 명의 대신은 小村壽太郎을 접견하고 다음과 같이 고지하였다 : 조선의 내정에 관한 안건에 대해서 "우리 정부는 동의를 표시하기 어렵다. 조선은 자주(自主)의 권한(權限)이 있어서, 그가 비록 속방(屬邦)이라고 할지라도 그 내정에 관하여 정도에 넘게 간여할 수 없다. 청한(淸韓) 양국의 관계가 이와 같은데, 일본은 겨우 인국(隣國)으로써의 우의(友誼)관계가 있을 뿐이다. 또한 이 같은 종류의 간섭에 대해서 각 국의 의견 또한 각기 달라서 의외의 사단을 일으킬 우려가 있다. 또한 양국 사이에 번잡한 일이 일어나게 될 우려가 있다". 21일, 왕펑짜오(汪鳳藻)는 본국의 명을 받은 회답 각서에서

한국의 난은 이미 평정이 되어 중국의 군대가 대신 토벌할 번잡함이 사라졌다. (중일)양국이 병력을 모아 토벌을 한다는 말은 이미 의논할 필요조차 없게

---

42) 『日本外交文書』 第27卷 (中國近代史資料續編, 『中日戰爭』 第9冊, p.239).
43) 中國近代史資料續編, 『中日戰爭』 第6冊, p.445.

된 것이다.

　뒷일을 잘 처리하도록 준비한다는 방법은 비록 뜻은 좋으나, 조선이 스스로 개혁을 해야 하는 일일뿐이다. 중국은 아직까지 조선의 내정에 대해 간여하지 않았었고, 일본 또한 지금까지 조선에 자주국(自主國)이라고 주장해 왔으므로, 더욱 그 내정에 간여할 권한이 없다.

　난이 평정되면 군대는 철수한다는 것은 을유년(乙酉年)의 약정에 이미 정해져 있는 바이다. 지금 와서 다시 의논할 필요가 없다.44)

　중국 측의 태도는 이상하도록 명확하게도 '의논할 바가 없다'는 것이었다. 왕펑짜오(汪鳳藻)가 각서를 보낸 다음 날, 일본정부는 어전회의를 소집하였는데 明仁 천황이 직접 주재하였으며 총리대신 伊藤博文 이하 전체 각료와 군측(軍側)의 대표인 육군대신 山縣有朋과 참모총장 栖川熾仁 등이 회의에 참가하였다. 회의에서 이들은 다시는 일중간에 "서로 제휴"하는 것을 기대하지 않는다는 결의를 의결하였다. 이 회의는 일본이 전쟁의 길을 향해 매진하는데 있어서 한차례 관건적(關鍵的)인 회의였다. 동일, 일본측은 각서에 대해 답신을 보냈다.

　조선국의 현재 정황에 대해서 우리 정부는 귀국 정부와 견해를 같이 할 수 없다.……조선에 있어서 우리나라의 이해는 매우 절실한 것이고 관계도 중하여, 우리 정부는 해국(該國)의 이 같은 참상(慘狀)에 대해 수수방관(袖手傍觀)하고 있을 수는 없다. 또한 정세가 이와 같은데도 우리 정부가 오히려 조치를 취하여 구하지 않는다고 한다면, 조선과 우리의 오랜 교린(交隣)관계에 어긋나는 것이 될 것이고, 또한 우리나라의 자위(自衛)에 관한 도리에도 어그러짐이 있게 될 것이다. 우리 정부는 부득불 간여하지 않을 수 없다. 설사 귀 정부와 소견(所見)이 서로 어긋난다고 하더라도, 우리 정부는 결단코 현재 조선에 주

---

44) 『日本外交文書』 第27卷, (中國近代史資料續編, 『中日戰爭』 第9冊, pp.253 - 254, p.256).

둔하고 있는 우리나라의 병력을 철수하지 않을 것이다.45)

　각서의 뜻은 강경한 것이었는데, 陸奧는 해당 각서를 "일본정부의 중국 정부에 대한 첫 번째 절교서"라고 불렀다.46) 이날 저녁, 육군 대장 小松彰仁 및 川上操六은 中牟田倉의 도움으로 모두 몰래 해군대신 西鄕從道를 방문하여 철야로 상담을 하였는데, 분위기가 몹시 격앙되었었고 때로는 책상을 두드리는 소리가 방밖까지 들렸다. 23일, 대본영(大本營)은 大島 여단의 정원이 찰 때까지 증원시키라는 결정을 하달하였다. 일본군은 끊임없이 조선으로 이동해 갔다. 27일에 일본의 두 번째 증원부대가 모두 인천에 도착하였고, 주한 일본군은 7600여 명에 달하여 중국의 주둔군을 크게 초과하였다. 일본은 전쟁의 칼날을 이미 뽑아든 것이다.

　1894년 6월 22일은 일본 정부가 대중국전쟁(對中國戰爭)을 결정한 날이다. 이날 陸奧는 大鳥 공사에게 비밀전문을 보냈는데, 전문 중에 "일·청 양국의 충돌이 끝내 피할 수 없는 시각에 도달하였다"고 하면서, 大鳥에게 청국이나 조선에서 어떻게 반대하더라도 반드시 인천에 있는 부대를 이동시켜 한성에 진입하게 하라고 요구하였다. 이후에 일본의 외교활동은 어떤 계기를 이용하여 전쟁을 도발할 것인지를 둘러싸고 긴밀하게 진행되었다. 23일, 기밀이 새어나갈 것을 두려워한 陸奧는 외무서기관(外務書記官) 加藤增雄에게 모든 지령을 휴대하고 일본의 廣島를 떠나 한성으로 건너가게 하였다.47) 加藤이 도착하기를 기다리는 동안에 大鳥는 어찌 행동해야 되는지 알 수 없어 안절부절 하다가 약간의 주동적인 행동을 채택하였다. 26일, 大鳥는 조선 국왕을 알현하여 한국의 내정개혁과 독립의 실현을 요구하는 의견서를 제출하

45) 『日本外交文書』 第27卷 (中國近代史資料續編, 『中日戰爭』 第9冊, pp.257 - 258).
46) 『蹇蹇錄』 p.26.
47) 『日本外交文書』 第27卷 (中國近代史資料續編, 『中日戰爭』 第9冊, pp.37 - 39).

였다. 의견서 중에서 "귀 정부에 권하노니, 부강(富强)함을 이루고 정치(政治)를 실현한다면, 휴척상관(休戚相關)의 관계가 시종 유지될 것이며, 보차상의(輔車相依)의 국면 또한 유지될 것입니다"라고 말하였고, 또한 말하기를 "남방에서 일어난 난은 본래 본국 인민들에 의한 것으로 그 화가 크지 않습니다. 그러나 청국이 병력을 보내어 구원한다고 하면서 그 화가 동북아시아의 큰 국면에 미치게 되었습니다. 그러므로 일본의 군대가 해당 인민을 보호하는 것은 또한 사세의 부득이함 때문인 것입니다. 다음으로, 청국은 이미 난민이 평정되었다는 소식을 듣고도 그 병력을 철수시키지 않아서 사태를 더욱 확대시키고야 말았으니, 그 뜻이 어디에 있는지 예측할 수 없습니다. 또한 처음으로 조선을 자주독립국이라고 여겨서 그로 하여금 각국과 평등한 관계의 조약을 맺게 주선 한 나라가 어느 나라입니까. 모두 일본의 공이 아니었으면 이룰 수 없는 일입니다. 그러니 일본에 어찌 조선을 적대시할 이유가 있겠습니까? 그러므로 어떤 나라가 조선을 속방(屬邦)으로 여겨 기회를 이용해 난을 일으키고 군현을 떼어가려고 할 때마다, 이를 거절하고 배척하여 전조선(全朝鮮)의 자주독립을 지키도록 하였었습니다. 일본은 이를 당연히 행해야 하는 소임으로 여겨 왔었습니다. 조선의 인민들이 허심탄회하니 살펴보면 이번에 일본이 온 것에는 아무런 다른 뜻도 없다는 것을 능히 알 수 있는 것입니다"[48]라고 말하였다. 한마디 한마디마다 눈을 부라리고 담을 키운 채 중한(中韓) 관계를 이간시키고 거리낌 없이 중일 관계를 악화시키는 것이었다.

6월 27일, 加藤이 일본 정부의 비밀지령을 지니고 한성에 도달하였는데, "그 대강의 뜻은 : 지금의 형세를 보면 개전(開戰)은 이미 피할 수 없게 되었다. 따라서 오직 다른 사람들로부터 비난을 받는 것을 피한다는 전제 하에 어떤 수단이든지 채택하여 개전을 할 평계를 만들어야 한다. 이 같은 사정을 훈

---

48)『六十年來中國與日本』第2卷, pp.39－40.

령으로 만들어 서면으로 지시하기 어려우므로 특별히 加藤을 파견한다"고 하
였다. 다른 설에 의하면 "加藤 서기관이 구두로 전달한 비밀지령은 공사관에
매우 큰 힘을 주었다"49)고 한다. 대조는 加藤이 전달한 구두지령을 이해하기
를 "청국과의 충돌을 도발하는데 힘써야 한다"는 것으로 이해했다고 한다. 개
전(開戰)의 구실을 만드는 것이 일본 외교활동의 주안점이 되었다. 28일, 大
鳥는 陸奧에게 초안으로 제출한 "독립속방(獨立屬邦)"과 "내정개혁(內政改革)"
의 두 가지 안을 보고하였는데, 방안은 매우 독랄한 것으로, 중한 양국을 적
응하지 못할 지경에 빠뜨리는 것이었다. "독립속방(獨立屬邦)"에 관해서는, 우
선 한국 정부를 향해 청국의 속방인지 여부를 묻는 것이었다. 大鳥의 생각으
로, 이 같은 질문에 대한 한국의 답변은 오직 세 가지 선택밖에는 없다는 것
이다. 첫째 선택은 한국정부가 청국(淸國)의 속방(屬邦)임을 부정하는 것인
데, 이 경우에는 "곧바로 한국정부를 압박하여 다음의 사실을 받아들이게 한
다 : 청국의 군대가 속방(屬邦)을 보호한다는 명목으로 귀국(貴國)의 국경
(國境)을 넘어 왔으니, 이는 귀국의 독립자주권을 침범한 것이다. 모름지기
청병을 국경 밖으로 나가게 하여 일한(日韓)조약의 조문을 보호하여야 한다.
이는 한국의 의무이다. 만약에 한국의 힘만으로 이 일을 완성할 수 없다면,
우리가 무력으로 서로 도와 그들을 축출할 것을 바란다". 만약에 조선정부가
그들이 청국의 속방임을 승인한다면, 일본의 대표는 조선 정부와 교섭하여
"이해를 설명하여 그들로 하여금 이 같은 생각을 철회하게 한다" ; 두 번째
선택은 한국정부가 청국(淸國)의 속방(屬邦)임을 긍정(肯定)하는 것인데, 이
경우에 일본은 "공개적으로 조선정부에 그들이 우호조약의 제1조를 어기었으
므로, 조약 체결 후 17년 동안 우리나라를 속여 온 죄에 대해 책임을 져야
하며, 무력을 써서 서로 위협하여 상대방으로 하여금 사죄를 하게 압박하였

---

49) 『明治27 - 8年在韓苦心錄』 (中國近代史資料叢刊續編, 『中日戰爭』 第7冊, pp.15 -
16.

으니, 우리가 만족할 만큼 보상하여야 한다"고 설명한다. 세 번째는 한국정부가 그들은 자고(自古)이래로 청국(淸國)의 속방(屬邦)이었으나, 내정(內政)과 외교(外交)는 완전히 자주적이었으니, 자주(自主)의 국가(國家)라고 선언하는 경우인데, 이럴 경우, "즉시 조선 정부를 향해 내란을 평정하는 것은 내정의 범위에 속하는 일인데, 청국(淸國)이 속방(屬邦)을 보호한다는 명의로 파병을 하였으니 이는 내정에 대한 간섭이다. 우리는 속방(屬邦)의 실제적인 속뜻을 이유로 하여, 한국정부와 청국(淸國)의 공사를 핍문(逼問)할 수 있다"는 것이다. "내정개혁(內政改革)"에 관해서도 또한 비슷한 생각을 가지고 있었다. 이와 같이 하여, 중한 양국정부가 어떻게 답변을 한다고 하여도 일본을 "만족"시킬 수는 없는 것이었다. 이 같이 하여 모순을 격화시키고, 또한 이 것을 이용하여 전쟁의 책임을 교묘하게 중한 양국 측으로 묻는 것이다. 같은 날, 大鳥는 한국정부를 향해 "청국이 '보호속방(保護屬邦)'이라고 말하는 것을 승인하는지 여부"에 관한 각서를 제출하면서 다음 날까지 답변을 요구하였다.[50] 이 같은 압력에 대해서 한국정부는 크게 걱정하고 있었는데, 이날 군신들과 이 위기에 대해 어떻게 대응할 것인가를 의논하던 국왕은 "외국의 멸시가 이와 같으니 (우리) 국세(國勢)를 가히 알 수 있겠다. 말하는 조차 또한 수치스럽다"[51]고 말하였다. 29일, 한국 정부는 일본이 강요한 답변일 내에 회답을 하지 못하였다. 30일 상오 10시, 杉村濬은 한국의 외무독판(外務督辦)에게 가서 답변을 "재촉"하였다. 이때 독판(督辦)의 답변은 다음과 같다.

    "조선 정부는 종래(從來)로 자주국가(自主國家)인데, 청국이 우리에게 대해
    어떤 호칭을 사용하느냐 하는 문제는 청국(淸國) 스스로 결정할 일이지 우리와

---

50) 『明治27 - 8年在韓苦心錄』(中國近代史資料叢刊續編, 『中日戰爭』 第7冊, pp.1
    6 - 17). 『日本外交文書』 第27卷(中國近代史資料續編, 『中日戰爭』 第9冊,
    pp.50 - 53).
51) 朝鮮『高宗實錄』 卷31, p.28.

는 관계가 없는 일이다. 청국(淸國)의 군대가 우리의 경내에 주둔하고 있는 것
은 당시 우리가 청하여 오도록 한 것이기에 우리가 나서 나가라고 쫓을 수는
없다"

이 같은 답변에 대해 일본측은 크게 불만을 느꼈고, 조선이 자주국(自主
國)이라면 왜 "청국이 속방을 보호한다는 명의로 파병을 하는가? ……이 것
이 청국이 귀국의 주권을 침범한 것이 아니라면 무엇이라는 말인가?"[52]하고
힐문(詰問)하였다. 杉村濬이 되돌아간 후, 외무독판은 위안스카이와 협상하여
大鳥의 각서에 대한 답변을 아래와 같이 하기로 정하였다.

　병자수호조약을 살펴보니 제1조에 조선은 자주의 국가로 일본국과 평등한
　권리를 보유한다는 구절이 있었다. 본국은 이 조약을 체결한 이래 양국 간의
　모든 교섭에 있어서 자주평등(自主平等)의 권리(權利)에 따라 일을 처리해 왔
　다. 이번에 중국에 군대를 요청한 것도 또한 우리나라가 스스로 그 권리를 사
　용한 것으로, 조일(朝日) 간의 조약에 조금도 어그러짐이 없는 것이다. 본국은
　조일(朝日)간에 맺은 조약을 준수하는 것을 단지 알고 진지하게 거행해 왔다.
　또한 우리나라의 내치(內治)와 외교(外交)에 관한 사항은 우리 스스로 처리해
　온 것임을 중국 또한 평소부터 알고 있는 바이다. 중국 汪大臣(汪鳳藻)의 각서
　가 (청국)조정을 경유하여 나온 것인지 여부는 오직 양국(중일)이 맺은 조약에
　비추어 살펴보는 것이 타당할 것이다.[53]

그러나 일본 정부와 주한 일본 공사관의 의견이 일치하지 않고 있었을 뿐
아니라, 일본정부는 "독립속방(獨立屬邦)"문제를 가지고 교섭의 의제로 삼을
뜻이 없었으므로, 大鳥에게 훈령을 내려, 속방문제(屬邦問題)와 청병(淸兵)의

---

52) 『明治27－8年在韓苦心錄』 (中國近代史料叢刊續編, 『中日戰爭』 第7冊, pp.1
　　7－18).
53) 『淸光緖朝中日交涉史料』(1063), 卷14, p.2.

한국(韓國) 주둔문제(駐屯問題)를 가지고 계속 교섭할 필요가 없고, 교섭의
중점을 내정개혁문제(內政改革問題)로 돌리라고 지시하였다. 내각과의 의견
불일치에 대해 공사관은 두 가지 방책을 채택하였다. 한쪽으로는 정부의 지
령을 준수하여 내정개혁문제를 가지고 한국정부와 교섭을 하고, 다른 한쪽으
로는 福島安正 중좌와 本野一郎 서기관을 귀국시켜 본국의 정계 요로에 공사
관의 의견을 설명하게 하였다. 福島는 군사방면에 대해 설명하고 本野는 외
교방면에 대한 설명을 책임지고 있었다. 두 사람이 가지고 일본으로 간 생각
은 "오늘의 정세는 일중(日中) 충돌을 피할 수 없는 것인데, 빨리 개전(開戰)
할수록 일본에 유리하다. 그런데 개전의 구실로 조선의 자주권(自主權) 문제
이외에는 별도의 핑계거리가 될 만한 것이 없다. 자주권의 문제는 그 명목이
광명정대하여 각국에 대해서 우리나라의 의거를 충분히 드러낼 수 있다. 청
국이 비록 토지가 넓다고는 하나, 최근 몇 년간 육·해군의 군비로 볼 때 비
록 겉으로는 그럴 듯하지만 실제로는 제대로 갖추어 진 것이 없으므로 두려
위 할 바가 없다"54)는 것이었다. 여기에서 보듯 주한 일본 공사관은 다시 한
번 변하여 전쟁을 부추기는 급선봉(急先鋒)이 되었다. 이제 주한 일본공사관
과 일본 내각이 서로를 재촉하여 더 빨리 개전(開戰)하도록 하고 있었다.

7월 3일, 大鳥는 한국 정부에 새로운 "개혁의견서"를 제출하고, 행정·재
정·사법·군사·교육 등 5개 방면의 개혁을 요구하였다. 이에 대해 한국은
반드시 먼저 외국 군대가 철수한 후에 내정에 대해서는 다시 의논하자는 주
장을 제출하였다. 그러나 大鳥는 내정개혁과 외국군대의 철수는 관계가 없으
며, "개혁하지 않으면 안 된다"55)고 주장하였다. 4일에는 다시 哀得美敎書를
보내 5일 오후까지 답변을 해달라고 요구하였다. 5일에 한국 측은 이틀의 여
유를 더 줄 것을 요구하였다. 7일, 일본의 압력에 의해 한국 정부는 "교정청

54) 『明治27-8年在韓苦心錄』(中國近代史資料叢刊續編, 『中日戰爭』 第7冊, p.18).
55) 『淸光緖朝中日交涉史料』(1086) 第14冊, p.43.

(校正廳)"을 설치하여 개혁을 총괄하는 기구로 삼았다. 8일, 한국 국왕이 "죄가 모두 자신에게 있다"는 조서(詔書)를 내렸다. "……지금과 같다면 어찌 나라라고 말할 수 있겠는가? …… 진실로 큰 경장(更張)과 큰 징계(懲戒)함이 없다면 쌓인 폐단을 고칠 수 없고 위미지풍(萎靡之風)을 진작시킬 수 없을 것이다. 이 것이 모두 묘당(廟堂)의 죄가 아니겠는가?"[56] 10일과 11일 양일 동안 大鳥와 조선의 관원들이 남산(南山)의 노인정(老人亭)에서 조선의 내정개혁에 관한 회담을 거행하였다. 이 자리에서 일본의 사절들은 여러 가지로 위협하여 개혁실시의 기한을 한정하였는데, "만약 10일을 넘긴다면 아마도 (나라가) 망하게 될 것이다"[57]라고 까지 말하였다. 12일, 정세의 급박함을 보고 한국 국왕은 리훙장(李鴻章)에게 전보를 보내 "일본 군대가 철수할 뜻이 없고, 위협은 날로 심해지고 있습니다. 그러나 어찌 5개조 일을 강제로 시행하게 (허락)할 수 있겠습니까? 그들이 병력을 파견하고 상인을 들여보내는 것은 (철군을) 연기할 계책인 것입니다. 결코 개혁에 뜻이 있는 것이 아닙니다. 원총리(袁總理)와 매사를 비밀리에 상의하여 왜군의 철수를 도모하고자 합니다. 중당(中堂)에서 속히 조치를 취함을 보여 주시기 바랍니다"라고 하였다. 이에 대해 리훙장은 즉시 회답을 보내 일본이 조선의 내정에 대해 간여하는 것을 한국 국왕이 반대하는 입장인 것에 대해 지지를 표시하여 "내정은 오직 조선이 스스로 정할 수 있는 것이지, 왜인의 억지로 시키는 개혁을 하는 것은 불가합니다. 스스로 자신의 권리를 보호하여야 합니다"[58]라고 말하였다. 15일, 한국 측 대표와 일본 측 대표가 남산 노인정에서 다시 한번 회의를 거행하였는데, 내정을 개혁하는 것에 관한 한국 측은 다른 이의가 없으나, 다만 일본군이 주둔하고 있으므로 "민심이 불안해져 있으므로, 만약에 이를

56)『六十年來中國與日本』第2冊, p.43.
57)『朝鮮檔選錄』(中國近代史資料叢刊續編,『中日戰爭』第5冊, p.28).
58)『淸光緖朝中日交涉史料』(1116), 卷14, p.16.

안정시키지 않는다면, (개혁을)실행하기 어려울 것이다"라는 의견을 제출하였다. 16일, 조선 정부는 태도를 정식으로 일본에 각서로 전달하였는데, 그 내용은 "그러나 외국의 큰 병력이 주둔하고 있어 안전에 방해됨이 있다. 내정을 개혁하는 일은 귀국(貴國)의 병력(兵力)이 철수(撤收)하기를 기다려 조선정부(朝鮮政府)가 스스로 행할 것이다"라는 것이었다. 이 같이 조선정부는 외국인의 총칼 밑에서 소위 개혁이라는 것을 할 수 없다는 입장을 분명히 밝혔다.59) 17일, 大鳥가 조선 정부에 답신을 보내어 말하기를

> 우리 정부가 귀국에 내정을 개혁하라고 권고하는 까닭은 동양 정국의 대세를 고려하여 귀국과 더불어 공동으로 평화를 유지하려는 마음 이외에 다른 뜻은 없다. 그러나 귀국에서 동의하지 않았으니 이는 귀국과 우리가 제휴하는 길을 잃는 결과를 가져왔다. 오늘 이후로 우리는 오직 우리의 이해에 따라 사태를 파악하여 독자적으로라도 그 필요한 수단을 행할 것이다. 삼가 사전에 통보하는 바임.60)

이로써 조일(朝日) 사이의 이른바 내정개혁(內政改革)에 관한 교섭은 결렬을 선고하였다. 사실상, 처음 시작할 때부터 일본정부(日本政府)의 본의는 조선을 개혁하는데 있지 않았으므로, 그 결렬은 의도되어 있던 것이고, 일본이 고의적으로 만들어 낸 것이다.

일본의 위협적인 공세(攻勢) 앞에서 중국의 외교는 오히려 (문제를)피하는 현상을 보였다. 이 보다 앞서, 외교정책과 종번관계(宗藩關係)에 있어서 강경한 태도를 지니고 있었던 위안스카이(袁世凱)는 중국과 일본의 재한(在

---

59) 『日本外交文書』 第27卷 (中國近代史資料叢刊續編, 『中日戰爭』 第9冊, p.66).
   『明治27－8年在韓苦心錄』 (中國近代史資料叢刊續編, 『中日戰爭』 第7冊, p.23).
60) 『明治27－8年在韓苦心錄』 (中國近代史資料叢刊續編, 『中日戰爭』 第7冊, p. 24).

韓) 군사역량이 비교가 되지 않음을 이유로 하여 걱정만 하면서 물러날 뜻을 나타내었다. 6월 29일, 위안스카이(袁世凱)는 리훙장(李鴻章)에게 3통의 전보를 보내어 "중국 인민이 이 같은 욕을 당하게 하니, 凱(원세개 본인)는 여기에서 사람들을 마주할 면목이 없습니다. 깃발을 내리고 돌아가고자 합니다. 탕싸오이(唐紹儀)를 남겨두어 사태가 돌아가는 모습을 살피게 하고자 합니다. 한국 측이 문서로 속방(屬邦)이 아님을 밝히면 곧바로 인천(仁川)으로 가겠습니다."라고 하였고, 다음 전보에서는 "왜인(倭人)은 근 일만 여 인이나 되며 각처에 나누어 포진하고 중국과 (전쟁을 개전할) 기회만을 기다리고 있습니다. ……(우리가) 철수하여 욕됨을 면하고자 합니다."라고 하였다. 이어서 다시 전보를 보내 "듣기에 大鳥가 각서를 보내어 무력으로 본인(위안스카이)을 압송하려고 한다고 하니 과연 이보다 욕됨이 심하겠습니까. 오직 만국의 사절들과 동일한 방법으로 글을 보내어 한국 측에 조회를 하여야 합니다. 귀국하여 아뢰겠습니다".61)라고 귀국을 허락하여 달라고 요청하였다. 리훙장(李鴻章)은 이때 러시아에 의지하여 중일간의 긴장상태를 풀어보려고 노력하고 있었다. 그러므로 위안스카이(袁世凱)에게 전보를 보내 참고 기다릴 것을 지시하는 한편, "한국이 아직 중국의 속방(屬邦)이 아니라고 인정한 것이 아니니, 임지에 남아서 계속 이 같은 입장을 견지하도록 비밀리에 권하도록 하라. 러시아 정부에서 여러 차례 공사(公使, 러시아의 주 중국 공사 喀西尼를 가리킴)에게 국면을 중재하도록 지시하였으니 반드시 난국이 수습될 것이다. 일본이 중국보다 먼저 개전(開戰)하지 않을 것을 승락하였으니, 어찌 외교(外交) 사신(使臣)을 구금할 수 있겠는가. 뜻(자세를)을 유지하고 겁먹고 물러서지 마라"라고 자세히 설명하였다. 이 때에 이르러서도 일본이 먼저 개전하지 않겠다고 말한 거짓을 믿고 있었다. 실로 유치한 태도였던 것이다. 그러나 위

---

61) 『李文忠公全集·電稿』 卷15, pp.57-58.

안스카이(袁世凱)에게 겁먹고 물러나지 말라고 지시한 것은 당시의 대국적
(大局的)인 측면에서 본다면 유리한 판단이었다. 총서(總署) 또한 위안스카이
의 귀국을 허락해 달라는 청원에 대해 불쾌한 태도를 보이며 거절하였다. 그
들은 중국의 사신이 깃발을 내리고 귀국한다면, 장차 일본으로 하여금 갖가
지 핑계를 대며 거리낌없는 행동을 하게 만들어 주는 것이라고 여겼다.62) 그
러나 총서(總署)와 리홍장은 다만 위안스카이의 귀국에만 동의하지 않음을
표시하였을 뿐, 일본인의 야심을 저지하기 위해 어떻게 행동하라는 실제적인
조치에 대해서는 한 마디도 하지 않았다. 7월 2일, 위안스카이는 다시 리홍
장에게 전보를 보내어 국면의 위급함을 자세히 진술하면서 "(일본의)도발이
한번 성공하게 되면 돌아갈 길이 없어진다"고 말하였다. 그는 중국 군대가 아
산으로 철수 한 후, "압록강이나 평양으로 이동"해야 한다는 건의를 하였다.
즉, 일본이 철군을 하는지 여부를 불문하고 중국 측이 우선 철수하자는 것이
었다. 일본과의 군사적인 대치관계를 포기한다는 것은 일본의 조선에 대한
전면적인 침략을 방임하겠다는 것이었다. 이 같은 방안의 적합한 것인가는
확실히 후일에 다시 거론하여야 할 문제이다. 리홍장(李鴻章)은 위안스카이
(袁世凱)의 건의를 받아들이지 않았다. 4일, 리홍장은 총리아문의 의견을 전
달하였다. 총리아문의 견해는, "위안스카이가 급히 깃발을 내리고 귀국하겠다
고 하니 (다른)나라와 화목함을 잃는 것이고, 방법 또한 체면을 잃는 것이다.
속히 전보를 보내 (그렇게 하지 못하도록)저지하고 경솔하게 행동하지 못하
게 하라"는 것이었다. 위안스카이의 귀국은 조선으로 하여금 그 의지할 데를
상실하게 하는 것이고, 일본으로 하여금 더욱 두려워하는 바가 없게 할 것이
므로, 총서의 이 같은 생각 또한 도리가 없다고 할 수는 없는 것이다. 그러나
위안스카이의 뜻은 이미 정해졌으므로, 어떤 설득도 돌보지 않았다. 당일로

---

62) 『淸光緒朝中日交涉史料』(1050), 卷13, p.29.

귀국을 명령해 달라는 전보를 다시 보내었다. "위안스카이가 사절이므로 국가
의 체면과 관련이 되는데, 앉아서 협박을 당해야 하니 무슨 면목이 있겠습니
까? 만약에 크게 거동을 할 것 같으면(전쟁을 준비하는 것), 본관을 귀국시
켜 정황을 자세히 묻고 준비를 하여야 할 것입니다. 잠시 거동을 하지 않는다
고 하더라도, 당연히 본관을 귀국시키고 계급이 낮은 관료를 남겨두어 사태
를 살펴보게 하여 먼저 (일본과) 교섭을 진행하고 후일에 거동(전쟁을 준비
하는 것)하는 것이 국가의 체면을 온전히 하는 방법일 것입니다. 바라건대 속
히 조치해 주십시오. 추신. 일본이 병력을 실은 군함 10여 척을 어제 일본으
로부터 출발시켰다고 하며, 전공(電工) 수 백 명을 부산으로 보내었다고 합니
다. 그들은 결코 화의를 할 생각이 없습니다". 5일, 위안스카이는 다시 리홍
장에게 전보를 보냈는데, "일본은 결코 화의(和議)할 생각이 없습니다. 우리
가 화의를 진행하고자 한다면 한국의 현재 정황을 가지고 왜인과 속히 협상
을 하여야 하고; 만약에 전쟁을 하고자 한다면 비밀리에 준비하여야 합니다.
위안스카이가 여기에 있어 더는 어찌해 볼 방법이 없고 곤욕을 당하고만 있
습니다. 天津으로 가서 뵙고 상세한 정황을 말씀 올리고 옆에서 각하를 돕고
싶습니다. 만약 허락을 해 주신다면 唐(唐紹儀)으로 하여금 대리로 근무하게
하겠습니다. 탕싸오이[唐紹儀]는 용기와 식견이 있으나, 이름이 널리 알려지
지 않아서 왜인들도 꺼려하지 않을 것이니 소식을 탐지하고 몰래 한국 정부
를 돕기에 비교적 용이할 것입니다. 속히 지시해 주십시오."라고 하였다. 위
안스카이의 여러 번에 걸친 전보는 리홍장에게 효력을 발휘하였다. 6일, 리
홍장은 총서(總署)에 다음과 같이 보고하고 지시를 청하였다. "위안스카이는
여러 해 동안 한국을 돕고 왜인에 대항해 왔기 때문에, 왜인들이 오래 동안
미워해 왔습니다. 만약 돌아오게 하고 당소의로 대신 근무하게 한다면 깃발
을 내리고 돌아오는 것과는 다르니 그의 청을 들어 줌이 어떻겠습니까?" 그
러나 청 조정은 리홍장의 청을 들어 주지 않았다. "일본과 한국의 일이 아직

정해지지 않았는데, 위안스카이(袁世凱)는 그곳에서 오래 동안 주재하여 소
식에 밝고, 각국의 주한 사절과 한국문제를 상의하여 처리하는데 에도 익숙
할 것입니다. 돌아오지 않게 하십시오."63) 14일, 위안스카이는 정황이 날로
어려워짐을 보고 다시 전보를 보냈는데, 병을 칭하였으며, 임의로 직무를 탕
싸오이(唐紹儀)에게 넘겨주었다. 16일, 위안스카이는 다시 리홍장에게 전보
를 보내 청하였다. "위안스카이가 한성에서 대기하고 있는데, 일인이 성을 둘
러 싼지 한 달이 넘었고 그들은 중국인을 보기를 원수와 같이 합니다. 두 세
명의 관리들이 있어 사무에 힘쓰기를 바라였더니 오늘 모두 도망하였습니다.
위안스카이의 병이 이와 같이 심하니 오직 죽는 날만이 남아 있을 뿐입니다.
그런데 (제가) 죽는다하여 나라에 무슨 이익이 있겠습니까? 원통할 뿐입니다.
은혜를 입어 이 사지에서 구원을 받는다면 의주(義州)나 평양(平壤)으로 옮겨
가서 배가 오기를 기다리겠습니다. 속히 지시해 주시기 바랍니다."64) 지면 가
득히 원망함이 배어있는 글이었다. 18일, 위안스카이는 드디어 허락을 받고
귀국하였다. 19일 밤, 위안스카이는 편복을 하고 한성을 떠나 인천으로 가서
배를 타고 귀국하였다. 그 후 청국(淸國)의 주(駐) 한성(漢城) 공사관 직원들
은 도망하였고, 탕싸오이(唐紹儀) 등도 영국 공사관으로 거처를 옮기었다. 청
조의 주한 외교사절은 더 이상 정상적인 작용을 발휘하지 못하였다. 중요한
시기에 위안스카이가 한성을 떠난 것은 청조의 주한 외교를 기본적으로 수렁
에 빠지게 하였다. 여기에는 일본의 핍박과 조선정세의 역전 등 원인이 있지
만, 그러나 위안스카이 개인이 위기의 순간에 국가의 이익을 우선하지 않고,
자신의 생명을 구하기 위해 도망한 것과 관계가 없다고 할 수 없다. 이 같은
행동은 이전에 그가 지니고 있던 종번(宗藩)의식과 막대한 차이가 있는 것이
다. 위안스카이의 이한(離韓)은 부득불 이후의 한국 정세에 큰 영향을 미쳤다.

---

63) 『李文忠公全集 · 電稿』 卷16, pp.3 - 5.
64) 『李文忠公全集 · 電稿』 卷16, p.22.

7월 19일, 大鳥는 조선 정부에 4항의 강경한 요구사항을 제출하였다. 일, 한성과 부산사이의 군용 전선(電線, 전화선)을 일본이 가설하게 할 것. 이, 조선은 주한 일본군을 위해 병영을 건설할 것. 삼, 조선은 빠른 시일 내에 주한 청군으로 하여금 철수하게 할 것. 사, 중·조간에 체결하였던 조약들을 파기할 것. 20일에는, 조선정부를 향해 마지막 통첩을 보냈다. 중국 군대를 국경 밖으로 몰아내고, 『중조상민수륙무역장정(中朝商民水陸貿易章程)』·『중강통상장정(中江通商章程)』·『길림무역장정(吉林貿易章程)』 등 중·조간의 모든 조약을 폐기할 것. 3일 내에 여기에 대해 답변하여야 한다고 강변하면서, 만약 그러지 않을 때는 "결의한 바에 따라 실행할 것이다"라고 위협하였다. 각서를 전달받은 조선정부는 청국의 사절(使節)을 급하게 찾아가 어떻게 대응할 것인가 상의하였으나, 원세개는 이미 귀국해 버렸고, 탕싸오이(唐紹儀)는 단지 대리 근무를 하는 중으로, 감히 자신의 주장이 있을 수 없었다. 따라서 본국에 전보를 보내 지시를 청하기로 하였으나, 묘하게도 한성(漢城)과 의주(義州)사이의 전신선이 비로 인한 장애가 발생하여 제때에 전보를 전송할 수 없었다. 조선 정부는 매우 긴급한 정황 아래, 22일 밤 12시 일본이 정한 시한의 마지막 순간에 각서에 대한 회답을 일본 공사관에 전달하였다. 함축적으로 다음의 내용을 전달하였다 : 한국의 내정과 외교는 자주적으로 쳐리되어 중국을 포함한 모든 국가와 조약을 체결한 권리가 있다 : 청국 군대는 한국 정부의 요청에 따라 온 것으로, 그들이 철수하지 않는 이유는 마치 일본 군대가 철수하지 않은 것과 마찬가지이다. 이 같은 회답은 "본질을 얻었으나 교묘하게 표현되었다"[65)고 말할 수 있겠다.

그러나 일본의 뜻은 전쟁에 있었으므로, 이 일들은 모두 외교적인 유희에 불과하였다. 최후통첩을 내기 전에 일본은 이미 다음과 같이 결정하였다 : 조

---

65) 『蹇蹇錄』 p.35. 田保橋潔, 『甲午戰前日本挑戰史』, pp.88-89(戚其章, 『甲午戰爭國際關係史』, 제54쪽에 전재됨).

선정부가 "어떻게 회답을 하던지, 혹은 기한을 지키던지 여부를 불문하고 거사를 한다". 구체적인 부대배치와 각자의 임무도 모두 정해졌다.

　계획은 23일 오전 3시경에 성문이 열리기를 기다려서 우리 혼성여단(混成旅團) 중의 1개 연대는 서문으로 들어와 곧바로 왕궁 앞까지 행군한다. 그 일부는 뒷문으로 들어가 우리측의 위풍을 보여준다. 궁내의 동정을 살펴 대원군을 옹위(擁衛)하고 궁으로 들어가 정부의 변혁을 실현한다. 대원군을 유인하여 내는 임무는 23일 오전 2시경에 岡本有之助・穗積寅九郎과 鈴本重元, 그리고 통역 鈴本順見이 대원군의 부중으로 몰래 들어가서 그를 유인해 나오게 한다. 獲原 경부 등 몇 사람은 문 밖에서 기다리다가 일행을 호위한다. 입궁할 때에는 별도로 보병 1개 중대가 밖에서 명을 기다리고 경계를 하면서 만약의 사태에 대비한다. 당시에 혼성여단의 여단장인 大島 소장은 대본영으로부터 아산(牙山)에 주둔하는 청국 부대를 토벌하라는 명령을 받고 있었지만, 출발하려고 할 때 경성에서의 사태가 급박해 지자 아산으로의 진군을 1 - 2일 연기하게 되었다. 대본영은 청국 정부가 영국 상선을 이용하여 아산으로 병력을 증파할 가능성이 있으므로, 이를 핑계삼아 전쟁을 시작하려고 생각하고 있었다. 그러므로 육・해 양군에 위와 같은 명령을 내렸던 것으로 추측된다.[66]

23일 새벽 3시, 일본군은 무장을 갖추고 출발을 기다렸다. 동시에 大鳥는 한국정부에 통고하기를 "장차 적당한 시기에 병력으로 우리의 권리를 보호하겠다"고 하였다. 4시, 일본군이 조선 왕궁으로 진공하는 전투가 시작되었다. 일본측은 습관적으로 사용해 오던 악인이 먼저 고소장을 올리는 수단을 사용하여, 각국 외교사절에게 개전의 사실을 통보하였다.

　우리의 일부 부대가 한성으로 진입하여 현재 용산(龍山)에서 숙영하고 있

---

66) 『明治27 - 8年在韓苦心錄』(中國近代史資料叢刊續編, 『中日戰爭』 第7冊, pp.28 - 29).

다. 우리 군은 오늘 새벽 4시에 남산으로부터 황궁을 따라서 이 곳까지 진입하였으며, 궁전 뒤편의 산상에서 숙영을 준비하고 있다. 이때, 이때, 조선 황궁의 시위대와 도로에 있던 조선의 사병들이 우리 병력을 향해 사격을 가해 왔다. 방위를 위하여 우리는 어쩔 수 없이 반격을 하였으며 끝내 황궁으로 진입하였으나 조선의 사병들은 계속하여 사격을 가해 왔다. 위와 같은 사실을 동료(각국의 외교사절)들에게 알리면서 본 공사는 당신들께 일본정부는 조선을 침범할 의도가 조금도 없음을 보증합니다.[67]

조선을 침범할 의도가 없다고 성명을 발표한 일본측은 이때 바로 경복궁을 공격하고 있었다. 23일 오전 5시, 일본군은 포격을 가하여 조선 군인 90여 인에게 부상을 입히고 왕궁의 문을 열었다. 조선 국왕 이희(李熙)를 위협하는 한편 대원군 이하응(李昰應)이 나서서 괴뢰정권을 조직하였다. 일반적으로 많은 논자들은 갑오년에 있었던 일본의 대중국(對中國) 전쟁에 대해 주목하고 있는데, 사실, 대(對) 중국전쟁(中國戰爭) 이전에 일본은 이미 한국에 대한 전쟁을 일으켰던 것이다. 갑오년에 일본은 두 개 나라에 대해 침략전쟁을 일으켰는데, 조선이 먼저이고 중국이 그 다음이었다. 전쟁은 동아(東亞)의 국제관계에 중대한 변동을 가져왔다. 조선을 침략한 전쟁은 중국을 침략하는 전쟁의 전주곡이었고 예비적인 단계였다.

7월 25일, 일본 해군이 풍도(豊島) 근해에서 중국군의 군함과 병력 운반선을 습격하였고 중일 양국은 전쟁상태에 진입하였다. 27일, 탕싸오이 등 중국의 주한(駐韓) 공사관 인원들은 일본의 강요에 의해 귀국하게 되었고 중조 양국의 외교관계는 중단되었다. 8월 1일, 중일 양국은 선전(宣戰) 조서(詔書)를 발표하였고 갑오전쟁은 전면전으로 확대되었다.

---

67) 『日本外交文書』 第27卷 (中國近代史資料叢刊續編, 『中日戰爭』 第9冊, pp.92 - 93).

四

1894년 6월과 7월에 중·한·일 삼국이 외교활동으로부터 전쟁으로 옮겨가는 과정을 살펴보았다. 다음의 몇 개 문제들은 우리들로 하여금 다시 생각하게끔 하고 있다.

1. 표면적으로 본다면, 동학당(東學黨)의 기의(起義)는 이 전쟁을 일어나게 한 도화선이었다. 한 달 전후의 짧은 기간 동안 사태는 극적으로 변화하였다. 농민기의가 국제전쟁으로 변화하였고, 조선 국내의 문제가 동아(東亞)를 쟁탈하는 대전사(大戰事)가 되었으며, 그 동안 수많은 변수가 작용하여 전쟁은 극히 우연성을 띄고 있었다. 그러나 역사의 심층으로부터 분석해 보면, 이 전쟁은 시기의 빠르거나 늦음과 상관없이 반드시 일어날 것이었다. 명치유신 이후 날로 팽창하고 있던 일본 군국주의 반드시 일으키고 하였던 것으로, 일본의 침략세력들이 장기간 고취해 왔던 "정한론(征韓論)"과 "대륙정책(大陸政策)"의 필연적인 실천이었던 것이다. 그리고 중·한·일 삼국의 국제적인 균형관계에 변동이 생긴 이후에, 일본이 중국의 종번체제에 도전한 필연적인 결과인 것이다.

2. 중일간의 전쟁은 피할 수 없는 것이었다. 그러나 발발의 시기를 미룰 수는 있었다. 전쟁 발발을 미루지 못한 책임은 그 동안 계속된 외교정책상의 실패를 거듭해 온 청국 정부에 있는데, 청국의 외교적인 실패는 일본의 정세와 국제관계에 대해서 잘못된 판단을 한데에 기인한다. 청국 조정은 우선 일본의 음모를 신중하게 고려하여 대처하지 않고, 조선으로 갑작스럽게 파병을 하였다. 그러나 군대가 도착할 때를 기다려 동학당의 기의는 스스로 해산해 버렸고, 반대로 일본에게 출병의 평계를 만들어 주었다. 결국 청군은 진출할 수도 빠져 나올 수도 없는 처지에 빠지고 말았다. 그러나 일본과 군사적인 대치 정황에 처해 있을 때, 청 정부와 주한 외교사절은 지나칠 정도로 연약한

태도를 보여, 시종 전쟁을 피하고 화의를 구하려는 태도를 갖고 있었다. 이 같은 태도로 인해 (중국은) 전쟁을 일으키려는 일본의 야심을 오판(誤判)하여, 일본은 "중국과는 싸우려 하지 않을 것이고, 병력을 보내 전쟁을 하지는 않을 것"68)이라고 인정하게 되었다. 고로 사태를 평화적으로 해결하려는 생각에 외교활동에 중점을 두었으며, 영국·러시아·독일·프랑스·미국과의 교섭에 중점을 두어 "(사태 해결의) 요령(要領)이 없었다".69) 전쟁 동원이나 병력과 군함의 이동 등에는 전혀 힘을 쓰지 않았고, 힘을 바탕으로 한 외교활동으로 일본의 전쟁 기도를 막으려 하지도 않았다. 이와 같은 외교활동은 일본침략자들로 하여금 사태를 격화시키고 심지어는 전면적인 전쟁을 일으키게 하였던 것이다.

3. 전쟁은 완전히 일본이 도발한 것으로, 그들은 우선 사기적 수단을 동원하여 중국으로 하여금 출병을 하게 하고, 뒤이어서 또한 자신들도 출병하여 중일간의 군사적인 대치국면을 만들어 내었다. 이어서 노골적으로 중한간의 전통적인 관계를 이간하고, 심지어 한국에 대한 군사행동을 일으켰으며, 한국정부를 위협하여 괴뢰정부를 만들었다. 그리고 최후로 먼저 행동하여 다른 사람을 제압하는 방법을 써서 중국에 대한 전쟁을 일으켰다. 여러 말 할 것 없이 일본 제국주의는 갑오전쟁을 일으킨 원흉 전범이다. 전쟁을 통하여 일본의 침략야망이 이루어졌고, 그 군국주의 세력을 더욱 팽창시켰으며, 이후의 국제사회에 헤아릴 수 없는 위험을 안겨 주었으며 지금까지도 그 독이 흐르고 있게 하였다. 갑오전쟁은 그 후대들에게 헤아릴 수 없는 우환을 물려 준 일본 군국주의 전쟁 세력이 시작한 것이라고 당연히 말해야 한다.

---

68) 中國近代史資料叢刊, 『中日戰爭』 (二), p.553.
69) 中國近代史資料叢刊, 『中日戰爭』 (二), p.77.

东学党起义与中、朝、日三国的外交互动

郭卫东(北京大学历史系教授)

　　1860年， 朝鲜庆州府之没落两班出身的崔济愚 (福述) 痛恨西学 (基督教) 流播, 自称获上天启示， 授与八字 (至气今至愿为天降) 或十三字 (侍天主造化定永世不忘万事知) 真决， 布教济民, 声言儒教拘于名节， 未达玄妙； 佛教入于寂灭， 而绝伦常； 道教悠闲自然， 乏治平术。于是混合儒释道三教与朝鲜原有民俗信仰 (降神、木剑舞、咒语、香灰治病等)， 创立 "东学", 与"西学"相抗。显见, 东学党具有张扬东方传统文化抵御西方外侮的蕴义。1864 年， 朝鲜当局以 "惑乱无知之邪教" 的名目处死崔济愚于大邱。然， 东学党则愈挫愈奋， 在二世道主崔时享 (自号 "伟丈夫") 的领导下声势更为浩大， 三几十年间， 旋起旋伏。19 世纪 70年代以降， 伴随着日本对朝侵略的步步加深和朝鲜国政的愈益腐败, 东学党的矛头所向除抗衡西学一面外, 还增加了拒斥东洋和改革内政的内容。1893 年 3 月间， 东学党人在全罗道张贴榜文：

　　　　今倭洋之贼, 入于心腑, 大乱极矣。试观今日之国都， 竟是夷贼之巢穴。窃惟壬辰之仇(指一五九二年丰臣秀吉侵略朝鲜之役)， 丙子之耻 (指一八七六年江华岛之役)， 宁忍说乎？宁讵忘之! 今我东方三千里兆域， 尽为禽兽之据: 五百年宗社, 将见黍离之叹。仁义礼智, 孝悌忠信, 而今安在哉？况乃倭贼反有懊恨之心， 包藏祸胎， 方肆厥毒, 危在旦夕。……古语云： 大厦将倾， 一木难擎; 大浪将簸， 一苇难航。生等数百万， 同心誓死， 欲扫破倭洋, 而效大报之义。[1]

　　并在忠清道报恩县帐内聚会, 开展 "教祖伸冤运动"。朝鲜政府以剿抚两手对应, 但东学党势不能遏, 当局决定请求中国军队的支援。日本对朝早有吞并之心, 借题发难。于是, 引出中日两国在朝鲜的军事对抗; 引出中日午战争; 引出中韩日三国地位的翻转; 引出东亚国际格局的全然改观。此乃中韩日三国发展史上的转折性事变, 个中因缘, 既环环相扣, 有其必然之势; 又一波三折, 诸多出人意料之局。下面对东学党农民大起义后, 中韩

---

1) 王芸生:《六十年来中国与日本》第二卷, 生活・读书・新知三联书店 1980 年版, 第 1
7 - 18 页。

日三国的外交折冲略作分析, 研究时段以甲午战争全面爆发为限,　此后情势已有大量论
著研讨, 不赘。

一

　　朝鲜与中国长期处在宗藩关系中,　所以,　对东学起义,　清政府始终予以高度关注。
1893 年 4 月 6 日, 清朝北洋大臣兼直隶总督李鸿章致电总署, 叙述清朝驻韩代表袁世
凯关于此事的报告:

　　　　东学邪教联名诉请韩王, 尽逐洋人, 迭有揭帖榜文, 沿西人门多端诟骂, 称将逐杀,
　　在汉洋人均大恐。日人多携刀昼行, 尤骚讹. 凯迭劝韩廷严缉惩办, 终畏怯不敢. 顷英
　　员禧在明(W.W.Hillier)来称: 各国洋员均商调兵船防范, 已告以华有弹压责, 应静候,
　　请凯速调数船, 以防意外, 而释各国疑俱云。查西人既待华弹压, 自属好事, 乞即电饬
　　水师讯遣两船来仁, 以尽弹压责. 惟韩素多遥, 必无能为, 拟仍切劝速缉等语。[2]

　　这是清朝官方对东学的较早通报。英国人已提出要中国派兵协助弹压事项, 出于传统
的藩属理念, 清朝官员也认为这是宗藩体制内的应有之义, 李鸿章随即派遣"靖远"、"来
远"两艘快船赴仁川"相机巡防弹压", 但同时认为这主要是韩国内部事务, 中国还应保
持相应距离, "仍电袁道切嘱韩廷严缉惩办"。[3]
　　面对汹涌勃发的东学革命, 韩国政府的镇压力量有所不逮, 依照传统旧制, 借助中国
之力平乱也在此之前提上韩廷的议事日程。1893 年 3 月 17 日, 韩廷召开大臣会议, 会
上提出东学党势力蔓延, 韩政府兵力较弱, 很难兼顾平乱与京畿防务的重任, 只有借调中
国军队代戡。会后, 韩王特派内务府事朴齐纯往访袁世凯, 要求中国调派军舰与陆军驻扎
马山浦, 以资镇慑。袁世凯以"调兵骇闻远近, 必多骚遥"为由没有轻表同意; 袁世凯对
东学党的规模也估计不足, 认为是"乌合"之众, 不足虑, 劝韩廷静观待变。25 日, 因韩
廷对东学党的招抚失败, 形势愈趋紧张, 国王在景福宫含元殿召集元庙堂会议, 咨询领议政
沈舜泽, 左议政赵秉世、右议政郑范朝等人意见。会后, 韩王再遣朴齐纯与袁世凯磋商请
援事, 袁世凯仍然反对代勘之举, 劝导韩廷自行增派兵力南下剿抚, 但袁也感到事态严重,
鉴于韩方的一再请求, 所以也略作准备, 此乃上述请调快船来韩的事由。[4]

　2) 吴汝纶编: 《李文忠公全书·电稿》 卷十四, 光绪三十四年刊本, 第 28 页。
　3) 《李文忠公全书·电稿》 卷十四, 第 29 页。
　4) 参林明德: 《袁世凯与朝鲜》(台湾) 中央研究院近代史研究所专刊 (26), 台北 1971 年
版, 第 338‐339页。

中国的"靖远","来远"两船到达仁川后, 发现该地已有日本的两艘兵船停泊。此间, 中日间正因韩国开化党领袖金玉均在上海被韩廷派遣人员洪钟宇刺杀事件进行紧张交涉 (金玉均曾长期在日本居留), 所以对仁川同时驻扎中日兵舰事, 中方表严重关注, 要求 "实力保护", 旋即将两船撤回国。4 月下旬, 东学党在报恩等地聚众三四万, "汉城人心骚动, 深虑害及洋人, 致生外侮, 各国官商甚惊慌"。袁世凯又数次急电李鸿章要求派船, 5 月 2 日, 李鸿章命令北洋水师提督丁汝昌派两艘小型快船往仁川听候袁世凯调度, 因有日舰在彼, 李鸿章一再嘱咐, "勿令有意外之变"。[5] 中方尽量避免与日方发生冲突的立场自见。不久, 在朝鲜当局恩威并施的方略下, 东学党起义暂时消停。

1894 年初, 因"万石洑"事件, 金罗道农民起义再起, 并与东学教团相汇合, 形成规模宏大的朝鲜农民革命战争。5 月 14 日, 朝鲜两湖招讨使洪启薰率领的政府军被起义军大败于黄土岘, 洪启薰奏请借用清军, 16 日, 由实权人物经理使闵泳骏提议, 国王和大臣讨论了该项议题, 未能通过。18 日, 在闵泳骏的强烈主张下, 韩廷再议借助外力问题, 重臣们认为以外军镇压本国民众, 将根本动摇人心, 仍予以反对。此后, 韩廷又多次集议, 均无结果。[6]

清朝方面对出军一事也持慎重态度, 5 月 25 日, 李鸿章提出: "韩王未请我派兵援助, 倭亦未闻派兵, 似未便轻动"[7]。是时, 中方只是以驻泊在仁川的"平远"舰替韩当局运送军队, 向韩政府军赠送枪械, 并派差办徐邦杰率几十名官兵随韩政府军行动以作观察。中方此举并不意味着在军事上的正式介入, 但中方的有限行动仍引起日本的密切关注, 日驻韩代理公使杉村浚令停泊在仁川的日舰"大岛"号出动表明其武力存在, 派"筑紫"号出航侦察动静; 并派译员到韩国外署质询"平远"舰去向。[8]

5 月 31 日, 东学农民军攻陷全州, 事态急转直下。6 月 1 日, 李鸿章电总署, 报告朝鲜情状:

> 袁道屡电: 韩兵败, 械被夺, 韩各军均破胆。昨, 今商派京及平壤兵二千人分往堵剿。王以兵少不能加派, 且不可恃为词, 议求华遣兵代剿。韩归华保护, 其内乱不能自了, 求华代戡, 自为上国体面, 未便固却。顷已嘱"如必须华兵, 可由政府具文来, 即

---

5) 中国近代史资料丛刊: 《中日战争》(二), 新知识出社版 1956 年, 第 142 页。
6) [韩]金昌洙:《论清日战争前后清日两国的对韩政策》, 载《甲午战争与近代中国和世界》论文集, 人民出版社 1995 年版, 第 323 页。
7) 中国近代史资料丛刊: 《中日战争》(二), 第 545 页。
8) 杉村浚: 《明治二十八年在韩苦心录》, 中国近代史资料丛刊续编: 《中日战争》第七册, 中华书局 1996 年版, 第 2–3 页. 另参中国近代史资料丛刊: 《中日战争》(二), 第 546 页。

代转电, 请宪核办" 等语。 如不允, 他国人必有乐为之者, 将置华于何地? 自为必不可
却之举。 待其文至, 应请转总署电饬驻倭汪星使照刊行文倭外部, 告以由韩所请, 乙酉
约, 华倭派兵, 只先行文知照, 初未华派倭亦派之文。 倭如多事, 似不过藉保护使馆为
名, 调兵百余名来汉。 然匪距汉尚远, 倭兵来反骚动, 韩外署应驳阻, 各洋员尤不愿倭
先自扰。9)

　　说明中韩两国的立场有了改变, 韩国基本确定请借清军。 中方也原则同意派兵助剿,
但要履行正式手续, 由韩国政府正规具文。
　　中方当时在出兵问题上处在两难, 如不援韩, 担心他国特别是日本趁机插手, 并与宗
藩保护国的惯例有悖, 将置中国于难堪境地。 若是出兵, 又格外顾虑日本借此生事, 所以
对日本的态度极其在意。 因为 1885 年中日 《天津会议专条》 第三款规定: "将来朝鲜
国若有变乱重大事件, 中、 日两国或一国要派兵, 应先互行文知照, 及其事定, 仍即撤回,
不再留防"10)。 中方在出兵事项上非常小心, 严格遵照条约行事, 避免日本有所借口。 不
过, 应该强调, 李鸿章、 袁世凯作出的中方出兵, 日本不会有太强烈反应的判断是错误的,
是上了日方使臣的大当, 它使清朝的出兵行动变得轻率, 而使中国随即陷入万劫不复的战
争深渊。在韩国酝酿借军时, 日方也在频繁活动, 中方对日方的企图作出误判, 是由于日
方有意散布了烟幕, 6 月 1 日, 当杉村浚探知韩廷 "通过了以领议政的名义向清使袁世
凯提出请求援兵的公文" 后, 旋即派出日本使馆书记生郑永邦拜访袁世凯, 提出 "匪久扰
大损商务, 诸多可虑。 韩人必不能了, 愈久愈难办, 贵政府何不速代韩戡。" 以杞人忧天的
口吻极力怂恿中方出兵, 而且是愈快愈好。 袁世凯探寻如中方出兵, 日方会有何反应时,
郑永邦称: "我政府必无他意"。 郑的这番表态在相当程度上打消了中国对日本的顾虑, 因
而加促了袁世凯、 李鸿章的出兵决心。 但这只是日使对中方的一面之词, 对韩国政府的表
演又很不一样, 在郑永邦鼓动中国出兵同时, 杉村浚则向韩国外务督办赵秉稷 "提出劝告
说, 为了平定内乱, 这样公然地借助外援甚为不妥", 还要求就此转告韩国王。11) 这里, 日
使在重大的国际问题上玩弄了两面手法, 故意在三国外交上布迷阵, 使事局变得迷离扑
溯, 为日本其后的火中取栗留下较大的空间预步。
　　6 月 3 日清晨, 杉村浚又亲访袁世凯, "交谈达三小时之久, 了解清韩两国援兵借款的
谈判始末", 杉村浚对会见有如下一段记载尤其值得注意:

　9)《李文忠公全书·电稿》卷十五, 第 32‐33 页。
10) 王铁崖:《中外旧约章汇编》 第一册, 生活·读书·新知三联书店 1982年版, 第 465 页。
11) 杉村浚:《明治二十七八年在韩苦心录》, 中国近代史资料丛刊续编:《中日战争》第七册,
　　第 3 页。《李文忠公全书·电稿》卷十五, 第 33 页。

这时，我（杉村浚）以半开玩笑的口吻说："那样就难办了，如果贵国即将出兵，我国也迫于形势不得不出兵了。"说到这里，袁氏立刻变色问道："为什么出兵？"我回答说："为了保护我国的使馆和人民。"袁氏重复地说："我国出兵援助平定乱民，丝毫不会危害外国人，所以贵国无需出兵。"我回答说："如果朝鲜政府自己没有力量平定乱民，到了要借用外国援兵的程度，我国便不能安心地依靠他们的保护。再有，朝鲜国内也没有提出必须依赖贵国保护，因此，我国理所当然的要派兵以自卫。"袁氏说："贵国如果出兵，其他外国也必出兵，这将引起祸端。加之，国王也不愿外国军队进入京城。"因为他谈的很认真，我便取消前言，说那只不过是一个假设，无须过虑。随之便转变了话题。12)

这真是在开天大的国际玩笑，它使中、韩对日本的外交立场更加难以捉摸。这还只是日使的事后记述，它叙说了一些事实，也隐瞒了另些事实。下面将中方对此次谈话的观感实录如下，以作对照：

袁道三十日（6月3日）电：顷倭署使杉村来晤谈，意亦盼华速代戡，并询华允否。凯答："韩惜民命，冀抚散。及兵幸甚，姑未文请，不便遽戡，韩民如请，自可允。"杉云："倘请迟，匪至全州，汉城甚危。拟先调兵来防护，华何办法？"答："或调兵护，或徒商民赴仁川，待匪近再定。"杉云："韩送文请先告知，一愿盼也。倘久不平，殊可虑"等语。杉与凯旧好，察其语意，重在商民，似无他意云。鸿（李鸿章）昨晤驻津日本领事，语意略同。告以韩请兵，势须准行，俟定议，当由汪使知照外部，事竣即撤回。该领事甚谓然。13)

这是中方权要在与日使洽谈后得出的另种观感，日方此外扮演了催促中方尽快出兵的角色。我们之所以对6月3日的事态予以检讨，因为这在中、韩、日三国关系史上是决策性的一天，这些决策又对其后的三国外交走势发生了重大影响。这天，朝鲜政府向中国政府递交正式外交文书请援：

案照敝邦全罗道所辖之泰仁古阜等县，民习凶悍，性情险谲，素称难治。近月来附串东学教匪，聚众万余人，攻陷县邑十数处，今又北窜，陷全州省治。……倘滋蔓日久，其所以贻忧于中朝者尤多。查壬午、甲申敝邦两次内乱，咸赖中朝兵士代为戡定，兹拟援案请烦贵总理迅即电恳北洋大臣，酌遣数队，速来代剿，并可使敝邦各兵将随习营务，为将来捍卫之计。一俟悍匪挫殄，即请撤回，自不敢续请留防，致天兵久留于外地。并

---

12)《明治二十七八年在韩苦心录》，中国近代史资料丛刊续编：《中日战争》第七册，第4页。
13) 中国近代史资料丛刊：《中日战争》（二），第548页。

请贵总理妥速筹助, 以济急迫, 至切盼待。[14]

　　袁世凯接到文书后, 紧急电告李鸿章。6 月 4 日, 李鸿章命水师提督丁汝昌派 "济远"、"扬威" 两舰分赴仁川, 汉城保护侨商, 并调直隶提督叶志超, 总兵聂士成率淮军 1500 人渡海赴朝, 屯驻牙山。同时电令驻日公使汪凤藻, 根据前此 《天津会议专条》 精神知照日本政府。6 月 6 日, 汪凤藻照会日本外务大臣陆奥宗光, 中国应韩国之邀出兵代戡; 并表明中方原则, 一待平息, 清军马上撤出朝鲜, "不再留防"[15]。

　　实际上, 早在中国派兵之前, 日本已开始进行出兵准备。6 月 2 日, 日本内阁召开会议, 陆奥宗光呈上刚刚收到的杉村浚关于朝鲜政府已向中国政府请援的电报, 与会者认为 "这确是一项不容忽视的问题, 如果漠视不顾, 就将使中日两国在朝鲜已经不平衡的权力更加悬殊"。有鉴于此, 陆奥提议: "如果中国确有向朝鲜派遣军队的事实, 不问其用任何名义, 我国也必须向朝鲜派遣相当的军队, 以备不测"。提议获全体通过。伊藤博文总理大臣立即请参谋总长炽仁亲王及参谋本部次长川上操六陆军中将与会, 对派兵赴朝作出秘密决议。会议结束后, 为争取时间, 伊藤、陆奥兵分两路, 伊藤携内阁秘密决议奏报天皇裁夺; 陆奥则邀约外务次官林董与参谋次长川上到其官邸研究具体出兵事项, 并商定 "怎样进行作战和如何取胜的问题"[16]。结论是: 清军出兵估计不会超过 5千人, 为求必胜, 日本必须出动 6 至 7 千的兵力。可以看出, 日方所关注的并不在朝鲜内乱, 而在如何击败中国。从一开始, 日本的攻击目标和假想敌就很明确。6 月 4 日, 陆奥命此前返国度假的日本驻韩国公使大鸟圭介速回汉城, 并遣日本海军陆战队随行; 大鸟自东京出发前, 陆奥授予在紧急情况下可以不加请示临机处置的全权; 同日, 日本开始战争动员, 征集船只和军需品, 编组由大岛义昌少将统率的赴韩混成旅团;[17] 翌日, 根据战时条例, 成立了最高军事指挥部一 "大本营", 以炽仁为幕僚长, 川上操六和中牟田仓之助中将分任陆、海军参谋, 兵站总监由川上兼任, 从而完成对中国的作战体制; 同时, 赴韩混成旅团以导常快捷的动员速度在广岛宇品港上船开赴朝鲜。提请注意: 这时, 中国政府还没有正式照会日本政府有关中国出兵的消息, 换言之, 甚至在中国外交通报之前, 日方就已开始了向朝鲜的出兵行动。

　　但日本政府在外交上仍采取欺骗手段。6 月 6 日, 杉村浚向朝鲜外务督办和袁世凯通报大鸟已出发来韩, "同时透露了作为护卫率来警察二十名, 但对水兵同来一事秘而不宣。因此, 开始时朝鲜政府中任何人也不知道派遣军队之事"。[18] 同日, 陆奥致电驻华代

---

14)《李文忠公全书·电稿》 卷十五, 第 33 - 34 页。
15) 故宫博物院编: 《清光绪朝中日交涉史料》(958), 民国二十一年刊本, 卷十三, 第 9 页。
16) 藤村道生: 《日清战争》 上海译文出版社 1981 年中译本, 第 55 页。
17) 陆奥宗光:《蹇蹇录》商务印书馆 1963 年中译本, 第 9 页。

理公使小村寿太郎，要其以书面形式通知中国政府，由于朝鲜动乱，日方有出兵的意图，但未提何时出兵，更没有提有多少兵力。在陆奥给杉村浚同时发生的指令中，这一点就更明确了，要其通知韩国政府日本将根据 1882 年签订的《济物浦条约》的规定向韩国派军队，"但不要告诉他（韩方）派军之数量"[19]。6 月 7 日，日外务省复照中国公使汪凤藻，对出兵一事仍然回避。中方也果然中计，这天，朝鲜外务督办往访袁世凯，担忧大鸟此来必要"生事"，袁世凯却答复："大鸟不喜多事，伊带巡捕廿名来，自无动兵意"[20]。殊不知，6 月 9 日大鸟抵仁川后随即带兵 488 人和 20 名警察携野战炮 4 门进入汉城。12 日，日商船载兵 1000 余名到达仁川，到 16 日，日本入朝的军队已达到 4000 余人；并有松岛、吉野、大和、武藏、高雄、千代田、筑紫、八重山、赤城、海鸟等 10 艘军舰停泊于韩国名港口。构成对中方驻军的强大军事优势。

是时，韩国的国内局势却有了重要变动，6 月 11 日，东学起义军与朝鲜政府代表签订《全州和约》，随即，义军退出全州。中国出兵的攻击对象不复存在。日本的出兵借口也难以成立。此后，东学问题淡出，撤军问题凸显。

二

日本出兵引起韩、中的严重关切，于是分途向日本要求撤兵。

1894 年 6 月 8 日，韩国政府向日本提出严重抗议，认定出兵它国乃非法行动，要求立即撤回；其后，又多次照会不许日军进入韩京；韩方还派出政府顾问李仙得和通商事务参议闵商镐等前往仁川，试图与大鸟公使接触，阻止日军向汉城的开进，但都未能见到大鸟；10 日，韩国交涉通商事务协办李容植在落龙登浦终于拦截住大鸟，打算阻止日军开进未成。

中方也通过多种途径向日方提出交涉。一是通过驻华的日本使领馆，6 月 9 日，总理

---

18) 杉村浚的这一欺骗性通报是遵照日本政府指令行事的，6 月 5 日 11 时 30 分，杉村浚收到陆奥外相的电报："大鸟约于六月五日下午一时乘八重山舰离横须贺直航仁川。现在他将由三百名海军和二十名警察护航抵达京城。有关上述海军在接到下次电报前要保密。有关中国、朝鲜军队及反叛之动向要迅速报告。"《明治二十七八年在韩苦心录》，中国近代史资料丛刊续编：《中日战争》第七册，第5页。另参《日本外交文书》第二十七卷，中国近代史资料续编：《中日战争》第九册，第 191 页。

19)《日本外交文书》第二十七卷，中国近代史资料续编：《中日战争》第九册，第 192 - 193页。

20)《李文忠公全书·电稿》卷十五，第 37 页。《中日甲午战争档案》，中国近代史资料续编：《中日战争》第一册，第 4 页。

衙门照会小村临时代理公使:

> ……现在仁川, 釜山各口情形安堵, 通商之地暂驻兵轮以资保护而已。 贵国派兵专为保护使署、领署及商民, 自无须多派, 且非朝鲜所请, 断不可入朝鲜内地致人惊疑。更虑中国（日）兵队相遇, 言语不通, 军礼名殊, 或至生事。即杀贵署大臣电达贵国政府为要。[21]

　　应该说, 中方照会的语气是比较节制和缓的, 却遭日方不可理喻的反驳, 陆奥向小村训令, 命其就中方照会提出抗议:

> 须以书面向总理衙门提出如下抗议: 日本政府并未承认朝鲜为清国之属邦。 日本国所派之兵员乃基于济物浦条约, 并当其派遣时履行天津条约规定之手续。 至于派兵多少, 日本政府当自行定夺。[22]

　　中方通过驻华使馆向日本政府的交涉很不顺利。 但在朝鲜的交涉却似乎显露一线转机。 当袁世凯获知大鸟公使将入汉城的消息后, 立即派遣日语翻译官蔡绍基向日使馆质询出兵的理由, 登陆的地点和时间, 又向来访的日使馆书记官郑永邦表示愿同即将到来的大鸟公使尽快会晤。6 月 12 日, 袁世凯与大鸟就不再增兵一事进行商谈, 大鸟表示, 除了以担负护卫任务的 800 名卫兵替换已进入汉城的海军陆战队外, 他将立即电告日本政府, 不再向韩国增兵, 此间业已在来韩途中的军队在抵达韩国后也 "尽力不使其登陆而令其归国", 袁世凯也表示: "果汝能阻续来兵, 我亦可电止加派。大鸟云: 我二人即约定: 我除八百外尽阻之, 尔亦电止华加兵。我二人在此, 必可推诚商办。"[23] 事态似乎正朝好的方向转化。13 日, 韩国政府分别照会中, 日两国, 要求撤兵。韩方向袁世凯递交的照会以解除日本进兵韩国的借口为着眼点:

> ……日本以天兵来剿, 疑忌多端, 日前突发五六百兵驻我都下, 屡由外署驳论阻止, 终不听从. 想似必须天兵撤回, 始肯同撤。传闻仍有数千名继来于后。敝都警备素疏, 有强敌包藏祸心, 入据心腹, 东土臣民危在呼吸, 度日如年, 人情大骚, 不堪设想。幸值该匪已除, 冀可解祸, 即恳祈总理迅即电禀中堂, 酌量援救, 非敝邦所敢渎请也。如荷始终庇护, 望即施行。情迫势急, 企望维殷云云。[24]

---

21)《日本外交文书》第二十七卷, 中国近代史资料续编:《中日战争》第九册, 第 206 页。
22)《日本外交文书》第二十七卷, 中国近代史资料续编:《中日战争》第九册, 第 208 页。
23)《清光绪朝中日交涉史料》(986), 第 13 卷, 第 14 - 15 页。
24)《李文忠公全集·电稿》, 卷十五, 第 40 页。

赵秉稷给大鸟的照会以东学平息为立论:

惟查全州匪徒, 前已扫除, 日下我京本甚安堵。因贵兵迭次替进, 数又过倍, 从以人心大
骚, 风鹤皆警, 各国客民尤多谣疑。此等情形, 实有岌岌可危之虑。想贵公使已可亮 (谅) 及,
似不待本督办之赘陈也。尚望贵公使立即电详贵政府, 亟将来兵从速撤还。[25]

中日两国对朝鲜的诉求有决然两端的反应。
中国方面, 袁世凯收到照会后随即电告李鸿章, 李鸿章也马上电令在朝鲜的叶志超:

应即速调所部回牙山, 整饬归装, 订期内渡, 以便派商轮往接。一面函商袁道, 催
日本同时撤兵. 勿在观望迟疑为要。[26]

根据李鸿章的指示, 袁世凯回访大鸟, 再议同时撤兵问题。大鸟原则同意双方共同迅
速撤兵, 称已委派使馆武官和书记官先后赴仁川, 与指挥赴韩日军的大岛少将接洽, 让日
军不再登陆。但大鸟的作法却遭到日本政府的否决。13 日, 陆奥在收到大鸟的撤兵电报
后恼火地去电质问:"阁下欲求中止兵士入京之理由何在? 清国及朝鲜方面发生多少恐骇,
最初即充分预料及之, 此为阁下所悉知者也。若大岛部下之兵永留仁川, 恐失入京之机
会。若一事不为, 亦一处不去, 终于自该处空手回国, 不仅极不体面, 且非得策。若无特
别重大障碍, 毋须踌躇, 使该军入京城, 非较为有利耶?"陆奥还提出即便中国驻军没有行
动, 日军也可以用"镇压暴徒"的名义调部队进入汉城, 并声言:"关于对朝鲜将来之政
策, 日本政府不得已或至采取强硬之处置"。[27]透露了日本对韩政策将有重大调整。14
日, 大鸟致电陆奥, 解释以镇压东学党来调动部队入汉城的借口实难成立:"全罗道暴徒
败北, 清兵未派至汉城。处此境遇, 为保护我使馆及人民, 不仅无派遣多数士兵之必要,
且清国, 俄国及其他各国亦怀疑日本之意图, 以致有向朝鲜国派出士兵之虞。故日前事态
变化之所以愈益使我陷于危险境地者, 乃四千士兵无理入京之事。日本政府实行如斯措
施, 必有害于我外交关系。"此间由中国福州海域紧急调往朝鲜仁川的日本舰队司令官伊
东祐亨也具同感:"盖朝鲜乱民日趋镇定, 清兵亦预备引归, 目标即成鸟有, 事情已如平
时。而我军仍络绎续至, 于仁川, 京城两处扎营露宿, 如备非常, 如临大敌, 由无关系之外

25)《日本外交文书》第二十七卷, 中国近代史资料续编:《中日战争》第九册, 第 230 页。
26)《李文忠公全集·电稿》, 卷十五, 第 40 页。
27) 田保桥洁:《甲午战前日本挑战史》, 第 88 - 89 页。转见戚其章:《甲午战争国际关系史》
人民出版社 1994 年, 第 19 - 20 页。

人观之, 必有意料以外之慨。他人目为一人舞台, 单人游戏"。[28]15 日, 大鸟自持己见地与袁世凯在日本公使馆达成撤兵初步协议:

> 一. 日本撤回在朝鲜兵力的 3/4, 并撤离汉城, 留下 250 名士兵在仁川暂住:
> 二. 中国军队撤回 4/5, 留下 400 名士兵:
> 三. 待民乱平静以后, 两国同时撤回全部兵力。[29]

但大鸟同时声明, 他无权自作主张, 还必须等待政府批准。大鸟的撤军意见随即遭到反对, 即或在日本驻韩使馆内, 大鸟也是比较孤立的, 杉村浚等便反对撤兵, 主张 "抛出朝鲜独立论, 成败诉诸武力"。在大鸟与袁世凯达成撤兵初步协议时, 杉村浚不在馆, 等其回来时, 见习交际官松井相告: 双方业已达成同时撤兵协议, "甚至到了要互相交换公文的程度", 要杉村浚予以阻止, 杉村浚于是与日本驻韩参事官本野一郎等密议, 提出 "放弃日清同时撤兵的决议, 即使由此而引起与清国之间的战端" 也在所不惜的主张, 以此劝说大鸟。日本驻汉城领事内田定槌以及日军进入汉城部队的福岛中佐等也对大鸟的 "和平主义" 甚表反对。[30]但是, 大鸟所提出的问题也应面对: 东学起义已平息, 日军以平乱为口实滞留朝鲜确实难于自圆。日本政府于是处心积虑地另寻借口, 6 月 14 日, 伊藤博文总理大臣在内阁会议上提出所谓监督朝鲜内政改革方案:

> 乱民平定后, 为改革朝鲜内政起见, 由中日两国向朝鲜派出若干名常设委员, 调查该国财政概况, 淘汰中央及地方官吏, 设置必要的警备兵, 以维护国内安宁; 整顿该国财政, 尽可能地募集公债, 以便用于兴办公益事业。

方案获阁员的一致通过, 但陆奥外相认为拒绝与中方同时撤军, 虽然在外交上陷日本于 "被动的地位", 却为以后军事上的 "先发制人" 创造了条件。目前所要调整的是在外交上也要占有主动, 这样, "帝国政府在外交上已达到不得不转向运用权变策略的时机", 他清楚地知道, 作为宗主国的中国 "十之八九" 不会接受 "朝鲜内政改革方案", 但事情不能就此打住, 题目还要作下去。所以在第二天的内阁会议上, 陆奥对伊藤方案提出两项附带条件: "不问与中国政府的商议能否成功, 在获得结果以前, 我国决不撤回目下在朝

28)《日本外交文书》第二十七卷, 中国近代史资料续编:《中日战争》第九册, 第 222 页: 归与辑:《中日海战史料》, 中国近代史资料续编:《中日战争》第六册, 第 27 页。
29)《清光绪朝中日交涉史料》(997), 卷十三, 第 17 页。
30)《明治二十七八年在韩苦心录》, 中国近代史资料丛刊续编:《中日战争》第七册, 第 9-11 页。

鲜的军队; 若中国政府不赞同日本提案时, 帝国政府当独力使朝鲜政府实现上述之改革."
这无异于要由日本单独控制朝鲜, 也道破了日本 "改革朝鲜内政" 是假, 借此排斥打压中
国是真. 陆奥在提附带条件时就已 "断定中日两国的冲突终将不可避免."[31]三国的外交
互动由撤兵交涉向日本有意挑动战争的方向演进, 甲午战争的气味已经翕翕可闻.

三

　　1894 年 6 月 15 日, 陆奥致电大鸟, 向其通报内阁已经议决 "应采取断然措施" 处
置朝鲜问题, 但 "此事极密, 不言而喻, 即或对袁世凯以及其他任何人亦不可泄漏". 至于
大鸟领受的任务是: 不惜寻找任何借口, 使日军进入并留驻汉城, 并要想方设法拖住在韩
国的清军. 此前, 由于日本政府对中, 韩的政策尚不明晰, 所以, 大鸟有撤兵之议. 现在,
日本政府挑动战争的方针已定, 大鸟也很快转向, 提出以武力将中国军队驱逐出韩的激烈
方案.[32]大鸟与强硬主战派的意见完全合流.

　　日本政府对其战略方针的转换异常重视, 陆奥亲自操作, 6 月 16 日午前十时至午后
一时半[33], 陆奥邀见中国驻日公使汪凤藻, 告以两国军队缓撤及共同改革朝鲜内政事宜,
至于陆奥本人的两项附加条件则秘而不宣. 陆奥要求汪凤藻尽快转告清政府同意日本提
案, 汪表示首先要讨论的是两国撤兵, 至于朝鲜改革不妨 "从长计议". 陆奥诡称: 只有朝
鲜通过改革实现全面安定, 日本方能 "安心撤兵". 其间, 日本驻天津领事荒川致电, 称李
鸿章委托他转告请求两国立即撤兵, 并通报中国赴韩军队将 "不出牙山之外". 收电后,
陆奥回复: "我方还没有收到有关朝鲜恢复和平与秩序的确切的报告. 这一报告不仅希望
朝鲜目前尽快地恢复和平, 而且确保将来永远避免在朝鲜发生骚乱."[34]日本政府是决心
将事态扩大了.

　　6 月 17 日, 日本政府专门向汪凤藻提交正式外交文字照会一份, 开列准备监督朝鲜
内政改革的清单: 查核财政; 淘汰官员; 整顿兵备. 显见, 日本是想全面控制朝鲜的财政,

---

31) 《蹇蹇录》, 第 22 - 24 页.
32) 《日本外交文书》第二十七卷, 中国近代史资料续编: 《中日战争》第九册, 第 232, 241
　　页.
33) 陆奥宗光在其回忆录 《蹇蹇录》中把此次会谈时间写为 16 日下午 8时至午夜 1 时, 见
　　该书第 24 页. 但根据现场记录标明的时间是 "午前十时至午后一时半", 当以后者为准,
　　参 《日本外交文书》 第二十七卷, 中国近代史资料续编: 《中日战争》第九册, 第 232
　　页.
34) 《日本外交文书》第二十七卷, 中国近代史资料续编: 《中日战争》第九册, 第 234 - 237
　　页.

行政和军队。又通过日本驻华公使, 由其将方案直接送交清总理衙门, 其内容也是三个方面, 但在第二项中多出朝鲜商业改革问题。反映日本所谓改革方案的漫无边际。其实, 日本并不是真对朝鲜的改革有多大的兴致, 他是项庄舞剑, 意在沛公, 着眼点不在朝鲜改革, 而在中国的反应和挑起战端, 对这一点, 陆奥本人就有清楚表白:

> 所谓朝鲜内政的改革, 毕竟不过是为打开中日两国间难以解决的僵局而筹划出来的一项政策。……所以我从开始时就对朝鲜内政之改革, 并不特别重视: 而且对于朝鲜这样的国家是否能进行合乎理想的改革尚怀怀疑。但改革朝鲜内政现在既已成为外交上的一个具体问题, 我国政府总不能不加以试行。至于我国朝野的议论究竟基于何种原因, 已不必深问。总之, 有此协同一致, 不论对内对外, 皆属便利。因此, 我便想借此好题目, 或把一度恶化的中日关系重加协调, 或终于不能协调, 索性促其彻底破裂。总之, 想利用这一问题使阴霾笼罩的天气, 或者一变而为暴风骤雨。或者成为明朗晴天, 像风雨表那样表现出来。[35]

原来撤兵之议大略已定, 不曾想, 日本节外生枝, 以监督朝鲜内政改革为说词, 不但不撤兵, 反而向韩增兵。面对日本的战略异动, 中方的应对颇显杂乱无章。身处前敌的袁世凯、汪凤藻等迅速转变态度, 主张强硬回应日本。但主持外交的李鸿章和清总署却一意避让。6 月 17 日, 汪凤藻致电李鸿章:

> 察倭颇以我急于撤兵, 横谋愈逞, 其布置若备大敌。似应厚集兵力, 隐伐其谋, 俟余孽尽平, 再与商撤。

建议遭李鸿章否决, 李认为: "倭性浮动, 若我再整兵厚集, 适启其狡逞之谋, 因拟必战, 殊非伐谋上计"。[36] 贯彻的还是妥协退让方针。

6 月 18 日, 袁世凯电叶志超:

> 日人跳梁, 意在防我, 强以大兵入我藩都, 终将相机狡图。我如一振, 日必自衰。惟兵来意在保局息事, 麾下不妨先播进汉声势, 而不必遽进, 看其如何变态。[37]

又连发两电致李鸿章, 告以朝鲜的紧急情况, 其成电云:

---

35) 《蹇蹇录》, 第 29 页。
36) 中国近代史资料丛刊: 《中日战争》(二), 第 558 页。
37) 《李文忠公全集·电稿》卷十五, 第 45 页。

> 现汉城人心鼎沸，莫可遏止，惟望中国阻退倭兵。倘倭在仁之四千兵又来汉，汉必逃空，韩王恐亦逃往北韩，闻已密备逃。果尔，必大乱。

其亥电云:

> 迭力阻大鸟，勿令新兵来汉，伊已允。然前言俱食，后言何可信？况倭延意在胁韩，大鸟自不能主，难与舌争。似应先调南北水师迅来严备，续备陆兵。

但其建议还是遭到李鸿章的否决，李坚执外交优先衅不我开的原则，只是令丁汝昌调动几只船到仁川 "聊助声势"。[38] 清朝总理衙门更是对局势作了误断，大大低估了日人野心，此间，总署下了一道令人莫明的电令:

> 总署电: 韩自全城克服后，败匪若干究竟何往？迄无的信。此时韩畏倭如虎，转置剿贼正事于不计。倭之借口助兵，为韩不办贼也。今首要一名不获，余匪去向不知，以扰及两省之贼匪，一朝杳无踪迹，谁实信之？无论倭更有词，断不遽退。即同撤之后，贼烬复然(燃)，又当如何？为今之计，宜饬袁不必促倭退兵，惟催韩剿匪。但能将匪事办有切实头绪，俾外人共见，彼时约倭同撤，当趋顺手。此时倭之不敢遽谋吞韩，人所共知，而藉口驻兵，恐不免好事。驻与不驻我均有前事可循，相时办去，亦不虑无应之。叶已派队前往探捕，袁应亦催韩赶速进兵剿匪。必真肃清，乃可报贼平也。[39]

不是盯着大军云集的日本军队而是盯着基本平息的韩国东学党，在当时的局面下，即或完全平息了东学党，日本也不会撤兵，因其目的是在侵略朝鲜和中国。而清廷却认为日本不敢全面侵略朝鲜，因应提出的对策可以说不得要领。清廷的外交思路出现偏差绝非偶然，甲午年十月初十日，是慈禧 60 诞辰，在这个时间，清国君臣谁也不愿有大的风波发生。6 月 17 日晚，密切关注中国政局的小村代理公使向日本政府电报: "由于害怕负责任和要避免在周年纪念会上发生冲突，李鸿章好象非常焦虑"[40]。熟悉朝鲜事务的甲午科状元张謇在给光绪帝师翁同龢的密信中也谈: "而中国之兵，狃于庆典，不开边衅，已将朝鲜八道拱手授之他人者。其瞀者乃谓朝鲜已无事"[41]。这真是一厢情愿的判

---

38) 中国近代史资料丛刊:《中日战争》(二)，第 559 页。
39)《清光绪朝中日交涉史料》(1011)，卷十三，第 20 - 21 页。《日本外交文书》第二十七卷，中国近代史资料续编:《中日战争》第九册，第 260 - 261 页。
40)《日本外交文书》第二十七卷，中国近代史资料续编:《中日战争》第九册，第 239 页。
41) 中国近代史资料续编:《中日战争》第六册，第 445 页。

断。

中方只是在外交上对朝鲜改革案表示了坚拒。6 月 19 日，清总理衙门的孙毓汶等四大臣召见小村寿太郎，告知：关于朝鲜内政案，"我政府断难表示同意。 朝鲜有自主之权，即使其为属邦，赤不得对其内政滥加干涉。 清韩两国关系尚且如此，何况日本仅有邻邦之谊？ 又，对于此种干涉，诸外国之意见各异，遂有激起意外事端，且有导致两国间麻烦之忧"。21 日，汪凤藻奉命照复：

> 韩乱告平，已不烦中国兵代剿，两国会剿之说，自无庸议。
> 善后办法用意虽美，止可由朝鲜自行厘革。 中国尚不干预其内政，日本素认朝鲜自主，尤无干预其内政之权。
> 乱定撤兵，乙酉年两国所定条约具（俱）在，此时无可更议。[42)

中方的态度应该说是异常明确无可非议。汪凤藻照会后的第二天，日本政府召开御前会议，明仁天皇亲自主持，总理大臣伊藤博文以下的全体阁僚及代表军方的陆军大臣山县有朋、参谋总长有栖川炽仁等与会，议决不再期望日中 "相互提携"。这是日本向战争之途迈进的一次关键会议。同日，日方回照：

> 至于朝鲜国现在情形，我政府不能与贵政府同见……，我国之于朝鲜其利害甚切，关系尤重，我政府终不能将该国如此惨壮附之拱视旁观。 且情形既如是，我政府尚措而不顾，则不啻有乖于与朝鲜交邻之素谊，亦未免有悖我国自卫之道之消。 我政府不能附之漠视……。 是故若非设法办理，以期能保该国将来邦安而图得其宜，我政府竟不能撤兵……。 设若有与贵政府所见相违，我政府断不能饬撤现驻朝鲜我国之兵也。[43)

照会语意决绝，陆奥把该照会称为 "日本政府对中国政府的第一次绝交书" [44)。当天晚上，陆军大将小松彰仁亲王及川上操六与中牟田仓之助均密访海军大臣西乡从道，彻夜商谈，情绪激昂，屋外时闻击案的声音。23 日，大本营发出命令，决定增编大岛旅团达到满员，日军源源不断开往朝鲜，到 27 日，日军第二批增援部队全部抵达仁川，其驻韩总兵力达 7600 多人，远远超出中国驻军。日本的战争之剑已经出鞘。

---

42)《日本外交文书》第二十七卷，中国近代史资料续编：《中日战争》第九册，第 253 - 254，256 页。
43)《日本外交文书》第二十七卷，中国近代史资料续编：《中日战争》第九册，第 257 - 258 页。
44)《蹇蹇录》，第 26 页。

1894 年 6 月 22 日是日本政府对华战争政策的决定日。这天，陆奥密电大鸟公使："日清两国之冲突，终于达到不可避免之时刻"，要求大鸟不管中、韩有何反对，都必须将驻扎仁川的日军进入汉城。之后，日本外交围绕着如何挑动战争而紧锣密鼓地进行。23 日，因耽心机密泄漏，陆奥特派外务书记官加藤增雄携带全部指令从日本广岛赶往汉城。45) 在等待加藤到来期间，大鸟按捺不住，采取若干主动行动。26 日，大鸟谒见朝鲜国王李熙，递交要求韩国改革内政和实现 "独立" 的意见书，内云： "相劝贵政府，务举富强实政，则休戚相关之谊于是乎可始终，辅车相依之局于是乎可保持矣。" 又云："……南乱本属内民，其祸不大；至于清国派兵援之，则祸延及东洋大局，其有事也大矣。故日兵之保护该民；亦事势之不得已也。次如清国既闻乱民平定，犹屹然不撤其兵，则不啻使其事更大，其意实不可测也。且夫初认朝鲜为自主之国，使与各国订结平等抗礼之条约者，谁耶？ 盖莫非日本之功矣。然则，日本何有敌视朝鲜之理哉？ 故若有认朝鲜为藩属，或乘机设乱欲郡县之者，则拒之斥之，以全朝鲜之自主独立，盖我日本所宜任之也。 朝鲜人虚心平气，能详此意，则一朝而豁然，可以悟日本之来无他意矣。"46) 其言其词，明目张胆地挑拨中韩关系，肆无已惮地恶化中日关系。

6 月 27 日，加藤携政府秘密指令到达汉城，"大意是：如今的形势，从发展看，开战已不可避免。 因此，只要在不负被人非难的责任这个前提下，可以采取任何手段，制造开战的口实。 这样的事情，做为训令难以用书面指示，特派加藤前去。" 据说，"加藤书记宫口传的秘密训令，给公使馆很大的力量"47)。大鸟对加藤所授指令要旨的理解为 "此时，务必挑起与清国之冲突。" 制造开战口实便成了日本外交的着力点。28 日，大鸟向陆奥报告了拟提出交涉的所谓 "独立属邦" 和 "内政改革" 两案，方案毒辣阴险，陷中韩两国于无可适从的境地。关于 "独立属邦"，首先向韩国政府质询其是否是清国属邦，大鸟设想，对该问题韩国政府的答复只能有三种选择，第一种，韩国政府否定是清朝属邦，日方 "就迫使朝鲜政府接受：今清兵以保护属邦的名义进入贵国国境，这是侵犯贵国的独立自主权，须使清兵退出，以维护日韩条约的条文，这是贵政府的义务。如单以贵国之力不能完成时，我国愿以武力相助，将其逐出。" 如果朝鲜政府承认其是清国属邦，那么，日方代表将与朝政府交涉，"说明利害，使其撤回"；第二种，韩国政府肯定是清朝属邦，日方便 "可公开向朝鲜政府说明，他们违背了友好条约第一款，责备他们订约十七年来欺骗我国的罪行，用武力相威胁，迫使对方谢罪，给我方以满意的补偿。" 第三种，韩国政府声称其自古就是清朝属邦，但内政外交则完全自主，是自主的国

---

45)《日本外交文书》第二十七卷，中国近代史资料续编：《中日战争》第九册，第37－39页。
46)《六十年来中国与日本》第二卷，第 39－40 页。
47)《明治二十七八年在韩苦心录》，中国近代史资料丛刊续编：《中日战争》第七册，第15－16页

家, 日方 ″即向朝鲜政府提出：平定内乱是属于内政的范围, 然而清国借保护属邦的名义派兵, 是干涉内政。 我方就可以提出属邦的实际内含作为理由, 逼问韩国朝廷及清国公使。″ 关于 ″内政改革″, 也循同样思路。 如此一来, 不管中韩两国如何答复回应都不能使日方″满意″, 以此由头, 激化矛盾, 还要借此将战争责任巧妙地推到中韩两国身上。 同日, 大鸟向韩政府递交 ″对清国所称保护属邦四字是否承认″ 照会, 限第二天答复。 48)对此压力, 韩国政府忧心忡忡, 这天, 韩王在和群臣讨论如何应对危机时称： ″外侮如此, 国势可知, 言之亦耻矣″49)。 29 日, 韩国政府未在日方勒令的期限予以答复。 30 日上午 10 时, 杉村浚赴韩国外务督办处 ″催促″。 督办作了如下答复：

> 朝鲜政府从来就是自主国家, 清国对我作何称呼, 这是清国自己决定的, 与我无关。 清兵驻在我国内, 是应当时我国的邀请而来, 故不能予以驱逐。

日使对此答复颇不满, 质问既然朝鲜是自主之国, 为什么 ″清国以保护属邦的名义派兵……, 这不是清国侵犯了贵国的主权是什么？″50)杉村浚走后, 韩国外务督办与袁世凯协商, 拟定回复大鸟的照会：

> 查丙子修好条约 (1976 年的日朝 ″江华条约″) 第一款内载朝鲜自主之国, 保有与日本国平等之权一节。 本国自立约以来, 所有两国交际交涉事件, 均按自主平等之权办理。 此次请援中国, 亦系我国自用之权利也, 与朝日条约毫无违碍。 本国但知遵守朝日定立条约, 认真举行。 且我国内治外交, 向由自主, 亦为中国所素知。 至中国汪大臣照会径庭与否, 只可认照两国条规办理为妥。51)

但日本政府与日驻韩使馆的意见不尽一致, 日本政府不同意以 ″独立属邦″ 作为交涉议题, 为此训令大鸟, 不要继续交涉属邦和驻韩清兵撤出问题, 而要将交涉重心放在内政改革问题上。 面对与内阁的分歧, 公使馆采取了二策, 一方面遵照政府指令, 就内政改革再向韩国交涉； 另方面派福岛安正中佐和本野一郎书记官回国, 就公使馆的意见向国内政要作当面陈述, 福岛负责军事方面的说明, 本野负责外交方面的说明。 两人带去

---

48)《明治二十七八年在韩苦心录》, 中国近代史资料丛刊续编：《中日战争》第七册, 第 16 - 17页；《日本外交文书》第二十七卷, 中国近代史资料丛刊续编：《中日战争》第 九册, 第 50 - 53 页。

49) 朝鲜 《高宗实录》卷三一, 第 28 页。

50)《明治二十七八年在韩苦心录》, 中国近代史资料丛刊续编：《中日战争》第七册, 第 17 - 18 页。

51)《清光绪朝中日交涉史料》(1063), 卷十四, 第 2 页。

的意见是∶"今日的形势是日清冲突已不可避免, 早日开战对我有利。而开战的口实除朝
鲜的自主问题外, 别无其他借口, 自主问题光明正大, 对各国也充分显示了我国的义举。
清国虽然土地广阔, 但近年来, 从其陆海军备来看, 表面上还可以, 实际上极不完备,
不足为惧"52)。这里, 日驻韩使馆又一变成为推动战争的急先锋, 日驻韩使馆与日本政府
互相激促, 使其战车加快开行。

　　7月3日, 大鸟向韩国政府递交新的 "改革意见书", 要求在行政、财政、司法、军
事、 教育五个方面进行改革。韩方提出, 必须先撤外兵再议内政, 大鸟称改革内政与撤
兵无关, "非革政不已" 53)。4日, 再发哀得美教书, 限韩政府5日下午答复。5日, 韩
方请求宽限两日, 7日, 在日本压力下, 韩国政府设"校正厅" 作为统揽改革的机构, 8
日, 韩王下 "罪己昭", 痛切陈词∶"⋯⋯以至今日若是, 而国何以为国乎？⋯⋯苟非
大更张, 大惩创, 莫以矫积久之弊, 莫以振倭靡之风, 此不在庙堂之责乎？"54)10和11
两日, 大鸟与朝鲜官员在汉城南山老人亭就朝鲜内政改革事举行会谈, 席间, 日本使节
多方胁迫, 限定改革期限, 竟有 "若过十日, 则恐有兴亡" 的话 55)。鉴于局势的危迫,
12日, 韩王转电李鸿章∶"日兵无撤意, 威胁日甚, 然岂有强施五条事？ 派员私商, 即
延拖之计, 决非变革之意。 亦与袁总理每事密议, 亟图撤倭兵, 都下人心可定, 奸细可
折。 望恳乞中堂速示。" 李鸿章旋即回电, 对韩王反对日本干预朝鲜内政的立场表示支
持∶"内政只可朝鲜自改, 不可听倭人勒改, 以保自己权利"。56)　15日, 韩方代表与日方
代表再次在老人亭举行会议, 韩方代表提出, 对改革内政, 朝鲜政府没有异议, 只是由
于日军入韩, "民心惶惶, 如不加以平息, 便很难实行"。16日, 朝鲜政府将其态度正式
照复日本∶"但外国大兵屯驻, 有妨于安全。故内政改革一事, 须待贵军撤回之后, 朝鲜
政府可实行之"。 表明了韩国不能在外人的枪口逼迫下实行所谓改革的立场。57)　17日,
大鸟照复朝鲜政府∶

　　　⋯⋯我政府所以向贵国劝告内政改革者, 不外顾虑东洋大势, 愿与贵国共同维持
　　和平而已。 然贵国既不同意, 是与贵国提携之道已失, 今后我政府当唯我利害是视,

52)《明治二十七八年在韩苦心录》, 中国近代史资料丛刊续编∶《中日战争》第七册, 第 18
　　页。
53)《清光绪朝中日交涉史料》(1086), 卷十四, 第 9 页。
54)《六十年来中国与日本》第二册, 第 43 页。
55)《朝鲜档选录》, 中国近代史资料丛刊续编∶《中日战争》第五册, 第 28 页。
56)《清光绪朝中日交涉史料》(1116), 卷十四, 第 16 页。
57)《日本外交文书》第二十七卷, 中国近代史资料丛刊续编∶《中日战争》第九册, 第 66
　　页。《明治二十七八年在韩苦心录》, 中国近代史资料丛刊续编∶《中日战争》第七册,
　　第 23 页。

欲以独力行其必要之手段，谨此预先通知。[58]

　　朝日关于所谓内政改革的交涉宣告破裂。其实，从一开始，日本政府的本意就不在朝鲜改革，其破裂原是意料中事，是日本有意制造的。

　　在日本咄咄逼人的攻势面前，中国外交却出现躲闪。前此在外交政策和宗藩关系上一直持强硬态度的袁世凯因中日在韩军事力量的不成比例而忧虑重重，索性萌生退意。6 月 29 日，袁世凯向李鸿章连发三电，称 "华人在此甚辱，凯在此甚难见人，应下旗回。拟留唐（绍仪）守看管探事。俟见韩文稿不认属，即赴仁。" 继电："倭近万余人，各处布置，待与华寻衅。……应撤回，免辱。"又电："闻大鸟拟照公法作梗例，兵押凯出，果尔辱甚。只可照万国使例，送文知照韩，回国禀商"。[59] 李鸿章此时正在依靠俄国调停中日和局，于是电复袁世凯，要其 "略忍耐"，又具体说明："韩未认华非属，应留密劝坚持。俄延叠谕该使（指俄国驻华公使喀西尼）调处，必有收场。日允不先与华开衅，岂有拘送使臣。要坚贞，勿怯退"。到这时仍相信日本不先开衅的谎话，实在幼稚，但劝告袁世凯坚贞勿退却是对当时的大局更为有利的。 总署对袁世凯的请调，更不以为然，口吻也更不客气，认为中国使臣降旗回国，将使日本愈发有所借口而无所顾忌。[60] 但总署与李鸿章只是不同意袁世凯归国，对如何以断然举动阻遏日人野心却没有任何进一步的实际措施。7 月 2 日，袁世凯再电李鸿章，详述局面危急，称 "衅端一成，即无归路"，提出中国军队率先撤出牙山，"往鸭绿或平壤下" 的建议，就是不管日军撤退与否，中方先行撤军。 放弃与日本的军事对峙也就是放任日本对朝鲜的全面侵略，是否合适，的确是可以再议的事。李鸿章没有接受袁世凯的建议。4 日，李鸿章转达了总理衙门的意见："袁道遽欲下旗回国，转似与国失和，办法勿遽失体，希速电止，万勿轻动"。 袁世凯的回国将使朝鲜更加失去凭籍而局面危殆，日本更加有恃无恐，总署的考虑不能说没有道理。但袁世凯去意已决，不管不顾，于当日继续电请调回："凯为使，系一国体，坐视胁陵，具何面目？ 如大举，应调凯回，询情形，妥筹办；暂不举，亦应调回，派末员仅坐探，徐议后举，庶全国体。 乞速示遵。 再，日载兵十艘昨由日开，又遣电工数百分抵釜，决无息和意。" 5 日，袁世凯又电李鸿章：日本 "决无和意，我欲和，应速从韩现情与倭商；欲战，应妥密筹。 凯在此无办法，徒困辱，拟赴津面禀详情，佐筹和战。倘蒙允，以唐守代。唐有胆识，无名望，倭不忌，探消息，密助韩较易。乞速示。" 袁世凯的多方说词对李鸿章发生效力，立场略显通融，6 日，李鸿章请示总署："查袁历年助

---

58)《明治二十七八年在韩苦心录》，中国近代史资料丛刊续编：《中日战争》第七册，第 24 页。
59)《李文忠公全集·电稿》卷十五，第 57 - 58 页。
60)《清光绪朝中日交涉史料》(1050)，卷十三，第 29 页。

韩拒倭，与倭夙愿已深，若调回以唐暂代，与下旗撤使有异，可否允其所请。"但清廷不同意李鸿章的代请："现在倭韩情形未定，袁世凯在彼可以常通消息，与各国驻韩使臣商议事件亦较熟悉，著勿庸调回。"[61]　14 日，袁世凯见情形愈发危急，便藉口患病，自行将事务转交唐绍仪；16 日，再向李鸿章电请："凯等在汉，日围月余，视华仇甚。赖有二三员勉可办公，今均逃。凯病如此，惟有死，然死何益于国事，痛绝。至能否邀恩拯救，或准赴义平待轮，乞速示"[62]。其言其词，哀怨绝望之意溢于纸面。18 日，袁世凯获准奉旨回国。19 日夜，袁便装离开汉城，从仁川搭乘扬威舰回国。之后，清朝驻韩使馆人员大部逃离，唐绍仪等也移居英国使馆。清朝驻韩外交代表不再能发挥正常作用。在关键时刻，袁世凯的离去无疑使清朝驻韩外交基本陷于费弛，这固然有日本的逼迫，朝鲜局势的逆转等项原因，但与袁世凯个人在危急时刻没有把国家利益视为至上，贪生怕死不无关系，这与他前此强硬的宗藩意念形成莫大反差。袁世凯的离韩不能不对此后时局产生影响。

7 月 19 日，大鸟向朝鲜政府提出四项强硬要求；一、由日本架设汉城至釜山间的军用电线；二、朝鲜应为在韩日军修建兵营；三、韩国应尽快使驻韩清军撤出；四、废除中朝间制定的条约。20 日，又向朝鲜政府发出最后通谍：要求驱逐中国军队出境和废除《中朝商民水陆贸易章程》、《中江通商章程》、《吉林贸易章程》等中朝间的所定约章，限定在三日内答复，否则将 "有所决意从事"。朝鲜政府接到照会后，急忙找清朝使节会商，由于袁世凯已经返国，唐绍仪仅为代办，不敢有所主张，转而致电请示国内，恰逢汉城义州间的电线因雨发生障碍，电报不能及时到达，朝鲜政府在异常紧急的情况下于 22 日夜 12 时日本限定时间的最后一刻将复照送达日本使馆，含蓄表示韩国内政外交一向自主，有权与包括中国内一切国家签订相处；清军是应韩国政府所邀而来，其所以没有撤退，正如日军在韩也没有撤退一样。回答可以说是得体而巧妙。[63]

但日本意在战争，所有这一切都不过是外交伎俩。在最后通谍发出前，日本就已经决定：不管朝鲜政府给予 "如何回答或者是否逾期不回答，也都要举事。"具体部署也已安排停当：

计划是二十三日午前三时左右，待城门打开后，我混成旅团之中的一个联队从西门进来，行军直至王宫门前。其一部从后门进入，以显示我方的威风，窥视宫内动静，拥大院君入宫，以图实现政府的变革。有关诱出大院君的部署是：二十三日午前二

61)《李文忠公全集·电稿》卷十六，第 3－5 页。
62)《李文忠公全集·电稿》卷十六，第 22 页。
63)《蹇蹇录》，第 35 页。田保桥洁：《甲午战前日本挑战史》，第 88－89 页。转见戚其章：《甲午战争国际关系史》，第 54 页。

时许，派冈本柳之助、穗积寅九郎、铃木重元及翻译铃木顺见潜入该府；把他诱出来。获原警部数人等候在门外，充作护卫。作为入宫时充当护卫的，还有步兵一个中队在外待命及警戒，以备不虞。当时，混成旅团长大岛少将已接到了大本营发来的讨伐在牙山清兵的命令，即将出发的时候，由于京城事件紧急，向牙山进军便推迟了一两天。估计大本营可能要以清国政府用英船向牙山增运援兵之事，作为借口，开启战端，所以向陆海两军发出上述命令。64)

23 日临晨 3 时，日军整装待发。大岛通告韩国政府："将于适当时机，以兵力保护我之权利。" 4 时，日军进攻朝鲜王宫的战斗打响。日方使用了其惯用的恶人先告状的手段，向外通报：

　　我部分军队进入汉城，现宿营于龙山。我军令早四时自南门沿皇宫进入此地，准备于宫殿后之山上宿营。此时，朝鲜皇宫侍卫与附近街道上之朝鲜士兵开始向我士兵猛烈开枪。出于防卫，我被迫还击，最后进入皇宫，而朝鲜士兵继续开枪。于通知其他同事如上事实时，本使向您保证，日本政府并无进犯朝鲜之意图。65)

声称没有进犯意图的日方此时正在政打朝鲜景福王宫。23 日临晨 5 时许，日军发炮轰击，打死打伤朝兵 90 余人，控制了王宫，却持了朝鲜国王李熙，威胁利诱让大院君李是应出面组织傀儡政权。一般论者多注意甲午年日本对华战争，其实，在对华战争之前，日本已先行发动了对韩国的战争。甲午年，日本对两个国家发动了侵略，先是朝鲜，然后中国。战争使东亚国际格局发生重大变动，侵朝战争是侵华战争的前奏和预步。
7 月 25 日，日本海军在丰岛海面突袭中国军舰和运兵船，中日进入战争状态。27 日，唐绍仪等中国驻韩使领馆人员被迫回国，中朝外交联系中断。29 日，中国召回驻日公使，31 日，日本驻华使节下旗归国，中日外交关系中断。8 月 1 日，中日发表宣战诏书，甲午战争全面爆发。

四

通观 1894 年 6、7 月间中、韩、日三国由外交走向战争的过程，一些令人思考的问

64)《明治二十七八年在韩苦心录》，中国近代史资料丛刊续编：《中日战争》第七册，第 28 - 29 页。
65)《日本外交文书》第二十七卷，中国近代史资料丛刊续编：《中日战争》第九册，第 92 - 93 页。

题或可提出。

1、 从表面看，东学堂起义是这场战争爆发的导火线，事态在一个多月的短短时间里急剧变化，从一场农民起义变成国际战争，从朝鲜的国内问题不期然地演变成席卷东亚的大战事，期间诸多变数，战争似乎极具偶然性。 但从历史的深层面分析，这场战争又是或迟或早必然要爆发的。 它是明治维新后愈见膨胀的日本军国主义所必欲发动的；是日本侵略势力长期鼓吹的 "征韩论" 和 "大陆政策" 的必然实践；是中、韩、日三国国际均势出现某些变动后，日本向中国宗藩体制发起挑战的必然结果。

2、中日间的战争是不可避免的，但却是或可延迟推移的。 其间，清政府外交政策的失误有着不可推卸的责任，这源于对日本政情和国际局势的错误估量所致。 此间的清朝外交出现了前倨后恭的情形，先是不慎重考虑就陷入日本的圈套，向朝鲜贸然派兵，等大军到达时，东学堂起义旋即自行平息，反给日本以出兵借口，清军陷入欲进不得欲撤不得的境况。 但是，在与日本形成军事对峙的情况下，清政府及其驻韩外交代表又遂而变得过分软弱，一意避战求和，对日本发动战争的野心作了不应有的误断，认定日本是要 "与华争体面，兵非来战"[66]，故而立足和平解决事端，将着眼点放在外交上，"以口舌文告，日劳精弊于英、俄、德、法、美五国之交，重五十日，迄无要领"[67]，战备动员、 调兵遣舰均不用力进行，不能用强有力的外交动作或军事回应来遏制日本的战争企图，使日本侵略者敢于变本加厉地激化事端，甚而发动全面战争。

3、战争完全是日本一手挑起，它先是通过欺骗性的手段诱使中国出兵，随即亦出兵，造成中日军事对立局面；继而又处心积虑地挑拨中韩传统关系，甚至不惜先期发动对韩的军事战争行动，迫使韩国政府就范；最后又先发制人，挑动对华战争。 无庸赘言，日本帝国主义是发动甲午战争的元凶罪魁。 通过战争，日本侵略欲望逞逞，更使其军国主义势力陡然膨胀，为以后的国际社会酿下无数战端，流毒及于今日。 当说，甲午战争是其后遗患无穷的日本军国主义战争势力的发端肇始。

---

66) 中国近代史资料丛刊：《中日战争》(二)，第 553 页。
67) 中国近代史资料丛刊：《中日战争》(一)，第 77 页。

토론

동학농민혁명과 동아시아 국제질서의 변화

> **사 회** : 신순철(원광대 교수)
> **토 론** : 이이화(역사문제연구소 고문), 김성보(충북대 교수),
> 深谷克己(일본, 와세다대 교수)

사회자 : 제1부 토론을 시작하겠습니다. 이이화 선생님 토론을 부탁드립니다.

이이화 : 김정기 선생님께서 청나라와 우리나라 즉, 말하자면 전통적인 그런 청나라관계 이것이 아니고 이 시기에 와서는 새롭게 좀더 직접적인 간섭 이런 것으로 이루어졌다는 점을 밝힌 점에 대해서는 우리가 주목해야 될 부분이라고 생각합니다.

그런데 여기에 불명확한 것이 한 두가지가 있는 것 같아요. 가령 군대가 그전에 없던 그런 관계속에서 직접 주둔하고 그다음에는 준조세의 성격을 가진 그런 세금을 울궈내고 했다 그말이죠. 그렇게 되면 우리가 학술적인 말로 이게 바로 반식민지 상태가 아니냐 이렇게 얘기할 수 있는 거거든요. 그런데 이 발표 내용에는 그것이 껄끄러운 얘기였는지 추상적으로 쓴 감이 있습니다. 그래서 이게 정말로 19세기에 일부 우리 사회가 반식민지 또는 봉건사회라고 말하고 있는데 정말로 군사지휘권도 우리 자체적으로 맘대로 하는게 아니라 일부가 예속되는 그런 관계라면 다시 말해서 반식민지 상태가 아니냐 이점에 대해서 분명하게 밝혀주시기를 바랍니다.

그 다음에 결론 부분에 가서 실제적으로 우리나라에 어떤 점에서는 민족의식속에 배외관계가 아주 오랜 뿌리를 가지고 있습니다. 즉, 말하자면 중국에 대해서는 어떻게 생각해야 되나? 조선후기에 오면 임진왜란 이후에 이른바 존명배청사상이라는 것도 나왔었고 즉, 명나라를 높이고 청나라를 배격하자는 것이죠. 또 그 다음 단계로는 서학 즉, 천주교라든가 이런 서양문물이 들어오니까 척사위정이라는 '사도(邪道)를 배척하고 정도(正道)를 지키자'는 사상도 나왔었습니다. 그런데 이 무렵에 와서 청나라가 직접적인 간섭을 하고 반식민지상태로 몰아 넣고 하니까 일단은 반청 감정이 일어났겠지요. 당연합니다. 물론 그 뒤에는 민비세력 즉, 명성황후니 하는 세력들이 청나라에 지원병을 요청하기도 했지만 그러나 이런 반청감정이 있었습니다. 그리고 대원군의 반청의식이 어떤가, 이 글에서는 그게 별로 나타나지 않았어요. 대원군이 잡혀가서 천진에 가서 유배까지 돼있는 지경이었는데 그가 청나라를 어떻게 생각했나 이런 점에 한가지 더 얘기를 해주시면 좋겠습니다.

그 다음에는 여기에 순서는 반일, 반청, 반서양 이렇게 했습니다. 우리가 아까 말한대로 이게 이른바 중세부터 있어온 척화(斥和)입니다. 우리가 주체적으로 외교를 펼칠때에는 척화 즉, 말하자면 어떤 의리의 원칙을 고수하면서 타협의 여지를 두지 않는 것, 이런 척화정책이라는 것은 청나라의 병자호란 때에도 있었고 아주 계속되어 왔습니다. 그래서 이 시기에 이른바 농민군들이 지향했던 척화정책, 여기에 대해서도 명확하게 할 필요가 있지 않느냐, 그건 왜냐면 배외감정과 상당하게 연결되기 때문이죠. 그래서 순서가 우리가 일본을 제일 첫 자리에 두고 그 다음에는 청나라에 대한 반감, 그 다음에 서양세력에 대한 반감 이 순서가 어떻게 되는 것인지?

제가 알기로는 농민전쟁이 일어난 뒤에 이른바 경복궁점령이 일어난 뒤에는 반청 감정 보다도 그때부터 반일 감정이 더 앞섰다. 근데 그전에 반청 감정이 경복궁쿠테타로 인해서 결국 순서가 앞뒤가 뒤바뀌었다 이렇게 보거든요. 오히려 일본군대가 궁궐을 강점하고 남산에서 대포를 대 놓고 고종을 위협하고 하는 그런 처지를 백성들이 알고 야, 이건 일본이 정말로 더 무서운 적이구나 이런 생각을 갖게 됐단 말이죠. 그래서 그 다음 단계에 청일전쟁에서 청나라가 이겨주기를 바란 부분도 있습니다. 이런 미묘한 감정의 차이 단계를 거쳤는데 이걸 우리 일반 청중을 위해서 명확하게 어떤 것이 제일 심했느냐, 1894년을 얘기합니다. 그게 식민지 상태를 말하는게 아니니까 이런 점을 말씀해 주시면 좋겠습니다.

김정기 : 첫 번째, 군대도 점령이 돼있고 또 '서로전선'이라는 전선을 가설을 해서 세금까지 걷어들였는데 이러한 상태는 반식민지 상태로 정의를 해야 되지 않느냐 하는 말씀이었습니다. 또 덧붙여서 좀 껄끄러워서 그런게 아니냐 이렇게 말씀하셨는데 사실상 1882년 7월부터 거의 3년 동안 청나라 군대가 서울 수도를 점령하고 있었지요. 지금 뒤집어 생각하면 미군이 있는 것하고 마찬가지입니다. 우리나라의 외국 군대주둔사는 사실 1882년 7월달부터 해외 주둔의 역사가 시작이 되어가지고 우리나라의 자주권과 치명적인 충돌을 일으킨다고 생각이 됩니다만 그때 당시를 반식민지 상태로 규정해야 되지 않겠느냐 하는 상황을 저는 일단 동의를 합니다.

그렇지만 이 상황 속에서 우리나라는 1876년에 일본과 외교를 맺죠. 그 다음에 1882년에 중국과 형식의 문제는 있습니다만 외교적인 관계를 수립하고 그 다음에 83년에는 여러분이 잘 아시다시피 영국과 독일과 외교관계가 수립이 되고 84년에는 러시아와 관계를 맺고 제가 알기에 86년에는 프랑스와 외교관계를 맺어가지고 우리나라는 조약 체제가 그 나름대로 굳건하게 뿌리를 내리고 있습니다. 이러한 상황 속에서 중국의 영향력이 간섭의 농도라든가 여러 차원에서 가장 강하다, 그러나 강할 뿐이지 그것이 완벽하게 우리나라를 독점적으로 지배할 수 있는, 간섭할 수 있는 반식민지 상태의 직전까지는 가겠지만 거기까지는 가지는 않았다, 저는 그렇게 생각을 하고 있습니다.

두 번째, 대원군의 반청의식이죠. 대원군 하면 중국의 이홍장, 일본의 이등박문, 그 다음에 우리나라 대원군 해가지고 그때 당시 동아시아의 3걸이라고 평민들도 전부 인식을 하고 있었던 국제적인 거물입니다.

대원군은 세 번에 걸쳐서 정권을 장악하는데요, 임오군란 때 잠시 장악을 하고 그 다음에 발표가 됐었습니다만 경복궁 쿠데타 이후에 한 120일 동안 대원군이 정권을 장악하지요. 특히 여러분들이 제일 모르는 부분이 1882년 임오군란이 터지고 나서 바로 대원군이 정권을 장악할 때입니다. 바로 그 다음에 정확하게 34일동안 대원군이 정권을 장악하면서 정말 혁신적인 정책을 폈습니다. 첫째 물가안정정책을 폈습니다. 그래서 도호상인이라고 해서 서울에는 시전상인을, 사료를 보니까 100명정도 잡아다가 곤장을 치고 일부는 죽여버렸습니다. 매점매석하는 그 상인을 그래가지고 일시에 서울의, 수도권의 물가가 안정이 되지요. 그 다음에 여러 가지 서민정책으로써 세금을 줄이는 것은 구체적으로 칙령으로 발표를 하고 자기 수하들을 통해서 실천 단계에 들어갔습니다. 또 일본과는 강경외교를 다시 복원했죠. 여러 관계 속에서 대원군은 그야말로 국민적인 영웅으로 등장했습니다. 이와 같은 대원군을 일시에 나포해 감으로 인해서 우리나라는 대원군을 통해서 중국에 문제가 있다라고 하는 반항의식이 전국적으로 확대되는 기폭제가 됐다는 것 말씀드립니다.

　마지막에 1894년에 일본, 그 다음에 중국 그 다음에 서양, 이렇게 순서가 되어야 하지 않냐는 지적인데요. 동의합니다. 우선 우리나라는 아무래도 일본보다는 상대적으로 전체적으로 봐서 친중국적인 성향이 강하다 이것을 말씀드립니다. 그래서 순서는 반일이 먼저 가야될 것 같고 그 다음에는 중국, 서양 이런 식으로 해도 좋습니다만 제가 강조하고 싶은 것은 1882년부터 94년 그 사이에는 일본에 못지 않게 중국에 대한 저항운동 내지는 반청의식이 우리가 예상을 뛰어 넘어서 존재했다는 것입니다.

사회자 : 다음으로 김교수님께 부탁을 드리고자 합니다.

김성보 : 1945년이후 현대사를 전공하는 저를 주최측에서 토론에 붙인 이유는 동학농민혁명의 국제관계의 문제를 근현대사의 거시적인 흐름 속에서 파악하라는 그러한 주문으로 알고 가급적이면 거기에 맞추어서 토론을 하고자 합니다.

　1894년의 동학농민혁명과 1945년 이후 남북분단의 비극이라고 하는 것은 시기적으로 그렇게 멀리 떨어져 있는 것이 아닙니다. 한 예를 들어서 동학사의 저자로써 잘 알려져 있는 오지영은 해방 이후에 한 민중집회에서 동학농민혁명이 외세의 개입에 의해서 좌절된 것처럼 이제 또 다시 미·소의 개입에 의해서 자주적인 민족국가건설이 좌절될 것이라고 하는 그러한 우려를 원로로써 표명한 바 있습니다. 그런 것처럼 한국의 역사에서 갑오농민전쟁, 동학농민혁명에서의 자주적 민족국가건설의 과제는 1945년 이후 분단의 위험성 속에서 통일민족국가를 건설하기 위한 노력에 역사적인 배경을 이룬다 그런 차원에서 토론을 하고자 합니다.

　먼저 김정기 교수님 그리고 곽위동 교수님 두 분에게 공통적으로 해당하는 토론을 하고자 합니다. 저는 두 분의 토론을 들으면서 오늘날 일본의 역사 교과서 왜곡을 둘러싸고 한국과 일본간의 역사인식의 괴리가 그토록 근복적으로 벌어지고 있는 것에 대해서 우려를 느낍니다만, 이 발표를 통해서 그렇게 근복적이지는 않지만 한국과 중국간에도 부분적으로 역사인식에 괴리가 있고 그런 것이 이러한 국제적인 학술토론회를 통해서 극복되기 위한 그러한 노력이 필요하겠다고 느꼈습니다.

　그것은 어떠한 문제냐하면 동학농민혁명이 발생하기 이전에 중국과 한국의 관계, 청국과 조선의 관계를 곽위동 교수는 전통적인 종번(宗藩)체제의 틀에서 이해를 하시고 따라서 청국의 출병은 전통적인 종번체제를 유지해 주기 위한, 한국을 보호해 주기위한 출병으로써 파악을 하고 계십니다. 반면에 김정기 교수는 이미 그 싯점에는 청국은 제국주의적인 속성으로써 변화하고 있었다고 하는, 종번체제의 유제는 남아 있지만 그것을 근대적인 제국주의적인 성격으로 변화시켜 나가고 있었고 따라서 청국과 일본은 어떤 점에서는 한국에 있어서 식민지화를 추구하고 있는 외세로써 파악해야 한다는 그런 관점을 깔고 계시기 때문에 두 분이 서로간에 의견을 조정해 주시는 학술발표회가 됐으면 좋겠습니다.

　그러한 맥락에서 저는 이 시기에 중국의 역사의 흐름이라고 하는 것을 한국과 관련해서 볼 때 단지 종번체제의 지속이냐 그렇지 않으면 식민지적 구도로써 재편해 나가는 과정이냐고 하는 청국의 외교적인 성격의 문

제로써 파악하기 보다 당시에 중국이 전제군주적이면서 제국주의적인 국
가로 발전해 나갈 것이냐 그렇지 않으면 근대국민국가적이면서 한국을
비롯한 여타민족과 함께 반제국주의적인 연대의 길로 나갈 것인가 그러
한 두 가지 길의 갈림길에 있었다고 생각이 됩니다. 단지 국가와 국가의
차원에서 얘기할 때 그것은 청국이 그러한 한국에 대해서 그것이 종번체
제이건 아니면 식민지지배의 성격이건 외세로써 파악됩니다.

　그러나 그것을 보다 민중적 차원에서 이해한다고 한다면 한국과 중국
은 그것이 제국주의 대 식민지화의 대립되는 길이 있을 수도 있는 것이
고 아니면 같이 반제국주의의 연대의 길로 나갈 수도 있는 그러한 갈림
길이 그 시기에 내포되어 있었다. 그러한 측면을 종합적으로 이해할 필
요가 있지 않느냐 그러한 생각을 하고 있습니다. 일반적으로 중국이 나
중에 근대 국민혁명을 거치게 되고 반일운동에 나서게 되는 그 배경으로
써 청일전쟁에서의 패배를 얘기합니다만 저는 중국이 그러한 긍정적인
길을 걸어가는 것이 단지 청일전쟁에서의 패배 때문만이 아니라 전제군
주제도에 대해서 저항해 나갔던 중국 민중의 노력과 그것이 근대국민국
가혁명으로써 도달되었고 그것으로 인해서 일본에 대해서 조선과 함께
반제투쟁에 나섰던 그러한 중국민중의 저력을 인정할 때 그러한 파악이
가능하다고 생각이 됩니다.

　이런 공통된 질문을 두 분에게 던지면서 개별적으로 작은 문제를 던지
고자 하는 것은 첫 번째로 김정기 교수님께 드리고자 하는 질문은 이 발
표의 결론으로써 당시 민중의 배외(排外)의식이라는 표현을 썼습니다.
그 배외의식이란 표현은 저로써는 어떤 의화단이 보였던 그러한 배외의
식 같이 외세에 대해서 그것을 전체적으로써 부정하는, 자기와 다르다고
하는 타자 전체에 대한 일방적인 부정의식이라고 저는 듣립니다. 그래서
저는 이러한 배외의식으로써 만약 갑오농민전쟁에서의 의식을 얘기하게
된다면 그것은 어떤 근대지향적인 민족혁명운동으로써가 아니라 여전히
전근대적인 성격으로써 파악할 우려가 있기 때문에 발표자가 그러한 의
도를 가지고 쓴 것은 아니겠습니다만, 단순히 배외의식이라는 표현보다
는 반일과 반청을 포함해서 당시에 있어서의 국제적인 제국주의 침탈에

대항해나가면서 당시의 자주적인 지향을 해나가는 긍정적인 근대지향적인 민족의식으로써 파악할 수는 없는 것인지 그런 것에 관련해서 질문을 던지고자 합니다.

그 다음에 곽위동 교수께는 이 발표를 통해서 일본이 얼마나 치밀하게 동학농민혁명을 이용해서 한국을 식민지화하려고 했는지 청국에 도전을 하려고 했는지 하는 것을 밝혀 주시는 것에 감사합니다. 다만 그러한 발표를 하시면서 청일전쟁은 어차피 일어날 수밖에 없는 필연적인 것이었다. 왜냐, 그것은 일본이 중국의 종번체제에 대해서 도전하고자 하는 의도를 처음부터 가지고 있었기 때문에 동학농민혁명이 아니더라도 결국은 청국과 전쟁을 했을 것이라고 하는 그러한 파악을 하신 것인데요. 근데 이렇게 중국 종번체제에 대한 도전으로써 일본의 대외정책을 이해를 하게되면 자칫 의도하지 않은바 일본의 조선과 청국에 대한 출병, 전쟁 발발을 합리화시킬 수 있는 우려가 있다고 하는 것입니다.

일본은 당시에 분명히 대외적으로 명분을 삼기를 중국으로부터의 종번체제, 조공체제로부터 한국을 독립시키기 위해서 한국의 내정에 개입한다고 얘기를 했습니다. 그러나 그때 그러한 개입에서 내세운 종번체제 또는 조공체제에 대한 도전이라고 하는 것은 하나의 명분일 뿐인 것이죠. 보다 근본적인 것은 당시에 조선을 둘러싸고 있는 중국과 일본간의 패권다툼인 것입니다. 그런 식으로 파악을 해야지 종번체제에 대한 도전으로 파악하다보면 그러한 것을 통해서 당시 개화파들이 중국으로부터 독립, 일본을 모방한 근대화를 추구하는 것을 자칫 합리화할 수가 있기 때문에 그 표현을 바꿔주시는 것이 바람직하지 않은가 그렇게 생각하고 있습니다.

마지막으로 나카츠카 교수의 발표에 대해서 말씀을 드리면 이 발표를 통해서 많은 것을 배웠습니다. 보다 이 발표가 완성돼 나가기 위해서는 저는 첫 번째로 일본군이 왕궁을 점령한 것 자체의 불법성을 국제법적인 시각에서 연구하고 계시는데 기존의 연구에서 밝히고 있는바, 왕궁점령 이전에 일본군이 조선에 출병한 것 자체의 불법성을 지적하는 연구에 대해서 어떻게 판단하시면서 이러한 연구를 전진시킬 수 있는 것인지 알고

자 합니다.

일본의 출병이라고 하는 것에 그때 명분으로 들었던 것이 제물포조약 때 일본의 거래민이 위협을 받을 경우 약간의 군사를 둘 수 있다고 하는 조항, 그 다음에 텐진조약 제 3항에서 청국과 일본 어느 한쪽이 조선에 출병할 경우 상대방에게 통보해야 되는 몇 가지 의무조항을 얘기한 것이 있는데 그 두 조항 모두 일본군이 출병한 것 자체를 결코 합리화할 수 없다는 것이 이미 박정근 교수를 비롯한 몇 분에 의해서 밝혀진 바가 있습니다. 그런 것을 당연하게 이미 다 입증이 됐다고 전제를 하시기 때문에 한 발자국 더 나아가서 일본군에 왕궁점령에 대한 불법성을 지적을 하고 계시는 것인지 아니면 그러한 제물포조약과 텐진조약 제 3항에 불법성을 얘기하기는 곤란하기 때문에 우회적으로 왕궁점령에 관해서만 불법성을 지금 파악하려고 하시는 것인지 질문을 드리고자 합니다.

두 번째로는 발표에서 이런 표현이 나옵니다. 일청전사 초안의 기록에 의하면 조선왕궁점령은 일본 정부의 의도를 짐작한 조선주재 일본공사관이 군사행동을 한 것이다. 거기서 '일본 정부의 의도를 짐작한'이라고 하는 표현이 사뭇 불투명합니다. 지금까지 확인해 본 자료에 의거해 볼 때 일본군의 왕궁점령에 명령계통이 일본 정부로부터 온 것이 확실하지 않기 때문에 이런 표현을 쓸 수밖에 없으신 것인지, 자료를 통해서 일본 정부가 공식적으로 왕궁점령에 개입한 것을 확인할 수 있는 그러한 길은 없는 것인지, 그리고 그것에 관련된 천황의 책임소재는 없는 것인지 그런 것에 대해서 답변해 주신다면 더욱 참고가 되겠습니다.

사회자 : 각각의 발표자에 대한 질문이 나왔습니다만 지금 한사람 한사람에게 답변을 부탁드릴 시간이 없기 때문에 먼저 스카야 가즈미 선생님의 토론을 듣겠습니다. 그 동안에 지금 질문에 대한 답변을 준비해 주시기 바랍니다. 스카야 선생님 부탁드리겠습니다

스카야 : 저는 일본의 근세사의 전문자로서 오늘 이번 보고에 대해서 그렇게 지정 토론자로써 발언한다는 것은 조금 부적절한 사람입니다만 세분 선생님께

기조강연부터 오늘 오후, 내일에 이르는 갑오농민혁명의 의의를 규명하고자 하는 관점에서 생각을 해보았을 때 전체적으로 질문을 드리고 싶은 것은 분명 청, 일, 조선의 국가에 의제라는 것이 서로 충돌을 하고 있다. 그러한 형태로 문제가 제기된 것인데요.

그에 대해서는 잘 이해를 할 수 있고 근대 일본의 공격성, 침략성이라는 것을 새로이 제가 통감하는 바입니다만 농민군이 조선 정부가 아니듯이 사회 전체를 뒤덮고 있는 중국사회, 조선사회, 일본사회라고 하는 것은 일본국가, 중국국가, 조선국가 그 자체는 아닌 것입니다.

그 국가내부에 있어서도 대립하고 있는 비판하고 있는 세력이 존재를 하고 사회내부에 있어서도 크게 존재하고 있다는 그러한 관련성에 있어서 외교 활동같은 것들에 대해 어떠한 정의를 내릴 수 있겠는가 그것에 대해서 논의를 하는 것이 민중운동이라는 관점에서의 우리의 이해를 깊게할 수 있는 길이 열리지 않을까 라고 생각을 하고 있습니다.

저는 개개의 문제에 대해서 연구성과를 내신 것 같은데요. 일본의 근세사 전공 입장에서 말씀을 드리겠습니다. 우선 민중운동이라는 것을 이해하는데는 두 가지 방법이 있다고 생각합니다. 하나는 반봉건, 반제국주의 그 시대의 배경, 세계사적인 발전단계라는 그런 흐름 속에서 정의하는 것이고요. 두 번째는 운동 그 자체의 내부측에서 이해하는 것입니다. 예를 들어서 농민군의 선두에 14세, 15세의 소년이 있다는 것, 그것은 반봉건, 반제국주의라는 것으로써는 큰 의미는 없겠습니다만 대단히 이것은 흥미를 느낍니다. 일본역사 속에서도 15세의 소년이 농민봉기의 지도자로써 오해를 받아서 실제로 그 작전지도자가 아닌데도 불구하고 거기에 큰 의미를 준 그런 난이었지요. 오리라하라 신꼬, 그 소년이 신의 전령을 받아서 지도자가 되는, 그래서 그 민중의 입장에서 그 운동을 리드하는 그러한 경우도 있습니다. 갑오농민전쟁의 농민운동도 그러한 성격의 것으로써 저는 깊은 곳에서부터 이해하는 것이 저희 현대인들이 이해할 수 있는 방법이 되지 않을까 라고 생각하고 있습니다.

다음으로 그러한 관점에서 본다면 조선의 갑오농민군의 투쟁 수위가 높다고 하는 것이 잘 알려져 있듯이 그 폐정개혁 27조였던가요, 봉건제에 대한 반대 조항이 있고요. 일본사적인 입장에서 본다면 민중적인 혁명이란 느낌이 듭니다. 그 상대측 인식이 현대에서 보자면 어디까지 정확한가 그거는 차제하고 민중측에서 당벌운동 그러한 민중운동은 역시 한국의 재산일 뿐만이 아니라 세계의 재산이며 그 건축물이 그 기념비로 지정되어 있듯이 이러한 운동사 그 자체가 세계사적인 그러한 의미를 지니고 있다고 생각합니다. 그래서 그 의미에서는 제일가는 그러한 혁명 같습니다.

그리고 민중운동은 역시 그 지역권의 정치, 문화의 응집된 표현이라고 생각합니다. 그러한 관점에서 보았을 때 저희들이 생각하고 있는 동아시아를 일체로 보는 관점에서 보았을 때, 이 폐정개혁 27개조의 하나 하나 항목에 대해서는 상당히 어렵습니다만 거기에 관철되어 있는 것은 크게 두 가지가 있습니다. 한가지는 안민(安民), 백성을 편안하게 하는 것이고 두 번째는 태평을 보장하는 것, 그것을 국왕 그리고 공적인 기관 군주라는 것에 군주나 국왕에게 요구를 하는 것입니다. 그 요구에 답해야 한다는 그러한 소송을 내는 것, 상소를 하는 그러한 형식을 취하고 있는 것인데요. 그러한 의미에서 저는 일본사 입장에서 본다면 굉장히 이해할 수 있는 범위내에 들어가 있는 민중운동이라고 생각을 합니다.

그러한 관심을 제가 가지고 있는데요. 그 제소운동은 바로 그러한 것이겠지요. 그렇지만 또한 그 전통사회에 입각되어 있는 것 뿐만이 아니라 근대이행을 해가는 여러 가지 정의가 있겠지만 근대이행기의 특이한 표현방식이다. 단순히 전적인 사회뿐만 아니라 그 이행기에 있어서의 특징 즉, 그 지배에 대한 불신, 거기에서 일탈코자하는 감정, 그런 불만과 불신 속에서 또한 역사 속에서 만들어진 양식을 동원해서 거기에 운동의 공간이 만들어지는, 거기서 만들어진 것은 그때까지 존재하지 않았던 그것은 민족적인 기초가 있지만 그것을 더 비약시켜서 예를 들어서 집강소라는 것도 있고 그러한 형태를 낳게 하고 그것이 그 다음 역사, 우리들에게 기억이 되고 재산이 되는 관계를 잘 살펴볼 필요가 있다고 생각합니다.

보고에 대한 코멘트의 시간이기 때문에 자세한 말씀은 드리지 않겠습니다만 민중운동의 요구중에서 마지막으로 한가지만 전근대의 요구, 근대의 요구, 아주 오래된 요구, 새로운 요구를 넘어서는 것이 민중운동에는 있다고 생각합니다. 폐정개혁 요구안을 보면 어느 안이라도 탐관오리를 징벌하자, 추방하자 이런 것이 있지요. 이것은 일본, 한국에서도 중국에서도 어느 사회에 있어서도 우리들의 일로써 우리들의 어떠한 과제로써 제기하고 있는 것입니다. 그러한 것이 바로 21세기의 의미가 될 것도 같습니다. 질문도 아니고 코멘트도 아니고 이상하게 되었는데요. 제 발언은 이것으로 마치겠습니다.

사회자 : 스카야 선생님의 코멘트에 대해서는 시간관계상 특별하게 답변드릴 내용은 없는 것 같은데 특별히 발표자가 코멘트하고 싶은 것이 있는 경우를 제외하고는 생략하도록 하고요. 두 번째 김성보 선생님의 각 발표자에 대한 질문이 있었기 때문에 짧게 발표자에게 답변을 부탁드리겠습니다. 우선 김정기 선생님 부탁드리겠습니다.

김정기 : 배외의식이란 용어가 담고있는 의미가 새로운 역사지향적인 용어가 아니어서 피해줬으면 좋겠다 하는 것 같은데, 사실 저는 '배외의식' 무심코 썼습니다만 좋은 용어가 있으면 찾도록 노력하겠습니다.

사회자 : 그러면 그 다음으로 나카츠카 선생님 답변 부탁드리겠습니다.

나카츠카 : 우선 '왕궁점령이 일본 정부의 의도를 읽고'라고 나와있죠. 여기에 대해서 질문하셨는데요. 외무성의 사람이 파견되어서 오토리공사와 상담을 해서 그리고 그것이 사단장에게 이야기가 됐다는 거죠. 어떠한 문장을 썼는지 그건 잘 모르겠습니다. 어떠한 구두로 했는지 문장으로 했는지 그러한 문장은 저는 본적이 없기 때문에 일본 정부가 직접 왕궁점령에 대해서 지시한 것을 지시를 내렸는지 어땠는지는 저는 그것은 명확히 말씀드릴 수가 없습니다.

그러니까 일본 정부가 하지 않았다고 여기서 단언할 수는 없지만 일본 정부가 했다는 확실한 증거도 없다는 거지요. 그러니까 그 앞에 나와있는 파견된 외교관이 한 것일 수도 있고 또 어느 정도 무츠외무상에 의해서 대략의 일을 위임을 받아서 했는지 이점에 대해서는 사료가 없기 때문에 분명히 말씀드릴 수가 없습니다.

그리고 제물포조약과 텐진조약이 그 자체가 불법이냐 어떠냐에 대해서는 저는 잘 모르기 때문에 지식이 없기 때문에 모르겠습니다. 왜 불법인지, 물론 강화도사건 이후 일본이 한국을 손에 넣으려고 한 건 사실이고 임오군란이후 …

김성보 : 질문을 오해해서 가지고…. 강화도조약과 텐진조약이 불법이라는 것이 아니라 강화도조약과 텐진조약에 의거해서 일본이 조선에 출병해서 청일전쟁까지 일으키는 그것이 타당하지 않다 그러한 얘기를 드린 것입니다.

나카츠카 : 잘 알겠습니다. 그 제물포조약은 공사관의 방위라는 뜻에서 출병할 수 있었죠. 그 다음에 8천명을 주둔시킨 것은 불법이죠. 그것을 불법이라고 한다면 그렇다고 할 수 있습니다만 일본 정부의 대변자는 아닙니다만 당시에 일본 정부는 제물포조약에 입각해서 출병한다는 것이 일본 정부의 입장이었던 것입니다. 왕궁점령이라고 하는 것은 제물포조약에서도 정당화시킬 수 없는 것이죠. 그것조차도 정당화시킬 수가 없습니다. 그걸 갖고서 정당화시킬 수 없다는 얘기를 드리고 싶습니다.

제물포조약에 입각한 파병 그 자체가 불법이라고 얘기한다면 얘기할 수도 있겠고 또 그렇지 않다고 한다면 또 그렇지 않다고도 할 수 있지요. 그러니까 여기서 뭐라 단정지을 수가 없는 것이죠. 김 교수님의 의견에 찬성할 수 있는지 없는지 이 자리에서는 답변드릴 수 없는 것 같습니다. 의견은 분분합니다만 유감스럽게도 여기에서 마치고 그 다음에 곽위동 선생님께 부탁을 드리고자 합니다.

곽위동 : 김 교수님이 제시하신 문제가 한·중관계에 집중된 것 같은데요. 중·한관계라고 하는 것은 전통적인 관계라고 할 수가 있습니다. 중세기 또

봉건제도부터 불평등 요소가 있긴 했지만 그러니까 그것은 무슨 식민 또는 식민지상태라고 말씀드리기는 어렵다고 봅니다. 그러니까 제가 말씀드린 본고의 주된 내용은 일본의 침공에 대한 것을 다룬거고요. 그리고 예전의 전통적인 관계에 의해서 종번관계에 의해서 분석을 한 것입니다.

1894년에 한국에 중국이 출병을 하게 되는데요, 그것은 일본이 한국에 조선에 출병한 것하고 동등하게 봐서는 안됩니다. 중국의 출병은 한국의 요청에 따른 것이지요. 1893년 그 상태에서 한국이 벌써 나라에 그런 요청을 했던 것입니다. 그런데 1894년에 조선은 또 요청을 하게 됩니다. 그러기 때문에 중국이 신중한 태도를 취하긴 했었지만 그 요청에 응했던 것이지요. 그러나 일본이 조선을 침공한 것은 이런 요청에 의한 것이 아닙니다. 동학봉기가 일어나게 되자 한국은 중국에 출병을 요청했다가 그 봉기가 다 평정이 되자 다시 철군해줄 것을 요청하게 됩니다. 그런데도 일본은 철군을 하지 않았던 것이지요. 그리고 계속해서 조선에서 긴장국면을 초래했던 것입니다.

그렇기 때문에 19세기 중기 이후로 20세기까지 한국과 중국에 관계는 기본적으로 어떠한 공동운명에 처해 있었다라고 할 수 있습니다. 한국이 일본에 침략을 받았었고요. 그리고 중국도 마찬가지의 비극적인 역사를 갖고 있습니다. 그리고 중・러 관계, 중・일관계 이러한 전쟁을 통해서도 그러한 역사는 재현됐습니다. 방금 김 교수님이 말씀하신 한・중・일 각국의 역사연구가, 각국이 바라보는 역사에 대한 시각이 차이가 있다라는 말씀을 하셨는데요. 방금 김 교수님이 말씀하신 것에 전적으로 동의합니다. 왜냐하면 역사를 연구하는 것은 먼저 민족적인 관점에서 출발하기 때문에 거리가 있을 수밖에 없습니다. 그런데 그것 외에는 제가 보충하고 싶은 것이 뭐냐면 민족적인 싯점, 시각이라는 것이 역할을 하기는 하지만 그래도 가장 중요한 것이 국제적인 조명이 필요하다는 것입니다.

사회자 : 상당히 유감스럽습니다만 지정토론과 그 답변은 시간관계상 이만 마치겠습니다.

제 1 부 발표 및 토론

동학농민혁명기념사업회 학술총서 04

동학농민혁명의 동아시아사적 의미

제2-1부　동학농민군이 꿈꾼 세상

갑오농민전쟁의 이상과 현실

趙景達
치바대학 교수

1. 머리말

가혹한 수탈에 신음하던 민중이 마침내 떨쳐 일어날 수 있었던 것을, 단순히 궁핍화론만 가지고 설명하기에는 부족한 면이 있다. 아무리 궁핍화가 심해졌다 할지라도, 봉기에 참여하지 않은 민중을 역사상으로 인정하는 일은 용이하지 않다. 민중이 생사를 건 일선을 뛰어 넘는데는, 민중으로 하여금 정신적인 내부면으로부터 자각하여 움직이게 하는, 무엇인가에 대한 확신이 없으면 안된다. 대체로 그것은 종교에 대한 신앙을 계기로 하는 경우가 많으며, 그러한 신앙을 바탕으로 어떠한 형태로든 유토피아사상도 나타나게 된다. 특히 민중운동의 최고형태라고 말 할 수 있는 농민전쟁에 있어서는 더욱 그러하다.

우리가 문제삼고 있는 갑오농민전쟁 역시 예외는 아닐 것이다. 동학이라고 하는 종교의 존재없이 갑오농민전쟁을 이야기하는 것은 도저히 불가능하다. 더군다나 갑오농민전쟁은, 어떤 하나의 이상을 내걸고 행한 투쟁이었다. 이 논문의 과제는, 먼저, 조선왕조말기의 민중이 어떠한 정신적 변화를 거쳐 투쟁을 일으키게 되었으며, 또한 어떠한 과정을 거쳐 救濟願望을 갑오농민전쟁으로 승화시켜 갔는가를, 분명하게 밝히는 일에 있다. 이상실현을 둘러 싸고, 전봉준등 농민군지도부와 일반민중 사이에는 의식의 차이가 있었다고 생각되어지는 까닭에, 이 점도 시야에 넣어, 당시의 민중이 지닌 논리와 心性에도 접근해 보고자 한다.

2. 『정감록』에서 동학으로

조선후기에, 닥쳐올 종말시대에는 眞人鄭氏가 나타나 사람들을 구제하고, 400년간 계속된 이씨를 대신하여 신왕조를 연다고 하는 讖書『정감록』이 널리 퍼져, 민중은 그에 대해 어렴풋한 희망을 걸고 있었다. 이 신앙은, 남조선 신앙이라고하는, 훨씬 정비된 민중의 구제사상으로도 발전하였다. 최남선에 의하면 남조선신앙이란, 「우리들 앞에는 남조선이 있으며, 시기가 되면 진인이 출현하여 우리들을 그 곳으로 인도하여, 지금 있는 고통이나 (우리를)졸라매고 있는 모든 것들이 없어지고, (우리의)바램이나 하고자하는 일은 모두 저절로 성취되는 좋은 세월이 올 것이다」라는 신앙을 말한다.[1] 『정감록』은 민중들 사이에서, 단순히 닥쳐올 종말에 대한 대처를 설한 예언서가 아니라, 현실적인 고통으로부터 당장 해방시켜주는 글로써 전승되었다. 민중은 당장 진인이 나타나길 기대하였으며, 그리고 그 해방의 땅을 남조선일반, 혹은 남해

---

1) 최남선, 『朝鮮常識問答』(삼성문화문고,1972년) p.163.

상의 섬으로 정했다.

　실제, 이씨조선의 건국으로부터 400년이 지난 19세기가 되면, 『정감록』 신앙이나 남조선신앙은 훨씬 절박해져 간다. 『정감록』의 예언이 맞다면, 진인이 출현하지 않으면 안되었으며, 남조선신앙 역시 현실적인 것이 되지 않으면 안되었다. 따라서 홍경래의 난(1811 - 1812)을 시작으로 개국에 이를 때까지, 때때로 『정감록』을 빌린 변란이 일어나게 된 것이다. 그 중에는, 문자 그대로 남해에 왕국을 세우려는 의도를 지닌 변란 = 제주告變(1813년)조차 발생하기에 이르렀다.

　그러나　실제 그러한 것들은, 홍경래의 난을 제외하고는 대봉기로 발전한 것은 없다. 홍경래의 난 역시, 평안도 안주성에서 수개월에 걸쳐 농성했다고는 하지만, 그 규모는 결코 크지 않았으며, 또한 일부는 용병으로 동원된 자조차 있어, 반란군의 사기는 처음부터 결코 높지 않았다. 반란에 동원 된 민중에게 있어, 천신과의 通靈이 불가능한 자신들은 아무러한 초능력도 갖추지 못한 무력한 존재에 지나지 않았으며, 그러한 까닭에 그저 진인의 출현을 기다리기만 하는 상태였기 때문에, 스스로 투쟁의욕을 고양시키는 것은 좀처럼 힘들었을 것이라고 말 할 수 있다. 진인의 출현을 설한 반란주모자의 민중 동원책은, 그러한 의미에서 처음부터 논리모순을 안고 있었다. 현실적으로 초능력을 갖춘 진인이란 존재할 수 없는 이상, 진인의 출현을 기다리는 민중의 기대는 無로 돌아 갈 수 밖에 없었다.

　이상과 같은 의미에서 『정감록』= 진인사상은, 민중의 절실한 救濟願望을 반영하는 사상이었으며, 민중사상의 한 발전형태임에는 틀림이 없다. 그러나 그것은, 민중을 변혁주체로 파악할 정도로는 성장해 있지 않았으며, 여전히 첨예화되지 못한 민중사상의 발전형태에 머물러 있었다고 말 할 수 있다. 말하자면 그것은, 민중이 가혹한 이조지배체제에 대한 불만을 축적시켜 가면서도, 여전히 「仁政」을 기대하고 忍從하는 것 밖에 모르는 단계의 민중사상이

라 말 할 수 있다. 최제우가 1860년에 창시한 동학은, 이와 같이 단순히 진
인의 출현을 기다리기만 하고, 자신의 진인화 등에 대해서는 생각조차 미치
지 않았던 민중사상의 와중에, 감히 萬人眞人化를 설하고, 민중을 변혁주체로
파악하려는 가능성을 품고, 돌연히 탄생한 민중적인 종교였다.

　동학이, 본래『정감록』신앙이 강한 사람을 받아들인 상황이었기 때문에,
『정감록』의 영향을 받는 것은 불가피하였다. 최제우가 上帝(天主)로부터 받
은 장생을 위한 仙藥은,「弓弓乙乙」字를 써 놓은 종이조각이었는데, 이것은
『정감록』의 다른 책에 써 있는「利는 弓弓乙乙에 있다」라는 것에 편승한 것
이다.「弓弓乙乙」은「弱」의 破字이다. 또 다른 책에는「弱은 능히 强을 이긴
다」라고도 써 있어,「弓弓乙乙」字의 선약을, 그 무엇보다도 뛰어난 靈符라고
한 의미가 풀린다. 또한, 동학에서는「富하면서 貴한 자」와「貧하면서 천한 자」
가 천운에 의해서 역전된다고 설하였는데,[2] 이것은『정감록』사상 그 자체라
고 말 할 수 있다.

　『정감록』이 동학에 미친 영향은 그 외에도 있다. 그러나 비록, 레토릭이
나 개념에 있어서『정감록』과 유사한 점이 있다고 하더라도, 동학이 역시 무
엇보다도『정감록』을 극복하고자 한 종교였음을 부정할 수는 없다. 최제우
는,「괴이한 동국참서」=『정감록』에 미혹되어 平安의 땅을 구하기 위해 돌
아 다니면서, 일신의 무사만을 구하는 사람들의 어리석음을 한탄하였다.[3]

　동학에서는 선약의 음복과 21자(字)의 주문을 독송함으로써, 인간은 至氣
의 강림을 얻어 천주와 일체화되고, 군자화될 뿐만 아니라 신선이 되어, 장생
을 얻을 수 있다고 하였는데, 이것은 진인화의 방법을 나타낸 것으로도 해석
할 수 있다. 동학은 진인의 출현을 그저 기다리기만 하는 민중에 대해서, 너
희들도 신비주의적인 방법을 통해서 간단히 진인이 될 수 있다고 설하였다.

---

2)『龍潭遺詞』「敎訓歌」.
3)『龍潭遺詞』「夢中老少問答歌」.

게다가 동학은, 그러한 시대의 도래를, 단순히 운수로써 설명한 것이 아니라, 도덕의 추락 문제와 연관시켜서 설명하였다. 동학에서는, 미개(愚夫愚民이 雨露의 혜택을 알지 못했던 시대) → 문명(聖人〈五帝〉출현이후 천명을 존경하고 천리에 순응한 시기)→ 타락(晩近이래 천리에 순응하지 않고 천명을 돌아보지 않은 시대)의 3시대로 구분하여, 그와 같은 과거시대를 일괄하여 「先天」시대라 칭하였다. 이 시대에는 천주와 인간사이에 代天者(聖賢)의 중재 없이는 天理·天命을 알 수 없는 것이 그 특징이다. 그러나 가까운 장래에 나타날 「後天」시대는 새로운 時運에 의하여, 대천자의 중개 없이도 천령이 직접 강림하여, 「侍天主」(天人合一) → 군자화·신선화가 가능해지며, 「지상천국」이 출현한다는 것이다. 이는 후천개벽사상으로 말하여지는 것으로서, 현재 이미 도래하고 있는 종말현상을 天變地異로 이해하는 것이 아니라, 도덕의 파멸상태로서 인식함과 동시에, 지금부터는 영원한 도덕적인 사회가 도래한다고 설한 점에 동학의 신선함이 있다.4)

이것은, 도덕의 추락을 계속 언급하면서도, 기본적으로는 왕조교대의 운세를 진인의 출현과 관련시켜서 설한 『정감록』과는, 완전히 다른 사상이라고 말할 수 있다. 고통으로 가득 찬 이 세상의 영원한 혁신은 오직 한 사람의 진인의 출현에 의해서 이루어지는 것이 아니라, 민중 개개의 진인화에 의해 달성된다고 하였다. 이는 명확한 민중적 변혁의 첨예한 논리라고 말 할 수 있다.

그러나, 동학은 결코 민중을 변혁의 주체로서는 파악하지는 않았다. 실제, 몰락양반의 최제우는 愚民觀의 입장에 서 있었으며, 처음에는 간단한 신비주의를 계속 설하였으나, 결국은 스스로가 창시했다고 호언한 「守心正氣」라는 內省主義를 교도에게 강요하였다. 「人道의 門」인 「수심정기」의 수양은, 万人

---

4) 拙著, 『異端の民衆反亂』(岩波書店, 東京,1998年) 第1章.

君子化・神仙化의 절대적 조건이 됨으로써, 일반민중인 교도의 군자화・신
선화는 거의 영원히 불가능한 것이 되어 버렸다. 최제우의 天觀은 일찍부터
지적되어 왔듯이, 기본적으로 서로 받아 들여질 수 없는, ① 有意志的인 유
일 절대적으로 인격화 된 天 = 上帝(天主)관과, ② 범신론적인 天觀 이 둘
을 포괄하고 있다. ①의 입장에 설 경우, 변혁주체 = 구제자는 이념적으로
는 상제 이외에는 존재하지 않으며, 현실적으로는 그 命을 받아 포덕을 개시
한 최제우 자신이다. 그런데 ②의 입장에 설 경우는, 만인군자화가 가능해지
며 변혁주체는 확대된다. 그러나 앞에서 기술했듯이, 그것은 실질적으로는 내
성주의를 장려하는 것으로서, 용이하게 일반민중이 변혁주체로서는 파악되지
않는다. 따라서 사실상 변혁주체=진인은 상제와의 通靈을 이룬 최제우 한 사
람이 된다.5)

  그러나 최제우는 진인으로서 조선왕조를 전복시킬 임무를 띤 존재는 아니
다. 19세기 단계는 세도정치하로, 중앙의 대관이나 지방관의 권력, 그리고
그러한 권력 밑에 재지권력을 장악하려 하는 서리나 토호 등의, 말하자면 중
간세력의 힘이 증대하고 있었다. 이른바 「수령 - 이・향지배구조」6)로도 말
할 수 있는 지배체제가 강화되어 있었으나, 아이러니하게도 그러한 체제에
대한 항거는, 자연히 국왕에의 구심력 강화의 방향으로 그 역량을 향했다.
1862년의 壬戌民亂은, 국왕환상을 산출한 계기가 되었다고 말 할 수 있다.7)
따라서 최제우는, 반대로 조선왕조를 돕는 진인으로서 나타난 것이 되며, 그
는 고관 취임을 바랬다. 그러나, 그러한 최제우의 생각은 정부에 의해 이해되
는 일 없이, 그는 1864년 「左道惑民」의 죄로 처형되었다.

5) 拙著, 『異端の民衆反亂』(岩波書店, 東京,1998年) 第1章.
6) 고석규, 『19세기 조선의 향촌사회연구』(서울대학교출판부, 1998년).
7) 拙著, 「開國前夜における朝鮮の民亂 - 壬戌民亂の歷史的な性格」(深谷克己編, 『民
   衆運動史 - 近世から近代へ』第5券, 靑木書店, 東京, 2000年).

최제우에 이어 제2대 교조의 崔時亨도 당초에는 진인사상을 지니고 있었던 것은 틀림없다. 그는 처음에는 최제우를 진인으로서 받들었으나, 최제우가 죽은 후, 일시적으로 『정감록』에 의지하여 역성혁명을 일으키려고 한 李弼濟를 진인으로 받드는 불찰을 범하여, 그 반란(1871년)에 휩쓸리었다. 이 필제의 반란이 실패한 후, 최시형은 교리의 체계화에 노력하였는데, 有意志的인 유일 절대의 인격화된 천 = 상제(천주)관을 부정하고, 범신론적인 천관에의 순화를 꾀하였다. 그러나 한편으로, 「수심정기」의 내성주의는 교리상에 있어서 최제우 단계 이상으로 흔들림 없는 위치를 차지하게 되었다. 그 결과 사람들은, 天으로서 알맞는 자기를 연마해 가는 일이 장려되었으며, 또한 모두가 天이라는 관점에서 다른 사람을 비판하는 것이 금지 되었다. 최시형은, 범신론적 천관의 입장에서 통속적인 도덕을 설하였으며, 「分」에 安住함으로써 사람들의 구제가 이루어진다는 사상을 계속 설하였다. 그것은 자연히 이 조정부에 대한 비판을 방지하는 것이 되었다. 범신론에 대한 철저한 자세가 민중을 변혁주체로 파악한 것처럼 보이면서도, 실제로는 사람들에게 체제에 대한 忍從을 설한 것이다.[8]

민중을 변혁주체로 파악한 교리는, 본래 이단일 수밖에 없는 동학 속에서 형성된, 한층 이단적인 세력에 의해 주창된 것이다. 이단동학은 徐璋玉이나 전봉준을 중심으로 하여, 동학교문 = 북접에 대항하고자 하는 모든 남접을 칭하는 세력이다. 남접 역시 북접과 마찬가지로 확실하게 범신론적 입장에 서 있었으나, 한편으로는 인격적인 天 = 상제의 존재가 최제우 단계 이상으로 명확하게 의식되어 있다. 남접에서는 북접과는 다른 독자적인 주문을 외웠으며, 「侍天主」(「天主의 「主」字는 天의 주인을 의미하는 것이 아니라, 天의 경칭에 지나지 않는다)가 「侍上帝」로 되어 있는데, 그것은 남접에 있어서

---

8) 前揭拙著, 第2章.

인격적인 天觀이 존재했음을 확실하게 시사해 주고 있다. 전봉준 자신은 「수심정기」 대신에 「守心敬天」이라는 말에 신앙의 핵심을 두었으며, 그 경우, 「경천」이라 함은 인격적인 천 = 상제를 공경한다는 의미로 해석된다. 그 결과, 天은 이전보다도 한층 의지할 수 있는 「有」적인 존재가 되며, 신비주의적인 상제에 대한 강림기원이 무엇보다도 우선시 되어, 天에 어울리는 자신을 연마하려고 하는 「수심정기」의 내성주의는 희박해질 수 밖에 없다. 바꾸어 말하면, 남접은 사람들이 타력기원을 통하여 용이하게 「시천주」→ 군자화·신선화를 이룰 수 있다고 설하였는데, 이는 신비주의가 모든 신앙인에게 개방되어, 그로 인해 민중이 총체로서 진인 = 변혁주체로 파악된 것을 의미한다. 『정감록』은, 지나치게 가혹한 수탈을 당하고 있던 민중의 무력감을 전제로 한, 오직 한사람의 진인=구세주를 기다리는 사상으로서, 조선후기에 민중사상계를 석권하였으나, 19세기말경에 이르러서 그것은 이단 동학의 교리가 민중의 마음을 사로잡음으로서 점차로 극복되었다고 말할 수 있다. 1894년의 갑오농민전쟁은, 이단교리에 대한 신앙에 의해 민중이 정신 내부로부터 자극을 받아 움직인 것을 전제로 하여 비로소 가능해진 민중반란이었다.9)

3. 갑오농민전쟁과 전봉준의 이상

『정감록』신앙은, 갑오농민전쟁 단계에 이르러서도 완전히 사라진것은 아니었다. 1892년에 황해도에서 동학도가 된 저명한 민족 독립운동가 김구는 그 회상에서, 당시 이조는 곧 멸망하여 鄭道令이 계룡산에 도읍을 정할 터이므로 계룡산 주변으로 이주하면 양반이 될 수 있다하여, 실제로 이주하는 자가 있었다고 증언하였다. 또한 그는 학자풍의 동학도 가운데는 「眞主」를 받

---

9) 前揭拙著, 第2章.

들어 계룡산에 신국가를 세우는 것이 동학의 宗旨라고 말하는 자가 있었으며,
자신도 그에 공감하였다고 증언하였다. 단, 그는 동학은 이미 「造化」(초자연
적인 힘)를 부릴 수 있는 學으로서의 평판도 있었다고 증언하였다.[10] 당시,
「조화」를 부릴 수 있는 자=진인이 무수히 출현할 것으로 믿었던 소박한 민
중이 있었다는 것은 틀림없는 사실이다.

갑오농민전쟁중에 역성혁명을 지향하려고 했던 움직임이 완전히 없었던
것은 아니다. 전봉준이 인솔한 농민군이 봉기한 당초에는 일부에서 그 총대
장은 전봉준이 아닌 정도령이라고 하는 풍문이 나돌았던 모양이며,[11] 농민군
지휘자 중 전봉준 다음의 지위에 있었던 김개남에게 역성혁명의 지향이 있었
음을 부정할 수는 없다. 그러나 역성혁명을 기대하는 민중의 소리는 당시 결
코 일반적인 것은 아니었으며, 김개남도 실은 확신범적으로 역성혁명을 지향
하고 있었던 것은 아니었다.[12] 개국후 심화해가는 내외적인 위기는 임술란
이후의 국왕에 대한 구심력강화의 움직임을 한층 강화시켰다. 단적으로 말하
면, 갑오농민전쟁은 국왕환상이 퍼져가는 가운데 중개세력배제의 필요성이
요구되어 무력적인 청원형식으로 전개된 민중반란이었다고 말 할 수 있다.

처음부터 이단의 동학에 「一君万民」사상은 준비되어 있었지만 왕조타도의
사상은 찾아볼 수가 없다. 이단동학에 있어서 아무리 上帝의 대중화가 설하
여져도, 인간이 상제가 될 수 있는 최대의 근거는 여전히 외재화하는 인격적
인 천=상제의 존재에 있는데, 그것은 스스로가 내부에 있는 신령 = 상제가
될 수 있는 조건은 이차적인 계기에 지나지 않기 때문이다. 따라서 현실세계
를 그 아날로지로써 파악할 경우, 인간은 「一君」으로부터 仁政을 받는 「万民」
밖엔 될 수가 없다. 그 점에서는 본래 오직 한 사람 덕망을 갖춘 정치주체=

---

10) 「백범일지」(『백범김구전집』1, 대한매일신보사, 1999년), pp.338 - 340.
11) 函南逸人編, 『甲午朝鮮內亂始末』(大阪, 1894년), p.40.
12) 前揭拙著, 第8章.

국왕이 존재할 뿐이다. 그리고 민중은 변혁주체이긴 하지만 政治客體에 머물러 국왕에 의해 지배되는 존재밖에는 되지 않는다.

동학농민군이 주창한 각종 문서에서, 「弊政釐革要는 우리 태조혁신의 치에 돌아가면 없어진다」든가, 혹은 「선왕의 법으로써 선왕의 민을 다스리면, 千載를 歷年한다 할지라도, 그 나라는 형구하리라」라는 등의 국왕환상적인 내용을 여기저기서 찾아볼 수 있는데,13) 그들의 「일군만민」사상을 가장 단적으로 나타내고 있는 문서는, 제1차농민전쟁의 개시와 함께 주창된 茂長布告文이다. 이것은 전봉준이 직접 쓴 것으로 알려져 있어 유명한 것으로서, 당시 전라도의 유식자 사이에서 널리 전송되었으며, 전봉준 사상의 윤곽을 나타내는 문서라고 말할 수 있다. 그 전문은 다음과 같다.14)

세상에 있어서 사람이 가장 귀하다고 여겨지는 이유는 윤리가 있기 때문이다. 군신・부자관계는 인류에 있어서 매우 중요하며, 君은 仁慈하고 臣은 正直하며, 父는 慈悲로우며 子는 孝함으로써, 비로소 국가가 이루어 지고 한없는 복에 달할 수 있다. 지금 우리 聖上은 仁孝慈愛하고 神明聖叡하시다. 賢良正直한 신하가 능히 翼贊하여 그 밝음을 보좌할 수 있다면, 堯舜시대의 평화나 文景의 정치를, 날을 정하여 바랄 수가 있을 것이다. 지금 신하되는 자는 報國을 생각하지 아니하며 오직 녹위를 훔치며, (임금의)총명을 엄폐하고 비굴하게 아첨하고 있다. 忠諫하는 선비는 이를 妖言이라 하며, 정직한 이는 이를 非徒라 한다. 안으로는 보국의 재능있는 자 없으며, 밖으로는 민을 학대하는 관리가 많다. 인민의 마음은 날로 渝變하여, 들어와서는 편한 일이 없고, 나가서는 保身의 策이 없다. 학정은 날로 방자해지고 나쁜 풍문은 계속되고 있다. 君臣의 義・父子의 倫・上下의 分은 완전히 뒤바뀌어 남아있지 조차 않다. 管子는「四惟를 펴지 아니하면, 나라는 곧 멸망한다」고 말하였지만, 지금의 움직임은, 옛날보다도 심하

---

13) 「全羅道古阜民情日記寫本送付」(『公使館記錄』1), 「오하기문」(『동학농민전쟁사료총서』1), p.70.
14) 「聚語」(『동학란기록』상), pp.141 - 142.

다. 고관으로부터 이하 방백수령에 이르기까지, 국가의 위태로움을 돌보지 아
니하고, 오직 자신을 비옥하게 하고 집안을 윤택하게 하는 책략을 중시하며, 인
재등용의 문은 금전의 길로 인식되어, 應試場은 交易의 場으로 화하였다. 수 많
은 貨賂가 국고에 들어가지 아니하고, 오히려 개인의 창고를 채우고 있다. 나라
에는 축적된 부채가 있는데도 갚을 생각을 아니하고, 교만하고 방탕함을 두려
워하여 멈추는 일이 없다. 팔로(조선팔도)가 어육과 같이 조각이 나고, 만민이
도탄에 빠져 괴로워하고 있는 것은, 수령의 탐학 때문이다. 어찌 민이 곤궁하지
아니하겠는가? 민은 나라의 근본이고, 근본이 흔들리게 되면 나라는 망한다.
보국안민의 방책을 생각하지 아니하고, 밖으로는 鄕策을 두어, 오직 홀로 안전
하기를 도모하여, 멋대로 관직을 훔치는 일이 어찌 이치있는 일이겠는가? 우리
무리는 초야의 유민이기는 하지만, 임금의 땅을 일구고 임금의 옷을 입고 있으
며, 국가의 위기를 좌시할 수는 없다. 팔로가 마음을 같이하여 億兆가 詢議하
여, 지금 의기를 들어 보국안민으로써 생사의 선서로 삼는다. 금일 이 광경은
놀랄만한 일이긴 하나, 결코 두려워해서는 아니된다. 각각 민업을 염려하고, 함
께 태평한 세월을 축하하고, 모두가 聖化를 입는다면 천만행심이다.

　여기서는 우선, 이조왕조의 부패추락한 모습을 매우 철저하고 통렬하게
비난하고 있으며, 「보국안민」을 위한 체제개혁 결의가 不退轉의 각오로 기
술되어 있다. 그러나 그것은, 이조국가의 기본적 변혁을 지향한 것은 아니다.
오히려 전봉준의 체제변혁사상은, 어디까지나 이조국가의 존립을 전제로 하
고 있다. 사람은 윤리로써 세상을 살아가고 있는 까닭에 가장 귀중한 존재임
에도 불구하고, 조선의 현상은 「君臣의 義·父子의 倫·上下의 分은 완전히
무너져 남아있지 조차 않은」모습이고, 게다가 나라의 근본인 민은 도탄에 빠
져 괴로와하고 있다. 따라서 전봉준은, 그러한 사회를, 유교적인 민본주의에
의거한 유교 본래의 정의와 논리의 사회로 되돌리는 것이야말로, 자신의 사
명이라 했다.
　그러면, 그러한 정의와 논리는 어떻게 하면 재흥 가능해지는 것일까? 전

봉준은, 국왕이 「仁孝慈愛하고 神明聖叡하시기」때문에, 「賢良正直한 신하」
가 국왕을 잘 보좌하면, 堯舜이나 漢나라 시대의 文帝·景帝의 세상과 같은
좋은 시대를 세울수가 있다고 간명하게 말하였다. 여기에서 정치란, 어디까지
나 도덕의 연장선상에 있으며, 제도의 문제로서는 전혀 다루어지지 않았다.
말하자면 전봉준은, 정치를 아직 발견하지 못한 상태였다. 그는 다른 곳에서,
「합의법」에 의한 정치를 주창하고 있으나,15) 결코 立憲代議 군주제와 같은
것을 지향한 것은 아니다.

이와같은 복고주의적인 주장에는, 전봉준의 국왕에 대한 큰 기대가 나타
나 있다. 단, 그는 「현량정직한 신하」의 존재가 필요함을 계속 주창했으며,
당시의 신하가 그러한 존재가 아닌 것을 한탄하였다. 실은 그는 당시의 신하
의 존재를 인정하지 않았다. 그에게 있어서 당시의 신하는 부정을 멋대로 일
삼는 반국가적, 반민중적인 존재일 뿐만이 아니라, 국왕과 민중사이에서 양자
의 의사소통을 방해하는 괘씸한 仲介세력 이외 그 아무것도 아니었다. 그에
대해서는 그가 체포후에 다음과 같이 말한데서도 확실하게 나타나 있다.

　　전에도 이와같은 廟堂의 曉喩文은 한두번에 그치지 않았지만, 결국 실시되
　지 않았다. 아래 것들의 請은 위에 전달되기 어렵고, 위의 은혜는 아래 것들에
　게 미치기 어렵다. 그 때문에 날을 잡아 한성에 올라가, 民意를 詳陳하려 했던
　것이다.16)

이것은 전봉준이 국왕이 발한 효유문을 믿지 않았다는 것을 나타내는 사
료가 아니다. 그가 왕측의 간신의 존재로 인해 국왕과 자신들의 사이에 원활
한 의사소통이 방해되고 있다고 생각하는 것을 나타내는 사료이다. 그것은

---

15)『東京朝日新聞』1895年3月6日付「東學首領と合議政治」.
16)「전봉준공초」(『동학난기록』하), p.547.

그가 한 일본인에게, 「민씨일가가 우리들의 訴願을 막아 殿下에게 전달되지 않게 하고있다고 생각되어, 마침내는 왕측의 간신을 물리치는 名義로써 병사를 일으킨 것이다」[17]라고 말한데서도 확실하게 나타난다. 전봉준은 중개세력을 배제하여, 하청을 직접 국왕에게 호소하는 것을 자신의 사명으로 삼았다고 말할 수 있으나, 결국 그는, 「아래 것들의 청은 위에 전달되기 어렵고, 위의 은혜는 아래 것들에게 미치기 어려운」사회와는 반대로, 「아래 것들의 청이 위에 쉽게 전달되고, 위의 은혜가 아래 것들에게 쉽게 미치는」사회를 이상으로 삼았다고 할 수 있을 것이다. 그것은 틀림없는 「一君万民」사회의 구축을 지향한 것이었다.

이상과 같이 갑오농민전쟁은, 「일군만민」사회구축을 최종적인 목적으로 한, 중개세력배제의 필요성에 의해, 무력적인 청원의 형태를 빌려 전개된 민중반란이었다. 본래 그것은, 실력으로 학정을 제거하고, 읍정개혁을 실행하는 과정도 역시 포함하고 있었다. 訴願이 목적이라면, 「왜 병사를 이끌고 지방을 돌며, 관리를 위협하여 횡행을 일삼는가」라는 어떤 일본인 그룹의 질문에 대해 전봉준은, 「소원은 하루 아침에 이루어지지 아니한다. 잠시 민의 고통을 덜고자 현읍을 둘러보고 폐정을 혁파하고 있다」고 답하였다.[18] 전봉준이 전주화약후, 전라도각지를 순행하면서 폐정개혁과 치안유지를 지도한 것은 주지의 사실이다.

그러나, 전봉준과 농민군지도부에게 있어서, 독자적인 폐정개혁이 그들의 궁극적인 이상실현을 도모하기 위한 것은 아니었다는 것을 확인해 두지 않으면 안된다. 都所體制하에[19] 있어서 자치는, 어디까지나 각읍단계의 학정제

---

17) 日本防衛廳防衛硏究所圖書館所藏, 『戰史編纂準備書類東學黨暴民』, 「東學黨余聞」.
18) 『二六新報』1894年11月21日付, 「朝鮮の一活火(承前)」.
19) 필자는 도소와 집강소를 구별하여, 전자를 자치의 주체, 후자를 「관민상화」의 치안기구로 이해하고 있다(前揭拙著, 第6章).

거와 폐정개혁을 행하려고 했었던 것이지, 국가의 제도전반에 걸친 문제를
독자적으로 개혁하려고 했던 것은 아니었다. 全州和約 전후에 이르기까지 농
민군가 무슨일이 있을 때마다 관측에 제기한, 약 27조 정도로 정리되는 폐
정개혁안은, 대원군의 추대나 매관매직 금지등의 정치적 조항이나 대외관계
와 관련되는 조항 등을 포함하고 있지만, 그 기본이념은 국전에 의거한 징세
운영을 행하여, 그것을 위반하고 부정을 행하는 탐관오리를 처분해 달라는,
시종 仁政을 요구하는 내용이다. 본래, 정치의 최고주체인 국왕이, 솔선하여
이상주의적으로 행해야만 될, 국정전반에 걸친 대개혁까지는 언급되어 있지
않다.

　　그것은, 폐정의 가장 근본이기도 한 전제개혁에 대해서조차, 폐정개혁에서
는 아무런 언급도 하지 않고 있는 것이 단적으로 말하여 주고 있다. 균전사상
은 이조초기부터 있었으며, 특히 실학에서 현저하게 볼 수 있다. 훗날 애국계
몽운동 투사가 된 李沂는, 갑오농민전쟁중에 전봉준과 면회를 한 적이 있는
데, 그는 궁극적으로는 균전제를 지향하고 있었으며, 갑오농민전쟁 직후에는
균전제 실현 과정을 기록한『田制妄言』을 저술하였다.20) 전봉준이나 김개남
등이, 균전론자인 실학의 거장 정약용의 저작을 읽었다고 하는 이야기도 있
다.21) 전봉준이 그들로부터 영향을 받은 것은 당연하게 생각되며, 실제 전봉
준은, 「나의 종국적인 목적」의 하나로서 「田制山林制의 개정」을 들고 있
다.22) 전봉준이 균전사상을 품고있었던 것은 거의 틀림없는 사실이다. 그러
나 都所體制期에는, 일국의 제도전반에 걸친 일까지 개혁하는 것은 도저히
이룰 수 없었다. 그러한 개혁은 무력적인 청원이 성공한 후에, 자애넘치는 현

---

20)「海鶴李公墓誌銘」(『海鶴遺書』국사편찬위원회, 서울, 1971), p.9.「田制妄言」(同)
　　pp.1－19.
21)　金鐘鳴,「茶山丁若鏞の實學思想」(『朝鮮に關する研究資料』7, 朝鮮大學校, 東京,
　　1962年), p.129.
22)『東京朝日新聞』1895年3月5日付,「東學黨巨魁と其口供」.

명한 국왕이 주체가 되어, 「현량정직한 신하」와 함께 위로부터 仁政으로서 행해져야만 되는 것이었다. 일본군에 떠밀려 갑오개혁정권이 수립되고, 농민 군이 절실히 희망했던 대원군이 집정자리에 들어서자, 전봉준은 「힘써서 동 지의 紛起를 막는 동시에 우리 정부의 움직임을 알고자 원하여」,[23] 정국을 관망하는 자세를 보이나, 그것은 대원군이나 개화파 정치가가 「현량정직한 신하」로서 국왕을 잘 보좌하고, 「一國万民」의 정치가 진실로 이루어지는가를 살피려고 한 것 이었다.

그러나 민중은, 도소체제하에서, 마찬가지로 「일국만민」체제를 희망하면 서도, 「일국만민」의 이념을 급진적으로 스스로의 손으로 실현해 가려고 했 다. 이 점에서 적어도 전봉준의 뇌리에 있어서는, 이상과 현실이 괴리되어 갔다.

4. 민중의 싸움과 유토피아

갑오년 2월에 30세로 동학에 입교하여, 돌연히 충청도의 접주가 된 洪鐘 植이라는 인물은, 당시 동학내의 활동에 대해서, 35년후의 회고에서 다음과 같이 말하였다.[24]

이 때에 있어서 제일 인심을 끈 것은, 커다란 주의나 목적보다도 또는 조화 나 장래 영광보다도 당장의 실익 그것이었습니다. 첫째, 입도만 하면 사인여천 이라는 주의하에서, 상하귀천 남여존비 할것 없이 꼭꼭 맞절을 하며 경어를 쓰 며, 서로 존경하는데서 모두 심열성복이 되었고, 둘째 죽이고 밥이고 아침이고 저녁이고, 도인이면, 서로 도와주고 서로 먹으라는데서 모두 집안식구같이 일 심단결이 되었습니다. 그 때야말로 참말 天國天民들 이었지요

---

23) 前揭, 「東學黨余聞」.
24) 「동학난실화」(『신인간』제34호, 1929년』, pp.45-46.

여기서는 일반민중에게 있어서의 갑오농민전쟁의 이념이 명확하게 나타나 있다. 많은 민중은 상하귀천 남여존비의 구별없는 평등한 사회와, 모두가 먹을 것을 향유할 수 있는 평균적인 사회를 희구하였으며, 당장 그러한 사회구축을 목표로 하였던 것이다.

일반민중 수준에 있어서도 국왕환상이 있었던 것은 틀림없으며, 농민전쟁이 시작된 당초에는, 농민군은 국왕이 파견한 京軍과의 싸움을 피하였다. 함평에서 농민군은 京軍에 대해서, 「이 병사는 주상의 명령을 받들어 내려온 것으로, 탐관의 병사와 다르니 결코 항적할 수 없다. 만약 싸운다면 우리들은 역도의 죄를 면할수 없다」고 크게 외쳤다.25) 이미 농민군을 인솔하여 상경할 것과 무력적인 청원을 결의하고 있었던 전봉준이나 그 외의 지도자의 의향으로 경군과의 싸움을 피했다고 생각하는 것은, 다소 의문스럽다. 지도부는 싸움을 결의하고 있었음에도 불구하고, 그 휘하에 있던 농민군이 지도부 이상으로 국왕환상을 안고 있었던 까닭에, 경군과의 싸움을 기피하였던 것이며, 그 결과 지도부는 경군을 앞에 두고 퇴각을 명할 수 밖에 없었다고 생각되어진다.

그러나, 지도부이상으로 국왕환상을 안고 있으면서도, 중앙권력이 미치지 못하는 광대한 공간이 전라도일원과 충청도·경상도 일부에 생겨나는 가운데, 일반민중은 전봉준 등의 지도로부터 벗어나, 자율적으로 스스로의 이상실현을 향해서 봉기하기 시작하였다. 따라서, 무력적인 청원의 결과로서 「一君万民」체제가 드디어 실현되고, 그 아래서 평등·평균주의 사회의 구축을 목표로 해야만 한다고 생각하고 있던 전봉준에게 있어서, 스스로가 지도하는 각읍수준의 학정제거와 폐정개혁의 범위를 넘어서, 민중의 투쟁이 그처럼 급진화하는 것은 좋지않은 사태로 생각되었다. 그가 훗날, 「동학당이 의병을

---

25) 「東學黨に關する彙報」(『公使館記錄』1), p.349.

일으키는 것을 好機로, 오랫동안 지방관의 학정에 고통을 당한 지방인민이 봉기를 일으키는 것을, 세인들로부터 동학당의 소이로 오해를 받는 것은 진정으로 유감스럽다」26)고 한 것과, 혹은 「동학당 60만 중, 진정으로 생사를 함께 하기로 맹세한 자는 겨우 4천명에 지나지 않는다」27)라고 말한 이유이기도 하다.

그러면 구체적으로, 농민군에 참가했던 일반민중은 어떠한 투쟁을 행하였을까? 그에 관한 시사적인 내용을 나타내고 있는 것으로서는, 널리 알려져 있는 오지영의 「동학사」소재의 폐정개혁안 12조목이 있다.28) 이것은 농민군이 무슨 일이 있을 때마다 관측에 제시했던 폐정개혁안과는 성격이 다르며, 정부에 대해서 仁政을 진정하는 내용도 아니다. 그 내용을 간략하면, ①도인과 정부의 협력, ②탐관오리의 징벌, ③횡폭한 부호의 징벌, ④유림・양반의 징벌, ⑤노비문서 소각, ⑥천민의 대우개선, ⑦청춘과부의 개가 인가, ⑧무명잡세의 폐지, ⑨관리등용의 공정화, ⑩왜와 밀통하는 자의 징벌, ⑪공사채의 지불면제로 정리할 수 있으나, 이것은 식민지시기의 오지영의 이상주의가 반영된 것으로 이해하는 것이 타당하다고 생각되어진다.29) 그러나, 이와 같이 판연한 강령은 없었지만, 폐정개혁 12조목은, 오지영이 각도소에서 민중의 내부로부터의 요구나 실제 이루어진 폐정개혁을 견문한 것을 기본으로 하여 기록한 것으로 생각되며, 완전히 공상적인 산물로는 볼 수 없다. 집강소가 「관민상화」의 산물(①)이었다는 것은 사실이며, 인재등용의 공평(⑨)을 염원하는 향반이 갑오농민전쟁의 지도층의 많은 부분을 구성하고 있었던 것은, 이미 밝혀져 있다. 왜와 밀통한 자에 대한 징벌(⑩)이란 것은, 다소 과장

26) 『東京朝日新聞』1895年3月5日付,「東學黨大巨魁生擒」.
27) 『東京朝日新聞』1895年3月6日付,「東學黨大巨魁尋問續聞」.
28) 「동학사」(『오지영전집』상, 아세아문화사, 1992년), pp.148-149.
29) 김태웅,「1920・30 오지영의 활동과 『동학사』간행」(『역사연구』2, 1993년)참조.

된 듯 하나, 당시의 반일적 분위기를 상징하는 것으로 말할 수 있다. 그리고
이 폐정개혁조목의 基調인 평균주의와 평등주의의 투쟁이야말로, 도소체제기
에 확실하게 그 자치와 표리하는 형태로 일반적으로 행해지고 있었다.

평균주의와 평등주의의 투쟁은, 농민군 간부의 지휘하에서도, 물론 농민군
전체의 조직적인 투쟁으로서 때로는 폭력을 동반한 형태로 이루어졌다. 미곡
의 평균분배를 기하여 일어난 대부민투쟁은 농민전쟁의 초기보다 조직적으로
집요하게 이루어졌으며, 전봉준과 면접한 海浦篤彌라는 일본인은, 도소체제
기의 일로서, 「생각컨데 명숙(전봉준)의 순시목적은, 실은 恩威를 연도에 베
풀고 미곡징발에 바쁠 뿐」이라고 기술하고 있을 정도이다.30) 또한 양반을 징
벌하여 노비문서를 소각하고, 귀천남여의 구별을 없앴다고 하는 기록도 수없
이 많아, 농민군간부의 지휘하에 평등주의가 실천에 옮겨졌음은 틀림이 없다.
그 중에는, 「이소사」라는 이름에서 알 수 있듯이 청춘과부가 농민지도자로서
활약한 사례도 있다.31)

그러나 여기에서 문제로 삼고자 하는 것은, 일반민중이 농민군간부의 지
도로부터 벗어나는 과정에서, 독자적으로 행한 투쟁의 성격에 관한 것이다.
민중고유의 논리나 心性은 투쟁을 통하여 명확해져 갈 것이다. 우선 평균주
의의 투쟁에 대해서 볼 것 같으면, 경상도 금산의 한 재지사족의 기록이 시사
적이다.32)

(동학도는)도를 어기고 당을 이끌고 와서는 위협하고, 악형을 실시하여, 머
리가 깨지고 뼈가 부러지는 자조차 있었다. 형을 참을 수 없게 된 자가, 돈을
수량 내면 석방되었다. 가난한 자는 도를 어겨도 괜찮았고, 이름 없는 자는 면
책은 당하여도 역시 괜찮았다. 부자와 이름있는 자만이 오직 그 피해를 입었다.

---

30) 「東學黨視察日記」(海浦よし編, 『初齋遺稿』1925年), pp.92-93.
31) 『國民新聞』1895年3月5日付, 「東徒に女丈夫あり」.
32) 「歲藏年錄」(『동학농민전쟁사료총서』2), pp.256-257.

농민군간부 지휘하의 투쟁은 본래 엄정한 질서하에서 행해지는 것이 일반적이었다. 따라서 이 재지사족은, 그러한 지도로부터 벗어난 민중이 독자적으로 과격하게 행한 투쟁을 기록한 것으로 생각되어진다. 여기에는 이미 규율 엄정하고 도덕적인 농민군의 모습은 사라진 것으로 보인다. 이제는 가난한 자나 이름없는 자가 아무리 반도덕적인 행위를 행하여도 벌을 받는 일은 없다. 정의인가 아닌가의 기준은 단순히 가난한가 부자인가의 이항대립으로 정리되어 갔다. 그러나 여기에는, 지주적인 수탈이나 고리대수탈, 혹은 농촌사회에 있어서의 노동력수탈 들을 한탄하는 빈농·반프롤레타리아층 고유의 논리가 엿보인다. 빈농·반프롤레타리아층에게 있어서 부민층이 소유하는 부는, 무조건적으로 자신들로부터 부당하게 수탈함으로써 축적한 것으로 인식되었을 것으로 생각된다. 따라서 부를 소유하고 있는 자체만 가지고도, 부민은 반도덕적, 나아가서는 악인시 되어, 벌을 받지 않으면 안되었다. 반대로 빈민이나 이름없는 자는, 비록 반도덕적이라 할지라도, 그것은 빼앗김으로 인해 그와같은 행위를 저지를 수 밖에 없었다고 해석되어, 정상참작되어 벌을 받지 않았던 것으로 판단된다. 이러한 투쟁을, 재지사족의 관점에서만 서서, 단순히 보복이라고만 말할 수는 없다.

따라서 전봉준등의 간부나 재지사족이, 그러한 대부민투쟁을 아무리 무질서하다고 인식했다 할지라도, 그것에는 역시 그나름대로의 규율이 존재했을 것으로 생각되어진다. 반농민군의 입장에 있으면서도, 당시의 농민군의 모습을 가장 극명하게 관찰했다고 말하여지고 있는 黃玹에 의하면, 농민군 싸움의 전반적인 싸움은 대략 다음과 같았다고 한다.[33]

그 형에는 斬·絞·棍·笞등은 없고, 오직 周獄만이 있었다. 大罪일지라도 죽이지 않고, 周獄할 뿐 이었다. 동학도는 자신들은 사람을 죽이지 않는다고 하

---

33) 前揭, 「오하기문」, p.110.

였다. 그 이유는 嚴刑과 掠財에 있다. 만약 가볍게 죽이면 재물을 얻을 수가
없게 되기 때문이다. 따라서 죄악이 매우 심하여, 많은 사람들이 죽여야만 한다
고 해도, 재물을 많이 지니고 있는 자면 죽이지 않고 사면하였다. 그 黨의 犯法
에도, 서로 죽이지 않는다라는 것이 있다. (중략)그들은 초적과 비슷하나 초적
이 아니며, 민과 비슷하나 민이 아니다.

金山의 사례는 단순히 周獄할 뿐만 아니라 악형도 실시하고 있었으나, 황
현이 말하였듯이 적어도 살인은 하지 않았다. 동학의 기본규율인「사람을 죽
이지 않는다」라는 규정은 엄연히 지켜지고 있었다. 그들은, 역시, 농민군간부
의 지도로부터 벗어나 있었다 하더라도 여전히 하나의 이상을 지닌 집단이었
으며, 따라서 황현은, 그 자율성에 착목하여,「초적과 비슷하나 초적이 아니
며, 민과 비슷하나 민이 아니다」라고 했던 것이다.

다음으로 평등주의의 투쟁에 대해서 볼 것 같으면, 거기에서는 두 개의 상
반되는 논리를 찾아 볼 수 있다. 그 하나는, 양반을 거세한다 라는, 천민에
의한 과격한 투쟁에서 상징적으로 나타난다. 兩班去勢사건은, 당시 몇몇 지역
에서 이루어졌던 모양이다. 그 중 진잠의 예를 보면, 그 지역에 거주하고 있
던, 정부고관의 申應朝의 아들 一求가, 불법적인 일을 많이 행했던 까닭에,
천민들은 그 징벌로서 일구의 아들을 잡아서,「도적의 종자를 남겨서는 안된
다」하여 거세했다고 한다.34) 이것은 분명 잔학한 행위이긴 하지만, 일상적으
로 양반으로부터 가혹한 학대를 받은 천민이 지닌, 양반폐절의 소박한 논리
를 찾아 볼 수가 있다.

그러나, 그것과는 달리 民衆 總兩班化야말로 당시의 민중들에게 있어서
훨씬 일반적인 평등논리였지 않았을까 생각한다. 민중이 양반을 징벌하여 서
로가 양반으로 대응하였다는 기록은 일일이 열거할 수가 없을 정도이며, 당

---

34) 前揭,「오하기문」, p.64.

시 그러한 평등주의는 「一和合相」이라 불리워졌던 모양이다.35) 그러한 상승 지향적인 평등관은, 양반이라고 하는 신분이 결코 고정적인 것이 아니었던 조선왕조 사회하에 있어서, 특이한 평등논리였다고 말할 수 있다.

　그런데, 마찬가지로 상승지향적인 평등관에 서 있으면서도, 자기 집안의 행복만을 염원하는 평등논리가 나타나기 시작한 것도 지적해 두지 않으면 안 된다. 그것은 「堀塚」과 관련된 사건 속에 나타나 있다. 「굴총」의 사례는 재지사족의 기록에는 반드시라고 말해도 좋을 정도로 잘 나타나 있다. 한국민중은 오랜 세월에 걸쳐서 풍수지리를 기본으로 한 묘지신앙을 지녀왔으며, 묘지를 둘러싼 山訴가 끊이지 않았는데, 산소에 있어서 항시 어쩔 수 없이 패배하여 온 민중이, 당시 일거에 그 보복에 나섰다. 「굴총」은, 기본적으로는 자신의 환생이라고도 말할 수 있는 자자손손의 번영과 안녕을 비는 민중사상의 표출로서, 경상도 상주의 각촌에 게시되었던 반농민군의 揭榜에는, 농민군의 유혹에 빠지는 민중측의 이유로써, 「避難」「免軍役」「療病」이외에 「來世富貴」가 포함되어 있다.36)

　이러한 투쟁은, 「장래의 영광보다 당장의 실익」을 우선했다 라고 한, 앞의 홍종식의 회고와는 모순되며, 유토피아의 실현을 스스로 부정하는 계기를 내포하고 있는 것 처럼 보여진다. 「굴총」은 對사족・신분해방투쟁의 일환이었던 것은 사실이지만, 일면 배타적인 행복관을 전제로 하고 있었다고 말하지 못 할 것도 없다. 그 점에서 민중사상의 二面性을 읽을 수 있는 가능성 또한 있다. 그러나 「굴총」이 양인・천민과 양반사이에서 행해지는 한, 현재 도탄에 괴로워하는 민중에게 있어, 「굴총」은 내세에는 현재의 양반과는 입장이 역전된다라고 하는 소박한 운수역전 사상의 발로에 지나지 않으며, 민중총체의 유토피아사상을 배신하는 것은 아닐 것이다. 민중은 역시, 일군의 통치가

35)「朝鮮國全羅道巡回復命書」(『通商彙報』22, 1985年), p.32.
36)「召募日記」(『동학농민전쟁사료총서』11), p.34.

미치지 않는 도소체제기에, 스스로의 손으로 유토피아화를 이루고자 서둘렀던 것이다.

농민전쟁상태는 언젠가는 해소된다. 그렇다고 하면 질서회복이 이루어질 때, 민중의 급진적인 개혁이 부정될 가능성은 크다. 그러나, 「一君万民」사상을 확신하고, 게다가 자신들의 승리를 믿고 있었던 당시의 민중에게 있어서, 드디어 다가올 (새)질서는, 진정한 「일군만민」의 이념이 관철된 사회의 도래로서 인식되었을 것이다. 따라서 민중은 자신들의 급진적인 개혁이 드디어 仁愛깊은 국왕에 의해 당연히 追認될 것이라고 믿고 있었다고 생각되어진다. 그 점에, 책임을 지고 농민전쟁을 지도하려고 했던 까닭에 반드시 승리할 것이라는 확신을 갖지 못했던 전봉준등 농민군 간부와, 일반민중과의 사이에 커다란 의식의 차이가 있었다.

5. 맺음말

농민군간부에게 있어서도, 일반민중에게 있어서도, 갑오농민전쟁의 이념은 「一君万民」사회를 구축하는 것이었다. 그러나 일군의 통치가 미치지 않는 상황이 현출하는 가운데, 민중은 농민군 간부의 지도로부터 벗어나, 자율성을 지니면서도 급진적인 개혁을 목표로 해 간다. 전봉준적인 시점에서 볼 경우, 그것은 도저히 용인할 수 없는 일이나, 그가 민중사상을 體現시키고 있다고 지나치게 생각한 나머지, 그러한 관점에서 도소체제하의 민중의 투쟁을 지탄한 것은 잘못이다. 민중의 논리나 心性에는 전봉준과는 서로 받아들일 수 없는 것이 있었음을 인정하지 않으면 안되며, 그러한 민중고유의 논리나 심성을 찾아내는 일이 민중사상 연구에서 요구되어져야만 한다.

근현대적 가치관을 당연한 것으로 받아들이고 있는 현재에 살고 있는 우리들이, 오늘날의 잣대로써 당시의 민중사상을 이야기하는 것은 허용해서는 안될 일이다. 당시의 민중의 논리나 心性은, 동시대를 살아 간 전봉준조차 알 수가 없었던 것이었으며, 당시로부터 100여 년 이상을 건너 뛰어 살아가고 있는 우리가 그렇게 간단히 이해할 수 없음은 더욱 말 할 나위없다 라는, 겸허한 자세가 필요하다고 생각되는 바이다. 당시의 문맥에 의거한 민중사상연구가 모색되어지지 않으면 안된다. 역사연구에 있어서는, 과거에 대한 질문은 과거로부터 현재에 살아가고 있는 우리들에 대한 질문이기도 하다는 점을 잊어서는 안 될 것이다. 우리들도 또한, 앞으로도 계속될 역사 위에서 끊임없이 상대화되는 존재이기도 하다.

甲午農民戦争の理想と現実

趙景達(千葉大学教授)

はじめに

　苛酷な収奪に喘いでいる民衆がついに立ち上がるにおいては、　単なる窮乏化論では説明が付かない面がある。　窮乏化がいかに深まったといえども、　蜂起に立ち上がらない民衆を歴史上に認めることは容易である。民衆が生死をかけた一線を踏み越えるにおいては。民衆を精神の内から突き動かす何らかの確信がなければならない。　往々にしてそれは宗教への信仰を契機とする場合が多く、　その信仰をベ－スとして何らかのユ－トピア思想も発露される。　とりわけ民衆運動の最高形態ともいうべき農民戦争においてはそうである。

　我々が問題にしている甲午農民戦争もまたその例外ではないであろう。　東学という宗教の存在なくして甲午農民戦争を語ることはとうていできない。しかも甲午農民戦争は、ある一つの理想を掲げて闘争を行っている。この報告の課題は、　朝鮮王朝末期の民衆がいかにして精神の内から闘争へと駒り立てられていき、　またいかに救済願望を募らせて甲午農民戦争へと上り詰めていくかということをまずもって明らかにすることである。理想の実現をめぐっては、　全琫準ら農民軍指導部と一般民衆の間に意識の差があったものと思われるのだが、　そのことも視野におさめることによって、当時の民衆が持つ論理や心性にも迫ってみたいと思う。

Ⅰ 『鄭鑑録』から東学へ

　朝鮮後期には、やがて来る終末の時代に真人鄭氏が現れて人々を救い、400年続く李氏に代わって新王朝を開くという讖書『鄭鑑録』が広く流言され、民衆はそれへの信仰に淡い希望を託していた。この信仰は、南朝鮮信仰という、より鍛えられた民衆の救済思想ともなっていく。崔南善によれば南朝鮮信仰とは、「我々の前には南朝鮮があって、時が来れば真人が出現して我々をそこに連れていき、今ある苦しみや締め付けなどのすべてのことがなくなり、望んでしようと思うことはすべてが自ずと成就されるよい歳月がやってくる」という信仰のことである[1]。『鄭鑑録』は民衆

間にあって、単にやがて訪れる終末への対処を説く予言書としては受け取られずに、今ある現実の苦痛からの即座の解放の書として伝承された。民衆は即刻に真人の出現を待望し、そしてその解放の地を南朝鮮一般、あるいは南海上の島と定めたのである。

　実際、李氏朝鮮の建国から400年を過ぎた19世紀になると、『鄭鑑録』信仰や南朝鮮信仰は切迫性を増してくる。『鄭鑑録』の予言が正しいとすれば、真人が出現しなければならず、南朝鮮信仰も現実のものとならなければならない。そこで、洪景来の乱（1811～1812年）を始めとして、開国の頃までしばしば『鄭鑑録』に仮託した変乱が起こることになるのである。なかには、文字どおり南海に王国を築こうとする意図をもった変乱＝済州告変（1813年）さえ起きるに至っている。

　しかし実のところそれらは、洪景来の乱を除いては大蜂起に発展することがなかった。洪景来の乱とて、平安道の定州城で数ヶ月にわたって籠城したとはいえ、その規模は決して大きなものではなく、また一部には傭兵として動員される者もいた反乱軍の士気は、当初から決して高いものではなかった。反乱に動員された民衆にとっては、天神との通霊をなし得ない自らは、何ら超能力を備えていない無力な存在であり、だからこそ真人の出現をひたすらに待ち望むのであるから、自らの闘争意欲を高揚させることはなかなかに難しかったと言えよう。真人の出現を説く反乱主謀者の民衆動員策は、この意味で最初から論理矛盾を抱えていたのである。現実には超能力を備えた真人など存在し得ない以上、真人の出現を待ち望む民衆の期待は無に帰するしかなかった。

　以上のような意味で『鄭鑑録』＝真人思想は、民衆の切実な救済願望を反映する思想であり、民衆思想のひとつの発現形態であることは間違いないが、しかしそれは、民衆を変革主体として捉えるほどには鍛えられていない、いまだ尖鋭化されていない民衆思想の発現形態であったといえる。いわばそれは、民衆が苛酷な李朝支配体制への不満を蓄積させながらも、なお「仁政」を期待して忍従するすべしか知らない段階における民衆思想であったといえる。崔済愚が1860年に創始した東学は、このような単に真人の出現を待望するのみで、自身の真人化など思いも及ばない民衆思想界の渦中に、あえて万人真人化を説き、民衆を変革主体として捉えようとする可能性を秘めて、にわかに誕生した民衆的な宗教であった。

　もっとも『鄭鑑録』信仰が強く人々を捉えていた状況のなかで、東学が『鄭鑑録』の影響を受けるのは不可避である。崔済愚が上帝（天主）より授かった長生のための仙薬は、「弓弓乙乙」字を書いた紙片だが、これは『鄭鑑録』の異本中の一つに、「利は弓弓乙乙にあり」とあるのに便乗したものである。「弓弓乙乙」とは「弱」の破字である。他の異本中には、「弱は能く強に勝つ」ともあり、「弓弓乙乙」字の仙薬が何者にもすぐる霊符であることの意味が氷解される。また、東学では「富みかつ貴き人」と「貧しくかつ賎しき人」が天運によって逆転すること

---

1) 崔南善,『朝鮮常識問答』(三星文化文庫、1972年) 163頁。

を説くが 2)、これは『鄭鑑録』の思想そのものであると言えよう。

　『鄭鑑録』が東学に及ぼした影響はこれ以外にもある。にもかかわらず、レトリックや概念装置に類似した点があるとしても、東学はやはり何よりも『鄭鑑録』を克服しようとする意欲を持った宗教であることを否定するわけにはいかない。崔済愚は、「怪異なる東国讖書」＝『鄭鑑録』に惑わされて平安の地を求め歩き、一身の無事のみを図ろうとする人々の愚かしさを嘆いている 3)。

　東学では仙薬服飲と21字の呪文の読誦によって、　人間は至気の降臨を得て天主と一体化し、君子化するのみならず、神仙化をも達成し、長生を得るとされるが、これは真人化の方法を示したものとも解釈することができる。東学は真人の出現をひたすらに待ち望む民衆に対して、汝らも神秘主義的な方法によって簡単に真人になれるのだということを説いたのである。しかも東学は、そうした時代の到来を単に運数によって説明するのではなく、道徳の堕落の問題と連関させて説明した。東学では、いわば未開（愚夫愚民が雨露の沢を知らなかった時代）→文明（聖人＜五帝＞出現以後の天命を敬し天理に順った時代）→堕落（晩近以来の天理に順わず天命を顧みない時代）の三時代区分が行われ、そうした過去の時代は一括して「先天」時代ともされる。この時代の特徴は、代天者（聖賢）が天主と人間の間に介在することなしには天理・天命を知り得ない時代であるが、しかし近い将来に訪れる「後天」時代は、新たな時運によって、代天者の介在なくしても天霊の直接降臨がなされて「侍天主」（天人合一）→君子化・神仙化が可能となり、「地上天国」が出現するというのである。後天開闢思想といわれるものであるが、現在すでに到来している終末の現象を天変地異と捉えるのではなく、道徳の破滅状態として認識するとともに、これからは永続的に道徳的な社会が到来すると説いたところに東学の新しさがあった 4)。

　これは、道徳の堕落に言及しつつも、基本的には王朝交代の運数を真人の出現と連関させて説いた『鄭鑑録』とはまるで違う思想であると言わなければならない。苦痛に満ちたこの世の永続的革新は、ただひとりの真人の出現によってなされるのではなく、民衆個々人の真人化によって達成されるとしたのである。これはまさしく、民衆的変革の尖鋭的な論理であるといえる。

　しかし、東学は民衆を決して変革主体としては捉えていなかった。実のところ没落両班の崔済愚は賎民観に立っており、当初は簡便な神秘主義を説きつつも、結局は自らが創始したと豪語する「守心正気」という内省主義を教徒に強要したのである。「人道の門」たる「守心正気」の修養は 万人君子化・神仙化の絶対条件とされることで、一般民衆たる教徒には君子化・神仙化はほとんど永遠に不可能なものになったと言うことができる。崔済愚の天観は、つとに指摘されていることだが、本来なら相容れることのない、①有意志的な唯一絶対の人格化された天＝上帝

---

　2)『竜潭遺詞』「教訓歌」。

　3)『竜潭遺詞』「夢中老少問答歌」。

　4) 拙著、『異端の民衆反乱』(岩波書店、東京、1998年) 第1章。

（天主）観と、②汎神論的な天観との二つを包括している。①の立場に立つとき、変革主体＝救済者は理念的には上帝以外の何者でもないが、現実的にはその命を受けて布徳を開始した崔済愚自身である。ところが、②の立場に立つ時は、万人君子化が可能となり、変革主体は拡大される。しかし上に述べたようにそれは、実質において内省主義を奨励するものであって、一般民衆は容易に変革主体としては把握されない。事実上変革主体＝真人は、上帝との通霊を果たした崔済愚ひとりということになる 5)。

　しかし崔済愚は、真人として李王朝を転覆する任を帯びた存在ではない。19世紀段階は勢道政治下にあって、中央の大官や地方官権力、そしてそうした権力の傘の下で在地権力を握ろうとする胥吏や土豪などの、いわゆる仲介勢力の力が増大していた。いわば「守令―吏・郷支配構造」 6) ともいうべき支配システムが強化されていたのだが、皮肉にもそれへの抗拒は、勢い国王への求心力強化の方向にそのベクトルを向かわせることになったのである。1862年の壬戌民乱は、国王幻想を生み出す画期になったと言える 7)。それゆえ崔済愚は、李朝を逆に助ける真人として現れることになり、彼は高官への就任を望んでいた。しかし、そうした崔済愚の考えは政府に理解されることなく、彼は1864年「左道惑民」の罪に問われて処刑される。

　崔済愚を継いだ第2代教祖の崔時亨も、当初は真人思想を持っていたことは間違いない。彼は当初崔済愚を真人として仰いでいたが、崔済愚の死後、一時『鄭鑑録』に仮託して易姓革命を起こそうとした李弼済を真人として仰ぐ不覚を犯し、その反乱（1871年）に巻き込まれる。李弼済の反乱失敗後崔時亨は、教理の体系化に努めるが、そこでは有意志的な唯一絶対の人格化された天＝上帝（天主）観が否定され、汎神論的な天観への純化が図られた。しかし一方で、「守心正気」の内省主義は崔済愚段階における以上に揺るぎない教理上の位置を与えられることになる。その結果人々は、天たるにふさわしい自己を磨き上げることが奨励され、また何者もが天であるという観点から他者批判が禁止された。崔時亨は、汎神論的天観をもって通俗的な道徳を説き、「分」への安住において人々の救済がなされるという思想を説き続けていくのである。それは勢い李朝政府への批判を封ずることになる。汎神論への徹底的な傾斜が民衆を変革主体として捉えたかに見えながら、実のところそれは、人々に対し体制への忍従を説くものであったのである 8)。

　民衆を変革主体と捉える教理は、本来異端であるべき東学のなかに形成された、更なる異端の勢力によって唱えられたものである。徐璋玉や全琫準を中心にして、東学教門＝北接に対抗し

5) 拙著、『異端の民衆反乱』（岩波書店、東京、1998年）第1章。
6) 高錫珪、『19세기 조선의 향촌사회 연구』（서울대학교 출판부、1998年）
7) 拙稿、「開国前夜における朝鮮の民乱―壬戌民乱の歴史的性格」深谷克己編、『民衆運動史―近世 から近代へ』第5巻、青木書店、東京、2000年）。
8) 前掲拙著、第2章。

たいわゆる南接と称する勢力である。　南接にあっては、　北接と同じく揺るぎない汎神論の立場に立っているのだが、しかし一方で、人格的な天＝上帝の存在が崔済愚段階における以上に明確に意識されている。　南接では北接とは異なる独自な呪文が唱えられており、「侍天主」（「天主」の「主」の字は天の主人を意味するのではなく、　天の敬称であるに過ぎない）が「侍上帝」となっていたが、それは南接における人格的な天観の確たる存在を示唆している。　全琫準は「守心正気」に代わって「守心敬天」という造語に自らの信仰の核心を置いていたが、その場合の「敬天」とは人格的な天＝上帝を敬するという意味であると解釈される。その結果、天は以前にもまして依頼がいのある「有」的な存在となり、　神秘主義的な上帝への降臨祈願が何よりも優先され、　天たるにふさわしい自己をみがきあげようとする「守心正気」の内省主義は稀簿なものにならざるを得ない。　換言すれば、　人々が他力祈願を通じて容易に「侍天主」→君子化・神仙化を果たせうることを南接は説いたのであるが、　これは、　神秘主義が信仰する者すべてに開放され、　それゆえに民衆が総体として真人＝変革主体として把握されたことを意味する。『鄭鑑録』は、　苛酷すぎる収奪にさらされていた民衆の無力感を前提に、　ただひとりの真人＝救世主を待望する思想として李朝後期に民衆思想界を席巻したのであるが、19世紀末頃に至ってそれは、　異端東学の教理が民衆の心を捉えることによってようやくに克服されたと言うことができる。　1894年の甲午農民戦争は異端の教理への信仰によって、　民衆が精神の内から突き動かされたことを前提として、はじめて可能になる民衆反乱であった 9)。

Ⅱ　甲午農民戦争と全琫準の理想

　もっとも『鄭鑑録』信仰は、甲午農民戦争段階に至って全くなくなったわけではない。一八九二年に黄海道において東学徒となった著名な民族独立運動家の金九は、その回想で当時、李朝がまもなく滅亡して鄭道令が鶏竜山に都をつくるはずだから、鶏竜山の周辺に移住すれば両班になれると言って、実際に移住する者がいたことを証言している。また彼は、学者風の東学徒の中に、「真主」を奉じて鶏竜山に新国家を立てることが東学の宗旨だと言い、　自身もそれに共感したことを証言している。ただし彼は、　東学はすでに「造化」（超自然的な力）をなしうる学としての評判もとっていたことも証言している 10)。当時、「造化」をなし得る者＝真人が無数に出現しうることを信じていた素朴な民衆がいたことは間違いない。

　確かに甲午農民戦争の過程には、　易姓革命を志向するような動きが全くなかったわけではない。　全琫準の率いる農民軍が蜂起した当初には、　一部でその総大将は全琫準ではなく鄭道令

---

9) 前掲拙著、第2章。
10)「白凡逸志」（『白凡金九全集』1、大韓毎日申報社、1999年）338~340頁。

だという風聞が流れた模様 11)だし、 農民軍指導者の中にあっても、 全琫準に次ぐ地位にあった金開南に、 易姓革命的志向があったのを否定することはできない。 しかし、 易姓革命を期待する民衆の声は、 当時決して一般的ではなかったし、 金開南も実は、 確信犯的に易姓革命を志向していたわけではない 12)。 開国後における内外的危機の更なる深化は、 壬戌民乱以降の国王への求心力強化という流れを一層推し進めていた。 端的に言って、 甲午農民戦争は、 国王幻想が広まっていく中にあって、 仲介勢力排除の必要ゆえに武力的請願の形式において展開された民衆反乱であったということができる。

そもそも異端の東学には、 「一君万民」 の思想は用意されてはいても、 王朝打倒の思想を探し求めることはできない。 異端東学にあっては、 どれほど上帝の大衆化が説かれようとも、 人々が上帝たり得る最大の根拠は依然として外在化する人格的な天＝上帝が存在していることによっているのであり、 自らのうちにある神霊＝上帝たりうる条件は二次的な契機に過ぎないからである。 それゆえに現実世界をそのanalogyとして捉えた場合、 人々は 「一君」 より仁政を賜る 「万民」 としてしか立ち現れ得ないであろう。 そこにおいては本来、 ただ一人の徳望を備えた政治主体＝国王が存在するのみである。 そして民衆は、 変革主体ではあっても、 政治客体に止まり、 国王によって律せられる存在でしかなくなる。

東学農民軍が発した種々の文書には、 「弊政ノ釐革要ハ我太祖革新ノ治ニ復セハ止ム」 とか、 あるいは 「先王の法をもって先王の民を治めれば、 千載を歴年したとしても、 その国は享久である」 とかという国王幻想的言説が散見される 13)が、 彼らの 「一君万民」 思想をもっとも端的に示している文書は、 第1次農民戦争の開始とともに発せられた茂長布告文である。 これは全琫準が直筆で書いたといわれる有名なもので、 当時全羅道の有識者に広く伝誦され、 全琫準の思想の輪郭を示した文書ということもできよう。 その全文は以下の通りである 14)。

世において、 人がもっとも貴いとされるのは、 その倫あるがためである。 君臣・父子の関係は人倫の大なるものであり、 君が仁にして臣が直、 父が慈にして子が孝であってはじめて、 家国をなして限りない福に至ることができる。 今わが聖上は、 仁孝慈愛にして神明聖叡であらせられる。 賢良正直の臣がよく翼賛してその明を佐けるならば、 尭舜の化や文景の治を日を指して望むことができよう。 今の臣たる者は報国を思わず、 徒に禄位を盗み、 聡明を掩蔽して、 阿意苟容している。 忠諫の士はこれを妖言といい、 正直の人はこれを非徒という。 内には輔国の才

11) 函南逸人編、 『甲午朝鮮内乱始末』(大阪、 1894年) 40頁。
12) 前掲拙著、 第8章。
13) 「全羅古阜民情日記写本送付」(『公使館記録』 1)、 「梧下記聞」(『東学農民戦争史料叢書』 1) 70頁。
14) 「聚語」(『東学乱記録』 上) 141〜142頁。

ある者なく、外には虐民の官が多い。人民の心は日に渝変し、入りては楽生の業なく、出ては保躯の策がない。虐政は日に恣となり、悪声は相続いている。君臣の義・父子の倫・上下の分は逆壊して残ってさえいない。管子は「四維張らずんば、国はすなわち滅亡せん」と言っているが、方今の勢は、古より甚だしいものがある。公卿より以下方伯守令に至るまで、国家の危殆を思わず、徒に己を肥やし家を潤す計を切にして、銓選の門は生貨の路と見なされ、応試の場は拳げて交易の市となっている。あまたの貨賂は王庫に納められず、かえって私蔵を満たしている。国に積累の債があるのに、報ずるを図らずに、驕侈淫昵を行うことに畏れ忌むこともない。八路（朝鮮八道）は魚肉のごとくに切り裂かれ、万民が塗炭に苦しんでいるのは、守宰の貪虐のせいである。どうして民が窮して困しないことがあろうか。民は国の本である。本が削られれば国は亡びる。輔民安民の方策を思わず、外に郷第を設け、ただ独全の方を謀り、みだりに禄位を盗むことがどうして理であろうか。わが徒は草野の遺民ではあるが、君の土を食み、君の衣を服しており、国家の危うきを座視することはできない。八路が心を同じくして億兆が詢議して、今義旗を拳げ、輔国安民をもって死生の誓いとする。今日の光景は驚駭に属しはするが、決して恐動してはならない。各々民業に安んじて、ともに昇平の日月を祝し、みな聖化に浴するようになれば、千万幸甚である。

　ここではまずもって、李朝国家の腐敗堕落した様相が完膚なきまでに痛罵されて、「輔国安民」のための体制変革の決意が不退転の覚悟をもって述べられている。しかしそれは、李朝国家の根本的変革を志向するものではない。むしろ全琫準の体制変革構想は、どこまでも李朝国家の存立を前提としている。人はこの世で倫理を持って生きているがゆえに、もっとも貴い存在であるにもかかわらず、朝鮮の現状は、「君臣の義・父子の倫・上下の分は逆壊して残ってさえいない」あり様であり、しかも国の本である民は塗炭に苦しんでいる。そこで全琫準は、そうした社会を儒教的な民本主義に則った本来的な正義と倫理の社会に復することこそを、自らの使命としているのである。

　では、そうした正義と倫理の再興はいかにしたら可能か。全琫準は、国王が「仁孝慈愛にして神明聖叡であらせられる」のだから、「賢良正直の臣」が国王をよく補佐すれば、尭舜や漢の文帝・景帝の世にも似たすばらしい時代を築くことができると簡明にいう。ここでは政治は、あくまでも道徳の延長線上にあり、制度の問題としては何ら観念されていない。いわば全琫準は、政治をいまだ発見し得ないでいるのである。彼は他のところで、「合議法」による政治を訴えている[15]が、それは立憲代議君主制のようなものを志向していたということでは決してない。

　こうした復古主義的言説には、全琫準の国王への多大な期待が示されている。ただし彼は、「賢良正直の臣」の存在の必要性を訴えつつ、現実の臣下がそうした存在でないことを嘆いて

---

15)『東京朝日新聞』1895年3月6日付「東学首領と合議政治」。

いる。その実はそうしたものの存在を認めていないのである。彼にとって現実の臣下は、不正をあえ
てする反国家的、反民衆的存在というだけでなく、国王と民衆との間に介在して両者の意志疎通
を妨げる不届きな仲介勢力に他ならなかった。そのことは、彼が逮捕後に次のように言っていること
から明らかである。

　　　前にこのような廟堂の暁喩文は一二に止まらなかったが、ついに実施されなかった。下情は
　　上に達しがたく、上沢は下に及びがたい。 それゆえ期してひとたび京に上り、民意を詳陳しよう
　　としたのである[16]。

　これは、全琫準が国王の発した暁喩文を信じなかったということを示す史料ではない。彼が君
側の奸の介在によって国王と自らの間の円滑なる意志疎通がさまたげられていると考えていたことを
示す史料に他ならない。それは彼がある日本人に、「閔家内に在りて我等の訴願を杜塞し殿下に
達せしめざるものと思惟し、 遂に君側の奸を除くの名義を以て兵を起こせしなり」[17]と語っているこ
とからも明らかである。全琫準は、仲介勢力を排除して、下情を直接に国王に訴えることを自らの
使命としたと言えるのであるが、つまるところ彼は、「下情は上に達しがたく、上沢は下に及びがた
い」というような社会とは逆の、仲介勢力の介在を許さない、「下情は上に達しやすく、上沢は下
におよびやすい」というような社会を理想としていたということができるであろう。それは紛れもなく「一
君万民」社会の構築を志向するものであった。
　以上のように甲午農民戦争は、「一君万民」社会の構築を最終的な目的として仲介勢力排
除の必要ゆえに武力的請願の形式において展開された民衆反乱であった。もっともそれは、実力
によって虐政を除去し、邑政改革を実行する過程をも包括していた。 訴願が目的ならば、「何故
に兵を帯びて地方を巡り、官家を脅し其衙行を恣にするや」とのある日本人グループの質問に対
して全琫準は、「訴願一朝にして達せず。且らく民＊に忍びずして県邑を巡り弊政を革罷す」と答
えている [18]。全琫準が全州和約後、 全羅道各地を巡行して弊政改革と治安維持の指導に当
たったのは、周知の事実である。
　しかし全琫準と農民軍指導部においては、 独自な弊政改革は彼らの究極的な理想の実現を
図ったものではないことを確認しておかなければならないであろう。 都所体制下における自治 [19]と
いうのは、あくまでも各邑レベルでの虐政除去と弊政改革を行おうとしたものであって、国家の制度

16)「全琫準供草」(『東学乱記録』下) 547頁。
17) 日本防衛庁防衛研究所図書館所蔵,『戦史編纂準備書類　東学党　暴民』「東学党余聞」。
18)『二六新報』一八九四年一一月二一日付「朝鮮の一活火(承前)」。
19) 筆者は都所と執綱所を区別し、前者を自治の主体、後者を「官民相和」の治安機構と理解して
　　いる (前掲拙著、第六章) 。

全般にかかわる問題を独自に改革しようとしたものではないということである。 全州和約前後に至る
までの間に農民軍が事あるごとに官側に提起したおよそ27条ほどに整理される弊政改革案は、 大
院君の推戴や売官売職の禁止などの政治的条項や対外関係にかかわる条項等を含むものの、
その基本理念は国典に則った徴税運営を行い、それに反する不正を行う貪官汚吏を処分してもら
いたいという仁政要求に終始する。政治の最高主体である国王が、 本来率先して理想主義的に
行うべき、国政全般にかかわる大改革には言及していないのである。
　そのことは、弊政のもっとも根幹にかかわる田制の改革について、弊政改革案では何ら言及し
ていないことに端的に示されている。均田思想は李朝初期よりあり、とりわけ実学には顕著に見られ
る。 後に愛国啓蒙運動の闘士となる李沂は、 甲午農民戦争中に全琫準に面会を果たしている
が、 彼は究極的には均田制を志向し、 甲午農民戦争直後には均田制実現への道筋を記した
『田制妄言』を著している [20]。 全琫準や金開南などが、 本来均田論者である実学の巨匠丁
若鏞の著作を読んでいたという伝承もある [21]。 全琫準が彼らから影響を受けていたことは当然に
考えられ、 事実において全琫準は、「余の終局の目的」の一つとして「田制山林制を改正」す
ることをあげている [22]。全琫準が均田思想を抱いていたことはほぼ間違いない。しかし都所体制
期には、 一国の制度全般にかかわることまで改革することはとうていなし得なかった。 そうした改革
は、武力的請願の成功の暁後において、慈愛にあふれた賢明な国王が主体となって、「賢良正
直の臣」とともに上から仁政としてなすべきことなのである。 日本軍の後押しで甲午改革政権が樹
立され、農民軍が希望してやまない大院君が執政の座に就くと、全琫準は「務メテ同志ノ紛起ヲ
制スルト同時ニ我政府ノ動止ヲ知ランコトヲ願フナリ」 [23]として、 政局観望の姿勢を見せるのだ
が、それはまさに大院君や開化派政治家が「賢良正直の臣」として国王をよく輔翼し、「一君万
民」の政治が真に行われるかどうかを見極めようとしたからに他ならない。
　しかし都所体制下にあって、 同じく「一君万民」体制を希求しながらも、 民衆は「一君万
民」の理念を急進的に自らの手によって実現していこうとしていた。 ここに少なくとも全琫準の脳裏
においては、理想と現実が乖離していくことになる。

20)「海鶴李公墓誌銘」(『海鶴遺書』国史編纂委員会、辞随、1971年) 9頁。「田制妄言」 (同)
　　1〜19頁。
21)　金鐘鳴、「茶山丁若鏞の実学思想」(『朝鮮に関する研究資料』7、 朝鮮大学校、 東京、 1962
　　年) 129頁。
22)『東京朝日新聞』1895年3月5日付「東学党大巨魁と其口供」。
23) 前掲、「東学党余聞」。

Ⅲ　民衆の戦いとユートピア

　甲午の二月に三〇歳にして東学に入教し、　にわかに忠清道の一接主を務めた洪鍾植という人物は、当時の東学内での生活について、35年後の回顧で次のように語っている[24]。

　　この時にもっとも人心を引いたのは、大きな主義や目的よりも、または造化や将来の栄光よりも、即座の実益、それでありました。第1に入道さえすれば、事人如天という主義の下に、上下貴賤男女尊卑の別なく、必ず挨拶し敬語を使い、みな心悦誠服となり、第2には粥であれ飯であれ、朝であれ晩であれ、道人ならば、互いに助け合い、互いに食べろと言い合ったことから、すべて同じ家族のように一心団結するようになりました。　その時こそ本当の天国天民であったと言えるでしょう。

　ここには一般民衆にとっての甲午農民戦争の理念が明確に示されている。多くの民衆は、上下貴賤男女尊卑の別がない平等の社会と、みなが食を享受し得る平均の社会を希求し、即座にそうした社会の構築を目指したのである。
　一般民衆レベルにおいても国王幻想があったことは間違いなく、農民戦争の開始当初においては、農民軍は国王が派遣した京軍との戦いをさけていた。咸平において農民軍は京軍に対し、「この兵は我が主上の命を奉じて下来したのであるから、貪官の兵とは異なり、抗敵することは決してできない。もし戦えば我らは逆徒の罪を免れない」と大呼している[25]。すでに農民軍を率いての上京と武力的請願を決意している全琫準やその他の指導者の意向において京軍との戦いが避けられていたと考えるのは、いささか奇異である。指導部は戦いを決意しているにもかかわらず、その麾下にある農民軍は指導部以上の国王幻想を持つがゆえに京軍との戦いを忌避し、その結果指導部は京軍の前で退却を指令するしかなかったのだと思われる。
　しかし、指導部以上の国王幻想を持ちながらも、中央権力の及ばない広大な空間が全羅道一円と忠清道・慶尚道の一部に出来上がる中で、一般民衆は全琫準らの指導を離れ、自律的に自らの理想の実現に向かって戦いを進めていく。従って、武力的請願の結果として「一君万民」体制がやがて実現され、その下で平等・平均主義の社会の構築が目指されるべきだと考えていた全琫準にとっては、自らが指導する各邑レベルでの虐政除去と弊政改革の枠組みを越えて、そうした民衆の闘争が急進化していくことは由々しき事態であると考えられた。彼が後に、「東学党の義兵を起こせるに乗じて之を好機とし、多年地方官の虐政に苦しみたる地方人民が百姓

<hr>

24)「東学乱実話」(『新人間』第34号、1929年) 45～46頁。
25)「東学党ニ関スル彙報」(『公使館記録』1) 349頁。

一揆を起こせるものをも尚東学党の所為の如く世人より誤り考へらるゝに至っては真に遺憾なり」[26]とか、あるいは「東学党六十万中に就きて真に生死をともにせんと誓ひし者は僅かに四千人なりしのみ」[27]と語る所以である。

　では具体的に、農民軍に加わった一般民衆はどのような闘争を行ったのであろうか。そのことで示唆的な内容を持つものが、世に名高い呉知泳『東学史』所載の弊政改革案12条目である[28]。これは農民軍が事あるごとに官側に提示した弊政改革案とは性格を異にしており、仁政要求を政府に陳情する内容のものではない。その内容は簡略に述べて、①道人と政府の協力、②貪官汚吏の懲罰、③横暴な富豪の懲罰、④儒林・両班の懲罰、⑤奴婢文書の焼却、⑥賎民の待遇改善、⑦青春寡婦の改嫁認可、⑧無名雑税の廃止、⑨官吏登用の公正化、⑩倭との密通者の懲罰、⑪公私債の支払免除ということになるが、これは植民地期における呉知泳の理想主義が反映されたものであるというのが妥当な理解であると思われる[29]。しかし、このような截然とした綱領はなかったものの、弊政改革12条目は、呉知泳が各都所での民衆の内なる要求や実際に行われた弊政改革を見聞したことにも基づいて記されたものであると考えられ、全くの空想の産物と見なすことはできない。執綱所が「官民相和」の産物（①）であったことは事実であるし、人材登用の公平（⑨）を念願する郷班が甲午農民戦争の指導層を多く構成していたことは今日までに明らかにされている。倭と密通した者への厳罰（⑩）というのは、誇張された嫌いがあるが、当時の反日的気概を象徴するものであると言えよう。そしてこの弊政改革条目の基調である平均主義と平等主義の闘争こそは、都所体制期にはその自治と表裏する形でまぎれもなく一般的に行われていたことなのである。

　平均主義と平等主義の闘争は、農民軍幹部の指導下においても、もちろん農民軍全体の組織的な闘争として、時に暴力をともなう形で行われていた。米穀の平均分配を期しての対富民闘争は、農民戦争の当初より組織的に執拗に行われており、全琫準と面会を果たした海浦篤弥という日本人は、都所体制期のこととして、「蓋シ明叔（全琫準）巡視ノ目的ハ、実ニ恩威ヲ沿道ニ施シテ米銭ノ徴発ニ忙シキカ故ノミ」と述べているほどである[30]。また、両班を懲罰して奴婢文書を焼却し、貴賎男女の別をなくしたとする記録も数多くあり、農民軍幹部の指導下で、平等主義が実践に移されていたことは間違いない。中には、「李召史」と名乗る文字通りの青春寡婦が農民軍指導者として活躍している事例もある[31]。

26)『東京朝日新聞』1895年3月5日付「東学党大巨魁生擒」。
27)『東京朝日新聞』1895年3月6日付「東学党大巨魁審問続聞」。
28)「東学史」(『呉知泳全集』上、亜細亜文化社、1992年) 148～149頁。
29) 金泰雄、「1920・30年代呉知泳의 活動과『東学史』刊行」(『歴史研究』2、1993) 参照。
30)「東学党視察日記」(海浦よし編『初斎遺稿』1925年) 92～93頁。
31)『国民新聞』1895年3月5日付「東徒に女丈夫あり」。

　しかしここで問題としたいのは、一般民衆が農民軍幹部の指導を離れていく中で、独自行っ
た闘争の性格についてである。民衆固有の論理や心性はそうした闘争を通じて明確になるであろ
う。まず平均主義の闘争について見るならば、慶尚道金山のある在地士族の記録が示唆的であ
る32)。

　　　（東学徒は）道を破って党を率いて来脅し、悪刑を施したが、頭を割られ骨折する者もあっ
　　た。その刑に耐えられない者は、贖銭を数両出せば釈放された。貧者は道を破る者であっても
　　構いなく、名なき者は面罵されはしてもやはり構いなかった。富人と名ある者のみがひとりその害
　　を被った。

　農民軍幹部指導下の闘争は本来厳正な秩序のもとに行われるのが一般的であった。それゆ
えこの在地士族は、そうした指導を離れた民衆の独自にして過激な闘争であったことを記録したも
のであると思われる。ここではもはや規律厳正にして道徳的な農民軍の面影はなくなっているかのよ
うである。いまや貧者や無名の者は、いかに反道徳的な行為をしようとも罰せられることはない。正
義であるか否かの基準は単に貧か富かの二項対立に帰せられている。しかしここには、地主的収
奪や高利貸収奪、あるいは農村社会における労働力収奪などに喘いでいる貧農・半プロ層固
有の論理がかいま見える。貧農・半プロ層にとって富民層が有する富は、無条件に自身らから
の不当な収奪によって蓄積されたものと見なされたものと思われる。それゆえに富を有すること自体
によって、富民は反道徳的、ひいては悪人とされ、罰せられなければならなくなるのである。逆に貧
民や無名の者は、たとえ反道徳的であったとしても、それは奪われたことによってそのような行為に
走らざるをえなくなったのだと解釈され、罰は情状酌量されて問われなかったものと判断される。こう
した闘争を、在地士族の視点のみから単なる報復と見ることはできない。
　それゆえ全琫準ら幹部や在地士族が、そうした対富民闘争をどれほど無秩序的と認識しようと
も、それにはやはりそれなりの規律が存在していたものと思われる。反農民軍の立場でありながら
も、当時の農民軍の様子をもっとも克明に観察していたと言える黄玹によれば、農民軍の全般的
な戦いの特徴はおよそ以下のようなものであったという33)。

　　　その刑には斬・絞・棍・笞などはなく、ただ周牢のみがあった。大罪ではあっても殺死せ
　　ず、周牢するだけであった。東学徒は、自分たちは人を殺さないといっている。その意は厳刑と
　　掠財にある。もし容易く殺すのであれば、財を得ることはできなくなるからである。それゆえ、罪
　　悪がもとより著しく、多くの者が殺すべきだといっても、銭を多く持っている者は殺さないで赦して

32)「歳蔵年録」(『東学農民戦争史料叢書』2) 256〜257頁。
33) 前掲,「梧下記聞」110頁。

いる。その党の犯法にも、互いに殺しあわないということがある。(中略) 彼らは賊に似てはいて
も賊ではなく、民に似てはいても民ではない。

　金山の事例は単に周牢するだけでなく、悪刑を行っているのだが、少なくとも、黄玹がいうよう
に殺人は行っていない。 東学の基本規律である「人を殺さない」という掟は厳然と守られている。
彼らはやはり、 農民軍幹部の指導を離れてもなお一つの理想を持った集団であったのであり、 そ
れゆえ黄玹は、その自律性に着目して、「賊に似てはいても賊ではなく、民に似てはいても民では
ない」といったのである。

　次に平等主義の闘争について見れば、 そこには二つの相反する論理を見出すことができる。
それは一つには、 両班を去勢するという、 賎民による過激な闘争に象徴的に示されている。 両班
去勢事件は、 当時いくつかの地域で行われていた模様である。 そのうち鎮岑の例を見てみると、
政府高官の申応朝の子である一求がその地に居住していて、 不法の事が多かったのだが、 賎
民はその懲罰として一求の子を捉えて、「この盗賊の種子を残してはならない」として去勢したとい
う 34)。ここには残虐な行為ではあったにせよ、 日常的に両班から苛酷な虐待を受ける賎民が持
つ両班廃絶の素朴な論理を見出すことができる。

　しかし、それとは異なる民衆総両班化こそは、当時の民衆のより一般的な平等論理ではなかっ
たかと思う。 民衆が両班を懲罰して互いに両班として対応したという記録は枚挙にいとまなく、 当時
そうした平等主義は「一和合相」と呼ばれていた模様である 35)。こうした上昇志向的な平等観
は、 両班という身分が決して固定的なものではなかった朝鮮王朝社会下における特異な平等論
理であったということができるであろう。

　ところが、 同じく上昇志向的な平等観に立ちながらも、 自家の幸福だけを念願するかに見える
平等論理が表れてくることも指摘しておかなくてはならない。それは「掘塚」にまつわる事件の中に
示されている。「掘塚」の事例は在地士族の記録には必ずと言ってよいほどに現れている。 韓国
民衆は長きにわたって風水地理説に基づく墓地信仰を持ち続け、 墓地をめぐって山訴が繰り返さ
れてきたのだが、 山訴において常に敗北を余儀なくされてきた民衆が当時一挙にその報復に出た
のである。「掘塚」は、 基本的には自らの生まれ変わりとも言える子々孫々の繁栄と安寧を願う民
衆思想の表れであるが、 慶尚道尚州の村々に掲示された反農民軍の掲榜には、 農民軍の誘い
に乗る民衆側の理由として、「避乱」「免軍役」「療病」の他に「来世富貴」が挙げられて
いる 36)。

　こうした闘争は、「将来の栄光よりも、即座の実益」を優先したという先の洪鍾植の回顧と矛

---

34) 前掲,「梧下記聞」64頁。
35)「朝鮮国全羅道巡回復命書」(『通商彙纂』 22、 1895年) 32頁。
36)「召募日記」(『東学農民戦争史料叢書』 11) 234頁。

盾しており、ユ－トピアの実現を自己否定するような契機をはらんでいるかに見える。「掘塚」は対士族・身分解放闘争の一環であることは事実だが、一面確かに排他的な幸福観を前提にしているといえなくもない。そこに民衆思想の二面性を読みとることもまた可能かも知れない。しかし「掘塚」が常民・賎民と両班の間で行われている限り、現在塗炭の苦しみを受けている民衆は、来世には現在の両班とは境遇が逆転するという素朴な運数逆転思想の発露にしかすぎず、民衆総体のユ－トピア思想を裏切るものではないであろう。民衆はやはり、一君の統治が及ばない都所体制期にあって、自らの手によるユ－トピア化を急いだのである。

　農民戦争状態はいずれは解消されるものである。だとすれば秩序回復がなされた時、民衆の急進的な改革が否定される可能性は大きい。しかし、「一君万民」思想を確信的に持ち、しかも自らの勝利を信じた当時の民衆にとって、やがてもたらされる秩序は、真に「一君万民」の理念が貫徹した社会の到来として観念されたことであろう。それゆえ民衆は、自らの急進的な改革がやがて仁愛深い国王によって追認されるはずだと考えていたものと思われる。そこに、農民戦争を責任を持って指導しようとするがゆえにその勝利に必ずしも確信を持てない全琫準ら農民軍幹部と、一般民衆との大きな意識の差異があった。

おわりに

　農民軍幹部においても、一般民衆においても、甲午農民戦争の理念は「一君万民」社会を構築することであった。しかし一君の統治が及ばない状況が現出する中で、民衆は農民軍幹部の指導を離れ、自律性を持ちながらも急進的な改革を目指していく。全琫準的視点からするとき、それはとうてい容認することはできないものであるが、彼が民衆思想を体現していたと考えるあまりに、そうした視点から都所体制下の民衆の闘争を指弾するのは間違っている。民衆の論理や心性には全琫準とは相容れないものがあったことが認められなければならず、そうした民衆固有の論理や心性を見出すことが民衆思想研究に求められるべきである。

　近現代的価値観を当然のものとして受け入れている現在に生きる我々が、今日的尺度で当時の民衆思想を語ることは許されることではない。当時の民衆の論理や心性は、同時代に生きた全琫準さえ計り知れないものであり、当時から100年以上を隔てて生きている我々がそう容易く理解できないのはなおさらであるという謙虚な姿勢が求められるべきであると考える。当時の文脈に即した民衆思想研究が模索されなければならないということである。歴史研究においては、過去への問いは過去からの現在に生きる我々への問いにもなるのだということが忘れられてはならないであろう。我々もまた、これからも続く歴史の上で不断に相対化される存在なのである。

동학과 농민군

최 원 식
인하대학교 교수

1. 1894년의 상황

돌이켜 보건대 1894년(甲午年)의 상황은 정말 복잡했다. 고부(古阜)에서 발원한 민란이 부패한 민씨세도(閔氏勢道)에 반대하는 농민군의 전면적 봉기로 이어지고, 농민군에 관군이 대패하자 수구파들이 청군을 끌어들임으로써 이를 빌미로 일본군이 개입, 급기야 청일전쟁(淸日戰爭)으로 돌입하고, 일본의 일방적 승리 속에 그 후원 아래 개화파 정권이 들어서 농민군의 요구를 일정하게 수렴한 갑오경장(甲午更張)을 단행하는 한편, 경장내각이 일본군과 함께, 척양척왜(斥洋斥倭)의 깃발을 들고 재차 봉기한 농민군을 토벌하고, 그리하여 농민군이 완전히 진압된 1896년, 개화파내각도 아관파천(俄館播遷)으로 붕괴하고 말았던 것이다. 표면적인 분리와 대립에도 불구하고, 개화파와 농민군은 당대 조선의 희망이었다. 그런데 연합의 가능성이 열려있었지만 객관적 조건의 악화 속에 결국, 근대로 가는 '위로부터의 코스'와 '아래로부터의 코스'를 각기 대표하는 두 세력이 상잔(相殘)의 길로 들어서면서, 희망의 불씨는 함께 사그라졌다.

한국근대사의 한 결절점이 된 농민군의 봉기와 그 좌절은 한편, 동아시아 근대사의 한 획기로 되었다. 농민전쟁을 발단으로 발발한 청일전쟁에서, 유구한 중화체제의 마지막 구현자, 청제국이 서구제국주의의 후원 아래 그 대리자로서 도전한 유신일본(維新日本)에 무릎을 꿇음으로써, 아편전쟁(阿片戰爭, 1840) 이후 '외기(外氣)에 쏘인 미이라'1)처럼 급속히 조락하기 시작한 중화체제는 마침내 붕괴하였다. 조선은 이로써 중화체제의 바깥으로 탈각하였다. 이 간난한 위기를 창조적 기회로 바꿀 농민군과 개화파, 두 주체가 공멸함으로써 조선의 식민지화는 이때 이미 거의 결정되었다고 해도 지나친 말은 아니다.

개화파와 농민군의 상호위상은, 16세기 독일농민전쟁에서 마르틴 루터(Martin Luther)와 토마스 뮌쩌(Thomas Münzer)의 관계와 견줄 수 있다. 일찍이 엥겔스가 지적했듯이, 농민군의 옹호에서 적대적 태도로 변모한 루터가 '부르조아개혁가'(the burgher reformer)라면, 농민군의 지도자 뮌쩌는 '민중혁명가'(the plebeian revolutionary)였던 것이다.2) 그런데 뮌쩌의 농민군이 압살되었던 것이 독일의 후진성을 야기했던 한 빌미가 되었던 것처럼, 갑오농민전쟁의 참담한 결말은 한국근대사의 결정적 굴절을 초래하였던 것이다.

---

1) Karx Marx, "Revolution in China and in Europe", *On Colonialism*, New York: International Publishers, 1972, p.21.
2) Frederick Engels, *The Peasant War in Germany*, 『전집』 제10권, Moscow: Progress Publishers, 1978, p.420.

2. 갑오농민전쟁을 바라보는 좌·우파의 시각

우리는 오랫동안 1894년을 갑오경장의 해로만 기억하였다. 청일전쟁을 야기하여 결국 나라를 멸망으로 이끈 원인제공자로서 농민군을 비판하는 왜곡적 논의도 없지 않았다. 민중운동에 대한 의식적·무의식적 공포에 지펴있던 우파는 물론이고, 농민층의 낙후성을 강조, 노동자계급의 우위성을 교조적으로 견지했던 좌파도 농민군을 간과하거나 부차적으로 처리하였다. 초창기 공산주의운동사에 매우 흥미로운 예외가 있다. 1922년 레닌그라드에서 개최된 〈극동인민대표대회〉에서 신원을 확인할 수 없는 어느 조선대표가 조선혁명운동의 기원을 '동학란'에서 파악한 연설을 했다는 것이다.3) 그러나 이러한 선구적 의식은 그 이후의 좌파운동에서 제대로 계승·발전되지 못하였다. 이것은 결국 일제시대에 있어서 우파와 좌파, 양자 모두 개화파의 후손에 가까웠다는 것을 반증하는 바이니, 좌파 역시 근본적으로는 서구적 근대주의담론의 한 연장선 위에 존재하였던 것이다.

물론 아주 적막했던 것만은 아니다. 김상기(金庠基)는 엄격한 실증으로 이 사건의 전모를 복원한 「동학과 동학란」(1931)으로 이 주제에 관한 한, 한 획을 그었고, 맑스주의 경제사학자 전석담(全錫淡) 또한 이 사건에 주목하였다. 그런데 전자는 농민군 흥기의 원인으로 '미신적 신념'을 과대 강조하였다. 물론 "통솔자의 도중(徒衆)을 고무하려는 고심에서 나"4)왔다는 점을 섬세히 살피고 있음에도 그 강조는 그의 시각이 어디까지나 실증파의 테두리 안에 있었음을 반증하는 것이다. 엥겔스의 종교외피설에 입각한 후자는 좌파로서는 드물게도 이 사건을 높이 평가하면서도 그 실패의 원인을 "지도하는 전위

3) Dae‐Sook Suh, *The Korean Communist Movement: 1918~1948*, Princeton Uni. Press, 1967, pp.38~39.
4) 김상기, 『東學과 東學亂』, 한국일보사 1975, p.157.

가 진정한 혁명적 당으로서 나서지 못"한 농민적 낙후성에 돌리는 교조주의를
벗어나지 못했다.5)

3. 4월혁명 이전

갑오농민전쟁에 대한 높지 않은 일반적 인식 때문에, 4월혁명(1960) 이전
의 한국문학에서 농민군의 목소리는 거의 철저한 침묵 속에 갇혀 있었다. 농
민군의 봉기와 좌절을 추념하여 농민전쟁을 전후한 시기에 불려진 「파랑새」
를 비롯한 몇 개의 민요만 전승되었을 뿐, 시단은 적막강산이었다. 월북 시조
시인 조운(曹雲)의 「古阜 斗星山」(1947)은 유일한 예외가 아니었을까?

두성산 이언마는 녹두집이 그 어덴고
뒤염진 늙은이 대답은 하지 않고
고개를 배트소롬하고 묻는 나만 보누나

솔잎 댓잎 푸릇푸릇 봄철만 여기고서
일나서 패했다고 설거운 노라마라
오늘은 백만농군이 죄다 琫準이로다6)

2연으로 이루어진 이 연시조에서 1연이 현실이라면 2연은 꿈이다. 그런데
1연이 2연을 압도한다. 이 시조가 창작된 해방 직후의 혁명적 분위기 속에서
도 늙은 농군은, 녹두의 집을 묻는 '나'에게 일말의 경계를 풀지 않는다. 이
시조는 해방이 되었어도 녹두장군으로 대표되는 농민군이 여전히 금기에서

---

5) 전석담, 『朝鮮經濟史』, 博文出版社 1949, p.203.
6) 동학농민혁명백주년기념사업회 엮음, 『황토현에 부치는 노래』, 창작과비평사
   1993, p.18.

자유롭지 못한 점을 우울하게 증언하는 한 시대의 예리한 틈이 아닐 수 없다. 이 시조는, 2연에서 강력히 표현된 남한혁명, 나아가 한반도 전체의 혁명에 대한 희망이 냉전체제의 진군 속에 또다시 패배로 귀결될 것을 참언(讖言)하고 있는 것이다.

  소설분야에서도 유사하다. 계몽주의시대를 대표하는 장르 신소설에서, 농민군은 의병과 함께 주인공과 나라를 고난에 빠뜨리는 저주받은 악역 또는 폭도로 얼핏얼핏 등장한다. 농민군의 봉기로 고향을 떠나 몰락의 길로 유전하는 어느 양반가의 이야기를 전한 이해조(李海朝)의 『月下佳人』(1911)과, 농민군 봉기를 출세의 기회로 포착한 인물의 부패성을 공격한 이해조의 『花의血』(1911), 토호양반에 의해 농민군 관련자로 몰려 몰락한 평민지주집안의 이야기를 담은 김교제(金敎濟)의 『현미경』(1912)은 대표적 작품들이다. 폭도로나마 흔적을 남겼던 농민군은 그 이후 오히려 더욱 적막해지는데, 농민군으로 처형당한 아버지가 유령처럼 등장하는 희곡 『산돼지』(1926)의 김우진(金祐鎭)과, 희곡 「제향날」(1937)·장편 『玉娘祠』(1948)를 통해 갑오농민전쟁을 3.1운동과 그 이후의 사회주의운동의 선구로 조정하는 계보학을 정립하려고 한 채만식(蔡萬植)의 작업이 더욱 빛난다. 이와 함께 3.1운동 이후 일제와의 일정한 타협 위에 운동성의 새로운 확보에 주력한 천도교 신파의 농민전쟁 재평가 과정에서 출현한 구전설화의 채록들이 값지다.7)

  4월혁명 이전의 한국문학은 좌우파를 막론하고 농민전쟁과 거의 무관하였다. 왜 이런 현상이 야기되었을까? 우선 일제의 혹독한 검열을 지적하지 않을 수 없지만, 그럼에도 그 원인을 모두 검열 탓으로만 돌릴 수는 없다. 앞에서 지적했듯이, 이 또한 서구적 근대주의담론에 지핀 한국근대문학의 이식적 성격과 일정하게 호응할 것이다.

---

7) 이에 대한 자세한 논의는 졸고, 「식민지시대의 소설과 동학」(1981) 『민족문학의 논리』(창작과비평사 1982), pp.95~119을 참조할 것.

4. 4월혁명 이후

이 점에서 농민전쟁에서 직접 취재한 신동엽(申東曄)의 서사시 『금강』(錦江, 1967)은 획기적이다.

    우리들은 하늘을 봤다
    1960년 4월
    歷史를 짓눌던, 검은 구름짱을 찢고
    永遠의 얼굴을 보았다
    잠깐 빛났던,
    당신의 얼굴은
    우리들의 깊은
    가슴이었다

    하늘 물 한아름 떠다,
    1919년 우리는
    우리 얼굴을 닦아놓았다.

    1894년쯤엔,
    돌에도 나무등걸에도
    당신의 얼굴은 전체가 하늘이었다.8)

갑오농민전쟁 - 3.1운동 - 사회주의운동을 하나의 계선으로 파악한 채만식을 이어, 그는 농민전쟁 - 3.1운동 - 4월혁명을 하나의 역동선(力動線)으로 파악한다. 이 계보학에서 보이듯, 그는 갑오농민군을 4월혁명의 순결한 근원

---

8) 『수정증보판 申東曄全集』(창작과비평사, 1985), p.123.

으로 재창안함으로써 4월혁명을 배반한 5.16쿠데타세력, 그 새로운 근대주의
를 극복할 굳건한 터전을 세웠던 것이다. 이로써 근대문학의 전개과정에서
침묵당한 유령들이 지각을 뚫고 융기하였다. 이 서사시의 출현을 계기로 비
로소 근대주의의 환상을 거절한 민족문학·민중문학의 흐름이 70년대 이후
도도한 대세를 이루었으니, 우리 문학은 비로소 오랜 금기를 넘어 농민군의
깊은 침묵의 소리에 육박해갔다.9)

  그리하여 농민전쟁을 본격적으로 형상화한, 남과 북을 각기 대표하는 대
하역사소설, 송기숙(宋基淑)의 『녹두장군』(5부 12권, 1981~1994)과 박태
원(朴泰遠: 1910~86)의 『갑오농민전쟁』(1부 1977, 2부 1980, 3부 1986)
이 출현하게 되었던 것이다. 『천변풍경』(川邊風景, 1936~37)에서 보여준
능숙한 모더니즘 서사기량과 일제말 『삼국지』(三國志)·『수호전』(水滸傳)
등 중국고전역사소설의 뛰어난 번역자10)로서의 역량을 결합하여, 홍명희(洪
命憙)가 『임꺽정』(林巨正, 1928~1940)에서 정립한 의적소설(義賊小說)모
형을 넘어서 우리 역사소설의 새 영역을 개척한 후자는, 임술민란(壬戌民亂,
1862)과 연관지어 중세사회의 기축인 농민들을 서사의 축으로 삼아 갑오농
민전쟁을 파악해간 역작이다. 월북과 숙청 그리고 복권의 이력 끝에 병마 속
에서 완성된 이 탁월한 장편은 그럼에도 북접(北接)을 비판하면서 동학과 농
민군을 되도록 분리해서 파악한 편향이 문제고, 농민전쟁의 주무대인 전라도
지역에 대한 접근불가능성과 구술 또는 대필에 의존한 작가의 불운한 상황(3
부는 부인 장영희에 의해 완성되었다) 탓에, 후반부로 갈수록 리얼리티가 떨

---

 9) 이 서사시 이후, 최인욱(崔仁旭)의 『전봉준』(1967)·서기원(徐基源)의 『혁명』
    (1972)·유현종(劉賢鍾)의 『들불』(1976)등, 농민전쟁을 다룬 역사소설들이 속
    속 창작되었다.
10) 그는 일제말 『新譯三國志』(1941)·『水滸傳』(1942~44)·『西遊記』(1944)를 차
    례로 번역하였다. 정현숙, 『박태원문학연구』(국학자료원 1994) 부록 작품연보
    의 p.365 참조.

어지는 점이 안타깝다. 풍부한 답사경험을 통해 동학과 농민군의 관계를 균형적으로 포착하면서 농민군의 동향을 농민적 생활감각에 밀착하여 아래로부터 형상화한 전자는 『임꺽정』모형을 숙고하면서 이 전쟁의 실상에 독자적으로 육박해간 업적이다. 예컨대 두레에 기초한 농민군 조직에 주목, 말썽많은 전주화약(全州和約, 1894년 5월)을 모내기 철을 앞둔 농민적 심성과 연관하여 해명한 점은 특히 돋보인다. 기존의 논의에서는 농민군이 관군과 화해하여 서울로 진격할 기회를 놓친 것이 농민군 패배의 최대 원인으로 지목되었던 터다. 그런데 사건의 장려성에 압도, 소설이 역사를 뒤쫓아가는 강사적(講史的) 경향이 문제거니와, 지배계급의 국내적·국제적 그물망에 대한 고려가 부족하여 다소 단순한 인민주의적 경향이 노정된 게 한계다.

5. 남은 과제

우리는 그 동안 남북접 갈등문제에서 남접(南接)만을 높이고 북접을 부정함으로써 최제우(崔濟愚)·최시형(崔時亨)·손병희(孫秉熙)로 이어지는 동학교단 지도부의 사상적·조직적 역할을 과소평가하였다. 이 문제를 온당히 처리하기 위해서는, 뒤늦게 동학교단의 주도성을 강조하는 천도교측의 동학혁명론도 편향이지만, 무엇보다 엥겔스의 농민전쟁론, 즉 근대 이전의 계급투쟁은 흔히 종교적 외피를 둘러쓰고 출현한다는 명제11)를 고지식하게 적용하는 교조주의에서 벗어나는 것이 급선무다. 나는 앞에서 개화파와 농민군의 관계를 루터와 뮌쪄의 관계로 유추한 바 있는데, 그것은 다시 북접과 남접의 관계로 재유추할 수도 있다. 동학의 출현에는 '값싼 종교'(église à bon

---

11) "그 시절의 계급투쟁들이 종교적 외피를 둘러쓰고 있었다고 하더라도, 그리고 다양한 계급들의 이해와 필요와 요구 들이 종교적 막에 몸을 숨기고 있었다고 하더라도" F. Engels, 앞책, p.412.

marché)를 요구하는 부르조아적 종교개혁12)의 성격이 내재한다는 점을 감안하고, 그럼에도 북접이 루터와는 반대로 종국에는 남접과 함께 봉기에 합류했다는 점에 주목해야 한다. 최제우 「칼노래」의 혁명성을 상기하면서, 최시형의 봉기반대가 시기상조론(時機尙早論)이지 동학의 변혁적 성격에 대한 부정은 아니라는 점을 새로이 조명하고, 남접 내부의 갈래들(예컨대 온건파 손화중, 중도파 전봉준, 급진파 김개남)을 분별한 김지하(金芝河)의 문제제기를 기억해야 한다.13)

또한 농민전쟁을 그 안에서만 접근하는 태도도 좀더 포괄적인 시각 아래 재조정되어야 한다. 이미 지적했듯이 1894년은 농민전쟁, 청일전쟁, 갑오경장이 분리할 수 없는 연쇄 속에 얽혀있는 해다. 다시 말하면 갑오농민전쟁은 세계사적 모순이 동아시아를 매개로 조선의 국내적 모순과 결합하면서 폭발한 세계사적 사건이라는 점에 유의해야 한다. 농민군의 일어섬을 기리고 그 좌절을 애도하는 단순한 봉기주의모형으로는 갑오농민전쟁에 대한 장려한 서사시적 화폭은 결코 성취될 수 없다. 이 급변하는 현실 속에서 무엇이 갑오농민군을 진정으로 계승하는 길인지 숙고하면서, 동학과 농민군을, 각기 자기의 본질로 귀환하는 균형 속에 통합적으로 파악하는 새로운 관점의 문학이 요구되는 시점이 아닐 수 없다.

---

12) "오늘날의 부르조아지가 값싼 정부를 요구하는 것과 똑 마찬가지로, 중세의 시민들은 값싼 종교를 주로 요구하였다." F. Engels, 앞책, p.413.

13) 김지하는 산문집 『남녘땅 뱃노래』(두레, 1985) 소수(所收)의 「인간의 사회적 성화(聖化): 수운사상 묵상」(1984), 「隱寂庵기행: 최수운과 남북접의 관계」(1984), 「앵산(鶯山)기행: 최해월의 밥사상의 재검토」(1985) 등을 통해 종교외피설에 입각한 남접 중심 농민전쟁론을 비판하면서 동학과 동학사상에 대한 재해석을 시도한 바 있다.

동학・동학농민전쟁과 여성

김 정 인
서울대학교 강사

1. 머리말

지금까지 동학사상은 고유민간신앙을 토대로 유・불・선 3교를 혼합한 위에 서학을 가미하여 만든 구세주 신앙이자 민중구제의 실천적 종교사상이라는 평가와 함께 민주적 평등주의의 연장선상에서 안으로는 혁명주의를, 밖으로는 민족주의를 고창한 정치사상이라는 평가[1]를 받아왔다.

동학의 여성관・여성운동에 관한 연구 역시 동학사상의 근대성에 대한 이러한 적극적인 평가를 별다른 검증없이 그대로 수용하고 전제한 위에서 진행되어왔다. 기존의 연구들은 동학 창시자인 崔濟愚와 제2대 교조 崔時亨이 인

───────────

1) 金容德, 1964, 「東學思想硏究」『中央大論文集』9

간평등사상의 일환으로 남녀평등을 주창함으로써 이후 여성개화운동의 선구가 되었으며 근대적 여성관을 확립하는데 기여했다는 결론을 내려왔다. 우리의 근대적 여성관이 기독교의 전래를 통해서가 아니라 토착종교인 동학을 통해 자생적으로 배태되고 성숙했다는 주장도 일찍부터 제기되어왔다.2)

그런데, 최근 조선시기 여성들의 삶과 사회적 지위 등에 대한 본격적인 연구가 진척되면서 동학의 여성관 역시 봉건적인 성격을 완전히 탈피하지 못했다는 비판을 받게 된다. 이러한 비판에 따르면 조선후기로 내려올수록 유교적 이데올로기가 강화되고 父家長的 질서가 확고해지면서 전반적으로 여성의 지위가 하락했다.3) 그리고 최제우나 최시형은 남녀차별을 전제로 한 봉건적 유교 윤리의 극복 및 부가장적 질서의 타파를 슬로건으로 남녀평등을 추구한 것이 아니므로 그들의 여성관, 다시 말해 동학의 여성관을 근대적인 것으로 평가해서는 곤란하다는 것이다.4)

동학·동학농민전쟁을 여성사적인 시각에서 고찰하기 위해서는 이러한 동학의 여성관에 대한 상반된 평가의 근거로 제시된 조선후기·한말의 여성상에 대한 구체적이고 실증적인 검토가 우선적으로 선행되어야 한다. 조선후기에 유교 이데올로기가 강화됨으로써 여성에 대한 봉건적 모순과 질곡이 한층 강화되었다는 여성사학계의 역사인식은 16·17세기 이후를 봉건사회 해체

---

2) 朴容玉, 1981,「東學의 男女平等思想」『歷史學報』91
   黃苗嬉, 1998,「水雲 崔濟愚의 女性觀」『동학연구』3
   권경애, 1998,「동학사상의 근대적 여성관에 관한 연구」『祥明史學』6
3) 이순구, 1999,「조선시대의 성리학과 여성」『우리 여성의 역사』, 청년사
   정성희, 1998,『조선의 성풍속 – 여성과 성문화로 본 조선사회』, 가람기획
4) 김경애, 1984,「東學, 天道敎의 男女平等思想에 關한 研究 – 經典·歷史書·機關誌를 중심으로」『女性學論集』창간호, 이화여대
   朴容玉, 1986,「甑山思想과 東學思想에 나타난 男女平等權論 比較」『甑山思想研究』12
   정경숙, 1999,「개화기 여성관의 변모와 교육구국운동」『우리 여성의 역사』, 청년사

기, 혹은 근대로의 이행기로 파악하고 있는 국사학계의 역사상과는 상당한
괴리를 보이고 있기 때문이다.

조선후기 정치 · 경제 · 사회 · 문화 등 역사 전반에 걸쳐 분출된 모순과
그 해결을 둘러 싼 변동의 역사와 여성의 역사가 개별의 역사과정을 갖고 있
는 것이 아닌 이상, 당대 여성의 삶 또한 봉건사회 해체기 · 근대적 이행기라
는 전환기적 시각에서 묘사되고 평가되어야 할 것이다.5) 동학의 여성관 역시
이러한 해체와 이행의 산물로 파악될 때만 온전한 역사적 평가를 받을 수 있
을 것이다.

한편, 동학농민전쟁 중 농민군이 제시한 폐정개혁안의 '청춘과부는 개가를
허할 사'라는 조항과 전쟁이라는 경험이 민중 · 민족의 일원으로서의 여성의
역사에 초래했던 변동의 실상과 성격은 반제 · 반봉건이라는 당대의 시대적
과제와의 연관하에서 해명되어야 할 것이다. 즉 평등의식이 확산되고 민족적
자각이 요구되던 시대흐름은 여성의 삶과 역할에 어떠한 변화를 초래했으며,
여성 자신은 이와 같은 시대상황에 어떻게 대응하고자 했는지가 고찰되어야
할 것이다.

필자의 본격적인 한국 근대 여성사 연구의 시론에 해당되는 본고에서는
국사학계가 구축해 온 역사상과 기존의 여성사 관련 연구성과의 검토를 통해
동학과 동학농민전쟁에서 제기된 여성관 · 여성문제를 조선후기 이래의 해체
기적 · 이행기적 양상 및 근대화 · 자주화라는 우리 근대사의 시대적 과제와
연관지어 분석하고자 한다.

---

5) 18, 19세기의 여성들의 삶을 이행기적 시각에서 바라보고자 했던 시도로는 정
  해은의 글이 있다(정해은, 1999, 「봉건체제의 동요와 여성의 성장」『우리 여성
  의 역사』, 청년사).

2. 동학의 여성관

1) 가정부인으로서의 여성

최제우는 동학교도들에게 가정이 和順해야 도의 경지에 이를 수 있는데 그 '家道和順하는 법은 부인에게 관계'하므로 남편은 마땅히 부인을 공경해야 한다고 가르쳤다.6) 그리고 '처자에게 하는 거동 이내 진정 지극하니 天恩이 있게 되면 좋은 운수 회복 될 줄 나도 또한 알았읍네'7)라고 하여 처자에게 정성을 기울이면 하늘의 은혜가 내릴 것임을 강조하였다. 즉, 최제우는 家의 중요성을 강조하였고 도에 이르는 근본을 夫和夫順을 통한 家和的 修身齊家 에 있다고 보았으며 그와 같은 가정을 꾸려내기 위해서는 부인의 역할 또한 중요하다는 여성관을 피력하였다.

최시형은 최제우의 '가화론'을 더욱 구체화시키면서 바로 부화부순에 도통 의 길이 있다고 가르쳤다.

> 부부가 화순함은 우리 도의 초보니 도의 通不通이 도무지 내외의 和不和에 있나니라. 내외가 和하지 못하고 타인을 和하고자 하는 것은 자기 집에 불난 것을 끄지 않고 타인의 불을 끄는 자와 같으니라. 그러므로 부인을 和하지 못 하면 비록 날로 三牲의 用으로써 천주를 위한다 할지라도 반드시 감응할 바 없 느니라. 부인이 혹 夫命을 좇지 아니하거든 정성을 다하여 拜하라. 溫言順話로 써 一拜二拜하면 비록 盜跖의 惡이라도 감화가 되리니라.8)

그리고 가정부인의 직분을 열거하면서 부인은 한 가정의 주인임을 강조했다.

---

6) 儒者였던 최제우의 아버지 崔鋈도 가훈으로 家道和平을 내세우며 남편이 부인 에게 溫言順辭로 대하고 부인의 인격을 존중함으로써 부인이 남편을 順理로 따 르도록 해야 함을 강조했다고 한다.
7) 「교훈가」『龍潭遺詞』
8) 李敦化, 1933,『天道敎創建史』제2편, 37쪽

부인은 一家의 主人이니라. 한울을 공경하는 것(敬天)과 제사를 받드는 것
(奉祭祀)과 손님을 접대하는 것(接賓)과 옷을 만드는 것(製衣)과 음식을 만드
는 것(調食)과 아이를 기르는 것(生産)과 베를 짜는 것(布織)이 다 부인의 손
에 달리지 않은 것이 없나니라.9)

최시형은 이러한 부부관·여성관에 입각해 부인교육을 위한 지침서인「內
修道文」과「內則」을 지어 반포하였다.「내수도문」은 道通과 治病을 위한 생
활상의 실천사항들을 담고 있다. 특히 음식관리법과 식사법을 구체적으로 제
시하면서 위생을 강조한 것이 눈길을 끈다.「내칙」에는 胎敎 시의 유의사항
이 꼼꼼하게 제시되어 있다.10)

이처럼 가정 내 화목을 강조하면서 부화부순과 함께 가정부인으로서의 여
성의 역할에 주목한 동학의 여성관은 16·17세기 이후 사회경제적 변화과
정을 통해 형성된 역사적 산물이라 할 수 있다. 이 시기에는 지주·대농경리
와 문벌에 기반하여 균분상속제를 유지해가던 봉건적인 성격의 대가족제가
점차 해체되면서 소농경리의 확대와 상공업의 발달에 힘입어 소가족제가 확
산되어가고 있었다.11) 그러므로 소가족제에 기반한 이 시기의 '家'는 종전의
그것과는 질적으로 다른 것으로 근대적 가족 혹은 가정의 原型에 해당되는
것으로 볼 수 있다.

국가와 사회의 운영단위의 최말단에 위치하는 家12)가 부부·자녀·형

---

9) 東學宗團協議會 編,「海月先生法說註解」, 131쪽(朴用玉, 1981, 앞의 논문, 127
   쪽에서 재인용)
10)「崔時亨의 內則·內修道文·遺訓」『韓國學報』12, 1978
11) 가족제도에 대한 선구적 업적으로는 김두헌의 연구가 있다(金斗憲, 1948,『朝
    鮮家族制度史研究』).
12) 동학은 개인이 아니라 이와 같은 家를 포교의 준거단위로 삼고 있었다. 부가장
    의 동학입교는 곧 가족 구성원 모두가 동학교도가 됨을 의미하는 것이었다. 이
    것은 천도교도 마찬가지였는데, 誠米制를 비롯한 천도교의 제도 및 운영이 戶
    를 기준으로 삼고 있었다.

제·자매로 구성된 소가족제에 기반하면서 가정 내에서 父權·夫權을 갖고
있던 가장13)에게도 가계와 가족 유지를 위한 덕목들이 요구되기 시작한
다.14) 부부간의 相和가 가도화순의 제일조건으로 인식되면서 가장에게는 남
편으로서 부인을 愛好하고 공경해야 한다는 덕목이 우선적으로 강조되었다.
이처럼 가정운영이 부부를 중심으로 이루어지면서 전통적으로 안살림을 책임
졌던 부인의 역할 역시 강조되지 않을 수 없었다.15) 그러므로 이제 夫婦有別
은 더이상 상하귀천의 차별의식과 명분론에 입각한 것으로 이해될 수 없었다.
그것은 가족 내 夫와 婦간의 직분과 그 이행을 강조하는 '分別'로 인식되고 있
었다.16) 부인은 남편에게 순종하고 복종해야 한다는 차별적이고 종속적인 기
존의 부부윤리관을 넘어서서 부부는 동등하되 직분과 권리가 다르다는 수평

---

13) 조선전기 이래 가장은 자녀에 대한 관계에서의 父權, 처첩에 대한 관계에서의
　　 夫權을 갖고 있을 뿐이며 재산권에 있어서는 자녀나 처의 고유의 영역을 인정
　　 해야 할 수 밖에 없었으므로 그다지 '부가장다운 위상'을 갖고 있지 못했는데,
　　 그러한 가장의 위상과 권위가 한층 강화된 것은 일제 강점기 일본식 호주제
　　 도·호주상속제도가 이식되어 '가부장적 호주제도'가 성립되고 또한 일제에 의
　　 해 '가부장제적 이데올로기'가 선전되면서부터였다는 견해도 있다(朴秉濠,
　　 1976, 「韓國의 傳統家族과 家長權」『韓國學報』2).
14) 소위 '조선후기 부가장제의 강화'현상 역시 단순히 유교이데올로기의 확산의 산
　　 물로 치부할 것이 아니라 이 시기 사회경제적 변동, 특히 농업생산 및 가족제
　　 도의 변동 속에서 검토되고 평가되어져야 한다. 가족제도와 여성사 연구가 사
　　 회경제사의 연구성과에 기반해야 한다는 입론을 주장한 것으로는 이효재의 글
　　 이 있다(이효재, 1990, 「한국가부장제의 확립과 변형」『한국가족론』, 까치).
15) 당시 발간된 '열녀전'을 분석해보면, 종전의 『삼강행실도(三綱行實圖)』에서는
　　 개인보다는 부부, 부부보다는 가족이라는 관계의 질서 안에서만 파악되던 여성
　　 의 존재이유가 조선후기에는 가족보다는 부부관계를 중심으로 파악되는 변화
　　 를 보였다고 한다(이혜순, 1998, 「열녀상의 전통과 변모」『震檀學報』85).
16) 男尊女卑를 天道라고 파악했던 『주역』의 음양관은 남녀간에 상호보완적인 횡적
　　 인간관계의 측면도 내포하고 있어서 여성의 역할을 무조건 비하한 것은 아니라
　　 고 한다. 그러므로 우리가 남녀차별로 이해하고 있는 男女有別 역시 남녀간의
　　 역할을 구분하는데 근본목적이 있다는 것이다(박용옥, 2001, 「유교적 여성관의
　　 재조명」『한국 여성 근대화의 역사적 맥락』, 56쪽).

적 사고에 기반한 부부상이 새롭게 부상하고 있었던 것이다.

이와 같은 인식상의 변화를 반영한 것이 동학의 여성관이다. 동학이 家和의 조건으로 새삼 강조했던 부화부순과 가정의 '주인'으로서의 여성의 역할 강조는 이러한 인식 변화의 산물인 것이다. 그러므로, 해체기 · 이행기의 역사 변동의 제양상과 방향이 고려하지 않은 채 동학의 여성담론이 여전히 유학적 개념을 차용하고 있다고 해서 봉건성을 탈피하지 못했다[17]고 섣불리 평가해서는 안 될 것이다.[18]

2) 종교인 · 사회인으로서의 여성

최제우의 첫 포교 대상자는 부인 朴氏였다. 그리고 그는 여성포교를 위해 한글가사인 「안심가」를 지었다. 또한, 자신의 여종 두 사람을 해방하여 한 사람은 며느리로, 한사람은 양딸로 삼았다. 그리고 여성도 입도하면 군자가

---

17) 실학의 등장과 더불어 '생활유학', 혹은 '기층유학'의 확산을 통해 유학 역시 근대적 변용과정을 겪고 있었으며 동학 역시 이러한 유학의 근대사상으로의 변용의 제양상 중 하나라는 점을 감안할 때 儒敎를 고정불변의 봉건적 이데올로기로 치부하면서 유학 · 유교적 생활윤리의 확산과 여성의 지위하락현상 간의 인과관계를 설정하기 위해서는 좀 더 많은 역사의 변수를 고려한 면밀한 실증이 뒷받침되어야 할 것이다.

18) 이러한 한계를 극복하기 위해서는 서구 여성 등의 역사적 경험과 대비하여 검토하는 작업도 필요하다. 서구에서 근대로의 이행기 초반에 해당되는 종교개혁기의 여성관에 관한 연구성과에 따르면, 기독교는 결혼에서 남녀 모두의 책임을 강조하고 결혼의 중요성과 존엄성을 강조하였다고 한다. 그리고 성경의 가르침에 따라서 남성의 전제나 여성의 자율성을 모두 인정하지 않고 상호협력을 주장하면서도 부가장의 지위와 역할을 강조했다고 한다(백영경, 1995, 「여성의 눈으로 다시 묻는 '이행'의 의미」 『여성과 사회』6). 그리고, 당시 종교개혁가들은 남편에게 복종, 헌신하고 자녀의 양육과 가사를 전담하는 것이 아내 본연의 역할이며 이는 더없이 소중한 가정을 온전히 유지하기 위해 신이 아내들에게 부여한 소망이라고 확신했다고 한다(박준철, 2000, 「변화와 지속 : 종교개혁이 가정과 여성에 미친 영향」 『서양사론』65, 72쪽).

될 수 있다고 가르쳤다.

제2대 교주로서 지하에서 활동하면서 삼남에 동학을 전파하고 동학교도들을 조직화하는 데 탁월한 능력을 발휘했던 최시형은 부인포교·여성포교에도 남다른 관심을 보였다. 그는 여성도 남성과 다름없이 得道의 경지에 도달할 수 있는 신앙적·종교적 능력을 갖고 있으므로 과거의 압박으로 벗어난 부인 중에 도통하여 活人할 사람이 많을 것이라고 주장했다.

> 이 이후로부터 婦人으로 道通하는 者가 많이 나올 것이다. 이것은 一男九女를 비유한 運이니 과거 시절에는 婦人이 압박 받았으나 지금의 이 運지을 당하여서는 婦人 道通으로 活人하는 者가 또한 많을 것이다. 이것은 사람이 모두 어머니의 胞胎中에서 나서 자라는 것과 같은 것이다.19)

동학이 여성포교에 적극 나설 수 있게 한 시대적 배경으로는 우선 이 시기 여성의 신앙생활의 변화를 들 수 있다. 적어도 18세기까지의 신앙생활, 특히 여성의 신앙생활을 주로 지배한 것은 불교였다. 그런데, 영정조기를 거치면서 『鄭鑑錄』의 유행과 더불어 구세주신앙인 미륵불교가 전국적으로 확산되고 이러한 불교조직들이 당시 만연했던 정치변란들과 결합하면서20) 정부가 강도높게 탄압하자, 불교는 일시적으로 위축되지 않을 수 없었다. 전라도 등지에서는 이처럼 불교신앙의 기반을 상실한 사람들이 또다른 구세주신앙인 동학에 개인적으로 혹은 집단으로 의탁하는 경우가 빈번해졌다. 불교를 통해 신앙생활을 영위하던 여성 중에도 동학에 귀의하는 경우가 있었다.

당시 여성의 신앙생활에 변화를 초래한 또하나의 요인으로는 천주교의 전래를 들 수 있다. 천주교는 교리의 내용보다는 신앙생활의 측면에서 지대한

---

19) 東學宗團協議會 編, 「海月先生法說註解」, 335쪽(朴用玉, 1981, 앞의 논문, 128쪽에서 재인용)
20) 高成勳, 1993, 「朝鮮後期 變亂研究」, 동국대학교 박사학위논문

영향을 끼쳤다고 할 수 있다. 즉 천주교의 경우, 남녀가 내외함이 없이 함께 신앙생활을 했으며 더욱이 원한다면 동정녀이기를 서약한 여성들의 경우는 혼인을 거부할 수도 있었다. 이로 인해, 독신을 고수하고자 했던 여성들은 부득이하게 가출하여 신앙공동체를 이루고 살았으며, 그것이 곤란할 때는 과부행세를 하거나 동정결혼을 하였다. 남녀가 함께 모여 예배를 보고 여성이 동정을 지키기 위해 독신을 고수하는 신앙생활은 비록 패륜적인 것으로 치부되기는 했지만, 여성에게 종교인으로서의 일정한 지위와 역할을 부여하고 있었다는 점에서 파급효과는 적지 않았다. 동학 역시 여성을 포교대상으로 주목하면서 여성 천주교인들의 파격적인 신앙생활이 갖고 있는 사회적 의미를 고려하지 않을 수 없었을 것이다.

한편, 동학이 여성에 대한 포교활동에 주력하게 된 시대적 배경으로 간과할 수 없는 것이 바로 조선후기 이래 사회경제적 변동 속에서 가정이라는 울타리를 벗어나 경제활동에 참여하는 폭이 확대되고 학문이나 문학 방면에서 활동하는 여성들이 증대하면서 여성 스스로 사회적 공적 존재로서의 자아실현에 서서히 눈을 뜨기 시작했다는 사실이다. 경제적으로는 市廛에 진출하여 여인전이라 불리우던 점포를 운영하며 직접 상업활동에 뛰어든 여성들이 점차 증가하면서 金萬德처럼 경제적으로 크게 성공한 여성들도 등장했으며 면포공업 등에 종사하는 여성 임금노동자들도 점차 증가하고 있었다.

문화적으로는 여성들의 문자해독력이 증대되면서 여성 독서인구도 확대되어갔다. 최제우도 자신의 양딸인 朱氏에게 늘 글을 배울 것을 강조했다고 한다.[21] 여성들은 방각본 소설 등을 즐겨 읽었는데, 서울의 貰冊家들은 '부녀자들이 돈을 주고 세를 내어 읽어 한 집안의 재산을 기울일 정도'로 성업을 이루었다고 한다. 그리고 학문을 익히고 저술활동을 하는 여성 지식인의 숫자

---

21) 小春, 「大神師 養女인 80老人과의 問答」『新人間』1927년 9월호 16쪽

도 점차 증가했다. 대표적인 인물로는 고증학적인 방법을 원용하여 생활경제
서인『閨閤叢書』를 지은 '여성 실학자' 憑虛閣 李氏가 있다.[22] 학문활동과 문
학활동을 하는 여성 지식인들은 그들의 저서나 작품을 통해 사회의 일원으로
서 여성들의 자아실현이 불가능한 현실에 대해 불만을 토로하고 고민했다.
19세기「理氣心性說」을 지으며 여성 성리학자로 활동했던 林允摯堂은 '내가
비록 여자의 몸이나 하늘로부터 받은 성품이야 남녀의 차별이 있지 않다'고
하여 여성도 성인의 경지에 이를 수 있는 남성과 똑같은 인간이라는 남녀동
등의식을 표현하기도 하였다. 시조나 가사와 같은 여류문학작품 중에는 '내세
에 나와 죽서와 더불어 남자로 태어나서'라거나 '우주천지 개벽 후에 음양이
수 마련하고 삼강오륜 떳떳하나 불행인지 우리 몸이 여자되어'라고 읊으면서
남성으로 태어나지 못했음을 한탄하는 식으로 여성들의 답답한 처지를 토로
하는 작품들도 등장하였다.[23]

동학 지도자들이 여성들에게 종교인으로서의 능동적 역할을 기대하게 된
것은 신앙생활, 사회경제적 활동에의 참여, 학문과 문학활동 등을 통해 가정
내 '부인'으로만 인식되던 여성도 이제 活人도 할 수 있고 군자도 될 수 있는
사회적 공적 존재라는 인식의 전환에서 비롯된 것이었다.

그런데, 동학 지도자들의 여성에 대한 인식과 태도가 당대의 현실적 변화
를 수용한 것이었음에도 불구하고 동학 교단 내에서의 여성의 지위와 활동이
제도적으로 보장된 것은 정부의 탄압으로 공개적인 활동이 불가능했던 동학
이 1905년 천도교로 교명을 바꾸고 교단체제를 정비한 이후였다. 천도교단은
1906년 기독교의 전도부인제를 도입하여 婦人傳敎師制를 설치하고 본격적인
여성포교에 나섰다. 또한 기관지인『萬歲報』를 통해 여성문제에 대한 여론
환기에 앞장섰으며 同德女學校가 재정난에 허덕이자 인수하여 여성교육에 뛰

---

22) 정해은, 1997,「조선후기 여성 실학자 빙허각 이씨」,『여성과 사회』8
23) 崔淑卿, 1980,「韓國 女性解放思想의 成立」,『韓國史學』1

어들기도 했다.

3. 동학농민전쟁과 여성

1) 평등의식의 확산과 재가허용요구

19세기에 들어와 평민과 천민들의 경제적·신분적 상승현상이 더욱 두드러지면서 사회전반에 평등의식이 확산되어간다. 이러한 평등의식은 농민항쟁·농민전쟁에서 민의 지배계급에 대한 투쟁의식의 기반이었고, 제도상의 신분제 폐지를 이끌어낸 토대였다. 동학은 그 이념과 조직에서 봉건적 신분질서를 부정하고 평등의식을 확산시키는데 일조하였다. 김구는 『白凡逸志』에서 이러한 동학의 평등주의가 '상놈된 한이 골수에 사무쳤던' 그가 동학에 입교하게 된 동기였다고 밝히고 있다. 동학은 조직구성에 있어서도 貴賤과 奴主의 구분이 없었다. 노비와 주인이 모두 입도하면 서로 접장이라고 칭하며 친구처럼 대했다고 한다.

1894년 동학농민전쟁 당시 농민군이 발표한 '폐정개혁안'에는 사회개혁적인 요구사항으로 횡포한 부호배는 엄징할 사, 불량한 유림과 양반배는 징습할 사, 노비문서는 소각할 사, 칠반천인의 대우는 개선하고 평양립은 탈거할 사 등이 제시되어 있었다. 그리고 이러한 사회개혁적 요구조건의 일환으로 '청춘과부의 改嫁를 허할 사'라는 조항도 제시되었다.

그런데, 조선시기 내내 정부가 법으로 개가, 즉 再嫁 자체를 금지한 경우는 없었다. 다만, 『經國大典』반포 이래 법적으로는 재가녀의 자손들이 대소과거에 응시할 수 있는 자격을 박탈하여 그들의 관직진출을 禁錮한다는 내용의 규제조항만이 존재할 뿐이었다. 또한 이러한 재가규제조항은 주로 士族女의 재가를 억제하기 위해 마련된 것으로, 평민 이하 여성의 재가까지 규제한 것은 아니었다. 이들을 대상으로는 『三綱行實圖』의 간행과 旌表政策을 통해 烈女를 여성의 典範으로 제시했다.24)

그런데, 이처럼 재가를 규제하고 열녀상을 강조한 제정책의 시행목적은 대체로 유교이데올로기 보급의 일환으로 정절관념을 확대보급하는데 있었다는 평가를 받고 있다. 하지만, 정절은 유교윤리의 보급의 차원에서 비로소 강조되고 확산된 덕목이라기보다는 『漢書 地理志』에서 우리 풍속을 소개하면서 '婦人貞信'이라고 기록할 만큼 우리가 고래로부터 숭상하던 덕목이기도 하다. 또한, 조선후기에 정부는 이전에 비해 오히려 정절의 보호에 더욱 소극적인 태도를 보였다고 한다.25)

조선후기에 들어와서 여성들이 쉽게 재가하지 못하고 수절하는 것이 하나의 時俗으로 자리잡게 된 것은 정절관념이 장애물로 작용한 측면도 없지는 않았겠지만, 근본적으로는 가족제도의 변화 등 사회변동에서 기인한 것으로 보아야 한다. 소가족제도가 점차 확산되는 가운데, 夫·父가 사망한 '家'의 유지에 차지하는 婦·母의 비중과 역할이 막중해지면서, 그것이 재가를 가로막는 현실적인 장애물로 작용했던 것이다.26) 丁若鏞이 '남편이 죽으면 같이 따라 죽는 것이 아니라 오히려 남편이 없어도 남은 자식을 데리고 꿋꿋이 살아가는 여성이 진정한 열녀'라며 새로운 열녀상을 제시한 것도 이러한 시대적 변화의 반영이라 할 수 있다.

그런데, 이처럼 수절을 미덕으로 숭상하던 사회 분위기 속에서도 비참한 과부들의 생활상은 점차 사회문제화되어가고 있었다. 朴趾源은 '부녀가 수절

---

24) 박주, 1990, 『조선시대의 旌表정책』, 일조각
   장병인, 1997, 『조선전기 혼인제와 성차별』, 일지사
25) 장병인, 2001, 「조선시대 성범죄에 대한 국가규제의 변화」 『역사비평』
26) 정절을 美德으로 숭상하던 오랜 習俗 역시 조선후기에 오면 가족이라는 울타리를 유지하기 위한 규율의 역할을 하게 된다(김선경, 2000, 「조선 후기 여성의 성, 감시와 처벌」 『역사연구』8).

하여 지아비를 바꾸지 않음을 우리나라의 아름다운 자랑거리'라고 보면서도 과부들이 처한 곤궁한 처지를 목도하고는 '왕조 400년 이래로 백성들은 오랜 교화에 젖어 여인네들은 귀천을 막론하고 양반이건 아니건 관계없이 과부로 수절해서 드디어 하나의 풍속이 되고 말았다'고 개탄했다고 한다.

과부 중에서도 가장 곤경에 처하게 된 여성은 청춘과부였다. 농민군이 바로 개가를 허용할 것을 요구했던 대상도 바로 나이도 어리고 자식도 없는 청상과부를 비롯한 청춘과부들이었다. 이들은 조혼의 풍습으로 인해 10대가 많았는데 부모가 사망하고 의지할 곳이 없는 경우에는 더욱 생계가 막막하여 차라리 자살을 선택하는 편이 더 나을 수도 있는 비참한 생활을 하는 경우가 많았다. 그래서 나이가 어리고 자식이 없거나, 나이어린 자식이 있지만 의지할 곳이 없는 청춘과부의 재가는 사회적으로 묵인되고 있었다. 특히 당시 과부들의 경우 겁간, 보쌈 등 사적인 폭력에 노출되어 있어 친인척들이 적극 재가를 권하기도 했다고 한다. 최제우의 어머니 韓氏 역시 재가녀였다. 그런데, 당시 재가를 가로막는 현실적인 이유 중 하나로는 재가를 할 경우, 중매를 선 사람이나 혹 새 남편이 될 집안에 '寡婦錢'으로 막대한 돈을 치루는 습속도 있었다고 한다.27)

이와 같은 재가허용문제는 재가규제조항이 마련된 조선전기 成宗代부터 동정론이 제기된 이래 꾸준히 논란의 대상이 되어 왔다. 19세기에 들어와서는 평등의식과 남녀동등의식의 확산 속에서 예전부터 사회적 약자로 치부되던 鰥寡孤獨 중 하나인 과부의 구제에 대한 동정론이 확산되면서 재가를 섭사리 용인하지 않는 관습은 개혁되어야 할 弊政의 하나라는 인식으로까지 발전하게 된다. 그리고 이 문제는 점차 농민군만이 아니라 사회개혁을 염두에 두고 있는 지식인이나 정부가 관심을 갖지 않을 수 없는 사회쟁점이 되어가

---

27) 金澔, 1998, 「奎章閣 소장 '檢案'의 기초적 검토」『朝鮮時代史學報』4

고 있었다. 1888년 당시 망명생활을 하던 朴泳孝는 고종에게 자신의 개혁구
상을 담은 「建白書」를 제출하면서 과부의 재가를 허용할 것을 요구하였다.
정부도 법적으로 금지조항이 있는 것은 아니었지만 사회개혁적 차원의 요구
를 정부가 수용하여 시행하고 권장한다는 의미에서 1894년 6월 갑오경장의
일환으로 의결·공포한 개혁의안에 '寡女의 재가는 귀천을 물론하고 자유에
맡긴다'라는 내용의 조항을 포함시켰다. 하지만, 이러한 정부의 조처에도 불
구하고 '과부재가의 허가와 더불어 이를 실행치 않는 자에 대한 처벌법을 더
불어 반포하지 않으면 시행이 어렵다'는 의견이 제시될 만큼 재가를 용인하는
사회적 분위기가 쉽사리 형성되지는 않았다.[28]

이처럼 19세기 말의 시점에서 농민군이 제기한 재가허용문제가 反封建의
'개혁'과 '혁명'을 위해 반드시 필요한 조치라는 사회적 공감대가 형성된 것은
평등의식과 더불어 인권차원에서의 '男女夫婦均權', '男女同權' 의식 역시 점차
확산되고 있었기 때문에 가능한 일이었다. 이러한 사회적 분위기 속에서 재
가허용문제만이 아니라 여성의 권리와 지위는 물론 일부일처제에 입각한 가
족제도의 안정적 유지를 위협하는 대표적 관습인 조혼과 축첩의 폐지를 요구
하는 목소리도 점차 높아져갔다.

2) 전쟁기 여성의 활동과 민족적 자각

동학농민전쟁 기간 중 농민군으로서, 혹은 농민군의 가족으로서 여성들이
구체적으로 어떤 활동을 전개했는지에 대한 기록은 전무한 형편이다. 몇가지
단편적인 사실들만이 신문기사를 통해, 그리고 증언을 통해 간헐적으로 전해

---

28) '과부의 해방문제'는 1930년대에도 여전히 사회쟁점이 되었던 여성문제였다. '조
    선의 여성해방문제는 과부문제부터 해결하는 것을 좋을 것 같다'는 이야기가 나
    올 만큼 관습상 그것이 잘 해결되지 않고 있었다고 한다(『新女性』 1930년 3월
    호 19쪽).

져 올 뿐이다. 일본에서 발행되던 『國民新聞』 1895년 3월 5일 자에는 다음
과 같은 내용의 기사가 실려 있다. '1894년 12월 동학군이 長興府를 공격할
당시 22세의 미모의 여인 李召史[29]가 두령이 되어 말을 타고 선두에서 총지
휘하다 체포되었다. 그녀는 동학교도들 사이에서 꿈에 天神으로부터 오래된
祭器를 받은 神女로 숭배되었다고 한다'.[30] 동학군 토벌에 나선 일본군의 보
고에 따르면 그 神女가 장흥의 현감을 죽였다는 소문이 있는데 그 여자동학
은 사실 미친 사람으로 동학도들이 옹립해서 天師로 만들어 이용한 것이라고
한다. 그녀는 招募官 伯樂中에게 잡혀 모진 고문을 받았다고 한다.[31] 장흥전
투에서 활약했다는 '神女'의 존재는 일단 확인된 셈인데, 이러한 사실은 동학
군의 일원으로 전투에 참가한 여성이 더 있을 수도 있다는 가능성을 방증한
다고 하겠다.

한편, 長城전투에서는 여성들이 직접 전투에 참여한 것은 아니지만 정부
군의 포에다가 물을 부었다는 증언이 남아 있다. 그 증언자료에 따르면 '아녀
자들 부녀자들이 장성에서 큰 역할을 했다. 그건 무엇이냐. 관군들이 갖고 있
는 포에다가 물을 찌그러버리고 그랬다는 거요.....(중략) 농민을 너무나도
착취를 하고 수탈을 하니까 정말로 느그들한테 못살겠다 해서 죽기 아니면
살기로 해서 아녀자들이 포에다 물을 찌그러 버리고 방해를 했기 때문에 접
전을 해가지고 관군을 완전히 무찔러버리고 죽기도 겁나게 죽었다'는 것이
다.[32] 이 사례를 통해 당시 중앙과 지방 가릴 것 없이 관리들의 貪虐이 점차

---

29) 조이(召史)는 신라시기부터 사용하던 용어로 당시에는 女史를 가리키는 호칭이
    었으나 조선시기에 이르러서는 평민계급에서만 사용되었다고 한다(李能和,
    1927, 『朝鮮女俗考』, 동문선에서 1990년 재발행, 297쪽).
30) 明治編年史編纂會, 1936 · 37 『明治編年史』9권, 215쪽
31) 「各地東學黨 征討에 관한 諸報告 二(14647)」『駐韓日本公使館記錄』6 301~
    302쪽
32) 역사문제연구소 동학농민전쟁 백주년 기념사업 추진위원회, 1994, 「형제가 모
    두 농민전쟁에 참여한 김복환 · 진환, 증손 김국태」『다시 피는 녹두꽃』, 역사

심해지면서 여성들도 그 피해당사자의 일원으로서 농민군에 참여하려는 항쟁
의지를 갖고 있었음을 알 수 있다.

한편, 전쟁이 농민군의 패배로 끝나면서 패자에게 남겨진 죽음의 그림자
와 고통스러운 삶은 고스란히 아내이자, 어머니로서의 여성들의 몫으로 남겨
졌다. 청주의 농민군 지도자였던 강영문의 경우, 딸 하나는 경상도에서 온 사
람을 따라가는 방식으로 피신을 했고 시집갔던 딸들은 역적 집안이라고 시집
에서 쫓겨 와서 움막이나 다름없는 곳에서 살다가 그 중 하나는 끝내 자살했
다고 한다. 무주의 농민군 지도자 이형택의 부인처럼 잡히면 삼족이 멸한다
고 하여 아예 다른 집으로 재가하는 경우도 있었다. 전봉준, 김개남과 함께
농민군의 3대 장군 중 하나인 손화중의 부인은 손가라는 성을 숨기고 자식들
과 함께 피난하여 5년간 식모살이를 하면서 겨우 목숨을 연명했다. 그 외에
도 재산을 몰수당하는 것은 예사였고 탄압을 피하기 위해 떠돌이 생활이나
산생활도 감내해야 했다고 한다.33)

동학농민전쟁에서의 농민군의 패배는 자주적 근대화 노선의 좌절을 의미
했다. 하지만, 개항 이후 외국 상인과 자본의 진출과 시장 장악에 대한 반감
에서 발단한 '척왜양'의 대항의식, 즉 민족의식은 외세의 개입으로 전쟁이 종
식되면서 더욱 확산되어갔다. 이러한 배경하에서 여성도 국가의 일원으로서,
민족의 일원으로서 담임해야 할 의무와 역할이 있고 이를 수행하기 위해서는
여성교육이 활성화되어야 한다는 주장들이 언론매체들을 통해 널리 전파되었
고 여성들은 비로소 독자적인 여성단체를 결성하고 활동함으로써 이러한 요
구에 부응하게 된다.

여성교육이 부강한 근대적 민족국가를 건설하고 당시 직면한 민족적·국
가적 위기로부터 벗어나기 위한 대안 중 하나라는 점은 당대 지식인들이 공

비평사, 132쪽
33) 『다시 피는 녹두꽃』, 141·177·219·291·329~331·394쪽

감하는 일반적 인식이었다. 兪吉濬은 『西遊見聞』에서 '여자를 가르치지 않는 나라는 그 인민의 수가 천만에 이르더라도 실상은 5백만의 수에 불과한 것'이라고 주장하면서 여성교육이 바로 국력배가의 길이라고 주장하였다. 이처럼 여성교육이 국력배양을 위하여 절대적으로 필요하다는 인식이 점차 확산되면서 『獨立新聞』은 더욱 적극적인 자세로 '여성교육만이 국가의 장래를 기약할 수 있다'34)며 여성교육의 확대를 요구하는 논설을 지속적으로 게재하여 대중을 설득하고 정부의 인식 전환을 촉구했다. 1905년의 을사조약으로 국망이 점차 현실화되어가자, 천도교 기관지인 『萬歲報』가 '남성과 여성을 동등하게 교육시키는 것이 가정과 나라에 유익하고 나라의 부강을 가져온다'35)고 주장하면서 남녀평등의 차원에서 여성교육의 당위성을 역설하는데서 한걸음 더 나아가 장지연은 '女學이 男學보다 급하다'36)는 여성교육우위론을 주장하기도 했다.

그런데, 민족과 국가의 일원으로서 여성의 의무와 역할을 교육하고자 한 당대 지식인들이 지향했던 바람직한 여성상은 무엇이었을까. 그것은 한마디로 일본에서 만들어진 신조어로서 당시로서는 개념조차 생소했지만, 그 내용은 당시 가정부인으로서의 여성상과는 크게 배치되지 않는 '賢母良妻'였다.37)

한편, 민족과 국가의 일원으로서의 여성의 역할과 교육의 필요성을 역설하고 자극하는 사회분위기 속에서 여성들도 자신들만의 단체를 결성하고 자신들만의 목소리를 내기 시작했다. 1898년 9월 서울 북촌의 양반부인들은 최초의 여권 선언서인 「女權通文」을 발표하여 남자와 평등하게 직업을 갖고 일할 권리와 남자와 동등하게 교육을 받을 권리를 주장하였고38) 최초의 여

---

34) 『獨立新聞』1898년 9월 13일 자
35) 『萬歲報』1906년 7월 8일 자
36) 張志淵, 1908, 『여자독본』
37) 홍양희, 「한국 : 현모양처론과 식민지 '국민' 만들기」 『역사비평』2000년 가을호
38) 李培鎔, 1994, 「한국 근대 여성의식 변화의 흐름 – 개화기에서 일제시기까지」

성단체인 贊襄會의 결성을 주도하였다. 그리고 여성교육·생활개선을 목표로 내세운 순성회(順成會, 1898.10), 남녀동권·가정윤리 개선을 목적으로 내세운 여우회(女友會, 1899.3), 자선을 목적으로 조직된 보호회(保護會, 1900) 등 초기 여성단체들이 잇달아 결성되었다.

또한, 여성을 필요로 하는 새로운 직업이 창출되면서 여성들이 사회로 진출할 수 있는 기회도 점차 확대되고 있었다. 교육·종교·의료·상업 방면이나 공장노동자로 진출하는 여성들의 숫자가 꾸준히 증가하고 있었다.[39] 그런데, 사회적으로 직업을 갖거나 여성단체에서 활동하는 여성들도 국권수호론적 입장에서 제기된 바람직한 여성상, 즉 '현모양처'의 여성상으로부터 자유로울 수는 없었다. '사회적으로 진출한 여성에게는 사회·국가의 한 성원으로서의 역할과 동시에 가정 내에서의 역할이 동시에 주어진다'[40]는 주장이 이러한 여성들의 처지를 대변해주고 있다.

이와 같은 여성교육과 단체활동을 통한 여성계몽운동은 1907년 국채보상운동에 여성들이 독자적인 힘을 갖고 참여함으로써 실천적인 구국운동으로 발전하게 된다. 국권회복이라는 민족사적 명제 앞에서는 남녀의 구분이 있을 수 없다는 자각과 국채보상운동과 같은 민족운동에의 참여경험은 3·1운동을 비롯한 민족해방운동에서의 여성들의 적극적인 활약으로 계승·발전되었다. 한편, 민족해방운동에서의 여성들의 활약은 남녀평등의식을 사회저변으로 확대시키고 여성운동의 대중적 기반을 확보하는데 일조했다.

『한국사시민강좌』15
39) 朴容玉, 1998, 「한말 여성운동의 특성과 여성의 사회진출」『國史館論叢』83
40) 李薰玉, 1995, 「玉坡 李鍾一의 女性開化運動」『仁荷史學』3, 223쪽

4. 맺음말

이상에서 동학과 동학농민전쟁에서 제기된 여성관 · 여성문제를 조선후기 이래 한말까지 사회경제적 변동이 가져 온 해체기적 · 이행기적 양상 및 근대화 · 자주화라는 우리 근대사의 시대적 과제와 연관지어 살펴보았다.

여기서는 본문의 요약을 대신해 해체기 · 이행기를 거쳐 형성된 근대적 여성관과 근대여성운동의 특징을 정리하고자 한다. 동학의 여성관 검토를 통해 드러났듯이 가정부인 · 내조자로서의 여성의 역할 강화와 여성의 사회적 경험의 확대와 자각은 조선후기 이래의 사회경제적 변동을 반영한 동시대적인 현상이었다. 그리고 대내외적인 모순이 동학농민전쟁을 통해 일시에 분출되었던 19세기 말에 이르면 동학 지도자들을 비롯한 지식인들은 여성들에게 사회적 진출을 적극 권장하면서도 동시에 가정부인으로서의 '현모양처'를 국난의 위기를 극복할 수 있는 바람직한 여성상을 제시하게 된다. 당시 사회에 본격적으로 진출하기 시작한 여성들도 직업여성이자 현모양처로서 일과 가정생활을 모두 완벽하게 해내는 여성을 점차 이상형으로 받아들이게 되었고 이것이 사회통념으로 굳어지면서 근대적 여성의 대표적 이미지로 자리잡게 되었다.

한편, 동학농민전쟁에서 제기된 여성문제에 대한 사회개혁적 요구 및 여성들의 전쟁 참여라는 실천활동을 발판으로 움트기 시작한 우리 근대 여성운동은 서구와는 달리 제국주의의 침략을 저지하여 민족을 보존하고 국가를 수호해야 하는 절박한 정세 속에서 역사의 전면에 등장했다. 이처럼 열악한 상황에서 출발했던 여성운동이 일제강점기에도 지속적으로 발전 · 계승될 수 있었던 것은 여성들이 민족해방운동에 적극 참여함으로써 여성운동의 대중적 기반을 확보할 수 있었기 때문이었다.

이와 같은 근대 여성관과 근대 여성운동의 특질은 오늘날에도 여전히 우리 사회의 여성관과 여성운동을 규정하면서 영향력을 발휘하고 있다. 그럼에도 불구하고 오늘날 여성문제의 기원을 탐사하고 그 해결방안을 찾고자 하는 접근방식들은 대체로 이러한 '현실'을 간과하고 있다. 여성문제에 대한 책임이 오로지 유교 이데올로기에 있다고 보거나 여성을 민족이나 국가가 감내해야만 했던 운명의 '피해자'로 치부하면서 여성운동의 독자성을 강조하는 경향 등이 그것이다. 이처럼 시간의 變動과 공간의 緊縛을 간과한 脫歷史的이고 非歷史的인 접근방식으로는 오늘날 신여성관을 정립하고 여성운동의 진로를 모색하는데 여성사 연구가 제대로의 역할을 수행하기 어렵다. 앞으로의 여성사 연구는 實事求是의 자세로 구체적인 역사 속에서 여성의 눈과 목소리를 찾아내고 삶을 복원함으로써 '우리 여성'의 시각에서 여성문제의 해결을 모색할 수 있도록 일조해야 할 것이다.

동학농민혁명 인식의 변화와 과제

이 진 영
정부기록보존소 학예연구사

1. 머리말

1894년 농민봉기를 현장에서 지켜봤던 유학자 매천 황현은 이를 '비란(匪亂)', '역모(逆謀)'라 하였고, 농민군에 대해서는 '동비(東匪)', '적(賊)', '사란작적자(思亂作賊者)'라고 칭하였다. 이것은 황현 혼자의 생각이 아니고 1894년 사건을 바라보는 당시의 지배적인 시각이었다. 물론 대다수 농민들은 농민봉기를 정당한 행위로 인식했지만 그들의 생각은 제대로 표출될 수 없었다. 그로부터 100여 년이 흐른 지금 우리는 같은 사건을 '농민전쟁', '농민혁명'이라 부르고 "우리 역사상 최고 최대의 반봉건·반외세 항쟁"이라는 의미를 부여하며, 한 역사적 사건에 주어질 수 있는 최상의 찬사를 보내고 있다. 100년이라는 길지 않은 역사의 시간이 흐른데 비해 한 사건에 대한 인식과 평가는 이처럼 극단적으로 변화했다.

농민혁명에 대한 이런 인식변화는 어느 한 순간에 한꺼번에 이루어진 것이 아니다. 변화는 여러 방향에서 여러 단계를 거쳐 다양한 모습으로 진행되어 왔다. 100년 동안 진행된 사회변화와 궤적을 같이 하며 그 사건을 바라보는 우리의 시각은 조금씩 바뀌어왔고, 그 결과 '동비(東匪)의 란(亂)'이 '농민혁명'으로, 역적이 혁명가로, 지역사에서 전체사로, 야사(野史)에서 정사(正史)로 바뀌었다.

농민혁명에 대한 100년간의 인식 변화과정은 시기, 주제, 주체, 분야, 용어 등 다양한 조건으로 접근할 수 있는데, 여기서는 년대기적(年代記的) 정리를 중심으로 하여 변화과정과 구체적인 내용을 살펴보겠다. 즉 각 시기별로 농민혁명을 어떻게 인식했는지, 또 인식의 변화를 불러온 요인과 변화의 의미는 무엇인지를 그 시기의 상징적인 요소를 토대로 제시해보고자 한다. 나아가 현재 우리는 농민혁명의 의미와 가치를 제대로 인식하고 있는지, 그 가치를 충분히 실현하기 위해 어떤 방향에서 어떤 노력을 기울여야 하는지를 검토하고자 한다. 이런 검토가 동학농민혁명의 의미를 올바르게 인식하고 그 정신을 계승하는데 도움이 되었으면 한다.

2. 동학농민혁명 인식의 변화과정과 의미

1) 1895년에서 1950년대까지; 시련과 모색

(1) 구한말과 일제강점기

1894년 농민 대중의 '자주근대화' 요구를 짓밟은 조선왕조는 모순과 부패를 해결하지 못한채 몰락했고, 나라는 1910년부터 1945년까지 긴 기간동안 일제의 식민통치하에 놓였다. 이 시기 농민혁명에 대한 인식은 구한말의 양반지배층과 일제에 의해 비하와 왜곡, 그리고 축소로 점철되었다.

　조선정부는 농민혁명 직후, 농민군과 싸우다가 목숨을 잃거나 공을 세운 관군, 그리고 반(反)농민군에 대해 포상하고 현양사업을 펼쳤다. 전국 각지에서 향촌의 지배층은 반농민군 활동을 주도한 인물들을 기념하고 칭송하였다. 그 흔적은 「갑오군공록(甲午軍功錄)」등 관에서 작성한 각종 기록, 농민혁명의 여러 격전지에 세워진 사당과 기념비에 담겨 전해지고 있다.1)

　이 시기 농민혁명은 '반란의 역사'였으며, 이에 따라 향촌에서는 '반란자'에 대한 색출과 처벌이 오랫동안 계속되었다. 농민혁명에 참여했던 이들은 자신의 고향에 발붙이기도 힘들었고, 참여 사실을 자식에게조차 비밀로 삼아야 했다. 그런 만큼 이 시기에는 농민혁명을 기리는 어떤 기념행위도 이루어질 수 없었다. 그러나 "새야 새야 파랑새야…"로 시작되는 파랑새 동요와 "갑오세 갑오세 / 을미적 을미적 / 병신되면 못가리"라는 노래가 상징하듯이, 농민들은 농민혁명과 농민군에 대한 회한과 안타까움을 밑바닥에서 밑바닥으로 전승하였다. 또 전봉준 등 지도자들에 대한 영웅담으로 역사적 사실을 전승해갔다. 그리고 1899년에 농민혁명의 중심지였던 고부, 정읍, 흥덕, 고창, 무장 등지의 농민군이 힘을 합쳐 전개한 이른바 영학당사건(英學黨事件)에서 보듯이, 일부 농민은 농민혁명 이후로도 지속적으로 농민봉기를 전개하고 후에는 항일(抗日)의병에 참여하며 그 정신을 계승하고자 했다. 이들은 자신의 몸을 던져 농민혁명이 우리 역사의 어떤 위치에 있고 자신들이 그것을 어떻게 평가하고 인식했는지를 웅변하였다.

　농민혁명에 대한 학술적 연구는 농민혁명 직후부터 일본인에 의해 시작되

---

1) 청주의 모충사(慕忠祠), 장흥의 영회당(永懷堂), 장성의 이학승순의비(李學承殉義碑), 남원의 박봉양 갑오토비사적비(朴鳳陽 甲午討匪事蹟碑), 나주의 토평비(討平碑), 청주의 갑오전망장졸기념비(甲午戰亡將卒紀念碑), 장흥의 박헌양공적비(朴憲陽功績碑), 금산의 정숙조순의비(鄭肅朝殉義碑), 정지환순의비(鄭志煥殉義碑) 등이 그러한 사례이다.

었다. 일제가 조선을 강점한 1910년 이전에는 간단한 언급이 주를 이루었으며 본격적인 연구는 1930년대에 들어 이루어졌다. 역사연구를 식민통치의 수단으로 삼았던 식민사학자들은 농민혁명의 내용과 의의를 의도적으로 크게 왜곡하고 축소했다. 이들은 농민혁명을 '동학당의 난' 또는 '동비에 의한 난'이라 규정하였다. 또한 농민들의 주체적인 역량에 의해 전개된 것이 아니라 대원군과 민비의 권력다툼, 중국 원세개의 조선지배전략에 이용된 것이며, 청(淸)・일(日)전쟁의 원인을 제공했고 동시에 한국병합의 단서가 된 것에 불과하다고 폄하했다.2) 이런 평가를 통해 조선의 내재적 발전을 부정하고 식민통치의 필연성과 정당성을 각인시켜 식민통치에 대한 저항의 싹을 사전에 제거하고자 했던 것이다.

하지만 1919년 3.1운동을 계기로 한국인 역사학자에 의해 농민혁명에 대한 새로운 인식의 싹이 텄다. 1914년 박은식에 의해 처음 쓰여진 1894년의 역사는 1920년대 장도빈, 황의돈 등에 의해 계승되었다. 박은식 등은 1894년의 농민봉기를 "개혁의 선구", "조선 말세의 평민적 대혁명란(大革命亂)", "조선의 혁명적 사위(事爲)", "갑오의 혁신운동"으로 칭하면서 한결같이 민중성, 개혁성, 혁명성을 강조하였다. 사회주의계열에서도 "혁명적 농민의 최초 봉기"로 규정하였다. 농민혁명에 대한 연구는 김상기에 이르러 괄목할 결실을 맺었다. 그는 『동학(東學)과 동학란(東學亂)』(1931년)에서 농민혁명의 사회경제적 배경, 동학사상과 교단의 역할, 농민전쟁의 전개과정 등에 대한 검토를 바탕으로 '갑오동학운동은 조선민중운동의 최초 최대의 것이며 민중의 혁명사상이 나타난 조선민중운동사상에 일대 선구를 이룬' 것이라고 높이 평가했다.

일제는 한국인 연구자들이 농민혁명의 반(反)외세성을 강조하는 것은 철

---

2) 동학농민전쟁100주년기념사업추진위원회편, 『동학농민전쟁연구자료집(1)』, 여강출판사, 1991, pp.98-103.

저하게 통제했지만, '혁신성'을 드러내는 것은 묵인했다. 농민혁명을 불러온 조선의 모순과 부패상을 부각시켜 식민통치를 미화하는데 이용할 수도 있었기 때문이다. 김상기 등의 연구는 이런 일제의 제한과 통제하에서 농민혁명에 대해 부여할 수 있는 최대한의 가치평가라고 할 수 있다. 비록 공식적으로 '동학란'이라는 용어사용에서 벗어나지 못했고, 식민통치라는 시대적 제약으로 인해 반외세 민족운동의 성격을 부각시키지 못한 한계가 있다 할지라도, 의도적으로 폄하・왜곡한 인식의 틀을 깨고 민중 혁명운동의 선구로 평가한 것은 인식상의 큰 진전이었다.

(2) 해방부터 1950년대까지

1945년 한국은 일제의 식민지배로부터 해방되었다. 그러나 해방부터 50년대까지는 좌・우익의 대립과 갈등, 남북분단, 이어 벌어진 6.25 한국전쟁으로 인해 무엇을 기리고 기념한다는 것 자체가 거의 불가능한 시기였다. 농민혁명에 대한 인식 역시 다른 시기에 비해 침체된 상태였다고 할 수 있다.

이 시기의 농민혁명에 대한 인식은 그나마 학술연구를 통해 살펴볼 수 있다. 해방이래 50년대까지는 일제 식민학자들이 왜곡한 역사서술을 바로잡기 위한 노력이 경주되었다. 49년 전석담의 연구에 이어 50년대 초반에는 박경식, 강재언 등 재일교포 학자들이 '동학당의 난'으로 폄하된 식민주의 사학의 관점을 비판하고, 반(反)봉건・반(反)침략 '농민전쟁'으로서의 의미를 확고히 했다. 이들에 의해 농민혁명은 '개항 이후 외국자본의 침입에 따른 민족적 위기에 대한 반침략적 민족운동', '농민을 주체로 한 혁명세력이 새로운 생산력의 발전을 저해하는 봉건적 수탈과 지배계급의 매국행위에 의한 민족적 위기로부터 민족과 자기의 해방을 쟁취하려 한 반식민지 반봉건투쟁'으로 자리잡았다.3) 반봉건・반식민지화 운동으로서의 농민전쟁에 대한 연구는 이후 김

---

3) 이 시기 연구성과에 대해서는 김선경, 「농민전쟁100년, 인식의 흐름」『농민전

용섭에 의해 심화 발전되었다.

이처럼 이 시기에는 세계사적 보편성에 입각해서 농민전쟁으로서의 성격
이 강조되고, 일제의 지배와 간섭으로 인해 부여할 수 없었던 반외세 민족운
동의 성격이 확연히 정리되었다. 이는 농민혁명 의미의 양대 축인 반봉건
성・반외세성을 온전히 드러냈다는 점에서 또 한단계의 발전을 이룬 것이라
할 수 있다. 1959년 국사편찬위원회에서 농민혁명과 관련된 사료 29종을 모
아 『동학란기록(東學亂記錄)』을 출판하였는데, 이 또한 농민혁명에 대해 역
사학계의 관심이 고조되었던 상황을 짐작케한다. 하지만 역사학계에서의 이
런 진전에도 불구하고 공식적인 용어는 여전히 '동학란'이었고, 전체적인 인식
은 '민란(民亂)'을 넘어서지 못하였다.

한편 이 시기에 그토록 어려운 상황속에서도 농민군을 기리는 첫 유형적
(有形的) 행위가 이루어졌다. 전봉준 고택(古宅) 근처에 세워진 '전봉준 단비
(全琫準 壇碑 ; 甲午民主倡義統首天安全公琫準之壇)'가 그것이다. 이 단비는
1953년 천안전씨(天安全氏) 문중에서 세운 것인데, 전씨문중은 애초에 '전봉
준의 사당을 세우려는 기념사업을 추진하였으나 관의 압력으로 뜻을 이루지
못하고 말아 겨우 이 단비 설립에 그치고 말았다'고 한다.4) 문중차원에서 전
봉준 개인에 초점을 맞춘 것이라는 점에서, 전봉준의 '초혼설단(招魂設壇)'이
농민혁명을 기념하고자 하는 당시의 보편적 인식이라고 해석하기는 어렵다.
그러나 식민치하, 전쟁 등 거의 불가항력적인 조건이 해소되자마자 기다렸다
는 듯이 기념행위가 이루어졌고, 이로써 농민혁명 기념의 첫 디딤돌이 놓였
다는 점에서 단비 설립은 뜻이 매우 깊다.

쟁100년의 인식과 쟁점』, 거름, 1994 참조.
 4) 동학농민혁명기념사업회, 『황토재에서 우금재까지』, 동남풍, 1994, p.61.

2) 1960년대; 자각과 왜곡

4.19혁명과 5.16군사쿠테타로 대변되는 1960년대는 민주주의의 실현 가능성과 현대사의 굴절이 동시에 제기된 시기였다. 농민혁명에 대한 인식 역시 새로운 가능성과 굴절이라는 두가지 양상으로 표출되었다. 민간에서는 농민혁명을 기념하기 위한 조직적인 움직임이 대두하였고, 군사정권은 농민혁명을 정치적으로 이용하려 했다.

우리 역사상 최초로 민중이 정권을 타도하는데 성공한 4.19혁명은 농민혁명의 인식에도 커다란 전환의 계기가 되었다. 4.19혁명을 계기로 농민혁명 기념을 목적으로 하는 민간사업단체가 처음으로 조직되었다. 62년 6월 김상기, 이선근, 신석호 등 역사학계의 중심인물과 국회부의장을 지낸 나용균, 전형식 등 발기인 23인이 모여 창립 총회를 열고, "갑오동학혁명의 숭고한 정신과 절의를 선양(宣揚)함을 목적"으로 갑오동학혁명기념사업협회를 결성하였다.5) 이 기념사업회의 결성이 4.19혁명에 영향받은 것임은 "최근 우리나라 역사에 있어 민중의 힘으로 획기적인 전환을 가져오게 한 것은 실로 갑오동학혁명이 그의 효시(嚆矢)인 것이다"고 한 창립 취지문에서 엿볼 수 있다. 흔히 농민혁명이 대중의 역사의식 속에 새로이 해석되는 계기가 된 것은 군사정권의 황토현기념탑 건립이라고 설명해왔다. 그러나 사실 농민혁명의 진정한 가치는 민간에서 먼저 자각(自覺)했고 이를 기념하기 위한 자생적 움직임을 보였으며, 그 계기가 된 것은 4.19혁명이었다.

이 시기는 농민혁명을 정부차원에서 기념하는 첫 행위가 이루어졌다는 점에서도 주목된다. 이를 적극 추진한 것은 역설적이게도 박정희 등 5.16세력이었다. 4.19혁명을 기반으로 성립된 민주정부를 쿠테타로 뒤엎은 군사정권

---

5) 갑오동학혁명기념사업협회의 결성과 활동내용은 『법인 및 사회단체(갑오혁명기념사업회)』, 문화공보부, 1964년 (정부기록보존소 소장) 참조.

은 쿠테타를 정당화하기 위한 일환으로 농민혁명을 주목했다. 그리하여 박정희는 이병기, 박용상 등 전북지역 원로와 갑오동학혁명기념사업협회의 건의를 수용, 농민군의 첫 승전지인 정읍 황토현에 기념탑 건립을 지시하였다. 1963년 8월 25일에 김상기, 이병기 등이 중심이 된 전봉준농민혁명기념탑건립추진위원회가 구성되었고 9월 6일 기념탑 착공에 들어갔다.6) 그리고 10월 3일 개천절을 맞아 황토현 언덕에서 2만명의 군중이 모인 가운데 갑오동학혁명기념탑 제막식이 열렸다. 당시 신문을 통해 기념탑 제막식에 참석한 박정희의 치사(致辭)를 되살려보면 다음과 같다.7)

'동학혁명을 일으키게 한 것은 당시의 부패에 있다. 내 자신이 2년전의 5.16 당시 한강교를 넘어설 당시의 심정과 全(봉준)장군의 심정은 동일했을 것이다. 현재와 부패했던 5.16 당시와는 좋은 대조를 이룬다. 동학혁명은 성공은 하지 못했지만 민권을 주장한 민주주의 교시임이 분명했다. 이러한 숭고한 정신을 계속 이어받자. 선량한 백성이기에 이러한 폭정을 참지 못하고 일어선 동학혁명의 교훈을 살려 공무원들은 국민들에 봉사를 해야 하며 국가는 물론 정치도 국민위주의 정치를 해야할 것이다.'

박정희 등 5.16군부는 농민혁명을 불러온 부패한 시대상과 농민혁명의 정신을 5.16쿠테타의 그것에 덧씌워 동일시하는 이미지 조작을 통하여 군부 정권의 취약한 정통성을 보충하고자 했던 것이다. 농민혁명에 대한 평가 자체야 올바른 것이었지만, 그 취지는 처음부터 정치권력의 필요에 따른 정치적 이용에 머물렀다.

아무튼 국가차원의 기념탑 건립 이후에 1894년의 대사건은 교과서에 '동학란'이 아니라 '동학혁명'으로 명기되었다. 그리고 민간에서는 관련 사업단체

---

6) 『전북일보』, 1963년 10월 1일.
7) 『전북일보』, 1963년 10월 5일.

가 속속 결성되고 농민혁명을 기념하기 위한 활동이 전개되었다. 64년에 법인 등록을 마친 갑오혁명기념사업협회는 갑오동학혁명사의 출판, 동학혁명의 추념식 거행, 초혼설단 및 사적비 건립, 동학혁명군 희생위령탑건립 등의 사업계획을 의욕적으로 세우고 활동을 펴고자 했다. 67년 12월에 정읍에서 창립된 갑오동학혁명기념사업회는 이듬해부터 갑오동학혁명기념문화제를 열어 가장행렬, 마라톤대회, 학술강연회 등을 진행하였다.8) 68년 5월에는 천도교인(天道敎人)들이 "민족사상인 동학정신 선양"을 목적으로 동학정신선양회(東學精神宣揚會)를 결성하였다.9) 또한 68년 '사발통문(沙鉢通文)'의 발견을 계기로, 통문에 서명한 농민군 지도자의 후손들이 69년 정읍에 동학혁명모의탑(東學革命謀議塔)을 세웠다.

그러나 4.19혁명을 계기로 농민혁명의 가치를 자각하고 기념하려던 민간의 자생적 움직임은 그에 걸맞는 결실을 거두지 못하였다. 의욕에 찼던 민간의 활동은 그 기운에 편승하여 정치적으로 이용하고자 했던, 그야말로 '단물만 빼먹은' 군사정권에 의해 현저히 축소 또는 고사(枯死)해갔다. 갑오동학혁명기념사업협회는 창립직후부터 60년대말까지 여러차례에 걸쳐 정부에 사업비 지원, 사업추천 등을 요청했지만 계속하여 불가(不可) 처분을 받고 지지부진하다가 무력화되었고, 동학정신선양회는 72년 등록 취소되고 말았다. 결국 활동범위가 전라도의 한 지역에 국한되었던 정읍의 사업회만이 관의 지원을 받는 가운데 매년 문화제를 열면서 명맥을 유지했다.

하지만 이같은 축소·왜곡이 진행될수록 진보적 대중은 농민혁명의 가치에 더욱 주목하였는데, 그 정수를 보여준 것은 1967년에 발표된 신동엽의 시

---

8) 갑오동학혁명기념사업회의 활동은 갑오농민혁명계승사업회 '사업회소개'(http://donghak.or.kr) 참조.

9) 동학정신선양회의 활동내용은 『법인 및 사회단체(동학정신선양회)』, 문화공보부, 1965 - 1972년 (정부기록보존소 소장) 참조.

「금강(錦江)」이다. 「금강」은 4.19혁명을 모티브로 하여 동학농민혁명을 노래한 대서사시이다. 「금강」에서 농민혁명은, 부패하고 그릇된 시대와 권력, 외세에 대해 민중이 자각하고 '몸뚱이를 알맹이채 내던져' 맞서 싸운 민족·민중·민권운동의 원천으로써, 그 정신은 3.1운동과 4.19혁명으로 계승되었고 또다시 '찬란한 혁명의 날'과 만날 것으로 그려졌다. 이처럼 농민혁명의 의의를 현재적·민중적 관점에서 적극적으로 살려낸 「금강」은 60년대 농민혁명 인식의 또다른 축을 이루었다.

60년대 농민혁명 인식은 다음과 같이 정리할 수 있다. 4.19혁명과 함께 민간에서는 농민혁명의 진정한 가치에 대한 자각이 이루어졌다. 그러나 군사정권은 민간의 그런 기운을 틈타 농민혁명과 5.16쿠테타를 동일시하여 정치적으로 이용하였고, 이후 기념사업의 취사선택을 통해 사업의 범주를 제한하고 민간단체의 고사를 도모했다. 이는 정통성이 없는 정치권력에 의한 농민혁명의 왜곡과 축소의 시작이었다. 이에 반해 진보적 대중은 대중적 자각을 계승하여 농민혁명과 4.19혁명을 동일시함으로써, 군사정권이 축소·왜곡시킨 인식을 정면으로 부정하고 농민혁명의 현재적·대중적 가치를 되살려갔다.

3) 1970년대: 현재적 의미의 거세

1970년대의 시대상은 10월유신(維新)과 반(反)유신운동, 민중운동의 성장으로 상징된다. 1972년 박정희는 10월유신을 단행하여 한국적 민주주의의 토착화를 표방하며 영구집권을 도모했고, 유신독재에 맞서 민주화를 요구하는 수많은 항쟁, 그리고 노동자·농민·도시빈민 중심의 민중운동이 전개되었다.

10월유신을 단행한 군사정권은 이번에도 농민혁명의 이미지를 동원하였다. 이들은 이듬해인 1973년 11월 농민군의 패전지인 공주 우금치에 동학혁

명군위령탑을 건립하였다. 박정희 제자(題字), 동학혁명위령탑건립위원회 이름으로 세워진 이 탑에는

　"…그러나 님들이 가신지 80년 5.16혁명(革命)이래의 신생조국이 새삼 동학혁명군의 순국정신을 오늘에 되살리면서 빛나는 시월유신(十月維新)의 한돐을 보내게 된 만큼 우리 모두가 피어린 이 언덕에 잠든 그 님들의 넋을 달래기 위하여 이 탑을 세우노니 오가는 천만대(千萬代)의 후손들이여! 그 위대한 혁명정신을 영원무궁토록 이어받아 힘차게 선양(宣揚)하라."

는 비문이 새겨졌다. 굳이 설명이 필요없을 만큼, 비문의 내용은 위령탑 건립의 정치적 목적과 의도를 적나라하게 드러내 보이고 있다. 위령탑의 건립은 농민혁명과 농민군 희생자에 대한 진정한 추모가 아니고, 유신정권의 정치적 이용을 위한 것이었다. 63년 기념탑 건립 당시의 상황을 되풀이한 것이다.

　그런데 유신정권은 농민혁명의 이미지를 정치적으로 이용하는데 그치지 않았다. 한걸음 더 나아가 그 현재적 의미는 거세(去勢)하고자 했다. 위령탑을 건립한 그 권력이 불과 2년뒤인 1975년에, 농민혁명의 역사와 현재를 노래한 「금강」(『신동엽전집』)을, 유신헌법의 부정·반대행위 등을 금지한 긴급조치 9호 위반이라는 이유로 출판과 동시에 판매금지시킨 사실은 이를 잘 보여준다.10) '5.16혁명과 10월유신은 농민혁명에서 그 정신을 찾을 수 있다'던 유신정권은, 농민혁명의 현재적·민중적 의의가 일반대중에게 올바로 인식되고 계승되는 것을 원치 않았던 것이다. 「금강」의 출판과 판매금지는 70년대 유신정권과 민중사이의 농민혁명 또는 시대인식의 대척점을 상징한다.

　물론 70년대에도 농민혁명에 대한 각종 기념행위가 펼쳐졌다. 농민혁명 유적이 이때 처음 문화재로 지정되었고 여러 유적이 정비되었다. 1970년에

---

10) 「년보」, 『신동엽전집』증보판, 창작과비평사, 1985.

정읍군에 있는 전봉준 고택이 농민혁명 유적으로는 처음으로 문화재(지방유형문화재19호)로 지정되었다. 73년에는 만석보유지비(萬石洑遺地碑)가 건립(정읍군)되었고, 74년에는 전봉준 고택이 해체 보수되었다. 76년에는 만석보유지가 지방기념물(33호)로 지정된데 이어 황토현전적지도 지방기념물(34호)로 지정되었다. 그리고 78년에는 전북도에서 '전봉준 유적정화사업계획'을 수립하여 전봉준 고택 주변가옥 철거와 담장신설, 황토현기념탑 주위 조경과 진입로 확장, 고택·기념탑·만석보의 안내판 설치 등 세 유적지를 종합적으로 정비하였다.11) 한편 하나뿐인 민간단체인 정읍의 갑오동학혁명기념사업회는 70년대에도 매년 갑오동학혁명기념문화제를 개최하여 위령제, 녹두장군기쟁탈 마라톤대회, 씨름대회, 불꽃놀이 등을 펼치며 활발하게 활동을 전개하였다. 이처럼 정읍의 기념문화제는 점차 지역민의 축제로 자리잡아 갔으나, 정읍이라는 한정된 지역범위를 벗어나지는 못하였다.

문화재로의 지정은 농민혁명의 의의를 국가가 인정하고 이를 정책적으로 보존관리한다는 뜻을 지닌다는 점에서는 중요한 의미가 있다. 그러나 국가가 아니라 지방 차원에서 지정이 이루어진 점은 농민혁명의 의의에 미치지 못하는 것이었다. 유적지의 정비 역시 정치적 이용에 목적을 둔 공주 위령탑을 제외하면, 모두 전북내에서도 정읍에 한정되었다. 민간단체도 정읍의 기념단체만 정읍내에서 활동을 전개하였다. 기념대상은 농민혁명 자체보다는 전봉준 개인에게 편중되었으며(황토현전적지와 만석보유지도 '전봉준 유적지'라 불렸다), 대부분의 기념행위가 관주도로 이루어졌다.

이 시기 학술연구는 주로 동학과 농민혁명과의 관계, 농민혁명의 대내외적 배경을 분석하는 차원에서 이루어졌다. 전라도 이외 지역(강원·황해)에 대한 연구도 이루어졌다. 그러나 60년대에 이어 70년대 학술연구는 이론적으

---

11) 『전봉준장군유적』, 문화재관리국, 1978 - 1979년 (정부기록보존소 소장).

로는 군사정권이 들어선 이후 제기된 이른바 근대화론과 민족주체성에 얽매였고, 내용적으로는 농민혁명의 주체와 조직, 이념과 지향 등 구체적인 실상에 접근하지 못했다고 평가된다.

70년대 기념행위에 나타난 이런 경향은 유신정권이 농민혁명을 어디에 어떻게 위치시키고자 했는지를 잘 보여준다. 70년대 농민혁명 인식의 특징은 한마디로 축소와 왜곡의 강화라고 할 수 있다. 60년대와 마찬가지로 농민혁명은 정권의 필요에 따라 정권의 이미지 조작에 이용되었고, 그 현재적·민중적 의미를 거세당한 채 정권이 둘러놓은 울타리 안에서 기념되었던 것이다.

4) 1980년대; 박제화와 저항

80년대는 신군부의 집권과 5.18광주민주화항쟁·6월항쟁으로 상징된다. 12.12쿠테타를 통해 집권한 신군부는 무력을 바탕으로 독재정치를 펼쳤다. 이에 맞서 기층민중은 민주화를 향한 치열한 항쟁을 전개하며 사회변혁주체로 등장하였고, 마침내 민주화를 성취해갔다. 80년대 농민혁명 인식 역시 신군부의 통제와 이에 대한 저항이라는 두 축을 형성하였다.

80년에 들어서자마자 농민혁명과 정읍은 세간의 주목을 받았다. 80년 5월 계엄하에서 제13회 기념문화제를 열면서 정읍의 갑오동학혁명기념사업회는 김대중 초청문제로 정읍군과 마찰을 보이다가 결국 비밀리에 그를 초청했다. 11일 김대중은 10만여명의 군중이 모인 가운데 기념식의 축사를 했는데, 그 내용은 다음과 같다.[12]

'동학혁명은 세계 어디에 내놓아도 손색이 없는 위대한 혁명이다. 동학은 민주주의 정신과 일치된다. 3.1정신과 4.19정신은 동학의 정신속에서 흘러온 것이다. 전봉준 장군의 동학정신은 죽지 않고 그대로 살아 근대화의 원천으로 민

---

12) 『전북일보』, 1980년 5월 11일.

주주의와 근대화를 지켜볼 것이다. 동학정신을 되살리는 것은 민주주의를 실천하는 것이고 봉건 앞잡이에 짓밟힌 조상들의 피맺힌 한을 풀어주는 것이다. 온 국민이 민주정부 수립에 매진해야 한다. 동학혁명은 처음부터 폭력이 아니고 극심한 학정으로 백성들이 원성을 임금에 상소하고 호소했으나 하다못해 마지막으로 봉기한 것으로서 동학은 당초부터 폭력이 아니었다. 우리는 최선을 다해 질서와 안녕을 지켜가며 평화적으로 민주대업을 달성하자.'

그는 농민혁명의 정신을 계승한 것은 5.16쿠테타나 10월유신이 아니라 3.1운동과 4.19혁명이라고 정의한 뒤, 현재에서 민주주의를 실현하는 것이 농민혁명의 정신을 되살리는 것이라며 그 현재적 의의를 역설하였다. 그의 이런 인식은 과거 정권의 역사인식에 대한 거부였을 뿐만 아니라, 본격적으로 정치무대에 등장한 신군부의 집권 행보에도 정면으로 맞선 것이었다.[13] 사실 그의 발언은 이른바 '서울의 봄'(79.10.26~80.5.17)을 구가하던 일반 대중의 민주화에 대한 열망을 농민혁명을 통해 대변한 것이었다. 이날 행사에서 "동학혁명은 민중이 잘 살기 위한 운동이었으며 이 역사의 교훈을 오늘에 되새겨 민주복지국가를 건설하는데 힘써나가자"고 한 이희우(李喜禹) 기념사업회장의 개회사, '민주화의 서막이 오르고 있는 이때 동학제는 매우 의의가 크다. 동학혁명은 인간의 존엄성을 일깨워준 세계혁명사상 손꼽을 의거였다'고 한 이영복(李永福) 천도교 교단대표의 축사[14]가 이를 잘 보여준다.

그러나 그 결과는 참담했다. 김대중의 축사를 막지 못한 정읍군수와 경찰서장이 즉시 파면되었다. 후임군수와 서장은 동학공원 조성과 기념행사는 관에서 추진한다며 기념사업회의 해체를 종용했다. 7월에는 기념사업회의 이희우(李喜禹) 회장이 집시법위반으로 구속되었다. 급기야 12월에 기념사업회는

---

13) 기념식 축사에서 그는 정부이양 스케줄 발표, 계엄령해제, 개헌공청회 폐지 등을 주장하였다.(『전북일보』, 1980년 5월 11일)
14) 『전북일보』, 1980년 5월 11일.

강제 해체되었고, 81년 제14회 기념문화제부터는 정읍군이 전적으로 주관하여 치루기 시작했다.15)

이처럼 민간단체를 해체시킨 신군부는 이를 희석시키려는 듯이 81년과 85년 두차례에 걸쳐 농민혁명 유적지에 대한 대대적인 정비를 추진하였다. 81년 2월 전두환은 지방순회시 정읍에서 "(전봉준은) 나와는 종씨(宗氏)고 집안 선조…" 운운하며 '전봉준장군 유적지 성역화 사업'의 연차적 추진을 지시하였다.16) 이에 앞서 전북도는 80년 11월 '전봉준장군 유적정화 기본계획'을 세웠는데,17) 그 주요 내용은 황토현전적지에 사당·기념관·동상·교육장의 건립, 전봉준 고택과 만석보 유지의 보수 정비였다. 그러나 중심사업인 황토현전적지 정비의 기본방향을 '동학혁명 정신을 새시대 장의 보국교육 도장화(道場化)'에 둔데서 보듯이, 인식상의 한계를 명백히 드러내고 있었다. 81년 2월의 지시는 당시 민정당 정읍·고창지구당위원장인 진의종이 건의한 전북도의 계획을 받아들인 것인데, 이는 코 앞에 닥친 양대선거18)를 의식한 인심성 선거공약의 성격이 강했다. 이 사업지시는 '선거 직후 정읍군의 市승격 약속'19)과 더불어, 정읍민에 대한 정치적 위무(慰撫)라는 정략적 이용에 목적이 있었던 것이다.

이런 배경하에 81년말 전봉준 고택과 황토현 전적지가 각각 국가사적(國家史蹟) 제293호, 제295호로 승격 지정되었고, 83년 황토현기념관이 지어졌다. 그리고 80년대 중반들어 황토현 전적지에 대한 확장사업이 한번 더 이루

---

15) 갑오농민혁명계승사업회 '사업회소개'(http://donghak.or.kr).
16) 『전북신문』, 1981년 2월 20일.
17) 『문화재보수사업(전봉준장군유적)』, 전라북도, 1980－1982년 (정부기록보존소 소장).
18) 81년 2월 25일의 12대 대통령선거(선거인단에 의한 간선), 81년 3월 25일의 11대 국회의원 총선거를 말한다.
19) 『전북일보』, 1981년 2월 20일.

어졌다. 85년 11월 정읍에 들린 전두환은 전북도의 전봉준 유적지 확장계획을 받아들여, '전봉준선생의 유적지 성역화 사업을 문공부와 같이 협의, 현충사처럼 민족정신의 교육장으로 가꾸는데 필요한 계획을 세우라'고 지시하였다.[20] 이에 따라 87년까지 강당, 전봉준동상, 야영장 등이 대규모로 세워졌고, 전적지 안에는 '전두환 대통령의 유시(諭示)로 정비되었다'는 내용의 황토현전적지 정화기념비가 들어 앉았다.

80년대 황토현 전적지의 정비는 신군부정권의 농민혁명 인식수준을 고스란히 담고있다. 기념사업은 요란스러웠고 웅대한 규모를 자랑했다. 또 이와 관련하여 민족정신의 고양이 강조되기도 했다. 하지만 그 내용은 크게 모자랐다. 민간의 참여는 철저히 배제되었고 고증과 발굴노력은 뒤따르지 않았다. 결과물은 정권의 생색내기용 '속빈 강정'에 머물렀다. 애초 농민혁명의 현재적 계승을 단절시킨채 시작한 이 사업은 결국 농민혁명을 박제화하였다. 농민혁명에 대한 80년대의 공식 호칭은 '난'도 아니고 '혁명'도 아닌 '동학농민운동'이었다. 이처럼 역사적 의미를 제거한 동학농민운동이라는 용어사용은 황토현 전적지의 실상과 짝을 이루어 신군부정권의 역사의식 부재(不在)의 단면을 잘 보여준다.

그러나 일반 대중은 이를 수용하지 않았다. 농민혁명에 대한 대중의 인식은 관의 그것과 전혀 달랐다. 이와 관련된 몇가지 양상을 살펴보자. 먼저 대중은 왜곡되고 박제화된 인식에 저항하였다. 이 무렵에 훼파된 우금치 위령탑의 5.16혁명과 10월유신 찬양문, 만석보유지 기념비의 전북도지사 이름, 황토현기념관내 전두환 기념식수, 황토현 정화비의 전두환 이름 등이 그런 민중의 정서를 잘 보여준다.

둘째 관 행사와는 별개로 지역 주민들 스스로가 소규모나마 기념행위를

---

20) 『전북일보』, 1985년 11월 16일.

전개하였다. 83년 임실군 운암에 주민들이 갑오동학혁명기념비를, 기미삼일운동기념비(己未三一運動記念碑), 무인멸왜운동기념비(戊寅滅倭運動記念碑)와 함께 세웠다. 80년대 중반에는 김제군 주민들이 김덕명 추모비와 농민혁명 희생자 추모각을 세웠고, 87년 후손들이 김덕명의 묘역을 정비하였다. 89년에는 부안군의 동학혁명백산기념사업회가 백산에 동학혁명백산창의비를 세웠다. 관 행사의 규모에 비해 작은 기념행위이지만, 일반 대중의 자발적 기념이었고 정읍을 넘어서 전북내 여러 지역에서 기념이 이루어진 점은 눈에 띄는 진전이었다.

셋째 관은 정읍의 기념사업회를 해체시키는 등 민간 활동을 억제했으나, 80년대말에는 갑오농민전쟁백주년기념사업추진위원회(1989, 서울), 동학농민혁명백주년기념사업회 주비위원회(1989, 전주), 동학혁명백산기념사업회(1988년, 부안) 등 민간사업단체들이 연달아 조직되었다. 이들 민간사업단체는 90년대에 폭발적으로 전개된 농민혁명 기념행사를 이끌어냈다.

넷째 학술영역에서도 농민혁명에 대한 재해석이 활발하게 이루어졌다. 민주화항쟁의 열기 속에 민중사학이 등장하였고, 민족·민중운동의 뿌리를 찾기 위한 일환으로 농민혁명에 대한 연구노력이 경주되었다. 농민혁명의 사회경제적 배경과 지향, 구체적 전개과정, 민중의식의 성장, 동학의 조직적 역할, 주체세력의 성분, 집강소의 설치와 의미 등 다양한 분야에서 연구가 쏟아졌고, 그 동안 파묻혀있던 경상도, 충청도 일대의 지역사례가 속속 발굴되었다. 이 같은 연구를 통해 농민혁명의 전체상이 새롭게 정립되어 갔다. 이 시기 연구자들은 어정쩡한 '농민운동'이라는 용어 대신에 '농민전쟁', '혁명운동'이라는 용어를 사용하며 사회변혁운동으로서의 의미를 강조하였다. 80년대 민주화운동은 이렇게 농민혁명의 영역에서도 다방면으로 결실을 맺었다.

80년대는 민주화의 진전이나 농민혁명의 인식 면에서 분기점을 이룬 시기이다. 60년대 4.19혁명 직후에 그랬던 것처럼, 80년대의 시작과 함께 민주화에 대한 요구가 분출하면서 농민혁명의 의의가 되살아났다. 그러나 신군부는 이를 무참히 짓밟았고 농민혁명에 대한 왜곡과 축소를 이어갔다. 80년대 내내 내세운 황토현전적지 정비는 외화내빈의 전형이었다. 처음부터 현재적 의의를 배제하고 추진된 이 사업은 역사의식의 부재를 드러낸채 끝내 농민혁명을 박제화하였다. 그러나 일반 대중은 박제화된 인식을 거부하였다. 왜곡된 기념물의 파괴, 자생적 기념사업 추진과 사업단체 조직, 학술연구에서의 재해석 등에서 확인되듯이, 일반 대중은 농민혁명을 올바로 인식하고 기념하였다. 농민혁명에 대한 이같은 인식은 민주화의 희망과 열망을 담은 것이었고, 민주화운동이 결실을 맺는 가운데 왜곡과 축소는 더 이상 용납되지 않았다.

5) 1990년대; 100년만의 회생(回生)

90년대는 민주화의 성취와 민주화운동의 성과 중 하나인 지방자치제도의 시행으로 상징된다. 지방자치단체의 출발과 함께 각 지자체는 지역정체성 찾기에 몰두하였고, 이는 자기 지역의 역사와 문화를 되살리려는 각종 연구와 행사로 이어졌다. 90년대는 이런 시대적 조건과 농민혁명 100주년이 맞아 떨어지면서 기념사업, 학술연구 등 모든 영역에서 농민혁명에 대한 기념이 폭발적 양상을 띠었다. 여기서는 90년대의 인식을 보여주는 주목할만한 양상을 몇가지로 간추려 제시하겠다.

첫째 일반 대중이 기념 주체로 확고히 자리잡았다. 90년대에는 1894년 이래 지속되어왔던 '정치권력' 대 '민중'의 이원적(二元的)인 인식양상이 해소되었다. 권력집단이 정치적 이용을 위해 왜곡·축소하였던 농민혁명 인식상은 민주화의 성취에 따라 설자리를 잃었고, 농민혁명의 항쟁 정신을 현재에 계승하고자 했던 일반 대중의 인식이 절대적 위치를 차지했다. 대중 스스로에 의한 순수한 기념이 본격화되었으며, 거의 대부분의 사업이 민간주도·관지원 또는 민관협동의 형태로 진행되었다. 80년에 관에 박탈당한 정읍민의 농민혁명 축제가 민간주도 행사로 부활한 것도 이때(1995년)이다. 80년대까지의 기념행위가 지녔던 근본적인 한계를 극복할 수 있는 구조적 토대가 마련된 것이다.

둘째 전국 각지에서 농민혁명을 기념하였다. 90년대에는 전문연구자, 향토사가들에 의해 농민혁명의 지역별 전개양상이 집중적으로 밝혀졌다. 이를 바탕으로 농민혁명의 중심지였던 전북(전주·정읍·부안·고창·완주)을 비롯하여 농민혁명이 전개된 거의 모든 광역시·도(서울, 광주, 충남 공주·태안, 경북 상주·예천, 경남 진주, 강원 동해)에 기념사업단체가 잇따라 조직되었다. 이 사업단체들은 자기 지역에서 펼쳐졌던 농민혁명의 양상에 따라 유적지 정비, 기념탑 건립, 그밖에 다양한 형태의 기념사업을 적극 추진하였다.21) 이로써 일제 식민사가들이 의도적으로 정읍·전봉준의 사건으로 왜곡·폄하한 이래 80년대까지도 군사정권의 필요에 따라 정읍·전라도의 지역적 항쟁으로 축소 평가되었던 농민혁명이 자연스럽게 전국적 차원의 항쟁으로 자리매김했다.

셋째 다양한 영역에서, 다양한 방식으로 농민혁명을 기념하고 알렸다. 관주도의 기념사업은 80년대까지 기념탑 건립과 전적지 정비에 한정되었다. 이에 비해 민간에서는 지역축제·시·소설·마당극 등 보다 다양한 방식으로 기념하였다. 그러나 이 역시 손꼽을 만큼 간헐적으로 이루어졌고 영역도 문학 장르에 국한되었다. 90년대에는 시, 소설 등 문학장르는 말할 것도 없고 영화·드라마·다큐멘터리·창작판소리·마당극·뮤지컬·음악극·민족가극·미술전·거리미술제·연극제·창작무용·굿 등 기념 가능한 온갖 방식이 활용되었다.22) 언론은 연재·특집기사를 통해 집중 조명했고, 학계는 지

---

21) 기념사업 단체와 기념사업 현황은 『동학농민혁명정신선양사업기본계획』, 전라북도, 1999년, pp.18 - 29 참조.
22) 앞의 책, pp.30 - 44.

역별·주제별로 대규모 학술행사를 열었다. 또 농민혁명을 주제로 한 답사·
강연회·시민강좌·대학 교양강좌·인터넷강좌가 마련되기도 했다. 농민혁
명 100주년을 전후하여 이런 기념행위가 동시다발적으로 이어졌고, 이는 농
민혁명의 역사적·현재적 의의를 다양한 층에 쉽고 폭넓게 인식시키는데 크
게 기여하였다.

넷째 농민군 후손들이 선조의 행적에 자긍심을 가지고 명예회복에 나섰다.
80년대까지도 연구자들은 농민군 후손의 증언을 듣기가 쉽지 않았다. 애써
후손을 찾아서 선조의 행적을 물어도 모른다고 답하거나 알아도 증언하지 않
으려 했다. 전자는 당사자가 농민혁명 중에 사망했거나 살아남았어도 아예
말을 전하지 않아 당대에 행적이 끊긴 경우이고, 후자는 왜곡된 현실로 인해
선조의 농민항쟁에 관한 증언이 자신에게 피해를 줄까 두려워 입을 닫은 경
우이다. 선조의 농민군 활동은 숨겨야할 사실이었지 자랑할 역사가 아니었다.

이처럼 희생자이면서도 사실조차 말할 수 없었던 이들이 유족회를 결성
(1994년, 서울)하고, 선조의 행적을 모아 책으로 만들었다(『다시피는 녹두
꽃』등).23) 또 왜곡 시정을 촉구하는 '겨레에게 드리는 호소문'을 내는 등 명
예회복을 위해 개인적·집단적으로 청원운동을 펼쳤다. 숨고 움츠렸던 후손
들이 자긍심을 지니며 자랑하고 나선 것은 농민혁명 인식과 관련하여 의미하
는 바가 적지 않다. 이는 농민혁명이 교과서에서나 배우는 지나버린 과거의
사건으로서가 아니고, 현재에 우리와 함께 살아있는 소중한 역사로 복원되고
있음을 보여주는 징표이다.

다섯째 농민혁명에 관한 학술연구가 심화되고 집대성되었다. 동학농민혁
명은 한국사의 어떤 사건, 사실보다도 많은 관심을 받았고 많이 연구되었는
데, 특히 90년대 들어 수백건의 논문, 단행본, 학위논문이 쏟아져 나왔다.

---

23) 유족들은 이밖에도 1994년부터 소식지(『사발통문』)를 발간하고 있다.

90년대 연구는 ① 농민혁명의 배경, 단계별 전개과정과 농민군의 활동과 지향을 전체적으로 재구성하여 농민혁명의 성격과 의의를 평가함으로써, 농민혁명에 대한 종합적 이해를 도모한 연구 ② 전봉준·김개남·서장옥·최시형 등 농민군 및 동학지도자의 인물과 행적을 추적하는 동시에 이를 중심으로 농민혁명의 전개과정 또는 성격을 밝힌 연구 ③ 농민혁명의 쟁점이 되는 부분 – 예컨대 동학과 농민혁명의 관계, 남북접 문제, 집강소의 실상 등 – 을 재해석하며, 기존의 이해에 문제를 제기한 연구 ④ 농민혁명의 중심지역만을 연구함으로써 오는 한계를 극복하기 위해, 충청도·경상도·강원도·경기도 지역 등 전국 각지에서 일어난 농민혁명의 전개양상을 밝힌 지역사례 연구 등으로 크게 분류된다.

　이런 연구를 통해 동학농민혁명은 당시 조선이 안고 있던 절체절명의 과제, '사회개혁과 외세침탈 배격 = 자주 근대화(반봉건 반외세)'를 이루려 한 농민들의 일대 항쟁이었으며, 우리 근대사의 성패(成敗)를 가르는 사건으로 정의되었다. 또한 광무년간의 사회개혁 및 항일운동·의병전쟁·3.1만세운동·상해임시정부·광복군 활동 등 민족운동의 이념적 수원지였고, 4.19혁명, 5.18광주민주화항쟁의 정신적 본령을 이룬다고 평가되었다.

　이처럼 90년대에는 농민혁명 연구가 비약적으로 심화·집대성되는 한편 현재적 관점에서 그 역사적 의의가 집중적으로 재조명되었다. 이같은 학술연구의 성과는 100여년에 걸쳐 진행된 왜곡·축소된 인식을 바로잡는 역할을 하였고, 90년대 행해진 모든 기념행사의 내용적 근거로서 기능하였다.

　이상의 내용이 말해주듯이, 90년대 들어 농민혁명에 대한 대중적 인식은 '농민혁명은 자주근대화를 위한 민중의 혁명운동이고 민족민중운동의 원천이며, 그 정신은 현재에 계승하여 실현해야 할 가치'로 정립되었다. 농민혁명의 중심지였던 전북민의 80%가 전북의 대표적 정신으로 동학농민혁명을 꼽았고, 농민혁명을 기념하는 범도민적 지역축제를 마련할 것이냐, 농민혁명은 전북을 대표할 수 있는 역사관광자원이냐는 질문에 90%가 그렇다고 대답한 점이 이를 실증한다.24) 실로 인식의 커다란 전환이고, 100년만의 복권(復權)·회생(回生)이었다.

3. 동학농민혁명 인식의 한계와 과제

동학농민혁명은 민족과 국가가 절체절명의 위기에 처했을 때, 농민 스스로 자주근대화를 부르짖으며 시대적 요구에 시의적절하게 부응하고 나선 근대사의 대사건이었다. 이 때문에 우리는 농민혁명을 높이 평가하고 여러 형태로 오래도록 기념해오고 있다. 그러나 한 역사적 사건을 100년도 더 지난 지금까지 기념하는 근본적인 까닭은 그것이 던진 의미가 현재의 우리에게도 생생하게 살아 숨쉬기 때문이다. 농민혁명은 무엇보다도 '잘못된 시대구조와 부당한 권력에 대한 민중의 항쟁'에 관한 진리를 웅변하고 있다. 따라서 그런 구조가 현재에서 계속되는 한, 농민혁명은 언제든지 되살아날 살아있는 가치인 것이다.

불행하게도 우리 근현대사는 일제, 독재, 군부, 신군부 등 겉모습만 달리한 채 왜곡된 구조로 점철되었다. 이에 대해 3.1운동, 4.19혁명, 5.16쿠테타와 유신 반대투쟁, 5.18민주화항쟁 등 저항도 계속되었다. 이처럼 우리 근현대사는 줄곧 왜곡된 정치권력과 이에 대한 민중의 항쟁이라는 두 축을 형성해왔고, 농민혁명에 대한 인식 또한 두 축을 형성하는 가운데 항쟁의 진퇴(進退)와 궤적을 같이 했다. 90년대 들어 '정치권력'과 '민중'의 이원적(二元的)인 인식양상은 해소되었고, 농민혁명의 항쟁 정신을 계승하고자 했던 인식이 절대적 위치를 차지하였다. 이에 따라 90년대에는 농민혁명에 대한 각종 기념

---

24) 『동학농민혁명정신선양사업기본계획』, pp.49 – 58.

행위가 폭발적으로 이루어졌고, 모든 방면에서 눈부신 성과를 거두었다. 그 결과로 농민혁명은 '자주근대화를 위한 민중의 혁명운동, 민족민중운동의 원천, 현재에 계승해야 할 정신'으로 인식되었다.

그러면 이제 농민혁명에 대한 우리의 인식과 자세는 완성된 것인가. 지금까지의 성과에도 불구하고, 그렇다고 평가하기에는 적지 않은 한계를 안고 있다. 몇가지 구체적인 사례를 들어보자. 첫째 농민군에 대한 국가차원에서의 공식적인 명예회복이 이루어지지 않고 있다. 다 알 듯이 농민혁명의 9월 재봉기는 그해 6월부터 시작된 일본군의 경복궁침범 등 무력도발과 내정간섭을 응징하기 위해 결행된 것이다. 그리고 일본군에 맞서 싸우는 과정에 농민군 수만명이 목숨을 잃었다. 농민혁명을 민족항쟁의 원천으로 평가하는 것도 이 때문이다. 민간단체에서는 이렇게 산화한 농민군의 국가 서훈(敍勳)을 위해 범시민 서명운동을 전개하고 보훈관련법 개정, 특별법제정 등을 요구하고 있다. 그러나 정부는 '국가서훈의 대상이 되는 순국선열의 범위는 1895년 을미사변 직후 궐기한 을미사병(乙未義兵)부터'라고 해석하며 서훈대상에 포함시키지 않고 있다.25) 항쟁의 성격, 규모, 강도, 희생 등에서 을미의병을 능가하는 농민군의 반일(反日)항쟁을 서훈범위에 적용시키지 않는데서 정부의 인식상의 한계를 확인할 수 있다.

둘째 농민혁명 기념에 대한 지역주민의 관심과 참여는 여전히 저조하다. 농민혁명의 중심지였던 전북 주민을 대상으로 한 조사결과를 옮겨보자. 앞서 보았듯이 전북주민은 응답자의 80%가 농민혁명을 전북의 대표적 정신으로, 90%가 역사관광자원으로 꼽고 있다. 그러나 그러면서도 응답자의 1/3만이 농민혁명 유적지를 답사해 보았고, 관련 교육프로그램이나 문화공연에 10%, 기념행사에 5%만이 참가해 본적이 있다고 했다.26) 다른 지역 주민의 관심과

---

25) 앞의 책, pp.109 – 115.
26) 앞의 책, pp.50 – 64.

참여도는 전북 주민보다 결코 높지 않을 것으로 예상된다. 이 조사 결과는 농민혁명의 의의에 대한 공감여부와는 별개로, 일반민은 농민혁명이 자신들의 삶과 직접적으로 또는 밀접하게 관련이 없는 것으로 인식하고 있음을 보여준다.

셋째 농민혁명의 각 사건, 요소, 유적지 등의 역사성을 꿰뚫어 인식하고 기념하는데는 이르지 못하고 있다. 농민혁명은 중층적(重層的) 의미 구조를 지니고 있다. 행위는 '항쟁'이라는 하나의 양식으로 표출되었지만, 항쟁의 대상이 되는 내용은 단순하지가 않았다. 항쟁의 내용과 의미가 지역마다 차이가 있고 단계별 전개과정에 따라 변화했다. 더욱이 종교 등 사상의 문제까지 내재되어 있다. 사건과 유적은 그것에 내재한 고유한 가치를 읽어내고 그에 맞는 방식으로 기념할 때, 비로소 생명력을 갖는다. 그렇지 못한 기념은 죽은 구조물이요 겉치레 행사에 그치고 말 것이다. 이와 관련하여 관이나 기념사업의 추진주체들의 인식 또한 정형화된 내용, 도식화된 방식에 머물고 있지 않은지 반문해볼 일이다.

넷째 세계사 속에서의 농민혁명의 의미를 드러내지 못하고 있다. 비록 결과는 다르다고 할지라도 내용, 과정, 규모 등에서 농민혁명은 프랑스혁명과 비교해도 의미가 그다지 뒤지지 않는다. 농민혁명은 한국근대사 뿐 아니라 보편적 역사발전과정과 관련하여 세계사적으로 중요한 민중항쟁 사례이다. 그러나 학계는 다른 혁명과의 수평적인 비교 연구를 통해 세계사 속에서 살아 숨쉬는 역사로 위치시키려는 노력, 부당한 조건에 대한 여러 항쟁들과의 비교를 통해 의미를 재생산하려는 노력을 기울이지 못하고 있다. 이제 겨우 정읍, 전북을 넘어서 전국적인 항쟁으로 정립한 상태에 머물러 있다. 이는 학술연구 영역에서의 거시적인 안목과 인식부재를 의미한다.

이상의 사실들은 농민혁명에 대한 우리사회의 인식이 아직 미흡한 수준임을 말해준다. 앞의 두가지는 인식 범위면에서의 한계를 보여준다. 농민혁명의 가치에 대해서 공감하지 않는 이는 별로 없다. 그러나 지역주민은 그 가치에 공감하면서도 자신과는 관련없는 일로 인식하고 있고, 정부는 농민군을 서훈 대상으로 인정하지 않고 있다. 기념사업 주체들의 의욕적인 노력에도 불구하고 이것이 사회의 일반적인 인식이라고 할 수 있다. 이렇듯 농민혁명에 대한 전체적인 인식은 지금도 애매한 위치에 있다. 뒤의 두가지는 인식 내용면에서의 한계를 보여준다. 기념사업의 추진주체들도 농민혁명에 내재된 가치를 면밀히 읽어내고 의미를 확대 재생산하기 위해 노력하기 보다 알려진 내용, 표면적으로 나타난 현상대로만 인식하고 타성적인 방식으로 기념하는데 안주하려는 경향이 있다. 이는 역사적 대사건에 걸맞는 인식자세라 하기 어렵다. 이런 맥락에서, 농민혁명에 대한 인식은 완성이 아니라 시작단계에 있다고 할 수 있다. 그간의 왜곡을 떨쳐내고 이제 막 정상적인 궤도에 진입한 단계가 아닌가 한다.

그러면 농민혁명의 진정한 계승과 인식을 위해 남은 과제는 무엇인가. 진정한 계승을 위해서는 무엇보다 먼저 농민혁명에 대한 인식자세의 질적 전환이 필요하다. 농민혁명은 애초 문화가 아니라 당시 농민들의 삶과 이상(理想)에 관한 것이다. 그러므로 농민혁명은 궁극적으로는 삶으로 인식되어야 한다. 농민혁명에 대한 인식과 삶이 따로 여서는 안된다. 그러나 앞의 한계들이 말해주듯이 그렇지만은 않은 것 같다. 우리는 혹시 농민혁명을 상품으로서만 다루지 않는지, 선언이나 구호로만 기념하지 않는지, 생색내기나 겉치레에 그치고 있지 않는지 하는 점을 반문해보자. 농민혁명은 '표방' 대신에 '실천', '추상' 대신에 '구체'로 계승되어야 한다. 교과서에서 배우는 '과거'가 아니라 사회 발전의 어떤 전환점이나 계기가 되는 것이어야 한다. 우리 삶과 사회의 올바른 방향성을 독려하는 지침이어야 한다. 물론 이런 요구가 너무 원론적이고 무리한 것일 수도 있다. 그러나 적어도 그 괴리를 좁히기 위한 노력만은 계속 기울여야 한다. 농민혁명을 위한 기념행위가 만발하고 있지만, 그런 자세로 마주하지 않는다면 미완성인 것은 농민혁명이 아니라 여전히 우리의 인식이다.

다음으로 농민혁명의 현재적 해석과 실천을 강조하고 싶다. 역사는 항상 현재의 시대정신에 의해 재해석되어야 한다. 그리하여 현재사회가 나아갈 지표를 주고 미래를 위해 새로운 안목과 관점을 제시할 수 있어야 한다. 그래서 역사란 과거만이 아니라 오늘이기도 하다.

이런 의미에서 농민혁명의 진정한 계승은 그 정신의 현재적 실천이라 할 수 있다. 당시 농민들은 안으로는 낡은 사회구조를 허물고 민족 구성원 모두가 평등의 원칙아래 사회발전에 참여하는 개혁을 이루고자 했다. 또 밖으로는 이같은 내적인 역사발전을 해치는 외부로부터의 힘에 맞서 싸웠다. 이렇듯 농민들이 온 몸을 던져 극복코자 했던 문제들, 그리하여 이루고자 했던 자주·근대의 세상은 시대를 초월한 보편적인 원칙에 관한 것이다. 비록 형상을 달리 하고 있지만, 그것은 현재도 넘어서고 이루어야 할 과제이다. 그들이 지향했던 세상을 오늘에 맞게 실현하려는 노력, 즉 민주·자주·평등의 보편적 원칙을 온전히 실현하고 분단 극복을 위해 노력하는 일이 농민혁명의 진정한 계승임을 인식해야 한다.

끝으로 농민혁명은 장차 어떤 모습으로 인식될 것인지를 염두에 둘 필요가 있다. 우리 근현대사의 왜곡·굴절된 지형으로 인해, 그동안 우리는 농민혁명의 민족·민중운동으로서의 가치만 주목해온 것은 아닐까. 산업화의 급진전이 자연과 인간에게 미치는 폐해가 심각해지고 이에 대한 반성이 깊어지면서, 현재사회는 환경·인권·생명을 중시하는 새로운 시대정신을 강조하고 있다. 농민혁명은 그와 관련한 가치도 내포하고 있다고 본다. 동학사상의 종지(宗旨)를 이루는 "사람이 하늘이다"(事人如天, 人乃天)는 사상은, 농민혁명 과정에 부귀빈천(富貴貧賤)·노소남녀(老少男女), 적서노주(嫡庶奴主)의 별(別)이 없이 동등하게 예(禮)를 하는 평등 의식(儀式)으로, '불살인(不殺

人)'의 행동강령으로 발현되었다. 이처럼 농민군의 의식(意識)과 행위에는 개개 인간의 권리·생명의 존엄을 중시하는 사람중심의 가치가 짙게 배어 있다. 현재사회가 지향하려는 새로운 시대상과 동질성을 지닌 이런 역사적 경험은, 시간이 흐를수록 민족·민중적 가치 만큼이나 주목받을 것으로 생각된다. 이제 농민혁명에 대한 인식의 폭을 넓혀 그것이 지닌 또다른 보편적 가치에도 눈을 떠야 할 때이다. 농민혁명이 지닌 의미의 확대 재생산 또한 우리에게 주어진 과제가 아닐까 한다.

4. 맺음말

동학농민혁명의 인식과 관련하여 이 땅의 정치권력과 민중은 시기마다 형태와 내용을 달리한 채, 긴장과 갈등을 계속해왔다. 왜곡된 정치권력은 농민혁명을 적당히 통제하며 이용했다. 일제는 식민통치를 정당화하는데 이용하고 반외세성을 철저히 통제했다. 군사정권은 5.16쿠테타, 10월유신 등 중대한 고비마다 상징적으로 혁명성을 이용했지만 그 범위를 제한하며 통제했다. 농민혁명의 현재적·민중적 해석과 계승은 결코 용인하지 않았다. 신군부정권도 농민혁명을 정치적으로 이용하되 그 의의는 박제화했다. 그러나 진보적 대중은 정치권력이 축소·왜곡·박제화시킨 인식을 거부했다. 오히려 4.19혁명 직후, 80년 5월 '서울의 봄'과 같이 민주화의 실현이 절실히 요청될 때면 어김없이 농민혁명을 되살려내고 그 정신을 계승하고자 했다.

'정치권력'과 '민중'의 이원적(二元的)인 인식양상은 90년대 들어 해소되었다. 항쟁 정신을 계승하고자 했던 인식이 절대적 위치를 차지함에 따라 90년대에는 각종 기념행위가 봇물터지듯이 이루어졌고, 각 방면에서 큰 성과를 거두었다. 그리하여 농민혁명은 '자주근대화를 위한 민중의 혁명운동, 민족민중운동의 원천, 현재에 계승해야 할 정신'으로 대중 속에 자리잡았다.

그러나 지금까지의 성과에도 불구하고 농민혁명에 대한 인식과 자세가 완성되었다고 보기는 어렵다. 지역주민은 농민혁명의 가치에 공감하면서도 자신과는 관련없는 일로 인식하고, 정부는 농민군의 반일(反日)항쟁을 서훈(敍勳) 범위에 포함시키지 않고 있다. 기념사업 주체들의 의욕적인 노력이 전개되고 있지만, 농민혁명에 대한 전체적인 인식은 지금도 애매한 위치에 있는 것이다. 기념사업의 추진주체들도 농민혁명에 내재된 가치를 면밀히 읽어내고 의미를 확대 재생산하기 위해 노력하기 보다 알려진 내용, 표면적으로 나타난 현상대로 인식하고 타성적인 방식으로 기념하는데 안주하려는 경향이 있다. 이런 맥락에서, 농민혁명에 대한 인식은 완성이 아니라 시작단계라고 할 수 있다. 그간의 왜곡을 떨쳐내고 이제 막 정상적인 궤도에 진입한 단계가 아닌가 한다.

농민혁명의 진정한 계승과 인식을 위해서는 무엇보다 인식자세의 질적 전환이 필요하다. 농민혁명은 애초 당시 농민들의 삶과 이상(理想)에 관한 것이다. 따라서 농민혁명은 궁극적으로는 삶으로 인식되어야 한다. 교과서에서 배우는 '과거'가 아니라 현재사회 발전의 어떤 전환점이나 계기, 삶과 사회의 올바른 방향성을 독려하는 지침이어야 한다. 이런 요구가 무리한 것일 수도 있지만, 적어도 그 괴리를 좁히기 위한 노력만은 계속 기울여야 한다.

다음으로 농민혁명의 현재적 해석과 실천이 따라야 한다. 당시 농민들이 온 몸을 던져 극복코자 했던 문제들, 그리하여 이루고자 했던 자주·근대의 세상은 시대를 초월한 보편적인 원칙에 관한 것이다. 비록 형상을 달리 하고 있지만, 그것은 현재도 넘어서고 이루어야 할 과제이다. 그들이 지향했던 세상을 오늘에 맞게 실현하려는 노력, 즉 민주·자주·평등의 보편적 원칙을 온전히 실현하고 분단 극복을 위해 노력하는 일이 농민혁명의 진정한 계승임을 인식해야 한다.

끝으로 농민혁명은 장차 어떤 모습으로 인식될 것인지를 지금 염두에 두어야 한다. 산업화의 심각한 폐해에 대한 반성이 깊어지면서, 현재사회는 환경·인권·생명을 중시하는 새로운 시대정신을 강조하고 있다. 농민혁명은 그와 관련한 가치도 내포하고 있다. 동학의 종지(宗旨)인 "사람이 하늘이다"는 사상은, 농민혁명 과정에 모든 개인이 동등하게 예(禮)를 하는 평등 의식(儀式)으로, '불살인(不殺人)'의 행동강령으로 발현되었다. 이처럼 농민군의 의식(意識)과 행위에는 개개 인간의 권리·생명의 존엄을 중시하는 사람중심의 가치가 깊게 배어 있다. 우리가 지향하는 새로운 시대상과 동질성을 지닌 이 역사적 경험은, 시간이 흐를수록 민족·민중적 가치 만큼이나 주목받을 것으로 생각된다.

토론

제 2 - 1 부
동학농민군이 꿈꾼 세상

> **사 회** : 박맹수(영산원불교대 교수)
> **토 론** : 송기숙(소설가), 하우봉(전북대 교수)
> 　　　　須田努(일본, 아시아민중사연구회 연구원)

사회자 : 송기숙 선생님 토론을 시작해주십시오.

송기숙 : 토론 질문하기 전에 여기에 오신 분들 모두 이 전쟁에 대한 관심들이 많은 분이시니까 특히 학자님들하고 같이한 자리이기 때문에 평소에 제가 안타깝게 느끼던 얘기를 먼저 하나 한 다음에 질의를 하겠습니다.

　내가 현장을 돌아다니면서 아주 곤혹을 치른 것이 땅 이름이었습니다. 그러니까 지명이 오지영의 『동학사』나 여기에 나온 지명들이 아예 없는 것이 있고 그리고 비슷하게 나와있는데 그런 이름들이 있어서 이를테면 전적지가 가장 심한데 황토재 전적지도 그렇고 황룡강 전적지, 그 다음에 그런데만 집중적으로 했습니다만 공주전투, 여기는 아주 그야말로 뒤죽박죽 이어서 현장을 구체적으로 상상해 보려면 안맞아요. 그래서 그것 때문에 저는 굉장히 고심을 했는데 이것은 학자들이 정리해 놓아야 할 일이지 소설가들이 해야 할 일이 아닌 것 같아서 이 자리를 통해서 그 말씀드리고요. 특히 그 중에서 문제가 되는 것은 지금 여기에 나온 것만 다르게 썼습니다만 황토현이라는 이름은 순전히 없는 이름입니다. 학자들이 이를테면 문경새재를, 그때는 기록이 거의 한문으로 기록하기 때문에 한자로 쓰려면 조령이라고 쓸 수밖에 없어요. 문경새재를. 황토재도 '재'자를 틔나 령이나 현으로 써야 되지 않겠습니까? 이건 낮은 현이니까 현으로 썼던 겁니다. 제가 조사 다닐 때만 하더라도 그 지방 사람들이 전부가 황토재 혹은 토재 이렇게 나오고 50000분의 1 지도에서도 70년 대 말경에 나온 것에는 토재라고 나오더니 그 다음에는 황토재라고 나왔습니다.

그러니까 다른 것도 중요하지만 특히 이 땅 이름은 표준이 하나있습니다. 사전이에요. 한글학회에서 낸 세권짜리 우리 땅 이름 사전이 있습니다. 이것에 따라야 됩니다. 우금치의 경우도 제대로 쓰려면 우금고개입니다. 이이화 선생님이 지금 안계십니다만 이이화 선생이 찍어 놓은 말이죠. 우금고개 전적지에 대한 안내 그런 것을 할 때 송장배미라고 하는 데가 있는데 거기를 안내해놓은 것을 보면 하나는 우금티 해놓고 하나는 우금치 해놓았습니다. 원래 이름은 우금틔입니다.

유일하게 제가 본 것 중에서는 한글로 쓰여진 기록이 백낙완의 『남정록』인데 거기에 보면 우금틔로 나오는데 틔는 "트" "ㅣ"는, 이것은 언어학적인 얘기가 됩니다만 이것은 틔라고 하는 것이 "트" "ㅣ" "틔" 인데, 티는 치로 변합니다. 구개음화됩니다. 그런데 "트" "ㅣ"는 구개음화가 되지 않고 티로 됩니다. 느티나무가 그러지요! 원래는 느틔나무입니다. 티눈 이 것도 틔눈이죠. 지금도 우리가 이정표를 보면 밤티하는 데가 있어요. 그런데 고개'치'자하고 '티'자하고 이것이 비슷한 관계가 되기 때문에 그런 것인데, 지금도 국립지리원에서는 그걸 구별합니다. 우금치도 제대로 한다면 '티'입니다. 그리고 사전에 올라있는 원이름은 우금고개입니다.

황토현은 아예 없습니다. 지금 도로 이정표에도 황토현으로 굳어 버렸고 또 단체 이름에서도 황토현해서 이것이 황토현이 일반화되어 있는데 특히 농민전쟁 같은 경우 그당시 있었던 사람들의 그대로 이름을 써줘야지 이것은 학자들이 잘못입니다. 장성갈재를 노령이라고 쓴 경우는 몇 군데 있습니다만 갈현이라고 써놓은 경우도 여러 번 보면서 결국 그대로 쓰니까 학자들이 그런 혼란이 왔다고 하는 생각입니다. 그래서 이런 점들은 앞으로 우리 학자들께서 그리고 일반 분들도 이런 문제에 관심을 가져 주시고 학자들께서는 반드시 이런 것은 땅 이름 사전이 있으니까 이걸 찾아보시고 해야 된다고 생각합니다. 이런 점들은 우리들이 상당히 주의해 줘야 될 것 같습니다. 특히 땅 이름의 경우는 이것이 고유명사이기 때문에 이점을 주의해야 될 것 같아서 이 자리를 빌어서 말씀드립니다.

저는 조경달 선생님하고 김정인 선생님에게 한가지 질문을 드리겠습니다. 조경달 선생님께서 평등사상의 구체적 구현이 양반들의 멸살, 하나는 민중의 총양반화라고 하는 말씀을 하셨습니다. 저는 『녹두장군』을 쓸 때, 그러니까 80년대 초에 그 당시의 업적만 가지고 사건정리하고 그 뒤로는 더러 책을 봅니다만 별로 책 볼 기회가 없어서 오늘 연구업적들을 보고 놀랬습니다. 소설을 쓸 때는 구체적인 사실로 써야되기 때문에 특히 이런 부분은 상당히 중요한거라고 생각을 하는데 저는 이 부분이 당시에 얼만큼 성취를 했느냐 보다도 농민혁명이 끝난 다음에 그것이 어떻게 구체적으로 말하자면 그들의 이상, 농민들이나 일반 민중들이 바라고 있는 이상이 어떤 방식으로 실현됐느냐, 달리 말하자면 사회적으로 어떤 변화가 일어났느냐 이것이 대단히 중요하다고 생각하는데 아마 앞으로의 연구에서는 이런 점들이 다음의 사회발전과 관련해서 연구가 되어야겠다는 생각이고요.

특히 소설을 쓰는데는 사회사가 아니면 풍속같은 걸 중심으로 한 사회사가 굉장히 중요한데 이런 점들이 안되어 있기 때문에 두레가 틀림없이 농민전쟁의 소단위일 것이라고, 기초단위일 것이라고 생각을 하고 이것을 조사하는데 그야말로 거의 사람들이 잊어버렸습니다. 그런데 마침 신용하씨가 쓴 두레와 동학의 사회사라고 한 그 논문을 보고는 정말 단비를 만나는 그런 생각이었습니다. 민중의 총양반화라고 하는 이것은 대단히 중요하다고 생각합니다. 그 뒤로 양반화가 구체적으로 어떻게 실현됐느냐 하면 민중들이 이를테면 허생원과 조선달 이렇게 부릅니다. 장돌뱅이들인데. 생원이나 선달은 옛날 벼슬이름 아닙니까? 양반들끼리 쓰는 이름이에요. 과거시험에 합격해 가지고 아직 관직에 안나간 사람보고 처사라고 하는데 대충 그런 사람인 것을 그냥 "어이 김생원" 지금은 별로 잘 안쓰입니다만 옛날에 김생원 이생원, 지금은 사장이니 선생이니 조금 높여서 부를려면 이렇게 하지요. 그런 식으로 변해 왔다고 생각합니다.

그래서 이런 부분이 어떤 사례를 근거로 했는가에 대해서 저는 상당히 관심이 있습니다. 그래서 조경달 선생님께 그 부분에 대해 구체적으로 자료가 있으신지 그것이 제가 하고 싶은 질문입니다.

김정인 선생님께서 말씀하실 때 국채보상운동 같은 것에 참여한 것이 그야말로 여성들의 지위향상에 대단히 중요한 역할을 했다고 하던데요. 여기서도 저희 동네는 아주 민촌중의 민촌인데 거의가 택호를 가지고 있어요. 아마 택호도 그 뒤의 영향이 아닐까 싶습니다. 아무개 양반, 김제 양반, 전주택하는 것들이 말이죠. 그런데 그것은 앞의 범주에 속하는 것이고 저도 많은 자료를 읽어보면서 여자들이 어떤 관계를 했던가에 대해서 아무리 그런 얘기가 전해지는가 봐도 현장에서는 그런 얘기를 전혀 듣지를 못했습니다.

그랬는데 실제로 농민군들이 다닐때는 말이죠. 산에 가서 게릴라전투 전쟁하듯이 그런 것이 아니고 거의가 동네로 갔습니다. 그리고 밥같은 것 해 먹을때는 말하자면 가마솥 큰 것 있지 않습니까? 이런 것에다 했을 것이고 차일 갖다치고 울타리처럼 막아가지고 오래 주둔할 때는 그랬을 것 같아요. 그러면 그때 여자들이 나와서 할 일이 상당히 많았을 것 같습니다. 밥하고 옷 같은 것 기워준다거나 할 때 말이죠. 그때는 공주나 그 근방에 있었을 때는 민간인들은 많이 피했을 것입니다만, 말하자면 그런 기여를 했을 것이라고 생각되는데 그런 부분에서 구체적으로 여성들이 참여한 기록을 못봤다고 하셨는데 그런 가정하에서 한 번 관심을 가졌으면 좋겠다는 생각입니다.

조경달 : 갑오농민전쟁후에 평등주의, 평균주의 등 농민들의 이상이 어떻게 실현 되었는가 하는 것은 간단하게 말하면 실현되지 않았다. 그렇게 단적으로 말할 수가 있겠습니다. 당연한 결론이지만. 그래서 일단 갑오농민전쟁때 특히 도소체제 때는 일반적으로는 집강소 시기라고 부르고 있는데 이 도소체제 때는 민중들이 서로가 양반이다. 그런 식으로 했던 자료는 특히 향반들의 일기에 많이 나와있습니다.

그리고 이 보고문에도 인용했습니다만 일화합상(一和合相)이라는 말이 있습니다. 일화합상이라는 말은 향반들의 일기에는 안나오는 말인데 조선국 전라도 순회복명서라는 어떤 일본 사람이 쓴 보고서에 있습니다. 이 보고서는 일본잡지에 나오는 보고서인데 이 보고서 안에 일화합상이라는 말이 나와 가지고 농민들이 서로가 양반이라는 자각을 가지면서 서로를 불렀다고 이렇게 나와있습니다. 그러니까 그때 도소체제때 농민들이 자기들이야말로 양반이다 그러한 생각을 가졌다는 것은 분명히 말할 수가 있겠다고 그렇게 생각을 합니다.

사회자 : 동학농민군의 이상이 결과적으로는 실현되지 못했다고 지금 답변을 해주셨습니다. 여기에 대해서는 여러 가지 논의의 여지가 있을 것입니다. 일단 진행상 답변을 이것으로 마치고 이어서 김정인 선생님께서 답변을 간략하게 해주시기 바랍니다.

김정인 : 제가 동학농민전쟁에서 여성의 역할을 말하면서 송선생님께서 지적하신 부분은 일단 기술을 하지 않았죠. 그러니까 뭐냐면 농민전쟁, 전투에 직접 참여한 부분만을 얘기했는데 실제로 전투에 참여하는 것만이 전쟁에 참가하는 것이냐 라고 얘기할 때는 그것은 아니라고 볼 수가 있어요. 왜 그러냐 하면 일단 동학군의 동학이라고 하는 것은 우리가 동학농민전쟁이라고 얘기하고 갑오농민전쟁이라고 얘기할 때 그게 조직을 빌었느냐 아니면 동학조직을 활용했느냐 이런 논쟁도 있지만, 실제로 동학조직에 기반한건 사실이고 동학조직이라고 하는 것은 말하자면 가족 중에 대표가 가장이 동학도로서 활동을 하지만 가족 모두가 의식을 치르는 그런 가족 중심으로 구성되어 있었기 때문에 그것도 사실 동학의 여성관에서 볼 때 주목해야 되는 부분이거든요. 그랬기 때문에 오히려 전쟁을 피했거나 이랬기보다는 그건 너무나 자연스럽게 동학사의 기록에 녹아져 들어가 있어요. 그러니까 가족단위로 움직였다는 사실 그리고 밥을 해줬다든지 지원을 했다든지 옷을 깁는다든지 선생님이 말씀하신 부분은 아주 자연스럽게 녹아져 들어가서 그게 동학의 조직이 가지는 또 하나의 특성과도 연관이 될 것이고, 나중에 천교도의 교도수를 셀 때 문제가 됐던게

이름이 들어간 사람 말고도 가족이 들어가 있기 때문에 가족단위로 볼 때는 그걸 몇 배 이런 얘기가 있듯이 가족 중심의 신앙생활이라고 하는 것도 상당히 특징적인 근대적인 신앙생활의 초기에 해당되는 그런 부분이라는 생각이 듭니다.

그래서 그런 부분에서는 큰 역할을 했다는 생각이 들고요. 그 다음에 사회변화 부분에서 조경달 선생님이 얘기하신 평등주의는 초점이 양천관계에 놓여져 있지요. 그러니까 신분제를 얘기를 하시는데 만약에 남녀관계를 놓고 보면 어떻게 되느냐, 남녀평등을 놓고 보면 어떻게 되느냐라고 얘기했을 때 우리가 그 사실을 실질적으로 선생님은 구체적인 사료에서 양반. 양반은 지금은 완전히 욕 비슷하게 약간 비하하죠. 부부싸움할 때 쓰는 이양반 저양반이 될 정도로 비하가 돼있지만 그거는 좋게 다 상승했다라고 얘기할 수 있는 그런 것이기는 한데, 사실은 당시에 여성들의 동학에서의 참여를 지금까지는 그 이후의 여성운동과 연결지어 설명하지를 않았어요.

그러니까 그것은 별도이고 그 다음에 그 이후에 나타나는 것은 매우 개화사상에 .입각한 여성운동이라고 파악을 하는 거죠. 그랬을 때 과연 그렇게만 평가가 될 수 있겠느냐 하는 문제를 우리가 생각해 볼 필요가 있다. 사회적인 변화속에서 여성들의 역할이라고 하는, 여성분들에 활동에 대한 자각은 반드시 개화사상 위주로만 되어있는 것은 아니다. 그 동학에서의 활동을 통해서 그 지역에 말하자면 많은 사람들이 어떤 여성의 문제에 대해서 다시 한 번 진지하게 생각해 보게되고 또 갑오개혁에서도 재가라는 문제를 얘기를 할 정도로 그 문제가 농민군이 제기한 문제와 국가에서 제기하는 문제가 크게 다르지 않았다는 점, 여러 가지가 그 이후의 변화에 역량을 두었다면 평등주의가 실현돼느냐 하는 문제를 놓고 보면, 100% 실현되었느냐, 이렇게 놓으면 어떤거든 실현되지 않지 않습니까? 근대 평등자각이 민족의식과 더불어 평등의식 자체가 확산되어 나갔다라고 얘기한다면 의식부분에서는 의미가 있었다라고 이렇게 평가할 수 있을 것 같습니다.

사회자 : 벌써부터 논쟁이 시작되고 있습니다. 조경달 선생님께서는 결과적으로는 실패, 그러나 평등의식이 점점 확대되어가는 그런 측면이라는 점에서는 일정한 성공이라는 문제 제기를 해주셨고요. 김정인 선생님께서 동학조직의 특성을 가족단위라고 지금 말씀해 주셨는데요. 저도 상당히 오랜기간 농민혁명에 대한 연구를 했습니다만 유감스럽게도 저희 학계가 농민군조직 그리고 동학조직의 유기적 관련성에 대해서 사실 연구를 많이 못했습니다. 그런 차원에서 가족단위로 참여하고 있다는 이 지적은 상당히 시사적이고 또 그런 부분에서 송기숙 선생님께서 여성들의 역할이 컸을 것이라고 한 지적과 서로 맞물리는 중요한 답변이라는 생각을 해보고요. 또 하나는 지금까지 왜 그런 부분이 왜 조명되지 못했냐 하는 부분을 김정인 선생님께서는 근대주의라고 하는 것에 우리 연구자들이 매몰돼가지고 우리 여성 운동사에 어떤 새로운 움직임들, 새로운 의식의 발생, 발전 부분을 오로지 서구에서 들어온 개화사상의 영향으로만, 다시 말해서 우리 내부에서 내재적으로 민중들의 레벨에서 또는 그 민중의식을 조직화했다고 하는 동학내부에서 그런 부분을 자생적으로 발전시키고 있는 이런 부분에 대해서는 그 동안에 소홀히 해온 것 아닌가 하는 그런 중요한 문제 제기를 해주셨다고 생각합니다.

　　　두 번째는 하우봉 전북대 교수님께서 질의를 해주시겠는데요. 하우봉 교수님께서는 오랜 기간 동안 한·일관계사를 연구를 하시고 그래서 특히 우리나라의 실학과 또 실학이 일본과 어떤 관련을 갖고 있는가 하는 그런 분야에 독보적인 연구를 하고 계신 분입니다. 하우봉 선생님의 질문을 듣도록 하겠습니다.

하우봉 : 동학농민혁명에 대해서 국내외 전문가들이 다 모이신 이런 자리에서 저 같은 비전공자가 토론한다는 것 자체가 죄송스럽습니다. 단지 이 지역에 있다는 점하고 또 십 수년 전에 동학농민혁명기념사업회의 결성을 준비하는 과정에 참여했다는 그런 인연때문에 토론자로 선정이 된 것 같습니다. 저는 조경달 교수님하고 이진영박사의 논문에 대해 간단히 질문하고 소감을 말함으로써 토론자의 의무를 면하고자 합니다.

먼저 조선생님에 대한 이야기인데요. 조경달 교수님은 동학농민혁명에 관해서 일본에 있으면서 20여 년 전부터 새로운 시각을 제시해 온 연구자이고 재작년 무렵에 『이단의 민중지배 ; 동학과 갑오농민전쟁』이라고 하는 그런 책을 간행했습니다. 조교수께서는 이 저서에서 동학농민혁명에서 민중들의 신분제도의 철폐를 언급했습니다. 그 다음에 평균주의, 이것은 경제적 평등을 뜻하는 건데요. 이 평등주의와 평균주의를 동시적으로 지향했다고 하는 점에서 이 사건을 근대적이라고 보기는 힘들다고 지적하면서 민중의 반근대주의 비자본주의적 노선을 지향했다라고 강조를 했습니다.

민중을 자율적 존재로 보고 그 일상성에 착목한다고 하는 그런 조교수의 독자적인 관점을 이해하지 못한다면 오늘 발표한 논문은 굉장히 오해하기가 쉽다고 생각이 됩니다. 동학이라든지 혹은 농민전쟁이라고 하는 그런 큰 사건보다도 그 속에 있는 민중들의 생각에 초점을 맞추고자 하는 그런 조교수의 접근방법은 이른바 세계사적 발전법칙이나 근대주의론 등에 익숙해 있는 국내의 기존 이해와는 상당히 다릅니다. 사실 저도 오늘 발표문을 읽고 이해하기 어려웠던 점이 적지 않았습니다. 그와 관련해 가지고 세 가지 정도의 질문을 드리고자 합니다.

첫째로는 전봉준과 농민의 이상, 유토피아사상이 양자 모두 일군만민(一君萬民)의 유교적 이상사회라고 파악하면서 단지 그 실현방법을 둘러싸고 괴리가 있었다 라고 했습니다. 또 저서에서는 전봉준의 인식을 전기적 내셔날리즘의 형태로 파악을 하고 있는데 이러한 것은 소위 근대민족국가체제하고는 어떻게 다른 것인지 또 그들이 지향했던 이념은 시대구분적 의미에서는 어떠한 자리를 차지하고 있는지 그 질문을 첫 번째로 드립니다.

두 번째로는 전봉준과 농민층이 이상시하였던 일군만민체제는 19세기 전반기에 실학자인 다산 정약용의 계몽군주론하고 유사하다고 느껴집니다. 또 민중의 총양반화에 의한 평등사회실현 이것도 다산이 이미 갈파한 바입니다. 그래서 다산과 전봉준 및 농민층간에 어떤 사상적 동이점, 같은 점과 다른 점하고 또 그 연계성에 관해서는 어떠한 견해를 가지고 계신지 묻고 싶습니다.

그 다음 세번째로는 전봉준의 노선과 달리 급진적으로 일군만민의 이념을 실현하고자 했던 그 민중들은 구체적으로 누구를 가리키는지 그걸 알고 싶습니다. 그게 과연 그 안에서 지도자가 있을 것인데 김개남노선을 가리키는지 그걸 구체적인 게 있으면 말씀해 주시면 이해하는데 도움이 되겠습니다. 그리고 최제우나 최시형, 전봉준, 손병희 이런 사람들은 민중으로 볼 수 없는 것인지 그 문제도 관련해서 답변을 해 주시면 고맙겠습니다.

그 다음 이진영 박사의 발표에 대한 것인데요. 이박사님 오늘 발표는 동학농민혁명에 관한 인식의 변화양상을 그 사건 당시에서부터 오늘날에 이르기까지 현실사회와 정치권의 조치를 중심으로 아주 실증적이고 구체적으로 제시해 주셨다는 점에서 아주 새롭고 흥미로웠습니다. 오전에 정창렬 선생님께서 해주신 기초강연이 주로 학술사적으로 정리해 주신 것인데 그 논문과 이박사님의 논문을 서로 보완하게 되면 동학농민혁명에 대한 전체적인 것을 개관해 볼 수 있는 좋은 논문이라고 생각이 됩니다. 그리고 전체적으로 연구의 충실한 축적에서 나오는 그런 자신감과 힘이 느껴지는 좋은 발표였다고 생각이 됩니다. 전반적인 내용에 대해서는 저도 동의를 하면서도 아주 작은 그런 부분적인 문제에 대해서 두 세 가지 정도 질문겸 소감을 말씀드리고자 합니다.

첫째로는 시대적 배경 내지는 시대성의 영향을 강조하는 것은 좋지만 연구자가 반드시 거기에 종속되는 것은 아니라고 생각이 됩니다. 예컨대 아까 말씀하신 것 중에 1980년대에 동학농민운동으로 규정한 것을 신군부정권의 역사의식의 부재를 반영한 것이다라고 했는데 그런 측면도 있겠습니다만, 실은 이것은 아까는 동학농민운동이라고 했습니다만 일부 교과서라든지 저서에는 동학농민혁명운동 이렇게도 기술되기도 했는데 이것은 그 당시 학계의 고민을 반영한 그러한 용어이기도 했습니다. 혁명으로 보기에는 미흡하고 전쟁으로 부르기에는 부적절한 측면이 있고 해서 성공하지 못한 혁명 그러한 의미로 이러한 용어를 사용했다고 생각이 드는데요. 요컨대 이 동학농민혁명에 대한 사건규정 자체가 정치적

배경하에서만 이루어진 것은 아니다. 지금도 이 사건에 대해서 '민란'이
라든지 '의거'라든지 여러 가지 다양한 형태로 규정하는 학자들이 있다는
점입니다.

둘째로는 이박사님께서 말씀하고 있듯이 이제 동학농민혁명에 대한 연
구와 인식은 막 정상적인 궤도에 진입하였다 라고 본점 그리고 동학농민
혁명의 현재적 해석과 실천이 따라야 한다라고 하는 점에 대해서도 저도
원칙적으로 동의를 합니다. 그러나 여기에는 위험성도 내포되어 있다고
생각이 됩니다. 즉, 이데올로기적 현황에 따른 그런 박제화의 가능성도
상존한다는 것이죠. 그래서 저는 말이죠. 현재 상황에서 보다 강조되어
야 할 것은 어떤 자유주의 내지는 자유스러운 해석과 실증적 엄격성에
대한 존중이 선행 내지는 꾸준히 보장되어야 한다는 점입니다. 이점에서
조경달 교수가 발표문 말미에서 언급한 바 우리 역시 역사 위에서 꺼림
없이 상대화되는 존재다라고 하는 그러한 개방적이고 겸허한 자세를 견
지해야 될 것으로 생각이 됩니다. 이점 노파심에서 환기하고자 하는 그
런 이야기입니다.

셋째로는 마지막 과제에서 언급한 바인데요. 분단극복을 위한 노력이
농민혁명의 진정한 계승이다라고 하였는데 그런 점에서 이 사건에 대한
이 동학농민혁명에 대한 북한에서의 인식과 평가를 보충했었더라면 하는
아쉬움이 있습니다.

사회자 : 조경달 선생님께서 발표해 주신 내용 가운데 지금까지 저희 한국 국내의
연구자들이 주목하지 못했던 독자적 입장이 있습니다. 민중을 자율적 존
재로 파악하고 있다는 거죠. 그러면서 민중의 일상성에 주목해서 평등주
의, 평균주의 또 동학농민군이 지향했던 이상 그런 부분들을 해석하고
있기 때문에 그런 부분에 대한 일반 여러분 청중들과 또 우리 연구자들
의 이해가 전제될 때 좀더 심도있는 토론이 되지 않겠느냐하는 그런 지
적을 해주셨습니다. 그것만 염두에 두면서 조경달 선생님 간단하게 답변
해 주시면 감사하겠습니다.

조경달 : 질문이 세가지 있는데 어려운 질문입니다. 그러니까 간단하게 말할 수 있을지 자신이 없는데요. 먼저 전기적 내셔날리즘에 대해서 질문이 있었는데요. 이 개념은 제가 처음으로 쓴 개념이 아닙니다. 원래 일본에 수년전에 돌아가신 유명한 역사학자인 마르야마 마사오가 쓴 개념입니다. 마르야마에 의하면 원래 내셔날리즘, 근대적인 내셔날리즘이라는 것은 박제화와 집중화라는 두 가지의 계기를 변증적으로 지향하는데 성립되는 개념이라고 그렇게 설명하고 있습니다. 그런데 근세 반말(半末)에 내셔날리즘을 볼때는 집중화만 강조하고 박제화라는 계기가 없었다. 그러니까 반말의 내셔날리즘은 전기적인 내셔날리즘이었다 그렇게 설명하는데요. 그걸 참고로 할 때 갑오농민전쟁때 민중운동의 근대적인 내셔날리즘이 있었느냐하는 그런 문제의식이 저에게 생겼습니다.

박제화라는 개념은 간단하게 말하면 의회제라고 할 수가 있겠습니다. 그리고 집중화라는 그 말을 간단하게 말하면 일군(一君)에 대해서 중앙권력 혹은 국왕에 대한 기대심이 강한 상태를 집중화라고 말할 수가 있겠다고 보는데 역시 갑오농민전쟁때는 국왕에 대해서 많은 환상이 있었고요. 민중들이, 전봉준도 그랬지만 근대적인 의회제에 대해서는 지식도 없었다고 그렇게 생각을 합니다. 그러니까 그때 내셔널리즘을 '전기적'이라고 부를 수가 있다고 그렇게 생각을 합니다. 그리고 다음에는 시대구분적으로 전기적인 내셔날리즘의 단계가 어떤 단계인가 그러한 질문이었는데 이것은 진짜 어려운 질문이고요. 어떻게 설명하면 될까 자신이 없는데 근대라는 시기가 생기기전에 나타나는 이념을 전기적인 내셔날리즘이라고 부를 수가 있다고 그렇게 설명해 놓겠습니다.

그리고 두 번째 질문이었는데 다산사상하고 전봉준 등의 농민들의 사상이 닮았다는 질문이었습니다. 저도 그렇게 생각을 합니다. 일반적으로도 전봉준이 다산사상을 계승했던 것은 지금까지도 사료적으로 부족감이 있기는 하지만 그런 설명이 있었다고 봅니다.

그리고 마지막 질문이었는데 이것도 역시 어려운 질문이었는데요. 민중이 구체적으로 누구인가라는 질문이었다고 보는데 저변적인 민중 이런 사람들은 저는 먼저 저변적인 민중들을 문제로 삼아 생각을 해야 된다고 봅니다. 전봉준이 진짜 그러한 저변적인 민중들을 대표하는 사상가였느냐 하면 문제가 있고요. 전봉준과 민중들의 생각 혹은 사상은 역시 많은 다름이 있었다고 저는 생각을 하고 있습니다. 그러니까 전봉준은 민중들이 급진화되는 방향을 봤을 때 민중들에 대해서 비방하는 마음이 많이 생겼다고 그렇게도 생각을 하고 있습니다. 그런데 그러면 민중들이 나쁜 짓을 했느냐 하면 그렇지도 않습니다. 역시 혁명상태가 갑오농민전쟁시기였다고 생각을 합니다. 그러니까 그러한 혁명상태에서는 그러한 급진적인 일이 많이 생기는 것은 당연하지만 그래도 전봉준 자신은 자기는 역시 양반이라 할까 전봉준 경우는 양반이라 하기보다 자기는 선비라는 강한 의식이 있었던 사람이라고 보고 있는데요. 그러한 선비라는 것으로 농민들을 볼 때는 역시 농민들이 문제가 있는 존재라고 그렇게도 생각을 했다고 봅니다. 그래서 김개남 같은 사람은 전봉준보다 어떻게 보면 민중들의 지지를 받았던 사람이라고 할 수가 있겠지만 현대적인 말로 하면 뭐라고 할까 포퓰리스트같은 사람이라고 저는 그렇게 생각합니다. 최근에는 그 이름으로 해서 포퓰리스트가 많이 있는데요. 도쿄 도지사 이시하라 같은 그러한 분위기가 있는 사람이라고 저는 보고 있습니다. 일단 이상으로 답변을 마치겠습니다.

사회자 : 전기적 내셔날리즘과 근대민족국가라고 할까요, 또는 국민국가와의 그런 관계에서 전기적 내셔날리즘으로 전봉준 또는 동학농민군들에게서 나타났던 사상을 설명하고 그 근거로써 집중화, 박제화의 개념, 마르야마 마사오선생의 그런 배경을 설명해 주셨고, 그 다음에 다산과 정약용의 관계에서는 이미 논의가 됐었지요. 북한에서 최익환 선생님이신가요? 그분의 연구에서 『강진현지』라고 하는 것을 인용해 가지고 그런 이야기를 다룬 적이 있었습니다. 그 정도만 답변을 해주셨고 저변민중과 전봉준의 의식에는 차이가 있다 이렇게 말씀을 해주신 걸로 요약하고 이진영 선생님께 답변을 듣는 시간으로 하겠습니다.

이진영 : 하우봉 교수님 지적 내용에 대해서는 모두 공감을 합니다. 그래서 특별

히 여기에 대한 반론이 아니고 다만 제가 이런 뜻에서 이렇게 논지를 전개했습니다 하는 뜻으로 제 논지를 변호하는 차원에서만 말씀을 드리겠습니다. 동학농민운동이라고 하는 공식용어 이것의 애매성 이것과 관련해서 하선생님께서 지적을 해주셨는데 제 생각은 이렇습니다.

80년대는 발표시간에도 말씀을 드렸던 것처럼 독재에 대한 항쟁이 시대적 주류를 이루었고 그 과정 속에서 학술영역에서도 사회 민주화에 기여를 해야된다 하는 것이 강하게 인식되면서 민중사학이 등장을 했지요. 그러면서 다른 어떤 주제보다도 농민혁명에 대해서 폭발적인 연구가 이루어졌습니다. 역사 속에서 민족민중운동의 뿌리를 한 번 찾아보자 이런 인식차원이었겠지요. 80년대의 그런 정치적인 상황에서 농민혁명이 폭발적으로 연구되었다고 하는 그 자체가 독재에 대한 저항이라고 하는 정치적 의미를 이미 담고있는 것이라고 생각을 합니다. 이런 연구상황 속에서 80년대 농민혁명에 대한 연구는, 전체적으로는 아니지만 주경향은 농민전쟁이라고 하는 용어를 사용했습니다. 그럼에도 역사학계는 농민전쟁이라는 용어를 공식 용어로 사용하지 않았습니다. 그것은 농민전쟁이라는 용어가 변혁운동이나 민중운동의 성격이 강조된 것이었고 그런 용어 사용에 대한 정치적 부담 때문에 공식적인 용어 사용에서 배제되었던게 아닌가 하는 입장을 가지고 그런 정리를 해본거고요.

그 다음에 두번째로는 정말 생각하기 따라서 아주 큰 지적이십니다. 농민혁명의 가치는 정말 대단한거지만 그렇다고 거기에 매몰돼서는 안된다, 냉정하게 있는 대로 평가하고 그에 맞게 인식해야 하는거 아니냐, 내용에 합의하지 못했다기 보다는 너무 흥분한 것일 수도 있다. 이런 뜻으로 해석이 됩니다. 그건 매우 적절한 비판이라고 생각합니다. 저도 이 생각에서 크게 다르지 않습니다. 이 생각이라는게 뭐냐면 발표시간에도 말씀을 드렸지만 고착화시켜서는 안된다, 타성적으로 기념해서는 안된다, 우리지역에서도 농민혁명이 일어났다고 하는 증언이 있으니까 그러면 우리도 기념탑 세우자, 이런 관습적인 방식으로 기념이 되어서는 안된다는 것이지요. 이렇게 자꾸 정형화되고 타성적인 방식으로 흘러가지 않도록 경계해야 되는게 현단계의 과제라고 생각합니다. 그리고 그렇게 의미를 가두지 말고 고착시키지 않은 상태에서 그 유적과 사건이 가지고 있는 내재한 가치를 실증적으로 고찰하고 거기에 맞는 고유한 방식으로 기념하는 것이 정말 역사적 사건 또는 그 유적의 의미를 살려내는 것이다고 발표를 했던거고요.

이것과 관련해서 하나의 사례를 말씀드린다면 80년대에 농민혁명에 대한 연구가 확대되고 있는 상황 속에서 80년대말 아주 특이한 연구가 이루어졌죠. 전라도지역도 아니고 경상도지역에 관한 사례연구, 그것도 농민군의 활동에만 집중되지 않고 그 지역의 농민군에 반대했던 유회군의 활동을 동시에 연구했던 신영우 교수님의 연구가 그것입니다. 농민군만 인식하고 기념해서는 그 역사성이 가지고 있는 그 풍부함에 다가설 수가 없습니다. 오히려 농민군과 반대해서 생각하고 활동했던 사람들의 내용까지 같이 하나의 세계 속에서 조명할 때 우리는 그야말로 농민혁명에 대한 풍부한 이야기, 농민혁명에 대한 풍부한 해석을 내릴 수 있을 것이다 이런 생각을 하거든요. 그것의 결과가 긍정적이든 부정적이든 거기에 맞게 기념하면 정말로 그 역사가 가지고 있는 역사성에, 그 고유성에 맞는 방식으로 기념되는 것이 아닌가 이렇게 생각합니다.

그리고 세번째 북한의 인식과 평가에 대해서는 제 역량이 미치지 못한 부분도 있습니다만, 애초에는 이 대회의 기획에 북한측 발표가 들어 있었습니다. 그래서 중복을 피하기 위해서 넣지 않았습니다. 나중에 논문으로 완성할 때는 고려하겠습니다.

사회자 : 스다 스토모 선생님의 논평이 있겠는데요. 스다 스토모 선생님께서는 현재 일본 와세다대학에서 전임강사로 계시고 일본의 민중운동 특히 근대에 들어선 일본의 민중운동 또 한국 또는 중국의 근대민중운동을 국내적 차원이 아니라 동아시아적 차원에서 보자고 하는 관점에서 수년 전부터 와세다대학이 중심이 돼가지고 아세안민중사연구회가 발족이 됐는데, 거기에서 사무국 일을 하시면서 이런 동아시아적 차원에서 3개국의 민중운동을 바라보는 또는 연구해 온 많은 경험을 갖고 계십니다. 오늘 우리 토론에서 부족했던 일본과의 관계라든지 중국과의 관계 이런 부분에 대

한 많은 의견들도 계시리라고 생각이 됩니다. 스다 스토모 선생님의 논평을 듣도록 하겠습니다.

스 다 : 일본에서 온 스다입니다. 아시아민중사연구소에 소속되고 있으며 97년부터 일본, 한국, 중국과 함께 19세기의 민중운동을 중심으로 여러 문제를 연구해 왔습니다. 또한 저 스스로 19세기의 민중운동을 중심으로 연구를 하고 있습니다. 그러한 관점에서 일본의 민중운동도 연대해서 발언을 하겠습니다. 국제심포지움에서 제가 코멘트 할 기회를 주신 데에 대해서 영광스럽게 생각합니다 근데 지금 제가 말씀드릴 의견은 일본민중운동의 전체를 나타낸 의견이 아니라 제 개인적인 의견이라는 것을 전제해 놓고 말씀드리고 싶습니다.

개별적인 말씀으로 들어가겠는데요. 우선 김선생님 말씀에 대해서 잠깐 제 의견을 말씀드리고 싶습니다. 아시아민중사연구소는 작년에 동아시아지역의 19세기 젠다의 문제를 하나의 테마로 다루는 연구소를 열었습니다. 흥미 깊게 오늘 발표들었는데요. 동학의 여성관, 지배존속을 중시해서 그 가운데서 여성이 어떻게 해야 하는가라는 문제제기 그리고 동학의 전쟁에 있어서는 오히려 국가, 민족의 존속을 위해서 여성이 어떻게 역할을 맡아야 하는가 그래서 현모양처의 개념이 중요시되었다 하는 말씀이 나왔는데요. 이런 점에서 김선생님이 역사의 조건을 중시하지 않는다면 여성사라든가 젠다의 문제를 얘기하기가 어렵다라고 말씀을 한다는 것은 이해할 수 있습니다.

그런데 그 가운데에서 한가지의 의문이랄까요. 제 느낌은 여성의 주체적인 위치가 어떠했는가 라는 것이 있습니다. 즉, 동학안에서 있던 여성, 동학이 여성을 어떻게 보고 있었느냐 하는 문제는 알았지만 동학에 주체적으로 참가하고 있었던 여성들은 어떠한 의식을 가지고 참가를 해갔는가 하는 것을 더 알 수 있다면 더 재미있었을 것 같습니다. 그리고 김선생님은 미국적인 젠다론이 아니라 동아시아적인 젠다론을 제기한다는 말씀을 하시고 있는게 아닌가라고 저는 이해를 했습니다.

그리고 이선생님에 대한 코멘트인데요. 동학농민전쟁의 100년간의 인식의 변형에 대해서 실증적으로 말씀해 주셔서 공부가 되었습니다. 일본의 이른바 메타히스토리라는 움직임이 있는데요. 일본의 민중운동에서도 예를 들어서 농민봉기의 리더가 계속 인식되어 오고 논의가 되어오고 기억돼 오고 있습니다. 메타히스토리를 가진다고 하는 것은 일본에서도 일어나고 있습니다. 오늘 말씀에서도 그렇습니다만 그 메타히스토리라는 부분에서 역사인식, 학자의 역사인식이라는 것이 얼만큼 중요한가 하는 것을 더 알 수 있게 되었습니다.

예를 들어서 오늘 오전 중 논의도 있었습니다만 일본에서 일어나고 있는 역사수정주의의 문제, 교과서를 둘러싼 우경화된 교과서 그러한 것이 등장을 하고 있는 이 상황은 무엇일까? 여러분 생각을 해야 한다고 생각합니다. 우리들은 무엇을 하고 있냐면요. 그 역사수정주의에 대해서 하나 하나 사실이 이상하다 라는 것을 얘기하는 것도 중요하지만 어떻게 하면 우리가 우리들이 입각한 역사인식에 의해서 지금 역사관을 제기를 해가야 하느냐가 중요하죠. 그래서 그러기 위해서는 메타히스토리칼한 그러한 접근방법, 그 상황에서 역사학자가 거기에 위치지워진다고 하는 것을 인식하면서 민중운동을 바라봐야 한다는 것을 오늘 제가 느꼈습니다.

그리고 마지막으로 조선생님과 최선생님께 말씀을 드리고 싶은데요. 조선생님은요, 새로운 민중운동사를 어떻게 바라봐야 하는가에 대한 제언을 하셨다고 생각하고 있습니다. 일군만민 이런 보국안민이라는 키워드를 제시했지만 조선생님이 가장 얘기하고 싶었던 것은 민중고유의 논리, 민중고유의 심성을 얘기해야 한다는 것을 강조하고 싶었던 것입니다. 그것도 동아시아의 안에서 말이죠.

그리고 최선생님의 말씀 제가 오늘 처음 들었는데요. 새로운 민중문화는 어때야 하는가에 대한 얘기였던 것 같습니다. 그럴 때 서양근대를 통해서야 말로 진정한 메리트가 나온다는 것 그리고 세계사적인 관점이 항상 필요하다는 아주 무거운 제언이었다고 생각을 했습니다.

네 분의 보고를 듣고 드리고 싶은 얘기는 정치사라든가 행정사의 분야가 아니라 민중사, 민중사상사, 민중운동사라는 분야는 하나의 국가라는 영역을 넘어서서 서로 영향을 주면서 연구를 해가야 하는 분야라고 하는 것입니다. 그럴 경우에 서유럽적인 개념을 지금까지는 적용을 해 왔지만 그 모순이 80년대 이후 나왔기 때문에 서유럽적인 개념, 유럽적인 근대주의로부터 자유로워져서 아시아에서 어떻게 이 문제를 제기해야 하는가, 역사의 구체적인 사항을 어떻게 정의해야 하는가를 강하게 호소해야 된다고 생각합니다. 그러한 점이 민중사, 민중운동사, 민중사상사라는 분야에서는 동아시아로부터 발신할 수 없을까, 한 번 저희도 생각을 해 오고 있었는데요. 일본에서는 이와 같은 생각은 이단시로 취급되어서 동의를 좀 얻기 어려웠는데, 오늘까지는 발신할 수 없을 거라고 생각했었는데 국제회의에 참가를 해서 듣고 보니 민중사, 민중운동사 동아시아에서 발신할 수 있지 않을까 라는 식으로 생각이 바뀌었습니다. 근데 이거는 쉬운 일은 아니고 이러한 국제회의라는 장에서 여러 가지 성과를 축적시키는 가운데에서 동아시아의 특성, 거기서 무엇이 나오는가? 동아시아의 19세기의 특성이 무엇이냐 그것을 정의해야겠지요. 농민전쟁에 대해서는 저는 잘 모르기 때문에 논의하기도 어렵습니다만 제 생각을 말씀드렸습니다.

사회자 : 일본내에서 97년부터 3개국의 민중운동, 특히 19세기의 민중운동을 유럽식의 개념, 서양에서 들어온 개념이 아니라 우리 동아시아의 차원에서 세계로 발신할 수 있지 않겠느냐 그런 고민을 갖고 상당히 어려움 속에서 학문연구를 해오시다가 어떻게 보면 어려운 상황이 아닌가 이런 생각을 하셨는데 여기에 오셔가지고 가능하다라는 확신을 느끼셨고, 그러나 그건 1회, 2회 이런 노력으로는 안되고 상당히 많은 노력을 거듭해 가면서 특히 이런 국제적 노력을 거듭해 갈 때 우리 동아시아적 차원의 의식, 개념으로 세계사 속의 19세기 민중운동의 의미를 발신할 수 있겠다 그런 말씀을 해 주셨습니다. 네 분 간단하게 답변을 해주시면 고맙겠습니다. 최원식 선생님께서 먼저 간략히 답변해 주시기 바랍니다.

최원식 : 아무도 질문 안했는데 스다 선생님께서 질문해 주셔서 대단히 감사합니

다. 사실은 저의 고민도 지금 스다 선생님 말씀하신거와 거의 같습니다. 저는 오늘 발제문에서 우리 문학이 농민군에 제대로 다가서지 못했던 것이 좌파와 우파를 막론하고 서구근대주의 담론에 집힌 결과라고 말씀드렸습니다. 그렇다고 그래서 서구근대주의 담론에 대해서 또 반대의 편향이 있었습니다. 일본의 아시아주의가 또한 서구근대주의에 대한 반론이었다고 생각합니다.

근대 일본의 아시아주의라는 것이 서구를 배제한 아시아주의가 또한 서구근대주의 담론의 역모방이라는 점, 그래서 아시아주의와 서구근대주의가 사실은 일본의 아시아주의의 경험에 있어서는 근본적으로 제휴하고 있다는 점을 생각하면 서구근대주의를 비판하되 또 아시아주의로 그냥 넘어가는 것 역시 그것도 우리가 경계해야 될, 그 점에서 저는 말하자면 근대주의와 아시아주의의 경계 사이를 헤아리면서 근대라는 것에 일변 적응하면서 극복을 생각하면서 일변 적응하는 이것을 근대 더블 프로젝트라고 우리 근대의 이중과제라는 말을 사용하고 있습니다. 하여튼 어려운 일이지만 서구근대주의에 대한 단순한 반대도 아니고 또 아시아주의에 대한 단순한 추종도 아닌 그 사이를 가로지르면서 근대의 이중과제를 적절히 성취하는 일 그것이 우리에게 주어진 과제라고 생각하고, 그때에 있어서 서양이 위기에 부딪히면 고대 희랍 라틴으로 돌아가서 거기서 새로운 갱신의 자양을 찾듯이 우리가 근대를 적응하면서 근대를 극복하는 일에 있어서 동아시아인에게 맡겨진 일 중의 하나는 바로 우리는 우리식대로 우리의 자양, 우리의 전통적인 지혜로부터 또 우리식의 근대 극복의 모델을 내놓을 적에 그게 세계사적 기여가 되지 않을까 해서 저도 스다 선생님이 말씀하신대로 동아시아발 근대극복의 메시지를 민중사를 중심으로 해간다는 점에 동의합니다. 함께 노력했으면 감사하겠습니다.

조경달 : 스다 선생님의 질문은 질문이라기 보다는 코멘트였던 것 같은데요. 제가 민중의 심성을 명백히 하고자 한다라는 코멘트가 있었는데요. 말씀하신대로입니다. 제가 가장 규명을 해야 한다고 생각했던 것은 민중운동이라고 하는 비일상적인 측면을 보면서도 비일상적인 논리속에 일상성을 모

색해 가는 것이 중요하지 않는가 하는 것이었습니다. 민중이라고 하는 것은 태어나서 죽음에 이르기까지 50년내지 80년정도 시대를 삽니다만 계속 투쟁을 하고 있는건 아니지요. 투쟁하는 시기는 죽을 때까지 몇번 정도 있으면 괜찮은 편이겠지요. 민중은 항상 투쟁하는 존재라는 것은 하나의 허구위에 성립되어 있는 이미지입니다.

물론 불만이라고 하는 것은 일상적으로 갖고 있지만 그러한 불만을 가지는 민중이 어떠한 시점에 있어서 한꺼번에 봉기를 하는 것은 도대체 왜인가라는 것을 명백히 하지 않는다면 안된다고 생각했습니다. 그래서 일상적인 생활 가운데에서 민중이 도대체 어떠한 생각, 고뇌, 환상을 가지면서 고난의 길을 걸어갔는가 하는가에 대해서 운동이라고 하는 일상성 속에서 찾아가는 작업이 앞으로 인정을 받아야 한다고 생각을 합니다. 그것은 스다씨가 지적하신 바와 같이 동아시아적인 규모, 세계사적인 규모에서 생각을 해나아가야 한다고 봅니다.

김정인 : 여성의 주체적인 시각에서 동학을 어떻게 보아 왔는가라는 문제는 저는 사실은 서술이 불가능하다고 생각을 합니다. 그리고 동아시아 젠다론을 애기를 하셨는데요. 지금까지 서구의 근대주의적인 시각에 대한 반대가, 서구라는 단위의 반대가 동아시아는 저는 아니라고 생각을 합니다. 왜냐하면 서구라고 하는 것을 우리가 지금까지 보편주의적으로 사고했기 때문에 그 보편주의적인 속성들을 개별단위로 적용해서 근대성을 추출해 내는 방식으로 지금까지 역사연구가 진행돼 온것에 대해서 반성하는데는 동의를 합니다. 그런데 문제는 뭐냐면 반드시 보편이라는 것은 개별에 적용하기 위해서 존재하는 것이 아니고 개별성속에서 개별성 각자의 개별적 특성을 연구해 내는 가운데에서 보편성이 추출될 수 있는 방법이 가능하다고 생각을 합니다.

그리고 민족과 국가를 넘어서라는 애기를 쉽게 하는데 저는 늘 농담처럼 애기하지만 거칠부가 국사를 쓴 이후로 우리나라는 2000년이 넘게 국가단위로 역사를 서술해 왔습니다. 그래서 지금 현재 국가를 넘어서자고 주장하는 사람들이 굉장히 많은데 그것은 반드시 우리나라의 근대역사학에 대한 반성이 아니라 우리나라 역사서술체계 전체에 대한 혁명적 발언입니다. 사실은 그게 우리나라가 가지는 역사학의 특징이죠. 그걸 과연 감지해 내서 우리나라 역사 전체체계를 국가가 아닌 민중단위로 서술해 낼 수 있겠느냐에 대해서 상당히 회의를 갖고 있습니다.

마찬가지로 여성이라고 해놓고 그 여성이 왜 또 동아시아로 국한이 되어야 되는가 라는 문제에 대해서는 저는 그렇게 봐서는 안되고, 문제는 뭐냐면 우리가 그 동안 보편을 개별에 무차별적으로 적용하는데 반성을 한다면 개별적으로 한국이나 중국이나 일본 그리고 지금은 남한이지만 북한까지 포함을 해서 그리고 더 나아가서는 베트남도 포함이 돼야 된다고 생각해요. 만약에 유교문화권이라면. 그랬을 때 각 나라에서 정말 근대 19세기의 민중운동사에 여성이 어떤 역할을 했는지에 대한 개별적인 연구가 축적된 가운데서 만약에 공통적으로 보편성, 그러니까 동아시아로 묶어질 수 있는 보편성이 추출이 된다면 거기서 우리가 동아시아라고 하는걸 놓고서 또 한 번 얘기할 수 있는 것 아닌가, 말하자면 동아시아를 서구적인 중심의 반대에다 바로 이렇게 환원시켜서 설명하는 방식에 대해서는, 저 개인적으로는 여성문제이든, 민족문제이든, 국가문제이든, 민중문제이든 그렇게 보는 것에 대해서는 지금의 시기는 개별적인 연구를 통해서 지금도 지금 나타나는 양상이 다 다른데 개별적인 연구를 통해서 그 공통점을 추출해가는 방식이 우리가 서구중심에 근대주의를 극복하는 진정한 길이 아닐까 생각합니다. 그 대안으로 바로 동아시아를 하나로 묶을 수 있느냐에 대해서는 아직까지는 심각하게 고려를 해보고 좀더 노력을 한 다음에 평가 내릴 수 있는 것이다라고 저 개인적으로 생각하고 있습니다.

사회자 : 발제에서 저희들에게 많은 과제도 주시고 또 지금까지 우리 한국에서 동학농민혁명에 대해서 오랜 기간 연구를 해오신 정창렬 선생님께서 남다른 감회가 계시리라고 생각이 됩니다. 정창렬 선생님께 우선 짧막한 발언 질문 기회를 드리겠습니다.

정창렬 : 조경달 선생님 말씀에 질문을 드리고 싶습니다. 조선생님의 하는 방식을 저도 많이 배우고 계몽을 받고 있습니다만 오늘 하시는 말씀에서도 특히 제 인상으로는 민중의 일상성, 일상적인 생활, 일상적인 생활의 여러 디 테일한 국면을 그런 걸 강조하시면서 민중의 비일상적인 국면에서의 행 동이라든지 사상, 그것보다는 오히려 일상적인 쪽을 강조하시는게 아닌 가 하는 그런 인상을 받게 되는데 저는 그 점에서는 조금 다른 생각을 가지고 있습니다. 우리가 개인의 인간적인 면에 있어서도 개인의 삶에 있어서도 주변으로부터 객관적인 조건에 의해서 강요당하는 어떤 자기 행동을 선택해야 되는 그런 국면이라든지 자기가 자기 삶을 살아가는데 있어서 한계 상황적인 국면 이런 것이 그 사람의 본질이라든지 그 사람 에 사람됨 그런 것을 가장 전형적으로 나타낼 수 있는 국면은 그런 국면 이지 않는가. 그 사람의 인간적인 능력, 본질, 가능성은 오히려 일상적 인 면보다는 그런 쪽이 더 가능성을 많이 발휘하고 가능성이 부족하다면 제한된 면을 더 정형화시키지 않는가 하는 그런 점에서 볼 때 농민전쟁 이라는 이런 연구에 있어서도 민중이 행동을 선택을 강요당하고 또는 자 기 스스로의 주체적인 결단에 의해서 자기행동을 선택하고 하는 그런 국 면들을 더 많이 강조하고 그래야 되지 않을까, 그렇게 된다면 저는 또 오늘 조선생님 말씀 중에서 전봉준과 농민민중의 이질성, 차원이 다르고 각각 꿈꾼바 세상이 달랐다 하는 그런 점을 많이 강조하시는게 아닌가 하는 인상을 받았는데 저는 전봉준의 꿈, 유토피아가 민중들의 유토피 아, 꿈을 집약화하고 정형화시키고 하는 그런 측면도 보다 더 중요시 해 야되지 않을까 하는 그런 인상을 받았습니다.

사 또 : 아주 유익한 발표를 잘 들었습니다. 질문입니다. 조선생님 말씀 중에서 동학에는 세 가지 측면이 있다라고 생각을 하고 있습니다. 한가지는 종 교탄압을 계기로 국가권력에 대해서 어떠한 사상을 가지게 되었는가 하 는 측면과 또 한가지는 중간세력이 어떻게 사람들을 수탈을 했는가 하 는 측면과 또 한가지는 내셔날리즘과 관련이 있습니다만 일본에 대해서 민족주의적인 측면과 관련이 있다고 생각을 하는데요. 오늘 말씀은 일

군만민론으로 두 번째 문제가 주류를 이룬 것 같습니다. 그렇게 되면 농민혁명이라는 말 자체가 아마도 공중에 붕 떠버리는 느낌이 듭니다. 그렇게 되면 그 세 가지 측면을 함께 합치면 앞으로 동학당 그리고 농민들은 권력이라는 것을 어떻게 인식을 하고 있었는가 라고 생각해야 좋은지 저는 혼란스러워졌기 때문에 간단하게 말씀해 주시기 바랍니다.

사회자 : 지금 시간관계상 두 선생님으로 부터의 충분한 답변을 듣기가 어렵습니다. 시간관계상 유감스럽게도 여기 이 자리에서는 못할 것 같습니다. 개인적으로 답변을 받으시면 될 것 같습니다. 대단히 죄송스럽게 생각을 합니다. 널리 양해해 주셨으면 합니다. 대단히 감사하고요. 발언해 주신 내용은 저희가 책자로 만들어서 아주 구체적으로 정리해서 구입하실 수 있도록 조치를 하겠습니다.

지금까지 동학농민혁명 107주년을 기념하는 제 2 - 1 부 동학농민군이 꿈꾼 세상을 중심으로 네 분의 발표와 세분의 토론 그리고 여러분의 질의를 들었습니다. 여기서 저희가 확인한 것은 지금까지 107년이 흘렀습니다만 연구의 성과를 총괄하고 특히 이제는 동학농민혁명을 단순한 한국 내에서의 사건이 아니라 그 내재적인 발전의 방향에서 또 그런 특성이 유사한 동아시아적 차원에서 3개국이 국경을 넘어 가지고 보다 더 깊은 논의와 다양한 논의를 해나가야 되지 않겠느냐 하는 그런 보이지 않는 공감대가 형성이 된 것 같습니다. 또 하나는 이런 논의과정에서 그동안에 100년 이상의 연구가 서구로부터의 어떤 영향이라든지 또는 상식화된 개념에 의해서 우리 사회의 내재적인 특성을 충분히 밝혀내고 그것을 대중화하는 이런 작업에 소홀히 해왔지 않는가 하는 이런 지적도 함께 이루어졌습니다.

그리고 또한 스다 선생님께서 대단히 중요한 지적을 해 주셨는데요. 지금 일본에서는 역사를 수정하려고 하는 물론 우리 한국에서도 수정주의가 있습니다. 박정희를 재평가해서 새롭게 긍정적으로 서술하려고 하는 시도가 이루어지고 있는데 그런 부분에서 지금까지의 역사가들의 역할에 대한 겸허한 반성과 아주 정확하고 구체적이고 한 이 내용들을 좀

더 대중적 차원에서 재미있게 읽는 역사학으로 역사가들이 새롭게 해내지 않으면 우리가 역사를 왜곡하는 세력들 앞에서 대응해 가는데 한계가 있지 않겠느냐 하는 이런 구체적인 지적까지도 해 주셨습니다. 그런 부분에서도 역시 일본과 한국이 의식을 공유하지 않겠냐 하는 것을 확인하는 장이 되었다고 생각합니다.

  긴 시간 발표 그리고 토론을 경청해 주신 모든 분들께 감사의 말씀을 드리면서 제 2 - 1 부 동학농민군이 꿈꾼 세상에 관한 발표토론 모두 마치겠습니다.

제 2 – 1 부 발표 및 토론

동학농민혁명의 동아시아사적 의미

제 2 - 2부 일본제국주의와 동아시아인의 인권

일본군에 의한 최초의 동아시아 민중학살

- 동학농민전쟁, 청산되지 않은 가해 책임 -

井上勝生
홋카이도대학 교수

1. 홋카이도 대학에 방치되어 있던 '동학수괴(지도자)'의 유골

1995년 7월 홋카이도 대학(北海道大學) 문학부를 정년 퇴직한 한 교수 (문화인류학)의 연구실을 정리하던 도중에 헌 신문지에 싸인 채 종이 상자에 넣어져 방치되어 있던 유골 6구가 발견되었다.

그 중 1구에는 "한국 동학당 수괴(지도자)"라고 붓글씨로 씌어져 있었으며 '촉루(해골)'라는 제목의 문서가 끼어져 있었다. 문서에 씌어 있었던 내용은 전라남도 진도에서 수백명의 「수창자(首唱者)」가 살해 당하여 그 시체가 길에 방치 되어 있었으며("시체가 길을 가로 막기에 이르렀다") 지도자는 '효수 (梟首)' 되었는데 유골은 바로 그 중의 하나로써 섬을 시찰하던 중에 '채집'하였으며, '채집'한 날짜는 "메이지39년(1906년) 9월 20일", 채집자의 이름은 "사토 마사지로(佐藤政次郎)"라는 놀랄 만한 사실이었다.

청일전쟁 당시 조선을 침략했던 일본군과 맞서 싸운 사람들은 바로 동학농민군들이었다. 일본군은 동학농민군을 포위하여 조선 반도의 중앙부근에서 서남쪽으로 내몰아 추격·전멸 시키는 가혹한 진압 작전을 전개했다. 바로 그 조선 반도 서남단에 진도가 자리하고 있다. 동학 간부들은 총살 또는 장살(杖殺)에 처해 졌으며, 지도자는 일본 공사관으로 보내져 취조를 받든지 아니면 '효수'에 처해졌다.

진도에서 '채집'된 유골은 일본에 의한 침략의 희생자로 생각되었다. 그리고 유골이 일본으로 반출 된 루트를 조사하여 현지로 되돌려 주는 일이 최소한 어떻게 해서라도 필요했다. 필자는 이 동학 유골에 대한 조사와 반환을 위한 조사위원의 일을 담당했다. 필자 자신의 전공 분야는 메이지 유신으로 동학농민전쟁은 전공외 영역이었지만『후루카와 강당 구표본고 인골문제 중간 보고서』(1996년 4월)의 동학 유골 부분을 집필하는 한편, 한국으로의 유골 반환 실무를 담당하였으며, 나아가『후루카와 강당 구표본고 인골문제 보고서』(1997년 7월)의 동학 유골 부분을 집필했다. 참고로 다른 유골은 윌타 민족의 유골 등으로 그것들에 대해서는 필자에게는 쓸 자격이 없다.『중간보고서』와『(최종)보고서』는 문학부로부터 다른 대학 또는 관계자들에게 널리 발송되었다. 남아 있는 부수는 없으나 홋카이도대학 부속 도서관에서 공개하고 있다.

전주시 동학농민혁명기념사업회와의 만남은 이상과 같은 '행운'이라고는 도저히 말할 수 없는 인연에 의해 이루어졌다. 약 반년간의 조사를 진행했을 무렵 기념사업회 대표 한승헌 변호사와 동학농민전쟁 연구자 박맹수 교수가 삿포로를 방문했다. 필자와 교육학부 대학원 출신인 이노우에 카오리씨 둘이서 만났다. 식민지 시대 조선 교육사 전문가인 이노우에 카오리씨로부터는 통역을 비롯하여 조사 전반에 걸쳐 도움을 받았다.

첫 대면인 한변호사와 박교수에게 예상을 초월한 반년간 걸친 조사의 진전상황에 대하여 설명하였다.

유골에 들어 있던 문서에 성명을 기록했던 일본인으로써 주목대상이 된 사람은 목포에 있었던 통감부 권업 모범장 농업 기수였다.

조선 반도 서남단에 있는 섬 진도로 건너가는 항로는 목포로부터 출발하고 있다. 통감부시대 항구 도시 목포에는 일본 영사관과 일본인 거류지가 있어 한국 남부 식민지 지배의 거점이 되고 있었다. 목포의 농업기수는 홋카이도 대학의 전신인 삿포로 농학교 졸업생으로 아리시마 타케로 등 인재가 배출된 제 19기생이다.

농업 기수는 목포에서 일본 정부와 재계가 모두 나서서 한국 면화를 기계직(機械織)에 적합한 품종으로 전환하고자 했던 「대일본 면화재배 협회」사업의 중심에 있었다. 문제의 진도에는 각지에 설정되었던 「면화재배 시험장」의 하나가 있어서 농업 기수가 유골 '채집'에 관련 되었을 가능성을 시사해 주었다. 농업기수의 후손을 찾아가 자필원고와 자필노트 등을 찾아내 농업기수의 경력과 필적을 확인하였으며 그 필적이 유골에 들어 있었던 문서의 필적 본문과 일치하였다(후손은 일본 쿄토(京都)에 살고 있다―번역자 주).

필자와 이노우에 카오리씨가 한국 다도해 최대의 섬 진도로 건너 간 것은 그해 한 겨울(1995년 12월;번역자주)의 일이다.

농촌 풍경이 전개되는 진도에서는 지방사 연구자 박주언씨가 우리들을 안내해 주었다. 재야 인사에 어울리는 풍모를 지닌 박씨가 우리에게 알려준 사실은 놀랄 만한 내용으로 그것은 바로 동학농민군 탄압에 대한 진도의 고로(古老)들 사이에 전해지고 있는 동학농민군 탄압과 관련된 이야기였다.

동학농민전쟁 말기 진도의 농민군들은 진도의 중심에 있는 성내리(城內里)의 성에 농성하였는데, 처음에는 섬 사람들이 환영한다. 이윽고 토벌당한 동학농민군의 시체 50구 이상이 성내리 바로 그 이웃 마을인 송현리(松峴里)에 이르는 고갯길 남향 사면(斜面)에 방치된다. 『진도군지』(1976년)에도 기록되어 있는 이 이야기는 유골 속에 들어 있던 문서의 내용, 즉 "시체가 길에 방치되었다"는 기술과 완전히 일치했다.

목포의 일본인 기수가 감독하고 있던 진도 「면화재배 시험장」장소도 진도에서 가장 비옥한 남동리(南洞里)의 농지이다. 송현리의 완만하고 작은 고개에 서면 동학농민군 시체가 방치된 고개 남쪽 사면과 남동리의 「면화재배 시험장」과의 거리는 1Km이내, 시야에 들어올 정도로 가까운 거리였다. 오리무중이었던 조사의 시야가 열렸다.

한 변호사와 박 교수는 이와 같은 조사의 진전 상황을 열심히 들었다. 한 변호사에 따르면 「서로 상대방이 어떤 사람인지도 모른 채」, 「어떤 농업 기수의 안내로」만나게 되었던 것이다.

그후 필자는 이상과 같은 조사를 근거로 하여 『중간보고서』(1996년 4월)의 동학 유골 부분을 집필했다.

「삿포로 농학교의 졸업생 - 목포의 일본인 농업 기수 - 진도 면화재배 시험장 - 진도 송현리로 가는 고갯길 - 방치된 동학농민군 시체」라는 하나의 줄거리가 떠올랐다. 그리고 그 줄거리를 뒷받침하는 사실이 발견되었다.

『면화재배협회 제2회 보고서』(1907년)에 유골이 「채집」된 문제의 1906년도 권업모범장 사업상황이 실려 있고, 그 제4항에는 「재배자 장려 및 배상」기사가 있다. 목포로부터 기사・기수가 출장와서 군 직원들도 열석한 자리에서 각 면화 재배 시험장의 소작인들에게 장려금을 수여하고 있다.

주의해서 읽어 보니 진도 면화 재배 시험장에 기사와 기수가 출석하여 농민들에게 장려금을 수여한 날짜가 「9월20일」이 아닌가. 바로 이날, 즉 목포의 기수가 진도에 왔음에 틀림없는 날 「촉루(해골)」라는 문서에 씌여 있는 바와 같이 유골이 「채집」되었다. 삿포로 농학교 졸업생인 목포의 농업 기수가 유골 「채집」에 관련되었다는 사실은 이렇게 해서 증명되었다. 진도의 유골 「채집」은 거의 틀림없는 사실로 밝혀졌다.

2. 유골 봉환 여행

『중간보고서』 발표 후 한승헌 변호사가 중심이 되어 동학농민혁명기념사업회, 동학농민혁명유족회, 천도교 중앙총부 등에 의해 공동으로 동학농민혁명군 지도자 유해 봉환위원회가 결성되었으며, 동학농민혁명 기념 공동행사의 일환으로 유골 반환 사업을 추진하기로 긴급 결의 되었다.

필자는 문학부의 손으로 한국 현지까지 봉환하고 싶다는 의사와 함께 홋카이도대학 문학부 학부장이 현지에서 사죄하겠다는 의향을 한 변호사에게 전달하고, 매일 밤 한 변호사와 봉환 절차에 대한 협의를 계속했다.

얼마 뒤 한 변호사 및 한국 역사학자들로부터 "한국에서는 지금 홋카이도대학에 대해 대단히 비판적인 의견이 많다"는 소식이 전달되었다. 문학부에 의한 현지 반환은 논외(論外)였고 (심지어) 김포공항에서 돌아가라는 강경한 의견도 있었다고 한다. 그러나 한 변호사는 문학부가 한국측과 공동 봉환하여 현지에서 사죄할 수 있도록 진력하였다. 봉환일이 임박한 어느 날 밤 한 변호사로부터 전화가 왔다. 한 변호사는 잠긴 목소리로 「공동봉환은 무리입니다. 감기에 걸려 목소리가 잘 나오지 않습니다. 당신 이야기만 듣도록 합시다」라는 내용이었다. 나도 공동 봉환은 불가능하다고 생각했다. 다음날 이른 아침 한 변호사로부터 재차 전화가 걸려와 한국의 재야 단체와 대화를 하기 위해 지금 외출한다는 내용이었다.

1996년 5월 하순 한국측 봉환위원회가 유골 공동 봉환을 위해 다수의 보도진과 함께 삿포로를 찾았다. 봉환위원회 대표 네 사람은 모두 민주화 운동의 중심 멤버들로서 옥중 경험도 있는 사람도 있었다.

한승헌 변호사는 5월29일 홋카이도 대학 문학부에서 있었던 봉환식에서 자신이 직접 쓴 「고유문(告由文)」을 유골 앞에서 봉독하였다. 약간 허스키한 한 변호사의 한국어를 일본 근대사 연구를 위해 홋카이도 대학 법학부에 유학중이던 박양신(朴羊信)씨가 봉환식장에 어울리는 조용한 목소리로 한 단락씩 일본어로 낭독했다. 일본어 고유문도 한국에서 미리 준비해 왔다고 한다. 고유문을 듣고 우리들은 한승헌 변호사를 중심으로 한 봉환 위원회 대표들의 진정을 마음으로 느낄 수 있었다.

고유문 − 동학농민혁명 지도자로 싸우다 순국하신 님에게 −

… 지금 이 자리가 내 나라 내 땅 아닌 남의 나라 땅. 그것도 지난 날 우리를 짓밟던 일본인들의 땅이기에 저희는 더욱 착잡한 심경입니다.

… 효수된 당신의 육신 한 부분을 여기가 어디라고 북해도까지 무슨 목적으로 가져왔는지 알 수 없는 노릇입니다. 단언컨대 그것은 산 사람 끌어 온 것보다 훨씬 더 음모성이 강한 만행이었음이 분명합니다.

살아서 뜻을 이루지 못한 채 순국하신 당신께서 죽음 이후에도 백골의 모습으로 적지에 들려 왔으니 그 원한을 무엇에 비유하겠습니까.

(중략)

일본인에 대한 책망과는 또 다른 관점에서 저희들 한국인 자신도 님 앞에서 떳떳할 수가 없습니다.

님께서 무덤도 없이 구천(九泉)을 떠돌며 통분해 오신 지난 한 세기 동안 저희는 나라를 바로 잡지도 못하고 겨레를 하나 되게도 하지 못한 채 분단과 외세 그리고 불의의 굴레를 벗지 못한 채 부끄러운 세월을 보냈습니다.

지금도 조국의 현실은 당신께서 100년 전에 기병하시던 그 때의 문제점과 본질에 있어서 별로 다른 것이 없습니다.

(중략)

지금 여기 일본 땅에는 지난 날 일제의 한국 침략을 정당화시키는 망언들이 아직도 간헐적으로 속출하는가 하면, 강대국 패권주의의 버릇도 없어지지 않고 있습니다. 그러기에 당신이 목숨을 걸었던 척왜(斥倭) 항전의 싸움은 참으로 선구적인 자기 희생이었으며 오늘의 우리가 마음에 새겨야 할 일이 무엇이고 가야할 길이 어디인가를 극명하게 보여주고 있습니다.

지금 이 자리에 나와 있는 한일 두 나라 사람들 사이에는 그 어떤 대립이나 적의도 없다고 믿습니다. 오히려 유골의 발견을 계기로 함께 숙연해지고 더불어 마음 아파하고 그리하여 주저 없이 사죄하고자 하는 심경을 가진 분들이 여기 모인 것으로 알고 있습니다.

저는 이번의 유골봉환이 새로운 시대에 걸맞는 올바른 상호인식과 건강한 한일관계의 정립에 보탬이 되는 긍정적 계기가 되기를 바라는 마음 간절합니다.

그러기 위해서는 무엇보다 일본의 국립학교에서 의도적으로 저질러졌다고 볼 수 밖에 없는 유골의 수집·방치에 관해서 일본 정부는 마땅히 한국인과 인류의 양심 앞에 깊이 반성하고 그에 상응한 자세를 보여야 합니다.

숨을 거두고 나서도 영면하지 못하셨을 님이시여! 님에 대한 흠모와 위로의 말씀 대신에 이처럼 머리 아픈 이승의 이야기를 거론하게 된 것을 용서하여 주십시오. 그만큼 당신의 넋을 기리고 역사 위에 자리매김하는 것이 우리의 절실한 소망임을 이해하여 주십시오.

이제 내일이면 님의 육신은 여기 이 땅을 떠나가게 됩니다. 미처 알지도 못했고 진즉 모셔 가지도 못한 저희들을 꾸짖어 주십시오. 비록 이렇게 때는 늦었지만 당신이 목숨까지 던지며 사랑했던 우리 겨레가 살고 있는 땅, 당신과 뜻을 같이 하고 죽음까지도 같이 했던 많은 전우들이 누워있는 고국 땅으로 님이여 돌아가십시다. 아직도 척박한 조국의 현실을 생각할 때 당신의 영혼과 육신을 모셔가는 오늘의 이 봉환의 식전을 통해서 당신께서는 저희들 마음속에 두 눈 부릅 뜬 살아 있는 선구자로 부활하여 임하시옵소서. 그리하여 님이시여 아직도 갈라져서 싸우고 외세에 시달리는 우리 조국, 그 안에서 갈피를 못잡고 역사를 바르게 끌어가지 못하는 배달 겨레를 위하여 또 한번 큰 호령을 내려 주십시오.

님을 모시고 우리 땅으로 돌아가는 저희의 마음을 굽어 보시옵고 "부디 고히 잠드소서"라는 인사 말씀조차 드리지 못한 불찰도 용서하여 주십시오.

1996년 5월 29일
한승헌 재배

이 고유문 속에는 홋카이도 대학과 일본 정부에 대한 분노가 들어 있었다. 동시에 사랑하는 조국의 현실에 대해 분개하는 마음도 토로 되어 있었다. 문학부 봉환식장 참석자들 사이에 감동이 흘렀으며 「긍정적인 계기」가 될 것이라는 기대가 높아졌다. 법학부 소속 정치학 전공의 어떤 교수는 "오늘날의 일본인들로서는 이처럼 심금을 울리는 문장은 쓸 수 없을 것이라" 고 탄식하기도 했다.

한승헌 씨는 군사 정권 아래서 변호사로 맞서 싸워 그 자신도 투옥되어 한 때 변호사 자격을 박탈 당하기도 했다. 『한국의 정치재판 - 불행한 조국에 대한 임상 노트 - 』(사이마루 출판회, 1997년) 서문에서도 조국의 「그늘진 부분」을 외국인에게 알리는 것을 비판하는 사람이 있을 지 모르지만 「진실 자체에 국내용과 국외용의 구별은 없다고 생각한다」라고 잘라 말하고 있다.

홋카이도 대학 문학부에서 있었던 봉환식 다음 날 한일 공동으로 항공편을 이용하여 유골을 한국으로 봉환했다. 당시 문학부장이던 하이야 케이죠(灰谷慶三, 러시아 문학전공) 교수는 5월 31일 동학농민혁명 102주년 기념 행사를 겸한 동학농민혁명군 지도자 유해 봉환식장에 참석한 전주시민들 앞에 「이렇게 조잡한 형태로 장기간에 걸쳐 유골을 방치해 온 점」에 대해 「깊히 그 책임을 느끼며 이 자리에서 사죄 말씀 올립니다」라고 말했다. 유골을 반출해간 인물이 삿포로 농학교 출신자일 가능성이 대단히 높다는 점에 대하여, 또한 삿포로 농학교에서 식민학(植民學)이라는 학문이 활발히 연구되어

「일본의 식민지 지배를 이론적·실천적으로 뒷받침하는 역할을 수행했다는 사실」을 사죄했다. 필자는 학부장 뒤에 서 있었는데 식장으로부터 커다란 박수가 나왔다. 식전은 성대하면서도 엄숙했다.

고교시대에 소설가인 이회성(李恢成)씨와 같은 스모(일본씨름—번역자주)부였다는 사실을 그리운 듯이 말하는 하이야 씨는 일본인들 가운데는 저항감을 지니고 있는 사람도 있는 「사죄」라는 말을 사용하는데 주저함이 없었다.

같은 날 황토재 동학농민군 기념묘원에서 유해 안치식이 치뤄졌다. 학부장과 함께 걸음을 옮기자니 문에는 농민군 봉기를 재현하는 깃발이 숲처럼 늘어서 있고, 「멸왜보국」이라는 깃발도 서 있어서 무의식적으로 몸이 오그라드는 느낌이 들었다. 식이 끝난 뒤 정원에서 막걸리를 마셨다. 동학농민혁명 희생자들의 자손에 해당하는 유족회 분들이 「맛있어요. 이게 제일입니다」라고 말을 걸어와 목포대학교 신인섭(申寅燮) 교수가 통역을 해 주었다. 전주에서 한 변호사를 비롯한 기념사업회 관계자들과 마음을 터 놓는 교류를 함으로써 선조를 소중히 하고 죽은 사람을 극진하게 애도하는 한국 문화를 실감했다.

3. 식민지 지배를 선도한 대학의 책임

한승헌 변호사는 문학부 봉환식 때의 공동기자회견에서 『중간보고서』에 대해 진도 동학농민군에 대한 진압 책임문제의 명확화, 유골 주인공에 대한 규명, 삿포로 농학교의 식민학 등을 해명할 것을 요구했다.

필자는 회견장에서 한 변호사의 요청을 들었을 때 솔직히 말해 「이것은 어려운데」라고 몸이 오그라드는 느낌이 들었다는 사실을 고백하지 않을 수 없다. 먼 곳(京都;번역자주)까지 출장을 가서 삿포로 농학교 졸업생 후손들과 면담하였고, 외교사료관과 방위연구소 도서관 및 한국 각지에 대한 조사를 거듭하여 가능한 일은 다했다고 생각하고 있었다. 일찍이 식민지 조선에서 대지주였던 후손들에게 이번 사건에 대한 조사에 협력해 줄 것을 요청하는 일은 실제로 만나보니 참으로 곤란한 일이었다. 최대한의 성의를 보여준 후손도 있었지만 육친(肉親)을 존경하고 있는 후손은 조사를 환영하지 않았다. 그러나 사실을 밝혀 유골을 고국으로 반환하기 위해서는 어떻게 해서라도 자료를 열람할 필요가 있었다. 이러한 딜렘마는 때때로 상당히 어려운 것이 되기도 했다. 먼 곳에 사는 후손과의 면담 뒤에 동행해 준 동료교수 코치 쇼스케(河內祥輔)씨와 "정말 다행이다"고 서로 지그시 이야기를 나눌 정도였다.

재일 연구자 강덕상(姜德相), 금병동(琴秉洞), 조경달(趙景達)씨 등으로부터 격려를 받았지만 정직하게 말해서 피로 곤비(困憊;곤궁하고 고달픔) 상태였다. 더 이상의 조사에 발을 내밀고 싶지 않은 기분을 필사적으로 억눌렀다. 한 변호사의 진력에 대해서는 깊이 감사하고 있었지만 「당신의 넋을 기리고 역사 위에 자리 매김하는 것이 우리의 절실한 소망」이라는 한 변호사의 고유문에 들어 있는 절실한 메시지를 받아 들일 각오가 되어 있지 못했던 것이다.

그 뒤 재차 이노우에 카오리 씨와 동료 교수, 일본사 연구실의 대학원생들의 협력을 얻어 박맹수씨와 공동으로 두 번째 한국 현지 조사를 실시하여 1년 반의 조사를 거듭했다.

첫째 과제는 진도 동학농민군 탄압 책임이 어디에 있는가를 밝히는 일이었다. 그 때까지의 연구에서는 진도에는 일본군이 침입하지 않고 일본군의 지휘를 받은 조선 정부군과 민보군이 농민군을 처형했다고 간주되어 왔다.

일본군 분견대(후비보병 제19대대 제1중대 1지대)와 일본군 소위의 지휘를 받은 조선 군대가 진도로 진군했던 사실이 역사적 사실임이 밝혀졌다. 근거 사료는 농민군 탄압 부대인 후비 보병 제 19대대 대대장의 보고서였다. 주한 일본 공사관은 1945년 패전 당시 대부분의 문서를 소각했으나 서울 국사 편찬위원회 소장 유리 사진 원판 『주한 일본 공사관 기록』(한국인이 이 사진 원판을 지켰다)은 남아 있다. 『동학란 기록』(1959년, 국사편찬위원회)에 포함되어 있는 조선 군대의 보고서, 『동경일일신문』1895년 3월29일자 「종군기」도 일본군의 진도 침입을 보도하고 있다. 신문기사는 일본사 연구실 소속 대학원생들의 협력으로 찾아 냈다. 일본군이 농민군 처형을 위해 진도까지 진군한 사실은 농민군 진압에 대한 일본측 책임 전반에 관련된 중요한 문제였다.

둘째 과제는 유골 주인공이 누구인가 라는 문제이다. 박맹수 교수, 박주언씨와 공동으로 진도 동학농민군 지도자 김수종(金秀宗), 손행권(孫行權)이 살았던 마을을 방문하여 후손들로부터 증언을 들었다. 그 과정에서 진도에서도 가장 신망이 높았던 전설적 지도자 박중진(朴仲辰)의 이름이 부상하였고, 그 후손들이 지금도 진도로부터 남쪽으로 떨어져 있는 섬 하조도(下鳥島)에 살고 있다는 사실을 박주언씨로부터 전해 듣고 하조도로 건너가 후손들과 면담했다.

박중진의 후손들은 일제 강점기 내내 「역적」이라고 계속 박해를 받았으며, 1970년대에도 여전히 「역적」으로 취급되어 현재에 이르고 있었다.

하조도 창유리(倉柳里) 자택에서 만난 박웅식(朴熊植 1996년 당시 56세)씨는 농사일로 검게 탄 늠름해 보이는 얼굴로 박중진 등 할아버지들이 동학농민혁명에 참가 했기 때문에 「몽둥이 박가(朴家)」 또는 「몽둥이 패」라고 불리며 박해를 받아 왔다는 내용을 말해 주었다.

박맹수 교수가 「할아버님의 역사를 알아보고 싶은 생각은 없었습니까」라고 묻자, 「그런 일은 불가능했어요. 알아 보았자 좋은 평가가 나올리도 없었고. 좋은 일이었다면 알아보고 싶은 생각이 났겠지만 역적으로 간주되어 온 역사를 누가 알아보고 싶었겠습니까. 숨기려 하는 것이 당연했습니다. 나는 그런 현실에 굴복하지 않으려고 살아왔습니다. 욕하는 사람이 있으면 중진네 박가답게 힘을 내서 열심히 산다는 자세였습니다」라고 말했다. 동학농민군 참가자는 오늘날에 이르기까지 명예회복이 되지 않은 상태라는 사실을 알게 되었다. 그러나 유골의 주인공이 누구인가는 아직도 확실하게 밝혀지지 않고 있다.

셋째 과제는 식민지 지배의 일단의 역할을 맡고 있었던 홋카이도 대학의 전신 삿포로 농학교의 책임 문제이다.

삿포로 농학교에서는 사토 쇼스케(佐藤昌介) 교장과 니토베 이나죠(新渡戶稻造)가 유럽 식민학을 도입하여 「식민학」강의를 하였으며, 졸업생들을 식민지 조선의 관리나 지주로 내보내 코마바(駒場, 토쿄제국대학 농학부)와 대항하여 학벌을 형성하고 있었다.(『동창회 기록』등 참조)

농업 기수의 은사였던 니토베 이나죠는 유골이 「채집」된지 1개월 뒤에 통감부(統監府)의 의뢰를 받고 면화재배 상황 등을 시찰할 목적으로 한국을 방문하여 목포에도 들린 사실이『조선신보(朝鮮新報))』(1906년 당시 인천에서 발행되고 있던 일본어 신문)에 실려 있다. 형질인류학(形質人類學)에 깊은 관심을 가졌던 니토베가 유골 채집 및 반출에 관여했는지 아닌지 분명하게 밝혀지지 않았지만, 니토베는 그 당시 한국을 기원전의 미개국이라고 평가하는 수상(隨想)을 발표했었다.(「망국」및 「고사국조선」등, 『니토베 이나죠(新渡戶稻造)全集』제 5권)

유골을 「채집」했던 삿포로 농학교 졸업생은 사토 교장과 니토베 교수로부터 식민학을 수강하여 그 영향을 받았으며 졸업 후에도 지속적으로 연락을 취하고 있었다.(사토 쇼스케의 『일기』, 『잡록』등 13책에 의거함, 홋카이도 대학 부속 도서관 북방 자료실 소장) 1910년 한국 병합 뒤 만철(滿鐵)의 초청을 받아 현지 시찰 조사를 했던 사토 교장은 「병합 뒤 선정(善政)이 착착 시행되어 인민의 행복이 이보다 더함이 없다고 생각한다」라는 의견을 매스컴을 향해 피력하고 있으나 (『홋카이 타임스』1913년 9월 13일자), 이 무렵 조선에서는 의병 투쟁이 빈발하여 호위 없이는 시찰이 불가능했다. 식민지 조선에서 농업 지주가 된 일본인들이 상자 안의 모형 정원 같은 일본 농법은 조선에는 통용되지 않는다고 혹심한 실상을 토로하고 있음에도 불구하고, 농정학(農政學) 전문가인 사토 교장과 니토베는 일본 농업 기술의 우월성과 일본에 의한 조선의 개화(開化)를 되풀이하여 주장했다. 원래 사토 교장은 유명한 대농론자(大農論者)로 일본의 소농경영이 취약하다는 것이 지론이었는데 학문상의 모순도 개의치 않았다. 사토 교장과 니토베 등 농정학 전문가의 시찰은 시류에 편승하여 식민지 지배를 정당화하는 행위였다는 비판을 감수하지 않으면 안될 것이다.

이리하여 『보고서』(1997년 7월)에 400자 원고지 500매 분량의 조사 보고서를 집필했다. 한국이 일본 식민지 지배로 인해 입은 피해는 한 변호사의 요청에 나타난 바와 같이 너무도 심각해서 해명되지 못한 부분이 많다고 통감했다. 그 뒤 봉환위원의 한 사람이었던 박맹수 교수가 한국의 대학을 휴직하고 4년간 필자 밑에서 유학했다. 박교수는 민주화 운동에 참여했던 강한 의지를 가진 이였지만 김포공항 귀빈실에서 유족회 주최로 열린 추모식에서는 펑펑 울었던 사람이기도 하다. 1894년 당시 일본이 수집했던 동학 사료 등을 이용한 동학농민혁명 연구로 일본의 학위를 취득했다. 필자도 일본 외무성과 방위청 사료조사 등을 지원하면서 「갑오농민전쟁(동학농민혁명)과 일본군」이라는 논문을 발표했다.(타나카 아키라 편 『근대 일본의 안과 밖』, 요시카와 코분칸, 1999년)

4. 동아시아 최초의 민중학살

동학농민혁명은 1894년 봄, 조선 왕조 및 지방관들의 부패를 개혁하고자 하는 반봉건(反封建)과, 일본 및 중국의 침략에 대한 반외세(反外勢)를 내걸고 조선 전라도에서 일어났다. 제1차 봉기에서는 반봉건에 중점이 두어졌으며, 제2차 봉기로 확대됨에 따라 청나라와 개전하여 조선반도에 침입한 일본 군에 항전하는 반침략에 중점이 두어졌다. 북한에 있는 황해도에서도 동학농 민군이 봉기하여 항일 통일전선이 이루어졌다.

조경달 교수는 최근 연구에서 동학농민군 사상자가 30만명에서 40만명, 사망자가 5만명에 육박했다고 추정하고 있다.(『이단의 민중반란 - 동학과 갑오농민전쟁』, 이와나미 서점, 1998년) 동학농민군의 연대를 뒷받침했던 「동 학사상」은 한국 민주화 운동 과정 속에서 새롭게 재평가를 받아 현재는 동학 농민혁명 또는 동학농민전쟁으로 불리게 되었다.

금년(2001년) 5월 31일부터 한국 전라북도 전주시에서 개최된 「동학농민 혁명의 21세기적 의미」국제 심포지움에서 김대중 대통령은 동아시아 인권사 상의 기원으로 「사람이 곧 하늘이다」는 「동학사상」을 들고, 토마스 뮌쳐가 이끌었던 독일 농민전쟁에 뒤지지 않는 「민중혁명」을 계승·발전시키지 않 으면 안된다는 내용의 메시지를 보냈다.

역사문제연구소 고문이자 재야 사학자인 이이화(李離和)씨는 대회 모두 의의 설명 속에서 한국 시민들의 생각을 대변하려는 듯 「살아 남은 동학 농 민군과 그 후손들은 산속과 섬 등에 몸을 숨기고 숨을 죽이며 살아 왔습니다. 이 나라의 민주세력은 1994년 농민혁명 발발 백주년을 계기로 그 정당한 평 가를 받기 위한 다양한 행사를 벌였다」고 강조했다.

기조 강연을 한 한양대학교 정창렬(鄭昌烈)교수의 맺음말에도 한 변호사 의 「고유문」과 상통하는 내용이 있어서 감동을 억누를 수 없었다.

　「 … 동학농민혁명에서 희생된 수만·수십만의 영령은 아직도 저승 세상에 안착하지 못한 채 구천에서 떠돌고 있습니다. 뿐만 아니라 한국 근현대사에서 미실현·미발현의 계기로서 희생된 수백 만의 영령들이 역시 구천에서 떠돌고 있지 않은가 여겨집니다. 한국 근현대사의 파란만장의 고비고비에서 살아 남아

있는 오늘의 우리들에게는 이들 영령들을 위로하는 진혼의 역사학을 이룩해야
할 의무가 있다고 생각됩니다. 따라서 그 진혼의 역사학은 위의 미실현·미발
현의 역사적 계기들을 계승·발전시키는 연장선상에서 오늘의 역사적 현실에
대결하는 성격의 것으로 되어야 하지 않을까 생각됩니다」

　필자는 「일본군에 의한 동학농민 학살(Genocide)」이라는 제목으로 발표
를 했다.

　일본군이 대본영의 명령에 따라 동학농민군 약 5만명을 학살한 것은 법적
근거가 없는 것으로 동아이사에서 일본군이 저지른 최초의 민중학살이었음을
밝혔다. 아래에 필자 발표 내용의 개요를 적어 두기로 한다.

　재일 연구자인 박종근(朴宗根)씨는 동학농민군에 대한 일본군의 탄압과
관련하여 히로시마 대본영의 전쟁 지도자 카와카미 소로쿠(川上操大)가 내린
1894년 10월 27일자 「살륙명령」을 방위연구소 도서관에 소장된 작전일지에
서 찾아냈다. 그 명령은 「동학당에 대한 처치는 엄렬(嚴烈)함을 요한다. 향후
모조리 살륙할 것」이라는 내용으로 전쟁의 최고 지도자에 의한 동학농민 전
원에 대한 살륙명령이었다. 이 명령은 남부 병참감부(인천) 『진중일지』에 대
본영으로부터 온 전보라고 하여 기록되어 있다. 『진중일지』에는 대본영의 명
령 실행을 보고하는 각 병참지부로부터의 보고 전보가 기록되어 있다.

　명령이 하달된 그 다음 날(10월 28일) 저녁 경상도 낙동(洛東)병참 지부
로부터 상주(尙州)에서 동학 간부로 보이는 두 명을 체포했는데 「참살」해도
좋은지 문의가 있었다. 인천 병참감은 「참살」을 실행하라고 명령했다.(「동학
당 참살의 일 귀관의 의견대로 실행할 것) 또한 병참지부로부터 「모조리 살
륙할 수단을 실행할 것인가」라는 문의에 대해 인천의 병참사령부는 「엄혹(嚴
酷)한 처치는 처음부터 가능하다」라고 「모조리 살륙하라」는 명령 실행을 독
촉하는 회답을 한다. 실제로 이천(利川) 병참지부 감옥에 수감되어 있던 동학

농민 10명이 도주를 기도했다고 하여 이 날 일본군에 의해 총살당했다.

그 다음 날(10월 29일)에 인천 병참감은 대구 병참 지부에게 일본군 정찰 부대가 성주(星州)에서 체포하여 동학농민이라고 「자백」한 자들에 대해 사형을 명령했다.

이상과 같이 대본영 카와카미 소로쿠의 「모조리 살륙하라」는 명령은 정확하게 실행되었다. 문제가 되는 것은 「살륙」당한 사람들이 일본군에 항전했던 동학농민에 그치지 않고 정찰부대가 수색하여 포박한 동학농민들도 「살륙」당했다는 사실이다. 동학농민은 그 행위가 어떤 것이었든 관계없이 동학농민 (동학교도)이라는 이유만으로 살해 당하였다.

당시 일본은 조선 정부에 선전 포고를 했던 것이 아니었으며, 일본과 조선이 비록 불평등조약을 맺고 있긴 했지만 조선 민중은 조선 정부의 법적 주권 아래에 있었기 때문에 카와카미의 명령은 완전히 불법이었다.

동학농민은 「명첩(名帖)」이나 「임첩(任帖)」을 소지하고 있었는데 현지에서는 「양민과 동학당의 식별이 없어서」(『한국동학당봉기일전』, 외교사료관 소장, 후비 제6연대 제6중대장 보고 11월 23일자) 동학농민군과 동학농민군에 가담한 일반 농민군과의 「식별」은 실제로는 불가능했다. 카와카미의 명령은 법률적으로 말하자면 모든 동학농민을 모조리 죽이라는 무법적인 명령이었으며 실제로는 명령을 뛰어넘어 일반 농민군을 포함하는 한국 민중 대학살 명령이기도 했다.

더욱이 「모조리 살륙하라」는 명령이 내려지기 이틀 전(10월 25일;번역자 주) 인천 사령부는 아래와 같은 「내훈(內訓)」을 하달하고 있다.

> 「동학당을 구분하는 일에 대해서는 저들 조선 관리 및 조선 군대의 구분에 맡기고 응원의 취지를 지킬 것, 기회가 있으면 적극적으로 혹열(酷烈)한 조치를 가차 없이 실시할 것」(『남부병참감부 진중일지』)

조선 정부에 대한 응원이라는 취지를 지키되 찬스가 있으면 가차없이 살해하라는 명령이다. 이처럼 일본군 사령부는 살육명령 이틀 전에는 일본군이 전면에 나서지 않도록 명령하고 있다. 동학농민군에 대한 법적 주권(主權)이 조선 정부에 있다는 점을 잘 알고 있었던 것이다. 그러나 그 이면에서는 가능한 한 동학농민을 살륙할 것을 명령하고 있다.

동학농민군 토벌부대인 후비보병 제19대대가 대탄압 작전을 개시하는 것은 11월 중순이었다. 토벌 부대에 부여된 인천 사령부의 「훈령」(11월 11일자)은 동학농민에 대한 토멸 실행을 명령했다. 그리고 이 훈령은 농민군 토멸이 조선 정부의 청구에 의한 것이라는 새로운 근거를 제시하고 있다.(「조선 정부의 청구에 의함」, 『주한 일본공사관 기록』, 국사편찬위원회, 1986년) 그러나 나카츠카 아키라(中塚明) 교수가 밝힌 바와 같이 서울 왕궁은 일본군 수비대에 의해 점령당하여, (『역사의 위조를 밝힌다 – 戰史로부터 사라진 일본군의 「조선왕궁점령」』, 코분켄, 1997년) 조선 정부의 의뢰는 형식적인 것이었다.

법률적 책임을 따진다고 한다면 10월의 「내훈」(25일), 「대본영 카와카미 소로쿠의 명령」(27일), 11월의 「훈령」(11일)이라는 전개 과정 속에서 시종일관 되고 있는 일본군의 작전의도와 「동학농민 전원 살륙」명령은 변명의 여지가 없는 명확한 증거가 될 것이다.

일본군이 저질렀던 것은 동학농민군에 대한 불법적인 대량 살륙의 실행이었다. 국가에 의한 불법적인 민중 대량 살해는 학살 = 제노사이드 바로 그것이다. 5만명에 이르는 동학 농민군 대살륙은 일본군이 동아시아에서 저지른 최초의 민중 대학살이었다.

한 변호사가 홋카이도 대학 문학부에서 낭독했던 「고유문」의 한 구절에 「그만큼 당신의 넋을 기리고 역사 위에 자리매김하는 것이 우리의 절실한 소망」

이라고 표현되어 있다. 우리들은 조금이나마 연구자로서의 역할을 수행하는
것이 가능했던 것일까?

日本軍による最初の東アジア民衆虐殺

－ 東学農民戦争 清算されない加害責任 －

井上勝生(北海道大学教授)

北大に放置されていた「東学首魁(指導者)」の遺骨

　一九九五年七月、北海道大学文学部で、定年退官した元教授(文化人類学)の研究室を整理中に、古新聞に包まれ、段ボール箱に放置された遺骨六体が発見された。

　一体には、「韓国東学党首魁(指導者)」と墨書され、「髑髏」と題する書付が差しこまれていた。記されていたのは、全羅南道の珍島で数百名の「首唱者」が殺され、死体が道に放置され(「死屍、道ニ横ハルニ至リ」)、指導者は「梟首」(さらし首)されたが、遺骨はその一つで、島の視察に際して「採集」し、「採集」の日付が「明治三九年九月二十日」、「採集」者の名前は「佐藤政次郎」という、驚くべき事柄である。

　日清戦争時、朝鮮に侵入した日本軍と戦ったのは東学農民軍である。日本軍は、東学農民軍を朝鮮半島の中央部から西南端へと包囲し、追いつめて全滅させる苛酷な作戦を展開した。朝鮮半島の西南端に珍島がある。幹部らは、銃殺や杖殺(撲殺)に処され、指導者は日本公使館に送られて取り調べを受けるか、あるいは「梟首」にされた。

　遺骨は、日本の侵略の犠牲者であると思われた。遺骨がきたルートを調査し、現地にお返視することが、最低限どうしても必要であった。私は、東学遺骨の調査と返還を調査委員として担当した。私自身の専門分野は明治維新で、東学農民戦争は専門外だが、『古川講堂「旧標本庫」人骨問題 中間報告書』の東学遺骨部分を執筆し、韓国への遺骨返還実務を担当し、さらに『古川講堂「旧標本庫」人骨問題 報告書』の東学遺骨部分を執筆した。ちなみに他の遺骨はウィルタ民族のものなどで、これについては私には書く資格がない。『中間報告書』と『報告書』は文学部から大学や関係者に広く発送された。残部はないが、北海道大学付属図書館でも公開している。

　全州市の東学農民革命記念事業会との出会いは、こういう「幸運」などとはとても言えないご縁である。約半年の調査を進めた頃、記念事業会代表の韓勝憲弁護士と東学農民戦争の研究者、朴孟洙教授が来札された。私と教育学部大学院出身の井上薫氏のふたりでお会いした。植民地時代朝鮮の教育史の専門家である井上薫氏には、通訳をはじめ調査全般を助けていただいた。

　初対面の韓弁護士と朴教授に、半年間の調査の予想を越えた進展についてお話しした。

　遺骨の書付に姓名を記した日本人として注目されたのは、木浦にあった統監府勧業模範場の農業技手である。

　朝鮮半島西南端の珍島へ渡る航路は、木浦から出ている。統監府時代、港町木浦には、日本領事館や日本人居留地があり、韓国南部植民地支配の拠点になっていた。木浦の技手は、北大の前身である札幌農学校の卒業生で、有島武郎らの人材を輩出した一九期生である。

　農業技手は、木浦で政府と財界をあげての韓国綿花を機械織の適合品種に転換する「大日本棉花栽培協会」事業の中心にいた。問題の珍島には、各地に設定された「棉花栽培試験場」の一つがあり、農業技手の遺骨「採集」へのかかわりをうかがわせた。ご子孫をだどり、自筆原稿ノートなどを拝見し、事歴や筆跡も判明し、筆跡が書付本文と一致した。

　私と井上薫氏が、多島海最大の島、珍島へ渡ったのは、その年の真冬のことである。

　農村風景が展開する珍島では、地方史研究者の朴柱彦氏が、私たちを案内してくれた。在野人士にふさわしい風貌の朴氏が明らかにしてくれた事柄は、驚くべきもので東学農民軍の弾圧についての島の古老の伝承があった。

　東学農民戦争の末期、本島から逃走した農民軍は、珍島の中心、城内里の城に籠城し、はじめ島民が歓迎する。やがて討伐された東学農民軍の死体五十体以上が、城内里から隣村の松峴里へ辿る峠道の南向き斜面に放置される。村民は恐れて近づかなかった。『珍島郡誌』(一九七六年)にも記されている言い伝えば、書付にあった、死体は道に放置されたという記述と、みかごとに一致していた。

　木浦の日本人技手が監督する珍島の「棉花栽培試験場」の場所も、珍島でもっとも肥沃な南洞里の土地である。松峴里の緩やかな小さい峠に立つと、東学農民軍の死体が放置された峠の南向き斜面と、南洞里の「棉花栽培試験場」とのあいだの距離は一キロ以内、視界に入る近さであった。五里霧中であった調査の視界が開けた。

　韓弁護士と朴教授は、このような調査の進展を熱心に聞かれた。韓弁護士によれば、私たちは、「お互い何者でおるかも知らず」、「さる農業技手のおみちびき」で出会ったことになる。

　その後、私は、この調査を踏まえ「中間報告書」(一九九六年)の東学遺骨部分を執筆した。

　札幌農学校の卒業生―木浦の日本人農業技手―珍島棉花栽培試験場―珍島の松峴里への峠道―東学農民軍の放置された遺体……、という一本の筋道が浮かび上がっていた。そして、そのことを裏付ける事実が見つかった。

　「棉花栽培協会第二回報告書」(一九七七年)に、遺骨が「採集」された問題の一九九六年の勧業模範場の事業が報告されていて、第四項に「栽培者奨励及び賠償」の記事がある。木浦から記事、技手が出張し、郡役人列席の上、各棉花栽培試験場の小作人に奨励金を渡していた。

　注意して読むと、 珍島の試験場で、記事と技手が出席して農民に奨励金が授与されたのは「九月二十日」ではないか。 まさにこの日、 つまり木浦の技手が珍島にきたはずの日に、「髑髏」という書付に記されていたように、 遺骨が「 採集」されていた。木浦の札幌農業学校の卒業生である農業技手が遺骨の「 採集」にかかわったことは、こうして裏付けられた。 珍島の遺骨「採集」は、ほぼまちがいない事実となった。

遺骨奉還の旅

　『中間報告書』発表後、 韓勝憲弁護士が中心となって、東学農民革命記念事業会、東学農民革命遺族会、 天道教中央総部などが合同して東学農民革命軍指導者遺骸奉還委員会がつくられ、東学農民革命記念行事として遺骨の返還が緊急に決議された。

　私は、文学部の手で韓国現地まで届けたいという意思と、 学部長が現地で謝罪を述べる意向を韓弁護士に伝え、 毎晩のように韓弁護士と奉還の手順の打ち合わせをしていった。

　やがて、 韓弁護士と韓国の歴史学者から、 韓国では北大に対してたいへんきびしい意見が強いと伝えられた。 文学部の現地返還などは論外で、 金浦空港から帰れという強硬な意見もあったという。しかし、 韓弁護士は、 文学部が韓国側と共同返還し現地で謝罪を述べることができるよう尽力された。 さし迫ったある夜、 韓弁護士から電話があって、ひどい声で「共同返還は無理です。風邪をひいて声がよく出ません。あなたの話だけ聞きましょう」とのこと。私も共同返還はだめだと思った。 翌早朝、 韓弁護士から再度電話がかかってきて、韓国の在野の団体と話し合うために、これからも出向くとのことだった。

　一九九六年五月下旬、 奉還委員会が、 遺骨共同奉還のため、 多数の報道陣とともに来札された。 奉還委員会代表の四人は、 いずれも民主化運動で獄中経験もある中心メンバーであった。

　五月二九日、 北大文学部の奉還式で、 韓勝憲弁護士は、 みずから執筆された「告由文」を遺骨の前で読み上げた。 韓弁護士の少しハスキーな張りのある韓国語に対し、日本近代史研究に留学していた朴羊信さんが、 その場にふさわしい静かな声で、 一段落ずつ日本語訳を朗読した。日本語訳も韓国で準備していたという。それを聞いて、 私たちは、 韓勝憲弁護士たちの真情にこころからふれたのであった。

　　告由文 -東学農民革命指導者として戦われ殉国されたニムへ-
　　… いまこの場所が俄が国、 俄が土ならぬ他の国の土、 それも過ぎにし日に私どもを踏みにじった日本人たちの土なるがゆえに、 私どもはなおさらのこと、 錯雑した気持ちを抑え切れません。
　　… しかし、 梟首されたあなたの肉体の一部分を、 遙かなるここ北海島まで、 いかなる目

的で運んできたのか！ 理解に苦しみます。敢えて断言いたしますのは、かつての数多い生きた人間の拉致行為よりも、より一層陰謀深い蛮行だったことは明白であります。

　生きて志を遂げられぬままに殉国されたあなたが、 死後にまでも白骨の姿で敵地に連行されたのですから、その怨みを何に譬え得ましょうか。

　（中略）

　日本人に対する叱責とはまた別の次元で、 私ども韓国人自身もニムの前に面目なく、 ただ深く頭を垂れてお詫び申しあげずにはいられません。

　ニムよ、あなたがお墓もなく、九泉をさまよわれながら痛憤された去る一世紀の間、私どもは国をあたりまえに築き上げることもできず、民族を一つにもなしえぬままに、分断と外勢、そして不義の覇絆を脱ぎ去ることなきままに、恥じるべき歳月を重ねました。

　今も祖国の現実の諸問題は、 あなたが百年前に兵を起こされた当時の有様と本質においてあまり変わりはありません。

　（中略）

　今ここ日本の地には、 過去における日帝の韓国侵略を正当化す妄言が、 いまだに相次ぐかと思えば、 強大国の覇権主義の悪癖も姿を消しません。それゆえにこそ、 あなたが命を賭した「斥倭抗戦」の戦いは、 実に先駆的なる自己犠牲でありましたし、 こんにちの私どもがこころに刻まねばならめことの如何と、 歩むべき道の方向を克明に指し示して下さっておられます。

　今この場に臨席の韓日両国の人々の間には、 いかなる対立や敵意もないものと信じます。むしろ遺骨の発見を契機として共に粛然として心を痛め、 そして躊躇なく謝罪しようとする心持ちを持っておられる方々が参列しておられるものと承知いたしております。

　私はこの度の遺骨の奉還が、 新しい時代に符合した正しい相互の認識と健康なる韓日関係をうちたてることに足しになる、前向きの契機になることをひたすらに翼ってやみません。

　そのだめには何よりも、 日本の国立の学校で意図的に断行されたとしか考えられない、 遺骨の蒐集・放置に関して、 日本政府は当然韓国人と人類の良心の前に深く反省し、それ相応の姿勢を見せるべきだと思います。

　息絶えられた後にも永眠なさることのできなかったニムよ！ ニムに対する欽慕の慰めの言葉のかわりに、このような塵埃の世の瑣事を申し上げて誠に申し訳なく存じます。しかしながらこんなにまでも、あなたの魂を末永く弔い、歴史に位置ずける事が、私どもの切実なる願いでありますことをご理解ください。

　これで明日になれば、ニムの肉身はこの地を離れることになります。つい知りもせず、また、とうに奉還申しあげることもできませんでしたこの私どもをお叱りください。このように遅くなりましたが、あなたが生命をなげうって愛された我が民族の住みきたりし地、 あなたと志を共にし、死をも共にされた多くの戦友たちの眠れる地、故国の土に、ニムよもう帰りましょう。いまだに正常ならぬ祖国の現実を思うとき、あなたの靈魂と肉身を奉還する今日のこの式典をとおして、あなたは私どもの心の中に、両眼を大きく見開いて睨んでおられる生ける先駆者として、復活され、臨んでください。そしてニムよ、いまだに分かれて争い、外勢にさいなまれる我が祖国、その中に浮沈して歴

史を正しく導いていけない倍達の民族のためにもう一度力強い号令をかけてください。
　ニムをお伴して我が故土へ帰っていく私どもの心をご昭鑑くださり、「どうかやすらかにお眠りください」とのを辞儀さえもできなかったわたくしどものあのお粗末をお許しくださいませ。

　そこには、北大と日本政府にたいする痛憤が刻み込まれていた。
　同時に、愛する祖国の現状にたいする憤慨の真情も語られた。　文学部会場の参列者のあいだに感動が流れ、「前向きの契機」になることへの期待が高まった。　法学部政治学のある教官は、今の日本人にはこういうこころを打つ文章は書けない、と嘆いた。
　韓勝憲氏は、軍事政権下、弁護士として闘い、自身も投獄され、弁護士資格を一時剥奪されている。『韓国の政治裁判-不幸な祖国の臨床ノート』(サイマル出版会、一九九七年)の序文でも、祖国の「陰の部分」を外国人に知らせることを批判する人がいるかもしれないが「真実自体に国内用と国外用の区別はないと思う」と言いきっている.
　北大文学部での奉還式の翌日、日韓共同で、遺骨を空路、韓国に奉還した。文学部長(当時)灰谷慶三氏(ロシア文学専攻)は、五月三一日の東学農民革命一十二周年記念行事を兼ねた東学農民革命軍指導者遺骸奉還式で、全州市民のまえで、文学部長として「このように粗末な形で長年にわたり遺骨を放置していたこと」に「深くその責任を感じ、ここに謝罪申しあげます」とのべた。遺骨を運び出した人物が札幌農学校の出身者である可能性が極めて高いことについて、また札幌農学校で植民学といった学問が盛んに行われ、「日本の植民地支配を理論的・実践的に支える役割を果たしたこと」を謝罪した。私は学部長の後ろにならんで立っていたが、会場からは、大きな拍手がおくられた。式典は、盛大で厳粛なものであった。
　高校時代、小説家の李恢成氏と同じ相撲部であったとなつかしそうに語る灰谷氏は、「謝罪」という、日本人のなかには抵抗感を持っている人もいる言葉をのべることにも躊躇しはしなかった。
　同日、黄土峴の東学農民軍の記念墓苑で遺骸安置式が行われた。学部長とともに歩みを進めると、門には農民軍の蜂起を再現する旗が林立し、「滅倭輔国」の旗も立っていて、思わず立ちすくむ思いがした。式の後、庭でマッコリを飲んだ。東学農民戦争の犠牲者の子孫にあたる遺族会の方々が、「おいしいでしょう、これが一番です」と、話しかけられ、木浦大学の申寅燮さんが通訳してくれる。全州で韓弁護士をはじめ記念事業会の皆さんと、心から打ち解ける交流をし、先祖を重んじ、死者を手厚く弔う韓国の文化を実感した。

植民地支配を先導した大学の責任

　文学部での奉還式の際、共同記者会見で、韓勝憲弁護士は、『中間報告書』にたいして、さらに珍島の弾圧の責任問題の明確化、遺骨の主の特定、札幌農学校の植民学などを解明するよう求められた。

　私は、会見の場にならんで韓弁護士の要請を聞いていて、　担当者として率直に言って「これはきびしいな」と身がすくむ思いだったことを告白せねばならない。　遠方まで出かけて札幌農学校の卒業生のご子孫に面談し、　外交史料館や防衛研究所図書館や韓国各地での調査を重ね、できるだけのことは手を尽くしたと思っていた。　かつて朝鮮で大地主であったご子孫にこのような事件で調査への協力を求めるのは、実際に関わってみると実に困難なことであった。　精いっぱいの理解を示されたご子孫もいたが、　肉親を敬愛しているご子孫は、調査を歓迎されなかった。　しかし、事実を解明し遺骨を故国へ返還するためには、　資料をどうしても見せていただく必要がある。このジレンマは時にかなり厳しいものになった。　遠方のご子孫との面談の後、　同行してくれた同僚教官河内祥輔氏と、これでよかったのかとつくづく話しあったものだった。

　在日の研究者、　姜徳相氏や琴秉洞氏、趙景達氏らからの励ましも受けたが、　正直言って疲労困憊していた。　これ以上の調査に尻込みしたくなる気持を懸命にこらえた。　韓弁護士の尽力には深く感謝していたが、「あなだの魂を末永く弔い、　歴史に位置づける事が、私どもの切実なる願い」という切実なメッセージを受け入れる覚悟がなかったのである。

　そして、ふたたび井上薫氏や同僚教官、研究室の大学院生などの協力をえ、朴孟洙氏との共同の韓国フィールドワークを行い、一年半の調査をかさねた。

　第一の課題は、珍島の弾圧の責任がどこにあるかの特定である。　それまでの研究では、　珍島へは日本軍が侵入しておらず、　日本軍に指揮された朝鮮政府軍と地方自衛軍が処刑を行ったとされていた。

　日本軍分遣隊(後備第一九大隊第一中隊の一枝隊)と日本軍の少尉に指揮された朝鮮兵の珍島への進軍の事実が、　史実として明らかになった。根拠になった史料は、弾圧部隊、後備第一九大隊・大隊長の報告書である。　日本公使館は文書を焼却したが、　ソウルの国史編纂委員会所蔵のガラス写真原板「駐韓公使館記録」(韓国人がガラス写真原板を守った)として残っていた。『東学乱記録』の朝鮮兵の報告書、「東京日日新聞」の一八九五年三月二九日の「従軍記」も日本軍の珍島侵入を報じている。新聞記事は、研究室の大学院生たちの協力によって見つけた。　日本軍が処刑のために珍島まで進軍したことは、　農民軍弾圧の日本の責任問題全般にかかわる重要な点である。

　第二の課題は、　遺骨の主がだれかということである。朴孟洙教授、　朴柱彦氏と共同で珍島の農民軍指導者、金秀宗、孫行権の村を訪ねて子孫から聞き取り調査を行った。そこで珍島でもっとも人望のあった伝説的指導者、朴仲辰の名が浮かび上がり、その子孫一族が、今も珍島からさらに黄海沖合の離島、下鳥島に住んでいると朴柱彦氏から教えられ、下鳥島に渡り、子孫一族とも面談した。

　子孫一族は、　日本支配下の時代に「逆賊」と迫害されつづけ、　一九七十年代においてもなお「逆賊」と扱われ、今日にいたっている。

　下鳥島の倉柳里の自宅で、　農作業で日焼けしたたくましい朴熊植氏(当時、五六歳)は、朴

仲辰らハラボジ(お爺さん)たちが東学農民戦争に参加したために、「モンドギ(棒)の朴家」とか「モンドギペ(棒の輩)」と呼ばれて迫害されてきたことを話してくれた。

　朴孟洙教授が「お爺さんだちの歩みを調べてみようという気持にならなかったのですか」ときくと、「そういうことはできないでしょう。調べてみても良い評価が出るはずもないし。よいことであれば調べる気にもなるけれども、逆賊と見なされたのを誰が調べる気になるでしょうか。隠そうとするのが当然です。私は、そういうことに負けないように生きてきました。悪口を言おうものなら、仲辰の朴家として力をだしてがんばるという気持でした。」と語った。　農民軍の参加者は、今日にいたるまで名誉回復がされないままであることを知らされた。ただし遺骨が誰であるかは、いまだに確定されるに至っていない。

　第三の課題は、植民地支配の一端を担っていた、北海道大学の前身、札幌農学校の責任である。

　札幌農学校では、佐藤昌介校長や、新渡戸稲造が、欧米の植民学を導入して、「植民学」の講義をし、卒業生を韓国に官吏、地主などとして送り出し、駒場(東京帝国大学農学部)に対抗して学閥をつくっていた(「同窓会記録」など)。

　農業技手の恩師、新渡戸稲造は、遺骨「採集」の一カ月後、統監府の依頼によって棉花などの視察のために韓国を訪れ、木浦に寄ったことが『朝鮮新報』などにのっていた。形質人類学につよい関心のあった新渡戸が遺骨に係わったかどうかはわからなかったが、新渡戸は、この時、韓国を紀元前の未開の国と評価する随想を発表していた(「亡国」「枯死国朝鮮」など『新渡戸稲造全集』第五巻に収める)。

　遺骨を「採集」した卒業生は、佐藤校長や新渡戸教官の植民学を受講し、影響をうけ、卒業後も連絡していた(佐藤昌介「日記」「雑録」など一三冊より、北大付属図書館北方資料室所蔵)。韓国併合後、満鉄に招待され、現地を視察調査した佐藤校長は、「併合後、善政着々施かれ、人民の幸福これに過ぎぬこと思ふ」という談話をマスコミに語っているが(「北海タイムス」一九一三年九月一三日)、この頃は義兵闘争が頻発し、護衛なしでは視察できなかったのである。朝鮮で農業地主となった日本人たちが、箱庭的な日本農法などは朝鮮には通用しないときびしい実状を吐露しているのに、農政学の専門家である佐藤校長や新渡戸は、日本的の農業技術の優越性や日本による朝鮮の開化を繰返し主張した。もともと佐藤校長は有名な大農論者で、日本の小農経営が脆弱であるとの持論だったが、学問上の矛盾も意に介さなかった。佐藤校長や新渡戸ら農政学専門家の視察は時流に乗った、植民地支配を正当化したものという批判を甘受せねばなるまい。

　かくて『報告書』(一九九七年)に、四百字五百枚分の調査報告を執筆した。

　韓国・朝鮮が日本植民地支配で受けた被害は、韓弁護士から要請が出されるように、あまりにも深刻で、解明されていない点が多いと痛感させられた。その後、奉還委員の一人であった朴孟洙教授が韓国の大学を休職し、四年間、私の所に留学された。朴教授は民主化運動に加

わった強い意志のひとであるが、金浦空港の貴賓室で行われた遺族会主催の追慕式で男泣きした人でもある。　当時日本が情報収集した東学史料などを用いての東学農民戦争の研究で日本の学位を取得された。　日本側の外務省や防衛庁の史料調査などを支援しながら、　私も論文「甲午農民戦争(東学農民戦争)と日本軍」を公表した(田中彰編『近代日本の内と外』吉川弘文館、一九九九年所収)。

東アジアで最初の民衆虐殺

　東学農民戦争は、一八九四年の春、李朝と地主の腐敗にたいする反封建と、　日本や中国の侵入にたいする反外勢を掲げて、朝鮮の全羅道から起こった。　第一次蜂起では反封建に重点が置かれ、　第二次蜂起へと拡大するにつれ、　清国と開戦し朝鮮半島に侵入した日本軍に抗戦する反侵略に重点が置かれていった。　現在の韓国中・南部だけではなく、朝鮮民主主義人民共和国にある黄海道でも東学農民軍が蜂起し、抗日統一戦線ができあがる。

　趙景達氏は、最近の研究で、農民軍の死傷者は三十万人から四十万人、死者は五万人に迫ると推定している(『異端の民衆反乱−東学と甲午農民戦争』岩波書店、　一九九八年)。農民軍の連帯をささえた「東学思想」は、　韓国では民主化運動のなかであらためて再評価され、現在では東学農民戦争、あるいは東学農民革命とよばれるようになっている。

　二千一年五月三一日より開催された「東学農民革命の二一世紀的意味」国際シンポジウムに、金大中大統領は、　東アジアの人権思想の起源として、「人乃ち天」の「東学思想」をあげ、トマス・ミュンツァーに率いられたドイツ農民戦争にも劣ることのない「民衆革命」を継承・発展させなければならないとのメッセージを寄せた。

　在野の歴史問題研究所顧問の李離和氏は、　大会冒頭の意義説明のなかで、韓国市民の思いを代弁するかのように、「生きて残った農民軍やその子孫は、山奥や島などに身を隠し息を止めて生活してきました。この国の民主勢力は、　一九九四年、農民革命勃発百周年をきっかけに、その正当な評価を受けようと様々な行事を開けました」と述べた。

　基調報告を行った漢陽大学、鄭昌烈氏の結びの言葉も、韓弁護士の「告由文」に通じるものがあって、感動を抑えがたかった。

　　… 東学農民革命だけで犠牲になった数万、数十万の霊魂は、まだ彼岸の世に安着できず、九天でさまよっています。それだけではなく韓国の近現代の歴史の中で未実現・未発現のため犠牲になった数百万の霊魂たちもやはり九天で流離っているのではないかと思われます。韓国の近現代史の波瀾万丈の峠を越え、生き残っている今日の私たちには、彼らの霊魂を慰める『鎮魂の歴史学』を作るべき義務があると思います。従って、その『鎮魂の歴史学』は、上の未実現・未発現の歴史的きっかけを継承・発展させる延長線上で、今日の歴史的

　現実と対決する性格のものになるべきではないかと思われます。

　私は、「日本軍による東学農民にたいする虐殺(Genocide)」という報告をした。
　日本軍が、大本営の命令によって東学農民軍約五万人を虐殺したことは、法的な根拠のない、日本軍による東アジアで最初の民衆虐殺であったと話した。以下に私の発表の概略を記しておきたい。
　在日朝鮮人研究者の朴宗根氏は、日本軍の東学農民軍にたいする弾圧について、広島大本営の戦争指導者、川上操六から出された一八九四年一十月二七日の「殺戮命令」を、防衛研究所図書館所蔵の作戦日誌から見いだした。その命令とは、「東学党ニ対スル処置ハ、厳烈ナルヲ要ス、向後、悉ク殺戮スヘシ」というもので、戦争の最高指導者による、東学農民全員の殺害命令であった。この命令は、南部兵站監部(仁川)「陣中日誌」に大本営からの電報として記録されている。「陣中日誌」にはさらに、命令の実行を報告する各兵站支部の報告電報が記録されている。
　翌日(二八日)の夕刻、ソウルに近い洛東兵站支部から、尚州で東学幹部らしい二名を逮捕したが、「斬殺」してよいかと問い合わせがあった。仁川兵站監は、「斬殺」を実行しろと命令した(「東学党斬殺ノ事、貴官ノ意見通り実行スヘシ」)。また、兵站支部からの「悉ク殺戮ノ手段ヲ実行致度」という問い合わせに、仁川司令部は「厳酷ノ処置ハ固ヨリ可ナリ」と「悉ク殺戮」命令の実行をうながす返答をする。実際に利川兵站支部の牢獄に入れられていた東学農民十名が逃走を企てたとして、この日、日本軍によって銃殺された。
　翌日には、仁川兵站監は、大邱兵站支部にたいして日本軍偵察部隊が星州で逮捕し、東学農民と「自白」したものについて、死刑を命令した。
　大本営川上操六の「悉ク殺戮」命令は、このように正確に実行されていった。注意したいのは、「殺戮」されたのが抗戦した東学農民にとどまらず、偵察部隊が包囲して捕縛した東学農民も「殺戮」されたことである。東学農民は、行動のいかんにかかわりなく、東学農民(信徒)であるだけで殺害された。
　日本は、朝鮮に宣戦布告をしていたわけではない。日本と朝鮮は不平等条約を結んでいたが、朝鮮民衆は朝鮮の法的主権のもとにいたから、この川上の命令はまったく不法なものである。
　東学農民は、「名帖」や「任帖」を持っていたが、現地では「良民卜東学党ノ識別ナキナリ」(「韓国東学党蜂起一件」外交史料館所蔵、後備第六連隊第六中隊長報告、一一月二三日)で、東学農民軍とそれに加わった一般農民軍の「識別」は、実際には不可能であった。川上の命令は、法律的に言えばあらゆる東学農民の無法な皆殺し命令であり、実態はそれを越えて、一般農民軍をあわせた韓国民衆大殺戮の命令でもあった。
　しかも、「悉ク殺戮」命令が出される二日前、仁川司令部は次のような「内訓」を与えていた。

一東学党ヲ所分スル事ニ就テハ、 彼レ朝鮮官吏及兵隊ノ所分ニ任セ応援ノ主趣ヲ守ル
ヘシ、 時機乗スヘキアレハ、 進テ酷列ノ所置ヲ実施シ、敢て仮借スル所ナカルヘシ(「陣中
日誌」)

朝鮮の応援の趣旨を守って、 チャンスがあれば仮借なく殺害せよという命令である。 このよう
に、 日本軍司令部は二日前には日本軍が前面に出ないように命令していた。 農民軍にたいする
法的主権が朝鮮にあることをよく知っていたのである。 その裏では可能な限り東学農民を殺戮する
ことを命じていた。

東学農民軍討伐部隊、 後備第一九大隊が大弾圧作戦を開始するのは、 この後一一月中
旬であった。 討伐部隊に与えられた仁川司令部「訓令」(一一月一一日付)は、東学農民の討
伐実行を命じた。 そして、 この「訓令」では、 討伐が朝鮮政府の請求によるという新しい根拠を
示している(「朝鮮政府ノ請求ニ依ル」、『駐韓日本公使館記録一』国史編纂委員会、 一九
八六年)。しかし、 中塚明氏が解明しているように、ソウル王宮は日本軍守備隊によって占領され
ていた(『歴史の偽造をただす 戦史から消された日本軍の「朝鮮王宮占領」』高文研、一九
九七年)のであり、朝鮮政府の依頼は形だけである。

法律的な責任を問われるならば、 十月の「内訓」(二五日)、「大本営・川上命令」(二
七日)、一一月の「訓令」(一一日)という展開のなかで、 終始一貫している日本軍の作戦意図
と「東学農民の全員殺戮」命令は、 申し開きようのない明確となるだろう。

日本軍がしたことは、 農民軍にたいする不法な大量殺戮の実行である。国家による不法な民
衆大量殺害は虐殺=ジェノサイドである。 東学農民軍にたいする五万人に迫る大殺戮は、 日本
軍による東アジアで最初の民衆虐殺だったのである。

韓弁護士が文学部で朗読された「告由文」の一節に「こんなにまでも、あなたの魂を末永く
弔い、 歴史に位置づける事が、 私どもの切実なる願い」とある。 私たちは、 いささかでも研究者
の役目を果たすことができたであろうか。

갑오농민전쟁(동학농민전쟁)과 일본군

井上勝生
홋카이도대학 교수

1. 머리말

갑오농민전쟁은 1894년(메이지 27)에 조선에서 일어난 반봉건·반침략의 일대 농민반란이다. 조선 근대사의 출발점을 이루는 동시에 조선 근대사상 최대의 민중운동이었다. 2월에 전봉준의 지도를 받은 동학 교도를 중심으로 농민들이 결집, 전라북도 고부에서 봉기하여 전라도 일대를 석권한 다음 서울을 향해 진군하려고 했다. 그러나 동학농민군 진압을 명목으로 조선에 출병했던 청·일 양국군의 침략을 막고자 6월(음 5월)에 정부군과 화약을 맺었다. 7월, 청·일 양국이 전쟁을 시작하자 반침략을 위한 재봉기를 준비, 10월에 일제히 제2차 봉기를 단행했다. 동학농민군의 제2차 봉기는 청일전쟁을 위해 조선에 침입한 일본군의 배격을 주장하고, 근대적인 라이플총과 소총 조련의 조직적 전력을 갖춘 일본군 및 일본군의 지휘를 받은 조선 정부군의 탄압을 받아 진압되었다.

갑오농민전쟁 100주년을 기해 한국, 조선민주주의 인민공화국(이하 북한) 및 일본에서는 각종 기념 행사가 개최 되었으며, 많은 연구서와 자료집, 기념 팜프렛 등이 간행되었다. 북한에서는 현재도 갑오농민전쟁이라 부르고 있으며, 현재 한국의 역사학계에서는 70년대 이후 군사정권에 맞선 민주화운동에 의해 갑오농민전쟁에 있어 동학의 역할을 종래보다 높히 평가하는 분위기가 유력해져서 갑오농민전쟁은 동학농민전쟁 또는 동학농민혁명이라 부르게 되었다.

갑오농민전쟁을 탄압한 군대는 일본군과 일본군의 지휘를 받았던 조선정부군이다. 조선정부군은 당시 일본군의 지휘하에 들어 있었다. 일본군은 약 2천명, 조선 정부군은 약 2천 8백명이었다. 일본군은 신예 무기인 무라타총(村田銃)과 무라타 연발총(村田連發銃)으로 무장한 근대적 훈련을 받은 군대이며, 동학농민군을 탄압했던 일본군 조선 병참 수비대는 후비(後備)부대로 최초는 약간 구식이기는 했으나 역시 라이플총인 스나이더총을 장비하였으며 뒤에 무라타총을 지급 받았다. 나중에 설명하는 바와 같이 화력과 조직적 전력의 차이에 의해 학살과 다름없는 전황이 전개되었다. 농민군의 피해를 다면적으로 검토한 조경달(趙景達)은 탄압군에 의해 진압당한 농민군의 사상자를 3~40만 명이라고 한 사서(史書)의 기술은 근거 없는 것이 아니라고 하였고, 사망자는 5만 명에 육박한다고 추측하고 있다.

농민군 탄압에 나선 일본군의 핵심이 된 부대는 11월 2·3·4일 잇따라 히로시마(廣島)를 출항, 인천으로 이송된 후비보병 제19대대이다. 본고에서 검토하는 바와 같이 후비보병 제19대대는 3개 중대로 구성되었으며, 동학농민군 토벌을 전담할 것을 명령받고 있었다. 동 대대 제1중대는 11월 6일에 인천에 도착한다.

제1중대가 도착하는 당일 인천 병참사령부는 부산 병참사령부 앞으로 다음과 같이 타전했다.

　　오후 3시 30분 부산 이마바시(今橋) 소좌 앞으로 다음과 같이 전보를 발하다. …이번 동학당 정벌을 위해 인천으로 오는 3개 중대는 중로(中路) 및 그 서쪽 두 길로부터 진격, 당분간 이 당 토멸만의 임무를 맡게 할 것으로 예상됨에 따라 병참로의 수비병력이 되기 어렵기 때문에 경부간의 병참 수비는 계속 귀관의 대대로써 담임한다는 뜻을 이해하도록 …

인천에 도착하는 3개 중대(후비보병 제19대대)는 인천 병참사령부에 의해 「당분간」즉 동학농민군 탄압 완료까지 「이 당(동학농민군) 토멸만의 임무」를 부여 받았다. 10월 하순에 조선 북방 대동강 이남의 병참 관할이 결정되어 서울과 부산 간의 경부 병참선은 부산 병참사령부의 관할로 결정되었다. 전문과 같이 도착한 후비보병 제19대대는 동학도 토멸만의 임무를 부여 받았기 때문에 인천 병참사령부는 부산의 이마바시(今橋知勝) 부산 병참사령관에게 경부 병참선의 수비는 부산 병참사령부 임무대로 변동이 없다고 확인했던 것이다.

후비보병 제19대대를 중심으로 하는 일본군 탄압부대는 조선 정부군 부대도 통솔하여 동학농민군을 조선 반도의 서남단으로 내몰아 섬멸하는 작전을 취하여 다음 해 2월에 섬멸 작전을 완료했다. 위의 전문과 같이 처음은 중로(中路)와 서로(西路) 두 길을 따라 진군할 예정이었으나 동학농민군이 조선 동북 방면의 러시아령으로 도주하여 러시아의 개입을 부르는 것을 두려워하여 중로, 서로에 동로(東路)를 더하여 세 길로 남진했다. 최종적으로는 폭풍우로 인한 거친 날씨와 선박 부족 때문에 제주도로 진격할 수 없었으나 후비보병 제19대대의 지대(支隊, 제1중대의 1개 지대)는 조선반도 서남단에 위치하며 황해에 펼쳐져 있는 다도해 최대의 섬 진도(珍島)까지 섬멸 작전을 펼쳤다. 동학농민군이 마지막으로 도주한 곳이 진도를 중심으로 하는 다도해상의 섬들과 제주도였는데 일본군은 진도까지 침입하여 다도해상의 섬들로 도망가는 동학농민군을 토멸했다. 섬의 구전(口傳)에 의하면 조선 관헌들에 의한 농민군 수색은 진도 농민군 지도자의 출신지였던 다도해상의 외딴 섬 하조도(下鳥島)까지 미쳤다. 이리하여 일본군은 작전 계획대로 동학농민군을 서남단으로 내몰아 제주도를 제외하고 섬멸 작전을 완료했다. 동학농민군에 대한 탄압작전은 격심한 내전이 전개되었던 한국전쟁 이상으로 무서웠다는 구전이 진도에 전해 내려 오고 있다.

동학농민군에 대한 탄압은 근대 일본군대가 저지른 아시아 민중 대학살(제노사이드)의 최초이자 출발점이라 할 만하다. 농민군 탄압에 대해서는 강재언(姜在彦)의 『신정 조선근대사 연구(1980년)』와 박종근(朴宗根)의 『일청전쟁과 조선(1982년)』, 조경달의 『이단의 민중반란(1998년)』등이 탁월한 업적을 쌓고 있지만, 일본군 본부(히로시마 대본영)의 작전 지휘와 탄압부대의 동정에 대해서는 아직도 해명할 필요가 있는 문제가 많이 있다. 동학농민군에 대한 일본군의 탄압 실상에 대한 해명은 한국사만의 문제에 그치지 않고 일본 근대사의 근간과도 관련되는 문제일 것이다. 본고에서는 일본군에 의한 동학농민군 참가자에 대한 탄압 또는 토멸이라고 일컬어 지고 있는 협의의 탄압과 토멸, 즉 농민군에 대한 처형 내용을 확인하고자 한다. 탄압작전의 전개과정에 대한 연구는 별도의 과제로 하기로 하고, 일본군에 의한 농민군 처형은 어떤 지침에 의해 어떻게 실행되었던 것일까? 강재언과 박종근, 조경달 등의 탁월한 연구로부터 배워 가면서 이 문제에 대하여 사실 관계를 확인해 가고자 한다.

2. 「동학당 토멸대」 또는 「동학당 토벌대」

동학농민군 탄압에 참가했던 일본군 부대를 개관해 보자. 동학농민군 탄압군의 일부를 서울 방면에서 동쪽인 충주 방면으로 전개시키면서 전군을 서남 방면으로 진격시켜 최후에는 조선 반도 서남부인 전라도의 서남단으로 내몰아 포위 섬멸한다는 작전에서는 후비보병 제19대대의 3개 중대가 중심이 되었다. 농민군 주력 부대에 대한 탄압 작전에는 부산으로부터 후비보병 제10연대 제4중대가, 또 해상으로부터 군함 츠쿠바(筑波)와 소코(操江)호의 육전대가 순천, 좌수영(左水營) 등의 농민군에 대한 공략의 원군으로써 참가했다. 다른 방면의 동학농민군 탄압으로는 충주방면에 후비보병 제18대대 제1중대가, 홍주(洪州, 현재의 홍성) 방면에는 후비보병 제6연대 제6중대가, 황해도 방면에는 후비보병 제6연대 제4중대, 제7중대의 일부, 제8중대의 일부가 참가했다. 청일전쟁에서 전시동원 된 후비보병대의 1개 중대는 그 규정이 1889년에 개정되어 총원 221명으로 상기의 탄압에 참가한 전 일본군은 2천명 정도의 병력이었다. 탄압작전의 중심이 된 후비보병 제19대대의 3개중대는 663명, 농민군 탄압에 동원된 일본군의 3분의 1이 채 못된다. 후비역(後備役) 병사는 당시 예비역(豫備役) 4년을 거친 자들로써 후비역은 5년이었다. 만28세부터 32세까지의 병사들이다. 후비병이 토벌에 임했던 것은 병참 수비가 후비 제대(諸隊) 등의 병사들의 임무였고 그렇게 함으로써 전선에 젊은 현역병을 내보냈기 때문이다.

후비보병 제19대대의 3개 중대가 인천에 입항하는 11월6일에 인천 병참사령부가 이 부대의 당면 임무를 동학농민군 「토멸만의 임무」라고 말했다는 사실은 앞에서 설명했다. 후비보병 제19대대 제1중대는 오후 4시에, 제2중대는 동 7시에 인천에 입항했다. 인천 병참사령부는 「진중일지」에 다음과 같이 도착 상황을 기록하고 있다.

금일…동학당 토멸대인 후비보병 제19대대 본부・제1・제2중대 도착하다

조선반도로부터 중국 영토로 진격하는 일본군(제1군)의 조선 병참선에는 각 지점에 설치된 병참사령부와 병참지부를 통괄하는 병참감(兵站監)이 설치되어 있었다. 9월 하순이후 병참사령부는 서울 가까운 곳부터 송파진, 이천, 가흥, 문경, 낙동, 대구, 구포 그리고 부산 순으로 설치되어 있었다. 병참감은 최초는 부산에 설치되어 있었으나 9월 17일 황해 해전에 의해 황해의 제해권을 장악했기 때문에 9월 27일에 서울 근처의 인천으로 옮겨 남부 병참감(南部兵站監)이라 개칭, 히로시마 대본영의 참모차장 겸 병참총감 카와카미 소로쿠(川上操六)의 직할이 되었다. 조선의 남부병참감이 히로시마 대본영의 카와카미 소로쿠 총감으로부터 직접 지휘를 받고 있었다는 사실을 확인할 수 있다. 10월 하순에 남부 병참감은 평양 근처의 어은동(漁隱洞)으로 다시 북상한다.

「진중일지」에 기재된 바와 같이 후비보병 제19대대는 일본군 사이에 조선 도착 당초부터 「동학당 토멸대」라고 명확히 인식되고 있었다. 또 12월 27일 이토 스케요시(伊藤祐義) 인천 병참사령관이 카와카미 소로쿠 히로시마 대본영 병참총감 앞으로 보낸 전보에서는 「동학당 토벌대」라고 호칭되고 있다. 이 외에 다음해 1월 17일에 동학농민군 전체의 지도자인 전봉준과 김개남 등의 포박을 보고한 인천의 이토 병참사령관이 카와카미 총감 앞으로 보낸 전보에서는 후비보병 제19대대장 미나미 고시로(南小四郎) 소좌로부터 인천(병참감)으로의 전령 보고를 「토벌대장 미나미 소좌로부터 다음과 같은 보고가 있었음…」이라고 기록하여 보고하고 있다. (현지 부대와 사령부가 있는 인천 사이에는 전선(電線)이 없어서 전령이 왕복했다. 이와 같이 후비보병 제19대대는 일본군 속에서 「동학당 토멸대」 또는 「동학당 토벌대」라고 명확히 인식되고 있었다. 이 호칭이 의미하는 바는 무엇일까?

후비보병 제19대대는 11월 12일에 경성(京城, 이하 서울이라고 표기한다) 근교 용산(龍山)을 출발하여 동학농민군 주력 토벌에 나선다. 전날인 11일에는 어은동에 본부를 이전한 남부병참감 후쿠하라 토요노리(福原豊功, 1852~1895) 소장으로부터 동학농민군 토벌에 관한 모든 권한(「동학당 토벌 일체의 사항」)이 이토 스케요시 인천 병참사령관에게 위임되고 있었다. 이토 병참 사령관은 후비보병 제19대대에게 전 7개조의 훈령을 내리고 있다. 그 제1조와 제2조가 동학농민군 토벌 지침이다.

동학당 진압을 위하여 파견대장에게 내리는 훈령

一. 동학당은 목하 충청도 충주·괴산 및 청주 지방에 군집해 있으며, 또한 여당(餘黨)은 전라·충청 두 도 소재 각지에서 출몰하고 있다는 보고가 있는데 그 근거를 탐구하여 그들을 초절(剿絶)할 것

二. 조선정부의 청구에 의해 후비보병 제19대대는 다음 항에서 제시하는 세 길로 분진(分進)하여 한병(韓兵)과 협력, 연도 소재의 동 당류를 격파하여 그 화근을 초절함으로써 재흥·후환을 남기지 않도록 할 것을 필요로 한다. 그리고 그 수령으로 인정 되는 자는 포박하여 경성공사관으로 보내고, 또한 동당 거괴 등의 왕복 서류 또는 정부 부내(部內)의 관리, 지방관, 어느 유력(有力)한 당국으로부터 동당 사이에 왕복한 서류는 될 수 있는 한 그것들을 수습하여 함께 공사관으로 보낼 것. 그 중 협종자(脅從者)에 이르러서는 완급 정도를 헤아려 종순(從順)으로 돌아가는 자에 있어서는 그들을 용서하여 굳이 가혹한 처분에 떨어지는 것을 피하도록 할 것
단 금번 동학당 진압을 위해 전후 파견된 한병 각부대의 진퇴 조절은 전부 우리 사관(士官)의 지휘 명령에 복종하고 우리 군법을 지키며 만일 그것에 위배된 자는 군율에 따라 처분 당할 것이라는 취지 조선 정

> 부로부터 한병 각 부대장에 전달 완료 됨에 있어 세 길로부터 이미 출발했거나 또는 장차 출발할 한병의 진퇴는 모두 우리 사관으로부터 지휘 명령할 것

이 훈령에 기록된 동학농민군에 대한 토벌 방침을 명확히 해 둘 필요가 있다.

제 1조에서는 충청도의 충주·괴산과 청주에서 농민군 세력이 봉기하고 있으며, 전라도와 충청도에 농민군 세력이 전개되고 있다는 사실을 지적하고 동학농민군의 「근거(지)」를 탐구하여 「그들을 초절」할 것을 지시하고 있다. 「그들」이란 앞의 「여당」 및 「동학당」 즉 동학도를 말하는 것이다. 「초절」의 「초」는 끊는다·죽인다 라고 읽으며, 「그들」은 바로 앞의 「근거」로도 읽혀, 근거를 끊는다 라는 뜻으로도 읽혀지지만, 뒤의 제3조의 각 중대의 진군 예정로를 기록한 말미에는 다음과 같은 문장이 삽입되어 있는 점을 고려하여 읽어야 할 것이다.

> 각 중대는 적류를 초토하여 그 여당이 진멸함에 이르면 경상도 낙동(洛東)에 집합하여 후명(後命)을 기다릴 것

위 내용에는 농민군(「적류」)에 대한 「초토」가 기록되어 있다. 즉 제1조는 동학도에 대한 탐색과 살해 훈령으로 해석할 수 있다.

제2조는 진군하는 연도의 「동학당」 즉 동학도의 격파, 그 화근을 끊어 재흥의 우려를 없애는 일이 임무로 되어 있다. 제1조와 같은 취지이다. 또 동학농민군 「수령」을 포박하여 서울 일본 공사관으로 보낼 것이 명해지고 있다. 얼핏보면 관대하고 「문명적」인 처벌 방침인 듯이 읽혀지지만 과연 그럴까? 동 조항의 계속되는 문장으로부터 농민군 지도자를 포박하여 서울 일본 공사

관으로 보내는 목적을 추측할 수 있다. 당시 서울의 일본 공사는 이노우에 카오루(井上馨, 1836~1915)였다. 이어지는 문장에서는 「또한 동당 거괴 등의 왕복 서류, 또는 정부 부내의 관리, 지방관, 어느 유력한 당국으로부터 동당 사이에 왕복한 서류는 될 수 있는 한 그것들을 수습하여 함께 공사관으로 보낼 것」이라고 지시되고 있다. 농민군 지도자들의 왕복서류, 조선 정부 부내의 관리와 지방관과 농민군 사이의 왕복서류, 또 어느 유력한 당국으로부터 농민군 사이의 왕복서류의 수습 및 공사관으로의 송부가 명해지고 있다. 농민군 지도부 상호간의 서류 수습이 명해진 것은 탄압작전 과정에서 당연하다. 또 동학농민군 지도부와 조선정부 일부와의 연락은 쌍방에서 여러 움직임이 있었다는 사실을 밝혀주고 있다. 지방관과 동학농민군과의 연락은 조선 남부에 있어서 갑오농민전쟁의 자치활동의 일환으로 전라도를 중심으로 밀접한 관계가 있는 것이었다. 마지막의 「어느 유력한 당국으로부터 동당 사이의 왕복 서류」란 조선의 대원군과 동학농민군과의 연락일 것이다. 이와 같이 「수령」을 포박하여 서울 일본 공사관으로 보내는 목적은 「수령」에 대한 직접 심문에 있었던 것이다. 조선 대부분의 지역에서 동학농민군의 일제 봉기에 직면했던 일본 공사관과 일본군은 이렇게 해서 중앙과 지방의 정치 상층부와 동학농민군의 연계에 주의를 기울였던 것이다. 1894년 12월에 나주로부터 서울로 압송된 전봉준도 대원군과의 연계 등에 대해 심문 받았다. 후비보병 제19대대가 서울 근교를 출발하는 시점에서 일본 외교 당국과 군은 그같은 커다란 파급을 주의하지 않으면 안되게 되었던 것이다. 동학농민군에 대한 탄압을 한층 세밀하게 엄격히 진행할 필요가 발생하고 있었기 때문에 관대한 처분을 지향했던 것이 아니다. 전봉준 등은 심문과 재판 끝에 교수형에 처해졌다.

제2조의 다음 부분에 기록되어 있는 「협종자」에 대하여 「종순(從順)」으로 돌아온 자에게는 「관대한 용서」를 내릴 것. 「가혹」한 처형이 없도록 훈령

되고 있다. 만일 일본군이 동학농민군을 「수령」과 「협종자」로 나누고 있었다
고 한다면 이 부분을 동학농민군에 참가했던 민중에 대해 비교적 온화한 처
분을 지시했다는 것으로 읽을 수 있을 것이다. 동학농민군이 농민군 조직에
임하여 「만일 따르지 않는 자는 불충불의(不忠不義)한 자이기 때문에 반드시
벌을 내릴 것이다」라고 하는 공동 제재의 논리를 가지고 있었다는 사실은 조
경달에 의해 지적되고 있다. 그러나 이와 같이 「협종자」를 가려 내는 일은
완전히 불가능한 일이다. 일본군은 동학농민군을 동학도(이 가운데 수령이
있다)인 다수의 집단과 그 「협종자」로 나누어 판단하고 있다. 후비보병 제19
대대가 출군하기 이전의 동학농민군 탄압 사례와 출군 시점의 사례 한 가지
를 보기로 한다. 먼저 후비보병 제19대대 출군 이전의 사례를 든다. 그것은
10월 30일의 사례이다.

> 10월 30일(화요, 맑음)
> …
> 오후 4시 대구 타나카(田中) 중위로부터 다음과 같은 전보가 있어 그에 따
> 라 답전(答電)을 보냈다. 지난 25일, 성주(星州)에서 포박한 8명 가운데 1명은
> 동학당이라는 사실을 자백했다(세력자는 아니다 - 원래의 주) 다른 7명은 이
> 당의 협박에 의해 사역(使役)된 자들로써 이 당이 아니라는 사실을 인정했다.
> 또 다른 13명은 동학당 때문에 포박당한 자들로 동당과 관계없다. 이상은 9월
> 30일 병참감에 보고하여 처분 방법을 묻는다.
> 답, 동학당이란 사실을 자백하였으면 감사에게 인도하여 극형에 처하고, 기
> 타 다른 자들은 다시 그들의 사역에 응한다면 엄형에 처할 것이라고 설시(說
> 示)하고 방면할 것.
> … 또 다시 수비대 3개 중대 증가할 것이며 이 부대 도착하면 일거에 그들
> 을 토멸하고자 한다는 뜻을 미리 제시해 둔다.

「동학당」이라고 자백한 자로 지도자가 아닌 일반 동학도 (「세력자가 아니

다」)와 동학농민군의 「협박」에 의해 「사역」당했다고 칭하는 자를 구별하고
있다는 사실을 알 수 있다. 인천의 남부 병참감(전술한 바와 같이 10월 하순
까지 조선 각지의 병참 사령부를 통할하는 병참감은 인천에 있었다)은 이 일
반 동학도를 「감사」(조선정부의 지방관)에게 인도하여 사형(「극형」)에 처하
도록 명령하고 있다. 원래 일본군은 동학농민군 진압을 명목으로 출병, 실제
로 진압에 참가했는데, 근대 국제법 원칙에서 볼 때 당연히 조선 민중의 처죄
(處罪)는 조선의 사법에 맡기는 형식을 취할 필요가 있었다. 그것이 본래의
동학농민군 처죄 방법이었다. 단 「극형」에 처할 것은 인천의 남부병참감에서
결정되고 있었기 때문에 조선의 사법에 대한 위임은 단지 형식에 떨어지고
있었다. 이리하여 일본군은 동학농민군을 동학도와 「협종자」로 구별하여 동
학도는 사형에 처하고 귀순한 비동학도에게는 「관대」한, 대조적인 처분을 하
고 있다. 그렇기는 하지만 비동학도에 대한 처분이 관대하다고 말할 수 있을
른지, 포박 사실을 보고한 25일의 대구발 전보에 의하면, 포박된 자는 일본
군 수비대 「하사 이하 10명」이 성주로 진격하여 습격, 포박한 농민군이었다.
일본군 병참부대를 공격했던 농민군이 아니었으며, 일본군이 촌락으로 침입
하여 포박한 조선 민중들로써, 그같은 상황을 고려한다면 얻어진 「자백」의
내용에 의문이 없는 것이 아니다. 인천의 남부 병참감은 수비대 3개 중대의
증원을 대구 병참사령부에 알리고 있는데, 이 3개 중대가 바로 11월 2·3·
4일에 히로시마를 출발하는 후비보병 제19대대의 3개 중대이다. 이 3개 중
대가 도착하면 일거에 동학도를 「토멸」할 수 있다고 예고하고 있다. 여기서
동학도의 「토멸」이라고 기록 되어 있는 「토멸」의 의미는 한층 명확하다 할
것이다.

　다음으로 후비보병 제19대대의 출군 시점의 사례를 예로 든다. 이것은 때
마침 후비보병 제19대대가 서울 근교의 용산(龍山)을 출군하는 11월 12일의
사례로 후비보병 제19대대의 동로(東路)방면에 해당하는 충주의 농민군 탄압

을 위해 출군한 후비보병 제6연대 제6중대의 보고이다.

충주로부터 괴산에 이르는 도중에 잠복해 있는 동학당을 포획하여 지휘관 이모리(飯森) 소좌에게 신고하였다. 즉각 가흥(可興) 병참사령부로부터 파견된 헌병 조장에게 인도하라는 명령에 따라 그대로 실시했다. 헌병의 조사에서 동학당의 증거 현저한 자에게 괴산군수가 참수를 청구하였으며 이모리 소좌(후비보병 제6연대 제2대대장)는 즉시 허가하였다. 명령에 따라 다음날 12일 출발할 때 당 중대에서 총살하였다.

부언
이때 제일 곤란했던 것은 앞에서도 진술한 바와 같이 양민(良民)과 동학당의 식별이 없다는 것이며, 동학당이라는 사실을 아는 것은 포획 후 그 소지품 가운데 조선인 필휴(必携)인 연초가 들어 있는 돈주머니 속에 또 하나의 작은 주머니가 있고, 그 안에 동학당인 자는 다음과 같은 사령서 같은 것을 소지하고 있다.

이 후비보병 제19대대의 출군 시점의 사례에서도 동학도와 비동학도의 식별이 이루어지고 있는 사실을 알 수 있다. 동학도는 소지하고 있는 「명첩」과 「임첩」에 의해 식별되었다. 군수의 청구에 따른다고 하는 수속, 형식이 취해져 동학도의 참수가 허가되었지만 결국은 중대에 의해 총살되었다. 동학도는 문자 그대로 「토멸」되었다.
일본군이 당시에 동학도를 「동학당」이라고 불렀던 것은 「당」, 결사와 같은 조직으로 간주하고 있었다는 사실을 보여 주고 있다. 일본군이 「토벌」의 대상으로 삼았던 것은 동학도(즉 「명첩」과 「임첩」을 소지하는 동학 신도) 였다. 동학도 중에는 수령과 일반 동학도가 있을 것이다. 훈령에서는 「수령」인 동학도 지도자는 포박하여 서울 일본 공사관으로 보낼 것이, 또 동학도에 대한 「협종자」에게는 귀순한 자에게는 「관대」한 처분이 지시되었다. 동학도에 대해서는 「격파」(제2조) 또는 「초절」(제1조) 사형이 지시되고 있었다는 사실을 확인할 필요가 있다. 일반 동학도는 모조리 사죄(死罪). 이것이 11월 12일의 이토 병참사령관 훈령의 명확한 지침이었다.

이와 같이 후비보병 제19대대는 동학도의 처형(살해)을 임무로써 부여받고 있었다. 후비보병 제19대대의 3개 중대는 문자그대로 엄밀한 의미에서 「동학당 토멸대」 또는 「동학당 토벌대」였던 것이다.

3. 「모조리 살육할 것」 - 히로시마 대본영의 명령

앞 절(節)에서 「동학당 토벌 일체의 사항」을 위임 받고 있던 이토 병참사령관이 후비보병 제19대대에게 1894년 11월 12일의 출군을 당해 동학도를 모조리 사죄(死罪)에 처하라는 취지를 훈령하고 있었다는 사실을 확인했다. 일본군의 동학도 처형 방침에 대하여 11월 12일의 이토 병참사령관 훈련 이전에 있어서는 10월 27일의 히로시마 대본영 카와카미 소로쿠 병참총감의 명령이 알려져 있다. 10월 27일 오후 9시 30분, 인천 남부 병참감 앞으로 부산 병참사령부로부터 히로시마 대본영의 카와카미 병참총감의 전보가 다음과 같이 중계되었다. 당시, 전보는 쓰시마(對馬)해협의 해저전선을 통해 부산을 경유하여 서울까지 부설되어 있었는데 일본군의 진군에 따라 전선까지 연장되었다. 일본군은 8월 중순에 서울과 부산간에 일본군 전용의 제2전선을 가설하였다. 조선에 대한 전보는 부산에서 일단 중계되고 있었다.

카와카미 병참총감으로부터 동학당에 대한 처치는 엄렬(嚴烈)함을 필요로 한다. 향후 모조리 살육하도록 할 것

남부 병참감을 직할하고 지휘하는 대본영의 카와카미 소로쿠는 동학도에

대하여 「엄렬」한 처치를 지시하여 이후 동학도를 모조리 「살륙」하도록 명령했다. 사실 경과를 보면 전날 경부 병참선상에 위치하며, 충주의 남측에 있고, 서울과 부산의 거의 중간에 있는 안보(安保) 병참지부가 동학농민군 2천명에게 습격 당했다. 습격에 의해 북방 서울측으로 연결되는 전선이 절단 되었기 때문에 인천의 남부 병참감과의 연락이 두절되었다. 그 때문에 안보의 남쪽에 있던 문경 병참지부는 대본영으로 즉각 다음과 같이 전보를 쳐서 보고했다.

오늘 아침 6시경 동학당 2천여명 안보 병참지부를 습격, 사방을 포위하고 모든 곳에 불을 지르며 격렬하게 사격했다. 수비병 38명이 고전한 끝에 점차 격퇴하고 지금은 또한 추격 중에 있다. 적 때문에 전신을 절단 당하여 병참감에 대한 보고 불가능, 그래서 직접 보고한다.

문경

이데와(出羽) 소좌

대본영

카와카미 소로쿠는 참모차장으로 병참총감을 겸하고 있어 청일전쟁에 있어서 군부의 실질적인 최고지도자였다. 문경 병참지부의 전보가 대본영에 착신된 것은 오후 5시였고, 동학도에 대해 「향후 모조리 살육할 것」이라는 카와카미 소로쿠의 명령은 다음 날 9시에 부산을 경유하여 인천 남부 병참감에 착신되었다. 조선의 1개 병참지부가 동학농민군 대부대에게 공격당했다는 사실이 동학도를 살육하라고하는 명령의 계기가 되었다고 판단된다. 카와카미 총감의 명령에는 조선의 사법 등은 실질적으로 무시되었고 반일행위 유무에 관계없이 모든 동학도의 살륙이 일본군의 의지로써 명령되고 있었던 것이다. 현실적으로 카와카미 병참총감의 명령은 조선의 현지에서 실행에 옮겨지고 있었다. 카와카미 명령이 도착한 28일, 안보와 부산 사이에 위치하는 낙동

(洛東) 병참지부와 인천의 남부 병참감 사이에 다음과 같은 교신이 오고 갔다.

　　오후 7시 10분 낙동 아스카이(飛鳥井) 소좌로부터 다음과 같은 전보가 있었다.
　　어제 상주(尙州)에서 수령으로 생각되는 자 2명을 포박해와 오늘 여러 가지 취조를 했지만 그 사실을 토로하지 않고, 그들의 말을 살펴보니 수령으로 생각되지 않는데, 이상과 같은 자는 당 부에서 참살해야 하는가 마는가.

　　답 (남부 병참감) 동학당 참살에 관한 사항, 귀관의 의견대로 실행할 것

　　낙동 병참지부로부터 동학도 수령으로 생각되는 자를 상주에서 포박했지만, 자백을 얻어 내지 못했으며 거의 「수령」이라고 생각되지 않는 자를 참살해도 좋은 지라는 문의가 있었다. 취조했지만 포박자는 예상했던 바와 달리 수령이라고 생각되지 않아 사실 관계는 대단히 막연했던 모양이다. 남부 병참감은 이 참으로 애매한 취지의 「참살」여부의 문의에 대하여 「참살」을 허가했다. 게다가 전문의 내용에서 보면 일본군 병참지부가 조선 정부에 구애받지 않은 채 남부 병참감의 명령에 따라 행했던 「참살」로 추측 된다. 문제가 많다라고 할 만 하다. 카와카미 병참총감의 「모조리 살륙」이라는 명령이 충실히 실행 되었다고 할 수 있을 것이다.
　　다음 다음날인 30일에는 앞 절에서 살펴 본 바와 같이 낙동 병참지부의 남쪽에 있는 대구 병참사령부로부터 성주의 포박자에 대한 문의가 있었는데, 남부 병참감은 「동학당이라는 사실을 자백하면 감사에게 인도하여 극형에 처하도록 할 것」이라고 회답하고 있다. 대구 병참사령부로부터의 문의는 「처분 방법」에 대한 일반적인 문의였지만 남부 병참감은 동학도는 사죄(死罪)할 것이라고 회답했다.

이 사례에 있어서도 대본영 카와카미의 명령의 존재가 명료하다 할 것이다. 이 경우에는 감사라는 조선의 지방관을 중개시키도록 지시되고 있어 조선의 사법을 형식상 내세우고 있다. 이런 점에서 낙동 병참지부에 대한 회답과 다르다. 그러나 조선의 사법을 완전히 형식적인 것으로 간주하고 있어서 조선의 사법권을 침해한 조선 민중에 대한 일본군의 학살 사례로써 대단히 큰 문제가 있다.

10월 27일 대본영 카와카미의 명령은 「향후 모조리 살륙」이었다. 이후 모조리 살육하기 때문에 이 명령의 역사적 의미는 헤아릴 수 없을 만큼 중대하다. 이 카와카미 명령은 어떻게 해서 발령되기에 이르렀을까? 그 경과를 확인해 두기로 하자.

9월 하순 낙동에서 다음과 같은 사건이 있었다.

> … 경우가 있으며, 민란이 봉기하여 불온한 경향을 드러내고 있는 것은 틀림없으며 그에 따라 각 사령부에서는 모두 경계를 강화하고, 위험스런 지점에는 병력을 증강하였으며, 예비 탄약을 보내고, 사방을 정찰·수색하게 하여 우리 병참선의 안전을 도모하기에 이르렀다. 그러나 여전히 전선을 절단하는 행위가 끊이지 않아 점점 두려워 할 만한 지경에 이르러 그 때문에 밤낮없이 엄밀한 순회 취체(取締)를 명령하고, 수상한 자는 즉각 격살하도록 하였는데, 이미 그저께 28일 낙동에서 전주를 쓰러 뜨린 한인(韓人) 1명을 참살 게시하게 하였다.

9월 하순부터 10월 하순에 있었던 동학농민군의 안보 병참지부 습격까지 문경, 하동, 진주에서 일본군의 분대가 진압을 위해 출병하여 동학농민군과 교전했다. 위의 보고와 같이 일본군 군용의 경부 통신선이 자주 절단되고 있었다. 일본군 수비대는 주야 순회하여 수상쩍은 자를 「격살」하는 방침이었다. 그리고 위의 보고와 같이 9월 28일 낙동에서 통신전선의 전주를 쓰러뜨린 조선인을 일본군이 「참살」하고 「게시」를 했다. 「게시」와 함께 아마도 시체를 효수 했을 것이다. 이와 같이 일본군의 군용전선의 전주를 쓰러뜨리는 조선 민중의 반일 운동이 있었으며, 그것에 대해 대단히 큰 문제인 일본군의 학살이 있었다.

카와카미 병참총감의 명령이 나오기까지의 경과를 순서를 따라가 보면, 최초 일본군과 일본공사관은 동학농민군이 봉기했다는 각지로부터의 보고에 대해 사태를 낙관하고 있었다. 10월15일 서울의 일본공사(이 때는 오토리 케이스케)로부터 남부 병참감으로 발신된 전보를 다음에 인용한다.

오후 10시 45분 경성 오토리 공사로부터 다음과 같은 전보를 받았다. 충청도의 동학당은 각지에 집결하여 각 지 우두머리(지도자)는 서로 연락을 취하고 있으며, 청국의 패잔병도 역시 그속에 섞여 있는데, 차차 경성 방면을 향해 만연의 기세에 있어 각 지방관으로부터 빈번하게 급보가 옴에 따라 정부는 크게 두려워 하고 있으며, 외국인도 다소 두려워하고 있다. 목하 수확의 철을 맞이하자면 당 정부는 수납(收納)전에 그들을 진정시키는 것을 희망하지만, 단 병력을 실지로 사용하려고 하지는 않을 것으로 생각된다.

동학농민군의 조직에 대하여, 또 농민군에 대한 중국병의 참가에 대하여, 농민군이 서울로 진격하려는 기세에 대하여 각 지방관으로부터 빈번하게 급보가 오고 있었지만 오토리 공사는 병력을 실지로 사용하는 일은 없을 것이라고 예측하고 있었던 것이다. 이 무렵 일본 공사관은 조선 정부에 대해 동학농민군 진압을 위해 조선 정부군과 일본군이 공동으로 출병할 것을 제안하여, 이 때 일본군 용산수비대가 충주로 파견되었다.

출병한 일본군 분대는 자주 동학농민군을 포박했지만 전술한 10월 27일의 대본영 카와카미 병참총감의 명령 이전에는 아마도 비공식적인 살해는 횡행하고 있었을 지라도 포박한 동학도를 일본군이 살해하였다는 사령부로의 공식보고는 없었다.

예를 들면 10월 16일 충주의 탄월에서 동학도 수령 이하 3명, 같은 충주 청풍에서 동학도 4명을 포박했다. 포박된 이들 7명은 충주 북방의 가흥(可興) 병참사령부로 보내졌다. 다음의 전문은 다음날인 17일에 인천 남부 병참 감이 가흥 병참사령부로 보낸 명령이다.

오전 11시40분 가흥 후쿠토미(福富) 대위 앞으로 다음의 전보를 발했다. 동학당의 정황 보고 잘 알았다. 진압을 위해 충분히 힘을 다하라.

충청도 안성 죽산 두 지역으로 조선 정부로부터 출병하였다. 포박자는 그들에게 인도하라…

포박된 동학도를 조선 정부군에게 인도하라는 명령으로 그 이상의 내용은 아니다. 동학농민군의 반일봉기에 대하여 이 단계에서 일본군은 낙관하고 있었다고 하는 것이 되며, 그래서 새삼스럽게 10월 27일 카와카미 병참총감의 「모조리 살육」이라는 명령의 중대성을 알 수 있다.

이와 같은 낙관적 전망을 동요시키는 것이 10월 18일의 서울 근처 이천 병참사령부로부터의 다음과 같은 전보이다.

오후 1시 40분 이천 타나카(田中)중위로부터 다음과 같은 전보가 있었다. 동학당이라 칭하며 금일 충청도 죽산현에서 4백명 정도 집합하여 우리의 여러 병참부를 습격하려고 한다는 사실을 들었으며, 그 거괴는 마(馬)모라고 한다.

이와 같이 동학농민군이 경부 병참선상에 전개되는 일본의 각 병참부와 병참지부를 공격 목표로 하고 있는 사실이 인지됨으로써 남부 병참감의 동학농민군에 대한 인식은 일변한다.

다음날 19일에 남부 병참감 이토 스케요시(伊藤祐義)는 각 병참사령부와 지부에 다음과 같은 훈령을 내린다.

> 훈령
>
> 경상·전라·충청 세 도의 동학당 요즈음 각지에 집합하고 있다. 그 목적하는 바는 아군에게 방해를 가하며 혹은 날을 기약하여 병참지를 습격하려고 하는 바와 같이 이들 초적의 폭거는 물론 굳이 깊히 고려할 바는 되지 못한다 해도 만일 대저 우리 군용전선에 방해를 시도하는 자 있지 않겠는가. 그 때문에 전군의 명맥인 통신의 방도가 갑자기 단절 되어 그 피해가 미친 곳이 적지 않을 것이다.
>
> 이것은 본관이 크게 우려해 마지 않는 바이며, 애당초 조선 국내에 가설하는 군용전선 보호를 확실히 하여 군사통신상 추호도 장애가 없도록 하는 것은 우리 병참부의 일대 책임으로써 감수(監守)의 엄밀을 도모하는 일이 목하 최대 급무이니, 임기응변하여 만에 하나라도 빠짐이 없도록 하는 것은 몸을 걸고 책임을 져야 할 것이니, 특별히 이에 각 지휘관에게 경계한다.

각 병참사령부와 지부에 대하여 병참선을 엄중히 「감수」라고 하는 훈령이다. 경상·전라·충청 세 도의 동학당이 일본군을 방해하며, 또는 날짜를 기약하여 습격하려고 하고 있다는 인식을 드러내고 있다. 이 훈령에서도 이들 「초적」의 폭거는 고려할 바가 못된다고 말하고 있어서 봉기 자체를 문제시하고 있지 않으며 오히려 경시하고 있다. 남부 병참감이 중시했던 내용은 다음 문장에 제시된 내용이다. 「만일 대저 우리 군용 전선에 방해를 시도하는 자 있지 않겠는가. 그 때문에 전군의 명맥인 통신의 방도가 갑자기 단절되어 그 피해가 미치는 곳이 적지 않을 것이다. 이것은 본관이 크게 우려해 마지 않는 바이다.」에 드러난 바와 같이 일본군의 「명맥」인 군용전선의 절단이

남부 병참감에게 있어서 가장 우려해 마지 않는 문제였다. 일본군은 경부간
의 전선이 자주 불통이 되기 때문에 군용인 제2전선을 가설하여 8월 중순에
완성시켰다는 사실은 전술한 바와 같다. 가설은 공병 제5대대에 의해 이루어
졌다. 9월 17일 황해 해전의 전승에 따라 일본군은 황해의 제해권을 손에 넣
었다. 애초 평양 이북의 중국령으로 향하는 전장으로 인원과 물자를 수송하
는 데에는 제5사단이 정비한 경부가도(京釜街道)는 너무 원로(遠路)를 통과
했다. 일본군의 수송선은 황해를 경유 대동강 하구로 북상하여 입항, 어은동
으로부터 평양간이 인원과 물자의 병참기지가 되었다. 따라서 조선 남부에
있는 병참기지의 군사적 역할은 군용전선의 감수(監守)로 한정 되어 가고 있
던 중이었다.

  10월 20일 전후에 동학농민군의 대세력이 웅거하고 있던 전라도에서 농
민군이 북상하고, 진주 등을 공격했다. 여기에서 10월 22일에 남부 병참감은
수비병 2개중대 증가를 요청하는 다음과 같은 전보를 대본영의 카와카미 병
참총감에게 보냈다.

  오후 11시 카와카미 병참총감에게 다음의 전보를 발했다.
  9월 중순부터 경성·부산간 병참로에서 동학당이 자주 봉기하여 아군에게
방해를 가함으로써 지금 병참 수비병으로써 진압에 종사 시키고 있는 사실은
이미 보고한 바와 같다. 그런데 이 당의 거동과 출몰이 일정치 않아 그들을 한
쪽에서 제압하면 다시 다른 쪽에서 수없이 출현하여 실로 수비병은 목하 동분
서주하기에 여념이 없다. … 그리고 전라·경상도도 또한 자못 불온한 정황이
있으므로 요컨대 병참사무는 늘 동학당 때문에 괴로움을 당하고 있으며, 아군
작전상 지대한 관계가 있는 군용전선도 역시 또한 안전을 유지하기가 어려우
니, 이것은 본관이 가장 우려하는 바이니 생각컨대 이 때에 다시 수비병력 2개
중대를 증파하여 오로지 동학당 격양(擊攘)을 맡게 하여 도처의 적을 섬멸하게
한다면 일거에 장래의 화근을 없앨 수 있을 것이다. 그리고 그 때문에 조선 남

부 국민의 감정을 해칠 지 모르나 아군 전반의 이익을 계산하면 그 경중을 비교할 바 못된다. 이 같은 사실을 잘 살펴서 속히 수비병 증가를 평의하여 결정할 것을 간절히 요망한다.

「초적」의 폭거로 고려할 바 되지 못한다고 하는 농민군에 대한 인식은 「이 당의 거동과 출몰이 일정치 않아 한 쪽에서 제압하면 다시 다른 쪽에서 수없이 출현하여 실로 수비병은 목하 동분서주하기에 여념이 없다」라고 하는 심각한 상태로 바뀌고 있다. 이날 남부 병참감은 조선 반도 중앙부의 충주에 더하여 동학농민군의 본거인 조선반도 남부 전라도 농민군의 북상을 대본영에 타전하고 있다. 그리고 병참 사무에 지장이 발생하고 있었던 것이다. 그것은 「아군 작전상 지대한 관계가 있는 군용전선도 역시 또한 안전을 유지하기가 어려우니 이것은 본관이 가장 우려하는 바이니」라고 설명되고 있다. 병참감으로써 역시 군용전선의 감수가 문제였다. 그 때문에 「다시 수비병력 2개 중대를 증파하여 오로지 동학당 격양을 맡게 하여 도처의 적을 섬멸하게 한다면 일거에 장래의 화근을 없앨 수 있을 것이다」라고 하여 도처의 「적」을 「섬멸」하여, 일거에 화근을 끊기 위하여 수비병력 2개 중대의 증파를 히로시마 대본영에 요청했다. 이와 같이 동학도 진압에 관하여 「섬멸」살해 작전은 조선의 현지 사령부인 남부 병참감으로부터 제기 되었다. 「그 때문에 조선 남부 국민의 감정」을 해칠 지 모르나 아군 전반의 이익을 계산하면 그 경중을 비교할 바 못된다」라고 하여 일본군 전체의 「이익」을 위해서는 「조선 남부 국민의 감정」을 해치는 것 등은 문제가 아니었다.

다음날인 23일 오후 4시 50분 대본영의 카와카미 병참총감으로부터 다음과 같은 전보가 왔다.

동학당 토멸을 위해 보병 2개 중대 증가 파견의 건, 잘 알았음. 가까운 시

일에 파견할 것임. 이 병력은 어느 곳으로 보내야 할 것인가. 이마바시 소좌의 지휘 아래에 소속시킬 것인가. 아니면 귀관 직할로 할 것인가. 즉각 답하라.

카와카미 병참총감은 「동학당 토멸을 위해」서 보병 2개 중대 증파를 승인했다. 실질적으로는 이 10월 23일 시점에서 동학농민군에 대한 살륙작전이 확정 되었던 것이다. 정확히 말하자면 이 23일의 카와카미 병참총감의 재정(裁定)은 증파되는 보병 2개 중대(얼마 뒤 3개 중대로 증가)가 조선에 도착하여 그로부터 토멸 작전을 행한다는 취지였다. 나중인 27일의 「향후 모조리 살륙」이라는 명령은 2개 중대에 의한 토벌을 기다리지 말고 현시점부터 조선 현지의 각 병참지부 수비대가 즉시 토멸을 개시하라는 의미이다. 일본군의 동학농민군 살륙 작전은 정확히는 이와 같이 10월 23일에 확정되었던 것이다.

증파되는 2개 중대의 소속에 대하여 이토 남부 병참감은 자기가 관할하겠다고 회답하고 있다. 그리고 나중에, 이미 살펴 본 바와 같이 「동학당 토벌에 관한 일체 사항」이 이토 병참사령관(병참감에서 병참사령관으로 이동)에게 위임 되었다.

안보 병참지부가 습격 당하는 사태 아래에서 2개 중대는 3개 중대로 증가 되었다.

이상으로 동학농민군에 대한 토멸(「살륙」) 방침이 결정되는 과정을 검토 했는데, 특히 강조하고자 하는 것은 일본군 병참감에게 있어서 조선의 군용 전선 경비를 위해 이 작전이 결정되었다는 점이다. 너무나 원로(遠路)를 통과하는 조선 경부가도의 인원 및 물자 수송 역할이 사라지고 있었다는 사실은 앞에서 이미 지적했다. 조선 남부의 병참의 주요한 의의는 군용전선이었다. 카와카미 병참총감과 이토 남부 병참감의 살륙작전은 지나치게 평형을 상실한 결정이라고 생각될 지 모르지만 「일본군」의 이익이 「조선 남부 국민의 감정」보다 중요하다고 하는 판단이 일본 군부의 생각이었던 것이다. 이 절(節)에서 9월 28일에 일본의 수비대가 낙동에서 전주(電柱)를 쓰러트린 조선인을 「참살」하고 「게시」를 내건 사실을 대본영에 「보고」하고 있는 사례를 들었지만, 그것이 바로 군부의 조선 민족에 대한 인식이었다. 전주를 지키기 위하여 교전국이 아닌 공식상 우호국인 조선 민중을 참살하고 게다가 게시를 내거는 일을 하는 군대에게 있어서 경부간의 군용전선을 지키기 위해 반일 봉기를 하는 동학도를 모조리 살륙하는 일은 극히 자연스런 결정이었을 것이다. 일본의 정치·외교부는 이것과는 조금 다른 생각이었다고 하는 주장도 있을 지 모르겠지만, 이것이 대본영을 포함한 일본 군부(軍部)의 생각이었다.

조선과 일본은 전쟁상태에 있었던 것이 아니다. 불평등조약이라고는 하나 일본은 조선의 사법을 승인하고 있었다. 영사 재판권이 인정하고 있던 특권은 조선에 재주하는 일본인에 대한 사법특권이었다. 조선 민중은 조선의 법이 지배하고 있었다. 일본 군부는 그것을 무시하고 조선 민중을 거리낌 없이 살해했던 것이다. 전선 절단의 빈발에 대하여 말한다면 애당초 일본군에 대한 조선 민중의 지지가 없다고 하는 인식이 일본군의 전문을 통해서는 읽어낼 수 없다.

일본의 정치·외교부는 군부와 다른 생각을 하고 있었을까. 사실을 들어보기로 한다.

남부 병참감인 이토의 수비대 증파 요청에 대하여 히로시마 대본영이 「동학당 토멸을 위해」증파를 승인한 다음 다음날인 25일 남부 병참감은 다음과 같은 전보를 대본영 카와카미 병참총감에게 보내고 있다.

　　오후 9시 40분 카와카미 병참총감에게 다음과 같은 전보를 보냈다. 이노우에(井上) 공사 지금 도착하여 각지의 동학당에 대한 일도양단의 처치에 대해 매우 적극적으로 동의했다. 파견하는 2개 중대는 사정이 허락하는 대로 서둘러

338 동학농민혁명의 동아시아사적 의미

주기를 청한다.

신임인 이노우에 카오루 일본 공사는 동학도에 대한 「일도양단의 처치」에 대단히 찬성(「매우 적극적으로 동의」)했다. 동학도 「토멸」중대의 파견에 대해 적극적으로 찬성하고 있다. 이노우에 공사는 뒤에 「협종(脅從)의 인민을 쓸데 없이 살륙하는」것에 주의를 촉구했으나, 원래 카와카미 병참총감도 이토 병참사령관도 현지부대가 많은 조선 민중을 살해하고 있었어도 전술한 바와 같이 공식적으로는 귀순한 「협종」하는 인민을 살해할 것을 요구하지는 않았던 것이다. 대본영을 비롯한 일본 군부에게 있어서는 동학도(「동학당」) 살륙이 문제였으므로 이 점에 있어서는 이노우에 공사도 이론은 없었던 것이다. 군과 외교부에서 「협종」하는 인민을 살륙하지 않도록 하라는 배려에 정도의 차이가 있었다고 하더라도 동학도 전원 살륙에 관해서는 양자(군과 외교부)는 이원적으로 분열하고 있었던 것이 아니라 완전히 일치하고 있었던 것이다.

후비보병 제19대대 3개 중대의 파견 사실은 남부 병참감에게는 10월28일에 전보로 통지 되었다. 오후 6시 35분에 히로시마의 카와카미 병참총감으로부터, 다른 하나는 오후 9시 25분의 서울 이노우에 공사로부터 다음과 같은 전보였다.

오후 9시 25분 경성 이노우에 공사로부터 다음과 같은 전보가 있었다.
3개 중대는 오는 30일 출범하는 배로 경성으로 파견한다. 또한 3개 중대를 편선(便船) 사정이 허락하는 대로 파견할 것이라고 총리 대신 및 참모총장으로부터 전보가 있었다.

이노우에 공사에게는 총리 대신(이토 히로부미)와 참모총장으로부터 전보가 있었다. 후비보병 제19대대의 파견은 총리대신과 참모총장이 알고 있었으며, 정부·군부·외교부라는 정치의 중추부가 찬성하여 실현되었다. 이미 지적한 바와 같이 후비보병 제19대대를 지휘하는 남부 병참감은 대본영이 직할하고 있었다. 그 때문에 후비보병 제19대대의 작전 행동은 군용전선에 의해 대본영으로 상세히 보고되고 있었다. 동학도에 대해 모조리 「살륙」하는 작전은 일본의 대본영이 중심이 되어 추진되었으며, 정부와 외교부도 일치하여 추진했다.

4. 후비보병 제19대대

일본의 육해군은 전국 6개 사단으로 편성되었으며, 사단 밑의 연대와 대대는 통상적으로는 부현(府縣)단위로 편성되었다. 각 부대의 지휘관과 병사는 종군일지와 회고록을 남긴 예가 적지 않으며, 개인 소장의 것 외에도 지방사(地方史)에 수록된 것, 사가판(私家版) 등으로써 간행된 것이 있고, 연대사와 부대사가 편찬된 경우도 있다. 그 어느 것이든 동학농민군을 진압한 일본군 부대의 종군일지와 회고록을 탐색하기 위해서는 진압부대가 편성된 부현을 알 필요가 있다.

참모본부가 편찬한 『메이지이십칠팔년 일청전사(明治二十七八年日淸戰史)』제6권의 부표(付表)에 의하면 청일전쟁 뒤 후비보병 제19대대는 1895년 12월21일에 마츠야마(松山)에서 해산하고 있다. 시코쿠(四國)에서 편성되었다는 사실을 추측할 수 있으나 시코쿠의 현사류(縣史類)에 후비보병 제19대대에 관한 기록은 없다. 부대 편성지는 2차대전 이전에 간행된 야스쿠니신사 사무소편찬 『야스쿠니신사 충혼사(靖國神社忠魂史)』제1권 제6편 「메이지이십칠팔년 전역」에서 알 수 있다. 전사자, 전병사자(戰病死者)의 출신 부현이 기재되어 있다. 후비보병 제19대대에서는 41명의 전병사자 기록이 있다. 『야스쿠니신사 충혼사』의 기록에 의하면 후비보병 제19대대 660여명은 전투에

의한 전사자를 내지 않았다. 이 책에 기록된 전병사자 가운데 앞부분의 네가
지 예와 마지막의 한 가지 예를 성명을 생략하여 예를 들면 다음과 같다.

　　압록강 연안의 전투에서 천산 산맥의 전투까지 사이에 여러 종류의 근무 종
　사중에 불행히 병마에 걸리거나 혹은 불의의 재액에 의해 사망한 자는 다음과
　같다.
　　…
　　　5사단 후비보병 제19연대 2중대
　　메이지 27년 11월 22일 충청도 천안 일등병 토쿠시마(714쪽)
　　　5사단 후비보병 제19대대 2중대
　　메이지 27년 12월 30일 전라도 장성 일등병 코치(725쪽)
　　　5사단 후비보병 제19대대
　　메이지 28년 3월 11일 용산 치수병(輜輸兵) 카가와(883쪽)
　　　5사단 후비보병 제19대대 1중대
　　메이지 28년 6월 14일 히로시마 육군예비병원 일등병 카가와(883쪽)
　　　5사단 후비보병 제19대대 3중대
　　메이지 29년 1월 5일 인천 병참병원 일등병 카가와(955쪽)

　앞의 두 가지 예는 제2중대의 전병사자이다. 최초의 「제19연대」는 「제19
대대」의 잘못일 것이다. 후비보병 제19대대는 3개 중대 및 대대본부가 세 길
로 나뉘어 조선반도 서남쪽을 향해 동학농민군을 진압하였는데, 그 중 제2중
대는 조선반도 서쪽을 종단하는 서로(西路)를 수원·천안·공주를 거쳐 전
주 가도로 남하했다. 후비보병 제19대대의 지휘관(대대장) 미나미 고시로(南
小四郎, 소좌)가 남긴 기록 「동학당 정토책전 실시보고(東學黨征討策戰實施
報告)」에 의하면, 제2중대는 11월 17·18·19일에 천안에 머물렀다. 또한
12월 29·30일에 장성에 머물렀다. 즉 처음의 토쿠시마현 출신 일등병은 제
2중대가 천안에 머문 뒤 3일 후 동 중대가 공주로 진격했을 때 천안에서 전

병사하였으며, 그 다음 코치현 출신 일등병은 제2중대가 장성으로 진군한 그 다음날 동 중대의 장성 주둔중에 전병사한 사실이 판명 된다. 『야스쿠니신사 충혼사』의 「메이지 이십칠판년 전역」기록은 미나미 대대장의 보고와 완전히 부합된다.

　660여명의 후비보병 제19대대가 토벌작전을 종료하는 2월5일까지의 사망자는 이 2명의 전병사자 뿐이다. 나머지 39명은 토벌 작전 종료 후의 사망자이며, 위에 예로 든 바와 같이 마지막으로 사망한 카가와현 출신 병사는 부대가 마츠야마에서 해산한 뒤에 조선 인천 병참병원에서 병사하고 있다. 후비병에 지급된 스나이더총의 제원은 구경 14.9 미리, 초속 359미터, 최대 사거리 1,800미터였다. 나중에 무라타총(村田銃) 구경 11미리, 초속 460미터, 최대 사거리 2,400미터가 지급되었다. 라이플총의 화력과 근대적으로 훈련된 소대(小隊)의 조직력은 압도적이었다. 세계의 근대적 군대는 중국의 아편전쟁(1840~42), 일본의 시모노세키 · 시코쿠 연합함대 포격사건(1864), 이디오피아의 마구다라 전쟁(1868) 등에서 화승총과 창, 화살로 무장한 군대에 대하여 학살과 다름없는 전쟁을 전개했다.

　41명이라는 전병사자기록을 통해 후비보병 제19대대의 3개중대가 시코쿠의 네 개의 현, 토구시마(德島) · 코치(高知) · 카가와(香川) · 에히메(愛媛) 출신자들로 편성되었으며, 제1중대(동로 진군), 제2중대(서로 진군), 제3중대(중로 진군) 모두 각각 네 현의 혼성 중대였다는 사실을 알 수 있다. 또 『야스쿠니신사 충혼사』의 「메이지 이십칠판년 전역」기록에 의하면 동학농민군 탄압에 동원된 부대가 편성된 부현은 다음과 같다.

　　　후비보병 제18대대 제1중대 히로시마
　　　후비보병 제10연대 제4중대 히로시마 · 에히메 · 토쿠시마
　　　후비보명 제 6연대 제4중대 아이치 · 기후 · 미에 · 후쿠이 · 토야마

제6중대
제7중대
제8중대

시코쿠의 토쿠시마현에서 당시 발행되고 있던 『토쿠시마 니치니치신문(德島日日新聞)』메이지 28년 1월 9일자 2면에 후비보병 제19대대는 아니지만 경부 병참선인 문경(聞慶) 병참사령부의 수비대장으로 동학농민군을 진압했던 군조(軍曹)가 고향으로 보낸 서한이 게재되어 있다. 문경 병참지부의 수비대는 전술했던 안보 병참지부 남쪽으로 동학농민군과 자주 전투를 벌였다. 동학농민군을 탄압하는 현지 일본군의 실제 군사 작전을 증언한 중요한 사료이므로 거의 전문(全文)을 인용하기로 하겠다.

시마다(島田) 군조의 서간

조선 경상도 문경 병참사령부 수비대 소속 군조 시마다 타메자부로(島田爲三郎)씨가 지난 해 17일(1894년 12월 17일) 향리 나가(那賀)군 사카노(坂野)촌 와카츠키 모토요시(若槻元吉)씨 앞으로 보낸 서간 1절(원문 그대로 - 원문의 주)은 다음과 같다.

(전략 - 원문의 주) 못난 동생은 금반 소집에 응한 이래 많은 은혜와 요행을 얻어 지난 8월15일을 기해 육군 보병 군조에 임명되어 약 20명의 장이 되어 당 경상도 문경 병참사령부 수비대장이라는 중임을 맡아 당처에 출장한 이래 다행히 하나의 결점없이 더불어 신체 대단히 장건하여 아직 단 하루의 결근도 없이 의연히 임무에 종사하고 있사옵니다. 소생등은 당소에 부임 총망중은 각도에 이 나라에서 이름을 야만의 극을 울리는 동학당 놈들이 출몰하여 한 때는 몹시 불온한 조짐이 있었던 바, 우리 일본군의 위력으로써 강한자는 모두 죽이고 약한자는 도주하여 이미 요즈음에 이르러서는 이 (동학)당인으로써 집회 등은 다시 없으며, 이따금 있다 해도 3명~5명 정도이며 이것 또한 발견하

는 대로 총살시키고 있사옵니다.

　원래 동학당 같은 자들은 우리 일본인 1인으로써 2~3백명을 대적할 수 있으며 이것으로써 저놈들 무리가 약한 적들이라는 사실을 증명하기에 충분하지만 그러나 동학당이 아무리 약한 적이라고 해도 탄환이 명중해도 죽지 않는다고 하므로 공격중에는 순간도 생각을 등한히 해서는 안된다는 사실은 재론의 여지가 없으며, 그런데 전술한 바와 같이 일단 동학당은 진정으로 돌아가 우선 안심이라고 생각되는 바입니다.

　다시 또 자연의 적과 조우하니 즉 추위로써 이날 초부터 이곳은 1척 이상 눈이 쌓여 그 추운 것은 필묵으로 다할 수 없어 소위 추위 늠름해서 손발도 동상에 걸려 실로 견디기 어렵사옵니다. … 현지 사람에게 차차 추위 여하를 물었던 바 이번 추위는 첫 추위로써 음력 정월 2월경에 이르면 우리 일본 온도계로 화씨 0도에서 33도로 저하하여 극한이 된다는 것입니다. 그러나 우리 천황 폐하로부터는 천황의 마음을 내려 받아 우리들 도한병(渡韓兵) 일반에게는 방한용으로써 모포제의 외투, 동 두건, 동 장갑, 진짜 프란넬로 된 저고리와 땀받이, 털 메리야스의 아랫바지, 동 양말 등을 하사하여 주셨기 때문에 설사 이번과 같은 야만국의 추위도 우리 폐하의 마음쓰심의 두터움을 생각하면 어떠한 추위도 아무 두려움이 없으며 단지 일동 감사의 눈물 외에 다른 것이 없사옵니다.

　두 번째 말씀드릴 것은 우리들은 지난 9월 3일 부산항을 출발하였사온데 이래 행군 중 대단한 더위 때문에 몸은 흡사 마른 감과 같이 변해 가지가지의 신고를 맛보았으며, 이래는 동학당에 정신을 썼고, 얼마 후에는 한랭에 이르렀으며 제일 부자유스런 것은 먹을 것으로써 … 원래 우리 군인은 고향 출발 그날부터 신명을 국가의 희생물로 바쳐 국위를 해외에 발양해야 할 임무이므로 굳이 고생을 고생이라고 생각지 않으며 …

　신문은 특히 「원문 그대로」라고 단서를 달고 있다. 동학농민군에 대하여 「야만의 극을 울리는 동학당 놈들」이라고 부르고 있고, 「요즈음에 이르러서는 이 (동학)당인으로써 집회 등은 다시 없으며, 이따금 있다 해도 3명~5명

정도이며, 이것 또는 발견하는 대로 총살시키고 있사옵니다」라고 말해, 1894
년 12월말 단계에서 세력이 궤멸된 문경의 동학도 (「이(동학)당인」)에 대하
여 「발견하는 대로 총살시키고 있다」라고, 앞에서 검토했던 내용을 뒷받침하
고 있는 사실을 현지 수비대의 지휘관으로써 설명하고 있는 것이다. 동학도
는 후비보병 제19대대가 토멸 작전을 개시한 후에도 모조리 처형되었던 것이
다.

「우리 일본군의 위력으로써 강한 자는 모조리 죽이고, 약한 자는 도주」라
고 증언하고 있어서 동학도는 「오사(鏖死 ;죄다 죽임)」당하던지, 아니면 도
주하던가 그 어느쪽 가운데 하나였다.

「야만의 극을 울리는 동학당 놈들」이라 하여 동학도에 대해 「야만의 극」
이라는 멸시를 하고 있고, 이 같은 멸시에 의해 현지 부대가 토멸 작전을 전
개했다는 사실을 알 수 있다. 뒷 부분에서 조선의 추위에 언급하며 「이같은
야만국의 추위」라고 말하고 있는 것도 이 군조의 조선관을 보여 주고 있다
할 것이다. 청일전쟁 단계에서 병사들의 조선 멸시관은 형성되어 있었다고
할 수 있을 것이다. 한편 일본에 대한 아이덴티티의 하나는 「우리 폐하의 마
음쓰심의 두터움을 생각하면 어떠한 추위도 아무 두려움이 없으며 단지 일동
감사의 눈물 외에 다른 것이 없다」라고 당시에 이미 천황의 지배 아래 놓여
져 있었다고 해도 좋을 것이다.

「원래 동학당 같은 자들은 우리 일본인 1인으로써 2~3백명을 대적할 수
있다」라고 하여 동학도 2~3백명이 일본병 1인에 상당한다고 말하고 있는
것은 다소 과장이 있다고 할지라도 근거 없는 대비는 아니다. 11월 2일 충청
도 괴산 전투에서 일본군 후비보병 제6연대 제6중대에게 포박당한 동학농민
군 백인장(百人長)인 박명근은 일본군과 싸울 때는 농민군은 「일본병 1인에
동학당 백인의 예산으로써 싸운다」고 증언하고 있다. 거듭 지적한 바와 같이
라이플총으로 장비한 근대적 소대의 조직력은 압도적이었던 것이다. 「저놈들

무리가 약한적」이라는 군사력에 대한 우월의식이 조선 멸시로 이어지고 있는
것도 예측 된다. 한편 이 서한에서 조선 민중과의 우호적인 면은 보이지 않는
다.

　일본군은 조선과 교전 상태에 있었던 것이 아니며, 조선 민중을 처죄(處
罪)할 법적 권리를 획득하고 있었던 것이 아니었다. 따라서 일본군은 동학도
의 사죄(死罪)를 결정하고 있었으나 형식적으로는 포박한 동학도를 조선의
지방관에 인도하여 처죄시킨다고 하는 형식을 취했다. 그러나 그것은 어디까
지나 형식으로써 일본군이 처형을 미리 결정하고 있었기 때문에 사죄(死罪)
의 실행을 당해서는 형식은 여러모로 왜곡 되지 않을 수 없었다. 그러한 사정
을 상세히 기록하고 있는 것이 앞에서 인용했던 후비보병 제6연대 제6중대장
야마무라(山村)의 「동학당 토벌경황 복명서(東學黨討伐景況復命書)」이다.

　　(11월11일) 충주로부터 괴산에 이르는 도중에 잠복해 있는 동학당을 포획
　하여 지휘관 이모리(飯森) 소좌에게 신고하였다. 즉각 가흥 병참사령부로부터
　파견된 헌병 조장에게 인도하라는 명령에 따라 (그대로) 실시하였다. 헌병의
　조사에 의해 동학당의 증거 현저한 자에게 괴산 군수가 참수를 청구하였으며
　이모리 소좌는 즉시 허가하였다. 명령에 따라 다음 날 12일 출발할 때 당 중대
　에서 총살하였다.

　이모리 소좌는 부산에서 충주까지의 동학농민군 토벌 전체를 지휘하기 위
해 파견된 후비보병 제6연대 제2대장이다. 제6중대가 충주로부터 괴산으로
진군하는 도중에 잠복해 있던 동학도를 포박하자 이모리 소좌는 가흥 병참사
령부로부터 파견되어 있던 헌병에게 포박된 동학도를 인도할 것을 명령하였
으며, 헌병이 「조사」한 결과 증거가 현저했다고 한다. 조선 지방관인 괴산군
수가 「참수」를 청구하고 그것을 이모리 소좌가 허가하여 명령에 따라 다음
날 출발할 때 제6중대가 「총살」했다고 한다.

일본군이 포박했어도 일본군이 처형을 결정하는 것이 아니라, 조선 정부가 청구 의뢰한다고 하는 형식이 취해지고 있는 사실을 알 수 있다. 단 주의해야 할 것은 괴산군수가 청구했던 「참수」와 이모리 소좌의 명령에 의해 일본군 중대가 실행한 「총살」은 다르다고 하는 점이다. 조선 정부의 사법에 따른다고 하는 「합법성」에 파탄이 발생하고 있다. 위의 복명서에 기록되어 있는 바와 같이 현장에서는 일본군이 군사행동을 전면적으로 주도하고 있었기 때문에 조선정부의 사법에 따른다고 하는 「합법성」이라는 형식을 일관시키는 일은 무리였던 것이다.

이 복명서는 일본군에 의한 여러 가지 처형에 관한 상세한 기록을 남기고 있다. 다음에 보는 처형은 조선 지방관인 군수의 청구에 의해 처형 게시가 내걸린 사례이다.

> 15일, 괴산에서 숙영하였다. 이 지방 군수 박용석(朴容奭)이 이모리 소좌에게 서원(誓願)한 요령은 다음과 같다.
> 당 괴산은 충청도 제일 성대한 장터를 개설하는 곳으로써 인근 고을 수십 리의 인민이 몰려든다. 오늘은 실제로 장이 열린다. 바라건대 적의 포로를 많은 사람들의 눈앞에서 처형하고 더불어 동학당에 가담하는 자는 즉각 일본군대가 와서 엄형에 처할 것이라는 뜻을 게시하여 장래를 계칙하기 바란다고 하는 내용이다.
> 이모리 소좌 용허(容許)하여 명령에 따라 당 중대는 2명의 적을 총알로 타살하였다.

괴산 군수는 일본군이 많은 사람들 눈앞에서 동학도를 처형할 것을 요청했다. 군수는 「동학당에 가담하는 자는 즉각 일본군대가 와서 엄형에 처하겠다는 뜻을 게시」하여 장래를 위한 훈계로 삼고자 청원하였고, 일본군의 지휘관이 그것을 「허용」하여 2명을 총살했던 것이다.

이와 같이 조선 지방관의 청구에 의해 처형한다고 하는 형식이 취해졌다. 다음의 사례는 같은 「복명서」의 내용으로 조선 지방관의 청구라는 형식의 기록이 없는 사례이다.

> 12일, 오전 7시 30분 괴산을 출발하여 굴현(屈峴) 및 삼가(三街)를 거쳐 오리동(五里洞)에 도착 숙영하였다. 당일 도중에 잠복하고 있던 동학당 십 수 명을 포획한 가운데 증거 현저한 자 6명을 명령에 따라 총알로 타살했다.

12일, 괴산에서 오리동으로 진군하는 도중에 동학당 십 수명을 포획하여 증거가 현저한 6명을 이모리 소좌의 명령에 따라 총살하였다. 중대장 야마무라 소좌는 「복명서」속의 다른 처형사례에서 조선 지방관으로부터의 의뢰라는 형식을 위의 예와 같이 반드시 보고하고 있으며, 또한 이 부분에서도 이모리 소좌의 명령에 대해서는 「명령에 따라」라고 기록하고 있다. 오리동에서 동학 농민군 6명을 처형한 것(총살)은 일본 군대의 재단(裁斷)에 의한(이모리 소좌의 명령에 따른다) 완전히 불법적인 처형 실행이라고 판단된다. 이상의 세 가지 사례에 의해 포박된 농민은 동학도라는 사실에 있어서 「증거 현저」하면 실제로 그것만으로 예외 없이 처형되었다는 사실을 재확인할 수 있다.

후비보병 제19대대도 동학도를 모조리 처형했다. 후비보병 제19대대 지휘관(대대장) 미나미 고시로는 「동학당정토책전 실시보고(東學党征討策戰實施報告)」에서 다음과 같이 증언하고 있다.

> 동학당은 일종의 난민으로써 보편적으로 양민과 혼합되어 그 판별은 정토군(征討軍)이 가장 곤란을 겪었던 바였으며, 그리고 그들은 이로운 점을 자랑하여 … 그 당류를 모아 군대에 저항하기 때문에 싸워 격파하면 즉각 흩어져 인민이 되었다.
>
> …

훈령대로 적도는 전라도 서남부로 둔주(遁走;뛰어 달아남)하였는데, 그들은 장흥부(長興付) 전투 후 흩어져 있는 곳을 알 수 없으니 그래서 지방 인민을 장려하여 그 수색에 진력하게 하였다. 그런데 지방 인민 … 은 군대의 위엄에 의지하지 않으면 수색해서 포박하는 일을 하지 못했기 때문에 군대를 서남 각지에 분산 주둔하게 하여 비도를 추포(追捕)하게 하였다. 그리고 민병이 포박하여 지방관이 처형한 자들은 다음과 같다.

해남부근 2백5십명, 강진부근 3백2십명, 장흥부근 3백명, 나주부근 2백3십명

기타 함평현, 무안현, 영암현, 광주부, 능주부, 담양현, 순창현, 운봉현, 장성현, 영광, 무장 등 각지에서는 모두 30내지 50명 정도의 잔적을 처형하였다. 이상에서 볼 때 이제는 재흥의 염려 없는 것과 다름없다.

조선 반도 서남부로 내쫓긴 동학농민군과 후비보병 제19대대 및 부산으로부터 원군으로 나온 후비보병 제10연대 제4중대는 1895년 1월 8일(음 1894. 12. 13), 장흥과 강진 전투를 전개한다. 동학농민군의 「시체 산을 이룬」 장흥과 강진 격전 후 동학농민군은 산발적인 저항을 하면서 주로 도주 태세에 들어간다. 이것에 대하여 일본군 후비보병 제19대대와 일본군에게 지휘 받는 조선 정부군은 도주한 동학농민군을 수색하여 처형하는 작전을 전개한다. 최후에는 후비보병 제19대대 제1중대 마츠키 마사호(松木正保) 대위가 지휘한 1지대가 조선 정부군을 거느리고 1월 21일에 진도로 건너가 진도 성내리(城內里) 등 진도 각지에서 수색과 처형을 행하였으며, 1월 25일에 진도 맞은 편 해안의 우수영(右水營)으로 귀환한다. 동학농민군에 대한 탄압은 최후에는 조선반도 서남단의 진도까지 미쳤던 것이다. 1997년 7월에 실시한 한일 공동의 현지조사에 의하면, 다도해의 외딴 섬 하조도(下鳥島)로 진도로부터 포졸(조선시대의 경찰)이 파견되어 진도 지역의 농민군 지도자 박중진(朴仲辰)의 가문을 탄압했다고 한다.

장흥과 강진의 격전 뒤의 작전에 대하여 후비보병 제19대대 지휘관인 미나미 코시로는 앞에서 언급한 「동학당정토대책전 실시보고」에서 「그들은 장흥부 격전 후 흩어져 있는 곳을 알 방법이 없어 그래서 지방인민을 장려하여 그 수색에 진력하게 하였다」라고 말하고 있다. 일본군은 지방의 자위군(민보군)을 동원한 철저한 탄압작전, 수색과 처형을 2월 5일까지 약 1개월간 전개했다.

미나미 고시로 대대장이 「동학당은 일종의 난민으로써 보편적으로 양민과 혼합되어 그 판별은 정토군이 가장 곤란을 겪었던 바였다」고 말하고 있는 바와 같이 동학도는 「난민」으로써 민중 속에 「혼합」하여 싸웠으며, 한편 일본군은 지방의 자위군(민보군)을 동원하여 동학도와 「양민」을 판별하여 동학도를 처형했다. 동학도는 「흩어져 있는 곳을 알 길이 없어서」, 동학도의 수색에는 지방의 자위군을 동원하지 않으면 안되었던 것이다. 「민병이 포박하여 지방관이 처형」한다고 하는 형태가 되었는데 「지방인민…은 군대의 위엄에 의지하지 않으면 수색해서 포박하는 일을 하지 못했기 때문에 군대를 서남 각지에 분산 주둔하게 하여 비도를 추포하게 하였다」라고 기록되어 있는 바와 같이, 일본군은 최종적인 동학도 섬멸 작전을 위해 나주(羅州)를 서남부 진압본부로 삼아 철저하게 수색하고 스스로 탄압에 나서지 않을 수 없었다.

일본군과 일본군의 지휘를 받는 조선 정부군이 동학도를 모조리 처형한 결과, 살해된 동학농민군에 대하여 전술한 바와 같이 조경달은 5만이라는 숫자는 근거가 없는 것이 아니다라고 말하고 있다. 후비보병 제19대대 미나미 고시로 대대장이 「판별」이 「가장 곤란했다」고 말하고 있는 점, 또 전술했듯이 충주지방 농민군에 대한 탄압을 했던 후비보병 제6연대 제6중대의 중대장 야마무라(山村) 대위가 「양민인지 동학당인지 식별이 없어서 곤란하다」라고 보고하고 있는 바와 같이 「동학당」과 「양민」의 식별은 극히 곤란했다.

동학도는 민중으로부터 지지받고 있었으며, 민중의 지지를 크게 살렸다. 이 같은 사실은 일본군 지휘관의 보고류로부터 알 수 있다. 미나미 고시로 대대장은 「동학당은 일종의 난민으로써 보편적으로 양민과 혼합하여 … 그리고 그들은 이로운 점을 자랑하여 … 싸워 격파하면 즉각 흩어져 인민이 되었다」고 말하고 있었다. 야마무라 중대장도 「그렇지만 우리 병사 1명이라도 고작 그 촌락 안에 있을 때는 어떻게 함께 할지라도 일단 공허(텅빔)하게 될 때는 지금까지 양민이었던 자도 변심 평소와 달리 곧바로 적(동학농민군)에게 부화뇌동하며」 또는 「그 세력이라는 것도 최초부터 3만·5만이라는 집단을 이루는, 군대와 유사한 것이 아니며, 그 수령된 자 또한 중심이 되는 자 각지에 산재, 때때로 얼마의 동심(同心)자를 인솔 통행할 때는 그 연도의 선악인민이 부화뇌동하여 마침내 과다(夥夕)의 세력을 이룬다. 그러므로 일단 그들을 습격하면 마치 폭풍뒤끝처럼 그 흔적이 없다」라고 증언하고 있다.

동학농민군에 대한 조선 민중의 지지가 충분히 설명되고 있다. 동학도는 「일종의 난민으로써 보편적으로 양민과 혼합하여」(미나미 소좌)라 하여 민중과 잘 「혼합」하며, 인민은 「곧바로 적에게 부화뇌동하여」, 「선악인민이 부화뇌동하여 마침내 과다의 세력」(야마무라 대위)을 이루었던 것이다. 동학도는 일본군에 패배하면 「즉각 흩어져 인민이 되며」, 일본군이 습격하면 「마치 폭풍 뒤끝처럼 그 흔적」을 감추었다. 동학농민군은 5만명이라고 말해질 정도로 많이 살해되었다. 민중과 잘 「혼합」하고 있었기 때문에 민중측에서도 많은 피해자를 냈는데, 이상에서 보는 바와 같이 최종적으로는 전멸한 것이 아니라 인민속에 「흩어져」 의식적으로 「흔적」을 감추었다는 사실을 나중의 항일운동과의 관계에서 살펴 둘 필요가 있다.

동학농민군이 민중의 지지를 받고 있었기 때문에 전술한 바와 같이 충주에서 탄압을 했던 후비보병 제6연대 제6중대는 「바라건대 적의 포로를 많은 사람들의 눈앞에서 처형하고 더불어 동학당에 가담하는 자는 즉각 일본 군대가 와서 엄형에 처할 것이라는 뜻을 게시하여 장래를 계칙하기 바란다」고 했던 내용처럼 촌민의 목전에서 처형이라는 시위를 하였다. 동학농민군과 민중을 떼어 놓기 위하여 여러 가지 작전이 취해졌다는 사실을 추측할 수 있다. 이 문제에 대하여 검토하고자 한다.

동학농민군 탄압의 주력이 된 후비보병 제19대대는 청일전쟁 서전에서 일본 해군의 패전에 대비하여 시모노세키(下關) 수비대에 배치되어 있었다. 8월 8일에 시모노세키 수비를 맡았는데, 이 때의 대대장은 미나미 고시로가 아니라 예비역 소좌 오하라 사토마사(大原里賢)였다. 조선 파견에 즈음하여 이루어진 대대장 교체에는 인천의 이토 스케요시(伊藤祐義) 남부 병참감의 다음과 같은 대본영의 문의에 대한 회답 전보가 그 배경에 있다.

답, 증가 보병 2개중대는 하관(下官, 이토 스케요시 남부 병참감)의 직할로 하여 인천으로 보내며, 이 부대에는 대대장 및 쓸모 있는 중대장을 선발하여 부속시킬 것을 바람. 이것은 중대를 독립시켜 사용하는 일이 많지 않을까를 고려했기 때문임.

이렇게 해서 동학농민군 토벌 부대에 상응할 만한 대대장으로서 특별히 미나미 고시로(후비보병 소좌)의 인선이 이루어졌던 것으로 생각된다. 미나미 고시로의 군인으로서의 경력은 어떤 것이었을까?

방위청 방위연구소 도서관의 「퇴역군인 명부」에 미나미 고시로가 기재되어 있다. 1894년(메이지 27)의 명부에 따르면 연령 52세, 출신은 야마구치현(山口縣), 사무라이 출신이다.

『수정증보 방장회천사(修訂增補防長回天史)』를 조사하면, 1866년(게이오 2)의 바쿠쬬(幕長)전쟁에서 쬬슈번(長州藩)의 승리 뒤에 시노노세키 오쿠라구치(小倉口)에서 오쿠라번(小倉藩)과의 종전 강화에 즈음하여 미나미 고시로가 모습을 드러내고 있다.

10월 16일부터 다음 해 1월 11일까지 7회 등장하고 있다. 소속은 확실하

지 않지만 죠슈번의 제대(諸隊) 한 사람으로 「우리 응접원」이라고 기록되어
있다. 특히 주목되는 것이 12월 3일의 카네베도게구치(金邊峙口)에서의 교섭
이다. 교섭 결렬이 예측되는 교섭에 미나미 고시로는 단신으로 오추라번 사
무라이 다수와의 교섭 사자로 나가고 있다.(같은책, 60~61쪽) 남쪽 병사로
써의 액티브한 자질의 일면을 나타내고 있다고 할 수 있다. 이들 교섭에서 행
동을 같이 했던 사람들은 각각의 직책이 부여된 시기는 불명이지만, 예무대
참모(호리마사 고로, 堀眞五郎), 예무대 군감 겸 참모(오가사와라 미노스케,
小笠原美濃助), 정무대 척후(타케시타 미사부로, 竹下彌三郎), 기병대 참모
(토키야마 나오하치, 時山直八), 예무대 서기(이노우에 미키치, 井上彌吉) 등
으로, 미나미는 이 당시 제대의 간부의 한 사람이었다고 생각된다.

　미나미가 그 다음 모습을 드러내는 것은 1869년(메이지 2)의 제대 탈대
소동(諸隊脫隊騷動)이다. 구막부파 세력을 격파하고 신정부 수립을 확정했던
무진전쟁(戊辰戰爭) 뒤 귀번(歸藩)한 농민・죠민(町民) 등을 다수 입대시키
고 있던 제대는 1869년 11월의 번정개혁(藩政改革)으로 제대의 해산과 중앙
정부 직할의 상비군에 대한 정선(精選)이 포고되자 12월에 1800명의 병사가
야마구치를 탈주하여 호후(防府)에 둔집, 다음해 1월에 야마구치를 점령했으
나 키도 타카요시(木戶孝允, 1833~1877) 지휘의 상비군에게 탄압 당하였
다. 기병대 등 제대에는 배신(陪臣) 등 소외당한 사무라이 또는 서민이 다수
참가하고 있었으며 탈대소동 요인의 하나는 군대에 대해 위로부터 군율을 관
철시켜 근대 군대를 급속히 형성한다고 하는 그 방법에 있었다. 제대의 장관,
병사 모두 상비군측과 탈대측으로 분열했다. 탈대한 병사들에게는 때마침 일
어나고 있던 야마구치번(山口藩)의 하쿠쇼잇키(百姓一揆, 조선시대 민란과
유사한 농민반란)와 결합하는 움직임도 있었다.

　미나미 고시로는 상비군측 장관으로써 등장하여 12월에는 「겸하여 교유
(敎諭) 행해지지 않는 사정」 때문에 스스로 근신하는 장관 속에서 모습을 드

러내고 있다. 이 때의 장관은 소대 사령(小隊司令) 또는 반대 사령(半隊司令)
이라는 이른바 소위급 하급 간부이다. 미나미 고시로 자신은 죠슈번의 기조
(寄組, 상급가신) 타카마치 사부로(高須三郎)의 가신으로 배신(陪臣) 출신이
다. 이 상비군측에 남아 탈대병(脫隊兵)과 적대한 78명의 장관속에서 경력을
알 수 있는 자 12명을 그림으로 그리면 육군 군벌을 형성한 죠슈번벌에 있어
서의 육군의 액티브한 중견간부 형성과정의 일면이 판명된다.

　　우선 이 당시의 탈대 소동 진압과정에서 전사하는 2명이 있다.『탈대폭동
일건 기사재료(脫隊暴動一件紀事材料)』의 기재순에 따라 인용한다.

　　　와타나베 요시스케(텐포 9 ～ 메이지 3)
　　　　배신의 동생, 야마구치 고죠(山口後町)에서 전사(탈대소동전사)
　　　이쿠구모 로쿠지로(텐포13 ～ 메이지 3)
　　　　농업, 기병대 향도(사하군 에요시토게에서 부상후 전사)

이들은 반란 제대 진압전에 참가했다.
이어서 8년 뒤인 1877년 서남전쟁(西南戰爭)에서 전사한 3명이 있다.

　　　노부아타마 요시사쿠(코와 2 ～ 메이지 10)
　　　　경배(輕輩, 御手大工), 진무대 중대사령, 육군대위(서남전쟁에서 전사)
　　　타케히로 큐이치(～ 메이지 10)
　　　　번사(藩士), 기병대 반대사령, 육군 보병대위(서남전쟁에서 전사)
　　　다테 카즈로(～ 메이지 10)
　　　　　번사, 기병대 향도(서남전쟁에서 전사)

이들은 서남전쟁에서 정부군으로 싸웠다. 그 당시의 위계(계급)는 보병대
위이다. 아마도 최전선에서 싸웠을 것이다. 그들이 전장에서 전사하는 것은

이 때까지이다. 그 이후는 최전선에 나가는 위계 이상으로 진급하고 있었다. 판명되는 사례에는 다음과 같이 위계가 오르고 있다.

　　　시게노 켄타로(코와 3 ~ 메이지 29)
　　　　배신, 기병대서기　육군중장
　　　오카자와 세노스케(코와 1 ~ 메이지 41)
　　　　번사, 남기병대, 진무대 중대사령　육군대장
　　　토미노 후쿠조(코와 1 ~ 메이지 13)
　　　　배신, 유격대 서기 겸 응접　육군 보병대위
　　　이다 사토스케(코와 3 ~ 타이쇼 3)
　　　　배신, 기병대 반대사령　육군중장
　　　미우라 고로(코와 3 ~ 쇼우와 1)
　　　　번사의 차남, 기병대 소대 사령　육군중장 - 민비시해 주범
　　　미요시 로쿠로(코와 2 ~ 타이쇼 8)
　　　　번사의 차남, 기병대 소대사령　육군중장

　이들은 번사가 3명인데 미나미 고시로처럼 배신(5명) 또는 미우라 고로처럼 번사의 차남(3명), 또는 경배(1명), 농민(1명)이다. 무진전쟁(戊辰戰爭) 뒤의 탈대 소동에서는 반대사령, 소대사령, 또는 서기급이었다. 군조(軍曹)·소위 또는 중위에 해당한다고 하겠다. 탈대 소동에서 상비군 측에 서서 탈대 반란병과 싸웠으며, 서남전쟁에서는 대위급 위계로써 제1선에 나가 싸웠다. 청일전쟁에서는 장교의 하위 즉 소좌 이상의 중견간부로써 참전했을 것이다.
　배신(陪臣)을 중심으로 하는 막부 말기 사회에서 소외된 계층 출신인 자가 급속하게 일본 육군의 액티브한 현역 병사의 중핵을 형성했던 것이다. 사무라이 계급 속에서 소외되고 있던 자들이 급속히 일본의 군사력의 중핵이 되었다. 참혹한 민비 암살사건을 주도한 미우라 고로(三浦五郎) 등에서 그 문제점이

드러나고 있다 하겠다. 이들은 러일전쟁 이후 중장으로 진급할 수 있었다.

미나미 고시로가 실제로 탈대병 진압에 참전했는지 아닌지는 불명이지만 미우라 고로와 같이 탈대 반란병을 진압하는 측에 있었을 것이다. 동학농민전쟁 탄압과정에서 조선 정부의 사법권을 침해하게 되는 동학도에 대한 토벌 지휘관으로 미나미 고시로가 선발되었는데, 쬬슈번의 탈대 소동에서 수많은 농민을 포함한 탈대병에 대한 처벌이 막번체제기 사상 일찍이 그 예를 볼 수 없는 가혹한 것이었다는 사실에 주목할 필요가 있지 않을까? 처벌당한 221명 가운데 주벌효수(誅罰梟首) 당한 자가 84명이며 그 가운데 25명이 농민 또는 쬬민(町民)이었다.

미나미 고시로가 참전했던 1866년 바쿠쬬(幕長) 전쟁 직전, 정장군(征長軍)을 맞이한 쬬슈번(長州藩)의 케이슈코(芸川口)에서는 간부에 대한 불만 때문에 봉기에 나선 제2 기병대 병사들이 간부를 살해하고 쿠라시키에 대한 분노를 폭발시킨다. 1869년의 탈대소동에 앞서는 반란사건이었다. 쬬슈번은 쿠라시키의 막부 대관소(幕府代官所)를 습격했다가 패주하여 귀번(歸藩)한 46명 전원을 자살자를 포함해서 모두 주벌 효수했다. 46명 가운데 34명이 농민이었다. 더욱이 그 처형은 반수 이상이 출신재판(出身宰判)으로 처형대가 순회하여 시행하였다. 4만 명에서 6만 명에 이르는 농민이 참가하여 번정(藩政)을 뒤흔든 1831년(천보2) 쬬슈번 다이잇키(大一揆; 대규모 민란)의 주벌자가 6명이었다는 사실을 본다면, 이 처형은 바로 「실로 고래 미증유의 사건」이었다. 최근 지적되고 있는 바와 같이, 에도시대의 막번(幕藩) 지배자는 농민을 살해하는 일에 제어를 하고 있었던 것이다. 키도 타카요시(木戶孝允)와 함께 쬬슈번의 번정을 장악하고 있었던 히로자와(廣澤眞臣)는 탈주반란병사를 「아무런 의지도 없는 잡병」이라고 잘라 말하고 있는데 「비온 뒤에 땅이 굳어진다」 「불행중 다행」으로 「규율 세우기」의 절호의 기회라고 말했다.

주목할 만한 사실은 이 때에 제2 기병대의 군감(軍監)으로 경졸(輕卒)로 입대, 기병대 참모를 거쳐 제2 기병대 군감이 되고, 이윽고 장관이 되며, 나중에 추밀 고문관이 되는 하야시(林半七, 또는 林友宰라고도 함) 가 도중에 귀대한 자들도 포함한 반란 병사 전원의 주벌을 주장하고 있었다는 점이다. 만약 이같은 주벌이 실시되었더라면 처형자는 70명에 육박하게 된다. 미나미와 미우라와 같이 소외당하던 경졸에서 군의 중핵으로 급속히 부상하는 하야시의 병사관은 이상과 같이 맹렬한 것이었다. 전술했던 1869년의 탈대소동에서도 주벌은 병사의 출신재판(出身宰判)으로 이루어졌다. 농민에 대한 본보기였다. 근대 일본의 군대는 유지대(有志隊)에서 상비군으로 발전하는 과정에서 이와 같은 숙정·민중 살해를 경험하고 있었다.

앞에서 충주 괴산(槐山)에서 군수의 청구에 의해 「적(농민군)의 포로를 많은 사람의 눈앞에서 처형하고, 더불어 동학당에 가담하는 자는 즉각 일본 군대가 와서 엄형에 처할 것이라는 뜻을 게시하여 장래를 계칙」이라는 본보기식 처형(총살)이 이루어졌다는 사실을 지적했다. 또 「낙동(洛東)에서 전주를 쓰러트린 한인 1명을 참살 게시하였다」고 하는 본보기식 처형이 이루어졌다는 사실도 설명했다. 미나미 고시로는 야마구치번(山口藩)에서 이 같은 처형을 실지로 경험했던 인물이었다.

토쿠시마현 나가군(那賀郡) 출신의 군조는 동학농민군의 동학도에 대하여 「눈에 띄는 대로 총살하였으며, 원래 동학당 같은 자들은 우리 일본인 한 사람에 2~3백명이 적합하여, 그 점에서 그 놈들이 약한 적이라는 사실을 증명하기에 충분하다」라고 말했다. 조선 민중의 지지를 받고 있던 동학도에 대하여 「그 이름이 야만의 극을 달리는 동학당 놈들」, 「약한 적」으로 간주하여 「눈에 띄는 대로 총살」했다. 고성능의 화기로 용이하게 이루어진 「오사(鏖死); 모두 죽임)가 조선 민족에 대한 잘못된 우월감을 결정적인 것으로 만들었다. 근대적인 라이플총과 소대를 단위로 하는 조직력을 통해 비약적인 군사기술(1인당 2~3백명)을 획득했던 일본 병사가 민중에 대한 살해를 명령받았을 경우 검토해야 할 문제가 많겠지만, 앞에서 지적했던 착오·광기에 떨어지는 것은 피하기 어렵다. 군조는 「이와 같은 야만국」이라고 하여 조선을 멸시했지만 그 때의 야만국은 일본이다.

문제는 역시 앞 절에서 검토한 바와 같이 1894년 10월22일에 군의 「이익」(군용전선의 수비)을 위해 「조선남부 국민감정」을 해치는 것을 꺼리지 않고 조선 민중이 다수 참가하고 있으며 조선 민중의 지지를 모으고 있었던 동학도를 「섬멸」할 것을 명령한 대본영과 남부 병참감에 있다. 특히 같은 달(10월) 27일에 동학도를 즉시 「모조리 살륙」하라고 명령한 대본영에 있다 할 것이다. 검토해야 할 과제는 이 방면에서 여전히 많이 있을 것이다. 죠슈번의 1866년 탈대소동에서 「비온 뒤에 땅이 굳어진다」, 「규율세우기」의 절호의 기회로 삼아 「아무런 의지도 없는 잡병」(반란농민)을 출신 군에서 처형했던 것은 메이지 신정부의 참의로 1871년에 암살 당하는 히로자와(廣澤眞臣)였다. 1869년의 탈대소동에서도 상비군을 이끌고 농민이 다수 참가하고 있던 반란병을 탄압하여 본보기식 처형을 했던 인물은 참의 키도 타카요시와 이노우에 카오루(井上馨) 등이었다.

동학도를 모조리 「살륙」하는 작전은 일본 대본영이 직접 지휘하고 이토 히로부미가 이끌고 있던 일본 정부도, 이노우에 카오루 주한 일본 공사도 서로 일치하여 추진했다는 사실을 검토했다. 문제의 핵심은 이 같은 커다란 흐름 속에 있다고 생각된다.

5. 맺음말

이상의 검토는 일본군 측의 탄압에 대한 해명 작업에 있어서 현재 단계에서 최근에 한국측 연구자와 공동으로 방위연구소 도서관·외교 사료관에 대하여 실시한 전면적인 조사성과를 활용한 것이 아니기 때문에 불충분한 부분이 많이 있다. 금후의 검토를 기다릴 부분이 많겠지만 본고에서 지적한 점을 요약하고자 한다.

1894년 10월에 조선 병참부로 파견된 후비보병 제19대대는 대본영과 조선 병참부 안에서 「동학당 토멸대」또는「동학당 토벌대」라고 불리고 있었다. 조선의 병참부는 히로시마 대본영 직할로 청일전쟁의 군사면(軍事面)을 지도했던 참모차장 겸 병참총감 카와카미 소로쿠의 명령 아래에 있었으며, 동 대대는 대본영 직할이었던 인천 병참사령부의 지휘하에 들어 있었다. 동 대대 출진에 즈음한 이토 스케요시(伊藤祐義) 인천 병참감의 훈령은 동학농민군에 대한 처죄(處罪) 지침으로 세 가지를 명령하고 있었다. 동학지도자에 대해서는 포박해서 서울 일본 공사관으로 송치할 것을 명령했다. 심문해서 조선 정부와의 연계와 지도자 상호간의 연락 등을 취조하기 위해서였다. 동학농민군을 남김없이 진압하기 위한 것으로 관대하거나 「문명적」인 처죄를 보여주는 것이 아니었다. 귀순한 「협종자(脅從者)」에 대해서는 관대한 대처를 명령했다. 이 같은 대처는 지도자 이외의 일반 농민군 참가자에 대해 관대한 처죄를 명령한 훈령이었다고 한다면, 동학농민군에 대해 일본군이 어느 정도의 관대한 대처를 했다고 평가할 수 있다. 그러나 일본군이 말하는 「협종자」는 그러한 일반 농민군 참가자를 가리키는 것이 아니었기 때문에 당시의 현지 일본군의 대처 내용에 대한 검토에서 확인된 바와 같이 일본군은 동학도와 「협종자」(강제 당하여 참가한 자)로 구별하고 있었다. 훈령은 동학도에 대해 모조리 처형(살해)할 것을 명령했던 것이다. 동학도는 동학도라는 이유만으로 예외없이 처형 대상이 되었다. 후비보병 제19대대가 「동학당 토멸대」 또는「동학당 토벌대」라고 불렸던 것은 그와 같은 일본군의 지침에 의한 것이었으며, 문자그대로의 「토멸대」・「토벌대」였다.

현지 지휘관이 증언하고 있는 바와 같이 실제 국면에서는 동학도가 농민의 지지를 얻고 있어 「널리 양민과 혼합하고」(미나미 후비보병 제19대대장),

또한 농민이 「변심 어느때나 즉각 적(동학농민군)에게 부화뇌동했기」(야마무라 후비보병 제6대대 제6중대장) 때문에 「판별…가장 곤란하며」(미나미 대대장), 「식별이 없어서 곤란」(야마무라 중대장)하여, 동학도와 일반농민을 정확히 판별하는 것은 불가능했다. 앞에서 그 사례를 들었던 것처럼 일반농민 참가자들에게 격심한 피해가 나왔다. 당시 유민이 대단히 많은 상황 속에서 동학에는 다수의 농민들이 가입했다. 일본군 병참사령부 수비대 대장(군조)은 「집회」하는 「동학당 놈들」을 「눈에 띄는 대로 총살하였으며」라고 보고 하고 있었다. 바로 이 같은 상황이 탄압의 실상이었다. 이렇게 하여 히로시마 대본영이 직접 내린 명령과 조선 현지의 병참사령부의 훈령(작전지휘), 즉 동학도를 모조리 살해한다는 일본군의 처죄 지침은 조선 농민에게 수십만 명의 사상자, 5만명의 사망자(조경달)라는 격심한 피해를 주었던 것이다.

조선 병참감은 9월 하순이후 히로시마 대본영의 직할 하에 있었다. 조선의 병참선을 보수(保守)하는 조선 남부 병참감은 군용전선이 절단 당하는 등의 조선 민중의 항일 운동에 대하여 조선 민중을 살해 그 자리에 게시하여 본보기로 삼는 등의 탄압을 하고 있었다. 이것에 대항하여 동학농민군이 일본의 병참(선)을 공격하려는 의도가 있다는 사실을 눈치챈 인천의 남부 병참감(10월말에 병참감은 북상, 병참사령부로 격이 낮춰진다)에게 10월 23일 히로시마 대본영이 동학도 「섬멸」부대의 파견을 승인하고 동학도 살륙 지침을 내렸다. 실제로 동학농민군이 한 병참지부(安保)를 부대 규모로 공격했던 그 다음날인 10월 27일에 보고를 받은 히로시마 대본영의 카와카미 소로쿠는 「섬멸」부대의 도착을 기다리지 말고 현시점부터(「향후」) 모조리 「살륙」을 개시하도록 명령한다. 이 명령은 조선의 병참사령부와 병참 지부에서 즉각 실행되었다. 일본 군부는 조선 병참선을 지키기 위하여 동학도 「살륙」작전을 세워 실행했는데 황해 해전의 전승에 의해 황해의 제해권을 장악하여 인원과 물자를 평양 방면으로 직송할 수 있게 된 일본군에게 있어 조선 병참선의 주요한 역할은 군용 전신이었다. 청일전쟁을 위한 군용전선을 지킬 목적으로 일본군은 농민군을 모조리 「살륙」할 것을 명령했던 것이다. 일본 군부가 추진한 이 같은 「살륙」작전을 일본 정부·외교 당국도 모두 승인했다.

일본군 후비보병 제19대대장이 메이지 유신기인 1869년 야마구치번 제대 탈대 폭동사건에서 탄압한 측에 참여하고 있었다는 사실을 규명했다. 탈퇴했던 반란병 속에는 다수의 농민이 참가하고 있었으며 키도 타카요시와 이노우에 카오루가 이들 반란병을 탄압했다. 다수의 반란농민은 출신 군(야마구치의 宰判)에서 본보기식 처형을 당하였다. 일본 근세의 하쿠쇼잇키(百姓一揆, 민란)에 대한 탄압을 훨씬 능가하는 규모의 민중탄압이었다. 1866년 바쿠쬬전쟁(幕長戰爭, 에도 막부와 쬬슈번 사이의 전쟁)에도 뒤에 후비보병 제19대대장이 되는 미나미 고시로가 참가했는데, 이 때도 탈대병의 폭동이 쬬슈번(야마구치번)에서 일어나 역시 농민에 대한 전례 없는 본보기식 처형이 이루어졌다. 후비보병 제19대대장은 일본(쬬슈번)에서 민중에 대한 이와 같은 처형을 경험하고 있었던 것이다.

갑오농민전쟁 최종 국면인 1895년 1월말의 장흥·강진 전투이후 동학농민군은 조선 서남단으로 패주하였으나 추적하는 일본군은 전투 종식 후에도 약 1개월간에 걸쳐 농민군에 대한 수색과 처형 작전을 전개하여 조선 민중의 다대한 피해를 초래하였다. 일본군 지휘관의 증언에 의하면, 농민군은 「격파하면 즉각 흩어져 인민이 되었으며, 또 일단 그들을 습격하면 마치 폭풍이 지나간 뒤처럼 그 흔적이 없었다.」 동학농민군은 전멸했다고 말할 수는 없을 것이다.

※ 본문의 각주는 번역 과정에서 생략했다. 각주를 참고하려면 일본어 원문을 보기 바란다.

甲午農民戦争(東学農民戦争) と 日本軍

井上勝生(北海道大学教授)

はじめに

甲午農民戦争は一八九四年(明治二十七)に朝鮮でおきた反封建反侵略の一大農民反乱である。 朝鮮近代史の出発点をなすとともに、 朝鮮近代史の上で最大の民衆運動になった。 二月に全琫準に指導されて東学徒を中心に農民が結集して全羅北道古阜で蜂起し、 全羅道を席巻してソウルに進軍しようとしたが、 東学農民軍鎮圧を名目に朝鮮に出兵していた日清両国軍の侵略への動きをみて、 六月に政府軍と和約を結んだ。 七月、 日清両国が戦争を始めると反侵略の再蜂起を準備し、 十月に一斉に第二次の蜂起をした。 第二次の東学農民軍の蜂起は日清戦争のために朝鮮に侵入した日本軍の排撃を主張し、 近代的なライフル銃と小隊操練の組織戦力を備えた日本軍と日本軍に指揮された朝鮮政府軍の弾圧に会って鎮圧された。 甲午農民戦争の一〇〇周年を期して韓国、 朝鮮民主主義人民共和国と日本では、 各種の記念行事が催され、 多くの研究書や資料集、 記念パンフレットなどが刊行された。 朝鮮民主主義人民共和国では現在も甲午農民戦争と呼んでおり、 現在の韓国の歴史学会では、 七〇年代以後の軍事政権にたいする民主化運動によって甲午農民戦争における東学の役割を従来より高く評価する気運が有力となり、 甲午農民戦争は東学農民戦争、 または東学農民革命と呼ばれるようになっている。

甲午農民戦争を弾圧した軍隊は日本軍と日本軍に指揮された朝鮮政府軍である。 朝鮮政府軍は日本軍の指揮下に入った。 日本軍は約二〇〇〇名、 朝鮮政府軍は約二八〇〇名であった。 日本軍は新鋭銃の村田銃と村田連発銃で武装した近代的な訓練された軍隊であり、 東学農民軍を弾圧した日本軍の朝鮮兵站守備隊は後備部隊であって、 最初やや旧式とはいえやはりライフル銃のスナイドル銃を装備しており、 のち村田銃を支給された。 のちに述べるように火力と組織戦力の違いによって虐殺に等しい戦況が展開した。 農民軍の被害を多面的に検討した趙景達は、 弾圧軍に数十倍しながら鎮圧された農民軍の死傷者を三・四〇万人とする史書の記述は、 根拠のないものではないとし、 死者は五万人に迫ると推測している。

弾圧にあたった日本軍部隊の中心となったのは十一月二・三・四日に相次いで広島を出港し、 仁川に向けて移送された後備歩兵第一九大隊の部隊である。 本稿で検討するように後備歩

兵第一九大隊は三中隊によって構成され、　東学農民軍の討伐を専務とすることを命令されていた。同大隊の第一中隊は十一月六日に仁川に到着する。

　　第一中隊が到着する当日に仁川の兵站司令部は釜山兵站司令部に宛て次のように打電した。

　　　　午后三時三十分釜山、今橋少佐ヘ左ノ電報ヲ発ス
　　　　……今回東学党征伐ノ為メ仁川ニ来ルヘキ三中隊ハ、中路及其以西ノ二道ヨリ進メ、　当分該党討滅ノミノ任務ヲ帯ハシムル見込ニ付、兵站路ノ守備兵ト為シ難シ、故ニ京釜間ノ兵站守備ハ依然貴官ノ大隊ニテ担任スル義ト承知アレ……

　　仁川に到着する三中隊(後備歩兵第一九大隊)は仁川兵站司令部によって「当分」つまり東学農民軍弾圧完了まで「該党(東学農民軍)討滅ノミノ任務」を与えられた。　十月下旬に朝鮮北方の大同江以南の兵站の管轄が決定され、　ソウルと釜山の間の京釜兵站線は釜山兵站司令部の管轄と決められていた。　電文のように、　到着した後備歩兵第一九大隊は東学徒討滅だけの任務を与えられたため、　仁川の兵站司令部は釜山の今橋知勝釜山兵站司令官に京釜兵站線の守備は釜山兵站司令部の任務のまま変動がないと確認したのである。

　　後備歩兵第一九大隊を中心とする日本軍の弾圧部隊は朝鮮政府軍の部隊も統率し、　東学農民軍を朝鮮半島の西南端に追い詰めて殲滅する作戦をとり、　翌年二月に殲滅作戦を完了した。上の電文のように初めは中路と西路の二道を進軍する予定であったが、東学農民軍が朝鮮東北方面のロシア領に逃走に、ロシアの侵入を招くことを恐れて、中路、西路と加えて東路の三道を南進した。　最終的には荒天と船舶の不足のために済州道に進撃することはできなかったが、後備歩兵第一九大隊の分隊(第一中隊の一支隊)は朝鮮半島の西南端に位置し、　黄海に広がる多島海の最大の島である珍島まで殲滅作戦を及ぼした。　東学農民軍が最後に逃走したのが珍島を中心とする多島海の島々と済州道であり、日本軍の珍島に侵入して多島海の島々を討滅した。　島の伝承によれば、珍島からの朝鮮官憲による捜索は、珍島の農民軍の指導者の居所であった多島海の離れ島、下鳥島まで及んだ。こうして日本軍は作戦通り東学農民軍を西南端に追い詰め、済州道を除いて殲滅作戦を完了した。激甚な内戦が展開した朝鮮戦争以上に東学農民戦争の弾圧戦が恐ろしかったという伝承が珍島に語り伝えられている。

　　東学農民軍にたいする弾圧は近代日本軍隊が行なったアジア民衆の大虐殺(ジェノサイド)の最初であり、出発点と言うべきである。農民軍弾圧については、姜在彦『新訂朝鮮近代史研究』と朴宗根『日清戦争と朝鮮』、趙景達『異端の民衆反乱』などがすぐれた業績を挙げているが、日本軍本部(広島大本営)の作戦指揮と弾圧部隊の動静について、なお解明する必要のある問題が多くある。　東学農民軍にたいする日本軍の弾圧の解明は韓国・朝鮮史の問題に

とどまるものではなく、 日本近代史の根幹にかかわる問題であろう。 本橋では日本軍による東学
農民軍参加者にたいする弾圧、あるいは討滅と言われている、狭義の弾圧や討滅、すなわち農
民軍にたいする処刑の内容を確認する。 弾圧作戦の展開は別の課題にすることにして、 農民軍
にたいする日本軍の処刑はいかなる指針によって、 いかに実行されたのであろうか。 姜在彦や朴
宗根、趙景達らのすぐれた研究に学びつつ、この問題について事実関係を確認しておきたい。

1.「東学党討滅隊」または「東学党討伐隊」

　東学農民軍の弾圧に参加した日本軍部隊を概観しよう。 東学農民軍弾圧軍の一部をソウル
方面から東方の忠州方面へ展開させつつ全軍を西南方面に進撃させ、 最後は朝鮮半島西南
部の全羅道のさらに西南端に追い詰めて包囲殲滅する作戦では、 後備歩兵第一九大隊の三
中隊が中心となった。 この農民軍主力部隊にたいする弾圧作戦には、 釜山から後備歩兵第一
〇連隊第四中隊が、 また海上から軍艦筑波と燥江の陸戦隊が順天、 左水営などの農民軍に
たいする攻略の援軍として参加した。 他の方面の東学農民軍の弾圧では忠州方面に後備歩兵
第一八大隊第一中隊が、洪州方面に後備歩兵第六連隊第六中隊が、黄海道方面に後備歩
兵第六連隊第四中隊、第七中隊の一部、第八中隊の一部が参加した。日清戦争における戦
時動員の後備歩兵隊の一中隊は規定が、一八八九年に改定されて総員二二一名であり、 上
記の弾圧に参加した日本軍全軍は二〇〇〇名ほどの兵力であった。 弾圧作戦の中心となった
後備歩兵第一九大隊の三中隊は六六三名、 弾圧日本軍全軍の三分の一弱である。 後備役
の兵士は当時、現役三年、予備役四年を経たもので後備役は五年であった。満二十八歳から
三十二歳の兵士である。 後備兵が討伐に当たったのは兵站守備が後備諸隊などの兵士の任
務であって、そして前線に若年の現役兵を出したからである。
　後備歩兵第一九大隊の三中隊が仁川へ入港する十一月六日に、 仁川の兵站司令部がこ
の部隊の当面の任務を東学農民軍の「討滅ノミノ任務」と述べていたことは前述した。 後備歩
兵第一九大隊の第一中隊は午後四時に、第二中隊は同じく七時に仁川に入港した。仁川の司
令部は「陣中日誌」に次のように到着を記録している。

　　　本日……東学党討滅隊ナル後備歩兵第一九大隊本部・第一・第二中隊来着ス

　朝鮮半島から中国領土に進撃する日本軍(第一軍)の朝鮮兵站線には兵站線の各地点に置
かれた兵站司令部と兵站支部を統括する兵站監が設置されていた。 九月下旬以降、 兵站司
令部はソウルに近い方から松坡鎮、利川、可興、聞慶、洛東、大邱、亀浦そして釜山の順に

設置されていた。 兵站監は最初は釜山に置かれていたが、 九月十七日の黄海海戦によって黄海の制海権を得たために九月二十七日にソウルに近い仁川に移って南部兵站監と改称し、広島大本営の参謀次長兼兵站総監川上操六の直轄にされた。 朝鮮の南部兵站監が広島大本営の川上操六兵站総監から直接の指揮を受けていたことが確認できる。 十月下旬に南部兵站監は平壌に近い漁隠洞にさらに北上する。

「陣中日誌」の記載のように後備歩兵第一九大隊は日本軍のなかで朝鮮到着の当初から「東学党討滅隊」と明確に認識されていた。また十二月二十七日の伊藤祐義　仁川兵站司令官の川上操六広島大本営兵站総監宛て電報では「東学党討伐隊」と呼称されている。この他、翌年一月十七日に東学農民軍全体の指導者である全琫準と金開南らの捕縛を報じた仁川の伊藤兵站司令官の川上兵站総監宛の電報では後備歩兵第一九大隊長南小四郎少佐から仁川への伝令報告を「討伐隊長南小佐ヨリ左ノ報告アリ.....」と記して報じている。 (現地部隊と司令部のある仁川の間は電線がなく伝令が往復した)。 このように後備歩兵第一九大隊は、 日本軍のなかで「東学党討滅隊」あるいは「東学党討伐隊」と明確に認識されていた。 この呼称の意味するところは何であろうか。

後備歩兵第一九大隊は十一月十二日に京城(以下、 ソウルと表記する)近郊の龍山を出発し東学農民軍主力の討伐に向う。前日の十一日には、漁隠洞に本部を移転していた南部兵站監の福原豊功小将から東学農民軍討伐のすべて(「東学党討伐一切ノ事」)が伊藤祐義仁川兵站司令官に委任されていた。伊藤兵站司令官は後備歩兵第一九大隊に全七カ条の訓令を与えている。その第一条と第二条が東学農民軍討伐の指針である。

東学党鎮圧ノ為メ派遣隊長ニ与フル訓令

一、 東学党ハ、 目下、 忠清道忠州槐山及ヒ清州地方ニ群集シ、 尚ホ余党ハ全羅・忠清両道所在各地ニ出没スルノ報告アルヲ以テ其根拠ヲ探究シ、之ヲ剿絶スベシ

二、 朝鮮政府ノ請求ニ依リ、 後備歩兵第一九大隊ハ次項ニ示ス三道ヲ分進シ、 韓兵と協力シ、 沿道所在ノ同党類ヲ撃破シ、 其禍根ヲ剿滅シ、 以テ再興、 後患ヲ遺サシメサルヲ要ス、 而シテ其首領ト認ムル者ハ縛シテ京城公使館ニ送リ、 尚ホ同党巨魁等往復書類、 若クハ政府部内ノ官吏、 地方官、 或ル有力ノ筋ヨリ同党へ往復シタル書類ハ、 勉メテ之ヲ収拾シ、併セテ之ヲ公使館ニ致スベシ、尤モ脅従者ニ至テハ緩急其度ヲ計量シ、其従順ニ帰スルモノニ在テハ、之ヲ寛恕シ、敢テ苛酷ノ処為ニ陥ルヲ避クベシ

但、 這般東学党鎮圧ノ為メ、 前後派遣セラレタル韓兵各隊ノ進退調度ハ、 総テ我士官ノ指揮命令ニ服従シ、 我軍法ヲ守リ、 若シ之ニ違背シタル者、 軍律ニ従テ処分セラルベキ旨、

朝鮮政府ヨリ韓兵各隊長ヘ達シ済ニ付、 三路ヨリ既ニ出発シ、 若クハ将来出発スベキ韓兵ノ進退ハ、総テ我士官ヨリ指揮命令ス可シ

　この訓令に記された東学農民軍にたいする討伐方針を明確にしておく必要がある。
　第一条では忠清道の忠州、 槐山と清州の勢力が蜂起しており、 全羅道と忠清道に勢力が展開していることを指摘し、 東学農民軍の「 根拠(地)」を探求し、「之ヲ剿絶(そうぜつ)」することを指示している。 「之」とは前の「余党」および「東学党」つまり東学徒のことである。 「剿絶」とは「剿」は絶つ・殺すと読み、 「之」はすぐ前の「根拠」とも読め、 根拠を絶つという文意にも採れるが、 あとの第三条の各中隊の進軍予定路を記した末尾には、次のような文章が挿入されている点をあわせて読むべきである。

　各中隊ハ、 賊類ヲ剿討シ、 其余燼ヲ見サルニ至レバ、慶尚道洛東に集合シ、後命ヲ待ツベシ

　ここでは農民軍(「賊類」)の「剿討」が記されている。 つまり第一条は東学徒にたいする探索と殺害の訓令と読める。
　第二条は進軍する沿道の「東学党」つまり東学徒の撃破、その禍根を絶ち、 再興のおそれをなくすことが任務とされている。 第一条の同趣旨である。 また東学農民軍の「首領」を縛して、ソウルの日本公使館に送ることが命令されている。 一見、寛大な「文明的」な処罰方針のように読めるが、 果たしてそうであろうか。 同条の続く文章から農民軍の指導者を捕縛してソウルの日本公使館に送る目的を推測することができる。 当時、ソウルの公使は井上馨であった。続く文章では「尚ホ同党巨魁等往復書類、 若クハ政府部内ノ官吏、 地方官、 或ル有力ノ筋ヨリ同党ヘ往復シタル書類ハ、勉メテ之ヲ収拾シ、 併セテ之ヲ公使館ニ致スベシ」と指示されている。 農民軍の指導者の往復書類、 朝鮮政府内の官吏や地方官と農民軍の往復書類、 またある有力の筋から農民軍への往復書類の収拾と公使館への送付が命じられた。 農民軍指導部相互の書類の収拾が命じられたのは弾圧作戦の都合から当然である。 また東学農民軍指導部と朝鮮政府の一部との連絡は、 双方からさまざまの働きがあったことが明らかにされている。 地方官ど東学農民軍の連絡は、 朝鮮南部における甲午農民戦争の自治活動の一環であり、 全羅道を中心として密接なものがあった。 最後の「或ル有力ノ筋ヨリ同党ヘ往復シタル書類」とは、 朝鮮の大院君と東学農民軍の連絡などであろう。 このように「首領」を捕縛してソウルの日本公使館に送る目的は「首領」にたいする直接の尋問にあったのである。 朝鮮の大半の地域での東学農民軍の一斉蜂起にさらされた日本公使館と日本軍は、 このようにして中央、 地方の政治の上層部と東学農民軍の連携に注意を払ったのである。 一八九四年十二月に羅州からソウルに送られ

た全琫準も大院君との連携などについて尋問された。 後備歩兵第一九大隊がソウル近郊を出軍
する時点では、 日本外交部と軍はそのような大きな波及を注意しなげればならなくなっていたのであ
る。 東学農民軍にたいする弾圧を一層細密に、 厳格に進める必要が発生していたということであ
り、寛大な処罪をめざしたのではない。 全琫準らは尋問と裁判の後、斬刑に処された。

　　第二条の次の部分に記されている「脅従者」について、「従順」に帰したものには「寛怒
」を加えること、「苛酷」の処刑のないようにと訓令されている。 もし日本軍が東学農民軍を「首
領」と「脅従者」に分けていたのであれば、 この部分を東学農民軍に参加した民衆にたいする
比較的に穏和な処分を指示したものと読むことができるであろう。 東学農民軍が農民軍の組織に
あたって「もし応ない者は、 不忠不義の者であるから、 必ず罰を与えるであろう」という共同制裁
の論理をもっていたことは、 趙景達によって指摘されている。しかし、 このように「脅従者」を読む
ことはまったくできないのである。 日本軍は東学農民軍を東学徒(この中に首領がいる)の多数の集
団とその「脅従者」というように分けて判断していた。 後備歩兵第一九大隊が出軍する以前の
東学農民軍弾圧の一事例と出軍時点の一事例を見ておこう。

　　後備歩兵第一九大隊出軍以前の事例を掲げる。これは、十月三十日の事例である。

　　　　十月三十日(火曜 晴)
　　　　…
　　　　午后四時大邱田中大尉ヨリ、左の電報アリ、依テ次ノ返電ヲ発ス
　　　　去ル二十五日、　　星州ニテ縛シタル八名ノ内一名ハ東学党ナル事ヲ自白セリ(勢力者ニアラ
　　　　スー原注)、他の七名ハ該党ノ脅迫ニ依リ使役セラレシ者ニシテ、該当ニアラサル事ヲ認メタリ、亦
　　　　他十三名ハ東学党ノ為メニ縛セラレシ者ニテ、 同党ニ関係ナキモノナリ、 右ハ九月三十日兵站監
　　　　ノ御達ニヨリ処分方ヲ伺フ
　　　　　答、東学党ナリ事自白セシナラハ、監司ニ引渡シ、極刑ニ処セシメヨ、其他ノ者ハ再ヒ彼徒ノ
　　　　使役ニ応スルアラハ厳刑ニ処セシムヘキヲ説キ示シ、 放免スヘシ、
　　　　　… 又更ニ守備隊三中隊増加ノ筈ナリ、此隊到着セハ、一挙之ヲ討滅セントス、予ノ示シ置ク

　　「東学党」と自白した者で指導者でない一般の東学徒(「勢力者ニアラス」)と、 東学農民
軍の「脅迫」によって「使役」されていたと称する者を区別していることが分かる。 仁川の南部
兵站監(前述のように十月下旬まで朝鮮各地の兵站司令部を統轄する兵站監は仁川にあった)は、この一
般東学徒を「監司」(朝鮮政府の地方官)に引き渡して死刑(「極刑」)にするよう命令している。も
ともと日本軍は東学農民軍鎮圧を名目として出兵し、 実際に鎮圧に参加したのであるが、 近代
国際法の原則から当然のこととして朝鮮民衆の処罪は朝鮮の司法に委ねる形式をとる必要があっ
た。 それが本来の東学農民軍処罪であった。 ただし「極刑」にすることは仁川の南部兵站監で
決定されていたのであるから朝鮮の司法(朝鮮の地方官)への委任は単なる形式に堕していた。 こう

して日本軍は東学農民軍を東学徒と「脅従者」に区別し、東学徒は死刑に処し、帰順した非東学徒には「寛大」な、対照的な処分をしている。もっとも非東学徒にたいする処分が寛大と言えるか否か、捕縛を報じた二十五日の大邱発の電報によれば、捕縛された者は日本軍守備隊「下士以下十名」が星州に進撃して襲撃、捕縛した農民軍であった。日本軍の兵站部隊を攻撃した農民軍ではないのであって、日本軍が村落に侵入して捕縛した朝鮮民衆であったのであり、そうにた状況を考慮すれば、得られた「自白」なるものに疑問なしとしない。

　仁川の南部兵站監は守備隊三中隊の増援を大邱兵站司令部に報せているが、この三中隊こそが十一月二・三・四日に広島を出発する後備歩兵第一九大隊の三中隊　である。この三中隊が到着すれば一挙に東学徒を「討滅」することができると予告している。ここでは東学徒「討滅」と記される、「討滅」の意味は一層明確であろう。

　次に後備歩兵第一九大隊の出軍時点の事例を掲げる。これはあたかも後備歩兵第一九大隊がソウル近郊の龍山を出軍する十一月十二日の事例であって、後備歩兵第一九大隊の東路方面にあたる忠州の弾圧に出軍した後備歩兵第六連隊第六中隊の報告である。

　　忠州ヨリ槐山ニ到ルノ途中ニ潜伏スル東学党捕獲シ、指揮官飯森少佐ヘ申告ス、直チニ可興兵站司令部ヨリ派遣セシ憲兵曹長ニ引渡旨命令ニ依リ実施ス、憲兵調査スルニ東学党ノ証拠顕著ナルヲ以テ槐山郡守斬首ノ請求ス、即チ飯森少佐(後備歩兵第六連隊第二大隊長)許可シ、命ニ依リ、翌十二日出発ノ際、当中隊ニ於テ銃殺セリ

付言

　此際第一困難ナルハ先キニモ陳述セシ如ク良民ト東学党ノ識別ナキナリ、其東学党ナル事ヲ知ルハ捕獲ノ後、其所持品中、朝鮮人必携ノ巾着形ノ煙草入中ニ又一ノ小袋アリ其内ニ東学党ナレハ左ノ辞令書如キモノヲ所持スルナリ、

　この後備歩兵第一九大隊の出軍時点の事例においても、東学徒と非東学徒の識別が行なわれていることが分かる。東学徒は所持している「名帖」や「任帖」によって識別された。郡守の請求によるという手続、形式が踏まれて東学徒の斬首が許可されたが、結局は中隊によって銃殺された。東学徒は文字通り「討滅」された。

　日本軍が東学徒を「東学党」と当時呼んだのは「党」、結社のような組織とみなしていたことを示している。日本軍が「討伐」の対象にしたのは東学徒（すなわち「名帖」や「任帖」を所持する東学信徒)であった。東学徒に首領と一般の東学徒がいるわけである。訓令では「首領」である東学徒の指導者は捕縛してソウルの日本公使館に送ることが、また東学徒への「脅従者」には、帰順したものには「寛大」な処分が指示された。東学徒については「撃破」（第二条)あ

るいは「剿絶」（第一条）死刑が指示されていることを確認する必要がある。 一般東学徒はことごとく死罪、これが十一月十二日の伊藤兵站司令官の訓令の明確な指針である。

このように後備歩兵第一九大隊は東学徒の処刑（殺害）を任務として与えられていた。 後備歩兵第一九大隊の三中隊は、 文字通り言葉の厳密な意味で「東学党討滅隊」または「東学党討伐隊」であったのである。

2.「悉ク殺戮スヘシ」― 広島大本営の命令

前節において、 「東学党討伐一切ノ事」を委任されていた伊藤兵站司令官が後備歩兵第一九大隊に、 一八九四年十一月十二日の出軍に当たって、 東学徒をすべて死罪に処する旨を訓令していたことを確認した。 日本軍の東学徒処刑の方針について、 十一月十二日の伊藤兵站司令官の訓令以前においては、 十月二十七日の広島大本営川上操六兵站総監の命令が知られている。 十月二十七日午後九時三〇分、 仁川の南部兵站監に宛てて釜山兵站司令部から広島大本営の川上兵站総監の電報が次のように中継された。 当時、 電報は対馬海峡の海底電線を通って釜山を経由してソウルまで敷設されており、 日本軍の進軍に従って前線まで延長された。 日本軍は八月中旬にソウル釜山間に日本軍専用の第二電線を架設していた。 朝鮮への電報は釜山でいったん中継されていた。

川上兵站総監ヨリ電報アリ、東学党ニ対スル処置ハ厳烈ナルヲ要ス、向後悉ク殺戮スヘシト

南部兵站監を直轄し、 指示する大本営の川上操六は、 東学徒にたいして「厳烈」な処置を指示し、以後は東学徒をことごとく「殺戮」するように命令した。事実経過を見ると、前日、京釜兵站線上に位置し、 忠州の南側でソウルと釜山のほぼ中間にある安保兵站支部が東学農民軍二〇〇〇名に襲撃された。 襲撃によって、 北方のソウル側へ繋がる電線が切断されたために仁川の南部兵站監との連絡が途絶した。 そのため安保の南にある聞慶兵站支部は、 大本営へ直ちに次のように電報をうって事件を報告した。

今朝六時頃、東学党ニ千余人、安保兵站支部ヲ襲ヒ、四方ヲ囲ミ、諸所ニ火ヲ放チ、劇シク射撃ス、守備兵三十八名ニテ苦戦ノ末、漸ク撃退シ、今尚ホ追撃中ナリ、賊ノ為ノニ電信ヲ切ラレ、兵站監ヘ報告出来ス、故ニ直接ニ報告ス
聞慶
出羽少佐

大本営

　川上操六は参謀次長で兵站総監を兼ねており、日清戦争における軍部の実質的な最高指導者であった。聞慶兵站支部の電報が大本営に着信したのは午後五時であり、東学徒にたいして「向後悉ク殺戮スヘシ」という川上操六の命令は翌日九時に、釜山を経由して仁川南部兵站監に着信した。朝鮮の一兵站支部が東学農民軍の大部隊に攻撃されたことが東学徒を殺戮せよという命令のきっかけになったと判断される。川上兵站総監の命令では、朝鮮の司法などは実質的には無視され、反一行為の有無にもかかわりなく、あらゆる東学徒の殺戮が日本軍の意志として命令されているのである。現実において、川上兵站総監の命令は朝鮮の現地で実行に移されていった。川上の命令が届いた翌日の二十八日、安保と釜山の間に位置する洛東兵站支部と仁川の南部兵站監の間で次のような交信が行なわれた。

　午后七時十分洛東、飛鳥井少佐ヨリ左ノ電報アリ
　昨日、尚州ニ於テ首領ト覚シキ者、二名ヲ縛シ来リ、本日色々取調候得共、其実ヲ吐カズ、言語彼是ヲ察スルニ首領トモ思ハレス、右様ノ者ハ当部ニ於テ斬殺シテ然ルヘキヤ

　答(南部兵站監)、東学党斬殺ノ事、貴官ノ意見通リ実行スヘシ

　洛東兵站支部から東学徒の首領と思われるものを尚州において捕縛したが、自白を得られず、かれこれ「首領」とも思われない、斬殺してよいか、という問い合わせがあった。取り調べたけれども、捕縛者は予期に反して首領とも思われなかったのであって、事実関係ははなはだ漠然たるものであろう。南部兵站監はこのまことに曖昧な趣旨の「斬殺」可否の問い合わせにたいして、「斬殺」を許可した。しかも電文から日本軍の兵站支部が朝鮮政府に断らないまま南部兵站監の命令によって行なった「斬殺」と推測される。問題は多いというべきである。川上兵站総監の「悉ク殺戮」の命令が忠実に実行されたといえるだろう。
　翌々日の三十日は、前節で見たように洛東兵站支部より南の大邱兵站司令部から星州の捕縛者について問い合わせがあり、南部兵站監は「東学党ナル事自白セシナラハ、監司ニ引渡シ、極刑ニ処セシメヨ」と回答していた。大邱兵站司令部からの問い合わせは「処分方」についての一般的な伺いであったが、南部兵站監は東学徒は死罪と回答していた。この事例においても大本営の川上の命令の存在が明瞭であろう。この場合には監司という朝鮮の地方官を仲介させるように指示されており、朝鮮の司法を形式的にたてている。この点で洛東兵站支部にたいする回答と違っている。しかし、朝鮮の司法をまったくの形式だけのものにしており、朝鮮の司法権を侵害した朝鮮民衆にたいする日本軍の虐殺の事例として大いに問題がある。

　十月二十七日の大本営川上の命令は「向後悉ク殺戮」であった。　以後ことごとく殺戮であるから、　この命令の歴史的意味は計り知ることができないほど重大である。　この川上の命令はどのようにして発令されるに至ったのであろうか、　経過を確認しておこう。

　九月下旬、洛東で次のような事件があった。

　　　… 処在、民乱蜂起シ、不穏ノ景況ヲ呈シタルハ疑フヘカラス、依テ各司令部ニハ、尽ク警
　　戒ヲ加へ、危険ノ点ニハ兵ヲ増シ、予備弾薬ヲ送リ、四方ヲ偵察、捜索セシメ、我兵站路ノ安全
　　ヲ謀ル事ニ汲々タリ、然ルニ尚電線の破断跡ヲ絶タス、慚憤恐悚ノ至リナリ、之カ為メ、昼夜トナ
　　ク、厳密ノ巡廻取締ヲ命シ、怪ムヘキ者ハ直チニ撃殺セシメントス、已ニ一昨廿八日、洛東ニ於
　　テ電柱ヲ倒シタル韓人一名、斬殺掲示セシメタリ

　九月下旬から十月下旬の東学農民軍の安保兵站支部襲撃まで、　聞慶、河東、晋州において日本軍の分隊が鎮圧に出兵して東学農民軍と交戦した。　上の報告のように日本軍専用の京釜通信電線がしばしば切断されていた。　日本軍守備隊は昼夜巡廻し疑わしいものを「撃殺」する方針であった。そして上の報告のように、　九月二十八日、洛東において通信電線の電柱を倒した朝鮮人を日本軍が「斬殺」し、「掲示」を出した。　「掲示」とともにおそらく死体を梟にしたのであろう。このように日本軍の軍用電線の電柱を倒す朝鮮民衆の反日運動があり、これにたいして日本軍のきわめて問題のある虐殺が見られる。

　川上兵站総監の命令に至る経過に順に見えゆくと、　初め日本軍と日本公使館は、　東学農民軍蜂起の報告が各所からもたらされたのにたいして事態を楽観していた。十月十五日、ソウルの日本公使(この時は大鳥圭介)から南部兵站監へ発信された電報を次に掲げる。

　　　午后十時四十五分、京城、大鳥公使ヨリ左ノ電報ヲ受ク、
　　　忠清道ノ東学党ハ各所ニ集リ、各其頭(指導者)アリテ、互ニ相連路シ、支那ノ敗兵モ亦其
　　　内ニ交ハリ居リ、追々京城ノ方面ニ向テ蔓延リ勢アルトテ、各地方官ヨリ頻リニ急報来ルニ依リ、
　　　政府ハ大ニ恐レ、外国人モ多少恐懼セリ、目下収穫ニ際スレハ当政府ハ収納前ニ之ヲ鎮定セン
　　　事ヲ希望セリ、但シ兵力ヲ実地ニ使用スル様ノ事ナカルヘシト考 フ

　東学農民軍の組織について、　また農民軍への中国兵の参加について、　農民軍のソウルへ進軍しようとする勢いについて、　各地方官からしきりに急報がきていたが、大鳥公使は兵力を実地に用いることはないと予測していたのである。　この頃、　日本公使館は朝鮮政府に東学農民軍鎮圧のために朝鮮政府軍を日本軍と共同させるよう提案し、　この時、　日本軍の龍山守備隊が忠州に派遣された。

　出兵した日本軍分隊は、　しばしば東学農民軍を捕縛したが、　前述した十月二十七日の大

本営川上兵站総監の命令の以前においては、捕縛した東学徒を日本軍が殺害した司令部への公式報告はないのである。 おそらく非公式な殺害は横行していたであろうにしても。 たとえば十月十六日に忠州のタンゲツにおいて東学徒首領以下三名、 同じく忠州清風において東学徒四名を捕縛した。 これら捕縛された七名は忠州北方の可興兵站司令部に送られた。 次の電文は、翌十七日の仁川南部兵站監の可興兵站司令部への命令である。

　　午前十一時四十分、可興、福富大尉へ左ノ電報ヲ発ス
　　東学党ノ情況、報告承知ス、鎮圧ノ為メ充分力ヲ尽セ、

　　忠清道安城竹山ノ両地へ朝鮮政府ヨリ出兵ス、捕縛者ハ之ニ引渡セ…

　捕縛された東学徒を朝鮮政府軍に引き渡せという命令であり、 それ以上ではない。 東学農民軍の反日蜂起について、 この段階では日本軍は楽観していたということであり、 改めて十月二十七日の川上兵站総監の「悉ク殺戮」という命令の重大性が分かる。
　このような楽観を動揺させるのが、 十月十八日のソウルに近い利川兵站司令部からの次のような電報である。

　　午后一時四十分、利川田中中尉ヨリ左ノ電報アリ
　　東学党ト称シ、 本日忠清道竹山縣ニ四百程集合シ、 我諸兵站部ヲ襲ハントスル事ヲ聞ケリ、 其巨魁ハ馬某ト称ス

　このように、 東学農民軍が京釜兵站線上に展開する日本の各兵站司令部と兵站支部を攻撃目標にしている事が察知されたことによって南部兵站監の東学農民軍にたいする認識は一変する。
　翌十九日に南部兵站監伊藤祐義は、 各兵站司令部と支部に次のような訓令を出す。

訓令
　慶尚・全羅・忠清三道ノ東学党、 頃日、各地ニ集合ス、其目的トスル所、我軍ニ妨害ヲ加へ、或ハ日ヲ期シテ兵站地ヲ襲ハントスルモノ、如シ、此等草賊ノ暴挙、素ヨリ敢テ深ク顧慮スルニ足ラスト雖モ、若シ夫レ我軍用電線ニ妨害ヲ試ル者アランカ、為メニ全軍ノ命脈タル通信ノ途、忽チ絶断シ、其害ノ繋ル所、 蓋勘少ナラサルヘシ、是レ本官カ大ニ憂慮シ措ク能ハサル所ナリ、抑モ朝鮮国内ニ架設スル軍用電線ノ保護ヲ確実ニシ、軍事通信上、毫モ障碍ナカラシムルハ、我兵站部ノ一大責任タルヲ以テ、監守ノ厳密ヲ揃ルハ実ニ目下ノ最大急務タリ、

機ニ臨ミ変ニ応シ万遺算ナキヲ期スルハ身ヲ以テ責ニ任スルニ在リ、特ニ茲ニ各官ヲ戒飾ス
　　明治廿七年十月十九日
　　　　　　　　　　　　南部兵站監　伊藤祐義

　　各兵站司令部にたいして兵站線を厳重に「監守」せよという訓令である。 慶尚・全羅・忠清三道の東学徒が日本軍を妨害し、あるいは日を期して襲撃しようとしているという認識を示している。 この訓令でも、これら「草賊」の「暴挙」は顧慮するに足りないと述べており、蜂起自体を問題にしておらず、むしろ軽視している。 南部兵站監が重視したのはその次の文章で示された点である。「若シ夫レ我軍用電線ニ妨害ヲ試ル者アランカ、為メニ全軍ノ命脈タル通信の途、忽チ断絶シ、 其害ノ繋ル所、 蓋尠少ナラサルヘシ、 是レ本官カ大ニ憂慮シ措ク能ハサル所ナリ」に示されるように日本軍の「命脈」である軍用電線の切断が南部兵站監にとってもっとも憂慮措くあたわざる問題であった。　日本軍は京釜間の電線がしばしば不通になるために軍用の第二電線を架設し、八月中旬に完成させていたことは前述のとおりである。架設は工兵第五大隊によって行なわれた。　九月十七日の黄海海戦の戦勝によって日本軍は黄海の制海権を手にした。そもそも平壌以北の中国領へ向かう戦場に人員と物質を輸送するには、 第五師団が整備した京釜街道はあまりに遠路に過ぎだ。 日本軍の輸送船は黄海を経て大同江河口に北上して入港し、漁隠洞から平壌間が人員と物資の兵站になった。 したがって朝鮮南部の兵站の軍事的役割は軍用電線の監守に限定されつつあったのである。
　　十月二十日前後に東学農民軍の大勢力が占拠する全羅道の農民軍が北上し、 晋州などに迫った。ここで十月二十二日に南部兵站監は守備兵二中隊増加を求める次のような電報を大本営の川上兵站総監に送った。

　　十八、午后十一時、川上兵站総監ヘ左ノ電報ヲ発ス
　　九月中旬ヨリ京城・釜山間兵站路ニ於テ、 東学党屡々起リ、 我軍ニ妨害ヲ加フルヲ以テ今猶兵站守備兵ヲシテ鎮圧ニ従事セシメツ、アルハ、既ニ報告セシ如シ、然ルニ該党ノ挙動出没常ナク之ヲ一方ニ制スレハ更ニ他方ニ現レ際限アルナク、 実ニ守備兵ハ目下東西奔走ニ苦ムノミ……而シテ全羅・慶尚道モ亦頻ル不穏ノ形況ヨリ、 要スルニ兵站事務ハ常ニ東学党ノ為メ脳マサレ、 我軍作戦上至大ノ関係ヲ有スル軍用電線モ亦或ハ安全ナルヲ保シ難シ、是レ本官ノ甚タ憂慮スル所ナリ、依テ思フニ此際更ニ守備兵二中隊ヲ増シ、専ラ東学党ノ撃攘ニ任シ到ル所賊ヲ殲滅セシムレハ一挙ニシテ将来ノ禍根ヲ鋤去スルヲ得ヘシ、 而シテ之カ為メ朝鮮南部国民ノ感情ヲ害センカ我軍全般ノ利益ヲ計ルト其軽重比ス可ラス此等ノ事実ヲ賢察セラレ速ニ守備兵増加ノ御詮議アラン事ヲ切望ス

　「草賊」の暴挙で顧慮するに足りないという農民軍にたいする認識は「該当ノ挙動出没常ナク之ヲ一方ニ制スレハ更ニ他方ニ現レ際限アリナク、　実ニ守備兵ハ目下東西奔走ニ苦ムノミ」という深刻なものに変わっている。　朝鮮半島中央部の忠州に加えて、　東学農民軍の本拠で朝鮮半島南部の全羅道の農民軍の北上をこの日、南部兵站監は、大本営に打電している。そして兵站事務に支障が発生しているのである。それは「我軍作戦上至大ノ関係ヲ有スル軍用電線モ亦或ハ安全ナルヲ保シ難シ、是レ本官ノ甚タ憂慮スル所ナリ」と述べられている。兵站監としてはやはり軍用電線の監守が問題てあった。そのために「更ニ守備兵二中隊ヲ増シ、専ラ東学党ノ撃攘ニ任シ、　到ル所賊ヲ殲滅セシムレハ一挙ニシテ将来ノ禍根ヲ鋤去スルヲ得ヘシ」と至る所の「賊」を「殲滅」し、一挙に禍根を絶つために守備兵二中隊の増派を広島大本営に要請した。このように東学徒鎮圧にかんして「殲滅」殺害作戦は朝鮮の現地司令部である南部兵站監から提起されたのである。　「之カ為メ朝鮮南部国民ノ感情ヲ害センカ我軍全般ノ利益ヲ計ルト其軽重比ス可ラス」と日本軍全体の「利益」のためには「朝鮮南部国民ノ感情」を害することなど問題ではなかった。

　翌二十三日、午後四時五十分、大本営の川上兵站総監から南部兵站監に次のような電報が入電した。

　　　東学党討滅ノ為メ、歩兵二中隊増加派遣ノ件、承知、近日派遣スル筈、◦此兵ハ何レノ地
　　　ニ送ルヘキヤ、今橋少佐ノ命下ニ属セシムヘキヤ、或ハ貴官ノ直轄トヲスヘキヤ、直ク申シ来レ

　川上兵站総監は「東学党討滅ノ為メ」に歩兵二中隊派遣を了承した。実質的にはこの十月二十三日の時点において東学農民軍にたいする殺戮作戦が確定したのである。正確に言えばこの二十三日の川上兵站総監の裁定は増派される歩兵二中隊（やがて三中隊に増加）が朝鮮に到着して、それから討滅作戦を行なう趣旨であった。後の二十七日の「向後悉ク殺戮」命令は、二中隊による討伐を待たず、現時点から朝鮮現地の各兵站支部の守備隊が即時に討滅を開始しろという意味なのである。日本軍の東学農民軍殺戮作戦は正確にはこのように十月二十三日に確定したのである。

　増派される二中隊の所属について伊藤南部兵站監は自分が管轄すると回答している。それで後に、見たように「東学党討伐ノ一切」が伊藤兵站司令官（兵站監から兵站司令官に移動）に委任された。

　安保兵站支部が襲撃される事態のなかで、二中隊は三中隊に増加された。

　以上、東学農民軍にたいする討滅（「殺戮」）方針が決まる過程を検討したが、特に強調したいのは、日本軍兵站監にとって朝鮮の軍用電線の保守のためにこの作戦が決まったことである。あまりに遠路にすぎる朝鮮の京釜街道の人員と物資輸送の役割がなくなっていたことはすでに

指摘した。 朝鮮南部の兵站の主要な意義は軍用電線にあった。 川上兵站総監や伊藤南部兵站監の殺戮作戦は、 あまりにも平衡を失した決定と思われるかもしれないが、 日本軍の「利益」が「朝鮮南部国民ノ感情」より重要という判断が、 日本軍部の考え方だったのである。 本節で九月二十八日に日本の守備隊が、 洛東で電柱を倒した朝鮮人を「斬殺」し、「掲示」を掲げたことを大本営に「報告」している事例を挙げたが、 それが軍部の朝鮮民族にたいする認識であった。 電柱を守るために、 交戦国ではない、 表向き友好国の朝鮮の民衆を斬殺し、しかも掲示を掲げることをする軍隊にとって、 京釜間の軍用電線を守るために反日の蜂起をする東学徒をことごとく殺戮することは、 ごく自然な決定であっただろう。 日本の政治・外交部は、これとはやや違う考え方であったという主張もあるかもしれないが、 これが大本営を含めた日本軍部の考え方だったのである。

　朝鮮と日本は戦争状態にあったわけではない。 不平等条約とはいえ、 日本は朝鮮の司法を承認していた。 領事裁判権が認めていた特権は朝鮮に在住する日本人にたいする司法特権である。朝鮮民衆は朝鮮の法が支配していた。日本軍部はそれを無視し、朝鮮民衆を殺害してはばからなかったのである。 電線切断の頻発についていえば、 そもそも朝鮮民衆の日本軍にたいする支持がないという認識が、 日本軍の電文から読み取れない。

　日本の政治・外交部は軍部と違う考え方をしていたであろうか。事実を掲げる。

　南部兵站監の伊藤の守備隊増派の要請にたいして、 広島大本営が「東学党討滅ノ為メ」増派を了承した翌々二十五日南部兵站監部は、 次のような電報を大本営の川上兵站総監に送っている。

　午后九時四十分、川上兵站総監へ左の電報を発ス
　井上公使、只今来着セリ、各地の東学党、一刀両断ノ処置、頗ル同意、派遣二中隊ハ都合次第早キヲ乞フ

　新任の井上馨日本公使は、 東学徒にたいする「一刀両断の処置」におおいに賛成し（「頗る同意」)た。 東学徒「討滅」中隊の派遣に積極的に賛成している。井上公使は後に「徒ラニ脅従ノ人民ヲ殺戮スル」ことに注意を促したが、 もともと川上兵站総監も伊藤兵站司令官も、 現地部隊が多くの朝鮮民衆を殺害していたとしても、 前述のように公式には帰順した「脅従」する人民を殺害することを求めてはいなかったのである。 大本営をはじめとする日本軍部にとっては東学徒（「東学党」）の殺戮が問題であったのであって、 ごの点ついては、 井上公使も異論はなかったのである。 軍と外交部で「脅従」する人民を殺戮しないようにという配慮に程度の違いがあったとしても、 東学徒全員殺戮にかんしては、両者は二元的に分裂していたのではなく、 まったく一致していたのである。

後備歩兵第一九大隊の三中隊派遣は、 南部兵站監へは、十月二十八日に電報で知らされた。午後六時三五分に広島の川上兵站総監から、 もうひとつは、 午後九時二五分のソウルの井上公使からの次のような電報であった。

午后九時廿五分、京城井上公使ヨリ左ノ電報アリ
三中隊ハ来ル三十日 、 出帆ノ船ニテ京城ニ派遣シ、 猶又三中隊ヲ便船次第派遣ノ筈ナリト、総理大臣并ニ参謀総長ヨリ電報アリタリ

井上公使には総理大臣(伊藤博文)と参謀長から電報があった。 後備歩兵第一九大隊の派遣は、 総理大臣と参謀長が承知し、政府・軍部・外交部という政治の中枢部が賛成して実現した。 指摘したように後備歩兵第一九大隊を指揮する南部兵站監は大本営が直轄していた。 そのため後備歩兵第一九大隊の作戦行動は、軍用電報によって大本営に詳細に報告されていた。東学徒にたいすることごとく「殺戮」作戦は日本の大本営が中心になって推進し、政府と外交部も一致して推し進めたのである。

3. 後備歩兵第一九大隊

日本の陸海軍は全国六師団で編成され、 師団の連隊や大隊は通常は府県を単位として編成された。 各部隊の指揮官や兵士は従軍日誌や回顧録を残した例が少なくなく、個人所蔵のものの他に、 地方史に収録されたもの、 私家版などとして刊行されたものがあり、連隊史や部隊史が編纂された場合もある。 いずれにせよ東学農民軍を鎮圧した日本軍部隊の従軍日誌や回顧録を探索するためには、鎮圧部隊の編成された府県を知る必要がある。

参謀本部が編纂した『明治二十七八年日清戦史』第六巻の府表によれば、 日清戦争後、後備歩兵第一九大隊は一八九五年十二月二十一日に松山で解散している。四国において編成されたことが推測されるが、 四国の県史類に後備歩兵第一九大隊の記載はない。 部隊編成地は、 戦前刊行された靖国神社社務所編纂『靖国神社忠魂史』第一巻の第六編「明治二十七八年戦役」で分かる。 戦死者,戦病死者の出身府県が記載されている。後備歩兵第一九大隊では四一名の戦死者の記載がある。『靖国神社忠魂史』の記載によれば後備歩兵第一九大隊六六〇余名は、 戦闘による戦死者を出していないのである。 同書記載の戦病死者のはじめの四例と最後になる一例を姓名を省略して次に掲げる。

鴨緑江畔の戦闘より千山山地の戦闘間、 諸種の勤務に従事中不幸病魔に冒され、 或は不

慮の災厄に依つて死亡した者は左記の通りである。
　…
　　五師後歩一九聯二中
　　明二七年一一、二二　忠清道天安　一卒　　徳島(七一四頁)

　　五師後歩一九大二中
　　明二七年一二、三〇　全羅道長城　一卒　　高知(七二五頁)

　　五師後歩一九大
　　明二八年三、一一　龍山　　輜輪　　香川(八八三頁)

　　五師後歩一九大一中
　　明二八年六、一四　広島陸軍予備病院　一卒　　香川(同)

　　五師後歩一九大三中
　　明二九年一、五　仁川兵站病院　一卒　香川(九五五頁)

　はじめの二例は第二中隊の戦病死者である。　最初の「一九聯」は「一九大」の誤りであろう。　後備歩兵第一九大隊は三中隊と本部隊が三路に別れて朝鮮半島西南隅へと東学農民軍を鎮圧し、第二中隊は朝鮮半島西側を縦断する西路を水原、天安および公州を経て全州街道を南下した。　後備歩兵第一九大隊の指揮官(大隊長)南小四郎(少佐)が残した記録「東学党征討策戦実施報告」によれば、第二中隊は十一月十七・十八・十九日と天安に滞陣した。また十二月二十九・三十日に長城に滞陣した。　すなわち最初の徳島県出身の一卒は第二中隊が天安に滞陣した三日後、同隊が公州に進軍した時に天安で戦病死し、次の高知県出身の一卒は第二中隊が長城に進軍した翌日、同隊の同地滞陣中に戦病死したことが判明する。『靖国神社忠魂史』の「明治二十七八年戦役」の記載は南大隊長の報告と完全に照応する。

　六六〇余名の後備歩兵第一九大隊が討伐作戦を終了する二月五日までの死亡者は、この二名の戦病死者だけである。残り三九名は討伐作戦終了後の死亡者であり、上に掲げたように最後に死亡した香川県出身の兵士は部隊が松山で解散した後に朝鮮仁川兵站病院で死亡している。後備兵に支給されたスナイドル銃の性能は、口径一四・九ミリ、秒速三五九メートル、最遠射程距離一八〇〇メートルであった。のち、村田銃、口径一一ミリ、初速四六〇メートル、最遠射程距離二四〇〇メートルが支給された。ライフル銃の火力と近代的な訓練された小隊の

組織力は圧倒的であった。世界の近代的軍隊は、中国のアヘン戦争(一八四〇~四二)、日本の下関四国連合艦隊砲撃事件(一八六四)、エチオピアのマグダラの戦争(一八六八)などにおいて火縄銃や槍、弓の軍隊にたいして虐殺に等しい戦争を展開していたのである。

　四一名の記載から後備歩兵第一九大隊の三中隊が四国四県、徳島・高知・香川・愛媛の出身者から編成され、第一中隊(東路進軍)、第二中隊(西路進軍)、第三中隊(中路進軍)ともそれぞれ四県の混成の中隊であったことが分かる。なお『靖国神社忠魂史』の「明治二十七八年戦役」の記載によれば東学農民軍弾圧に動員された部隊の編成された府県は次の通りである。

　　後備歩兵第一八大隊第一中隊　広島
　　後備歩兵第一〇連隊第四中隊　広島・愛媛・徳島
　　後備歩兵第六連隊第四中隊・第六中隊・第七中隊・第八中隊愛知・岐阜・三重・福井・富山

　四国の徳島県で当時発行されていた『徳島日日新聞』の明治二十八年一月九日号の二面に、後備歩兵第一九大隊ではないが、京釜兵站線の聞慶兵站司令部の守備隊長で東学農民軍を鎮圧した軍曹の郷里宛の書翰が掲載されている。聞慶兵站支部の守備隊は、前述した安保兵站支部の南隣で、東学農民軍としばしば戦った。東学農民軍を弾圧する現地日本軍の実際の軍事作戦を証言した重要な史料であるので、ほぼ全文を次に掲げる。

　　島田軍曹の書束

　朝鮮慶尚道聞慶兵站司令部守備隊付軍曹島田為三郎氏が客臘十七日郷里那賀郡坂野村の若槻元吉氏へ宛て発したる書束の一節(原文のまま - 原注)左の如し
　(前略 - 原注)劣弟義は今般、召集に応じ候以来は如何なる御陰にや僥倖を得て、去る八月十五日を以て陸軍歩兵軍曹に被任、凡そ二十人の長と相成、当慶尚道聞慶兵站司令部守備隊長の重任を身に荷ひ、当処へ出張以来は、幸にして一の欠点なく、加ふるに身体非常に壮健にて未だ一日の欠勤なく依然任務に従事致居候、小生等、当所へ赴任草々は各道に彼当国に於て、名を野蛮の極に轟したる東学党奴人出没し、一時は甚だ不穏の兆し有之処、我日本軍の威力を以て強き者は鏖死、弱きは逃走し、最早、比頃に至りては該党人にして集会等は更に無之、偶々有之も三人、五人位にして、是又見当り次第銃殺せしめ居候、
　元来東学党の如きは我日本人一人にて二三百人を以て適合せり、依之、彼の奴輩の弱敵なる事を証するに足れり、乍去如何に東学党弱敵なればとて弾丸は弾丸、命中すれば死は免が

れざる義にて攻撃中は相当の考は瞬間も等閑に付すへからざるは論を俟たず、然るに前述の如くなれば、先づ以て東学党は鎮定に帰し一安心と考居候処、

　更に又天然の敵に遭遇す、即ち寒気にして本月初日より当所は壱尺以上積雪し、其冷かなる事は迚も筆墨に難尽、所謂寒気凛凛として手足も為に刺れ、実に難忍候…土人に就て追々寒気の如何を相尋候処、今頃の寒気は初寒にて、旧正月二月頃に至りなば我日本寒暖計華氏〇度より三十二三度の低下するを以て極寒とする趣むき、乍併我天皇陛下には大御心を垂れられ、我々渡韓兵一般には防寒用として毛布製の外套、全頭巾、全手袋、本フランネルの襦袢、毛メリヤスの袴下、全靴下等御下賜に相成候間、仮令此の如き野蛮国の寒気も我陛下の大御心の厚きを思へば如何なる寒気も何の怖るる処なく、只一同感涙の外無之候

　二伸、我々は去る九月三日釜山港を発し候以来は行軍中非常の大暑にて身は恰も干柿の如く変じ種々の辛苦を嘗め、以来は東学党に精神を労し、間もなく寒冷に至り、第一不自由なるは食物にて……素より我我軍人は故郷出発其日より身命を国家の犠牲に供し国威を海外に発揚すへき任なれば敢て苦とも不思…

　新聞は特に「原文のまま」と断っている。東学農民軍にたいして「野蛮の極に轟したる東学党奴人」と呼び、「此頃に至りては該党人にして集会等は更に無之、偶々有之も三人、五人位にして、「見当り次第銃殺せしめ居候」と述べ、一八九四年十二月末の段階で勢力が壊滅した聞慶の東学徒（「該党人」）にたいして、「見当り次第銃殺せしめ」と前述の検討を裏付けることを現地守備隊の指揮官として述べているのである。東学徒は後備歩兵第一九大隊が討滅作戦を開始した後も、ことごとく処刑されたのである。「我日本軍の威力を以て強き者は鏖死、弱きは逃走」と証言されており、東学徒は「鏖死」（みなごろし）にされるか、逃走するか、いずれかであった。

　「野蛮の極に轟したる東学党奴人」と東学徒にたいして「野蛮の極」という蔑視をしており、このような蔑視によって現地部隊が討滅作戦を展開したことが分かる。後の部分で朝鮮の寒気に触れて「此の如き野蛮国の寒気」と述べているのも、この軍曹の朝鮮観を示していよう。日清戦争の段階で兵士の朝鮮蔑視観は形成されていたといえよう。一方で日本へのアイデンティティーのひとつは「我陛下の大御心の厚きを思へば如何なる寒気も何の怖るる処なく、只一同感涙の外無之」と当時にあってすでに天皇に置かれているといえよう。

　「元来東学党の如きは我日本人一人にて二三百人を以て適合せり」と東学徒二・三百人で日本兵一人に相当すると述べているのは、多少の誇張があるにしても、根拠のない対比ではない。十一月二日、忠清道槐山の戦闘で日本軍後備歩兵第六連隊第六中隊に捕縛された東学農民軍百人長の朴命根は、日本兵と戦う時は、農民軍は「日本兵一人ニ東学党百人ノ予算ニテ戦フ也」と証言している。繰り返し指摘したようにライフル銃で装備した近代的小隊の組織

力は、圧倒的であったのである。 「彼の奴輩の弱敵」という軍事力の優越意識が、朝鮮蔑視
へと通じているのも予測される。一方でこの書翰に朝鮮民衆との友好的な面は見受けられない。
　　日本軍は朝鮮と交戦状態にあったのではなく、朝鮮民衆を処罰する法権を獲得していたわけ
ではない。したがって日本軍は東学徒の死罪を決定していたのであるが、形式としては捕縛した
東学徒を朝鮮の地方官に引き渡して処罪させるという形をとった。 しかしそれは、あくまでも形式出
会って、日本軍が処刑をあらがじめ決めていたから、死罪の実行にあたっては、形式はさまざまに
歪めざるをえなかった。 その事情を詳しく記しているのが前に引用した後備歩兵第六連隊第六中
隊長山村の「東学党討伐景況復命書」である。

　　（十一月十一日）忠州ヨリ槐山ニ到ルノ途中ニ潜伏スル東学党捕獲シ、 指揮官飯森少佐
ヘ申告ス、 直チニ可興兵站司令部ヨリ派遣セシ憲兵曹長ニ可引渡命令ニ依リ実施ス、 憲兵
調査スルニ東学党ノ証拠顕著ナルヲ以テ槐山郡守斬首ノ請求ス、即チ飯森少佐許可シ、命ニ
依リ、翌十二日出発ノ際、当中隊ニ於テ銃殺セリ

　　飯森少佐は釜山から忠州の東学農民軍討伐全体の指揮のために派遣された後備歩兵第
六連隊第二大隊長である。 第六中隊が忠州から槐山へ進軍する途中で、 潜伏していた東学
徒を捕縛し、飯森少佐は可興兵站司令部から派遣されていた憲兵に捕縛された東学徒を引き渡
すことを命じ、 憲兵が「調査」した結果、 証拠が顕著であったとする。朝鮮地方官の槐山郡守
が「斬首」の請求をして飯森少佐が許可し、 命により、翌日の出発の際に、第六中隊が「銃
殺」したという。
　　日本軍が捕縛して日本軍が処刑を決定するのではなく、 朝鮮政府が請求依頼するという形
式がとられていることが分かる。 ただし、 注意していいのは槐山郡守が請求した「斬首」と、 飯
森少佐の命によって日本軍中隊が実行した「銃殺」は異なっている点である。朝鮮政府の司法
にようという「合法性」に破綻が発生している。 現場では上の復命書に記されているように日本
軍が軍事行動を全面的に主導していたから、 朝鮮政府の司法によるという「合法性」の形式を
一貫させることは無理だったのである。
　　この復命書は日本軍によるさまざまな処刑の詳しい記録を残している。 次の処刑は、 朝鮮地
方官の郡守の請求によって処刑の掲示が出された事例である。

　　十五日、槐山ニ舎営ス、該郡守朴容爽飯森少佐ニ誓願セシ要領左ニ
　　当槐山ハ忠清道第一盛大ナル市ヲ開設スル所ニシテ近郷数里ノ人民輻輳ス、 本日ハ現ニ
開市ナリ、願クハ賊ノ捕虜ヲ衆人ノ目前ニ於テ処刑シ、併セテ東学党ニ与スル者ハ、直ニ日本
軍隊来リ厳形ニ処スベキ旨ヲ掲示シ将来ヲ戒飭シタシト云フ

飯森少佐、容許、命ニ依リ当中隊二名ノ賊ヲ銃丸打殺ス

槐山郡守は日本軍が衆人の目前で処刑することを求めた。 郡守は「東学党ニ与スル者ノ直ニ日本軍隊来リ厳刑ニ処スベキ旨ヲ掲示」し、 将来の戒めにしたいと請願し、 日本軍の指揮官が「許容」し、二名を銃殺したのである。
　このように朝鮮地方官の請求によって処刑するという形式がとられた。　次の事例は、同じ「復命書」の、 朝鮮地方官の請求の形式の記載がない事例である。

十二日、 午前七時三十分槐山ヲ発シ、 屈峴及三街ヲ経テ、 五里洞ニ到リ宿営ス、 当日途中ニ於テ、 潜伏スル東学党十数名捕獲セシ内、 証拠顕著ナルモノ六名アリ、 命ニ依リ、 銃丸、打殺ス

十二日、 槐山から五里洞に進軍する途中で東学党十数名を捕縛し、 証拠が顕著な六名を飯森少佐の命によって銃殺した。　中隊長山村少佐は「復命書」の他の処刑の事例では、 朝鮮地方官の依頼の形式を上の二例のように必ず報告しており、 またこの箇所においても飯森少佐の命令については「命ニ依リ」と記載している。　五里洞における東学農民軍六名の処刑(銃殺)は、 日本軍隊の裁断による(飯森少佐の命による)、まったく不法な処刑実行と判断されよう。これら三つの事例によって捕縛された農民は、 東学徒であることにかんして「証拠顕著」であれば、 実際にそれだけで例外なく処刑されたことが再確認される。
　後備歩兵第一九大隊も東学徒をことごとく処刑した。　後備歩兵第一九大隊指揮官(大隊長)南小四郎は「東学党征討策戦実施報告」で次のように証言している。

東学党ハ一種ノ乱民ニシテ普ク良民ト混合シ、 其判別ハ、 征討軍ノ最モ困難セシ処ナリ、而シテ彼等ハ利ル処ヲ誇リ … 其党預ヲ集ノ軍隊ニ抵抗スル故ニ、 戦之テ撃破スレバ直ニ散シテ人民トナリ
　　　…
　訓令ノ如ク、賊徒ハ全羅道西南部ニ遁走セシニ、彼等ハ長興府の戦闘后、散乱シテ処在ヲ知ルニ由ナシ、之ヲ以テ、地方人民ヲ奨励シテ、其捜索ニ尽力セシメタリ、然ルニ地方人民 … ハ軍隊ノ威ヲ信スルナラサレバ捜索シテ捕縛スル事能ハズ、故ニ已ヲ得ず、軍隊ノ西南各地ニ分屯セシメ、匪徒ヲ追捕セシメタリ、而シテ民兵ノ捕縛シテ地方官ノ処刑セシモ左ノ如シ
　海南付近 二百五十人、康津付近 三百卅人 長興付近 三百人 羅州付近 二百三十人
　其他、咸平県、務安県、霊巌県、光州府、綾州府、潭陽県、淳昌県、雲峰県、長城県、霊光、茂長ノ各地ニ於テハ皆三十乃至五十位ノ残賊ヲ処刑セリ、之ヲ以テ見ル時ハ、最

早再興ノ患ナキモノ、如シ

　　朝鮮半島西南部に追い詰められた東学農民軍と後備歩兵第一九大隊および釜山から援軍
した後備歩兵第一〇連隊第四中隊は、一八九五年一月八日、長興と康津の戦いを展開する。
東学農民軍の「死屍山ヲ為」した長興と康津の激戦の後、東学農民軍は散発的な抵抗をしつ
つ、主に逃走態勢に入る。これにたいして日本軍後備歩兵第一九大隊と日本軍に指揮された
朝鮮政府軍は、逃走した東学農民軍を捜索し処刑する作戦を展開する。最後に後備歩兵第一
九大隊第一中隊の松木正保大尉に指揮された一枝隊が朝鮮政府軍を率いて一月二十一日に
珍島城内里など珍島各地で捜索と処刑を行ない、一月二十五日に珍島対岸の港、右水営に帰
還する。東学農民軍に対する弾圧は最後に朝鮮半島西南端の珍島まで及んだのである。一九
九七年七月に行なった日韓共同のフィールド調査によれば、黄海の離島の下鳥島へ珍島からポ
ジョル(朝鮮の警察)が派遣されて、珍島周辺の指導者朴仲辰の一族が弾圧されたという。
　　長興と康津の激戦の後の作戦について、後備歩兵第一九大隊指揮官の南小四郎は上の
「東学党征討策戦実施報告」において「彼等ハ長興府の戦闘后、散乱シテ処在ヲ知ルニ由
ナシ、之ヲ以テ、地方人民ヲ奨励シテ、其捜索ニ尽力セシメタル」と述せている。日本軍は地方
の自衛軍を動員した徹底的な弾圧作戦、捜索と処刑を二月五日まで約一カ月間展開した。
　　南小四郎大隊長が「東学党ハ一種ノ乱民ニシテ普ク良民ト混合シ、其判別ハ、征討軍ノ
最モ困難セシ処ナリ」と述べているように、東学徒は「乱民」として民衆に「混合」して闘った
のであり、一方、日本軍は地方の自衛軍を動員し、東学徒と「良民」を判別して東学徒を処刑
した。東学徒は「散乱シテ処在ヲ知ルニ由ナシ」であり、東学徒の捜索には地方の自衛軍を動
員しなければならなかったのである。「民兵ノ捕縛シテ、地方官ノ処刑」という形になったが、
「地方人民 … ハ軍隊ノ威ヲ信スルナラサレバ、捜索シテ捕縛スル事能ハズ、故ニ巳ヲ得ズ、
軍隊ノ西南各地ニ分屯セシメ、匪徒ヲ追捕セシメタリ」と記されるように、日本軍は最終的な東
学徒殲滅作戦のために羅州を西南部鎮圧の本部として、徹底的に捜索し、みずから弾圧にあた
らざるをえなかった。
　　日本軍と日本軍に指揮された朝鮮政府軍が東学徒をことごとく処刑した結果、殺害された東
学農民軍について、前述のように趙景達は五万という数は根拠のないものではないと述べている。
後備歩兵第一九大隊南小四郎大隊長が「判別」について「最モ困難セシ」と述べている点、
また、前述したように忠州の弾圧を行った後備歩兵第六連隊第六中隊の中隊長、山村大尉が
「其良民タルカ東学党ナルカ其識別ナキニ困ム」と報告しているように「東学党」と「良民」と
の識別は、きわめて困難であった。
　　東学徒は、民衆から支持されており、民衆の支持をおおいに生かした。そのことは日本軍の
指揮官の報告類から分かる。南小四郎大隊長は「東学党ハ一種ノ乱民ニシテ普ク良民ト混合

シ……而シテ彼等ハ利ル処ヲ誇リ……戦之テ撃破スレバ直ニ散シテ人民トナリ」と述べていた。山村中隊長も「然レモト吾兵一名タリトモ止リ其村落内ニ在ル時ハ、如何共セサルモ、　　一度空虚トナルトキハ今迄良民タル者モ恋心常ナク直ニ賊(東学農民軍)ニ雷同付会シ」、　あるいは「其勢力ノ如キモ最初ヨリ三万五万ト云フ集団スル軍隊ニ類似スルモノに非ズシテ、其首領ナル者、或ハ重立タル者、各地ニ散在、時々幾何カ同心ノ者ヲ引率通行スルトキハ、其沿道ノ善悪人民、雷同付会、遂ニ夥多ノ勢力ヲナス、故ニ一度ビ之ヲ襲撃セバ、恰モ暴風ノ後ノ如ク、其痕跡ナシ」と証言している。

　東学農民軍にたいする朝鮮民衆の支持が十分に語られている。東学徒は「一種ノ乱民ニシテ普ク良民ト混合シ」(南少佐)と、民衆とよく「混合」し、　人民は「直ニ賊ニ雷同付会シ」、「善悪人民、雷同付会、遂ニ夥多ノ勢力」(山村大尉)をなしたのである。東学徒は、日本軍に敗北すれば「直ニ散シテ人民トナリ」、日本軍が襲撃すると「恰モ暴風ノ後ノ如ク、其痕跡」を消した。東学農民軍は五万人と言われるほど多く殺害された。民衆とよく「混合」していたために民衆にも多くの殺害者を出したであろうが、このように最終的には全滅したのではなく、人民のなかに「散乱」し、　意識的に「痕跡」を消したことを後に抗日運動との係わりにおいて見ておく必要がある。

　東学農民軍が民衆の支持を受けていたために、　前述したように、　忠州で弾圧を行った後備歩兵第六連隊第六中隊は、　「願クハ賊ノ捕虜ヲ衆人ノ目前ニ於テ処刑シ、　併セテ東学党ニ與スル者ハ、　直ニ日本軍隊来リ厳刑ニ処スベキ旨ヲ掲示シ将来ヲ戒飭シタシ」というような村民の目前での処刑の示威を行った。　東学農民軍と民衆を引き離すためにさまざまな作戦がとられたことが推測できる。この点について検討したい。

　東学農民軍弾圧の主力となった後備歩兵第一九大隊は、　日清戦争の緒戦においては、日本海軍の敗戦に備えて下関守備隊に配置されていた。　八月八日に下関の守備に就いたが、この時の大隊長は南小四郎ではなく、　予備役少佐大原里賢であった。　朝鮮派遣にあたっての大隊長の交替には、　仁川の伊藤祐義南部兵站監の次のような大本営の問い合わせにたいする回答電報が背景にある。

　　答、増加歩兵二中隊ハ下官(伊藤祐義南部兵站監)ノ直轄トシ、仁川ニ送ラレタシ、此隊ニハ大隊長及ヒ成シ得レバ有為ノ中隊長ヲ選ミ付属セラレン事ヲ望ム、是レ中隊ヲ独立シテ使用スル事、多カランヲ顧慮スルヲ以テナリ

　こうして東学農民軍討伐大隊に相応しい大隊長として特に南小四郎(後備歩兵少佐)の人選が行われたと思われる。南小四郎という軍人の経歴はどのようなものであったのだろうか。
　防衛庁防衛研究所図書館の「退役軍人名簿」に南小四郎が記載されている。　一八九四

年(明治二十七)の名簿で年令五十二歳、出身は山口県、士族である。

『修訂増補防長回天史』を調べると、一八六六年(慶応二)の幕長戦争において、長州藩の勝利の後で下関の小倉口で小倉藩との終戦講和に際して南小四郎が姿を現している。 十月十六日から翌年一月十一日まで七回登場している。 所属は明らかではないが、長州藩の諸隊の一員で「我応接員」と記されている。とくに注目されるのが、十二月三日の金辺峠口での交渉である。 交渉決裂も予測された交渉に南小四郎は単身で小倉藩士多数との交渉の使者に出ている(同書、六〇~六一頁)。 南の兵士としてのアクティブな資質の一面を示していよう。 これらの交渉で行動をともにしたのは、それぞれの役付きの時期は不明だが、鋭武隊参謀(堀真五郎)、鋭武隊軍監兼参謀(小笠原美濃助)、整武隊斥候(竹下弥三朗)、奇兵隊参謀(時山直八)、鋭武隊書記(井上弥吉)らで、南はこの時、諸隊の幹部の一員であったと思われる。

南が次に姿を現すのは一八六九年(明治二)の諸隊脱隊騒動である。 旧幕府派勢力を撃破し、新政府の樹立を確定した戊辰戦争後、帰藩した農民、町民などを多数入隊させていた諸隊は、一八六九年一月の藩政改革で、諸隊の解散と中央政府直轄の常備軍への精選が布告されると、十二月に一八〇〇名の兵士が山口を脱出し、防府に屯集し、翌年一月に山口を占領したが、木戸孝允指揮する常備軍らに弾圧された。奇兵隊らの諸隊には陪臣ら疎外された士族、あるいは庶民が多数参加していたのであって、脱隊騒動のひとつの要因は、軍隊に上から軍律を貫かせ、近代軍隊を急速に形成する、その道筋にあった。諸隊の長官、兵士とも常備軍側と脱隊側に分裂した。脱隊した兵士には、ちょうど起こっていた山口藩の百姓一揆と結びつく動きもあった。

南小四郎は常備軍側の長官として登場し、十二月には「兼て教諭方不行届之次第」のために自ら謹慎した長官のなかに姿を現している。この場合の長官とは、小隊司令あるいは半隊司令といういわば軍曹、少尉クラスの下級幹部である。南小四郎自身は、長州藩の寄組(上級家臣)高須三朗の家来であり、陪臣の出身である。この常備軍側に残り、脱隊兵と敵対した七八名の長官のなかで経歴の判明する者、一二名をトレースすれば、陸軍閥を形成した長州藩閥における、陸軍のアクティブな中堅幹部の形成過程の一面が判明する。

まず、この時の脱隊騒動の鎮圧で戦死する二名がいる。 『脱隊騒動一件紀事材料』の記載順に掲げる。

渡辺義介(天保9~明治3) 陪臣弟、山口後町に戦死（脱隊騒動戦死）
生雲六郎(天保13~明治3) 農、奇兵隊嚮導（佐波郡江良峠負傷後死）

彼らは反乱諸隊鎮圧戦に参加した。次いで八年後の一八七七年の西南戦争で戦死した三名がいる。

引頭幸作(弘化2～明治10)　軽輩(御手大工)、振武隊中隊司令、陸軍大尉(西南戦争戦死)

武広九一(～明治10)　藩士、奇兵隊半隊司令　陸軍歩兵大尉（西南戦争戦死）

伊達十郎(～明治10)　藩士、奇兵隊嚮導（西南戦争戦死）

　　西南戦争で彼らは政府軍として戦った。　その際の位階は歩兵大尉である。　おそらく最前線で戦ったのである。彼らが戦場で戦死するのはこの時までである。それ以後は、最前線に出る位階以上に進んでいた。判明している事例では、次のように位階をすすめる。

滋野謙太郎(弘化3～明治29)　陪臣　奇兵隊書記　陸軍中将

岡沢精之助(弘化元～明治41)　藩士　南奇兵隊、振武隊中隊司令　陸軍大将

頓野復蔵(弘化元～明治13)　陪臣　遊撃隊書記兼応接方　陸軍歩兵大尉

飯田敏助(弘化3～大正3)　陪臣　奇兵隊半隊司令　陸軍中将

三浦五郎(弘化3～昭和元)　藩士次男　奇兵隊小隊司令　陸軍中将

三好六郎(弘化2～大正8)　藩士次男　奇兵隊小隊司令　陸軍中将

　　彼らは藩士も三名いるが南小四郎のように、　陪臣(五名)、　あるいは三浦五郎のように藩士次男(三名)、　または軽輩(一名)、　農民(一名)である。　戊辰戦争後の脱隊騒動では、　半隊司令、小隊司令、書記クラスであった。

　　軍曹、少尉か中尉に相当しよう。脱隊騒動で常備軍側について脱隊反乱兵と戦い、西南戦争では大尉クラスの位階で第一線に出て戦った。日清戦争では将校の下位、少佐以上の中堅幹部として参戦したであろう。

　　陪臣を中心とする幕末社会の疎外された出自の者が日本陸軍のアクティブな現役兵士の中核を急速に形成したのである。武士階級のなかにおいて疎外されていたものたちが、急速に日本の軍事力の中枢になった。無残な閔妃暗殺事件を主導した三浦五郎などに、その問題点が見えてこよう。日露戦争以後には中将に進むことが可能であった。

　　南小四郎について実際に脱隊兵鎮圧に参戦したか否か不明であるが、三浦五郎のように脱隊反乱兵を鎮圧する側にいたであろう。　東学農民戦争弾圧において朝鮮政府の法権の侵害した東学徒にたいする討伐の指揮官として南小四郎が選抜されたのであるが、脱隊騒動における多くの農民を含む脱隊兵にたいする処罰が長州藩で幕藩体制期に前例を見ない苛酷なものであったことに注目する必要があるのではなかろうか。二二一名の処罰されたものの内、誅罰梟首されたもの八四名で、内二五名が農民または町民であった。

　　南小四郎が参戦した一八六六年の幕長戦争の直前、　征長軍を迎えた長州藩の芸州口で

は、幹部への不満と、決起にはやった第二奇兵隊らの兵士たちが幹部を殺害して倉敷へと暴発
する。一八六九年の脱隊騒動に先行する反乱事件であった。倉敷の幕府代官所を襲撃し敗走
して帰藩した四六名の全員を自殺者も含めて長州藩は誅罰梟首した。四六名のうち三四名が農
民であった。しかもその処刑は、半数以上が出身宰判(郡)において、処刑隊が巡回して行われ
た。四万から六万人の農民が参加し、藩政を揺るがした一八三一年(天保二)の長州藩大一揆
の誅伐が六名であったことを見れば、その処刑はまさに「実ニ古来未曾有の事」であった。近
年指摘されるように江戸時代の幕藩支配者は、農民を殺害することに制御が働いていたのであっ
た。木戸孝允とともに長州藩の藩政を握っていた広沢真臣は脱走反乱兵士を「無趣意
の雑兵」と言い切っていたが、「雨降って地堅まる」「不幸の幸い」であり、「規律締まり」の
絶好の機会と言っていた。

　注目されることは、この時に第二奇兵隊の軍監で軽卒から入隊し奇兵隊参謀から第二奇兵
隊軍監に就き、やがて長官となり、のち枢密顧問官に就く林半七(友幸)が、途中から帰隊したも
のも含めた反乱兵士全員の誅伐を主張していたことである。この誅伐が実施されていれば処刑者
は七〇名に迫る。南や三浦のように疎外された軽卒から軍の中核に急速に浮上する林の兵士観
は、このように猛烈なものであった。一八六九年の前述した脱隊騒動においても、誅伐は兵士の
出身宰判で行われた。農民にたいする見せしめであった。近代日本の軍隊は、有志隊から、
常備軍に発展する過程で、このような粛正、民衆殺害を経験していた。

　まえに忠州槐山で郡守の請求によって、「賊ノ捕虜ヲ衆人ノ目前ニ於テ処刑シ、併セテ東
学党ニ與スル者ハ、直ニ日本軍隊来リ厳刑ニ処スベキ旨ヲ掲示シ将来ヲ戒筋」という見せし
め処刑(銃殺)が行なわれたことを指摘した。また「洛東ニ於テ電柱ヲ倒シタル韓人一名、斬殺
掲示セシメタリ」という見せしめをともなった処刑が行なわれたことも述べた。南小四郎は、山口藩
においてこうした処刑を実地に経験していたのである。

　徳島県那賀出身の軍曹は東学農民軍の東学徒にたいして「見当たり次第銃殺せしめ居候
、元来東学党の如きは我日本人一人にて二三百人を以て適合せり、依之、彼の奴輩の弱敵な
る事を証するに足れり」と言っていた。朝鮮民衆の支持を受けていた東学徒にたいして「名を野
蛮の極に轟たる東学党奴人」、「弱敵」と見なし、「見当たり次第銃殺」した。高性能の
火器で容易に行なわれた「鏖死」(みな殺し)が、朝鮮民族にたいする誤った優越感を決定的に
したのであった。近代的なライフル銃と小隊を単位とする組織力によって飛躍的な軍事技術(「一
人にて二三百人」)を獲得した日本の兵士が、民衆にたいする殺害を命令された場合、検討すべ
き問題があるが、そのような錯誤、狂気に陥るのは避けがたい。軍曹は「此の如き野蛮国」と朝
鮮を蔑視したが、その時の野蛮国は日本である。

　問題は、やはり、前節で検討したように一八九四年十月二十二日に、軍の「利益」(軍用
電線の守備)のために「朝鮮南部国民ノ感情」を害することははばからず、朝鮮民衆が多数加

入し、　朝鮮民衆の支持をあつめていた東学徒を「殲滅」することを命令した大本営と南部兵站監にある。とりわけ同二十七日に東学徒、即時「ことごとく殺戮」を命令した大本営にあるであろう。検討課題はこの方面でなお多いであろう。長州藩で、一八六六年の脱隊騒動において「雨降って地堅まる」「規律締まり」の絶好の機会として、「無趣意の雑兵」(反乱農民)を出身の郡で処刑したのは新政府の参議、一八七一年に暗殺された広沢真臣であった。一八六九年の脱隊騒動においても常備軍を率いて農民が多数参加していた反乱兵を弾圧し、　みせしめの処刑をしたのは参議、木戸孝允や井上馨らであった。

　東学徒にたいすることごとく「殺戮」作戦は、　日本の大本営が直接に指揮し、　伊藤博文の政府も、井上馨の日本公使館も一致して推し進めたことを検討した。問題の核心はこの大きな流れにあると考えられる。

まとめ

　以上の検討は日本軍の弾圧の解明としては、現在の段階では、最近の韓国の研究者と共同の防衛研究所図書館や外交史料館の全面的調査の成果を活用したものではないために、不十分なところが多くある。今後の検討にまつところが多いが、本稿で指摘した点をまとめておきたい。

　一八九四年十月に朝鮮兵站監に派遣された後備歩兵第一九大隊は、　大本営と朝鮮兵站監のなかで「東学党討滅隊」または「東学党討伐隊」と呼ばれていた。朝鮮の兵站部は広島大本営の直轄で、　日清戦争の軍事面を指導した参謀次長兼兵站総監川上操六の命令下にあったのであり、同大隊は大本営に直轄された仁川兵站司令部の指揮下に入ったのである。伊藤祐義仁川兵站監の同大隊出軍にあたっての訓令は、　東学農民軍にたいする処罪指針として三点を命令していた。東学指導者については、捕縛してソウルの日本公使館に送致することを命令していた。尋問して朝鮮政府との連携や、指導者相互の連絡などを取り調べるためであった。東学農民軍をあますところなく弾圧するためであり、寛大なあるいは「文明的」な処罪を示すものではなかった。帰順した「脅従者」にたいしては、寛大な対処を命令していた。この対処は、指導者以外の農民軍参加者一般にたいして、訓令が寛大な処罪を命令していたのであれば、東学農民軍にたいして日本軍がある程度の寛容な対処をしたと評価できる。しかし日本軍のいう「脅従者」は、そのような農民軍参加者一般をさすものではないのであって、当時の現地の日本軍の対処を検討したように、日本軍は東学徒と「脅従者」(強制された参加者)というように区別していたのである。訓令は東学徒にたいしてことごとく処刑(殺害)を命令するものであった。東学徒は東学徒であるだけで例外なく処刑の対象になった。後備歩兵第一九大隊が「東学党討滅隊」または「東学党討伐隊」と呼ばれたのはそのような日本軍の指針によるのであって、文字どおりの

「討滅隊」「討伐隊」であった。

現地の指揮官が証言していたように、 実際の局面では東学徒が農民の支持を得ており、「普ク良民ト混合シ」(南後備歩兵第一九大隊長)、 また農民が「恋心常ナク直ニ賊(東学農民軍)ニ雷同附会シ」(山村後備歩兵第六連隊第六中隊長)たために、「判別 … 最モ困難セシ」(南大隊長)「識別ナキニ困ム」(山村中隊長)のであって、 東学徒と一般農民の正確な判別は不可能であった。 事例をあげたように一般参加農民に激甚な被害が出たのである。 当時、 流民がおびただしい状況のなかで、 東学には多数の農民が加入した。 日本軍兵站司令部守備隊の隊長(軍曹)は「集会」する「東学党奴人」を「見当たり次第銃殺しめ居候」と報じていた。 それが現地の弾圧の実情であった。 こうして広島大本営の直接の命令と朝鮮現地の兵站司令部の訓令(作戦指揮)、 すなわち東学徒をことごとく殺害する日本軍の処罪指針は、 朝鮮農民に数十万人の死傷者、 五万人の死者(趙景達)という激甚な被害を与えたのである。

朝鮮兵站監は、 九月下旬以降、広島大本営の直轄下にあった。 朝鮮の兵站線を保守する朝鮮の南部兵站監は、 軍用電線が切断されるなどの朝鮮民衆の抗日運動にたいして、 朝鮮民衆を殺害し、 その場に掲示を出して見せしめにするなどの弾圧をしていた。 これに対抗して東学農民軍が日本の兵站を攻撃する意図があることを察知した仁川の南部兵站監(十月末に兵站監は北上し,兵站司令部に格下げ)、 十月二十三日,広島大本営が東学徒「殲滅」の部隊の派遣を承認し、 東学徒殺戮の指針がたてられた。 実際に、 東学農民軍が一兵站支部を部隊規模で攻撃した翌日の十月二十七日に報告を受けた広島大本営の川上操六は、 「殲滅」部隊の到着を待たず現時点から(「向後」)ことごとく「殺戮」開始するよう命令する 。 兵站司令部や兵站支部でこの命令はただちに実行された。 日本軍部は朝鮮兵站線を守るために東学徒「殺戮」作戦をたてて実行したが、 黄海海戦の戦勝によって黄海の制海権を得て人員と物資を平壌方面へ直送できるようになった日本軍にとって、 朝鮮の兵站線の主要な役割は軍用電信であった。 日清戦争の軍用電線を保守する目的で、 日本軍はことごとく「殺戮」を命令したのである。 日本軍部が推進した「殺戮」作戦を日本政府、外交部も承認した。

日本軍の後備歩兵第一九大隊長が維新期に、一八六九年の山口藩の諸隊脱隊暴動事件に弾圧側として関与していことを明らかにした。 脱退した反乱兵のなかに多数の農民が参加していたのであり、 木戸孝允や井上馨がこれを弾圧した。 多数の反乱農民は出身の郡(山口では宰判)で見せしめの処刑をされていた。 近世の百姓一揆にたいする弾圧をはるかに越える規模の民衆にたいする弾圧であった。 一八六六年の幕長戦争にものちの後備歩兵第一九大隊長が参加していたが、 その際も脱隊兵の暴動が長州藩(山口藩)側でおきており、 やはり前例のない農民にたいする見せしめの処刑が行なわれていた。 後備歩兵第一九大隊長は日本(長州藩)で民衆にたいするこのような処刑を経験していた。

甲午農民戦争の最終局面において、 九五年一月末の長興・康津の戦い以後、 東学農民

軍は朝鮮西南端に敗走し、追跡する日本軍は戦闘終息後においても約一ヶ月間にわたって農民軍にたいする捜索と処刑作戦を展開して朝鮮民衆に多大の被害を与えた。　日本軍指揮官の証言によれば農民軍は「撃破スレバ直ニ散シテ人民トナ」ったのであり、　また「一度ビ之ヲ襲撃セバ、恰モ暴風ノ後ノ如ク、其痕跡ナシ」であった。東学農民軍は全滅したとは言えないであろう。

※編輯者注
　ここでは、注を省略した。注を参考にしたい時は、田中彰編『近代日本の内と外』(吉川弘文館, 1999年)に載せられている井上勝生教授の論文を参照されたい。

남경대학살과 일본군의 中國侵略暴行에 관한 연구의 새로운 戰線

연구의 새로운 戰線
- 북경대학에서 거행된 중국학자의 토론회 -

牛大勇
북경대학 교수

일본 조야는 근래 침략전쟁 역사를 왜곡하고 말살하려는 일련의 새로운 동향을 보여 주고 있다 : 문부성의 종용아래 여러 출판사들이 교과서를 개정하는 기회를 이용하여 침략만행의 책임을 가볍게 기술하거나 심지어 부인하고 있다. 일본은 거액의 자금을 출자하여 미국에 2곳의 일본인전쟁수해기념관(日本人戰爭受害紀念館)을 건립하여 미국에 거주하는 중국인들의 거대한 반감을 불러일으켰다. 재미 중국인 조직은 현재 일본침화대재난기념관(日本侵華大災難紀念館)의 건립준비를 다방면으로 호소하여, 미국과 세계를 향해 중화민족은 "집단건망증(集體健忘症)"에 걸려 있지 않음과 일본은 전쟁의 가해자이고 중국과 아시아·태평양 각 국의 인민들이 진정한 전쟁의 피해자라는 사실을 알렸다. 일본 정부는 또한 수 백만 USD를 들여 2001년에 샌프란시스코 평화조약 체결 50주년 기념식을 준비하고 있다. 이 평화조약은 일본으로 하여금 다른 사람들의 약점과 단견(短見)을 이용하여 전쟁도발에 대해 응당히 져야하고 또한 진지하게 청산해야하는 책무를 너무나도 손쉽게 벗어던질 수 있게 하였다. 실제상으로 본다면 일부 전승국에 대한 패전국 일본이 승리한 것으로 일본이 크게 경축하고자 하는 것도 이상할 것이 없는 일이다.

국내외의 중국인 학자들은 이를 거울삼아, 2000년 9월 28일, 북경대학 역사계(北京大學 歷史係)에서 "항일전쟁(抗日戰爭)과 중일관계(中日關係) 연토회(研討會)"를 개최하였다. 베이징[北京]·타이완[臺灣]·난징[南京]·티앤진[天津]·미국(美國)·일본(日本) 등지에서 온 학자들과 전쟁을 몸소 경험해 본 사람 등 60여 명이 회의에 참가하였다. 미국의 일본침화학회(日本侵華學會)가 이번 회의를 준비하는데 협조하였다.

회의에 참석한 사람들은 항전사료(抗戰史料)와 사실(事實)의 보호유지(保護維持), 일본(日本)의 중국침략과 폭행에 대한 연구, 일본 우익의 창궐 등 문제에 대해 주목하여 이 3개 방면에 대한 토론을 전개하였다.

남경대학살[南京大屠殺]의 진상(眞相)과 그 역사적인 의의(意義)는 회의에 참석한 사람들이 모두 주목한 문제 가운데 하나였다. 많은 학자들이 이 방면에 대한 새로운 연구성과를 소개하였다.

침화일군남경대도살우난동포기념관(侵華日軍南京大屠殺遇難同胞紀念館)의 관장인 주청산[朱成山] 선생은 최근 5년간 새로 발견된 남경대학살[南京大屠殺]에 관한 증거를 소개하였다. 만인갱 유지(萬人坑 遺址)에서 발견된 증거 및 그 법의학적·역사적인 감정의 결과들부터 지금까지 남아 있는 탄피·포신·일기·생존자의 증언에 이르기까지 2000여 종에 이르는 새로 발견된 사료들은 다방면으로 남경대도살의 역사적 진실성을 증명해 주는 것이라고 소개하였다.

북경대학의 띵쩌친[丁則勤] 교수는 일본 황족과 남경대도살 사이의 직접적인 관계에 대해서 상세하게 분석하여 이 반인류적(反人類的)인 폭행의 책임이 어디에 있는지 예리하게 보여주었다. "당시 일본은 거국적으로 중국의 수도를 점령하게되면 중국이 멸망하게 될 것이라고 생각하고 있었다. 황족들은 이 같이 거대한 영예를 평민출신 사령관이 차지하게 해서는 안 된다고 생각하였다. 남경으로 진공하라는 명령이 내려진 다음 날, 천황은 자신의 숙부가 남경에 대한 주력공격군인 상해파견군(上海派遣軍) 사령관 직을 이어 받으라는 특명을 내렸다. 남경이 함락된 후, 이 황족은 말을 타고 시 중심가를 향해 입성하였는데, 황족의 안전을 보증하기 위해서는 이미 저항을 멈춘·무기를 버린·심지어 군복까지 벗은 중국 군인들을 철저하게 소멸하여야만 했다. 1937년 12월 13일, 남경의 함락으로부터 시작하여, 전투에 참가한 모든 일본군의 사단은 군복을 벗어버린 중국 군인을 소탕하는 일을 절대적인 명령으로 삼았다. 이 몇 일간의 학살이 가장 잔혹한 것이었지만, 황족문제로 인해 일본군의 다른 장성들은 감히 이 학살을 막을 수 있는 어떠한 조치도 취할 수 없었다. 더욱 홀시할 수 없는 것은, 중국으로 진공할 때 천황은 황족을 남경을 공격하고 주둔하며 학살을 진행하는 주무 사령관으로 임명하였으며, 황족이 일본군의 육군참모총장과 해군 군령부장을 담임하도록 하였었다. 그러나 미국에 대해서 전쟁을 시작할 때는 황족출신이 아닌 총장과 사령관으로 교체하였다. 이 같은 사실은 천황이 전쟁책임의 엄중성과 대미 결전의 패배 가능성을 충분히 인식하고 있었음을 보여주는 것이며, 또한 천황의 중화민족에 대한 깊은 멸시와 무력으로 중국을 멸망시키려는 결심이 컸음을 분명하게 표명하는 것이다"라고 주장하였다.

정 교수의 발언은 뜨거운 반응을 불러 일으켰다. 회의에 참석한 사람들은 일본의 천황제와 일본전통과 국민성 그리고 그것들과 남경대학살의 내재관계(內在關係)에 대해 토론하였다.

군사의학과학원(軍事醫學科學院)의 꿔청조우[郭成周] 연구원은 (이 문제를) 일본사의 각도에서 분석하였는데, "일본은 천황이 세계의 주재자(主宰者)라고 계속하여 선양(宣揚)하여, 황실관(皇室觀)과 천황에 대한 절대복종을 후대에 주입시켜 왔다. 천황의 명령에만 복종한다면, 선이든지 악이든지를 불문하고 모두 범죄가 되지 않으며, 죽은 후에도 승천할 수 있고, 자신과 후손들은 조정의 숭배를 받으며, 자손은 장차 신사(神社)의 회원이 되는 특권을 누리게 된다. 바로 이와 같기 때문에 그들은 사망에 대해서 편집병적(偏執病的)인 광기(狂氣)와 두려워함이 없는 상태가 되었다"고 발표하였다.

중국사회과학원(中國社會科學院) 근대사연구소(近代史硏究所)의 장보평[章伯鋒] 선생은 일본군인 집단적인 이와 같은 잔악함은 전쟁에서 나타나는 일반적인 보복심리만으로 설명할 수 없는 것이라고 하였다. 그에 의하면 "장기간동안의 사상적인 훈도가 없었다면 이와 같이 잔악하기는 불가능하다는 것이다. 일본은 그 근대화 과정에서 사회의 주류의식이 이미 군국화(軍國化)되었고, 국민들은 어려서부터 군국주의의 훈도를 받았을 뿐 아니라 군국주의의 수익자(受益者)였던 것이다. 일본의 근대는 대외침략으로 일관하였으며 이익을 취하기 위한 행동을 계속해 왔는데, 중국을 그 대상으로 하였다. 매번의 전쟁에서 그들은 달콤한 열매를 얻었었기 때문에 전쟁을 미친 듯이 지지하게 되었고, 천황을 절대적으로 지지하여 (침략전쟁을) 성전(聖戰)이라고 보아 왔다. 지금도 그들은 계속하여 천황은 신의 선택이라고 생각하고 있다. 약육강식을 생존의 법칙으로 보아서 사람과 사람의 상호 친선이라는 제일 중요한 감정을 상실하였다. 하나의 민족으로서 일본은 침략전쟁에 대해서 심각한 반성이 없었다"는 것이다.

군사과학원(軍事科學院)의 뤄환장[羅煥章] 선생은 『일본우익(日本右翼)과 정계요인은 왜 남경대학살(南京大屠殺)을 부정하려고 하는가』라는 보고에서 "남경대학살[南京大屠殺]은 그 규모에서 전례가 없는 것으로 독일의 유태인에 대한 학살을 능가하는 것이다. 일본군은 중국의 수도에서 6주 동안에 30여 만명을 도살하고 대량의 가옥을 파괴하였으며, 10여 만 명의 부녀자들을 유린하고 창고와 재물을 약탈하였다. 이 것은 세계적으로 유례가 없는 잔혹행위(殘酷行爲)였다"고 지적하였다.

남경대학살과 비슷한 일본군의 중국에 있어서의 만행들은 일본 군인이 중국침략전쟁 중 인권을 짓밟고 백성을 도탄에 빠뜨리고 중국인을 함부로 죽인 일들을 증명하는 것으로써, 남경대학살은 결코 고립적인 것이 아니며, 결코 우연히 발생한 일이 아닌 것이다.

중국사회과학원(中國社會科學院) 근대사연구소의 쥐즈펀〔居之芬〕 부연구원은 수 년 동안 전시에 일본이 중국인을 강제로 동원하여 노예와 같이 사역시켰던 것과 관련된 사료를 수집하고 연구하여 왔다. 그녀의 고증에 근거해 살펴보면, "1935년부터 1945년 8월까지 일본은 중국에서 1,500백 만 명 정도를 강제로 노역에 종사시켰다. 그 중에서 동북지역에서 사역에 강제로 동원된 사람이 약 1,000만명이며, 1941년 이후 화북지역에서 강제로 동원된 경우가 약 300만 명, 1941년부터 42년까지 화북에서 대략 수십 만 명이 노역을 당하였고, 화중(華中)과 화남(華南)에서 상하이〔上海〕로 옮겨 진 노동력이 약 10만, 상하이와 광산 및 철도노동자로 동원된 사람이 약 150만에 이른다"고 한다. 회의에 참석한 사람들은 모두 그녀의 고증이 매우 정밀하고 자세하다고 인정하였다.

천핑〔陳平〕 연구원은 그가 몸소 견문하였던 바와 다년간의 연구에 근거하여 일본이 침화전쟁(侵華戰爭) 동안 만들었던 "무인구역(無人區域)"의 정황에 대해서 발표하였다. 꿔청조우〔郭成周〕 교수는 보고 중에 새로 발견된 증거와 통계숫자들을 대량으로 인용하여 의학의 각도에서 세균전에 대한 각종 범죄행위를 밝혔다.

항일유격대원 출신의 빠이징판〔白競凡〕 여사는 그녀의 항전 경력을 발표하였는데, 일본정부가 종종의 침략범죄에 대해 승인하지도, 청산하지도 않는 것에 대해 깊은 분노를 표시하였다. 또한 작은 힘이라도 보태기 위해서라고 하면서 십여 년 간 수집해 온 기중(冀中, 하북성 중부)지역의 항일사료와 약간의 양로금을 기념관건립준비위원회에 기증하였다. 그녀는 "우리는 비록 가난하지만 한푼의 정성이라도 보탠다면 의기를 얻을 수 있다"고 간절한 심정으로 말하였다.

회의 참석자들 '전후 중국은 여러 가지 정치적인 원인에 의해 일본의 침략 범죄를 조사하고 청산할 시기를 잃었으며, 심지어 전쟁에 대한 역사적 사료 들과 진실들을 모아서 보호할 수 있는 제일 좋은 시기를 상실하였는데, 실로 안타까운 일이고 마땅히 반성해야 한다. 만약에 지금이라도 서둘러 사료들과 진실들을 보호하지 않는다면 자손 대대로 우리를 용서하지 않을 것이라'고 일 치하여 생각하였다.

일본 우익세력의 창궐문제 또한 중국학자의 엄중한 관심을 불러 일으켰다. 외교학회(外交學會)의 티앤페이량[田培良] 선생은 금년 1월 일본 대판(大 阪)에서 일본 우익단체의 집회를 목격하였고 아울러 교섭에 참가하였었다. 대판(大阪) 우익집회라는 것의 목적과 책략을 소개하였고, 사건이 발생한 지 점인 대판국제화평중심(大阪國際和平中心)은 일본정부가 평화를 보호하기 위 해 출자하여 건설한 곳이라고 선전하는 곳이라고 소개하였다.

주청산[朱成山]은 일본 우익세력의 다섯 가지 새로운 동향에 대해서 계통 적으로 분석하였다 : "개별적이고 추상적인 부정에서 전체적이고 구체적인 부 정으로 돌아섰으며, 이른바 학술연구라는 한 종류의 경로에서 사회활동이라 는 영향이 확대된 다수의 경로로 전환하였으며, 우익 학자의 개인 행위에서 조직적이고 계획적인 행동으로 변하였으며, 기세 흉흉한 전후 정치에 대한 총결산 책략에서 보통(普通)의 정치(政治, 아마도 일반적인 정치전반을 가리 키는 듯)에 대한 요구라는 은폐전략으로 전환하였으며, 소수인에서 변하여 각 계층으로 조직된 다수의 사회조직으로 변하였다. 이와 같이 된 이유로는 역사적인 요소·현실적인 요소·정치경제적인 요소·전통문화적인 요소 등 이 있으며, 그밖에도 국내적인 요소와 냉전이 끝난 후의 국제적인 요소도 있 다. 그 중 현실요소는 3가지인데 : 국내 의회 내 보수정치세력의 발전은 우 익세력을 두드러지게 강화시켰다 ; 일본의 사회와 법률이 우익단체의 활동을 용인(容忍)함을써 평화를 주장하는 단체의 역량을 약화시켰다 ; 일본 내에 대국주의 경향이 대두하게 되었다"는 것이다.

저명한 항전시기 연구가인 리량쯔[李良志]은 일본의 우익은 근래에 일본의 정국을 좌우하는 중요한 역량이 되었다고 말하였다. "우익에 속한 사람의 수효는 많지 않지만, 그들은 대부분이 사회적인 지도층이고 많은 수가 내각의 각원으로 참여하고 있으며, 심지어 수상을 맡고 있기도 하다. 그들의 동향은 일본의 대외정책을 나타내는 기압계와 같다. 일본 정부가 할 수 없는 말은 그들에 의해 발표되어 국민들에게 영향을 주고, (이렇게 형성된) 여론을 빌미로 하여 국가의 정책이 되고는 한다. 이 것은 틀림없는 사실이다. 이와 같은 현상이 발생하는 근본적인 원인은 일본의 황실관(皇室觀) 때문이고, 군국주의 사관 때문이며, 민족우월관(民族優越觀)과 대동아사관(大東亞史觀) 때문이다"고 주장하였다. 이 교수는 "전후에 아시아의 피침략 국가들이 단결하여 미국의 비호와 종용에 반대하지 못하였고, 따라서 적시에 일본의 우익을 소탕하지 못했다"고 생각한다. 따라서 "중국은 일본과 국교를 맺을 때의 실수에 대해 반성하여야 한다. 일본에 대한 여론동향이 매우 중요한데, 전략적인 고려를 빼뜨려서는 안 된다. 여론은 사료를 수집하고 보호하는 것, 그리고 범죄행위와 배상문제를 추궁하는 것에 관해 주목하고 있지 않다. 띠아위따오[釣魚島] 문제에 대해 용인하는 듯한 여지를 주고 투쟁력도 부족하였다. 신문 등에서 일본의 우익책동을 폭로하는 기사를 많이 다루지 않고 있는데, 대륙의 여론은 이 방면에 있어서 홍콩의 신문들만도 못하다"고 비판하였다.

회의에 참석한 사람들은 모두 일본의 책략이 침략사실을 부정하는 것인데도 우리의 이에 대한 대응이 충분하지 않다고 생각하였다. 다음으로, 일본은 일련의 사관(史觀)과 이론(理論)을 만들었는데, 우리의 이론성(理論性)은 이보다 부족하여, 정치적인 비판은 습관적으로 진행하지만 개개의 사실에는 도리어 주의하지 않고 있으며, 도리를 말하지 않고 있다.

수도사범대학(首都師範大學)의 쉬란[徐藍] 교수는 독일의 우익세력도 역시 대두하였는데, 우익의 부활은 90년대에 발생하였으며, 우리는 국제적인 대배경(大背景)에 이를 포함하여 연구하였다고 지적하였다. 미국의 일본침화 연구학회(日本侵華硏究學會) 회장인 주룽떠[朱永德] 교수는 당초에 냉전적인 국제상황 아래에서 미국은 일본을 안정시키기 위해 일본에 대한 배상(賠償)의 과정을 중지시켰으며, 일본을 반공기지(反共基地)로 양성하였고, 미국 내에서 일본군의 폭행 만행을 드러내는 사료들을 발표하는 것을 그 정부가 제한하였던 과정을 요점에 따라 설명하였다. 일본에 유학하고 있는 왕쉬앤[王選]은 절강(浙江)지역을 중심으로 한 일본의 세균전 피해자들의 손해배상 소송에 대한 정황을 소개하였다. 소송과정에서 근 이백여명에 달하는 일본인 변호사들의 지지를 얻었는데, 그 중에서 적지 않은 변호사들이 자원하여 중국인을 변호하였다. 또한 해외에 거주하는 화교들 또한 소송의 진행에 커다란 도움을 주었다. 그녀는 "세균전 피해자들의 배상 소송은 하나의 역사 사건으로 대할 것이 아니라, 인도주의와 인권문제에서 접근하여야 하는 것이며, 시기를 잃으면 증거를 제시하기 날로 어려워지게 되므로, 학자들이 앉아서 말만 할 것이 아니라, 반드시 일어나 행동으로 증거를 찾고, 배상을 받도록 함께 노력해야 한다"고 지적하였다.

중국사회과학원(中國社會科學院)의 우광이[吳廣義] 선생은 "대일배상청구(對日賠償請求) 문제를 중국의 외교전략에 포함시켜야 하고, 관련 정책 중의 해당 사항들을 조정하여 국가와 개인 두 방면 모두의 태도를 분명하게 하여야 하며, 독가스 사용에 대한 배상과 우편저축에 대한 이자와 원금의 반환 문제, 그리고 약탈당한 문화재의 반환 문제에 대해서는 국가가 주체가 되어서 나서야 하고, 개인의 배상문제 또한 국가에서 지원하여야 한다. 동시에 일본의 진보적인 단체와 재야당파, 그리고 정의감이 있는 전문학자 및 우호적인 인사들과의 유대관계를 강화하고, 일본 내 진보세력의 발전을 지지하여야 한다. 또한 해외 거주 화교들을 적극적으로 지원하여 사실(史實)을 보호하고 피해를 입은 중국인의 권익을 보호해야 한다"고 주장하였다.

주청산[朱成山]은 전문적인 연구기관을 만들어서 일본 우익의 활동을 연구하고 일본 우익의 전략에 전면적으로 반대하는 계획을 제정하여 피동적으로 반응하는 수세국면을 전환하자고 제의하였다. 또한 일본 우익에 대한 경계와 성토를 계속 진행하고 법률과 외교적인 수단을 동원하여 압력을 행사하자고 제의하였다. 그리고 일본 내 평화단체의 우호적인 활동을 광범위하게 지지하고 국제적인 반전기구의 지지를 얻어서 반파시스트[反法西斯]·반군국주의(反軍國主義)의 국제전선을 결성하자고 주장하였다.

회의에 참석한 사람들은 일본 우익문제에 대해서 결렬하게 논쟁하였다. 일본침화연구학회(日本侵華研究學會)의 우티앤웨이[吳天威] 교수는 "우익(右翼)"이라는 개념을 사용하는 것에 반대하였는데, 그는 "일본의 조야와 정부의 우세한 세력들은 모두 침략전쟁의 죄악을 부정하고 있다는 것이 국제적인 여론이며, 이 방면에 있어서 좌우의 구분이라는 것은 없다는 사실을 분명히 알아야 한다"고 주장하였다. 이어서 그는 "중국이 만약에 강대해지지 않는다면, 조만간에 다시 한번 일본의 침략을 받게 될 것이 분명하고, 우리는 이에 대해 경계해야 한다. 전쟁범죄문제에 있어서의 일본과의 투쟁은 반드시 장기간이 필요할 것이지만, 피할 수는 없는 문제인 것이다. 일본에 대한 타협은 '호랑이와 타협하여 그 가죽을 얻으려는 것'과 마찬가지이다. 투쟁을 하는 입장은 단호하고 강경한 것이어야 하며, 오직 사회 전체의 투쟁이어야 한다. 순수한 학문적인 투쟁만으로는 일본인의 마음을 열 수 없다"고 주장하였다.

일부 학자들은 "일본 우익의 역량이 얼마나 큰가 하는 문제는 별도의 문제로써, 전체 일본 민족이 모두 잔인하다고 여기는 것은 적당하지 않다"고 주장하였다. 일본 우익에 대한 투쟁이 중일관계 중에서 어떤 지위에 있는지에 대해 전면적으로 신중히 고려해 보아야 하며, 중요한 것은 역사적인 사실을 분명히 밝히도록 연구하고, 그 사실을 가지고 양국의 청소년들을 교육하는 것이라는 주장이었다. 북경사범대학(北京師範大學)의 양닝이[楊寧一] 부교수는 "일본 군국주의의 만행에 대해서는 반드시 연구하고 추궁하여야 한다. 그러나 전쟁 두목과 일반 국민의 관계는 정확하게 구분하여야 한다. 다수의 일본 인민들 또한 피해자이기 때문이다"라고 지적하였다. 북경사범대학(北京師範大學)의 왕휘린[王檜林] 교수는 편협된 민족주의의 맹목적성을 바로 보아야 한다고 사람들을 일깨웠다. "일본민족은 수 천년의 고유한 문화와 역사가 있으며, 중일관계 또한 모두 어두운 것만은 아니었다. 일본이 얼마나 많은 중국의 전통문화를 계승하고 발전시켰었는가? 청말(淸末) 이래로 얼마나 많은 중국인이 일본에 가서 유학을 하였었는가? 일본으로부터 얼마나 많은 신사상(新思想)들이 전래되어 들어 왔었나? 이 방면들에 대해서 연구를 강화하여야 한다. 우리가 일본에 대해서 많은 사람들이 말하고는 하는데, 반드시 마음을 평안히 하고 좋은 말투로 말해야 한다. 일본인을 향해 일본이 과거에 어떻게 침략전쟁을 일으켰고 아시아 각국의 인민들에게 어떠한 구체적인 상해를 입혔으며, 일본인민들에게는 어떤 피해를 가져 왔었는지를 분명하게 말해 주어야 한다. 일본의 침략죄행을 폭로하는 것 외에도 우리는 아직도 많은 문제들에 대해 개척하여야 한다. 중일관계라는 측면을 고려할 때, 이것들 또한 매우 중요한 기본적인 문제인 것이다"라고 주장하였다.

사회과학원 근대사연구소의 청예잉[曾業英] 연구원은 "大, 深, 實"이라는 단어를 써서 일본 침화사(侵華史) 연구 중의 문제들에 대해서 개괄하였다. 즉 연구의 영역을 확대하여야 하는데, "과거에 우리는 정치적인 문제에 대해 주목하였고, 근래에는 일본의 폭행과 경제적인 약탈, 그리고 문화적인 노역(奴役)에 대해 주목하고 있다. 지금부터는 일본군 점령구역의 농민의 이주문제, 일본 개척단이 와서 일본의 토지와 경제를 유린한 문제 등으로 시각을 넓혀야 한다. 구체적인 문제에 대한 실증적인 연구를 강화하여 공론이 되지 않게 하여야 하는 것이다"라고 주장하였다.

이번 회의에서 항전사(抗戰史) 연구의 영역에 대해 새로운 분야를 개척하기도 하였다. 쉬웅웨이[熊瑋] 교수는 1931년부터 1945년까지 중국에서 만들어 진 각종 가곡(歌曲)들을 이용하여 항전의 역사를 연구하였는데, 저 14년간의 가사(歌詞)들 중에는 일본인에 의한 중국인의 피살과 학대의 정황들이 반영된 것이 많이 있어서 항일정신을 고취시켰다고 한다. 일부 학자들은 또한 불교·기독교·도교 등 종교계의 항일활동에 대한 최신 연구 성과를 소개하였다.

총체적으로 보아서, 항일전쟁과 중일관계를 연구할 때 감정적인 요소를 역사의 바깥 영역에 놓아두기가 어려우며, 다른 한편으로 사람들은 역사적(歷史的) 이성(理性)에 대한 분석을 추구한다는 것이다. 이번 회의는 참가자들이 역사에 대한 연구활동에 있어서 그리고 경험상에 있어서도 역사적인 진실을 중시하고 찾고자 노력하고있다는 것을 알게 된 자리였다.

2000년 여름 이래로 세계 각국의 매체들은 일본의 여러 출판사들이 중학교용 새 역사교과서를 편찬하는 중에 7곳 출판사의 교과서가 일본이 침략전쟁을 시작한 것에 관해 혹은 숨기고 혹은 사실과 다르게 묘사하고 있는 것에 관해 연일 폭로하고 있다. 이 문제는 중국 역사학계의 고도의 주목을 받았다. 2001년 1월 15일, 뻬이징과 랴오닝, 상하이, 티앤진 등지에서 온 학자들 20여 명이 북경대학에서 연토회(硏討會)를 거행하여 일본의 침략만행(侵華蠻行)과 최근의 교과서문제(敎科書問題)에 대해서 전문적으로 연구하였다.

회의 참석자들은 일본 2002년도 신판 교과서의 심사용 원고본은 많은 사실과 전쟁책임을 감추거나 회피하고 있는데, 이전의 교과서와 비교하여 더욱 명백한 역사적 퇴보를 보여주고 있다고 일치하여 인식하였다.

흑룡강성 사회과학원(黑龍江省 社會科學院)의 연구원인 써핑[步平]은 "2002년판 심사용 교과서와 1997년판 교과서는 큰 차이가 존재하는데, 그

차이는 일본의 아시아 각국에 대한 침략, 특히 중국에 대한 침략을 기술하는
방법에 있다"고 지적하였다. 예를 들어서, "위안부(慰安婦)・남경대학살(南京
大屠殺)・731세균전부대(細菌戰部隊) 등에 대해서는 언급하지 않고 회피하
거나 가볍게 서술하여 기본적인 사실조차 존재하였는지 의문이 가게 하거나
심지어는 이 같은 일이 발생하였는지 조차 알 수 없게 서술하고 있다. 또한
'침략'이라는 단어는 아예 삭제하였다. 교과서 상에서의 퇴보는 근래 일본의
정치와 밀접한 관계를 갖고 있는데, 90년대 이래의 일본 사회의 우경화의 결
과이며, 전쟁 책임에 대한 인식이 퇴보하였음을 표명하고 있는 것이다. 이
같은 현상은 이후의 중일관계에 영향이 미칠 것이므로 중시하여야 하는 것이
다"라고 지적하였다.

요녕대학(遼寧大學) 일본연구소(日本硏究所)의 류이[劉毅] 교수는 "교과
서의 수정은 일본이 침략을 부정하고 전쟁을 미화하려고 하는데 있어서의 중
요한 순서로서, 이 문제의 배경에 대해 냉정히 분석할 필요가 있다"고 지적하
였다. "이 것은 명치유신이래 일본 황민화 교육의 결과이다. 일본의 정신구조
와 문화적인 특징으로 볼 때, 1195년 제1차 막부정권 수립이래 무사의 가치
관념이 모든 국민의 가치관념이 되어 일본을 우익사조를 배양하고 번성하게
하는 옥토가 되게 하였다. 교과서 문제 또한 냉전의 후유증으로 미국이 전후
에 일본 군국주의의 죄악을 철저하게 청산하지 않았기 때문에 후일에 우익사
조가 범람하게 되는 결과를 가져오게 되었다. 그리고 전후 일본 경제의 기적
과도 같은 발전 또한 일본에서 극단적인 민족주의 경향이 나타나는 현상을
불러오게 되었다"고 지적하였다.

동북사범대학(東北師範大學) 역사과(歷史係)의 주환(朱寰)은 "교과서문제
는 우연히 발생한 것이 아니라, 국제적인 조류와 일본의 조류가 만나 결합된
결과로서, 미・일・중 삼각관계라는 각도에서 인식하여야 하고, '보이지 않
는 미국의 손'이 일으키는 작용을 직시해야 한다"고 주장하였다. 그는 일본의

'자유주의 사관(自由主義 史觀)'은 침략문제에 대해서 '황국사관(皇國史觀)'과 크게 구분되지 않으며, 자유주의의 외투를 입은 '황국사관(皇國史觀)'이라고 지적하였다.

교과서 수정문제는 일본 우익세력이 부단히 창궐한 것의 결과이다. 따라서 일본 우익세력에 대한 각종 분석은 중국학자들의 열렬한 토론 주제 가운데 하나였다.

어떤 사람은 지적하기를 일본 우익의 구조는 "정·관·재·학·언론매체"의 오위일체라고 지적하였다. 정계에 있어서 일본정부는 우익세력의 중요한 기초이고 : 관계에 있어서 일본의 직업관료들이 교과서 수정의 실질적인 조종자들이다 : 재계에 있어서 일본 우익 단체들은 모두 대재벌 대기업의 지지를 받고 있다 : 학계에 있어서 90년대 이후의 일본 지식계에는 엄중한 우익 경향이 나타났다 : 언론매체에서는 대량의 우익 서적과 잡지들이 출판되고 방송되고 있다. 일본 우익은 칠, 팔십 년대부터 시작하여 그 활동이 더욱 활발해져 왔으며, 전쟁을 부인하고 침략을 미화하는 정도가 날로 높아져 왔다.

남개대학(南開大學) 교수인 웨이홍운[魏宏運]은 "일본에서 우익에 반대하는 역량 또한 매우 큰데, 이 같은 단결의 대상을 비판의 대상으로 삼는 것에 주의하여야 한다. 일본의 침략역사를 더 많은 일본인이 알게 하기 위해서 중국의 학자들은 일본의 좌익학자들과 연합하여 20세기의 더 많은 역사문제를 연구해야 한다"고 주장하였다.

회의석상에서 많은 학자들은 교과서수정문제와 일본 우익세력에 대해서 비판을 할 때, 중국학자들이 져야하는 책임에 대해서 말하였다.

상해사범대학(上海師範大學) 역사계(歷史係)의 쑤쯔량[蘇智良] 교수는 "국제 법학계를 재촉하여 국제법정을 조직하고, 여기에서 일본 군인이 제이차 세계대전 중에 저지른 범죄에 대해서 심판을 하게 하여야 한다. 그리고 일본이 전쟁 책임을 승인하기 이전에는 그 나라가 국제연합(國際聯合) 안보리 상임이사국(常任理事國)이 되는 문제에 대해서 다시는 거론하지 말자"고 건의하였다. 그리고 외교상으로 일본의 우익과 장기간에 걸친 투쟁계획을 세우자고 주장하였다.

북경사범대학(北京師範大學)의 양닝이[楊寧一] 부교수는 "사태의 긴박성을 충분히 인식하여야 한다"고 말하였다. 중국현대사학회(中國現代史學會) · 일본사학회(日本史學會) · 항일전쟁사학회(抗日戰爭史學會)는 민간학술단체의 자격으로 성명을 발표하는데, 일본의 우파를 성토하는 태도를 취하지 말고 좌파를 지지하는 태도를 취하여 (일본)외무성(外務省)이 문부성(文部省)을 견제하는 것을 측면에서 지원하자고 건의하였다. 중국이 일본 우익을 비판하는데 있어서 조직성을 결여하고 있는 것에 대해 그는 국내의 학자들이 분야를 나누어 교과서에서 제출하고 있는 문제들을 연구하자고 주장하였다. 동시에 중 · 일의 학자들이 포함된 동아시아의 학자들이 연합회를 만들어서 일본의 좌익학자들과 연합하여 공동으로 우익에 대한 투쟁을 진행하자고 주장하였다. 끝으로 그는 중국 정부는 일본 재계에 압력을 가하여 경향을 달리하는 재벌기업에 대해서는 구별하여 대우하라고 호소하였다.

중국사회과학원(中國社會科學院) 세계역사연구소(世界歷史研究所) 연구원인 탕쭝난[湯重南]은 "일방면으로는 전면적이고 정확하게 일본의 형세를 판단하여야 하는데, 일본 우익의 역량을 너무 확대해서 평가하지 말고 일본 내에 존재하는 평화민주역량에 주목해야 한다 : 다른 방면으로는 일본의 교과서수정문제의 엄중성을 충분히 고려하여 이에 충분히 회답하는 것은 반듯이 필요하다"고 말하였다. 중국의 역사학자들은 이 문제에 있어서 당연히 취해야 할 행동이 있고, 당연히 취하지 말아야할 행동이 있다고 그는 주장하였다. 그는 "개별사안에 대한 연구와 기초연구를 결합하여 일본에 대한 연구를 강화하여야 하고, 주동적인 입장을 택하여야 하며, 피동적으로 대응하는 태도를 취해서는 안 된다. 우익에 반대함과 동시에 좌익에 대해서는 유력하고도 실제적인 지지를 표시하여야 한다"고 말하였다. 또한 중국의 법정이 중국인 피해자들의 기소를 도맡아서 국제법을 이용하여 한 걸음씩 일본 침략전쟁이 전후에 남겨 둔 문제들을 해결해야 한다고 주장하였다. 출판계에서는 일본의 중국침략에 관련된 자료들을 일본어와 기타 외국어로 번역·출판하여 일본과 전세계의 더 많은 관심을 불러 일으켜야 한다. 그리고 전국의 연구성과들을 종합하여 구체적인 문제들에 대해 전문적인 연토회(研討會)를 개최해야 한다고 주장하였다.

북경대학(北京大學) 외국어학원(外國語學院)의 교수 류진차이[劉金才]는 "일본의 문화에 대한 연구를 강화하여 중국의 독자적인 대일관(對日觀)을 만들어야 한다. 또한 일본의 민족심리에 대한 연구를 강화해야 한다. 동시에 전쟁과 문명의 관계에 대한 연구방법을 동원하여 중일전쟁을 연구해야 한다"고 주장하였다.

중국사회과학원(中國社會科學院) 근대사연구소(近代史研究所)의 연구원인 쨩쩐쿤[張振鵾]은 "일본이 교과서를 수정한 것은 현재의 국민에 대한 교육과 미래의 국민에 대한 교육을 결합한 것이므로, 이 문제는 장기화될 것이다. 표면적으로 본다면 교과서수정문제는 역사인식의 문제이지만, 실제적으로는 다시 한번 대외적으로 침략전쟁을 감행할 수 있는 요소를 잉태하는 것으로, 고도로 경계해야 하는 문제인 것이다. 중국의 역사학자들은 이에 대해 폭로하고 질책해야 하는 책임을 지고 있다. 일본사(日本史)와 일본침화사(日本侵華史)에 대한 연구를 강화하여야 한다. 그리고 동시에 정부의 지원을 얻어 연구성과를 널리 보급할 수 있도록 노력하여야 한다"고 주장하였다.

회의 상에서 일부 학자들은 세균전과 위안부문제, 그리고 화학전 등 문제에 대해 발표하였다. 중국위안부연구중심(中國慰安婦研究中心)의 쑤쯔량[蘇智良] 주임은 "위안부문제는 일본이 선전하고 있는 바와 같이 상업적인 행위

가 아니었으며, 대량의 증거가 위안부문제가 (일본)정부와 군대와 깊은 관계
가 있음을 증명해 주고 있다. 2000년도에 동경에 열린 국제전범법정(國際戰
犯法庭)에서는 심리를 통하여 쇼와[昭和]천황과 일본정부는 위안부정책을
실행한 것에 대해 책임을 져야 한다고 판정하였다. 상해에 있는 위안부연구
중심(慰安婦硏究中心)은 많은 노력을 하여 이미 대륙에서만 57명의 피해자를
발굴하였다. 그러나 사회적인 압력 등 각종 원인에 의해 증언을 제공하려고
하지 않는 피해자들은 이 숫자를 훨씬 초과할 것이다"라고 말하였다. 그는 중
국에서 일본군에 의해 강제로 성적 노예가 된 사람은 최소한 20만명 이상이
된다고 말하였다. 그런데 증언자들이 노령으로 계속 죽어가므로, 위안부문제
는 증거를 찾을 수 있는 마지막 기회에 이미 처해 있다고 말하였다.

군사의학과학원(軍事醫學科學院) 교수인 꿔청쪼우[郭成周]는 10여 년 동
안 전국 각지에서 그가 세균전에 대해 진행한 조사의 상황을 소개하면서 일
본이 진행하였던 세균전의 역사에 대해 회고하였다. 그는 "일본이 중국에서
벌인 세균전은 역사상 규모가 제일 크고 제일 잔혹하며 살상이 제일 많았던
것으로, 중국에 대해 거대한 위험을 조성하였다"고 지적하였다.

써핑[步平]은 대량의 사진과 영상자료를 가지고 일본이 패전 후 버려 두
고 간 대량의 화학무기에 대해 소개하였다. 그는 "이 무기들로 인해 중국의
환경과 인민의 건강은 극도로 큰 피해를 받았다"고 지적하였다.

회의에 참석한 사람들은 이 밖에도 만주국문제(滿洲國問題)에 대해 토론
을 하였다. 그리고 참가자들은 일치하여 연구성과를 사회적인 성과로 바꾸기
를 희망하였고, 사회가 일본의 침략역사와 우경화 문제에 대해 더욱 깊이 있
게 이해하기를 희망하였다.

南京大屠杀与日军侵华暴行研究的新前沿
中国学者在北京大学进行的研讨

牛大勇(北京大学历史学系教授)

日本朝野近年来有一系列歪曲和抹杀侵略战争历史罪行的新动向：多家出版社在文部省的纵容下，借修订教科书之机，淡化甚至抵赖侵略罪责。日本出巨资在美国兴建了两处日本人战争受害纪念馆，引起居美华人的极大反感。华人组织正在多方呼吁筹建日本侵华浩劫纪念馆，以向美国和世界表明，中华民族没有"集体健忘症"，日本是战争加害者，中国和亚太各国人民才是真正的战争受害者。日本政府还不惜耗费几百万美元，筹备在2001年庆祝旧金山和约签定五十周年。 这个和约使日本利用别人的软弱和短视，轻易逃脱了对战争罪责的认真清算，实际上是战败国对某些战胜国的战胜，难怪日本要大庆特庆。

海内外中国学者有鉴于此，于2000年9月28日在北京大学历史学系召开抗日战争与中日关系研讨会。来自北京、台湾、南京、天津、和美国、日本等地的学者和战争亲历者60余人参加了会议。美国的日本侵华研究学会协助筹办了这次会议。

与会者着重从抗战史料与史实的维护、 日本侵略暴行研究和日本右翼的猖獗等三个方面展开了讨论。

南京大屠杀的事实真相和历史意义，是与会者最为关注的问题之一。 许多学者介绍了自己在这方面研究的新进展。

侵华日军南京大屠杀遇难同胞纪念馆馆长朱成山先生介绍了五年来新发现的南京大屠杀的证据。从万人坑遗址发掘及其法医学、历史学的鉴定、到遗留至今的弹壳、炮身、日记、幸存者证言等等，2000多件新发现的史料，多方面证实南京大屠杀的历史真实性。

北京大学丁则勤教授在会上详细分析了日本皇族和南京大屠杀之间的直接关系，尖锐揭示了那场反人类暴行的罪责何在。 当时日本举国上下都认为占领中国的首都，就是灭亡了中国。 皇族认为这种巨大荣誉，不能让平民司令官获得。在发布进攻南京命令的第二天，天皇特命自己的叔父接任主攻南京的上海派遣军司令官。攻陷南京后皇族要骑高头大马从正门一路入城，为保证皇族安全，就必须彻底消灭已停止抵抗、放弃武装、甚至脱掉军装的中国军人。1937年12月13号南京陷落，从此开始，所有参战的日本师团都把扫荡脱掉军装的中国军人当做绝对命令。这几天的屠杀最为肆虐残暴，而皇族问题使日军其他长

官不敢采取任何措施制止这场屠杀。   更不能忽视的是，在进攻中国时，天皇任命皇族为进攻南京、 驻扎南京和屠杀南京的主官，任命皇族担任日本陆军参谋总长、 海军军令部长；而在对美开战时，就换成非皇族的总长和司令官。   这说明天皇充分意识到战争责任的严重性和对美战败可能性，也充分表明他对中华民族的歧视之深，武力亡华的决心之大。

丁教授的发言引起热烈反响。与会者讨论了日本天皇制、 日本传统和国民性与南京这场惨绝人寰的浩劫之间的内在联系。

军事医学科学院郭成周研员从日本历史的角度剖析，日本历来宣扬天皇是世界的主宰，灌输皇室观和对天皇的绝对服从。 只要服从天皇的命令，无论对错，都不犯罪，且死后会升天，自己及后人会受朝拜，子孙将成为神社会员，享有特权。 正因如此，他们对死亡有着偏执的狂热和无畏。

中国社会科学院近代史所章伯锋先生认为：日本军人集团如此残酷，不能仅从战场报复心理解释。 没有长期的思想熏陶，不可能如此残暴。 日本在近代化过程中，主流意识已经军国化，国民从小就受军国主义熏陶，并且是军国主义的受益者。 日本近代一直对外侵略，谋取利益，尤其以中国为对象。 每一场战争都使他们尝到甜头，所以狂热地支持战争，并绝对支持天皇，视为圣战。 现在他们仍认为天皇是神之选择。 把弱肉强食视为生存法则，失去了人与人相互亲善的最重要情感。 作为一个民族，日本整体上没有对侵略战争深刻反省。

军事科学院罗焕章先生在《日本右翼和政要为什么要否定南京大屠杀》的报告中指出：南京大屠杀的规模是世界空前的，超过了德国对犹太民族的暴行。 日军在中国首都6周内屠杀了30余万人，大量房屋被毁，10余万妇女被蹂躏，仓库财物被抢劫一空。 这是世界史上罕见的的浩劫。

与南京大屠杀相似的一系列日军侵华暴行，证实日本军人在侵华战争中践踏人权、 涂炭生灵、虐待百姓、滥杀华人，是司空见惯之事，南京大屠杀绝不是孤立和偶然的事件。

中国社会科学院近代史所居之芬副研究员几年来致力于搜集和研究战时日本强制华人做奴工的史料。据她考证，从1935起到1945年8月，日本在华使用了1500万左右强制劳工。 其中在东北使用劳工1000万；1941年后在华北强征劳工300万左右；1941－42年华北用劳工大约几十万；华中和华南向上海输送劳工10余万，上海本地及矿山和铁路用劳工约150万。与会者认为她的考证很精细。

陈平研究员根据亲历见闻和多年研究，讲述了日本在侵华战争中制造的"无人区"情况。 郭成周教授在报告中，引用大量新发现证据和数据，从医学角度揭露了日军对华细菌战的种种罪行。

老抗日游击队员白竞凡女士讲述了她的抗战经历，对日本政府始终不承认不清算种种

侵华罪行深感愤怒。 表示一定要尽微薄之力， 将十几年来搜集的冀中抗日史料和一部分养老金， 捐给纪念馆筹建委员会。 她深情地说： "我们还比较清贫， 但要尽一份心， 争一口气"。

与会人士认为， 战后中国因种种政治原因， 坐失了调查清算日本侵略罪行的时机， 甚至错过了挽救和维护战争史实和史料的最佳时机， 深可痛惜， 也应深自反省。 若不急起补救， 子孙万代不会原谅我们。

日本右翼势力的猖獗引起中国学者的严重关注。 外交学会田培良先生今年1月在大阪目睹了日本右翼集会， 并参与了交涉。 他介绍了大阪右翼集会者的目的和策略， 事发地点大阪国际和平中心是日本政府声称为维护和平而出资建设的。

朱成山系统分析了日本右翼势力的五点新动向： 由个别抽象的否定转为全盘具体的否定， 从所谓学术研究的单一途径转为以社会活动扩大影响的多种途径， 从个别右翼学者的行为变成有组织有计划的行为， 从气势汹汹的战后政治总决算策略转为普通政治要求的隐蔽策略， 从少数人变为各阶层组成的一大批社团力量。 其成因有历史因素、 现实因素、政治经济因素、 传统文化的因素， 有国内因素， 也有冷战结束后的国际因素。 现实因素有三： 国内国会政治保守势力的发展， 使右翼势力明显强化； 日本社会和法律容忍右翼团体活动， 使和平团体力量弱化； 日本大国主义倾向抬头。

著名抗战史专家李良志也认为日右翼近来已成为左右日本政局的重要力量。 右翼人数不众， 但他们多为社会精英， 很多是内阁官员， 甚至是首相。 他们的动向是日本对外政策的晴雨表。 日本政府不便说的话， 由他们来表达， 影响国民， 然后再成为国策， 这是不争的事实。 其根源是日本的皇室观， 军国主义观， 民族优越观和大东亚史观。 李教授认为战后亚洲被侵略国家没能够团结反对美国的庇护和纵容， 没及时打击日本右翼。 中国值得反省的是在与日本建交时的失误。 我们今天对日舆论导向非常重要， 不应欠缺战略考虑， 缩手缩脚。 舆论对于收集和维护史料， 追究罪行和索赔等战争遗留问题都缺乏关注。对钓鱼岛问题容忍有余， 斗争不足； 报刊对于日右翼势力揭露不多， 内地舆论这方面做得还不如香港。

与会者认为日本右翼的策略是否认侵略史实， 我们的针对性不够。 其次， 日本形成了一套史观理论， 而我们的理论性不强， 习惯于政治大批判， 不注意摆事实， 讲道理。 首都师范大学的徐蓝教授指出， 德国右翼势力也在抬头， 右翼的复苏在90年代发生， 值得我们放入国际大背景中研究。 美国的日本侵华研究学会会长朱永德教授扼要说明了当初在冷战国际背景下， 美对日绥靖， 停止日本赔偿的过程。 为把日本培养为反共基地， 美国政府限制国内发表揭露日军暴行的资料。

留日学生王选介绍了以浙江地区为中心的日本细菌战受害者索赔诉讼的情况。在诉讼过程中得到了近二百名日本律师的支持， 其中不少律师自愿为中国人辩护。海外华人对索赔

诉讼给与了巨大援助。 她指出，细菌战受害者的索赔诉讼不单是一个历史问题，还要作为人道主义、人权问题来对待。 时机正在失去，取证越来越困难。 学者专家不要只会坐而言，必须起而行，搜集证据，推动索赔。

中国社科院吴广义先生主张将对日索赔纳入我国对日外交战略，有关政策应做出几个调整，国家和个人两方面的态度都要更明朗。 毒气赔偿，邮政储蓄追讨和被劫掠文物的追索等方面，应以国家为主体。 个人索赔也应得到国家的支持。 同时应加强同日本进步团体、 在野党派、 有正义感的专家学者和友好人士的联系，支持日本进步力量的发展壮大。 也应积极支持海外华人，维护史实和受害华人的权益。

朱成山提议成立专门机构研究日本右翼的活动，制定一份全盘反对日本右翼的战略计划，改变被动反应的局面。 要继续保持对日本右翼的警惕和声讨，要以法律和外交等手段施加压力。 广泛支持日本国内和平团体的友好活动，争取国际性反战机构的支持，结成反法西斯主义和军国主义的国际战线。

与会者对日本右翼问题有激烈争论。 日本侵华研究学会吴天威教授反对用"右翼"的概念，认为日本朝野、 特别是日本政府，骨子里都否认侵略战争的罪责，只是敷衍国际公论。 在这方面无所谓左中右之分，必须看透他们。 中国如果不够强大，早晚还要再受日本的侵略，对此必须时刻警惕。 与日本在战争罪行问题上的斗争，必将长期存在，延续到新的世纪，是不可避免的。 对日妥协，无异于与虎谋皮。 斗争立场要极端强硬，而且只能是整个社会的斗争，纯学术的研究是打动不了日本的。

也有学者认为，日本右翼的比重究竟多大是另一回事，把日本民族整体看做残忍成性是不合适的。 对日本右翼的斗争在中日关系中居于何种地位，要从全局慎重考虑。 重要的是研究清楚历史事实，用事实教育和争取两国的青少年。北京师范大学副教授杨宁一指出，对日本军国主义罪行一定要追究。 但要正确区分战争头目与普通民众的关系，多数日本人民也是受害者。北师大的王桧林教授提醒人们要正视狭隘民族主义的盲目性。日本民族有自己几千年的历史文化，中日关系也不仅仅是一片黑暗。日本继承发扬了多少中国的传统文化？ 晚清以降有多少中国人去日本留学？从日本传来了多少新思想？ 这些方面也应加强研究，我们要对日本多数人讲话，要心平气和。 应该向他们讲清日本怎样发动的侵略战争，给亚洲各国人民造成哪些具体的伤害，给日本人民也带来哪些具体伤害。除了揭露日本侵略罪行以外，我们还有很多问题需要开拓。 对于中日关系来说，这些也是很重要很基本的问题。

社科院近史所曾业英研究员以"大，深，实"概括了日本侵华史研究中的问题。 即要扩大研究领域，以往我们着重于政治，近几年着重于日本暴行，经济掠夺，文化奴役。 现在应进一步扩大到日占区的农民迁徙，日本开拓团来中国圈地、淘金等情况。 要加强对具体问题的实证性研究，不做空论。

本次会议对抗战史研究的领域有所拓宽。 熊玮教授从1931－1945年间中国的歌曲入手研究抗战历史，探寻这14年间的歌词所反映的中国人被日屠杀，虐待的情景，所鼓励的抗日精神。 还有学者提供了对宗教界如佛教，基督教，道教各界的抗日活动的最新研究成果。

总体看来，研究抗日战争与中日关系问题时，很难把感情因素置于历史之外，另一方面，人们又追求对历史的理性分析。 这次会议，参加者们不仅在研究历史，也在经验历史，并且正在为重现历史的真实而努力探索。

从2000年夏以来，世界各国媒体陆续披露日本多家出版社正在修订新版中学历史教科书，其中7家出版社在送审本中，对于日本发动侵略战争的历史事实，或遮遮掩掩，或轻描淡写。 这一问题引起了中国历史学家的关注和重视。 2001年1月15日，来自北京、辽宁、上海、天津、吉林、黑龙江的近20位中国学者在北京大学召开研讨会，专门研究了日本侵华历史罪行与最近的教科书修订问题。

与会者一致认为，日本2002年新版教科书的送审本，掩盖和回避了很多重要的侵略事实和战争责任，同以前的教科书相比，表现出明显的历史倒退。

黑龙江省社会科学院研究员步平指出，2002年版送审本教科书与1997年版教科书存在着很大的差别，主要表现在对日本侵略亚洲特别是侵华史实的表述上。 如对慰安妇、南京大屠杀、 731细菌部队等等，都予以回避和淡化，仿佛基本事实还存在着疑问，甚至可能没有发生过这种事。 还干脆删除了"侵略"一词。 教科书上的倒退，与日本近年的政治倾向有密切联系，是90年代以来日本社会右倾化的结果，表明了日本在战争责任认识上的退步。这将影响到今后的中日关系，应予重视。

辽宁大学日本研究所的刘毅教授认为，修改教科书一直是日本否定侵略，美化战争的一个重要步骤，应该对这个问题的背景进行冷静的分析。这是明治维新以来日本皇民化教育的结果。 从日本的精神构造和文化特征来看，从1195年第一个幕府政权建立以来，武士的价值观念成为整个国民的价直观念，使日本成为培育、 滋生右翼思潮的沃土。 教科书问题也是冷战的后遗症，美国在战后没有彻底清算日本军国主义罪行，导致了后来右翼思潮的泛滥。而日本战后经济奇迹般地发展，也导致日本出现极端民族主义倾向。

东北师范大学历史系教授朱寰认为教科书问题不是偶然的，是国际大气候和日本小气候相结合的结果，因此应放到美、日、中三角上来认识，应看到"看不见的美国手"所起的作用。 他指出日本的"自由主义史观"在侵略问题上和"皇国史观"没有大的区别，是披着自由主义外衣重新炮制的"皇国史观"。

教科书修订问题是日本右翼势力不断猖獗的结果，因此，对日本右翼势力的种种分析成为中国学者热烈讨论的一项重要问题。

有人指出，日本右翼的结构是"政、官、财、学、媒"五位一体。在政界，日本政

府是右翼势力的重要基础；在官界，日本职业官僚是修订教科书的实际操作者；在财界，日本右翼政团都有大财团大企业的支持；在学界，90年代以后日本知识界出现严重的右倾化趋势；在媒界，出版和传播着大量的右翼书刊报纸。 日本右翼从七、 八十年代开始，活动越来越频繁，否认战争，美化侵略的层次也越来越高。

南开大学教授魏宏运认为日本反对右翼的势力也比较大，应该注意不要把团结的对象作为批判的对象。为了让更多的日本人了解日本的侵略历史，中国学者应该联合日本左翼学者深入研究20世纪的诸多历史问题。

在会上，很多学者还谈到了在对修订教科书问题和日本右翼势力进行批判时，中国的历史学者应承担的责任。

上海师范大学历史学系教授苏智良建议，国内学者应促进国际法学界组织国际法庭，对日本军人在第二次世界大战中的行为进行审判。在日本承认战争责任前，不讨论日本任联合国常任理事问题。在外交上应该对日本右翼有长远的斗争计划。

北京师范大学历史系副教授杨宁一认为，要充分认识到事态的紧迫性。 他建议中国现代史学会、 日本史学会、 抗日战争史学会作为民间学术团体发表声明，采取支持日本左派，而不是声讨右派的态度，给外务省对文部省的牵制以侧面的声援。针对中国对日本右翼的批判缺乏组织性的情况，他主张国内学者应分工合作研究教科书所提出的问题。同时建立中、 日包括东亚学者在内的联合会，以联合日本左翼学者共同和右翼进行斗争。 他呼吁中国政府应对日本财界施加压力，对不同倾向的财团采取一定的区别对待。

中国社会科学院世界历史研究所研究员汤重南认为，一方面要全面准确地估计日本的形势，不要过分夸大日本的右翼力量，应看到日本的和平民主力量；另一方面要充分估计日本修订教科书问题的严重性，给予回应是十分必要的。 中国历史学者在这个问题上，应有所为，也应有所不为，他建议：要把个案研究与基础研究结合起来，加强对日本的基础研究。 要采取主动的，而不是被动的回应方式，在反对右翼的同时，给左翼以有力的、 实际的支持。 要努力实现由中国法院承担中国受害者起诉的目标，利用国际法，一步步地解决日本侵略战争的战后遗留问题。 出版系统应尽快地把中国有关日本侵略史实的书籍翻译成日文和其他外文，以引起日本和全世界更多的关注。 综合全国的研究成果，就具体问题召开专门的研讨会。

北京大学外语学院教授刘金才提出，应加强对日本的文化研究，以形成独立的对日观。 也应加强对日本民族心理的研究。 同时，可以通过对战争与文明关系的探讨来研究中日战争。

中国社会科学院近代史研究所研究员张振鹍认为，日本对教科书的修订是把教育现在的国民和教育下一代结合起来，从而使这个问题长期化。从表面上看教科书修订问题是历史认识问题，实际上孕育着再度向外侵略的因子，应提高警惕，中国的历史学者有责任

对此进行揭露、谴责。应联合起来加强对日本史，日本侵华史的研究。同时应得到政府的支持，以实现研究成果的普及化。

在会上，一些学者还对细菌战，慰安妇，化学战等问题进行了探讨。中国慰安妇研究中心主任苏智良指出，慰安妇问题不是象日本所宣扬的那样只是商业行为，大量证据证明它和政府、军队有密切的关系。日本政府应该对慰安妇问题承担战争责任。2000年东京国际战犯法庭经过初审，判定昭和天皇和日本政府应对实行慰安妇政策承担责任。上海的慰安妇研究中心经过大量的努力，已经在大陆找到了57名受害者，而由于社会压力等各方面的原因，不愿提供证言的受害者要远远超过这个数字。他认为中国被日军强迫做性奴隶者，至少有20万。由于证人的不断去世，慰安妇研究已经到了最后调查取证的关头。

军事医学科学院教授郭成周报告了10年来他在中国各地对细菌战进行调查的情况，回顾了日本进行细菌战的历史，指出日本在中国的细菌战是历史上最大规模的细菌战，最残酷，杀人最多，对中国造成了巨大的危害。

步平以大量的照片和影像资料向与会者介绍了日本遗弃的化学武器的情况，指出这些武器使中国的环境和人民的身体健康受到了极大的损害。

与会人士还对其它的日本侵略史实，如满洲国问题，进行了讨论，一致希望学者研究的成果能够转化为社会成果，加深社会对日本侵略历史和右倾现实的了解。

중일전쟁 이후, 일제의 조선인 강제동원

- 군사동원을 중심으로 -

강 창 일

배재대학교 교수

1. 머리말

일제는 20세기 전반기에 조선을 불법적으로 강점하여, 한민족에게 막대한 인적·물적 피해와 손실을 입혔다. 그리고 일제의 조선 지배 정책은 철저한 동화주의 곧 한민족 말살을 통한 일본화 정책이었기 때문에 한민족이 당한 고통과 수탈은 더욱 가혹하고 잔인한 것이었으며, 더 나아가 해방이후 전개되는 한민족 현대사의 길도 매우 험한 과정이 되었던 것이다.

식민지는 이민족 지배자에 의해 斷熱구조가 확대·재생산되는 사회이다. 곧 경제 구조와 사회체제를 비롯하여 민족적 정체성마저도 분열되고 파괴되어 전 분야에서 갈래갈래 찢어지는 단열 사회, 단열 구조가 형성되어 나간다.

때문에 공동체로서 세트화된 단일 사회가 통합력을 잃어버려 제국주의 지배로부터 해방되고 나서도 제3세계 각 민족은 심각한 모순과 분열상을 나타나면서 굴절되고 왜곡된 현대사의 장을 장식하여 가는 것이다.

일제는 1937년 중일전쟁을 도발하고 나서 1945년 패전할 때까지 식민지 조선에 '국가총동원체제'를 구축하여 전시강제동원을 자행하였다. 여기에서 강제동원이라는 것은 일제 당국이 관에 의한 강제력과 법령에 의한 강제력을 통해서 계획적·집단적으로 끌고 가 강제적으로 사역시킨 것을 의미한다.

일제의 전시 강제 동원은 다음의 세 영역에서 이루어졌다. 첫째는 인적 자원 동원이다. 노무동원, 군사동원, 性 동원이 있다. 둘째는 물적 자원 동원이다. 식량, 금속류 등의 군수물자 수탈과 전시재정충당을 위한 강제 저축, 조세수탈, 강제 채권, 미불 임금 등이 있다. 셋째 '정신 동원'이다. 창씨 개명, 조선어 금지와 일본어 강제, 통혼 정책 등의 '황민화' 정책이 바로 그것이다.

본고에서는 일제의 침략전쟁기(1937 - 1945)에 자행된 조선인 전쟁 강제 동원을 개괄하고 나서 군사동원을 집중적으로 살펴보기로 한다. 군사동원은 한·일 간 '과거청산'의 과제에서 가장 핵심적인 사안이기 때문이다.

2. 전쟁강제동원 정책 개관

식민지 조선에서 침략전쟁에 필요한 물자와 인력을 동원한다는 것은 그리 간단한 과제가 아니었다. 물적 자원의 동원은 강제적 수탈로 해결될 수 있을지 몰라도, 인력동원은 자발성이 전제되지 않는 한 실효를 거둘 수 없고 또한 위험부담을 내포하고 있는 과제였다. 여기에서 일제 당국은 '皇民化'의 슬로건을 내세워 대대적인 '정신동원'을 획책하였는데, 이것이 조선인에게는 민족말살 바로 그것이었다. 일제의 민족말살정책은 이때에만 적용되는 것이 아니었다. 줄곧 시행되어 오다가 이때에 이르러 '완전한' 말살정책이 강력하게 추진된 것이었다.

1937년 중일전쟁 이후 패전까지의 전쟁동원기는 총체적 민족말살기이다.1) 병합이후 30년대 전반까지는 민족문화 말살책을 펴고 민족분열을 통해 조선지배의 토대를 공고히 하면서 민족개량화를 도모한데 비해, 이 시기에는 '조선'의 총체적 해체와 '완전한 일본화'를 목적으로 하는 노골적인 민족말살정책을 전개하였다.

관동군 사령관을 지냈던 미나미 지로(南次郞)는 1936년 조선총독으로 부임하자마자 중일전쟁을 전제로 전쟁 준비에 박차를 가하면서 전시체제를 구축하여 나갔고, 전쟁발발 이후에는 '내선일체화'를 내걸어 '무차별의 황국신민화'라는 미명아래 대대적인 민족말살정책을 자행하였다.2)

우선은, 폐성탈명(廢姓奪名; 이른바 創氏改名)을 단행하였다(사회적 동화). 조선민족은 姓에 의해 묶여지는 '각자조상형' 혈통주의 집단이다. 그래서, 성 관념은 언어나 종교 혹은 지연성보다도 더욱 중시되는 민족구성원의 필요·충분 조건으로서 작용한다. 이 성을 사용하지 못하게 하여 새롭게 일본의 氏제도를 강제한 것은 혈통주의에 의한 민족공동체로서의 조선을 해체하여 천황을 정점으로 하는 피라미드형의 가부장적 국가체제 속에 조선민족을 편입시키기 위한 것이었다. 그리고 폐성탈명을 단행하면서 민사령 개정, 호적 개정, 壻養子제도의 도입 등을 통하여 전통적 가족제도를 파괴하고자 하였다.

신사참배와 황국서사·황궁요배 등을 강제하였다(종교적 동화). 천황을

---

1) 강창일, 「식민지기, 조선지배의 권력과 정책」, 한국역사연구회, 『역사와 현실』 제12호, 1994. 3. 참조.
2) 제7대 총독 南次郞(1936∼1942)은 부임하자마자 최고이념으로 '內鮮一體化'를 내걸어 "물심양면에 걸쳐서 반도 민중을 皇民化하고 반도를 완전한 皇土이게끔" 하는 철저한 민족말살정책을 시행하였다(조선총독부, 「朝鮮年鑑」 1945年度版, p.28, 참조).

종교적 심벌로서 모시는 일본의 종교체계에 조선인을 세뇌시켜 포섭하기 위한 종교적 동화정책이었다.

조선어 사용을 금지하고 일본어를 전용하여 언어공동체로서의 조선민족을 해체시켰고 조선의 역사를 왜곡하여 편입시켜버린 일본사를 주입시켰다. 그리고 조선의 관습과 전통을 파괴하여 일본화 시켜 나갔다(문화적 동화).

'충량한 황국신민을 육성'하기 위하여 교육제도를 대대적으로 개혁하여 학교와 학생 수를 늘리고 교과과정도 개편하였다(정신적 동화). 이 조치는 조선인을 정신적으로 동화시키는 것을 전제로 하여 일본어 습득률을 제고시키고, 전시동원이라는 현실적 필요성에서 기술교육을 강화시켜 전시 노동력으로 활용하기 위한 것이었다.

이상과 같은 동화책에도 '만족'하지 못하여 완전한 '내선일체화'의 최종의 완결책으로 '통혼장려'라는 혼혈정책을 권력적 차원에서 입안·전개하였다(생물학적 동화).3) 일제 당국은 종래에 일본인과 조선인과의 결혼에 대하여 소극적 내지는 억제적이었다. 그럼에도 중일전쟁 이후 이를 정책적 차원에서 장려하고 있는 것은 전쟁으로 인한 남성감소와 상대적 여성 과잉 현상에 대응한 일본인 여성구제의 필요성 때문이기도 하였다. 이것은 결국 민족말살주

---

3) 종래에 양 민족 간의 결혼에 대하여 방조 내지 억제적이었던 일제가 1937년부터는 이를 '內鮮一體化'의 완결로 자리매기고 이를 정책적 차원에서 추진하고 있다.「〔秘〕朝鮮に於ける敎育に關する方策」(1937)에, "(7) 內鮮人結婚의 獎勵 - 內鮮融合의 근본적인 것은 혼인에 의한 결합인 것은 말할 필요도 없다. 그렇지만 그 실제에 있어서는 곤란한 사정이 많이 있고 그중 특히 언어, 풍속, 관습의 相違에 의해 그 실행을 저해하는 점이 적지 않다. … 내선인 결혼자의 優遇의 方法을 고려하려고 한다〔후략〕"라고 되어 있다.
   朝鮮總督府 警務局長,「內鮮一體の理念及其實現方策要綱」(1942)에는, "內鮮一體의 인구정책상의 실현의 방책으로, 첫째 반도 在住日本人의 증가책, 둘째 조선인의 적당한 內地 이주의 규제책(우량한 이주자는 도항을 장려하고 조악한 만연 도항자는 엄히 제한하는 것). 셋째 內鮮通婚의 장려책(內鮮一體의 완성)"을 들고 있다.

의의 지배이데올로기 하에서 '내선일체'의 완결로 자리 매겨졌다.

이상과 같은 제 방면에서 '일본화'를 통한 민족말살정책은 조선인을 군인·군속·노무자·군 위안부로서 강제 동원하기 위한 사전 정지작업이기도 하였다.

일제는 이상에서처럼, 총체적 민족말살정책을 추진해나가면서 조선인을 대대적으로 강제 동원하였다. 1938년 국가총동원법령을 공포하여 언제라도 전쟁에 필요한 인적·물적 자원의 강제징발이 가능하도록 조치하였다(1939년부터 조선에서 시행). 중앙 및 지방의 통치기구도 확충·개편하고 국민정신총동원연맹(1938. 7), 국민총력조선연맹(1940. 10) 등의 동원기구를 만들어 강제동원체제를 구축하였다.

이 시기에 특히 주목해야 될 사실은 朝鮮軍司令部가 통치의 전면에 등장하여 동원정책 및 민족말살정책을 결정하고 시행하는데 주도적인 역할을 담당하고 있다는 점이다.[4] 이는 곧 군사 지배체제임을 뜻한다.

인적 자원동원에 군사동원(군인·군속·군부), 노무동원(관내동원·관외동원), 성동원(군대 위안부·공장 위안부)이 있는데, 어느 정도 동원되었는지를 살펴보기로 한다.

첫째로, 군사동원에서 군인은 209,279명, 군속은 154,907명이 동원되었다. 둘째로, 노동력 동원에서 조선내 동원은 조선내 도내징용 5,366,098명, 조선내 관알선 422,397명, 조선내 현원 징용 260,145명, 조선내 국민징용 43,697명, 조선내 군요원 33,861명으로 무려 6,126,180명에 달하며,[5] 조선외 동원은 일본·사할린·남방 등 해외 공출만도 724,922명이다.[6] 셋째

---

4) 강창일, 「중일전쟁이후, 일제의 조선인 군사동원」, 한국정신대연구회, 『한일간의 미청산 과제』, 아세아문화사, 1997.4, 참조.

5) 김민영, 「조선인 강제연행」(『20세기 한국의 야만』, 일빛, 2001), 참조.

6) 노동력 동원은 종래, 보상문제와 결부되어 종종 해외 동원만이 문제되었다. 그래서 그 노동력 수탈의 실상이 은폐되어 버린 감이 있다. 조선인 노무수급 계획

로, 성 동원은 약 십 수만 명이라고 추정되고 있다.

동원 방식에 대하여 살펴보기로 한다. 침략 전쟁 이전에는 주로 이른바 '문전모집'이라고 하는, 형식상의 자유 계약에 의한 방식이 일반적이었다. 그런데 중일전쟁이 발발하여 1937년 7월 국가 총동원법이 공포되고 조선에도 같은 법령이 1939년부터 시행되면서 모든 조선인 인력은 총독부의 관할과 통제아래 그 수급이 계획적·조직적으로 이루어지게 되었다. 이것을 간략히 정리하여 보면 다음과 같다.

첫째, 관에 의한 강제 동원이다. 여기에는 '모집' 방식과 '관 알선' 방식이 있다. 모집 방식은 각 사업주가 총독부로부터 할당 수와 지역을 허가받고서 현지에서 관리와 경찰의 감독아래 모집한다고 되어 있다. 그러나 그 실상은 최말단 행정 기구인 읍·면과 경찰에서 공출하여 사업주에게 인계하는 실질적 공출제도임이 입증된다. 그리고 '관 알선' 방식은 총독부 관변 단체인 조선노무협회가 일원적으로 징발하여 노무 훈련을 실시한 뒤 해당 사업소에 배당한다. 이 제도는 특수 기술자에 한해서 1934년부터 행해지고 있었으나 중일전쟁의 개시와 함께 차츰 확대되었다. 태평양전쟁을 도발한 뒤 노무 사정이 약화되면서 1942년부터 '모집' 방식은 없어지고, 대부분 '관 알선' 방식에 의해 동원되었다.

둘째, 국가의 법령에 의한 강제 동원이다. 여기에는 병력동원과 노력동원이 있다. 병력동원은 지원병제·학도병제·징병제를 통하여, 노력동원은 근

· 은 일본의 기획원(뒤에 군수성)에서 수립하여 해외 공출을 명령하였고, 이를 토대로 하여 조선 총독부에서는 나름대로의 노무수급 계획을 세웠다. 일본 본국에서는 1939년에서 1944년까지 총 857,300명을 해외 공출하도록 명령하였는데, 실제로는 656,137명(1945년까지 포함하면 724,922명)이 동원되었다. 한편 조선 총독부는 위의 해외 공출을 포함하여 1939년부터 매년 최소한 40만 명 이상의 노동력을 공출할 계획을 세우고 패전 때까지 시행하여 나갔다. 한 예로, 1940년에는 425,000명을 동원할 계획을 세우고 있다(『제77회제국의회설명자료』, 참조).

로보급협력령·학도근로령·여자정신근로령·국민징용령 등을 통하여 이루어졌다. 여기에서 다른 것은 차치하고 최고의 강제성을 띤 징용에 대해서만 살피기로 한다.

징용에는 일반징용과 특수징용의 두 유형이 있다. 특수 징용은 1941년부터 특수 기술자에게 적용하여 육·해군 관아에 군속으로서 배속시켰다. 그런데 전쟁 말기 노동력 수요의 급증에 따라 1944년 8월부터는 일반 징용령을 조선에 발동하여, 종래의 '관 알선' 제도를 없애고 일반징용 방식을 통하여 노동력을 동원하였다. 이 징용령에 의해서 동원된 숫자만으로도 현대 확인된 것이 536,041명(일본 거주 조선인은 포함되지 않음)이고 이 가운데 해외공출만도 222,217명에 달한다.[7]

성동원인 경우는 위의 방식과는 다르다. 일제 당국은 조선여성을 '정신대'라는 이름으로 강제 연행하여, 군에서는 군대 위안부로 기업에서는 공장 위안부로 성노예화 하였는데, 일본군·후생성·총독부가 삼위일체가 되어 자행하였다. 참고로 1944년 8월 22일 조선의 여자근로정신대령이 공포되었지만, 이는 극히 일부 특수 기술자에 제한하여 시행되었고, 대부분의 여성들은 일본과는 달리 '국민등록'이 되어 있지 않았기 때문에 정신대령을 시행할 수가 없었다. 이것은 곧 조선 여성의 강제 연행은 정신대령이라는 법령에 의하여 이루어진 것이 아니라 '관 알선, 지도'라고 하는 법외적 강제인 관의 강제에 의해 자행되었다는 것을 뜻한다. 이러한 성 노예사냥은 1944년 훨씬 이전부터 있어 왔음은 주지하는 대로이다.

---

7) 大藏省 管理局, 『日本人の海外活動に關する歷史的調査』, 1950.

3. 지원병제에 의한 군사동원

원래 조선인은 군사동원의 대상이 아니었다. 일본의 병역법은 호적법의 적용을 받고 일본에 본적을 갖는 자만을 대상으로 하고 있었다. 단 예외로, 1) 중등학교 졸업 후 사관학교 등의 학업을 끝낸 자, 2) 일본인과 入夫 또는 양자 관계를 맺어 징병 적령자가 된 자만이 일본군인이 될 수 있었다.8) 그런데, 일제는 1931년 만주침략을 시작으로 중국침략을 본격화하면서 예상되는 부족병력을 충원하기 위하여 조선인을 병력으로 동원하는 문제를 은밀히 검토하기 시작하였다.9)

그 이전에 징병제 실시 주장이 없었던 것은 아니다. 한 예로, 근대일본의 대표적 우익낭인으로서 조선 병탄 과정에서 크게 암약했던 우치다 료헤(內田良平; 극우단체 흑룡회의 수령이자 일진회의 고문)가 1913년 당국에 건의한 「조선통치제도안」에서 '징병령을 시행할 것. 단, 징병령 시행 이전에는 지원병을 채용할 것' 이라고 주장하고 있기도 하다.10) 조선인 중에서도 附日세력과 개량주의자들을 중심으로 참정권 및 의무교육 실시의 문제와 연계시켜 병역법 시행을 주장하는 움직임도 있었다.

이 문제는 결국 일제당국에 의하여 "朝鮮의 民度와 民情이 아직 그 域에 달하고 있지 않다" 라는11) 판단 하에 유보되었다. 民情이란 징집되는 경우에

---

8) 『特高外事月報』(1938년 1월호), 「2. 志願兵制度實施方針發表に關する反響」.
9) 『(秘)朝鮮人志願兵問題ニ關スル件回答(朝參密第713號)』. 「(1937年 11月 24日) 朝鮮軍參謀長久納誠一より 陸軍次官梅津美治郎殿」(일본 국회도서관 헌정자료실 소장 『舊日本陸海軍文書』)에서는, "조선인의 병역 문제는 단지 조선 방위상의 중요 안건에 그치지 않고 실은 조선 통치상의 중대 문제임에 비추어 당 조선군에서는 1932년이래 신중한 그리고 심각한 연구를 거듭하여 왔다" 라고 하고 있다.
10) 內田良平, 「朝鮮統治制度案」, 1913(黑龍會, 『朝鮮統治問題』, 1920, 소수).
11) 위와 같음.

궁핍가족의 생계를 유지할 수 없다는 것이고 民度란 '조선인의 일본인화'가
아직 이루어져 있지 않고 특히 일본어 보급이 되어 있지 않음을 뜻하는 것이
었다. 언어문제에 관한 한 조선군 헌병사령관의 다음 말은 저간의 사정을 잘
나타내 준다.

> 언어의 相違가 군대 교육을 실시하는데 매우 큰 지장을 야기한다는 것은 부
> 정할 수 없는 사실로서, 조선 장정을 위하여 다른 언어를 사용하고, 특별한 교
> 육을 실시하는 것은 도저히 불가능한 일이다.12)

중일전쟁을 목전에 두고서 일제는 더 이상 병력동원의 문제를 지체할 수
가 없었다. 일본국내에서 징병검사의 체위를 낮추어 징집율의 증가를 도모하
고 제1보충병을 소집하여 현역병과 같이 동원해도 부족병력 충원에는 도저히
미치지 못하는 것이었다.13)

일제는 1937년 7월 7일 이른바 蘆溝橋사건을 일으켜 중일전쟁을 도발하
였다. 만주침략이후 줄곧 중국침략을 획책하여 오던 육군 당국은 전쟁도발 1
개월 전인 6월에 이미 조선군사령부에 조선인의 병력동원에 관한 계획을 하
루 빨리 세우도록 지시하였다.14) 이 지시에 따라 조선군에서는 치밀한 세부
계획을 세웠고 이를 토대로 중앙 당국과 몇 차례의 협의를 거쳐 징병제 시행
의 '시험적·과도적 방법'으로서 지원병제도를 실시하기로 결정하였다.15)

---

12) 조선헌병대사령관 岩佐祿郎, 「朝鮮同胞に自覺を促す」(『朝鮮義勇團팜프렛』 제
   1호, 1934년 8월 1일자).
13) 「(極秘) 朝鮮人ニ對スル徵兵制施行準備ニ關スル件(陸軍大臣, 閣議說明案)」, 『大
   野綠一郎 文書』(일본국회도서관 헌정자료실 소장).
14) 앞의 자료, 『(秘)朝鮮人志願兵問題二關スル件回答』.
15) 朝鮮軍司令部, 「(極秘)朝鮮人志願兵制度二關スル意見(1937年6月)」, 『舊陸海軍
   文書』. 또한, 1937년 12월 小磯 朝鮮軍司令官은 '志願兵制는 徵兵의 試金石'이
   라고 具申하고도 있다.

조선총독부에서도 육군 측과 긴밀히 협의하면서 군사동원의 구체적인 계획을 수립하여 갔다. 미나미 지로(南次郞)는 총독으로 부임하기 전에 조선군 사령관(1929~1930), 육군대신(1931), 관동군 사령관(1934~1936)을 역임하면서 대륙침략에 앞장섰던 자였다. 그는 '천황의 조선 行幸과 조선에서의 징병제 실시'를 통치의 최고목표로 삼아,16) 부임하자마자 전쟁을 준비하면서 조선에 전시동원체제를 수립할 것을 천명하였다.17) 그리고 그는 1936년 8월 도쿄에서 육군대신과 만나고 육군차관과 오노 로쿠이치로(大野綠一郞) 신임 정무총감이 극비 회동을 하여 '전시 총동원 관계기관의 충실과 자원의 개발' 등에 대해서 의견을 조정하고 있다.18)

미나미 총독은 시정방침으로, 1) 國體明徵, 2) 鮮滿一如, 3) 敎學振興, 4) 農工倂進, 5) 庶政刷新의 5대 정강을 책정하였다. 국체명징은 신사참배, 황궁요배, 일본기 게양, 일본어 보급 등을 의미한다. 이는 민족말살을 통한 전시총동원체제의 구축을 천명한 것에 다름 아니다.19)

조선민족말살을 최고의 통치이념으로 하는 지배권력은 현실적인 전시동원의 요구와 필요성이 대두된 것을 계기로 '황국신민화' 라고 하는 민족말살의 총체적 완결을 도모하고자 하였다. 곧 전시동원을 통하여 민족말살을 도모하고 민족말살을 통하여 전시 동원하는 표리관계 하에서 지배이념과 현실적 필요는 일체화되었던 것이다.

異民族인 조선인을 전쟁에 군인으로 동원하는 것은 그리 수월한 문제도

---

16) 御手洗辰雄,『南次郞傳』, 1957, p.434.
17) 『大野綠一郞 文書(NO.1149)』.
18) 「(極秘)陸軍大臣ヨリ朝鮮總督へ懇談要旨(1936.8)」;「(極秘)陸軍次官ヨリ朝鮮政務總督へ懇談要旨(1936.8)」,『大野綠一郞文書(NO.1152)』.
19) 교학 진흥은 초등교육 배가 확충과 중등교육 충실을 주요 내용으로 하는데, "국민정신의 함양, 국민도덕의 연성, 실업교육의 고양과 국민 체위의 향상"을 도모하면서 "우리들은 일본제국의 신민이다"라는 강한 신념과 긍지를 갖도록 하는 것을 목적으로 하는 것이었다(『大野錄一郞文書(NO. 1156)』, 참조).

아닐 뿐 아니라 많은 위험부담도 내포하는 문제였다. 가장 현안으로 대두된 문제는 일본어 능력이었다. 일본어 회화는 군사동원의 필수조건이었다. 그런데, 1936년 말 당시 일본어회화에 지장 없는 자는 4.9%에 지나지 않고, 兵員적령자의 경우(만17세～만20세)는 1937년 당시 5.85%인 97,033명(남녀 포함, 남자는 대략 5～6만)에 지나지 않았다.20)

조선민족은 일본어뿐만 아니라 정신적으로도 그들의 의도와 정책처럼 '황국신민화' 되어 있지 않았다. 일제 당국이 자인하듯이 일본인을 보고 "자본주의적 경제침탈자 또는 흡혈귀처럼 생각하고 내지인[일본인 - 필자]을 불구대천의 구적처럼 생각하여 왜놈이라고 부를" 정도였다.21) 만주침략과 우카키(宇垣一成)총독의 '농촌진흥운동' 등을 통한 회유정책으로 어느 정도 반일감정은 약화되었다고는 하지만 "도도히 隱然 底流하는 민족의 반발, 自棄的 思想의 엄존"22) 때문에 군사동원은 엄청난 위험부담을 내포하고 있는 모험적인 정책이었다. 적에게 군사기술을 배워주고 무기를 제공하는 격이 될 위험이 있었기 때문이었다.

일제는 이상과 같은 상황 때문에 징병제를 실시하기 전에 그 '시험적 조치'로 지원병 제를 실시하였고 또한 지원병 제를 시행함에 있어서 만반의 조치를 강구하여야만 하였다.

가장 시급하고 중요한 것은 일본어 보급률을 높이는 것과 '황민화' 정신교육과 체력단련교육의 강화였다.23) 군 당국의 요구를 받아들여 총독부에서는 그 방책을 수립하였는데,24) 그것은 다음과 같이 요약할 수가 있다.

---

20) 강창일, 「중일전쟁이후, 일제의 조선인 군사동원 – 조선 지배정책과 관련하여」, 한국정신대연구회 편, 『한일간의 미청산 과제』, 아세아문화사, 1997, 참조.
21) 앞의 자료, 『(極秘)朝鮮人志願兵制度二關スル意見』, 「朝鮮民族思想變遷槪要」.
22) 위와 같음.
23) 위와 같음.
24) 學務局, 「(秘)國民敎育二對スル方策(1937年 8月)」, 『大野綠一郎 文書』 ; 앞의

우선은 교육기관의 확충방책으로, 1937년도부터 한 면에 하나의 보통학교를 설립할 것을 계획하고 있다. 1936년 5월 현재 재학 아동수가 763,095명인데 1942년도에는 1,465,656명에 이르도록 하고, 학령아동의 취학 율이 약 60%에 달하면 의무교육을 실시할 방침이었다.

다음은 교육내용의 개편으로, "조선인으로 하여금 일본 국민이라는 자각을 철저히 시키기 위하여" 조선어 교육을 점차 폐지하여 일본어를 전용하고 "盡忠報國的 皇國精神의 鍛練"에 교육목적을 두어 교과내용을 대폭 개편하며, 실업교육과 체력단련 교육에도 중점을 둔다는 것이었다.

일제 당국은 이처럼 장기계획을 수립하여 추진하는 한편, 당장 군사동원을 실시하기 위하여 임시방편적으로 기존 청년훈련소의 정비와 확충을 강구하였다.25) 청년훈련소는 처음에는 일본어 및 정신교육과 실업교육을 목적으로 하는 私設 단체(보통학교 또는 동등이상의 자격을 갖고 있는 자를 대상으로 한다)였으나, 1929년 10월 1일 府令으로 제정된 청년훈련소 규정으로 府·邑·面에 이관되었다. 1937년도에는 84곳에 생도수가 3,594명(이중 조선인은 1,571명)이었는데, 이것을 확대 보급하여 양성기관으로 삼고자 한 것이다.

일본군인으로서 최소한의 조건이 갖추어졌다 하더라도 생명을 담보로 하는 군인에 조선인이 자발적으로 지원한다는 것은 기대할 수가 없었다. 자발적 참여를 유도하기 위하여 대대적으로 '선전'하고 회유책을 강구하지 않으면 안되었다.

총독부에서는 1937년 7월, 조선중앙정보위원회(위원장 정무총감)와 官房

자료, 『朝鮮人志願兵制度二關スル意見』.

25) 앞의 자료, 『(秘)國民教育二對スル方策』;「朝鮮人ノ青年 訓練所入所收況及其ノ成績」,『(秘)朝鮮人志願兵制度施行二關スル樞密院二於ケル想定質問及答辯資料』.

情保課 (과장은 일본 본국의 정보관)를 설치하여 정보수집과 선전활동의 중추적 기관으로 삼았다. 아울러 어용민간단체인 국민정신총동원조선연맹(1938. 7), 조선방공협회(1938. 8), 全鮮思想報國連盟(1938. 8) 등을 만들어서 전시강제동원의 선전단체로 활용하였다.

밖으로부터의 모든 정보를 차단하고 감시망을 구축하여 철저한 통제체제를 만들어 나가면서 '일본군은 不敗 無敗의 皇軍' 이기 때문에 전혀 생명에 위험부담이 없고 "황국신민의 특권" "황국신민으로서의 명예로운 의무이고 光榮"이라고 선전하는가 하면, 지원병 출신자에 대한 사회적 출세보장책을 제시하면서 회유하였다. 당시 조선의 경제상황은 "농민이 전 인구의 80%를 차지하고 있고, 그 농민 중 자작은 20%, 소작은 50%, 被傭者 및 화전민 등 10%로서 그 생활상태는 일반적으로 貧賤困窮의 상태" 에 있다고 일본군 당국이 파악하고 있을 정도로 극히 열악한 것이었다.26) 이처럼 경제적으로 생존이 위협 당하고 있는 절박한 처지에서 장래의 '출세보장'은 좋은 미끼가 되었다.

군사동원의 주체인 군 당국에서는 총독부에, 제대 후에 그들의 직업을 보장할 것과 ' 鮮人 靑壯年層의 중견적 존재'로서, '황민화'와 전시강제동원의 중추적 핵심으로 활용할 것을 요구하였다.27)

일제는 치밀한 연구·검토아래 제반의 사전준비를 끝내고 나서 1938년 2월 22일 「육군특별지원병령」(칙령 제95호)을 천황의 이름으로 공포하여 지원병이라는 이름 하에 조선인을 병력으로 동원하도록 하였다. 이어서 「조선총독부육군병지원자훈련소관제」(칙령 제156호 1938. 3. 29), 「육군특별지원병령 시행규칙」(육군성령 제11호, 1938. 3. 30), 「육군병지원자 훈련소규정」(조선총독부령 제70호, 1938. 4. 2), 「육군지원자훈련소생도 채용규칙」

---

26) 앞의 자료, 『(極秘)朝鮮人志願兵制度二關スル意見』.
27) 앞의 자료, 『(極秘)朝鮮人志願兵制度二關スル意見』; 『(秘)朝鮮人志願兵問題二關スル件回答』.

(조선총독부령 제71호, 1938. 4. 2), 「육군특별지원병령에 의한 병역의 略符號 기입에 관한 건」(조선총독부령 제171호, 1938. 8. 17) 등의 법령을 공포하여 실시하였다.

이 법령들에 의하면, 육군대신의 관할 하에 도지사 및 경찰서장이 육군 측의 지휘에 따라 지원자를 심사·채용하고 총독부가 훈련소를 설치하여 운영하도록 하고 있다. 좀더 설명하면, 조선군사령관은 매년 1월 10일까지 인원 및 입영부대에 관한 의견을 육군대신에게 제출하며(「지원병령 시행규칙」 제3조), 지원자는 원서에 호적초본을 첨부하여 이를 본적지의 경찰서장에게 4월 30일까지 제출하고(동, 제5조), 경찰서장은 신상명세서 등 원서를 調製하여 이를 도지사에게 제출하면 도지사는 이를 심사하여 壯丁連名簿를 調製하여 5월 20일까지 조선군 사령관에게 제출하고(동, 제6조), 조선군 사령관은 최종 전형을 끝내서 이를 총독부에 제출하도록(동, 제7조)하고 있다.

지원자의 채용 심사에서는 특히 ① 사상이 견고하고 신체 및 정신에 이상이 없는 자, ② 수업 연한 6년의 소학교를 졸업한 자 또는 그것과 동등 이상의 학력이 있는 자, ③ 입소 및 복역 중에 일가의 생계 및 가사에 지장 없는 자를 선발하도록 정하고 있다(「지원자훈련소생도 채용규칙」 제1조).

또한 연좌제를 적용하여 친척이나 후견인에 독립운동에 관계 있는 자는 채용하지 않도록 정하고도 있다(동, 제2조). 이 신원조회에 합격된 자를 모아 관할 도지사는 신체검사·구두시험·학과시험의 전형시험을 치렀다. 학과시험은 일본어·일본사·산술의 3과목을 행하고 있다(동, 제6조). 이렇게 해서 전형에 합격된 자는 지원자 훈련소에 입영하여 6개월 간 훈육·보통학과·술과의 항목을 교육받았다(「훈련소규정」 제2조 및 제3조). 훈육은 "황국정신을 함양하여 이를 실천 궁행에 인도하는 것을 요지로 하며 특히 국체관념을 明徵시키며 황국신민으로서의 책무를 다할 것"을 목적으로 하고 있다(동, 제4조). 보통학과는 일본어·일본사·지리·수학 등에 관한 사항을 가지고 고등소학교 정도의 수준으로 하였다(동, 제5조). 술과는 "체조・교련・무도 기타 황국정신의 도야"에 힘썼다(동, 제6조).

지원자수를 "애국열의 바로 메타"로 인식한28) 일제 당국은 각 행정구역에 지원자 수를 할당시켜 지원자 수 불리기에 심혈을 기울였다. 때문에 기만적인 회유책을 제시하면서 대대적으로 선전을 하는가 하면 회유, 협박 등의 방식도 서슴지 않았다.29)

일제의 지원병제에 대한 조선인의 반응은 대대적인 기만적인 회유책에도 불구하고 냉담한 것이었다. 내무성 경보국의 극비 치안정세보고서인 『特高月報』에 다음과 같이 기록될 정도이다.

(1) 응모자는 진심으로 지망하는 것이 아니라 경찰로부터 반강제적으로 권유 당하였기 때문에 부득이 응모한 것이다.
(2) 응모자는 순박한 농촌 청년 뿐으로서 有識者는 거의 응하지 않고 오히려 기피하고 있는 현상이다.
(3) 좋은 조건에 유혹 당하여 공리적으로 치닫고, 제대후 자기의 입장을 유리하게 하려고 하는 무리이다.30)

요컨대, 지원자 모집이 반강제적으로 행하여지고 있고 有識・有産계급의 자제는 거의 응하지 않아 기피하고 있음을 말해주고 있다.

1943년에는 「육군특별지원병임시채용규칙」(「육군성령」 제 48호, 1943. 10. 20.)을 공포하여 전문학교 이상의 재학생을 학도병이라는 이름으로 징집하여 훈련소의 훈련 과정을 거치지 않고 즉시 현역에 편입시켜 전선에 배치

---

28) 「志願者の應募激增」, 『朝鮮』, 1939年 3月號.
29) 「志願兵制度に對する朝鮮人の動向」, 『特高月報』 1941年 11月號 ; 『第81回 帝國議會 貴族院予算委員會 第3分科會議速記錄』 第2號(1943年 2月 26日字).
30) 『特高月報』, 1941年 12月號, 「四. 志願兵制度に對する朝鮮人の動向」.

하였다(〈표 1〉참조).

일제는 또한 태평양전쟁에서 미군과 해상전투를 벌리게 됨에 따라 해군
병력이 부족하게 되었다. 해군은 육군과는 달리 특히 '정신무장' 즉 철저한
'황민화'가 요구되기 때문에 조선인 동원을 주저하였으나 전쟁의 막바지에 이
르러 불가피하게 동원하지 않을 수 없었다. 결국 당국에서는 「해군특별지원
병령」(「칙령」 제608호, 1944. 7. 27), 「조선총독부해군병지원자 훈련소관
제」(「칙령」 제610호, 1943. 7. 27.) 및 「해군성령」, 제30호, 1943. 7.
28.) 등을 공포하여 동원하기 시작하였는데, 패전 때까지 해군으로 징발된
자는 22,300여명에 이르렀다.[31]

<표 1> 육군 특별지원병 수

연도	지원자수	입소자수	채용자수
1938	2,946	406	400
1939	12,348	613	600
1940	84,443	3,060	3,000
1941	144,743	3,208	3,000
1942	254,273	?	4,500
1943	303,294	6,300	5,330
*1943	*학도병		3,893

출전 : 지원자 및 입소자 수는 近藤釼一 編 『太平洋戰下の朝鮮及び臺灣』(1954년 7월 내무성)에
서, 채용자 수 및 학도병 수는 宮田節子 編 『朝鮮軍槪要史』(복각본, 不二出版社, 1989年)
에서 발췌하였다.

---

31) 日本法務部特別審査局, 『在日朝鮮人の槪況』(1949년. 公安調査廳에서 1953년
재간행).

4. 징병제에 의한 군사동원

중일전쟁이 당초예상과는 달리 장기화되면서, 인적 및 물적 자원의 부족으로 더 이상 전쟁을 치를 수 없게 되자 그 난국을 돌파하고자 1941년 12월 미국의 진주만을 공습하여 태평양전쟁을 도발하였다. 태평양전쟁 개시이후 몇 개월 간 일본군은 승승장구하여 승리를 거두면서 동남아 전역을 지배하는 것처럼 보였었다. 그러나 1942년 6월 미드웨이 해전에서 일본은 참패하여 전세는 역전되기 시작하였다. 이때부터 미군의 대대적인 역습작전이 전개되었다. 이미 일본의 패배는 불을 보듯 뻔한 것이었다.

일본은 중일전쟁에서는 140여만의 군대로 전쟁을 치렀다. 그러나 태평양전쟁을 준비하면서 매년 250여만의 병력 수급계획을 세워 1942년에는 240여만, 1945년 패전 당시에는 720여만에 이를 정도였다(〈표 2〉, 참조).

이처럼 막대한 병력의 증강은 일본인만으로는 도저히 충당할 수가 없었다. 조선인의 일본어 습득률 및 '정신적 동화'의 정도 등으로 미루어 볼 때 조선인을 징집하는 것도 매우 어려운 상황이었다. 지원병제 실시 당시 당국에서도 조선에서 징병제 실시는 수 십년 후로 예정하고 있었을 정도였다. 그러나 전쟁을 치르기 위해서는 더 이상 이를 미룰 수가 없는 절박한 처지였다.

그래서 1942년 5월 8일 각의에서, 육군대신이 징병제 실시를 제안하고 이에 대하여 척무대신이 보조 설명하여, "조선동포에 대하여 징병제를 시행하고 소화 19년도(1944)부터 그들을 징집할 수 있도록 준비를 진행할 것"을 결정하였다.[32]

---

32) 『(秘)朝鮮人志願兵問題ニ關スル件回答(朝參密第713號)』;「1937年 11月 24日 朝鮮軍參謀長 久納誠一より 陸軍次官 梅津美治郎 殿」(일본 국회도서관 헌정자료실 소장 『舊日本陸海軍文書』).

<표 2> 일본 육해군의 병력 수

단위:천명

연도 (12월 현재)	육 군	해 군	합 계
1931	200	78	278
1937	459	134	593
1938	1,130	195	1,325
1939	1,240	180	1,420
1940	1,350	223	1,573
1941	2,100	311	2,411
1942	2,400	429	2,829
1943	2,900	708	3,608
1944	4,100	1,295	5,395
1945 (8.15현재)	5,472	1,693	7,165

출전 : 藤原彰, 『日本軍 事史』(日本評論社, 1987)에서 작성.

징병제 시행은 "법령의 제정 또는 개정, 호적의 정비, 병사업무 관계 관아의 증강, 同 관공리의 양성, 국어의 보급, 학교 교련 및 청년훈련의 강화, 병역의무에 관한 이해" 등의 준비로 최소한 2년을 요하기 때문에 1944년부터 시행할 것을 결정하였다.[33]

병력부족의 현실 속에서 조선인을 강제 징집하면서도, 조선총독은 징병제 시행의 이유를, 1) 내선일체의 실천을 철저히 하기 위하여, 2) 지원병 제도의 실적이 양호하기 때문에, 3) 반도 동포의 열망에 부응하기 위하여, 4) 반도 동포에게 대동아공영권 건설의 중핵적 지도자로서 지위를 부여하기 위해서, 라고 선전하였다.[34] 이러한 선전활동은 국민총력연맹을 중심으로 하여

33) 위와 같음.

이루어지고 있다.

총독부에서는 시행 준비를 위하여 5월 11일 징병제 시행 준비위원회를 발족시켰다(「조선총독부 훈령」 제24호). 경무국장이 위원장을 맡고 있으며 경찰 관계자들이 위원을 맡아 주도하고 있다.[35] 이것은 곧 경찰력을 이용하여 군사동원하고 있음을 뜻하는 것에 다름 아니다.

징병제 시행에 있어서 중요한 준비 사항은 선전, 호적의 정비, 일본어 보급이었다. 그중 선전과 호적정비는 쉽게 이루어질 수 있으나 일본어 보급은 단시일 내에 달성할 수 있는 간단한 문제가 아니었다. 1944년 예상 징병 적령자가 22만 명인데 이중 11만 명이 초등 교육조차 받지 않아 전혀 일본어를 이해하지 못할 정도였다.[36] 징병제 시행을 위하여 1943년에, 1946년 4월을 기하여 초등교육의 의무교육화를 결정하였다.

1943년 「병역법」을 개정(「법률」 제4호, 1943. 3. 1.)하여, "호적법의 적용"이라는 구절을 "호적법 또는 조선민사령중 호적에 관한 규정의 적용"이라고 함으로써 조선인을 징집할 수 있도록 하였다.

당시 힘의 열세가 확연히 판명된 상황에서 전쟁에 끌려가는 것은 곧 죽음을 뜻하는 것이었다. 때문에 도주하고 잠적하거나 망명하는 사건도 비일비재하였고 호적 연령을 속여 등재하거나 병을 핑계로 기피하는 사례도 허다하였다. 1942년부터 군·관·민이 일체가 된 국민총력조선연맹을 통하여 징병제에 대한 대대적인 선전활동을 펼치면서 경찰과 면서기를 앞장 세워 공감과 협박 그리고 회유를 통하여 강제로 끌고 갔다. 훈련기간 도중에 탈영하는 사태가 속출하였음은 물론이다.

---

34) 조선총독부, 「(極秘)朝鮮同胞ニ對スル徵兵制施行準備決定ニ伴フ措置狀況竝其ノ反響(1942. 5.)」, 『大野綠一郞 文書』.

35) 위와 같음.

36) 日本 大藏省 管理局, 『日本人の海外活動に關する歷史的調査(朝鮮篇)』, 「朝鮮統治の最高方針」, 1947.

일제가 군인으로 끌고 간 인원은 1945 패전 당시, 현역 군인만도 일본정부 공식발표(1953년)에만 의하더라도 육군 186,980명, 해군 22,299명, 합계 209,279명에 이른다.(⟨표 3⟩, ⟨표 4⟩ 참조).

⟨표 3⟩ 패전 후 조선인 육군 군인 · 군속 복원 상황 (1953년 3월)

단위 : 명

군 인 186,980			군 속 70,424		
사 망	불 명	복 원	사 망	불 명	복 원
6,127	84,381	96,472	2,992	20,674	46,758

출전 : 앞의 책, 『在日朝鮮人の槪況』, 「第3節 志願兵制度と徴兵制 による渡來」에서 작성.

⟨표 4⟩ 패전 후 조선인 해군 군인 · 군속 복원 상황 (1953년 5월)

단위 : 명

군 인 22,299				군 속 84,483			
사 망	미귀환	복 원	복원전망	사 망	미귀환	복 원	복 원
250	54	20,843	1,152	6,971	117	60,539	16,856

출전 : 위와 같음.

5. 군속 징발에 의한 군사동원

일본의 군대에는 정규군인 외에 준 군인과 같은 군속이 있는데, 군속에는 육해군 문관 · 고원(雇員) · 용인(傭人)이 있다.

중일전쟁 때는 군 관할하의 공장이나 토목 · 건설 사업 등에 '모집'의 형식을 통하여 대부분 군 노무자로서 군속을 채용하였다. 그런데 전쟁이 장기화되고 태평양전쟁을 도발하면서 특수징용 혹은 '관 알선'의 형태로 대대적으로 군속을 동원하였다. 1943년 7월 20일에는 국민징용령을 개정하여 조선인에게도 일반징용을 자행하였다. 이 일반징용자중에서 군 당국의 요구에 따라 군속으로 차출하여 군수 공장 및 전선에 배치하였다. 패전 때까지 군속으로 끌려 간 자가 육군 70,424명, 해군 84,483명, 도합 154,907명(일본정부의 공식발표. 실제는 이보다 훨씬 많았을 것으로 추정됨)이나 되는데 동남아 지역에만 47,000명에 이를 정도였다(〈표 5〉, 참조).

태평양전쟁 이후 조선인 청장년들은 어떤 형태로든 강제연행 당하게 되어 있었다. 군인으로 아니면 탄광·토목 노동자로 끌려가야만 하였다. 이때 군인보다는 생명의 위협을 덜 느끼면서 막일꾼보다는 대우가 좋은 조건인 군속 모집에, 절망적 선택아래 호구지책으로 지망하는 자들도 있었다.

이들 군속들은 남방의 비행장이나 철도 건설현장, 군 관할의 군수 공장의 노동자, 운수요원 그리고 포로 수용소의 감시요원으로 동원되어 사역 당하였다.[37] 한 예로 1942년 6월 일제는 연합군의 포로를 감시하기 위하여 한반도에서 군속을 '모집'하였다. 모집요강은 "식량은 관급, 피복은 무료 대여, 관사 제공에 월급은 전투지역 노무자에게는 50엔(지금의 4급 공무원 급료수준), 비전투지역은 30엔, 2년 계약"이었다. 이것은 당시로서는 매우 좋은 조건이었다. 조선총독부는 대대적으로 선전하면서 각 읍·면에 할당하여 면서기와 순사들을 앞세워 끌어 모았다. 이에 동원된 3,223명의 조선청년들은 이른바 노구치부대(野口, 부산 서면에 있었음)에 수용되어 2개월 간 군속 신분임에도 불구하고 사격·총검술 등의 군사훈련을 받았다. 그리고 "너희들은 조선인이다. 지금부터 훌륭한 일본인으로 만들어 준다" 라고 하면서 황국서사·일본어 및 일본사 교육 등 철저한 '황민화' 교육을 시켰다. 훈련을 마친 이들

---

37) 『第85回 帝國議會 說明資料』, 1944.

은 인도네시아 · 필리핀 · 뉴기니아 · 버마 · 태국 등 각처 포로수용소에 배치
되어 말단 실무자로 사역 당하였다.

<표 5> 군속연행자 수

	남 방	총 수
1939	0	145
1940	0	736
1941	9,249	16,027
1942	16,159	22,396
1943	5,242	12,315
1944	5,885	45,442
1945	*(9,897)	47,949
계	*46,432	145,010 *154,907

출전 : 『日本人の海外活動に關する歷史的調査』에서 작성.
참고 : *표는 일본정부 발표(1953년)에 의한 군속 수가 154,907명
  인데 반해, 이 자료에서는 145,010명으로 9,897명의 차이가
  있는데 이것은 1945년 분의 남방연행자 수가 포함되지 않았
  기 때문에 생긴 것으로 추정된다.

일제가 패전한 후 이들 포로수용소 감시원들은 즉시 귀국하지 못하고 대
부분 연합군 측에 의해 재 수용되어 전쟁범죄자 심사를 받게 되었다. 그 결과
그 중 148명의 한국인 군속이 '포로학대'라는 이유로 전범으로 처벌당하였다
(사형 23명, 무기 18명, 유기 107명).38) 군속으로 끌려간 조선인들이 전쟁
재물로서 전범으로 처형을 당하는 어처구니없는 일이 벌어진 것이었다.

---

38) 內海愛子 · 村井吉敬, 『赤道下の朝鮮人叛亂』, 勁草書房, 1980, 참조.

　군속의 경우는 대개 2년 계약이었으나 기간이 만료된 다음에도 계속 강제로 붙잡아 사역하였다. 30엔 혹 50엔이라는 급료도 초기에는 지급하였으나 나중에는 이것조차 지급하지 않았다. 군속들의 일본에의 저항은 군인으로 끌려간 자들보다 더욱 치열하였다. 군인들이 대부분 일본인이었기 때문에 그 속에 극히 적은 숫자의 조선인 군인들은 집단행동이 거의 불가능하였고 일본 군인들과 같은 조건아래서 직접 전투에 참가하였기 때문에 목숨을 지키기에 겨를이 없었을 수도 있었다. 그러나 군속은 상관인 일본인 군인들의 비인간적 대우와 민족차별 때문에 갈등과 감정적 대립이 첨예하였다. 그리고 군속이 대부분 한국인이었기 때문에 많은 정보를 서로 교환하고 대화를 나눌 수가 있었다. 반일적인 집단행동이 가능하였던 것이다. 1945년 1월 인도네시아의 자바에서 조선인 군속 3명(손양섭, 노병환, 민병학)이 무장반란을 일으켜 일본인들을 쏘아 죽이고 자결하는 사건이 한 예이다.[39]

　조선총독부와 조선군은 1943년 8월부터 한반도의 재향군인들로 특설 경비부대 및 방위대를 편성하여 '국민항전조직'을 구축하여 나갔다. 재향 군인으로 하여금 한반도의 '방위'를 맡게 하는 조처였다. 1945년 2월에는 후방지역의 방위를 임무로 하는 조선군이 제17방면군으로 재편성되어 대미군 작전을 개시하였다. 그것은 미군이 일본 본토를 공격하기 위하여 제주도로 상륙할 것이고 또한 최정예 전투부대인 관동군이 일본 본토로 귀환하는 것을 차단하기 위하여 한반도에 상륙할 것이라는 판단에 근거한 것이었다. 일본군은 1945년 4월부터 관동군을 비롯하여 중국주둔군·'조선군' 등을 대대적으로 제주도에 파견하여 '최후의 결전'에 대비하는 한편, 6월에는 군의 주도아래 한반도 전역에 '국민항전' 조직으로 국민의용대를 결성하였다.[40] 모든 조선인이 군인으로 강제동원 된 것과 다름없었다. 이처럼 단말마적인 최후의 발악

---

39) 위와 같음.
40) 앞의 책, 『朝鮮軍槪要史』, 참조.

도 결국은 21만 여의 희생자를 낸 인류 최초의 그리고 최후의 원자폭탄 투하로 종언을 고하였다.

6. 맺으면서 - 한·일간의 '과거청산'의 과제

일제는 침략전쟁 기간동안 '관에 의한 강제동원', '국가 법령에 의한 강제동원'으로 가히 전 조선인을 전쟁의 소모품으로서 동원하고 사역하였다. 뿐만 아니라 원폭으로, 귀환도중 또는 소개 과정에서도 엄청난 인명이 살상 당하였다. 재산권의 피해는 이루 다 헤아릴 수가 없다. 그 가운데 연금·퇴직금·급료·저축금·채권 등의 미불금조차도 전혀 받지 못한 채 해방을 맞이하였다. 이러한 역사를 극명하게 보여주는 것이 사할린 동포 문제라는 것은 주지하는 바이다.

이상과 같은 인명 피해, 재산상의 손해, 정신적 고통과 피해는 그 뒤 전혀 보상되지 않은 채 오늘날에 이르고 있다. 이 '과거청산'의 과제가 한·일 간에는 어떻게 처리되었는지 「한일협정」을 통하여 살펴보기로 한다.

1965년 6월 22일 조인된 「한일 기본 조약」을 보면 '과거청산'에 대한 언급은 전혀 없다. 단지 제2조에 "1910년 8월 22일 및 그 이전에 대한 제국과 일본 제국간에 체결된 모든 조약 및 협정이 이미 무효임을 확인한다"라는 조항이 있을 뿐이다. 이것은 자의적 해석이 가능한 문구로, 일본 측 주장대로 일본의 식민지 지배는 불법적인 강점이 아니라 국제법상 협정과 조약에 의한 합법적 지배였음을 명시한 것이 될 수도 있다. 첫 시작이 이렇게 되었기 때문에 배상과 청구 등의 문제는 전혀 해결의 방도를 찾을 수 없게 되었다.

다음에 위의 기본 조약과 동시에 조인된 「대한민국과 일본국 간의 재산 및 청구권에 관한 문제의 해결과 경제 협력에 관한 협정」에서 일본은 '과거청산'에 대한 자세를 노골적으로 드러내고 있다. 먼저 전문에 "양국 및 양국 국민간의 청구권"이라는 문구를 넣어서 배상이나 보상과는 전혀 다른 범주에서 이 문제에 접근하고 있다. 그리고서 제1조에 "3억불 가치의 일본국 생산물 및 일본인의 용역을 무상으로 제공"하고 "2억불 상당의 일본국 생산물과 용역을 조달함에 있어서 차관을 제공"한다고 하고 있다. 그리고 이 제공과 차관은 대한민국의 경제 발전에 유익한 것이 아니면 안 된다고 규정하고도 있다. 그리고 제2조에서는 제1조와는 전혀 상관 관계없이 병렬적으로 "양 체약국은 양 체국 및 그 국민(법인 포함함)의 재산, 권리 및 이익과 양체국 및 그 국민간의 청구권에 관한 문제가 … 완전히 그리고 최종적으로 해결된다는 것을 확인한다"고 하고 있다.

이상에서 5억불 상당의 일본 생산물과 용역의 제공 및 차관은, 일본 당국자들의 주석처럼 어디까지나 독립 축하금 또는 경제 협력 자금의 성격을 지니는 것으로, 결국은 한국 경제를 종속화 하려는 자본투자라고 하여도 지나친 말이 아닐 것이다.

우리는 줄곧, 일본의 불법 강점과 강제 동원에 대한 형사상, 민사상의 배상을 요구하고 있다. 그러나 이에 대하여 일본이 상호간의 청구권이 "완전히 그리고 최종적으로 해결"되었다고 하는 주장은 어불성설의 억지논리라고 않을 수 없다. 좀 더 살펴보면 "양국 및 양국민의 청구권"이라 하고 있어서 가해자의 피해자에 대한 배상이 아닌 것임을 스스로 명확히 하고 있다. 그래서 이 구절은 일본이 조선에 갖고 있던 재산·권리·이익과 조선인이 일본에 요구할 수 있는 재산·급료·연금·퇴직금·저축·채권 등의 미불금과 군인·군속의 사망자에 대한 원호 보상금에 대한 청구권이 서로 상쇄되고 방기되었음을 서로 확인한 것에 지나지 않는다. 이에 대해서는 일본 당국자도 당시 그렇다고 밝혀 왔고, 한국 정부에서도 1971년 공포한 「대일 민간 청구권 신고법」에서 그 청구 범위를 위의 사항에 제한하고 있기도 하다. 그리고 지금까지 일본은 그러한 논리를 가지고 배상 요구를 거부하고 있는데, 이는 국제법의 관례를 무시한 처사라고 지적하여 놓고자 한다. 국제법은 국가를 주체로 하고 있고, 이에 의한 국가 간의 조약, 협정에 의한 사인(私人)의 권리와 청구권은 소멸될 수 없고, 단지 국가의 외교 보호권의 방기만이 가능할 뿐이라고 한다.

패전 이후 일본은 전쟁 희생자 원호법(1952년 입법 이후 13개의 관계법이 제정되었다)을 만들어 자기 나라 사람들에 대해서는 보상을 하고 있는데, 이 법에서 국적 조항을 삽입하여 조선·대만의 구 식민지 출신 희생자에 대해서는 법적으로 보상의 길을 막아 버렸다.

'과거청산'의 문제가 최소한 국제상식 선에서 순리적으로 해결되기 전에는 바람직한 한일관계란 상정할 수가 없다. 이러한 근본적인 문제를 방치한 채 '우호협력' 운운하는 것은 오히려 불신의 벽과 감정적 앙금만을 깊게 할 따름이다.

일본의 오키나와 황민화

大城宜武
오키나와기독교단기대학 교수

1. 시작하며

14세기 류우큐(琉球)에는 크게 北山, 中山, 南山 이라는 3개의 세력권이 있었다. 1372년 中山王 찰도(察渡)는 중국에 입공하여 중국과 「책봉(冊封) - 조공(朝貢)」관계를 맺었다. 종주국 중국에 대한 지위는 조선에 다음가는 위치까지 올랐다. 中山王은 北山에 이어 南山을 평정하여 류우큐를 통일한다.(1429년) 16세기 풍신수길(토요토미 히데요시)의 조선출병 때에 도진(島津)은 히데요시의 명이라고 하여 류우큐에 식량공출과 군사징발을 명령한다. 류우큐는 식량공출에는 응하는 자세를 보였지만, 군사징발에는 응하지 않았다. 다만 식량공출도 곤궁을 이유로 반 정도만을 공출하고, 나머지는 島津

이 대체하였던 것이다. 島津은 대체분의 반납을 독촉했으나 류우큐는 이에 응하지 않았다. 이를 구실로 삼아 德川(도쿠가와) 幕府(바쿠후)의 허락을 얻어, 1609년(일본의 慶長 14년)에 일본(島津)은 류우큐를 침공하였다. 압도적인 군사력의 차이 앞에서 류우큐는 어쩔수 없이 항복하게 된다. 도쿠가와 바쿠후는 류우큐국을 薩摩藩(사츠마한, 島津)에게 하사하였다. 이때부터 류우큐의 중국, 일본(사츠마)에 대한 양속 체제가 시작된다.

1868년 일본은 메이지유신(明治維新)에 의해 왕정복고(武家制＝幕藩체제)에서 王制(＝천황제로의 체제변환)이 성립된다. 일본은 류우큐의 지위를 둘러싼 「琉球處分」을 단행한다.(1879년) 기대했던 중국으로부터의 원군은 없었다. 대항할 군사력을 보유하지 못한 류우큐 왕국은 일본에 병합되고 말았다. 류우큐 왕국은 류우큐번(琉球藩)으로, 멀지않아 오키나와현으로 되었다. 중화적인 아시아적 전통세계가 붕괴되기 시작한 것이다.

일본 병합전, 일본(사츠마번)은 류우큐에 대해서 異化정책을 실시했는데, 류우큐 병합 후는 동화정책으로 전환한다. 전자는 류우큐를 우회한 중국무역의 이익 유지를 위한 방책이며, 후자는 국가팽창책이었다. 팽창정책은 조선에 대한 개입, 청나라로의 진출을 지향하였다. 청일전쟁, 러일전쟁, 조선병합을 차례로 벌여나가면서, 제2차세계대전으로 빠져 들어간다. 그 결과 오키나와는 전쟁터가 되어 민간인이 군인보다 더 많은 사상자를 내게 되었다. 더욱이 미국의 군사지배하에 놓여 많은 사건, 사고, 인권침해로 쓰라린 고통을 겪게 되었던 것이다. 1972년 이후 일본복귀한 뒤의 신헌법 하에서도 이러한 사정은 변하지 않고 계속되고 있다.

2. 폐국치번(廢國置藩)

일본의 메이지정부는 가고시마현(鹿兒島縣)을 통하여 류우큐에 입조를 독촉하였다. 메이지유신을 위한 경하사 파견 요청으로 이해한 류우큐 왕부(王府)는 이에 응하여 상경하였다. 그러나 일본정부는 이들 류우큐 사신에 대해서 「류우큐 국왕 상태(尙泰)를 류우큐번왕에 봉하고 (그 지위를) 華族 반열에 들게 한다」고 통고하였다. 일본국의 류우큐국 병합명령이다. 이에 따라 류우큐국은 류우큐번으로, 류우큐왕은 류우큐번왕으로 된 것이다. 류우큐국의 일청 양속(兩屬)을 해체시키는 술책이다.(1872년) 폐국치번 결과, 일본은 류우큐 담당기관을 외무성에서 내무성으로 바꾼다. 순전한 국내문제로 처리하기 위함이다. 그것은 ①중국에 대한 조공을 중지함, ②중국연호의 사용을 멈추고 명치연호를 사용함, ③류우큐가 미국, 프랑스, 네덜란드와 맺은 외교관계문서를 메이지정부에 인도함 등으로 구체화된다. 외교서류의 몰수는 독립국 류우큐 국권의 기본인 외교권 강탈이다.

물론 일본의 이러한 움직임에 대해서 청국으로부터 항의가 제기되었다. 류우큐를 둘러싼 국제분쟁은 그림1과 같이 풍자되고 있다. 그림의 중앙은 용의 구슬[여의주]이라고 할 수 있는 류우큐이다. 오른쪽의 용은 아버지격인 청국, 왼쪽은 어머니격인 일본이라는 뜻을 담고 있다. 양자가 친권 다툼을 하고 있다. 그림 2에서는, 문명개화된 양복 입은 남자가 거북이 목에 줄을 묶어서 끌어당기고 있다. 머리 모양에서 거북이가 류우큐를 나타낸다는 것을 알 수 있다. 거북이는 고집스

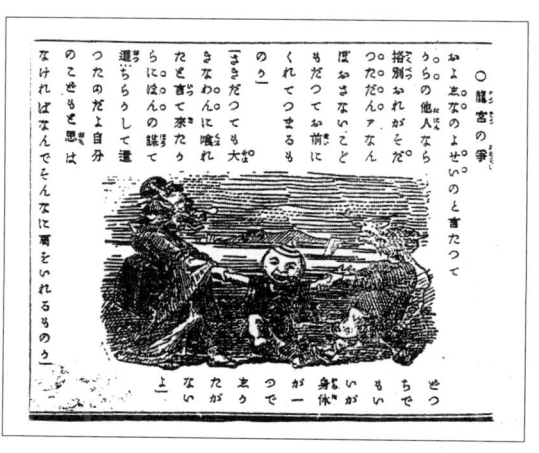

그림 1. 龍宮の争い(『団々珍聞』明治10年3月14日号)

그림 2. 豚の背に乗る亀の子(『団々珍聞』明治
11年1月26日号)

Japan trying to obtain sole possession of "The Colossus of Riukiu," by pUlling China's leg.

그림 3. 古銅人の図(『団々珍聞』明治12年5月
24日号)

럽게 「광서(光緒)」라는 등껍질을 짊어지고 있다. 즉 청국의 연호를 짊어지고 있는 것이다. 메이지 연호의 사용에 저항하고 있는 것이다. 돼지는 중국을 상징하기 때문에 류우큐가 청국으로부터 떼어내기 어렵게 달라붙어 있는 상황을 알 수 있다. 일본의 판도에 들어가는 것을 떳떳하게 여기지 않는다. 그림 3은 중앙의 인물이 류우큐의 상징을 나타내고 있다. 머리모양은 「가타카시라」라고 불리는 쪽찐 머리[結髮]이다. 그 머리에 2개의 비녀가 꽂혀 있다. 오른 손에는 고구마[唐芋], 왼손에 아와모리슈[泡盛酒 - 류우큐 특산의 좁쌀 또는 쌀로 담근 소주의 한가지], 등에는 양산을 메고, 두 다리는 각각 청국과 일본에 놓여져 있다. 청국 쪽에 놓인 발에는 밧줄이 묶여져 있어 육지와 바다에서 일본 쪽으로 견인되고 있다. 일본은 (억지로) 강행한다.

이렇게 류우큐를 자기 판도에 넣은 일본은 「류구문제는 국내문제다」라고 하며 청국의 항의를 물리치고 있다.

일본에 대해 좀처럼 고분고분 따르지 않는 류우큐국에 대해 일본은 4백명의 병사와 160명의 경관으로 首里의 왕궁을 점거하였다. 류우큐는 군사력을 가지고 있지 않았다. 이리하여 약 4백년 이어온 尙왕조는 멸망하였다. 류우큐처분이다. 류우큐국을 자기 판도에 넣은 일본정부는 오키나와의 황민화 정책을 추진한다.

3. 언어정책

류우큐의 언어는 일본 지방어 중에서도 특이한 지위를 가지고 있어서 홀로 차이가 많이 난다. 그림 4는 일본 각지의 10개 방언의 이해·비이해를 측정하여 통계적 분석을 실시한 결과이다. 류우큐(那覇=나하) 방언만이 다른 방언으로부터 고립되어 있다. 거의 대다수의 류우큐인은

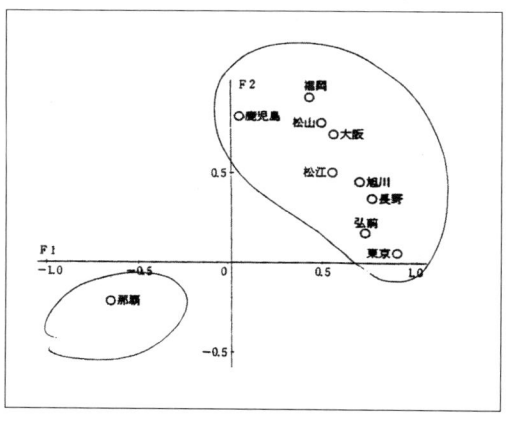

그림 4. 日本10方言の布置(東江、1981より作成)

「일본어」를 알지 못한다. 따라서 오키나와 통치의 요체는 「일본어」교육을 하는 것이었다. 이를 위해 일본어(표준어=공통어)를 교수하기 위한 교과서 『오키나와 대화』(1880년)가 편찬되어 사범학교와 소학교 등에서 사용되었다. 황민화는 학교교육을 매개로 침투하게 된다. 공통어(표준어) 보급을 꾀하

그림 5. 鰐の来襲(『団々珍聞』明治27年6月16日号)

여 「방언박멸운동」이 모든 현청에서 실시되고, 「方言札」이 학교에 도입되었다. 方言札은 방언을 사용하는 학생을 벌주기 위해서 그 목에 걸게하는 罰札이다. 학계만이 아니라 사회 전반에서 류우큐어는 나쁜 것이며, 멸시되어야 할 것이며, 뒤떨어진 언어다 라는 캠페인이 이루어졌다.

마지막 류우큐왕 尚泰의 왕자인 尚典은 징병 연령이 되자, 「아직 언어를 모르고, 풍속도 (몸에) 익히지 못했다」(그림 6 참조)라는 상신서를 제출하여 병역을 면제받고 있다. 왕족마저 일본어 실력이 이러한 상태였으며, 풍속 습관도 일본적 문화와의 격차가 컸다. 당시 오키나와에서 일본어를 이해하는 이들은 극소수의 정치적 엘리트 뿐이었다.

일반 서민의 생활 언어는 류우큐어로, 현청의 공무원과 교육자들의 분투에도 불구하고 철저하지 못했다. 1940년대 표준어 여행(標準語勵行)이라는 일대운동이 전개되었다. 즉 「標準語勵行 문제는 현민의 물심 양면의 생활에 중대한 관계를 가지고 있어서, 과거 반세기의 교육 보급과 함께 크게 그 실적을 올렸다고 할 수 있지만, 일반에는 아직 그 효과가 충분하지 않기 때문에 거현일치 표준어려행(擧縣一致標準語勵行)의 대운동을 진작하는 것은 국민정신총동원의 한 운동으로서 의미 깊다」고 위치지웠다. 그리고 다음와 같은 목표가 내걸렸다.

① 관공서, 학교 기타 지도적 지위에 있는 자는 솔선수범의 결실을 올릴 일

② 학생 아동 남녀 청년의 철저한 勵行〔실행과 독려〕을 기할 일
③ 공공생활에서 勵行의 철저를 계속 기하여 가정생활에 침투시킬 일
  (『那覇市敎育史 자료편』에서)

제2차세계대전중, 미군이 오키나와에 상륙하여 일본군과 격렬한 지상전이 전개되었다. 이때, 일본 군부는 「군인 군속을 불문하고 표준어 이외의 사용을 금한다.(오키나와말로 담화하는 자는 간첩으로 간주하여 처분한다)」(제32군사령부, 일일명령철)는 통첩을 발하였다. 즉 방언을 사용하는 자는 스파이로 간주한다는 것이었다. 오키나와의 언어를 알지 못하는 일본병은 일본어를 알지 못하는 오키나와 주민이 오키나와어로 말하는 것을 스파이 행위라고 간주하여 학살할 근거로 삼은 것이다. 격전 중 오키나와 주민은 미군의 공격과 일본군으로부터의 스파이 혐의로 몸을 둘 곳이 없었다.

류우큐어에 대한 부정적 캠페인은 오키나와 주민들 마음에 깊은 상처를 주고 열등감을 증폭시켰다. 「슬프게도 오키나와 사람들은 언어에 자유스럽지 못하다. 대담하지 않다. 그 이유는 "찬합의 구석을 이쑤시개로 후비다(자잘한 일에까지 간섭하다)"라는 말처럼 標準語 勵功行의 지도방법 때문에 혼이 오그라들었던 것이다. 주눅들었던 것이다.」(『那覇敎育史 자료편』에서) 그것은 「전시에, 다른 현의 부대가 출신지 사투리를 마음껏 사용하는데 반해, 오키나와 출신의 군대는 사투리를 섞어쓰는 이유로 수치를 당하지는 않을까 하고 조심해서 말을 하지 않아 힘들었다」(『那覇敎育史 자료편』에서) 그리고 제2차세계대전후, 이윽고 류우큐어를 알지 못하는 세대의 출현을 가져왔던 것이다. 언어를 빼앗긴 것이었다.

4. 어진영(御眞影)

어진영(御眞影)이라 함은, 황실의 위광을 국민에 각인시켜서 공순(恭順)・존숭시키기 위해 배포된 천황・황후의 초상 사진이다. 오키나와에는 1873년에 藩廳에 배포되었다. 류우큐 처분 다음해였다. 1887년에는 다른 부현보다 앞서서 심상(尋常)사범학교〔일본의 옛 교육제도로 보통사범학교〕에 배포되었다. 사범학교는 말할 필요도 없이 교원양성기관이다. 동화정책에 대한 정부의 열의가 분명하다. 어진영은 사범학교에서 시작되어, 연이어 각 학교에 배포되어 황민화 사상의 보급 침투에 커다란 역할을 하였다. 어진영은 교육칙어와 함께 황민화 교육의 중심을 형성하였다. 학교 화재로 어진영을 소실시킨 교장이 징계면직되는 등의 사건이 일어났다. 국민의 생명재산 보다도 존귀한 것이었으며 천황・황후의 분신으로서 외경스러운 마음을 양성하고 국민의 정신을 지배하였다.

제2차세계대전중 오키나와에서는 어진영을 수호하기 위해 「어진영봉호대(御眞影奉護隊)」가 교장을 비롯한 교원을 중심으로 만들어져, 지상전이 벌어지는 가운데 오키나와 본섬의 중・남부학교의 어진영을 집중 피신시키고 있다. 패색이 농후해지자 적들의 손에 넘어가는 것을 두려워해 어진영을 소각처분하고 있다. 즉, 1945년 6월 30일 「황거요배(皇居遙拜)와 국가제창을 한 다음 마지막으로 渡嘉敷 대장의 손에 의해 어진영 한쪽 끝에 불이 붙여졌다. 소각된 어진영은 명치천황부터 대정, 소화의 천황 황후를 포함해서, 약 20킬로씩의 봉안 상자가 18개였는데, 쌓아올리면 3미터에 달하는 양이었다. 깊은 산속의 호 안에서의 소각 작업은 야간에 비밀히 진행되어 8시간에 걸친 듯하다.(『류우큐사료 제3집 교육편』에서 정리)

5. 징병제

일본정부의 징병제는 1873년의 징병령으로 시작되는데, 오키나와현에서는 1898년에 적용되었다. 오키나와에서 지도적 입장에 있던 현청의 공무원과 교원, 신문 종사자들은 징병령 시행을 환영하였다. 그것은 국민의 의무인 병역을 담당하는 것에 의해 일본 국민의 일원이 될 수 있다고 생각했기 때문이다.

일반에는 징병제가 시행되기 전이기 때문에 오키나와 출신 병사는 동학군의 진압이나 청일전쟁에 관여하고 있지 않은 것처럼 생각될 수 있다. 그러나 징병제 시행전인 1890년에는 육군교도단에 지원입단한 청년들이 있고, 이들은 1년 가까운 교육을 받고 하사관이 되었다. 군인에 지원한 일로 그들은 엄청난 비난을 받았지만 일종의 엘리트였다. 「청일전쟁이 시작되자 이들 오키나와 최초의 군인들도 참가하였다」(田港朝和) 그들이 동학군과 싸웠는 지는 확실하지 않다.

류우큐인으로 가장 최초로 징병을 받았던 이는 류우큐국 마지막 왕 尙泰의 맏아들 尙典일 것이다. 동경에 살고 있던 그는 명치 17년(1884년)에 징병 적용의 대상이 되었다. 그림 6은 尙典의 당황스러움을 풍자한다. 설명문을 읽어보면, 일본인이 류우큐인을 중국인과 조선인으로 혼동해서

그림 6. 徵兵令(『団々珍聞』明治17年10月 18日号)

이해하고 있음을 알 수 있다. 여러 역할과 의미를 떠맡으면서, 결국 그는 징병면제원을 제출하여 허락받고 있다. 면제 사유는 이미 보았던 것처럼, 표준어와 일본풍속을 익히지 못한 점이었다.

군대 내에서의 일반 류우큐인 병사의 지위는 비참하였다. 교육이 보급되지 않은 오키나와에서 표준어를 익히지 못해 읽기 쓰기 능력에서도 떨어지고, 일본인적 표준 행동양식을 지니지 못하는 오키나와 출신자는 차별 모멸의 대상에 지나지 않았다. 저들은 전장에서 용맹하게 싸우는 것으로 스스로의 존재를 보이는 것 외에는 방법이 없었다. 이 결의는 러일전쟁(1904~1905)에서 실천되어 3,864명의 출정병사 중 사상자 205명, 전상자 149명을 내고 있다. 스스로의 명예를 증명하기 위해 황민화에 적극적으로 매진한 것이었다. 과잉 적응했던 것이다.

1896년 일반 징병보다 앞서서, 사범학교를 졸업한 소학교 교원을 6주간의 단기 현역 복역시키로 하였다. 그들은 징병의 첨병이 되었던 것이다. 한편 징병 기피자가 속출하였다. 다만, 그것은 조직적인 것이 아니라 개인적인 것이었다. 田港(1989)은 「일반민중이 징병을 면하고 싶은 마음에서 생각해 낸 징병 기피 방법은 검사전에 도망해서 행방을 감춘다든지, 고의로 육체적 결함을 만든다든지, 장님과 농아를 가장한다든지, 혹은 이민해서 해외로 달아난다든지 하는 여러 가지였다」고 말하고 있다. 청국으로의 탈주도 끊이지 않았다. 1898년부터 1915년의 18년간에 징병 기피로 체포 고발된 사람은 774명에 이르고 있다.

6. 미풍(美風)이 오랑캐 습속[蠻風]으로

오키나와에는 「하지치(針突)」라고 불리는, 여성이 손등이나 팔등 등에 문신을 하는 습관이 있었다. 比嘉道子(2000)는 하지치에 대해서 「어린아이에서부터 나이든 할머니까지 오키나와의 여성들을 매혹시킨 針突」이라고 쓰고, 「針突을 아름다운 것, 자랑할 만한 것, 부러운 것이라고 받아드렸던 여성들은 어릴때부터 어머니와 언니와 숙모, 때로는 할머니 등 동성의 여성들 자신이 몸에 희희낙낙하며 針突하는 광경을 보며 자랐다」고 말하고 있다. 그것을 일본정부는 「문신은 야만스런 풍속」이라고 해서 형법에 조문화해서 금지시켰다.(1899년 시행) 즉 「신체에 문신을 하거나 이를 업으로 하는 자는 … 구류에 처하거나 또는 10전 이상 1엔 이하의 벌금에 처한다」라고 정하였다. 比嘉는 「針突은 오키나와의 여성들에게 있어 아름다움이며 성숙한 여인의 표식」이라고 했다. 일본에서 문신은 일반적으로 야쿠자나 도박꾼 등 이른바 아웃사이더 세계에서 이루어졌다. 그 같은 사회 문화적 문맥에서 오키나와의 풍속이 악폐로 간주되었던 것이다. 천황제하에서 국민은 「천황의 적자」가 되어, 자기 신체는 자기의 신체가 아니라 천황에게 속하는 것이기 때문에 문신 등은 그 몸을 「더럽히는」 행위로 간주되었다.

그림 7에 예를 들었다. 針突 문양은 지역에 다라 다르며, 또한 신분에 따라서도 다르다. 좌우 대칭으로 구성되어 있지 않은 것도 주목된다. 그러나 針突을 한 노인도 수치스럼 때문에 사람들 앞에 드러내려고 하지 않는다. 혹은 針突을 변명하는 듯한 말투이다. 針突의 습관은 현재 잔존하지 않는다.

針突이라는 「惡風」을 기

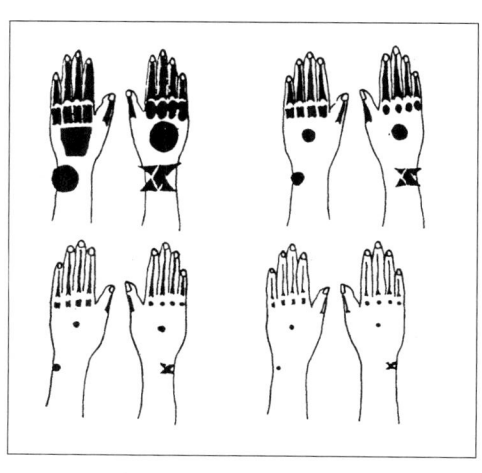

그림 7. 階級別針突紋樣の例(小原一夫『南島入墨考』 1962, より)

피하고 솔선하여 금압한 것은 여교사들이었다. 스스로의 斷髮을 뺌으로써 여학생들을 교도했다. 또한 여교사들은 남국 오키나와풍의 琉裝을 和裝(일본식)으로 바꾸고, 새로운 패션을 권장하며 돌아다녔다.

남성들에게 있어서는 '가타카시라' 라고 불리는 머리 양식이 단발령(1871년) 적용에 따라 금지되었다. 사족층의 강한 반발을 불러일으키면서도, 문명개화라는 국책에 의한 풍속개량책이기 때문에 관리와 교원, 학교 학생을 중심으로 점차 침투되어 간다.

7. 오키나와 황민화의 완성?

일본의 정치형태는 「천황제」로, 萬世一系의 종교적인 색채를 띤 것이었다. 한편 류우큐(오키나와) 경우는 왕통을 바꿔나가는 「王制」이다. 왕의 원천은 중국의 책봉에 유래하는 것이었다. 일본에 병합된 후에도 류우큐인의 천황 개념은 희박하다. 일본정부는 오키나와현의 관리와 교원 등을 중심으로 해서 일본 동화책 즉 황민화를 추진시켰다. 그들 오키나와의 지도자 엘리트층은 오키나와의 풍속 습관을 뒤떨어진 것으로 간주하여, 그 개량에 몰두하여 점차 개혁해 간 것이다. 일본식 교육을 받은 세대는 황민화의 첨병으로 기능하여, 표준어 여행(標準語勵行)을 추진하고, 스스로 단발하고 징병에 응하고, 어진영(御眞影) 앞에 학생들을 절하게 하고, 황민사상에 물들어갔던 것이다. 그러나 「無學한」사람들 가운데에는 스스로의 신체에 손상을 해가며 징병기피를 실행하는 사람이 있었던 점을 잊어서는 안된다.

1945년 미군이 오키나와에 상륙한다. 纐纈(교힐)(1999)은 「군 중앙의 방침으로, 섬 사회에서의 농촌공동체의 농밀한 인간관계를 이용하여, 군에 대한 동원체제를 확립하고, 군민 일체화에 의해 섬 전체를 요새화하려는 의도가 명시되었다」고 말하고 있다. 일상적으로 군민이 공동행동하는 가운데 군은 오키나와현민을 대상으로 하는 방첩대책을 강화한다. 그것은 「오키나와현 사람들 가운데에는 다른 부현 사람들과 비교해서 사상적으로 忘恩功利 경향이 큰 자가 많다」고 하는 오키나와인들에 대한 없애기 어려운 불신과 혐오와 차별이 있었기 때문이다. 일본군부는 오키나와 주민을 전쟁에 동원하면서도 주민이 적과 내통할지도 모른다는 의심에 시달렸다. 군대는 자기보존을 위해 행동한다. 작전 수행에 장해가 된다고 생각하면 제거한다. 일본군은 스파이 용의로 오키나와 주민을 학살하였으며, 적군이 알 것을 우려하여 참호 안에서 울부짖는 유아를 살해하거나 호 안에서 주민을 내쫓고 식량을 빼앗았다. 오키나와전에서 패색이 짙어지자 '살아서 적에게 욕을 당하는 것보다는' 하면서 주민을 집단자결로 몰아가게 한 것은 일본군의 명령 지도를 받은 교육자들과 지방의 유력자들이었다. 무엇보다도 군대와 행동을 함께 하며 전화를 피하려 했던 경우에 민간 주민의 전사자가 많았고, 또한 교육자와 지방 유력자가 가까이 있었던 경우에 주민은 집단자결(자살)하고 있다. 집단자결은 강제된 자살이었다. 金城重明(1995)은 이렇게 증언하고 있다.

오키나와라는 離島에서 일어난 「집단자결」에 대해서, 빼놓을 수 없는 중요한 점은 그것이 일본군이 배치되었던 섬들에서만 일어난 것이 아니라는 사실이다.

우리들 주민은 사랑하는 육친을 제손으로 죽이고 있었다. 흡사 그림과 같은 아비지옥이 전개되고 있었던 것이다. 면도칼이나 낫으로 경동맥이나 손목을 자른다든지, 끈으로 목을 조인다든지, 곤봉이나 돌로 머리를 내리치는 등 전율할 여러 가지 방법을 택했다. 어머니에게 손을 대었을 때, 나는 비통한 나머지 소리내어 울고 말았다.

이렇게 해서 329명의 촌민이 잔혹한 죽임을 당하였다. 아파련(阿波連) 인구의 2/3가 없어졌다. 「집단자결」로 죽은 주민의 유체는 성을 이루고, 흘러내린 피는 시내물을 새빨갛게 물들여 몇일이 지나도록 지워지지 않았다.

일본군과의 공존, 군의 압력 없이는 이러한 비참한 일은 발생할 수 없었다
고 할 수 있다.

천황의 군대 및 황민화된 엘리트·유력자들은 오키나와 주민을 잘못 이끌
었다.

오키나와 주민은 전쟁터로부터 어떻게 도망칠 바를 몰라 갈팡질팡하는 와
중에 천황의 군대다운 일본 병사의 행동을 목격할 기회를 얻었다. 저들은 황
민화가 무엇을 초래하는지 체험을 통해 알았던 것이다.

더욱이 천황의 군대는 위안부를 필요로 하였다. 「조선 여성을 비롯하여
중국, 대만·필리핀 등 점령지의 여성」(新城, 1999)이 종군위안부로 봉사당
하였다. 어느 정도의 위안부가 있었는지 지금껏 알려지지 않았다. 오키나와
각지에 130여 곳을 헤아리는 위안소가 설치되어 있었기 때문에 상당수의 위
안부가 끌려왔다고 생각된다.(오키나와 여성사를 생각하는 모임) 위안부들은
일본군에게 차별적으로 대우받았고, 오키나와 주민들도 그들을 차별적으로
대우하였다. 新城은 다음과 같이 쓰고 있다.

　　오키나와에도 약 만 여명의 조선인 軍夫나 「위안부」가 끌려왔다. 軍夫는 군
　의 엄격한 관리하에서 비행장 건설이나 진지구축, 전쟁터에서의 탄약운반 등의
　위험한 일에 동원되었다. 그곳에서 도망치려 한다든지 반항하는 자는 용서없이
　살해되었으며, 때로는 스파이 혐의나 식량통제 위반을 구실로 본보기의 총살·
　참살에 이용되었다.

오키나와전의 전몰자는 대략 다음과 같은데, 아직 밝혀지지 않은 점이 많
다.
　　오키나와현이 아닌 타현 출신 일본병 6만 6천명
　　오키나와 출신 군인 군속 2만 2천명

오키나와의 일반 주민 9만 4천명
일본측 전몰자수 18만 8천명
(그중 오키나와현민) 12만 2천명
미군 만 3천명
총수 20만명

　나중에 격전지에 「평화의 礎」라는 기념비가 건립되어, 국적·군인·민간인의 구별 없이 전몰된 한사람 한사람의 이름을 각인되어 있다. 일본인 뿐만 아니라, 한국·북조선·대만, 적국인 미국·영국병사의 이름도 새겨져 있다. 한국관계의 유족 중에는 이름 새기는 것을 거부하는 사람도 있다고 한다. 이름이 판명 되는대로 추가로 이름을 새기고 있다. 자기나라 고향의 전사를 추도하는 것은 자연스러운 (인간의) 정리이다. 그러나 적과 아군의 구별 없이 非戰의 뜻을 담은 이와 같은 기념비 제작의 존재는 주목할 만하다.

　일본이 패전한 결과 오키나와현은 미합중국에 의해 군사통치되었다. 황민화로부터 떨어진 것이다. 1947년 소화 천황은 미군에 의한 오키나와의 장기 군사점령을 희망한다는 취지의 메시지를 발하고 있다. 이른바 「천황메세지」이다. 이것이 천황에게 공손했으며 천황을 위해 싸운 것에 대한 천황으로부터의 답례였다.

8. 새로운 황민화

　제2차세계대전은 다대한 참화를 초래한 끝에 일본의 항복으로 종결되었다. 미일간의 샌프란시스코 강화조약은 일본이 오키나와를 미국에게 바치는 것으로 일본의 독립을 실현시켰다. 일본의 자유와 경제적 번영을 구가하는 시대의 개막이었다. 오키나와는 미군정에 의한 인권유린, 토지재산의 약탈, 생명의 위협이라는 거듭된 굴레에서 고통당하였다.

천황주권인 「대일본제국헌법」(1889년 발포)은 「일본국헌법」(1947년 시행)으로 바뀌었다. 일본국 헌법은 국민주권, 기본적 인권의 존중, 평화주의로 특징된다고 한다. 그러나 이것으로 천황제가 소멸된 것은 아니다. 헌법에 상징 천황으로서 천왕제는 「민주적으로」규정되어, 천황 존숭의 기본은 조금도 흔들림이 없다. 국민주권이라고 말하면서 천황에게 특별한 지위를 보증한다. 미국의 군사통치하에 있던 오키나와에서는 「일본복귀」가 이루어진 1972년부터 이 헌법이 적용되었다. 천황을 받드는 일본국 헌법하에서, 다른 부현과 똑같이 오키나와도 황민화 속에 있지만, 법의 평등은 실현되지 않고 있다. 강화조약의 결과, 일본 국내의 미군기지(시설, 구역)는 축소되어 왔지만 역으로 오키나와에서는 오히려 강화되고 있다. 또한 일본의 영해, 영토, 영해의 많은 부분이 미국군 통제하에 있다.(마에다 데쓰오 ; 前田哲男, 2000 참조) 일본은 「미일안전보장조약」 및 그에 부수하는 「지위협정」에 의해 미국에게 잠식되어, 거의 미국의 보호국 내지는 반식민지 상황에 있다고 생각된다. 왜냐하면 미군기지에 대해서 미국은 운영, 유지, 이용, 점유, 정비, 관리하는 관리권을 가지고 있기 때문이다. 스스로 제공한 기지에 아무런 발언권도 일본은 가지고 있지 않다. 치외법권이다. 오키나와는 미국의 이러한 강한 권력에 지배된 일본에 의한 「내국 식민지」라고 할 수 있을 것이다. 일본은 또한 「자위대」라는 이름의 군대를 가지고 있다. 오키나와에서 미군도 자위대원도 부녀폭행사건을 일으키며 주민생활을 위협하고 있다. 지금은 미국 본국에서조차 군사기지를 유지하기가 어렵게 되었다고 한다. 그 기지를 오키나와에 집중 강화시켜서, 미국이 동아시아의 패권을 장악하는 보루로서 기능하고 있는 것이 기지 오키나와이다. 아는지 모르는지 이러한 화약고 위에서 일본 국민의 대부분은 愚者의 樂園과 같은 안일한 생활을 즐기고 있다.

9. 마치며

우리들은 평화를 희구한다. 일본의 헌법은 평화주의라고 말해진다. 그러나 일본의 헌법에서 정한 「평화」주의는 특이하다. 「전쟁의 방기」를 규정하고 있는 점에서 그렇다. 다음과 같이 정하고 있다.

제9조 [전쟁방기, 군비 및 교전권의 부인]
1. 일본국민은 정의와 질서를 기조로 하는 국제평화를 성실하게 희구하여, 국권의 발동인 전쟁과 무력에 의한 위협 또는 무력의 행사는 국제분쟁을 해결하는 수단으로서는 영구히 이를 방기한다.
2. 전항의 목적을 달성하기 위해, 육해공군 기타의 전력은 보지하지 않는다. 국가의 교전권은 인정하지 않는다.

황민화를 뛰어넘어, 지금 오키나와가 믿고 의지할 것은 이 조항에 걸려 있다. 평화를 실현하는 수단은 다양할 것이다. 무기를 보유하는 것으로 평화를 실현하려고 하는 것은 흔한 일이다. 그 나름대로의 효과는 어느 정도 증명되어 왔다. 그러나 군사력은 안전보장을 위한 항구 보편의 진리일까? 역사는 무기에 의해 멸망한 기록의 집적이다. 잠정적으로는 군사력이 필요할지 모른다. 그러나 궁극에 있어서 인류는 무기가 없는 세계를 구상할 필요가 있을 것이다. 자유평등이 당연하지 못한 시대가 있었다. 노예제도가 당연한 시대가 있었다. 민주주의가 몽상에 지나지 않은 시대가 있었다. 군사력이 없는 세계. 몽상일지 모른다. 오키나와에는 「모든 무기를 악기로」라며 활동을 지속하는 음악가 喜納昌吉이 있다. 무기 · 군사력으로 자국의 이익이나 행복을 추구하여 다른 나라를 지배하는 것은 수치스러운 소행이라는 상상력을 발휘하는 시대에 우리들은 살고 있다고 생각한다. 동학의 꿈은 모두가 행복해지는 극락정토의 실현이었던 것이 아닐까

주기

1. 버질 홀은 나폴레옹과 회견했을 때 류우큐를 무기가 없는 섬으로 소개하고 있다. 홀의 이야기를 듣던 나폴레옹은 흥분해서 다음과 같이 말했다고 한다.「무기가 조금도 없다니! 무기가 없으면 도대체 어떻게 싸운단 말인가?」이 에피소드는 근거가 없다는 비평도 있었지만, 여기에서 비쳐진 非武의 思想은 중요하다.

2. 동학문제는 일본의 서민층에게 어떻게 전해졌을까? 그림 5는「동학당의 난」을 풍자하고 있다. 회오리치는 파도 속에서 악어가「ちょう船」을 공격하고 있다. ちょう船(죠 - 센)은 음이 같으므로「朝鮮」을 의미한다. 사나운 입을 벌리고 있는 악어는 머리에「東」이라는 글자가 새겨져 있다.「鰐」은「がく(=가쿠)」로도 읽는다. 그리고「がく」는「學(がく)」이다. 두 글자를 합치면「東學(とうがく =도 - 가쿠)」가 된다. 동학이 습격해온 것이다. 동학을「叛徒」로 받아들이고 있다. 형세불리한 조선왕부는 청국에 구원군 파견을 요청했다.「구원선」은 뱃머리가 용으로 되어 있으므로 청국을 의미한다. 오른편 산꼭대기에 있는 것은 일본이다. 산은 후지산일 것이다. 일본의 상징이다. 높은 곳에서 사태의 추이를 지켜보는 모습이다. 개입할 때가 언제인가를 엿보고 있다. 그후의 전개는 주지하는 대로이다.

참고 · 인용문헌

芦辺信喜, 1993, 『헌법』, 岩波書店

比嘉道子, 2000, 「美から蠻風へ」, 奧田曉子(편), 『女と男の時空』, 藤原書店

岩波書店편집부, 1968, 『근대일본종합연표』, 岩波書店

上垣外 憲一, 2000, 『암살 · 이등박문』, ちくま書房

金城重明, 1995, 『「집단자결」を心に刻んで』, 高文硏

纐纈 厚, 1999, 『침략전쟁』, 筑摩書房

前田哲男, 2000, 『在日米軍基地の收支決算』, 筑摩書房

又吉 眞三, 1988, 『琉球歷史總合年表』, 那覇출판사

那覇市교육위원회(편), 2000, 『那覇市敎育史』, 那覇市교육위원회

沖繩大百科事典편집사무국(편), 『沖繩大百科事典』上, 中, 下, 沖繩타임즈사

大熊良一, 1989, 『세인트 헬레나의 나폴레옹』, 近藤출판사

『琉球史料』제3집 교육편(복각판), 1988, 那覇출판사

新城 俊昭, 1999, 『고등학교 琉球・沖繩史』, 동양기획

田港朝和, 1989, 「징병령의 실시와 현민의 대응」, 沖繩縣교육위원회(편),
　　　『沖繩縣史 1, 通史』, 國書刊行會, 464~479

海野 福壽, 1999, 『한국병합』, 岩波書店

日帝の沖縄皇民化

大城宜武(沖縄キリスト教短期大学教授)

はじめに

　14世紀、琉球には北山、中山、南山と大きく3つの勢力圏があった。1372年、中山王察渡は中国に入貢し、中国との間に「冊封―朝貢」関係ができる。宗主国中国に対する席次は朝鮮に次ぐ位置にまで進んだ。中山王は、北山ついで南山を平定し琉球を統一する(1429年)。16世紀、豊臣秀吉の朝鮮出兵に際し、島津は秀吉の命だとして琉球に食糧供出、兵賦を命じる。琉球は食糧供出に応じる姿勢を示したが、兵賦には応じなかった。但し、食糧供出も困窮を理由に半分だけを供出し、残りは島津が代替したのであった。島津は代替分の返納を督促したが琉球は応じなかった。これを口実に徳川幕府の許可の下、1609年(日本，慶長 14年)に、日本(島津)は、琉球に侵攻した。圧倒的な軍事力の差の前に琉球は降伏を余儀なくされる。徳川幕府は琉球国を薩摩藩(島津)に下賜した。ここに琉球の中国、日本(薩摩)への両属体制が始まる。

　1868年、日本は明治維新によって王政復古(武家制(＝幕藩体制)から王制(＝天皇制)への体制変換)が成立する。日本は琉球の地位を巡る「琉球処分」を断行する(1879年)。期待された中国からの援軍はなかった。対抗的軍事力を保有しない琉球王国は日本に併合されてしまった。琉球王国は琉球藩となり、やがて沖縄県とされた。中華的なアジア的伝統世界の崩壊の始まりであった。

　日本併合前、日本(薩摩藩)は、琉球に対して異化政策を施したが、琉球併合後は同化政策に転じる。前者は、琉球を迂回した中国貿易の利益維持のための方策であり、後者は国家膨張策であった。膨張政策は朝鮮への介入、清国への進出を志向した。日清戦争、日露戦争、朝鮮併合を繰り広げながら、第2次世界大戦へと雪崩れ込んでいく。その結果、沖縄は戦場となり民間人が軍人を上回る死傷者を出すことになった。さらに、米国の軍事支配化に置かれ、多くの事件事故人権侵害の辛酸を舐める仕儀になったのである。1972年以降、日本復帰後の新憲法の下でもこの間の事情は変わらず続いている。

1. 廃国置藩

　日本の明治政府は鹿児島県を通じて琉球に入朝を促した。明治維新のための慶賀使派遣の要請として理解した琉球王府はこれに応じて上京した。しかし、日本政府はこれら琉球使臣に対して「琉球国王尚泰を琉球藩王に叙し華族に列す」と通告した。日本国の琉球国併合命令である。これに伴い琉球国は琉球藩となり琉球王は琉球藩王とされることになった。琉球国の日清両属を解体する策謀である(1872年)。廃国置藩の結果、日本は琉球の扱いを外務省から内務省の扱いに移す。純然たる国内問題として処理する為である。それは、①中国への朝貢を止めること、②中国年号の使用を止めて、明治年号を使用すること、③琉球が米国、フランス、オランダと結んだ外交関係文書を明治政府に引き渡すこと、等として具体化される。外交書類の召し上げは、独立国琉球の国権の基本である外交権の強奪である。

　勿論、日本のこの挙動に対して清国からクレームがつけられた。この琉球を巡る国際紛争は図1のように諷刺されている。図の中央は、龍の球とも言うべき琉球である。右の龍は父親たる清国、左は母親たる日本の含意である。両者が親権争いをしている。図2では、文明開化した洋装の男が亀の首に縄を掛けてひっぱている。頭髪の様相から亀は琉球を表していると知れる。亀は頑固に「光緒」の甲羅を負っている。すなわち清国の元号を負っているのである。明治元号の使用に抵抗しているのである。豚は中国を表徴するので琉球が清国から離れがたくしがみ付いているのが分る。日本の版図に入る事を潔しとしない。図3は、中央の人物が琉球のシンボルを表出している。頭髪は「カタカシラ」と呼ばれる結髪である。その髪に2本の簪が挿されている。右手には唐芋、左手に泡盛酒、背には涼傘を負い、両脚は清国と日本に置かれている。清国側の足には綱が掛けられ陸と海から日本の方に牽引されている。日本は強引である。琉球を版図化し、こうして、日本は「琉球問題は国内問題である」として清国の抗議を突っぱねている。

　日本への恭順になかなか応じない琉球国に対して日本は、400人の兵士、160人の警官をもって首里の王宮を占拠した。琉球は軍事力を持たなかった。ここに約400年続いた尚王朝は滅びた。琉球処分である。琉球国を版図化した日本政府は、沖縄の皇民化策を開始することになる。

2. 言語政策

　琉球の言語は、日本語地方語の中でも特異な地位を持っており、ひとり懸け離れている。図4は、日本各地の10方言の理解・非理解を測定して統計的分析を施した結果である。琉球(那覇)方言のみが他方言から孤立している。ほとんどの琉球人は「日本語」を解しない。したがって沖縄統治の要諦は「日本語」教育をすることであった。この為、日本語(標準語＝共通語)を教授す

るための教科書『沖縄対話』(1880年)が編纂され、師範学校、小学校などで使用された。皇民化は学校教育を介して浸透する事になる。共通語(標準語)普及を目指して「方言撲滅運動」が県庁こぞって実施され、「方言札」が学校に導入された。方言札は方言使用生徒を罰するためにその首に下げさせる罰札である。学校だけでなく社会全般で琉球語は悪いものであり、賎しむべきものであり、劣った言語である、とのキャンペーンが行われたのであった。

　最後の琉球王・尚泰の王子である尚典は徴兵年齢に達した時「いまだ言語あい分らず、風俗も習慣いたさず」(図6参照)との上申書を提出し兵役を免除されている。王族さへ日本語力はこの有様であり、風俗習慣も日本的文化との隔たりは大きかった。当時沖縄で日本語を解するのは一握りの政治的エリートに限られていたのである。

　一般庶民の生活言語は琉球語であり、県庁役人や教育者の奮闘にもかかわらず徹底しなかった。一九四〇年代、標準語励行の一大運動が展開された。すなわち「標準語励行問題は県民の物心両面の生活に重大なる関係を有し、過去の半世紀における教育の普及と相俟って大いに其の実績挙がれるものありと雖も、一般には未だその効果を十分ならざるものであるので、挙県一致標準語励行の大運動を振起することは国民精神総動員の一運動として意義深い」と位置付けられた。そしてつぎのような目標が掲げられた。

① 官公署、学校其他指導的地位に在る者は率先垂範の実を揚ぐること。

② 生徒児童男女青年の徹底的励行を期すること。

③ 公生活に於ける励行の徹底を期し進んで家庭生活へ浸透せしむること。

(『那覇市教育史　資料編』より)

　第2次世界大戦中、米軍が沖縄島に上陸、日本軍との間に激しい地上戦が行われた。この時、日本軍部は「軍人軍属を問わず標準語以外の使用を禁ず。(沖縄語で談話しあるものは間諜と見做し処分す)」(第三二軍司令部、日日命令綴)、と通牒を発した。つまり方言を使用するものはスパイとみなす、というのである。沖縄の言語を解さない日本兵は、日本語を解さない沖縄住民が沖縄語で話すのをスパイ行為とみなし、虐殺する根拠となったのである。激戦の中、沖縄住民は米軍の攻撃と日本軍からのスパイ嫌疑で身の置き場がなかった。

　琉球語へのネガティーブキャンペーンは沖縄の住民の心を深く傷つけ、劣等感を増幅させる。「悲しくも沖縄の人々は、言葉に自由でない。大胆でない。その理由は重箱の隅をホジクル如き標準語励行の指導方法のために魂がちぢこまったのだ。いぢけたのだ。」(『那覇市教育史　資料編』より)。それは「戦地に於いて、他県の兵隊が、出身地の方言を盛んに使用するのに、沖縄出身の兵隊が方言混用の為め恥をかきはせめかと懸念して話が出来ず言葉に困った」(同) 状況であった。そして、第2次世界大戦後、やがて琉球語を解さない世代の出現をもたらすのである。言葉を奪われたのであった。

3. 御真影

御真影とは、皇室の威光を国民に刻み込ませ恭順・尊崇させるために配布された天皇・皇后の肖像写真である。沖縄では1873年に藩庁に配布された。琉球処分の翌年である。1887年には他府県に先駆けて尋常師範学校に配布された。師範学校はいうまでもなく教員養成機関である。同化政策への政府の熱意が明らかである。御真影は師範学校から始まり、続いて各学校に配布され、皇民化思想の普及浸透に大きな役割を果たした。御真影は教育勅語とともに皇民化教育の中心を形成した。学校火災で御真影を焼失してしまった校長が懲戒免職されるなどの事件が起こった。国民の生命財産よりも尊いものであり天皇・皇后の分身として畏敬の念を醸成し国民の精神を支配した。

第二次世界大戦中、沖縄では御真影を守護する為に「御真影奉護隊」が校長をはじめ教員を中心に作られ、地上戦の最中、沖縄本島の中・南部学校の御真影を集中避難させている。敗色濃厚になった時点で、敵の手に渡るのを怖れて御真影を焼却処分にしている。すなわち、1945年6月30日「皇居遥拝、国家斉唱を行い、終わって渡嘉敷隊長の手によって御真影の一葉に火が点ぜられた」のであった。焼却された御真影は、明治天皇から大正、昭和の天皇皇后を含み、およそ20キロづつの奉安箱が18函あり、積み上げると3メートルにも達する量があった。山奥の壕内での焼却作業は夜間に極秘に行われ8時間にも及ぶものであったらしい（『琉球史料第3集教育編』による）。

4. 徴兵制

日本政府の徴兵制は1873年の徴兵令に始まるが、沖縄県では1898年に適用された。沖縄の指導的立場の県庁役人や教員、新聞人は徴兵令の施行を歓迎した。それは国民の義務である兵役を担う事によって日本国民の仲間入りできると考えたからである。

一般には、徴兵制が施行される前なので沖縄出身兵士は東学軍の鎮圧にも、日清戦争にも関与していないように思われる。しかし、徴兵制施行前の1890年には陸軍教導団に志願入団した青年たちがあり、1年余教育を受けて下士官となった。軍人に志願した事で彼らは轟轟たる非難を浴びながらも一種のエリートであった。「日清戦争がはじまると、これら沖縄最初の軍人たちも参加した」（田港朝和）のであった。かれらが東学軍と戦ったかどうかは詳らかでない。

琉球人で一番最初に徴兵を受けたのは、琉球国最後の王・尚泰の長子・尚典であろう。東京に住まう彼は、明治17年（1884年）に徴兵適齢に達した。図6は尚典の戸惑いを諷刺する。言葉書きを読むと、日本人が琉球人を中国人や朝鮮人と混同して理解している事が分る。多くの

役割や意味を担わされ、結局彼は徴兵免除願いを申しでて許されている。免除事由はすでに見たように、標準語と日本風俗へ習慣してないことであった。

　軍隊内での一般琉球人兵士の地位は悲惨であった。教育が普及しない沖縄にあって標準語に習熟せず読み書き能力にも劣り、日本人的行動様式を標準に持たない沖縄出身者は差別侮蔑の対象にすぎなかった。彼等は戦場において勇猛に戦う事によって自らの存在を示すしか方法がなかった。この決意は日露戦争（1904～05）で実践され3,864人の出征兵士の内死傷者205人、戦傷者149人を出している。自らの誇りを証明する為に皇民化に積極的に邁進したのであった。過剰適応したのである。

　1896年、一般徴兵に先駆けて、師範学校を卒業した小学校教員を6週間の短期現役服役させることになった。彼らは徴兵の尖兵となったのである。一方、徴兵忌避者が続出した。ただし、それは組織的なものでなく個人的なものであった。田港（1989）は「一般民衆が徴兵をのがれたい一心で考え出した徴兵忌避の方法は、検査前に逃亡して行くえをくらましたり、故意に肉体的欠陥をつくったり、盲や聾唖を装ったり、あるいは移民として海外に逃れたりと、いろいろであった」と述べている。清国への脱走も後をたたなかった。1898年から1915年の18年間に徴兵忌避で逮捕告発された者は774名にのぼっている。

5. 美風が蛮風へ

　沖縄には「ハジチ（針突）と呼ばれる、女性が指背、手甲などに刺青　　（入墨）をする習慣があった。比嘉道子（2000）は、ハジチについて「子どもから老女まで沖縄の女たちを魅惑した針突」と記し、「針突を美しい物、自慢すべき物、羨ましい物と捉えていた女たちは、幼少のころから、母や姉や叔母、時には祖母など同性の女たちが己が身に嬉々として針突を突く風景を見て育ってきた」と述べている。それを日本政府は「入墨は野蛮な風俗」だとして刑法に条文化して禁止した（1899年施行）。すなわち「身体に刺文を為しおよび之を業とするものは・・・・拘留に処し又は10銭以上1円以下の科料にせらる」と定められた。比嘉は「針突は沖縄の女にとって、美であり成熟した女の印」としていた。一般に日本においては、入墨はヤクザや博徒などのいわゆるアウトロー世界に行われたものである。その社会文化的文脈のなかで沖縄の風俗が悪弊とされたのである。天皇制下にあって国民は「天皇の赤子」とされ、自分の身体は自分の身体でなく天皇に属するものであり、それを入墨などで「汚す」などもってのほかであった。

　図7に例を掲げる。針突の紋様地域により異なり、また身分によっても異なる。左右でシンメトリーを構成していない事も注目される。しかし、針突を施したお年寄りも恥じて人前にさらそうとはしない。あるいは、針突を言訳するような口吻である。針突の習慣は現在残存していない。

針突と言う「悪風」を忌避し、率先して禁圧したのは女教師たちであった。自らの針突を抜くことで女生徒たちを教導した。また、女教師達は南国沖縄向きの琉装を和装に改め、新しいファッションを推奨して回る。

男性においてはカタカシラと呼ばれる髪型が断髪令(1871年)の適用により禁止された。士族層の強い反発を引き起こしながらも、文明開化の国策による風俗改良策であるため官吏や教員、学校生徒を中心に次第に浸透していくことになる。

6. 沖縄皇民化の完成?

日本の政治形態は「天皇制」であり、万世一系の宗教的な色彩を帯びたものであった。一方、琉球(沖縄)の場合は王統を変えながらの「王制」である。王の源泉は中国の冊封に由来するものであった。日本に併合後も琉球人の天皇概念は希薄である。日本政府は沖縄県の官吏や教員等を率先して日本同化策すなわち皇民化を推し進めさせた。かれら沖縄の指導者エリート層は沖縄の風俗習慣を遅れたものとみなし、その改良に取組み徐々に改革していくのである。日本式の教育を受けた世代は皇民化の尖兵として機能し、標準語励行を推進し、自ら断髪を施し、徴兵に従い、御真影に生徒を跪拝させ、皇民思想に染まっていくのである。しかし、「無学な」人々の中には自らの身体に損傷を施し徴兵忌避を実行したものがいたことを忘れてはならない。

1945年、米軍が沖縄に上陸する。纐纈(1999)は「軍中央の方針としては、島社会における農村共同体の濃密な人間関係を利用することで、軍への動員体制を確立し、軍民一体化によって島全体を要塞化する意図が明示されていた」と述べている。日常的に軍民が共同行動する中で軍は沖縄県民を対象とする防諜対策を強化する。それは「沖縄県人中には他府県人と比し思想的に忘恩功利傾向大なるもの多く」という沖縄人への抜きがたい不信と嫌悪と差別があったからである。日本軍部は沖縄住民を戦争に動員しかつ住民が敵への内通者かもしれない疑念に駆られていた。軍隊は自己保存のために行動する。作戦遂行に障害になると思えば除去する。日本軍はスパイ容疑で沖縄住民を虐殺し、敵軍の察知をおそれて壕内で泣き叫ぶ幼児を殺害し、または壕内から住民を追い出し、食糧を奪った。沖縄戦の敗色濃くなった時、生きて敵の辱めを受けるよりはと住民を集団自決に向かわしめたのは日本軍の命令指導をうけた教育ある者たち、地方の有力者たちであった。何よりも軍隊と行動を共にし戦火を避けようとした場合に民間住民の戦死者が多く、また教育のある者や地方有力者が近くにいた場合に住民は集団自決(自殺)しているのである。集団自決は強制された自殺であった。金城重明(1995)はこう証言している。

　　　沖縄の離島で起こった「集団自決」について、見逃してならない重要な点は、それは日本

軍が配置されていた島じまでしか起こっていない、事実であります。

私ども住民は、愛する肉親に手を掛けていました。地獄絵さながらの阿鼻地獄が展開していたのです。剃刀や鎌で頚動脈や手首を切ったり、紐で首を締めたり、棍棒や石で頭部を叩くなど、戦慄すべきさまざまな方法がとられました。母親に手をかした時、私は悲痛のあまり号泣しました。

こうして三二九名の村民が残酷な死を遂げました。阿波連の人口の三分の二が失われました。「集団自決」を遂げた住民の遺体は塁をなし、流された血は小川を真っ赤に染め、その色は幾日も消えませんでした。

日本軍との共存、軍の圧力なしには、あのよるな惨事は発生しなかった、と言えます。

天皇の軍隊および皇民化されたエリート・有力者達は沖縄住民をミスリードした。

沖縄住民は戦場を逃げ惑いながら天皇の軍隊たる日本兵士の行動を目撃する機会を得た。彼等は皇民化が何をもたらすか、という体験知を得たのである。

さらに、天皇の軍隊は慰安婦を必要とした。「朝鮮人女性をはじめ、中国、台湾・フィリピンなど占領地の女性」(新城、 1999)が従軍慰安婦として奉仕させられた。どれだけの慰安婦がいた未だ不明である。沖縄各地に130を数える慰安所が設けられてあるので相当の数の慰安婦が連れてこられたと考えられる(沖縄女性史を考える会)。彼女達は日本軍から差別的に処遇され、沖縄住民もまた彼らを差別的に遇した。新城は次のように記している。

沖縄にも約1万人の朝鮮人軍夫や「慰安婦」がつれてこられた。軍夫は、軍の厳しい管理のもとで飛行場建設や陣地構築、戦場での弾薬運搬などの危険な仕事に従事させられた。そこから逃れようとしたり反抗する者は容赦なく殺害され、時にはスパイ容疑や食糧統制違反を口実に、見せしめの銃殺・斬殺に利用された。

沖縄戦の戦没者はほぼ次の通りであるが、まだ不明な点が多い。

沖縄県外日本兵	66、000人
沖縄県出身軍人軍属	22、000人
沖縄の一般住民	94、000人
日本側戦没者数	188、000人
(内沖縄県民)	122、000人
米軍	13、000人
総数	200、000人

後年、激戦地跡に記念碑「平和の礎」が建立され、国籍、軍人、民間人の別なく戦没した一

人一人の名前を刻印している。日本人だけでなく、韓国、北朝鮮、台湾、敵国の米国・英国兵の名前も刻まれている。韓国関係の遺族の中には刻銘を拒否する者もあるという。名前が判明し次第、追加刻銘も行われている。自国郷里の戦士を追悼するのは自然の情である。しかし、敵味方の区別なく非戦の意を込めたこのようなモニュメントの在り方は注目に値する。

　日本敗戦の結果、沖縄県はアメリカ合衆国によって軍事統治されることになった。皇民化からの剥離である。1947年、昭和天皇は、アメリカ軍による沖縄の長期軍事占領を希望する旨のメッセージを発している。いわゆる「天皇メッセージ」である。これが天皇に恭順し、天皇の為に戦ったことへの天皇からの返礼であった。

7. 新たな皇民化

　第2次世界大戦は多大な惨禍をもたらした末、日本の降伏で終決した。日米間のサンフライシスコ講和条約は、日本が沖縄を米国に差し出すことで日本の独立を実現させれた。日本の自由と経済的繁栄を謳歌する時代の幕開けであった。沖縄では米軍政による人権蹂躙、土地財産の掠奪、生命の脅威の重圧に苦しんでいた。

　天皇主権の「大日本帝国憲法」(1889年発布)は、「日本国憲法」(1947年施行)に変わった。日本国憲法は、国民主権、基本的人権の尊重、平和主義、で特徴付けられるという。しかしこれで天皇制が消滅したわけではない。憲法に象徴天皇として天皇制は「民族的に」規定され、天皇尊崇の基本はいささかも揺るがない。国民主権といいながら天皇に特別の地位を保証する。アメリカの軍事統治下にあった沖縄では、「日本復帰」の1972年よりこの憲法が適用されることになった。天皇を戴く日本国憲法の下、他府県と同様に沖縄もまた皇民化の中にあるが、法の下の平等は実現されていない。講和条約の結果、日本国内の米軍基地(施設、区域)は縮小されてきたが、逆に沖縄においてはむしろ強化されている。また、日本の空域、地域、海域の多くが米国軍の統制下にある(前田哲男、2000参照)。日本は「日米安全保障条約」およびそれに付随する「地位協定」により米国に蚕食され、ほとんど米国の保護国ないしは半植民地状況にある、と考えられる。なぜなら、米軍基地について米国は、連営、維持、利用、占有、整備、管理する管理権を有している、からである。

　自ら提供した基地に何らの発言権も日本は有しない。治外法権である。沖縄は米国のこの強い権力に支配された日本による「内国植民地」と言えよう。日本はまた、「自衛隊」と言う名の軍隊を保持している。沖縄において、米軍人も自衛隊員も婦女暴行事件を起こし、住民生活を脅かしている。いまや米国本国においてさえ軍事基地は維持が困難になってきたとされる。その基地を沖縄に集中強化させ、米国が東アジアの覇権を握るキーストーンとして機能しているのが基地沖縄であ

る。知って知らずか、このような火薬庫の上で日本国民の大部分は愚者の楽園のような安逸な生活を貪っている。

おわりに

われわれは平和を希求する。日本の憲法は平和主義だといわれている。しかし日本の憲法で定める「平和」主義は、特異である。それは「戦争の放棄」を規定していることによる。次のように定めている。

第九条【戦争放棄、軍備及び交戦権の否認】
1   日本国民は、正義と秩序を基調とする国際平和を誠実に希求し、国権の発動たる戦争と、武力による威嚇又は武力の行使は、国際紛争を解決する手段としては、永久にこれを放棄する。
2   前項の目的を達するため、陸海空軍その他の戦力は、これを保持しない。国の交戦権は、これを認めない。

皇民化を越えて、いま沖縄の拠り所はこの条項に掛かっている。平和を実現する手段は多様であろう。武器を保有することで平和を実現しようとするのはありふれた事である。それなりの効果は幾度も実証されてきた。しかし、軍事力は安全保障のための恒久普遍の真理であろうか。歴史は武器により滅びた記録の集積である。暫定的には軍事力は必要かもしれない。しかし究極において人類は武器のない世界を構想する必要があろう。自由平等が当たり前でない時代があった。奴隷制度が当然の時代があった。民主主義が夢想にすぎない時代があった。軍事力のない世界。夢想かもしれない。沖縄には「すべての武器を楽器に」と活動を続ける音楽家・喜納昌吉がいる。武器・軍事力でもって自国の利益や幸福を追求し他国を支配するのは恥ずべき所行である、という想像力を働かす時代にわれわれはいる、と考える。東学の夢はみんなが幸せになる極楽浄土の実現だったのではあるまいか。

注記
*1   バジル・ホールはナポレオンと会見した際に琉球を武器のない島として紹介している。ホールの話しを聞いたナポレオンは興奮気味に叫んだと言う。「武器が少しもないって　武器がなくて一体どうして戦うのか?」このエピソードは根拠がないといった批評もなされるが、これに示された非武の思想は重要である。
*2   東学問題は、日本の庶民層にどう伝えられていたのか。図5は「東学党の乱」を諷刺す

る。逆巻く波の中で鰐が「ちょう船」を襲っている。ちょう船(ちょうせん)は音が同じなので「朝鮮(ちょうせん)」である。猛々しい口をあけている鰐は頭に「東」の字を印している。「鰐」は「がく」は「学(がく)」である。合わせると「東学(とうがく)」となる。東学が襲って来るのである。東学を「叛徒」として捉えている。形勢不利な朝鮮王府は清国へ救援軍の派遣を要請した。「たすけぶね」は龍の船首を持つので清国を意味する。右手の山頂にいるは日本である。山は富士山であろう。日本の象徴である。高所から様子伺いの態である。介入タイミングを測っている。その後の展開は周知の通りである。

参考・引用文献

芦辺信喜, 1993,『憲法』岩波書店

比嘉道子, 2000,「美から蛮風へ」奥田暁子 (編),『女と男の時空』藤原書店

岩波書店編集部, 1968,『近代日本総合年表』岩波書店

上垣外 憲一, 2000,『暗殺・伊藤博文』ちくま書房

金城重明, 1995,『「集団自決」を心に刻んで』高文研

纐纈 厚, 1999,『侵略戦争』筑摩書房

前田哲男, 2000,『在日米軍基地の収支決算』築摩書房

又吉 真三, 1988,『琉球歴史総合年表』那覇出版社

那覇市教育委員会 (編), 2000,『那覇市教育史』那覇市教育委員会

沖縄大百科事典編集事務局 (編),『沖縄大百科事典』上、中、下 沖縄タイムス社

大熊良一, 1989,『セント・ヘレナのナポレオン』近藤出版社

『琉球史料』第3集　教育編(復刻版), 1988, 那覇出版社

新城 俊昭, 1999,『高等学校　琉球・沖縄史』東洋企画

田港朝和, 1989,「徴兵令の実施と県民の対応」沖縄県教育委員会 (編),『沖縄県史 1 通史』国書刊行会, 464~479

海野 福寿, 1999,『韓国併合』岩波書店

일본의 대만 군사점령과 항일무장세력의 혁명적 성격
- 동학농민혁명과 관련하여 -

劉進慶
도쿄경제대학 교수

1. 시작하며

갑오년 일본제국주의의 대만 군사점령과 식민지지배에 저항한 대만의 무장세력과 항일분자는 결코 「파락호」라 부르는 「토비(土匪)」가 아니다. 바로 대만 인민들의 정의로운 싸움의 선두에 섰던 의사(義士)이며 인민영웅이다. 조선의 갑오동학농민혁명과의 연대의 의미를 포함하여, 대만의 항일무장세력과 인민대중의 혁명적 성격을 분명히 해두지 않으면 안된다. 왜냐하면 대만에는 아직까지 일본의 식민지 통치를 예찬하는 일부 지도자들이 있다. 그들의 일본에 아첨하는 노예근성은 극히 반동적이며 반인민적인 것으로 근대사

에 있어서 아시아 인민의 고난을 모독하는 것이다. 여기에서는 우선 일본제
국주의의 대만 군사점령 및 대만식민지통치 초기 비인도적 민중살륙의 여러
사실(史實)을 분명히 밝혀두지 않으면 안된다. 그리고 다음으로는 일본제국
주의의 식민지지배에 목숨을 내던지며 과감하게 저항한 항일무장세력과 인민
대중의 혁명적, 영웅적 행동을 분명히 밝혀서 대만 사회에서 지금껏 청산되
지 않고 있는 식민지적 노예근성을 부각시키고자 한다. 이것이 본 논문의 기
본적인 문제의식이다.

  본고에서는 우선 일본제국주의의 대만 군사점령에 맞서 할양반대를 위한
「대만민주국」수립운동, 계속해서 대일(臺日)전쟁 과정에서 보이는 신초군(新
楚軍)과 민의군(民義軍)의 치열한 항일투쟁과 일본군의 무차별 민중살륙, 그
리고 그 후 7년에 걸친 항일무장세력의 일본관헌에 대한 저항투쟁, 특히 항
일해방구의 전개와 그에 대한 일본관헌의 가차없는 억압과 민중학살의 사실
을 밝혀서, 항일무장세력의 혁명적 영웅적 성격을 분명히 하고자 한다.

2. 대만 할양(割讓)과 항일무장투쟁의 역사적 위상

1) 태평천국농민혁명과 동학농민혁명의 공통성

  19세기 구미자본주의의 동점(東漸)은 동아시아의 봉건왕조에게 커다란 충
격을 주었으며, 사회경제의 변동 속에서 중국과 조선의 봉건왕조의 전통체제
는 동요하고 무너지기 시작하였다. 이 과정에서 1894년의 갑오동학농민혁명
은 1850년대부터 60년대 중반에 걸쳐 중국에서 일어난 태평천국농민혁명
(1851~64)과 성격적으로 공통된 점이 많아서 역사적으로 동일한 위상에 있
는 사건으로 본다.

  그 첫 번째는, 시대적 사회적 배경에 있다. 첫째는 상품경제의 침투와 사

회변동에 의한 민중의 자각과 의식변혁이며, 둘째는 지주계층의 농민수탈 강화, 봉건지배권력의 부패와 가렴주구(苛斂誅求)에 의한 인민의 곤궁 심화와 빈부 격차 확대에 대한 민중의 불만이다.1) 특히 중국의 경우, 아편전쟁에 의한 전비와 배상의 부담증대에 의한 중세(重稅)로 농민층의 불만과 위기감이 높아졌다. 두 번째는, 농민혁명의 조직이 서민신앙의 종교와 연결되어 있던 점이다. 태평천국에서는 「천지회(天地會)」, 동학농민은 문자 그대로 「동학」이 모체가 되었다.2) 세 번째는, 지도자가 지식분자로 그 나름의 지도이념을 갖추고 있던 점이다. 태평천국의 지도자 홍수전(洪秀全)은 중농 출신으로 과거 시험에 응시하려 학문을 익힌 인텔리이며, 동학농민의 지도자 전봉준은 하층(下層) 이족(吏族) 출신으로 서당 훈장이었다.3) 네 번째로는, 평등주의적인 사상이념을 공유하고 있던 점이다. 태평천국의 경우 토지의 공유제를 목표로 한 「천조전묘제도(天朝田畝制度)」와 남녀평등을 제창하였으며, 동학농민은 노비·천민의 해방과 잡세 폐지 등의 정치운동을 전개하였다.4) 더욱이 양자에게는 진보를 가로막는 전근대적인 성격이 있었으며, 결말에 가서는 봉건세력과 외국세력의 결탁에 의해 제압당한 점에 있어서도 비슷하다.

덧붙이자면 양자의 다른 점은 시대적으로 전후해서 약 1세대의 격차가 있으며 혁명운동 기간에 길고 짧음의 차이가 있었다. 하지만 이러한 차이는 반드시 중요하지는 않으며, 전체적으로 볼 때 양자는 역사적으로 공통의 성격을 가지고 있었다고 이해해도 별 무리가 없을 것이다.

---

1) 가지무라 히데키(梶村秀樹), 『朝鮮史』, 講談社 現代新書, 1977년, p.117.
2) 오지영(吳知泳), 가지무라 히데키(梶村秀樹) 역주, 『東學史 − − 朝鮮民衆運動の 記錄』, 平凡社, 1970년, 序, pp.3~8 및 황경화(黃敬華) 편, 『中國近代史常識』, 香港朝陽出版社, 1974년, pp.26~29.
3) 와타나베 마나부(渡部學) 편, 『朝鮮近代史』, 勁草書房, 1983년, p.55.
4) 朝鮮史硏究會編, 『朝鮮の歷史』, 三省堂, 1995년, p.226.

2) 일본의 발흥(勃興)과 정한론(征韓論), 대만출병 및 류우큐처분(琉球處分)

명치유신으로 재빨리 서구적 근대화를 수행한 일본은 급속하게 발흥하였으며, 동시에 대외적으로 영토적 야심을 뜻하는 근린팽창정책(近隣膨脹政策)에 매진하였다. 그것이 1870년대 연달아 일어난 일본의 정한론(1873년), 대만출병(1874년) 및 류우큐처분(1879년)이라는 일련의 근린팽창사건이었다.

주지하는 바와 같이, 정한론은 사이고 다카모리(西鄕隆盛)를 중심으로 하는 일본의 여론으로 끝났는데, 그 배경에는 도요토미 히데요시(豊臣秀吉) 이래의 조선에 대한 일본의 침략적 의도가 있으며, 그러한 사조의 「지하수맥」이 재차 분출한 것이다. 이것이 그 후 강화도사건(1875년)과 다음해의 일조수호조규약(日朝修好條規約), 더욱이 갑오동학농민혁명에 대한 일본의 출병과 일본의 조선침략이라는 일련의 인과적 사건을 역사 무대에 등장시켜 온 것이다. 일본의 근린팽창정책은 단순히 조선에 대한 단독적 사건이 아니라 동시에 대만으로도 향해졌다. 1874년의 대만출병이 그것이다.

일본의 대만출병 또한 단발적인 것이 아니라 류우큐처분을 노린 우회적, 복합적 의도하에서 전개되었다. 사건의 발단은 1871년, 대만의 남부에 표착한 류우큐인 54명이 선주민들에게 살해당하면서 시작된다. 일본은 가해자 선주민 징벌과 일본인의 항해안전을 이유로 출병하였다. 이에 대해 중국은 영토내의 무장침입으로 보고 일본에게 항의하여 중일관계는 긴장되고 외교교섭으로 이어졌다. 그 결과 중국의 배상을 조건으로 일본은 철병하였다. 일본은 이것으로 중국과 외교적으로 대등한 지위를 획득하는 동시에 국제적으로 류우큐 왕국과 중국과의 종속(宗屬)관계를 단절하는 데 성공하여, 뒤에 이어지는 류우큐처분의 외교적 입장을 확보하였다. 이 점이, 이 단계의 일본의 주된 노림수였다. 대만출병 2년 전인 1872년에 류우큐번(琉球藩) 설치가 진행되어, 대만출병의 외교교섭을 지렛대로 이용하여 류우큐처분이라는 외교적 걸림돌은 제거되었던 것이다.

대만출병은 역사적으로 근대일본 최초의 해외로의 무력행사였으며 중일 양국의 대립 마찰의 발단이기도 하였다. 여기에서 주목해야할 것은 일본이 대만출병에 즈음하여 미국의 주일공사 디롱(Charles E. DeLong) 및 중국의 하문(廈門) 주재영사 리젠드(Chales W. LeGendre)와 외교교섭의 전략적 연계를 비밀리에 가졌던 사실이다.5) 미국은 일본의 대만출병에 한몫하고 있었던 것이다. 역사는 과거인 동시에 현재라고 말할 수밖에 없다. 이러한 의미에서 말하면, 일본의 대만출병은 매우 중요한 역사적 사건으로 우선 갑오중일전쟁(청일전쟁—번역자주)과 대만할양의 복선이 되었다.

3) 대만의 항일무장세력과 동학농민혁명

돌이켜보면, 조선의 갑오동학농민혁명은 갑오중일전쟁의 도화선이 되었으며, 중국의 패전으로 결국 대만할양으로 이어졌다. 대만 전 섬에서 관민 모두가 할양에 반대하여 일본의 군사공략에 대해 치열한 반할양 항일전쟁을 전개하였다. 1895년의 대일(臺日)전쟁이다. 뒤를 이어 각지에서 1902년까지 실로 7년에 걸친 지역민중을 주체로 하는 무장세력의 항일투쟁이 전개되었다. 이들 민중은 계층적으로는 농민이 중심이었으며, 이 점에서 동학농민혁명은 같은 시기 대만의 농민무장세력의 항일투쟁과 역사적 연쇄적 인과를 이루고 깊게 관계되었던 것이다.

양자의 차이는 동학농민이 자국의 봉건지배권력에 대한 저항운동이었던 것에 비해서 대만 농민은 이민족(異民族) 식민지지배에 대한 저항투쟁이었다. 그러나 불합리한 지배권력에 대한 농민의 혁명적 저항이나 일본제국주의

---

5) 모리 토시히코(毛利敏彦), 『臺灣出兵――大日本帝國の開幕劇』, 中公新書, 1996년, 제1장의 2, pp.19~40.

세력이 개입하고 있는 점에서 양자는 공통의 성격을 가지고 있었다. 일본제
국주의의 대(對) 중국침략은 갑오동학농민혁명에 편승한 조선내정에의 군사
적 정치적 개입과 그것을 계기로 하는 갑오중일전쟁, 그리고 대만할양과 그
식민지지배에서 시작된다.

3. 대만의 반할양(反割讓) 항일정치운동과 대일(臺日) 전쟁

1) 반할양(反割讓)의 「대만민주국(臺灣民主國)」수립항일운동

1895년 4월 17일 중일 시모노세키(下關) 조약에 의한 대만할양은 대만의
관민으로서는 청천벽력이었다. 대만 당국조차 사전에 알지 못한 모양이다. 섬
전체가 떠들썩하게 무능한 청왕조가 대만을 일본에 무단으로 할양한 매국행
위에 비분강개하였다. 절망적인 상황 속에서 대만 당국 및 지방의 지도자들
은 어쩔 수 없는 궁여지책으로 「대만민주국」수립으로 할양을 저지하는 행동
에 나섰다. 5월 25일 순무(巡撫 ; 성의 주석)인 당경송(唐景松)을 대통령으
로 하고, 국호를 「영청(永青)」, 청색 땅[靑地]에 누런 호랑이[黃虎]의 국기,
의회제를 취해서 의장과 의원을 관선으로 선출하여 임시헌법초안을 제정하
고, 중앙정부에 군무, 내무, 외무의 3부로 구성된 국가체제를 단기간에 정비
하여 국제승인을 요청하였다. 이 움직임은 당시 중국의 양무운동파 지도자들
의 헌책(獻策)에 의한 것으로 아시아의 근대정치사 가운데에서 매우 유니크
한 정치동향이었다. 그러나 영국, 러시아, 독일, 프랑스 등 열강의 지지와 승
인을 얻으려 했지만 모두 실패로 끝나버렸다.6)

5월 29일 일본군은 드디어 대만 북단에 상륙하여 그곳의 항일군과 전투에

---

6) 國立編館主編, 『認識臺灣(歷史篇) 敎師手冊』(대만, 중학교과서), 1997년, pp.85~
86.

들어갔으며 6월 3일 기륭(基隆)을 점령하였다. 이렇게 되자 대통령 당경송은 6월 6일 더 이상 싸우기를 포기하고 몰래 대만을 탈출하여 중국대륙으로 돌아갔다. 일본군은 6월 11일 일부 상신(商紳)의 내통으로 대북에 무혈입성하였으며, 동 17일 대만 시정식을 거행하였다. 민주국 수립에 의한 반할양 정치투쟁은 이것으로 종지부를 찍었으며, 대만항일세력은 일본군을 요격(邀擊)하는 무력투쟁으로 이행하였다. 대만방위 총사령관인 흑기군(黑旗軍)의 대장군 유영복(劉永福)은 항일근거지를 대남(臺南)으로 옮기고 체제를 정비하여 항일전쟁을 지도한다. 그리고 대만은 전면적으로 대일(臺日)전쟁으로 돌입하여 전선은 북부로부터 점차 남부로 옮겨갔다.

2) 일대(日臺) 전쟁의 전개

대일(臺日) 전쟁이란 일본군이 5월 29일 대만 북단에 상륙한 이 날부터 11월 18일의 「평정(平定)선언」에 이르는 약 5개월간에 걸쳐 대만 각지에서 항일군과 교전하여 전투를 벌인 사태를 가리킨다. 일본군은 근위사단을 중심으로 하고, 이즈음 원군으로 제2사단, 혼성 제4여단 및 해군육전대가 증파되어 합계 장병 49,835명, 군부(軍夫)·용역 26,214명이 투입되었다. 이에 대해 대만의 항일군은 약 3,300명 규모라고 되어 있다.[7]

항일군은 정규군으로서의 신초군(新楚軍)과 민의군(民義軍)으로 구성되었다. 신초군은 대장군 유영복이 지도하는 흑기군을 중심으로 대만에서 모집한 장정들을 추가한 군대이다. 덧붙이자면, 신초군의 명칭은 흑기군이 중국대륙의 초(楚 ; 호북)군과 상(湘 ; 남)군으로 구성된 군대인 관계에서 유래한다.

---

7) 히야마 유키오(檜山幸夫), 『日淸戰爭――秘藏寫眞が明かす眞實』, 講談社, 1997년, p.258. 이 책은 이 분야 연구를 위한 제1급의 역사사료서이다. 본 논문의 대일(臺日)전쟁에 관한 서술 부분의 사료는 특별한 주석이 없는 한, 거의 대부분이 이 책에서 인용한 것이다. 앞으로는 중요하다고 생각되는 부분만 주석을 달기로 한다.

민의군은 의군으로도 불리며, 문자 그대로 지역에 뿌리박은 민중항일무장세력이다. 그 지도층은 지역의 특징을 반영하여 북부의 경우, 광산과 차업(茶業) 경영자가 주요 구성임에 비해, 중남부는 지방의 지주형 호족이 중심이다.8) 이 구성에서 알 수 있듯이 항일군은 관민일체의 강력한 조직으로, 각지에서 일본군의 침공에 대해 치열한 저항을 전개하여 그 진로를 막았다.

대일(臺日) 전쟁은 대략 일본군 상륙으로부터 대북점령까지의 서전(緖戰), 북부전선, 중남부전선의 3단계로 나뉜다. 우선 서전은 일본군의 상륙으로부터 6월 3일의 기륭 점령까지의 제1단계와, 6월 11일의 대북입성까지의 제2단계를 포함한다. 제1단계의 전투에서 일본군은 사망 14명, 부상 33명, 대만 정규군(신초군)의 사망은 약 180명으로 되어 있다. 하지만 제2단계의 대북공략은 무혈입성으로 끝이 났다. 기륭점령 소식이 알려지자 대북의 민심은 동요하였다. 일부 매판(買辦) 상신(商紳)은 대북시가지 파괴와 인명의 손상을 우려하여 몰래 고현영(辜顯榮)을 대표로 내세워 일본군과 내통하고, 고씨는 스스로 일본군의 대북 진주(進駐) 안내역을 자임하여 전란을 회피하였다.

다음으로, 북부전선은 신죽(新竹), 묘율(苗栗)지방을 중심으로 해서 6월 22일의 신죽점령, 8월 14일의 묘율점령으로 일단락된다. 이때 비교적 시간을 들이지 않고 신죽을 점령했는데, 이는 어디까지나 거점 지배에 지나지 않고 대북과 신죽 사이가 제압된 것이 아니어서 곳곳에서 전투가 발발하고 있었다. 특히 양매(楊梅), 중력(中歷) 이남의 객가(客家) 거주 지방의 저항은 매우 용맹과감하여 일본군은 완전히 진로를 차단당하였다. 7월 중순 일본대본영은 어쩔 수 없이 원군으로 혼성 제4여단을 증파하였다. 이에 힘입어 일본군은 7월 22일부터 8월 2일까지 이 지역에서 초토작전을 전개하였다. 이른바 몽땅 태우기, 몽땅 죽이기, 몽땅 빼앗는 「삼광(三光)」(3가지의 싹쓸이) 작전이다.

---

8) 앞의 『認識臺灣』, p.83.

수천의 가옥이 소실되고 항일군 병사 이외의 많은 민중이 살륙되었다. 일본군은 8월 6~9일 추가로 혼성 제4여단을 증파하여 병력을 증강해서 남진하고 8월 14일 묘율을 점령하였다. 혼성 제4여단은 공병, 포병, 전차 등의 근대 장비를 갖춘 정예부대였으며, 이에 대해 항일민군(의용군)의 무기는 조잡하여, 전의를 불태우며 용감하게 항전한 보람도 없이 패배하였다.9) 이리하여 북부전선은 이것으로 일단락된다. 이때 일본군은 전사 159명, 병사자 1,108명이었다고 보여진다.10)

또한 중남부전선은 창화(彰化), 가의(嘉義), 대남(臺南)지방을 포함한다. 일본군은 8월 17일, 창화를 향해 남진을 개시하고, 중부 주변의 촌락을 제압해가면서 포위망을 좁혀 8월 28일 최초의 도시 창화를 점령한다. 이때 일본군 전사자는 16명, 병사자 1,307명으로 기록되어 있다. 창화 침공으로 항일군은 민군도 포함해서 각지에서 1,000명 규모로 항전했는데, 일본군은 그 10배의 규모와 근대 병기를 구사하였기에 중과부적으로 약 2천명의 전사자를 내고 패퇴하였다.11) 일본군의 전사자가 비교적 적은 숫자에 그친 이유는 일본군의 전력증강에 그 원인이 있었다. 그리하여 항일군은 어쩔 수 없이 주력을 남부로 옮겼다. 전선이 남부로 옮겨짐에 따라서 저항은 더욱 격렬해졌으며, 민중에 대한 무차별학살을 가리지 않는 처참한 전투가 전개되어갔다.

특히 가의(嘉義)를 공략하는 중에 일본군은 운림(雲林)지방에서 대규모의 조직적 저항에 부딪쳤다. 9월 29일 일본군은 전위부대, 우익대, 좌익대 및 본대로 나뉘어 네 방면에서 운림지방으로 침공하였다. 각지에서 항일군의 대규모 조직적 저항에 직면하여, 쌍방에서 격렬한 전투가 전개되었다. 군민 일

9) 남박주(藍博洲), 「臺灣客家人的抗日戰歌」, 中華全國臺灣同胞聯誼會編, 『抗日烽火的臺灣兒女』, 中國婦女出版社, 1996년, pp.314~315.
10) 히야마(檜山), 앞의 책, p.250.
11) 임립(林立), 『臺灣史話』, 七十年代雜誌社, 1976년, p.56.

체의 과감한 항전에 애먹은 일본군은 이곳에서 또다시 더욱 철저한 「삼광(三
光)」초토작전으로 나왔다. 예를 들어 우익대가 서라(西螺)와 토고(土庫)의
시가전에서 민가에 방화하여 전 시가지를 불태웠으며 주변의 수많은 촌락을
깡그리 태워버렸다. 이 과정에서 많은 민중이 전화에 휩싸였으며 무차별 살
육으로 희생되었다. 각지의 전투상황을 기록에서 찾아보면 타리무(他里霧)
전투에서는 항일군의 규모 약 3천명, 전사자 350명, 일본군 전사자 15명 ;
토고(土庫)에서는 항일군 400명, 전사자 80명 ; 수자각(樹子脚)의 항일군 1
천명 ; 운림에서는 항일군 3천명, 전사자 200명, 일본군 전사자 5명으로 되
어 있다. 운림지방 전체를 집계하면, 항일군 약 11,000명, 전사자 약 910명,
일본군 전사자 33명으로 쌍방의 부상자는 포함되지 않았다.12) 이러한 숫자
에서 전투의 격렬한 일면을 알 수 있다. 또한 항일군의 전사자가 일본군의 약
30배로 크게 차이가 나고 있는 점에서 상당히 많은 무고한 민중이 「전사자」
속에 포함되어 있는 점을 쉽게 알 수 있다. 이리하여 치열한 전투 끝에 일본
군은 10월 9일 남부의 도시 가의(嘉義)를 점령하였다.

　마지막의 대남(臺南) 침공은 해군을 동원해서 중부의 해항포대(海港布袋),
동석(東石) 및 남부의 방료(枋寮), 타구(打拘 ; 현재의 고웅(高雄))에서 병력
을 상륙시켜, 가의의 근위사단과 호응하여 세 방면으로부터 포위해 가는 전
략을 취하였다. 우선 중부의 상륙작전에서 보면 10월 10일 포대(布袋)를 목
표로 해군 육전대가 작전을 전개하고, 그 엄호를 받아 혼성 제4여단이 상륙
하였다. 그때 항일군 약 600명과 교전하여 전사자 24명을 냈다. 항일군의 전
사자는 약 90명이었다. 10월 13일 똑같이 포대와 가까운 동석에 일본군이
상륙하여, 이곳에서 군민일체의 항일군 약 1천명과 격렬한 전투를 벌여 일본
군은 전사자 9명을 내고 항일군은 약 60명이 전사하였다. 계속해서 10월 16

---

12) 같은 책, p.252.

일 여료(蠣寮)에서 일본군은 포병을 포함한 대규모 항일군 약 4,600명과 격돌하여 6명이 전사하였다.

다음으로 남부로부터의 상륙작전은 10월 11일 노기 마레스케(乃木希典)가 이끄는 제2사단이 해군 육전대의 지원을 받아 대만 남단의 방료(枋寮)로부터 상륙하였다. 전진해서 얼마되지 않아 가동각(茄冬脚)에서 우세한 항일군 약 600명과 교전하여 사상자가 속출하는 속에서 마을을 다 태워버려서 많은 무고한 촌민들이 무차별 학살되었다. 이 전투에서 일본군 전사자는 14명, 항일군측은 약 90명으로 되어 있다. 10월 15일 상비함대가 타구(打拘)를 포격하고 육전대를 상륙시켰으며, 계속해서 제2사단 제4연대가 상륙하였다. 10월 11일부터 이때까지의 전투에서 교전한 항일군은 약 7,900명, 전사자는 약 1할이 넘는 815명이었다.13)

이리하여 가의의 근위사단, 포대의 혼성 제4여단 및 타구의 제2사단이 세 방면에서 대남을 침공하는 포위진이 형성되어, 대일전쟁은 최후의 결전으로 돌입하였다. 10월 20일 혼성 제4여단은 소간가(蕭間街)에서 1,500명의 항일군 수비대와 교전하여 52명의 사상자를 내고, 약 300명 이상의 항일군이 전사하였다. 근대적 장비를 갖춘 강대한 일본군의 침공 앞에서 항일군의 항전은 제대로 이루어지지 않았으며, 대장군 류영복(劉永福)은 어쩔수 없이 10월 20일 몰래 대만을 떠났다. 이리하여 일본군은 다음날인 21일 대남을 점령하였다. 이 사이 일본군은 합계 약 15,900명의 항일군과 교전하여 전사자 18명 부상자 66명이었다. 이에 대해 항일군의 전사자는 확인된 사체만으로도 1,794여 명이었다.14) 이러한 결과는 틀림없이 많은 비전투원인 민중이 희생되었다는 것을 나타내고 있다.

일본은 11월 18일 대만평정을 선언하고 대일전쟁은 종료되었다. 이 전쟁

---

13) 같은 책, p.254.
14) 같은 책, p.256.

에서 일본군은 전사자 병사자 약 4,800명, 부상자 약 2만 700명이었으며, 근위사단장 기타시라카와 노큐(北白川能久) 친왕(親王) 중장이 부상을 입어 병사하고, 야마네 노부나리(山根信成) 소장이 전사하였다.15) 한편 항일군의 전사자는 확실하지 않다. 일본측 집계를 보면 대충 일본군 전사자의 20~30배로 약 1만 4천명이 된다.16) 되풀이하지만 이 가운데 다수의 무고한 민중이 포함되어 있다는 것은 말할 필요도 없다.

대일 전쟁의 최대 특징은 대만 관민일체의 영웅적 항전에 있다. 즉 첫째로, 전 섬을 통틀어 관민이 똘똘 뭉쳐 대규모의 조직적 항전을 전개한 점, 둘째로 항일군의 전의가 높았으며 용맹과감하게 저항한 점, 셋째로 민군(의용군)의 참전 및 주민의 항일군에 대한 강한 지지가 있었다는 점이다. 한편, 일본군은 근대적 중장비를 갖춘 최정예 육해군을 대규모로 투입하여 초토화작전에 의한 비인도적인 민중 대량살륙이라는 수단에 기대었고 예상외로 고전을 겪었다.

대일 전쟁은 일본으로서는 최초의 식민지전쟁이었다. 한편 대만당국은 국가의 명령에 따르지 않는 형태로 반할양전쟁을 전개했지만 실질적으로는 중국 당국의 뜻을 따르는 관민 일체의 항일전쟁이었다. 이러한 의미에서 이 전쟁은 대만에서 일어난 중일전쟁이라는 측면을 지니고 있다. 또한 대일전쟁에서 일본군의 「삼광(三光)」초토작전은 중일전쟁에서 전개된 일본군의 비인도적 「삼광(三光)」초토작전과 역사적으로 맥락이 닿는 것이다. 덧붙이자면, 대일전쟁은 형식적으로는 1895년 11월로 일단 종결된다. 하지만 각지의 민중 항일 무장투쟁은 그후에도 계속해서 1902년 5월까지 끊이지 않고 계속되었다.

---

15) 설군력(薛軍力), 서노항(徐魯航), 『臺灣人民抗日鬪爭史』, 北京燕山出版社, 1997년, pp.68~70.
16) 양벽천(楊碧川) 編著, 『臺灣史年表』, 臺灣文藝雜誌社, 1983년, p.106.

4. 항일무장투쟁의 전개 - 운림(雲林) 대학살사건과 항일해방구의 사례

1) 운림 대학살사건의 경위와 성격

일본 당국의 대만평정선언 뒤에도 대만 각지에서 일본군과 항일무장세력과의 충돌이 빈발하자, 일본 당국은 군정과 무단통치를 펴서 이를 제압하려 하였다. 이 과정에서 1896년 6월 가장 치열한 농민항일무장투쟁과 대학살사건이 일어났다. 국제적으로도 문제가 되었던 운림(雲林)사건이다.

운림은 대만 중부의 농촌지방으로 대일(臺日) 전쟁시 일본군의 초토적인 파괴와 무차별 살육의 최대 피해를 입은 곳이었다. 1895년 10월 7일 일본군은 두육(斗六)을 점령하고, 제2사단의 일개 중대에게 시가지 수비를 맡겼다. 다음해인 1896년 4월 군정에서 민정으로 바뀌고 행정단위로 운림지청을 세웠다. 그러나 이 사이 육두 동남(東南) 산간부의 대평정(大平頂) 일대에서 항일무장세력의 불온한 움직임이 끊이지 않았다.

6월 13일 지청의 출입문에서 가까운 일본인 상점이 누군가에게 「약탈」당하였다. 지청은 이를 항일무장세력이 한 것이라고 의심하고, 다음날인 14일 지청원 3명과 군인 20여명이 태평정(太平頂) 일대를 수사하던 중 항일무장세력의 공격을 받아 반 이상이 전사하는 피해를 입었다. 일본 관헌은 운림지방의 항일무장세력에 대한 보복징벌로써 대만수비 제4연대를 파견하여 6월 18일부터 22일에 걸쳐 두육지방 산간부 및 동남방면의 거의 대부분의 촌락에 대해 「삼광」초토소탕작전을 전개하였다. 그 결과 두육가(斗六街) 396호, 근처 55개 촌락 합계 3,899호의 가옥이 소실되었다. 사실(史實)은 「토벌의 참혹함이 이와 같게 된 것은 처음부터 양비(良匪)을 확연하게 나눌 생각을 애초부터 하지 않았기 때문」[17]이라고 기록하여, 수많은 무고한 양민이 살육되

---

17) 臺灣總督府警察沿革誌 第二編 「領臺以後の治安狀況(上卷)」, 臺灣史料保存會, 『日本統治下の民族運動 - - 武力抵抗篇』所收, 1969년, p.432.

었던 것을 나타내고 있다.

이와 같은 횡포한 국가테러에 대해서 민원은 비등해지고 민중의 의향을 따라 항일무장세력이 반격에 나섰다. 6월 27일부터 2일간 약 50명의 항일무장세력이 두육 동북의 임기포(林杞埔) 주둔소를 습격하여 일본헌병 사망 4명, 부상자 7명의 피해를 입히고 주둔소를 점령하였다. 항일무장세력은 6월 30일 더 나아가 두육의 운림지청을 공격하여 지청원을 격퇴시켰으며 곧이어 두육을 점령하였다. 항일무장세력의 지도자는 간의(簡義)로 휘하 인원 약 600명, 두육 점령시에 집결한 각지로부터의 항일무장세력의 총세력은 약 2천명이라고 말해진다.18) 일본의 대만시정 1년후에도 계속해서 이러한 상태였으며, 「운림(雲林)의 변(変)」은 일본 당국을 떨게 하였다.

일본관헌은 7월 13일, 중부 주변의 군대를 규합하여 두육지방에 대한 군사행동에 나서, 14일 운림의 지배권을 회복하였다. 그러나 이 과정에서 일본관헌과 군대는 이 지방에서 비인도스럽기 짝이 없는 처참한 무차별 초토 「토벌」전을 전개하였던 것이다. 그 참상은 사실에 「이 때 육두가는 이미 절반 이상이 불타 없어지고, 거주민들은 전부 흩어져, 시체들을 거둘 사람도 없었으며 청사의 관물 하나도 남아나지 않게 부서지고 깨질 정도로 그 참혹함이 극에 달하였으며」19)라고 기록되어 있다. 이러한 민중대학살이라는 사태를 기록한 증거로는 대만총독이 척식무대신(拓殖務大臣) 앞으로 보낸 사건보고가 있다. 중요한 대목을 인용해보면, 「송촌(松村) 지청장은 - - (중략) - - 운림(雲林) 관하에 양민(良民)은 없다고 말하고, 순량한 촌락을 지정하여 토비라고 단언하고 이를 불태우게 하였을 뿐만 아니라 스스로 청원 과반수를 이끌고 그 토벌에 참가함으로써, 오히려 토민의 격앙을 불러일으켰고… (중략)… 토벌대를 사주하여 옳고 그름을 구별하지 않고 관하의 인민에 대해 더

18) 왕효파(王曉波), 『臺灣抗日五十年史』, 正中書局, 1997년, p.18.
19) 앞의 『警察沿革史』, pp.434~435.

욱 엄혹한 조치를 취하여… (중략)…」20)이라고 기록되어 있다.

이상이 운림대학살 사건으로, 사건의 희생자는 그 수가 3만명을 밑돌지 않는다고 할 수 있으며, 그 참상은 국제적으로도 문제가 되었다.21) 41년후의 남경대학살 사건을 방불케 하는 역사적 대사건이다. 적절하게 마타요시 모리기요(又吉盛清)는 다음과 같이 지적한 바 있다. 「제2의 여순(旅順) 대학살과 천황의 친병인 근위사단에 의한 대만대학살에서 보여지는 바와 같이, 이것이 일중(日中)전쟁에서의 남경대학살 등 일본군의 점령지에서 병사와 주민에 대한 일련의 학살사건의 "원점"이 되었다」22)

2) 항일해방구 그 첫 번째 : 가철 철국산(柯鐵 鐵國山) 해방구

일본의 대만군사점령으로부터 1902년까지의 7년간, 대만 각지에는 일본 관헌의 지배가 미치지 못하는 항일무장근거지가 산재하였다. 그 일반적 특징은 첫째로 유능하고 강력한 지도자가 있었던 점, 둘째로 일본의 무단통치에 대한 민중의 불만을 배경으로 주민의 지지를 받고 있었던 점, 셋째로 전체적으로 자치적 의향이 강하고 지역의 안녕과 개발에 애썼다는 점, 그리고 넷째로 지리적으로 전략적 요충지인 산간 인접 지역에 위치한 점에 있다. 이런 의미에서 항일해방구라고 부를 수 있는 성격을 지니고 있다. 여기에서 우선 2가지의 대표적 사례를 들어보고자 한다.

우선, 대표적 사례 중 하나는, 운림의 가철(柯鐵)·철국산(鐵國山) 해방구이다. 이곳은 육두(六斗)의 동남부인 태평정(太平頂) 일대에 위치하고, 지도자 가철(柯鐵)이 이끄는 항일무장세력 지역으로 가철의 이름을 따서 철국산

---

20) 같은 책, p.436.
21) 왕효파, 앞의 책, p.24.
22) 마타요시 모리기요(又吉盛清), 『臺灣支配と日本人――日淸戰爭100年』, 同時代社, 1994년, p.17.

이라고도 불리웠다.

가철은 태평정에서 대나무를 원료로 하는 제지업자 집에서 태어나 두뇌회전이 좋은데다 완력도 있었고, 무술에도 능하고 정의감이 강하였으며, 포용력이 있어서 일찍부터 지역의 지도자로 주목받았다.23) 가철은 운림대학살사건의 과정에서 두각을 나타냈으며, 그 뒤 지도자 간의(簡義)의 뒤를 이어서 태평정 일대를 통괄 지배하여 여러 뛰어난 부하를 거느리고 있었다. 운림대학살사건후 철국산 항일무장세력과 일본 관헌 사이에 끊이지 않는 치열한 사투가 계속되었다. 그리하여 일본 관헌은 처음부터 끝까지 이 지역을 제압하여 지배하에 둘 수가 없었다.

때는 1897년 3월, 고다마 겐타로(兒玉源太郎) 총독, 고토 신페이(後藤新平) 민정국장이 새롭게 대만에 부임하여, 이제까지의 무단제압 일변도의 대만통치정책을 검토하기로 하였다. 특히 항일무장세력에 대한 회유책으로서 유항귀순(誘降歸順) 정책을 내세웠다. 말할 것도 없이 철국산 해방구의 가철에 대해서 1898년 후반 대상신(大商紳) 고현영(辜顯榮)과 다른 지방의 명사를 통해서 권유 작업이 진행되었다. 이에 대해 1898년 12월 가철은 문재와 계략 모두에 뛰어난 막료 장대유(張大猷)에게 자치구 설치에 관한 10개조 요구서를 제출시켰다.

이 자치구요구 10개조의 요지를 아래와 같이 소개하는 것으로, 지도자 가철의 생각 및 철국산 해방구의 성격의 일면을 알 수 있다. 즉, 〔제1조〕육두 지방에 치민국을 설치하고, 이를 대만인이 주관, 일본당국이 감리하여 지방의 질서와 치안유지를 맡긴다. 〔제2조〕청국시대는 이 지방에 군대가 없었으니, 일본시대에도 군대는 병영으로 돌아가고, 태평정을 가철에게 돌려주고 거주시킨다. 〔제3조〕가철 이하 여러 집단 지도하에 사병을 거느리고 인민의 보

---

23) 왕효파, 앞의 책, pp.20~21.

호를 맡기며, 일본관헌과의 교섭은 문서를 통해서 한다. 〔제4조〕 십일조를 거두어 군사비로 한다. 〔제5조〕 철국산의 병력은 나라를 지키기 위한 것으로, 일본군대와의 충돌회피에 노력한다. 〔제6조〕 강화후 산지의 주민보호에 전념하여, 악사(惡事 ; 일본군과의 충돌을 의미함)를 일으키지 않으며, 만일 쌍방에서 문제가 발생할 경우 치안국을 개재시켜 조정한다. 〔제7조〕 운림지방에 도적 자위를 위하여 민간에 무기보유를 허락한다. 〔제8조〕 운림지방의 완고하고 무식한 도적들에 대한 제재권을 가철집단에게 준다. 〔제9조〕 전과자가 자수한후, 옛날 일로 문제가 일어난 경우에는 치안국의 처리에 맡긴다. 〔제10조〕 강화 3년후에 본협약의 재검토를 한다 등으로 되어 있다.[24]

　이상의 요지로부터 알 수 있듯이, 10개조 요구는 기본적으로는 대만의 이제까지의 옛 관습에서 익힌 자위적 지방자치(구)의 요구이다. 또한 그 요구내용은 항일무장세력 근거지의 자치적 기존체제의 승인으로, 근거지가 실질적으로는 하나의 해방구를 형성하고 있는 점을 보여주고 있다. 이 점에 항일무장세력 근거지를 해방구로 규정하는 근거가 있다. 덧붙이자면, 요구는 해방구의 고정화가 아니라 경과조치를 거쳐 장래의 재검토까지 끼워 넣고 있는 점에, 어느 정도의 유연성을 지니고 있다. 그 나름대로 주도면밀한 고도의 자치 제안이었다. 그러나 당연히 일본당국의 의도는 항일무장세력의 해체와 항일분자의 자수투항에 있었기에 도저히 받아들일 수 있는 것이 아니었다. 따라서 투항 협의는 이루어지지 않았다. 가철은 「자수투항」의 의도는 전혀 없었으며, 일본관헌의 압박 속에서 항일 입장을 견지하여, 집단지도로 철국산 해방구의 유지와 방위에 전념하였다. 일본관헌도 이즈음 일을 벌리지 않고 감시활동을 계속하였다. 덧붙이자면, 가철은 1900년에 병사하고, 그 뒤를 장대유가 이어서 계속 지도하였다. 결국 일본관헌은 1902년까지 이 항일근거지로

24) 앞의 『警察沿革史』, p.440.

서의 철국산 해방구에 발을 들여놓을 수가 없었다.

3) 항일해방구 그 두 번째 : 임소묘(林少猫)·후벽림(後壁林) 해방구

다음으로 봉산(鳳山)의 임소묘·후벽림 해방구의 사례에 대해서 보자. 봉산은 대만 남부 타구(打拘 ; 고웅[高雄])의 동남에 인접해 있는 농촌지방이다. 임소묘는 본명이 임성의(林成義)로 아후(阿猴 ; 병동[屛東]) 지방의 상신층(商紳層) 출신의 정미업자로 상술에 뛰어났으며, 대일(臺日)전쟁 때 신초군에 참가한 경험을 가진 다재다능한 능력을 가진 항일분자이다. 따라서 그 휘하에 재주가 비상한 여러 인재를 규합하여 최강의 항일무장세력을 거느리고 있었다.[25]

일본관헌은 임소묘에 대해서 다음과 같이 기록하고 있다. 즉 「특히 임소묘, 황국진(黃國鎭), 가철과 같은 이들은 남북에서 비도(匪徒)의 맹주로서 각기 수백명의 부하를 거느리고 있으며 계략에 대단히 뛰어나서 신출귀몰한 묘술을 갖추어 각기 수천의 비군(匪軍)을 조종하는 재략이 있다」[26]고 보고 있다. 즉 일본관헌이 자신들보다 실력이 낫다고 인정하여 가장 경계하고 두려워한 항일지도자이다. 그들은 쉽게 일본당국의 초항귀순(招降歸順) 정책에 응하지 않고 항일무장투쟁을 지속하였으며, 마지막까지 일본당국을 괴롭혔다. 그 상세한 서술은 다음으로 미루고, 일본당국의 초강귀순 정책에 대해서 임소묘도 1899년 5월 10개조요구를 당국에 제출하였다. 그 요지는 다음과 같다.

즉, [제1조] 봉산(鳳山) 후벽림 지방의 거주를 인정할 것. [제2조] 후벽림의 황무지를 개간한 부분은 납세를 면제할 것. [제3조] 임소묘 소재지로 통하는 옛길 이외는 관리들도 왕래하지 않을 것. [제4조] 부하의 범죄에 대해

---

25) 윤장의(尹章義), 『臺灣近代史論』, 自立晩報, 1987년, pp.153~163.
26) 臺灣憲兵隊編, 『臺灣憲兵隊史』, 龍溪書舍, 1978년, p.450.

서는 임소묘가 스스로 당국에 인도하며, 당국은 체포에 나서지 않을 것. 〔제5조〕 임소묘 거주지에 범죄자가 있는 경우는 임소묘가 스스로 붙잡아서 당국에 인도하게 할 것. 〔제6조〕 임소묘의 부하가 사업상 무기를 휴대하고 외출했을 때에 체포된 경우 임소묘의 신분보증이 있는 자는 석방할 것. 〔제7조〕 임소묘의 이전 채권과 몰수된 재물은 임소묘에게 반환할 것. 〔제8조〕 임소묘의 친인척으로 관리의 직에 있는 자의 죄과를 면제할 것. 〔제9조〕 당국은 성의를 가지고 임소묘를 대우하며, 임소묘도 전과를 뉘우치고 봉공(奉公)에 노력할 것. 〔제10조〕 당국은 임소묘에게 수산금(授産金) 2천엔을 줄 것 등이다.27)

이상의 요지 또한 기존 체제의 느슨한 자치구 요구이다. 그 내용은 상당히 현실적이며 합리적이다. 과연 아후(阿猴) 청장은 임소묘가 제기한 10개조요구를 받아들였다. 그러나 임소묘의 일본당국에 대한 의심은 뿌리가 깊어 귀순하기를 주저하여, 끝까지 해방구에서 나오지 않았다. 이즈음 임소묘는 지역의 개간과 개발에 노력하여, 후벽림 해방구의 약 5백 헥타르의 농업개발에 커다른 성과를 거두었다.28) 해방구의 사회경제 기반은 대단히 견고하여 일본당국이 비집고 들어갈 틈이 없었다. 이리하여 임소묘는 항일무장세력의 맹주로서 후벽림 해방구를 유지하였으며, 1902년 5월 일본무장관헌과의 영웅적 전투에서 장렬한 최후를 마쳤다. 그의 죽음으로 대만항일분자의 7년에 걸친 항일무장투쟁의 막이 내려졌다.

4) 거짓 초연(招宴)에 의한 「유기처분(有機處分)」 - 제2의 운림대학살 사건

여기에서 말하는 「유기처분」이란 일본당국이 항일분자를 공식적인 장소에서 정식의 절차없이 처형한 것을 가리켜 사용되는 용어이다. 그래서 우선 여

---

27) 같은 책, p.444.
28) 윤장의, 앞의 책, p.163.

기에서는 운림지방의 항일분자들을 거짓 초연하여 「유기처분」·대학살한 일에 대해서 논하고자 한다. 이 지방의 항일무장세력은 일본관헌의 초항귀순(招降歸順) 정책에도 불구하고 1902년 단계에까지도 전혀 움추러드는 기색을 보이지 않았다. 이에 일본관헌은 항일분자의 섬멸책(殲滅策)으로, 속여서 불시에 치는 방법을 모의하기 시작하여 비밀리에 진행시켰다.

1902년 5월 25일 정오, 두육(斗六) 헌병대는 각 방면의 사람들을 통하여 항일분자들에 귀순을 종용하였으며, 두육청 및 그 소속 5개소의 지청에 잔치를 열어 귀순식을 행한다는 명목으로 저들을 초대하였다. 당국 관계자는 호의를 보이며 항일분자들에게 음식을 권하며 경계심을 늦추게 하고 취한 모습을 보이자 몰래 숨어있던 헌병대의 일제 사격으로 출석자 전원을 학살하였다. 그 수는 두육청의 56명을 비롯하여 다른 5개 지청을 합쳐 247명을 헤아렸다.29) 이것이 운림항일분자의 「유기처분」, 즉 「2·25」대학살사건으로, 제2의 비인도적인 운림대학살사건이라고 할 수 있다. 일본관헌은 속여서 불시에 공격하는 방법이 아니고는 항일분자 섬멸이 불가능했다는 것을 의미한다.

이 시기, 항일분자의 「유기처분」에 대해서, 고토 신페이(後藤新平)는 자신의 재임중인 1898년부터 1902년까지 4년간, 그 숫자가 4,043명이라고 고백하고 있다. 그 외에 체포자 합계 8,030명, 살육된 자 3,473명, 재판을 거쳐 처형된 자 539명으로 되어 있다.30) 일본당국은 지배에 복종하지 않는 자에 대해서는 수단을 가리지 않고 철저하게 탄압하여 섬멸시키려 했다.31) 한마디로 「유기처분」이란 인민대중에 대한 국가테러리즘 그것이라고 규정해도 좋다.

---

29) 앞의 『臺灣憲兵隊史』, p.282 및 pp.477~478.
30) 쯔루미 유스케(鶴見祐輔), 『後藤新平(고토 신페이)傳-臺灣統治篇上』, 1943년, pp.159~160
31) 왕시랑(王詩琅), 『日本殖民地体制下的臺灣』, 衆文圖書公司, 1980년, p.32.

5. 마치며

대일(臺日)전쟁 및 항일무장세력에 대한 일본의 압제 과정에서의 비인도적인 민중 무차별학살은 국가적 테러리즘이다. 이러한 사실(史實)은 그후의 중일(中日)전쟁에서의 남경대학살, 삼광(三光)작전, 오키나와전, 조선전쟁 및 베트남전쟁에서의 수많은 민중학살 사건을 방불케하는 것이다. 동시에 현재 진행되고 있는 일본의 역사교과서 문제에 대해서 일본제국주의의 아시아 침략이 저지른 죄상 중 또 하나의 중요한 사실(史實)을 보여주고 있다. 그리고 이 시기의 대만 항일분자와 항일무장세력을 비롯한 광범위한 대만 인민의 항일반제투쟁은 실로 영웅적이며 혁명적이었다. 이 점에 동학농민혁명과의 역사적 연대가 있다.

그럼에도 대만의 일부 지도층은 일본의 대만할양과 식민지지배에 감사의 뜻을 노골적으로 나타내고 있다. 현직 부총통인 여수연(呂秀蓮)은 1995년 6월 시모노세키(下關)조약 100주년에 즈음하여, 애써 일본감사단을 조직하여 시모노세키를 방문하였다. 그의 일본에 아첨하는 노예근성이야말로 대만인민에게 이 보다 더 심한 굴욕이 없을 정도이다. 동시에 일본식민지 지배의 쓰라린 고통을 경험했던 아시아 및 조선인민의 고난까지 모독하는 것이다. 이것만은 용서해서는 안된다.

마지막으로 일본은 아직까지도 아시아침략의 잘못을 마음속으로부터 반성하고 있다고는 생각할 수 없다. 이 점을 간과한다면, 21세기에서도 역사의 잘못은 되풀이될 우려가 있다고 말하지 않을 수 없다.

日本の台湾軍事占領と抗日武装勢力の革命的性格
- 東学農民革命に因んで -

劉進慶(東京経済大学教授)

一、はじめに

　　甲午日本帝国主義の台湾軍事占領と植民地支配に抵抗した台湾の武装勢力や抗日分子は、　決して「ならず者」呼ばりの「土匪」ではない。　まさしく台湾人民の正義の戦いの先頭にたった義士であり、　人民英雄である。　朝鮮の甲午東学農民革命との連帯の意味を込めて、　台湾の抗日武装勢力や人民大衆の革命的性格を明らかにしなければならない。なぜならば、台湾にはいまだに日本の植民地統治を礼讃する一部の指導者がいる。　その媚日的奴隷根性は、　きわめて反動的で反人民的であり、　近代史におけるアジア人民の苦難をも冒涜するものである。ここでまず、　日本帝国主義の台湾軍事占領および台湾植民地統治初期における非人道的民衆殺戮の数々の史実を明らかにしなければならない。　そしてつぎに、　日本帝国主義の植民地支配に命を投げ打って果敢に抵抗した抗日武装勢力や人民大衆の革命的、　英雄的行動を明らかにすることにより、　台湾社会でいまだに精算されないでいる植民地的奴隷根性を浮き彫りにしたい。これが本論文の基本的問題意識である。

　　本稿では、　まず日本帝国主義の台湾軍事占領に対する割譲反対のための「台湾民主国」樹立運動、　つづく台日戦争過程にみる新楚軍と民(義)軍の熾烈な抗日闘争と日本軍の無差別民衆殺戮、　およびその後7年に渡る抗日武装勢力の日本官憲に対する抵抗闘争、　特に抗日解放区の展開とそれに対する日本官憲の仮借なき抑圧と民衆虐殺の史実を明らかにし、　抗日武装勢力の革命的、英雄的性格を明らかにしたい。

二、台湾割譲と抗日武装闘争の歴史的位相

1。太平天国農民革命と東学農民革命の共通性

　　19世紀、欧米資本主義東漸は、東アジアの封建王朝に大きな衝撃を与え、社会経済の変動のなかで中朝封建王朝の伝統体制は動揺し、ほころびはじめた。この過程で、1894年の甲

午東学農民革命は、1850年代から60年代半ばにかけて中国で起こった太平天国農民革命(1851～64年)と性格的に共通するところが多く、歴史的に同一位相にあるものとみる。

その第一は、時代的社会的背景にある。一つは、商品経済の浸透と社会変動による民衆の目覚めと意識変革であり、二つは、地主階層の農民収奪の強化、封建支配権力の腐敗と苛酷な誅求による人民の困窮の深化と貧富の格差の拡大に対する民衆の不満である。[1]。特に、中国の場合、アヘン戦争による戦費や賠償の負担増大による重税で、農民層の不満と危機感が高まった。第二は、農民革命の組織が、庶民信仰の宗教と係わっていた点である。太平天国では「天地会」、東学農民は文字通り「東学」が母体となった。[2]。第三は、指導者が知識分子でそれなりの指導理念を持ち備えていた点である。太平天国の指導者洪秀全は、中農の出身で科挙の試験に挑んで学を深めたインテリーで、東学農民の指導者全琫準は、下層吏族の出身で学堂の教師であった。[3]。第四は、平等主義的な思想理念を共有していた点である。太平天国の場合、土地の公有制を目指した。「天朝田畝制度」や男女平等を唱え、東学農民は奴婢・賤民の解放や雑税の廃止等の政治運動を展開した。[4]。さらに、両者に進歩を阻む前近代的な性格があり、結末において、封建勢力の外国勢力との結託により、圧制された点においても類似している。

なお、両者の相違は、時代的に前後して約一世代の間隔があり、革命運動の期間に長短の違いがあった。だが、これらの相違は必ずしも重要ではなく、全体として両者は、歴史的に通底する性格をもっていたと理解してさしつかえない。

2。日本の勃興と征韓論、台湾出兵および琉球処分

明治維新でいち早く西欧的近代化を遂げた日本は、急速に勃興し、同時に、対外的に領土的野心を意図する近隣膨脹政策に走った。それが、1870年代、失継ぎ早に起こった日本の征韓論(1873年)、台湾出兵(1874年)および琉球処分(1879年)の一連の近隣膨脹事件であった。

周知のように、征韓論は西郷隆盛を中心とする日本の世論に終わったが、その背景には、豊臣秀吉以来の朝鮮に対する日本の侵略的意図があり、その思惑の「地下水脈」が再び噴出してきたのである。これがその後、江華島事件(1875年)と翌年の日朝修好条規約、さらに甲

---

 1) 梶村秀樹『朝鮮史』講談社現代新書 1977年、117頁。
 2) 呉知泳、梶村秀樹訳注『東学史 - 朝鮮民衆運動の記録』平凡社、1970年、序、3 - 8頁および黄敬華編『中国近代史常識』香港朝陽出版社、1974年、26 - 29頁。
 3) 渡部学編『朝鮮近代史』勁草書房、1983年、55頁。
 4) 朝鮮史研究会編『朝鮮の歴史』三省堂、1995年、226頁。

午東学農民革命に対する日本の出兵へと、 日本の朝鮮侵略の一連の因果的事件を歴史の舞台に登場させていくのである。 日本の近隣膨脹政策はたんに朝鮮に対する単独のものではなく、同時に台湾にも向けられた。1874年の台湾出兵である。

日本の台湾出兵は、 これまた単発のものではなく、 琉球処分を狙う迂回的、 複合的意図のもとで展開された。ことの起こりは1871年、台湾の南部に漂着した琉球人54名が先住民に殺害された事件からきている。日本は加害者先住民の懲罰と日本人の航海安全を理由に出兵した。これに対して中国は、 領土内の武力侵入とみて日本に抗議し、 中日関係は緊張して、 外交交渉に持ち込んだ。 その結果、 中国の賠償とひきかえに日本は撤兵した。 日本はこれで中国と外交的に対等の地位を獲得し、 同時に国際的に、 琉球王国と中国との宗属関係を切断することに成功し、 後続する琉球処分の外交的立場を確保した。 この点が、 この段階の日本の主たる狙いであった。 その2年前の1872年に琉球藩設置が進められ、 台湾出兵の外交交渉をテコに琉球処分の外交的外堀は埋められたのである。

台湾出兵は歴史的に、 近代日本の最初の海外への武力行使であり、 中日両国の対立摩擦の発端でもあった。ここで注目すべきことは、 日本が台湾出兵に際し、 アメリカの駐日公使デロング(Charles E. DeLong)および中国の厦門駐在領事リゼンドル(Charles W. LeGendre)と外交交渉の戦略的連係を密にしていた事件である。[5] アメリカは日本の台湾出兵に一枚噛んでいたということである。 歴史は過去であり、 現在でもあるといわざるをえない。 この意味からいっても、 日本の台湾出兵はきわめて重要な歴史的事件であり、 まずは甲午中日戦争と台湾割譲の伏線となった。

3。 台湾の抗日武装勢力と東学農民革命

顧みて、 朝鮮の甲午東学農民革命は、 甲午中日戦争の導火線となり、中国の敗戦で台湾割譲を結果した。 台湾全島は官民あげて割譲に反対し、 日本の軍事攻略に対して熾烈な反割譲抗日戦争を展開した。 1895年の台日戦争である。 後続して各地で1902年まで じつに7年に渡る地域民衆を主体とする武装勢力の抗日闘争が繰り広げられた。これらの民衆は、 階層的には農民が中心であり、この意味で東学農民革命は、 同時期台湾の農民武装勢力の抗日闘争と歴史的に連鎖的因果をなして深く関係していたのである。

両者の違いは、 東学農民が自国の封建支配権力に対する抵抗運動であるのに対し、 台湾農民は異民族植民地支配への抵抗闘争にあった。 しかしながら、 不理尽な支配権力に対する農民の革命的抵抗、 および日本帝国主義勢力が介入している点で、 両者は底通する性格を

---

5) 毛利敏彦『台湾出兵 - 大日本帝国の開幕劇』中公新書、1996年、第1章の2、19 - 40頁。

もっていた。日本帝国主義の対中国侵略の走りは、甲午東学農民革命に乗じた朝鮮内政への軍事的、政治的介入とそれを契機とする甲午中日戦争、そして台湾割譲とその植民地支配からである。

三、台湾の反割譲抗日政治運動と台日戦争

1。反割譲の「台湾民主国」樹立抗日運動

1895年4月17日、中日下関条約による台湾割譲は、台湾の官民にとって青天の霹靂であった。台湾当局でさえ事前に知らされていなかった模様である。全島騒然として無能な清王朝が台湾を日本に無断で割譲した売国行為に悲憤昂慨した。絶望的な状況のなかで、台湾当局および地方の指導者は、やむをえず窮余の一策として「台湾民主国」の樹立をもって割譲を阻止する拳に出た。5月25日、巡撫(省主席)唐景松を大統領とし、国号を「永清」、青地に黄虎の国旗、議会制をとり、議長と議員を官選で選出して臨時憲法草案を制定し、中央政府に軍務、内務、外務の三部を置いてた国家体制を短期間のうちにまがりなりにも整備し、もって国際承認を求めた。この動きは当時、中国の洋務運動派指導者の献策によるもので、アジアの近代政治史のなかでもきわめてユニークな政治動向とされた。しかしながら、イギリス、ロシア、ドイツ、フランス等の列強の支持と承認を取りつけようとしたが、いずれも失敗に終わった[6]。

5月29日、日本軍はついに台湾北端に上陸、当地の抗日軍と戦闘に入り、6月3日基隆を占領した。6月6日、大統領唐景松は、事態に見切りをつけて密かに台湾を脱出し、中国大陸に戻った。日本軍は6月11日、一部商紳の内通で台北の無血入城を果たし、同17日、台湾始政式を行った。民主国樹立による反割譲政治闘争はここで終止符を打ち、台湾抗日勢力は日本軍を迎え撃つ武力闘争に移行した。台湾防衛の総司令官、黒旗軍の大将軍劉永福は、抗日根拠地を台南に移し、体制を整えて抗日戦争を指導する。そして、台湾は全面的に台日戦争に突入し、戦線は北部から逐次南部に移っていった。

2。日台戦争の展開

台日戦争とは、日本軍が5月29日、台湾北端に上陸したこの日から11月18日の「平定宣言」に至る約5カ月間にかけて、台湾各地で抗日軍と交戦し、戦闘を繰り広げた事態を指す。日本軍は近衛師団を中心とし、この間に援軍として第二師団、混成第四旅団および海軍陸戦

---

6) 国立編館主編『認識台湾(歴史編)教師手冊』(台湾、中学校教科書)1997年、85‐86頁。

隊が増派され、 合計将兵49835名、 軍夫・傭役26214名が投入された。 これに対して台湾の抗日軍は約3300名の規模とされている[7]。

抗日軍とは正規軍としての新楚軍と民(義)軍で構成されている。 新楚軍は大将軍劉永福が指導する黒旗軍を中心に、 それに台湾で募集した壮丁を加えた軍隊である。 なお、 新楚軍の名称は、 黒旗軍が中国大陸の楚(湖北)軍と湘(湖南)軍で構成された軍隊である関係に由来する。 民軍は義軍とも称され、 文字通り地域に根ざす民衆抗日武装勢力である。 その指導層は、 地域の特徴を反映して北部の場合、 鉱山や茶業経営者が主要であるのに対し、 中南部は地方の地主型豪族が中心である[8]。 この構成から分かるように、 抗日軍は官民一体の強力な組織で、 各地で日本軍の侵攻に対して熾烈な抵抗を挑み、 その進路を阻んだ。

台日戦争は、 大まかに日本軍上陸から台北占領までの緒戦、 北部戦線、 中南部戦線の三つの段階に分けられる。 まず、 緒戦は日本軍の上陸から6月3日の基隆占領までの第一段階と、 6月11日の台北入城までの第二段階を含む。 第一段階の戦闘で日本軍は死者14名、 負傷者33名を出し、 台湾正規軍(新楚軍)の死者は約180名とされている。 だが、 第二段階の台北攻略は、 無血入城に終わった。 基隆占領の情報が入るや台北の民心は騒然とした。 一部買弁商紳は台北市街の破壊や人命の負傷を恐れ、 密かに辜顕栄を代表に立てて日本軍に内通し、 辜氏は自ら日本軍の台北進駐の案内役を務め、 戦乱を回避した。

つぎに、 北部戦線は新竹、 苗栗地方を中心とし、 6月22日の新竹占領、 8月14日の苗栗占領で一段落する。 この間、 比較的時間を取らずに新竹を占領したが、 これはあくまで点の支配にすぎず、 台北と新竹間が制圧できたわけではなく、 随所で戦闘が起こっていた。 特に楊梅、中歴以南の客家居住地方の抵抗はきわめて勇猛果敢で、 日本軍は完全に進路を阻まれた。 7月中旬、 日本大本営はやむなく援軍として混成第四旅団を増派した。 これを踏まえて日本軍は、 7月22日から8月2日まで、 この地域で焦土作戦を展開した。 いわゆる焼き尽くし、 殺し尽くし、 奪い尽くす「三光」(三つの尽くす)作戦である。 数千の家屋が焼き払われ、 抗日軍兵士以外の多くの民衆が殺戮された。 日本軍は8月6〜9日、 さらに混成第四旅団の増派で兵力を増強して南進し、 8月14日、 苗栗を占領した。 混成第四旅団は、 工兵、 砲兵、 戦車等の近代装備の精鋭部隊であり、 これに対し抗日民軍(義勇軍)の武器は粗雑なもので、 戦意高く、 勇猛に抗戦したかいもなく敗北した[9]。 かくて北部戦線は、 ここで一段落つくことになる。 この間、 日本軍は戦

---

7) 桧山幸夫『日清戦争 - 密蔵写真が明かす真実』講談社、1997年、258頁。なお、本書は、この分野の研究における第一級の歴史史料書である。 本論文の台日戦争に関する叙述部分の史料は、特に注釈がない限り、ほとんど本書からの引用である。 以下、重要と思われる部分のみ注釈を入れることにする。

8) 前掲『認識台湾』83頁。

9) 藍博洲「台湾客家人的抗日戦歌」中華全国台湾同胞聯誼誼会編『抗日烽火的台湾児女』

死者159名、病死者1108名を出したとされる[10]。

　さらに中南部戦線は、彰北、嘉義、台南地方を含む。日本軍は8月17日、彰北に向けて南進を開始し、中部周辺の村落を制圧しながら包囲網を縮め、8月28日、最初の都市彰化を占領する。この間、日本軍の戦死者は16名、病死者1307名と記録されている。彰化侵攻で、抗日軍は民軍も含めて各地で1000人規模が抗戦したが、日本軍はその10倍の規模と近代兵器を駆使しているので、衆寡敵せず約2000名の戦死者を出して敗退した[11]。日本軍の戦死者が比較的少人数に止まったのは、日本軍の戦力増強にあった。そして抗日軍はやむなく主力を南部に移した。したがって、戦線が南部に移るにつれて、抵抗はいっそう激しさを増し、民衆に対して無差別虐殺をし、とわない悽惨な戦闘が繰り広げられていった。

　　特に嘉義攻撃の途中、日本軍は雲林地方で大規模な組織的抵抗に遭遇した。9月29日、日本軍は前衛部隊、右翼隊、左翼隊および本隊に分かれて、四つの方面から雲林地方に侵攻した。各地で抗日軍の大規模な組織的抵抗に直面し、双方で激しい戦闘が展開された。軍民一体の果敢な抗戦に手こずった日本軍は、ここで再びしっそう徹底した「三光」焦土作戦に出た。例えば、右翼隊が西螺と土庫の市街戦で民家に放火して、全市街を焼き払い、周辺の数多くの村落を焼き尽くした。この過程で多くの民衆が戦火に巻き込まれ、無差別殺戮で犠牲になった。各地の戦闘状況を記録にたどってみると、他里霧の戦闘では抗日軍の規模約3000名、戦死者350名、日本軍の戦死者15名;同じく土庫では抗日軍400名、戦死者80名;樹子脚の抗日軍1000名;雲林では抗日軍3000名、戦死者200名、日本軍の戦死者5名となっている。雲林地方全体を集計すると、抗日軍約11000名、戦死者約910名、日本軍戦死者33名で、双方の負傷者は含まれない[12]。これらの数字から戦闘の激しさの一面を知ることができよう。また、抗日軍の戦死者が日本軍の約30倍と大きくかけ離れている点から、かなりの無辜の民衆が「戦死者」のなかに含まれていることを、容易に察することができる。かくて熾烈な戦闘の末、日本軍は10月9日、南部の都市嘉義を占領した。

　　最後の台南侵攻は、海軍を動員して中部の海港布袋、東石および南部の枋寮、打狗(現在の高雄)から兵員を上陸させ、嘉義の近衛師団と呼応して三方から包囲していく戦略をとった。まず、中部の上陸作戦からみると10月10、布袋を目標に海軍陸戦隊が作戦を展開し、その掩護を受けて混成第4旅団が上陸した。その際、抗日軍約600名と交戦し、戦死者24名を出した。抗日軍の戦死者は約90名であった。10月13日、同様に布袋に程近い東石に日本軍が上陸、ここで軍民一体の抗日軍約1000名と激しい戦闘を交え、日本軍は戦死者9名を出し、抗日軍は

　　中国婦女出版社、1996年、314 - 315頁。

10) 桧山前掲書、250頁。

11) 林立『台湾史話』七十年代雑誌社、1976年、56頁。

12) 同上、252頁。

約60名戦死した。 続く10月16日、 蚵寮で日本軍は、 砲兵を含む大規模な抗日軍約4600名と激突し、6名戦死した。

　つぎに、 南部からの上陸作戦は、 10月11日、 乃木希典率いる第二師団が海軍陸戦隊の支援を受けて、 台湾南端の枋寮から上陸した。 前進してまもなく、 茄冬脚で優勢な抗日軍約600名と交戦し、 死傷者が続出するなかで火を放って村を焼き尽くし、 多くの無辜の村民が無差別に殺戮された。 この戦闘で日本軍の戦死者は14名、抗日軍側は約90名とされている。10月15日、常備艦隊が打狗を砲撃して陸戦隊を上陸させ、続いて第2師団第4聯隊が上陸した。10月11日からこの間の戦闘で交戦した抗日軍は約7900名、戦死者約1割強の815名であった[13]。

　かくて、嘉義の近衛師団、 布袋の混成第4旅団および打狗の第二師団が三方から台南を侵攻する包囲陣が形成され、台日戦争は最後の決戦に突入した。10月20日、混成第4旅団は蕭間街で1500名の抗日軍守備隊と交戦し、 52名の戦死者を出し、 約300名以上の抗日軍が戦死した。 近代的装備の強大な日本軍の侵攻の前に、 抗日軍の抗戦かなわず、 大将軍劉永福はやむなく10月20日、 密かに台湾を離れた。かくて日本軍は翌21日、台南を占領した。この間、日本軍は延べ約15900名の抗日軍と交戦し、 戦死者18名、 負傷者66名であった。 これに対して抗日軍の戦死者は、 確認した死体だけで1794余名あった[14]。この開きは、 まさしく多くの非戦闘員である民衆が犠牲となっていたことを示している。

　日本は11月18日、 台湾平定を宣言し、 台日戦争は終了した。この戦争で日本軍は戦病死約4800名、 負傷者約2万700名とされ、 そして近衛師団長・北白川能久親王中将が負傷して病死、 山根信成少将が戦死している[15]。 一方の抗日軍の戦死者は定かでない。 日本側の集計をみると、 大まかに日本軍戦死者20～30倍あり、 推計では約1万4000名とされている[16]。 繰り返すが、この中に多数の無辜の民衆が含まれていることはいうまでもない。

　台日戦争の最大の特徴は、 台湾官民一体の英雄的抗戦にある。 つまり、 第一に、 全島をあげて官民が一丸となって、 大規模な組織的抗戦を展開したこと、 第二に、 抗日軍の戦意が高く、 勇猛果敢な抵抗を挑んだこと、 第三に、 民軍(義勇軍)の参戦および住民の抗日軍に対する強い支持がみられたことである。 一方、 日本軍は、 近代的重装備の最精鋭の陸海軍を大規模に投入し、 焦土作戦による非人道的な民衆大量殺戮の手段に訴え、 そして予想外の苦戦を強いられた。

　台日戦争は、 日本にとって最初の植民地戦争であった。 一方、 台湾当局は、 国家の命令に背く形で反割讓戦争を戦ったが、 実質的には中国当局の意を体した官民一体の抗日戦争で

13) 同上、254頁。
14) 同上、256頁。
15) 薛軍力、徐魯航『台湾人民抗日闘争史』北京燕山出版社 1997年、68‐70頁。
16) 楊碧川編著『台湾史年表』台湾文芸雑誌社、1983年、106頁。

あった。 この意味からこの戦争は、 台湾における中日戦争の側面をもっている。 また、 台日戦争における日本軍の「三光」焦土作戦は、 中日戦争で展開された日本軍の非人道的「三光」焦土作戦と歴史的に通底するものである。 なお、 台日戦争は形式的には1895年11月をもって一旦終結する。 だが、 各地の民衆抗日武装闘争は、 その後なおも1902年5月まで連綿と続いたのである。

四、抗日武装闘争の展開 - 雲林大虐殺事件と抗日解放区の事例

1。雲林大虐殺事件の経緯と性格

日本当局の台湾平定宣言のあとも、台湾各地で日本軍と抗日武装勢力との衝突が頻発し、日本当局は軍政と武断統治を敷いてこれを圧制しようとした。 この過程で1896年6月、 最も熾烈な農民抗日武装闘争と大虐殺事件が起こった。国際的にも問題となった雲林事件である。

雲林は台湾中部の農村地方で、 台日戦争時の日本軍の焦土的破壊と無差別殺戮の最大の被害地であった。 1895年10月7日、 日本軍は斗六を占領し、 第2師団の一個中隊で市街の守備に当たらせた。 翌1896年4月、軍政から民政に移し、 行政単位として雲林支庁を立ち上げた。だがこの間、 斗六東南山間部の大平頂一帯で、 抗日武装勢力の不穏な動きが絶えなかった。

6月13日、 支庁門前近くの日本人商店が何者かに「刧掠」された。 支庁はこれを抗日武装勢力の仕業だと睨み、 翌14日、 支庁員3名と兵員20余名が太平頂一帯を捜査していたところ、 抗日武装勢力の攻撃を受け、 過半が戦死する被害を被った。 日本官憲は雲林地方の抗日武装勢力に対する報復懲罰として、 台湾守備第4連隊を派遣して、 6月18日から22日にかけて、 斗六地方山間部および東南方面のほとんどの村落に対して「三光」焦土掃蕩作戦を繰り広げた。 その結果。 斗六街396戸、 近隣55村落合計3899戸の家屋が焼き払われた。 史実は「討伐の参烈斯の如きに際して固より良匪甄別の余地を存すべくもあらざりしなるべく」[17] と記し、無数の無辜の良民が殺戮されたことを示している。

この横暴な国家テロに対して、 民怨は沸騰し、 民衆の意向を体して抗日武装勢力が反撃に出だ。 6月27日から2日間、 約50名の抗日武装勢力が、 斗六東北の林杞埔駐屯所を襲撃し、日本憲兵に死者4名、 負傷者7名の被害を負わせ、 駐屯所を占領した。 抗日武装勢力は6月30日、 さらに進んで斗六の雲林支庁を攻撃し、 支庁員を撃退して、 ついに斗六を占領した。 抗

---

17) 台湾総督府警察沿革誌第二編「領台以後の治安状況(上巻)」、台湾史料、保存会『日本統治下の民族運動 - 武力抵抗編』所収、1969年、432頁。

日武装勢力の指導者は簡義、配下の人員約600名、斗六占領の折に集結した各地からの抗日武装勢力総勢約2000名といわれている[18]。日本の台湾始政1年後にして、なおもこの状態であり、「雲林の変」は日本当局を震撼させた。

日本官憲は7月13日、中部周辺の軍隊を糾合して斗六地方に対して軍事行動を起こし、14日、雲林の支配を回復した。だが、この過程で日本官憲と軍隊は、この地方で非人道きわまりない凄惨な無差別焦土「討伐」戦を展開したのである。この惨状は史実に、「此の時斗六街は既に焼かれたるもの過半にして、居民全く散じ、死屍狼藉たるも之を収むるものなく庁舎の官物一も存するなく剝剝床板に及び満目惨烈を極めたり」[19]と記されている。この民衆大虐殺の事態を記す証拠に、台湾総督が拓殖務大臣に宛てた事件報告がある。その重要な個所を引用してみると、「松村支庁長 ‒ 雲林管下に良民なしと称し順良たる村落を指定して土匪なりと断言して之を焚焼せしめ剩へ自ら庁員過半数を率い其の討伐に加わりしを以て却て土民の激昂を来し ‒ 討伐隊を使嗾して良否民の区別なく管下の人民に対し尤も厳酷の処置を加へ ‒ 」[20]と記されている。

以上が雲林大虐殺事件であり、事件の犠牲者の数は3万人を下らないと言われ、その惨状は国際的にも問題となった[21]。41年後の南京大虐殺事件を彷彿させる歴史的大事件である。いみじくも又吉盛清はいった。「第二の旅順大虐殺や天皇の親兵である近衛師団のよる台湾大虐殺に見られるように、これが日中戦争における南京大虐殺など、日本軍の占領地における兵士、住民の一連の虐殺事件の"原点"とのなった」[22]。

2. 抗日解放区其の一:柯鉄鉄国山解放区

日本の台湾軍事占領から1902年までの7年間、台湾各地に日本官憲の支配の及ばない抗日武装根拠地が散在した。その一般的特徴は、第一に、有能で強力な指導者がいたと、第二に、日本の武断統治に対する民衆の不満を背景に住民の支持をえていること、第三に、全体に自治的意向が強く、地域の安寧と開発に務めたこと、第四に、地勢的に戦略的要衝をなす山間隣接地域に位置した点にある。この意味から抗日解放区とも呼べる性格をもっている。ここでさしあたり二つの代表的事例を取り上げてみたい。

まず、その一つは、雲林の柯鉄・鉄国山解放区である。ここは斗六の東南部の太平頂一帯に位置し、指導者柯鉄が率いる抗日武装勢力の地域であり、柯鉄の名を取って鉄国山とも

18) 王暁波『台湾抗日五十年史』正中書房、1997年、18頁。
19) 前掲『警察沿革史』434 ‒ 435頁。
20) 同上、436頁。
21) 王前掲書、24頁。
22) 又吉盛清『台湾支配と日本人 ‒ 日清戦争100年』同時代社、1994年、17頁。

呼ばれた。

　柯鉄は、太平頂で竹林を原料とする製紙業者の家庭に生まれ、器用で腕力もあり、武術に長け、正義感に強く、包容力があり、早くから地域のリーダーと目されていた[23]。柯鉄は雲林大虐殺事件の過程で頭角をあらわし、そのあと指導者簡義のあとを継いで太平頂一帯を統括支配し、多数の優れた部下を擁していた。雲林大虐殺事件後、鉄国山抗日武装勢力と日本官憲との間に、絶えず熾烈な死闘が続いた。そして日本官憲は終始、この地域を圧制、支配下におくことができなかった。

　時に1897年3月、児玉源太郎総督、後藤新平民政局長が新たに台湾に着任し、これまでの武断制圧一点ばりの台湾統治政策を見直すこととなった。特に、抗日武装勢力に対する懐柔策として、誘降帰順政策を打ち出した。いうまでもなく、鉄国山解放区の柯鉄に対して、1898年後半、大商紳辜顕栄やその他地方の名士を介して勧誘の働きかけが強まった。これに対して1898年12月、柯鉄は文才計略共に優れた幕僚張大猷に自治区設置に関する十カ条の要求書を提出させた。

　この自治区要求十カ条の要旨を下記の通り紹介することで、指導者柯鉄の考えおよび鉄国山解放区の性格の一面を紐解くことができる。つまり、第1条、斗六地方に治民局を設置し、これを台湾人が主管、日本当局が監理して、地方の秩序と治安維持にあたる。第2条、清国時代は、この地方には軍隊がなく、日本時代においても軍隊は兵営に戻り、大平頂を柯鉄に返して居住させる。第3条、柯鉄以下複数の集団指導のもとで私兵を擁し、人民の保護にあたり、日本官憲との交渉は文書を通して行う。第4条、十分の一税制をとり、軍事費とする。第5条、鉄国山の兵員は国を守るためであり、日本兵との衝突回避に努める。第6条、講和後、山地の住民保護に専心し、悪事を働くことなく、万一双方で問題が発生した場合、治民局を介して調停する。第7条、雲林地方に盗賊自衛のため、民間に武器の保有を許す。第8条、雲林地方の頑冥な匪徒に対して制裁を加える権利を柯鉄集団に与える。第9条、前科者が自首した後、旧案でトラブルが起こった場合は、治民国の処置に委ねる。第10条、講和3年後に、本協的の見直しをするなどとなっている[24]。

　以上の要旨から分かるように、十カ条要求は、基本的には、台湾のこれまでの旧慣に習った自衛的地方自治(区)の要求である。また、その要求内容は、抗日武装勢力根拠地の自治的既存体制の承認にあり、根拠地が実質的には一つの解放区を形成していることを示している。ここで抗日武装勢力根拠地を解放区と規定する根拠がある。なお、要求は解放区の固定化ではなく、経過措置を経て将来の見直しまで折り込んでいる点に、ある程度の柔軟性をもたせている。

---

23) 王前掲書、20‐21頁。
24) 前掲『警察沿革史』440頁。

それなりに周到に練り上げられた高度自治の提案であった。しかしながら当然、日本当局の意図
は、 抗日武装勢力の解体と抗日分子の自首投降にあり、 到底受け入れられるものではなかっ
た。したがって、 投降の協議は流れた。 柯鉄は「自首投降」の意図はまったくなく、 日本官憲
の圧迫のなかで抗日の立場を堅持し、 集団指導で鉄国山解放区の維持、 防衛に専念した。
日本官憲もこの間、手を出さずに監視を続けた。なお、柯鉄は1900年に病死し、そのあとを張大
猷が指導を引き継いだ。 結局、日本官憲は1902年まで、 この抗日根拠地としての鉄国山解放
区に踏み込むことができなかった。

3。抗日解放区其の二:林少猫・後壁林解放区

つぎに、鳳山の林少猫・後壁林解放区の事例についてみる。鳳山は台湾南部打狗(高雄)
の東南に隣接している農村地方である。 林少猫は本名林成義、 阿猴(屏東)地方の商紳層出
身の精米業者で商才に長け、 台日戦争の折、 新楚軍に参加した経験をもつ多彩な能力をもつ
抗日分子である。 したがって、 その配下に多士済々の人材を糾合し、 最強の抗日武装勢力を
擁していた[25]。

日本官憲は林少猫の人物についてつぎのように記している。 即ち、「殊に林少猫、 黄国鎮、
柯鉄の如くは南北に於ける匪徒の盟主にして各数百の部下を有し頗る計略に長じ、 神出鬼没の
妙術を備え各数千の匪軍を操縦するの才略あり」[26]とみている。 つまり、 日本官憲が一目おい
て最も警戒し、 恐れていた抗日指導者である。 彼等は概して容易に日本当局の招降帰順政策
に応じず、 抗日武装闘争を持続して、 最後まで日本当局を悩まし続けた。 その詳細はさておき、
日本当局の招降帰順政策に対して、 林少猫もまた1899年5月、 十カ条要求を当局に提出してい
た。その要旨は下記の通りである。

即ち、第1条、鳳山後壁林一地方の居住を認めること。第2条、後壁林の荒蕪地を開墾し
た部分は、 納税を免除すること。 第3条、 林少猫所在地に通じる旧路以外は、 官吏であっても
往来しないこと。 第4条、 部下の犯罪については、 林少猫が自ら当局に引き渡し、 当局は逮捕
の挙にでないこと。 第5条、林少猫居住地に犯罪者がある場合は、 林少猫が自ら捕らえて当局
に引渡すべきこと。 第6条 林少猫の部下が事業の用務で武器を携帯して外出した折に逮捕され
た場合、 林少猫の身分保証ある者はこれを釈放すること。 第7条、 林少猫の以前の債権や没
収された財物は、 林少猫に返還すること。 第8条、 林少猫の家族縁者で官吏の職についてる者
の罪科を免除すること。 第9条、 当局は誠意をもって林少猫を扱い、 林少猫も前科を改めて奉公

25) 尹章義『台湾近代史論』自立晩報、1987年、153-163頁。
26) 台湾憲兵隊編『台湾憲兵隊史』龍渓書舎、1978年、450頁。

に努めること。第10条、当局は林少猫に授産金2千円を与えること等である[27]。

　以上の要旨は、これまた既存体制のゆるやかな自治区(区) 要求である。その内容はかなり現実的かつ合理的でる。果たして阿猴庁長は、林少猫の以上十カ条要求を受け入れた。しかしながら、林少猫の日本当局に対する疑心は根深く、帰順をためらい、終始解放区から出てこなかった。この間、林少猫は地域の開墾、開発に務め、後壁林解放区の約500ヘクタール農業開発に大きな成果と収めた[28]。解放区の社会経済基盤は盤石で、日本当局のつけ入る隙はなかった。かくて、林少猫は抗日武装勢力の盟主として、後壁林解放区を維持し、1902年5月、日本武装官憲との英雄的戦闘で壮烈な最期を遂げた。　彼の死で台湾抗日分子の7年に及ぶ抗日武装闘争に幕が閉じられたのである。

4。偽装招宴による「有機処分」－第二の雲林大虐殺事件

　ここでいう「有機処分」とは、日本当局が抗日分子を公式の場で臨機に処刑することに使用される用語である。そこでさしあたり、ここで雲林地方の抗日分子の偽装招宴による「有機処分」・大虐殺について述べたい。そこでこの地方の抗日武装勢力は、日本官憲の招降帰順政策にも拘わらず、1902年階段に至っても沈静の気配をみせない。そこで日本官憲は、抗日分子の殲滅策として、だまし討ちの方法を謀議し、密かに計画した。

　1902年5月25日正午、斗六憲兵隊は、各方面の人脈を介して抗日分子に帰順を働きかけ、斗六庁およびその配下5個所の支庁で宴席を設け、帰順式を行う名目で彼等を招待した。当局関係者は席上好意を示して抗日分子に酒肴をすすめ、警戒心をほぐし、泥酔した状態を見わめた上、待ち伏せていた憲兵隊の一斉射撃で出席者全員を虐殺した。その数は斗六庁の56名をはじめ、他の5支庁合わせて247名を数えた[29]。これが雲林抗日分子の「有機処分」即ち「二・二五」大虐殺事件であり、第二の非人道的な雲林虐殺事件ともいえる。日本官憲はだまし討ちの方法でしか抗日分子を殲滅できなかったことを意味している。

　この時期、抗日分子の「有機処分」について、後藤新平は彼の在任中の1898年から1902年の4年間、その数4043名と告白している。このほか逮捕者合計8030名、殺戮された者3473名、裁判を経て処刑された者539名[30]となっている。日本当局は支配に服従しない者に対しては、手段を選ばず、徹底的に弾圧して殲滅しようとした[31]。総じて、「有機処分」とは人民に

---

27) 同上、444頁。
28) 尹前掲書、163頁。
29) 前掲『台湾憲兵隊史』282頁および477‐478頁。
30) 鶴見祐輔『後藤新平伝‐台湾統治編上』1943年、159‐160頁。
31) 王詩琅『日本植民地体制下的台湾』衆文図書公司、1980年、32頁。

対する国家テロリズムそのものであると規定してよい。

五。むすび

　台日戦争および抗日武装勢力に対する日本の圧制過程における非人道的民衆無差別虐殺は、国家的テロリズムである。この史実は、その後の中日戦争における南京大虐殺、三光作戦、沖縄戦、朝鮮戦争およびベトナム戦争における数々の民衆虐殺事件を彷仏させるものである。同時に、現在進行している日本の歴史教科書問題に対して、日本帝国主義のアジア侵略が犯した罪状のいま一つの重要な史実を示している。そして、この時期の台湾の抗日分子や抗日武装勢力をはじめ広範な台湾人民の抗日反帝闘争は、きわめて英雄的、革命的であった。ここに東学農民革命との歴史的連帯がある。

　それでもなお台湾の一部指導層は、日本の台湾割譲の植民地支配に感謝の意を露骨に表している。現職副総統の呂秀蓮は、1995年6月、下関条約100周年に際して、わざわざ日本感謝団を組織して下関を訪問した。その媚日的奴隷根性たるや、台湾人民にとってこれ以上の屈辱はない。同時に日本植民地支配の辛酸をなめ尽くしたアジアおよび朝鮮人民の苦難をも冒涜するものである。これだけは許してはならない。

　最後に、日本はいまだにアジア侵略の過ちを心から反省しているとは思えない。これを見過ごすならば、21世紀においても歴史の過ちは、繰り返される恐れがあると言わざるを得ない。

아이누 민족에 있어 전쟁과 인권

키타가와 시마코
아이누 민족운동가

1. 머리말

1995년 7월 우리들의 모임 대표인 야마모토 카즈아키(山本一昭)씨 등 아이누 민족의 손에 의해 홋카이도 대학 문학부가 관리하고 있던 연구실(1995년 3월말 퇴직한 吉崎昌一교수)에서 6구의 '두골(頭骨)'이 신문지에 싸인채 '파손 주의', '인골(人骨)'이라고 쓰여진 종이 상자에 넣어진 상태로, 오랜 기간 방치·은폐되어 있었다고 하는 사실이 밝혀졌습니다.

이 6구의 두골의 내역은 ① 1구는 한국의 진도로부터 반출된 동학농민군 지도자의 것으로 이 유골은 한국측 조사위원회로부터 제공받은 자료에 의하면 박중진(朴仲辰)의 것으로 생각되며, ② 일본에 의해 사할린의 「오타스숲」

으로 강제이주 당한 선주(先住) 소수 민족 월타 민족의 유골 3구, ③ 20세 일본인 남성 유골 1구, ④ 기증 두골로 출토지 불명이라고 쓰여진 두골 1개 입니다.

홋카이도 대학 의학부가 연구 재료로 삼아온 1500여구의 아이누 민족 유골에 이어 1995년 7월에 다시 일어난 '홋카이도 대학 인골사건'은 단지 홋카이도 대학에만 그치는 것이 아니라 일본의 민족학·인류학·역사학·생물학 등이 아이누 모시리(아이누 민족은 홋카이도 뿐만 아니라 사할린, 쿠릴 열도를 아이누어로 "인간이 사는 조용한 대지"라고 불러 왔습니다)를 포함하여 북방(北方)침략 과정에서 수행해 온 역할, 즉 침략과 타민족 억압에 봉사해 온 학문·연구의 범죄적 성격을 구체적으로 따지는 새로운 계기가 되었으며, 우리들 모임의 주체적 책임도 요구되는 과제가 되었습니다.

2. '홋카이도 대학 인골사건' 이란 민족차별사건으로 침략 전쟁 책임문제를 수반하고 있다.

1982년경 아이누 민족인 우미바 사와히로(海馬澤博)씨가 고다마 사쿠자에몽(兒玉作左衛門) 등 홋카이도 대학 의학부가 연구 재료로 삼아 왔던 아이누 민족을 비롯한 1500여구의 인골을 동물 실험실에 방치해 왔던 사실을 고발 규탄해 왔던 사실을 알고 있는 우리들로써 1995년 7월에 일어난 '인골사건'은 충격이었습니다.

사건이 난 1995년은 일본이 패전한지 50년째에 해당되었으며, 또한 동학농민혁명이 끝난지 100년째 되는 해였다는 사실을 생각한다면, 이 사건은 일본의 근·현대사에서 일본이 저지른 아시아, 북방 지역에 대한 침략, 식민지 지배에 대한 주체적인 반성이 얼마나 희박하며 무책임한 것인가를 날카롭게 고발하는 사건이기도 했습니다.

동시에 아이누 민족을 비롯하여 선주(先住) 제민족의 인권, 권리회복이 요구되고 있는 오늘날의 세계적 흐름 속에서, 야마토(일본) 단일 민족국가관에 사로잡혀 그것을 '학문'으로 날조 조작해 낸 일본의 학자·연구자들의 인권의식, 학문·연구태도도 폭로하는 것이었습니다.

홋카이도 대학을 비롯한 '인류학자'들은 아이누 민족을 비롯한 선주 제민족의 유골을 매장지로부터 도굴하여 '연구재료'로 삼아왔을 뿐 아니라, 부장품도 '콜렉션'으로써 수집해 왔습니다.

그 위에 제민족의 습관, 언어, 노래, 서사시, 세계관, 생활과 노동 용구 등 정신과 육체에 이르기까지 온갖 것을 연구 대상으로 삼아 침략과 식민지 지배에 봉사해 왔습니다. 아이누 민족, 오키나와인, 타이완의 선주 민족, 조선 민족 등을 '진열'하여 전시물로 삼았던 1903년 오사카 '인류관 사건'은 일본이란 국가의 식민지 지배를 상징하는 사건으로 절대 망각할 수 없는 사건이었습니다.

아이누 모시리 침략·약탈과 불가분의 관계에 있는 일본의 차별·동화정책은 오키나와, 타이완, 조선 반도, 사할린 등 북방 제지역에 대한 식민지 지배의 원형이자 출발점이라는 사실을 여러분들께서는 이해하시어 아이누 민족의 선주권(先住權), 자결권(自決權) 획득 운동에 연대해 주시기를 부탁 드립니다.

우리들은 작년(2000년) 8월, 한국 방문을 계획하여 진도(珍島)·전주(全州) 현지의 시민들과 교류, 동학농민혁명의 의의를 배웠으며, 동학농민혁명을 군대를 동원하여 진압한 일본군(천황제 일본국가)의 잔학성을 다시금 재인식할 수 있었습니다. 진도와 정읍(황토현 기념관)에서는 희생자에 대한 이차르파(아이누어로 공양이란 뜻)를 행하고, 홋카이도 대학에 방치되어 있었던 동학농민혁명 지도자의 유골이 하루 속히 전라남도 진도에 안치되도록 하는 운동을 강화해 갈 것을 다짐했습니다.

우리들은 한국 민중과 연대하면서 계속해서 홋카이도 대학 문학부와의 대화도 계속하여 진상규명 활동에 힘써 나가고자 합니다.

3. 아이누 민족과 전쟁 - '일장기'를 등에 짊어지고

저는, 선조 대대로부터 아이누 문화를 전승해 온 북해도의 비라토리에서 1930년에 태어났습니다. 이 비라토리는, 옛날에는 사루타리라고 일컫고 있었습니다만 지금은 토가와라고 개명된 마을로부터 16킬로미터가 떨어져 있는 곳입니다.

옛날에는 후리나이에 광산이 있었으므로, 광석의 운반과 목재를 쌓기 위한 작은 기차가 비라토리와 토가와 사이를 달리고 있었습니다. 그렇지만 광석을 전부 캐버리고 목재를 전부 베버리고 난 뒤에는 이 철도는 폐지되어, 그 뒤는 트럭 운송, 버스의 운행으로 바뀌어, 차들이 지나갈 때까지는 길 가장자리에 피해서 얼굴을 숨기고 있지 않으면 머리에 먼지가 묻는 상태였습니다.

사루강을 따라 토카치 언덕에 있는 히다카 마을까지의 사이에는 많은 코탄(마을)이 있었습니다. 이 코탄에는 결혼식이 있다던가, 슬픈 소식이 왔을 때라든가, 또 아이누 민족의 전통의식인 쿠마오쿠리(곰의 영혼을 보내는 의식)때 등에는, 옛날에는 모두 걸어다니거나 말을 타거나 해서 왕래했던 것입니다.

낮에 힘든 노동을 하고 있어도, 그런 소식이 오면, 날씨가 좋은 날에는 별 하늘을 바라보며 달빛으로 생긴 자신의 그림자를 밟아가며 동료들과 같이 걸어 갔습니다. 강의 상류를 향하여 산란을 하기 위해 올라오는 「시샤모」(북해도에서 나는 작은 물고기)와 「연어」를 기다리면서, 그 강을 곁눈으로 보면서 발을 옮겼던 것입니다. 또, 날씨가 나빠서 히다카 산맥으로부터 내려오는 눈보라가 휘몰아쳐, 몹시 차가운 겨울 바람을 맞아가면서도 코탄의 하나의 물빛을 향하여 걸음을 계속하여 하루 머물기를 부탁하고, 그 다음 날 아침때 출발해서 목적지의 코탄에 도착하는 등 옛날 사람들은 교통에 대단히 고생하였습니다. 그렇게 해서 우타리(동포)의 연대가 생겨 모두 사이좋게 살아왔던 것입니다.

사루강은 홍수가 잘 났습니다. 비라토리의 맞은편의 산인 펭케, 팡케, 야메의 늪과 그 산기슭을 흐르는 강이 흘러드는 사루강 부근에 비라토리부터 토가와까지 긴 제방이 세워질 때 저의 가족도 그 일을 하였습니다. 저도 당시 19살이었습니다만 집에서의 작업 사이사이 틈을 봐서 일을 하러 갔습니다.

아버지는 말을 데리고 나가면 하루의 일당이 1500엔 정도, 여성인 저희들은 240엔이었으나 여럿이 일을 하는 것이 즐거웠습니다. 일은 광차에 삽으로 모래를 쌓는 일이었습니다만 젊었으므로 계속 일을 해도 피곤함을 모르는 시대였습니다. 아이누 민족의 긍지가 있기 때문에 무엇을 해도 지지 않겠다고 열심히 일하였습니다.

오라버니는 전쟁때 불려가 돌아오지 않고 있었기 때문에, 가족은 어머니, 아버지, 누님, 그리고 저 4명에서 농업을 하고 있었으나 여자인 우리 자매는 남자와 같이 말을 사용해 일을 하며 가족을 받쳐주고 있었습니다. 비라토리에서도 많은 우타리가 전장으로 끌려나가 전사하여 남겨진 가족들은 매우 힘들었습니다. 그런 가족들을 받쳐주기 위하여 친척뿐만 아니라 가까운 이웃사람이 원조를 해왔습니다.

언젠가 비라토리 코탄의 일입니다만, 단 하나뿐인 아들이 병대에 들어가게 되어, 중국에서 전사하였습니다. 이 아들에게 삶의 보람을 느끼던 70세에 가까운 할머니가 기운을 차리지 못하고 병에 걸려 돌아가시고 말았습니다. 그렇지만 주위 사람들의 보살핌으로 남겨진 남자 아이와 여자 아이의 손자·손녀는 건강히 자랄 수 있었습니다.

이처럼 사루강 주위의 코탄의 우타리에게도, 일본이 전쟁을 일으킬 때마다 소집령장이 와서 전장으로 내보내져 소중한 목숨을 잃고 말았던 것입니다.

전쟁으로 인해 아버지와 오라버니들을 잃은 가족은 매일매일 힘든 나날을 보냈습니다. 아버지를 잃은 「모자가정」에서는, 가난하면서도 어린아이들은 몇 배로 건강하게 아침 일찍 일어나 신문배달 등을 하면서 가족을 뒷받침하였습니다. 신문배달 소년과 소녀가 비가 오는 날도 바람 부는 날도, 마구 때려오는 듯한 눈보라의 날도, 눈꺼풀에 묻은 눈을 털면서 또는 밤에 소리 없이 쌓인 눈 속을 허리까지 빠지면서 한 집 한 집 신문을 배달하였습니다. 이런 사람들처럼 「전쟁고아」의 대부분은 신문배달 등을 해서 생활을 지탱하여 왔던 것입니다.

※ 전쟁터의 오빠와 우타리의 소식을 걱정하는 어머니

저도 어렸을 때 3년 정도 신문배달을 했습니다. 신문배달을 한 덕분에 저는 글자를 읽고 쓸 수 있게 되었습니다. 왜냐하면 저는 초등학교는 3학년까지 밖에 다니지 못했으며, 신문배달을 끝내고 집으로 돌아온 어머니가 매일같이 "시마코! 신문에 무슨 기사가 썩여 있는지 읽어봐"라고 부탁해서, 일과처럼 읽었기 때문에 자연히 문자를 욀 수 있었습니다. 그래서 저의 입장에서 신문은 사전이기도 했습니다. 저는 아침 식사를 마치고 곧장 학교에 가지 않으면 안되었습니다만 시간을 보면서 신문을 펴서 어머니께 읽어 드렸습니다.

어머니는 일본군의 전쟁 상황을 알고 싶어했습니다. 저의 둘째 오빠는 전쟁에 나갔기 때문에 "무사할까", "벌써 2년간이나 소식불통이니 어디서 싸우고 있을까"라며 걱정하고 있었으며, 또 같은 코탄(마을)의 토모타로씨(앞에서 말씀 드린 전사 통지를 받고 기운을 잃어 돌아가신 할아버지의 아들), 뒷 집의 오사무씨의 안부 등을 마음 깊이 걱정하고 있었기 때문에 저에게 신문을 읽도록 시킨 것입니다. 젊은 우타리들, 또한 생활의 중심이었던 남편들은 한 장의 빨간 종이(소집영장)로 소집되었습니다.

당시는 라디오 같은 것은 저와 같은 가난한 집에는 없었으나 더군다나 TV가 있는 시대도 아니었기 때문에 많은 가정에서는 신문이 유일한 소식통이었던 것입니다. 그래서 저는 "코탄의 가족들은 남편과 친척, 아들의 안부를 걱정하면서 신문을 기다리고 있구나"라고 생각하여 신문을 더럽히지 않고 빨리 배달할 수 있도록 마음을 먹고 추운 날 새벽에도 자연히 발이 앞으로 나가 "신문이요"라고 소리치며 배달했던 것입니다. "고생하는구나"라고 인사를 받기도 하면서 집집마다의 굴뚝에서 연기가 나는 것을 보면 어린 저도 사회에 하찮기는 하지만 무엇인가 도움을 주고 있다고 생각하면서 "오늘도 열심히 해야지"라고 제 자신을 격려했습니다.

※ 아이누 민족에게 '일장기'를 등에 짊어지게 한 책임을 규명한다.

그런데 일본은 서양(미국과 유럽)것을 흉내내는 것을 잘 하지요. 침략을 '진출'이라고 한다든가, 개척이라고 말을 바꿔 무장한 둔전병을 보내 '북방사냥'을 했습니다. '히노마루(일장기)'는 전쟁터와 침략을 할 때 언제나 게양되어 세계를 대상으로 사람을 죽이는 깃발입니다. 일본이란 국가는 영웅을 자처하여 아이누 모시리 침략 백주년을 기념하여 '개척기념관'을 세우고 있습니다.

그러나 아이누 민족은 사람이란 서로 사이좋게 살아가는 존재라고 믿어왔습니다. '개기백년(開基百年)'이라든가 '개기 OO년'이라고 하고 있는 시(市)나 마을의 기념일, 기념탑을 보게 되면 화가 납니다. 그것들은 강도의 무리라는 표시이기 때문입니다. 아이누 민족의 입장에서 보면 무단히 밀고 들어와 침략한 것이기 때문입니다.

에도시대 이래 몇 백년간 일본인은 아이누 민족에 대해 도대체 무슨 일을 해왔는가? 아이누 모시리 전지역, 즉 홋카이도뿐만 아니라 쿠릴 열도와 사할린(카라후토)에서 무슨 일을 했을까요? 제 멋대로 묘를 파헤쳐 매장품을 연구라는 이름으로 훔쳐내었고, 학자들은 그것을 '콜렉션'으로 삼아 자기 것으로 만들었습니다. 일본인 출신 아이누 민족 연구자가 묘를 파헤쳐 유골을 수집하여 연구 재료로 삼아 왔던 사실은 홋카이도 대학 의학부 구내에 있는 납골당이 증명하고 있습니다. 약탈한 매장품과 유골 등은 즉각 아이누 민족에게 반환해야 할 것입니다.

일본인은 무기를 가지고 아이누 모시리를 대상으로 아이누 민족 박멸작전을 몇 번이나 실행해 왔습니다. 거기에 대항하여 아이누 민족은 1457년의 코샤마인 전투, 1669년의 샤구샤인 전투, 1789년의 쿠나시리와 메나시리 봉기 등을 통해 무장하여 싸워 왔습니다.

메이지 시대 이래의 일본은 아이누 모시리에 대한 침략과 동시에 아이누 민족을 일본의 침략 전쟁에 동원했습니다. 여러분께서는 다음과 같은 내용을 알고 계신지요.

옛날(1910년) 시라세(白瀨)중위라는 인물이 일본 최초로 남극 탐험을 했습니다만 탐험대원 26명 가운데 아이누 민족이 10명을 차지했으며, 또 아니누개(세타) 열 마리도 참가하고 있었습니다. 이 같은 사실은 전혀 역사에 기록되어 있지 않습니다. 시라세 중위의 '명예'만이 교과서 등에서 선전되고 있으며, 용감한 아이누 민족에 대한 내용은 단 한마디도 언급되고 있지 않습니다.

또 1902년 1월 구일본 육군이 러시아와의 전쟁에 대비하여 아오모리현(青森縣) 야코다산(八甲田山)에서 내한 설중행군이라는 군사연습을 실시하던 도중 아오모리 보병 제5연대가 조난을 당하여 199명이나 되는 병사들이 사망하는 사건이 일어났습니다. 군대와 지역 주민들이 전력을 기울여 수색작업을 몇 번이고 되풀이해서 실시했습니다만 발견하지 못했습니다. 마지막으로 추위에 강하고 설산의 산행에 익숙해 있는 아이누 민족에게 수색을 의뢰하게 되어 급거 홋카이도의 오샤만베(長萬部)에서 아이누 민족 10명과 아이누개

(세타)들이 수색에 나서 조난 현장을 발견했습니다. 그러나 군부는 조난을 당한 사실도, 조난 현장을 아이누 민족이 발견했다는 사실도 은폐하고 함구령을 내렸습니다. 그 이유는 천황의 군대가 조난을 당한 것으로 지휘관의 책임을 묻지 않을 수 없는 무모한 훈련이었기 때문입니다. 더욱이 조난 현장을 발견한 측이 아이누 민족이었다는 사실은 천황의 군대로서는 있어서는 안되는 일이었기 때문인지도 모릅니다. 차별이라고 밖에 할 수 없습니다. 그러나 아이누 민족 사이에서는 비밀리에 전승되어 왔으며, 저도 아버지로부터 그 같은 사실을 알았습니다.

메이지 이래 일본의 침략 전쟁에 아이누 민족도 동원되었습니다. 전쟁터로 내몰려 시체가 됨으로써 많은 아이누 민족이 희생되었으며, 일본인의 국가에 이용된 뒤 버려졌습니다. 저의 오빠와 아버지에 대해 말씀 드리기로 하겠습니다.

첫째 오빠인 유 씨는 해군에 입대하여 혹독한 훈련 때문에 몸을 상해 코탄으로 돌아와 요양 생활을 했습니다. 그러나 급성 폐렴으로 1936년 9월에 급사하고 말았습니다.

둘째 오빠인 호 씨도 군대에 끌려가 중국 동북부(구만주)의 중국 전선에 동원되었다가 소련에 억류당했습니다. 강제 노동으로 역시 몸을 상해 목숨만 겨우 부지한 채 돌아왔습니다. 솜을 누빈 오바를 입고 피골이 상접한 모습으로 걷고 있는 광경은 그것을 보는 사람의 입장에서도 가슴이 아픈 병자였습니다. 영양실조 때문에 결핵에 걸려 비라토리 마을 병원에 입원하여 늑골을 7개나 잘라내 일생을 병상에서 떠날 수 없는 생활을 하지 않으면 안되었습니다. 오빠는 그 때의 병 때문에 70세가 된 지금도 병원 침대에 누워 있습니다. 저는 오빠가 격렬한 분노의 마음을 홀로 마음속에 억누르고 있다는 생각을 하고 있습니다.

아버지(히라무라 이치로)도 러일전쟁(1904년)에 끌려가 카라후토(현 사할린) 북쪽까지 갔다고 합니다. 삿포로(札幌)의 쓰키사무(月寒)에 있던 제 25 연대 배속이었으며, 아버지는 사격을 잘했던 모양으로 사격대회에서 몇 차례나 우승했다고 합니다.

아버지는 목숨을 건 전쟁 체험을 말하면서 다음과 같이 말했습니다. 전쟁터에서 탄환이 비오듯 쏟아지는 속에서 사령부 등의 전령 역할을 명령받았던 병사들은 아이누와 오키나와, 타이완 병사가 많았다는 것입니다. 또 추운 북쪽 땅에서 전쟁을 수행하기 때문에 군대의 상관들은 아이누 병사에게 일기예보, 먹을 것에 대한 정보, 약초 등에 관한 지혜 등을 묻곤 했습니다. 이상의 사실은 아이누 모시리, 오키나와, 타이완을 일본이 침략하여 천황의 군대에 젊은이들을 징병하여 침략 전쟁을 수행했다는 사실을 의미한다고 말했습니다.

저의 아버지와 오빠들과 마찬가지로 아이누 민족 중의 많은 사람들이 전쟁에 동원되었습니다. 일본에 의한 아이누 모시리 침략과 지배로 인해 아이누 민족은 주권을 빼앗겨 살아가는 것 자체가 힘들었습니다. 일본이란 국가가 강요했던 차별 및 궁핍한 생활, 징용과 징병이 아이누 민족에게 '일장기'를 등에 짊어지게 만들었습니다. 일본에 의해 죽음을 당한 우타리들은 말이 없습니다.

아이누 민족은 " '카무이(신)'은 모든 존재들을 공평하게 지켜 주신다"고 믿어왔기 때문에 오늘 평안한 것을 내일을 사는 양식으로 삼아 모든 사람들을 사랑하고 서로 자비를 베풀어 모든 사람들이 사이좋게 살았습니다. 결코 전쟁과 같은 자신의 목숨을 잃는 일 따위는 하지 않았으며, 만일 그 같은 행위를 했다고 한다면, 결코 '카무이 모시리(천국)'에 갈 수 없다고 배웠습니다.

일본 정부는 최근 가까스로 아이누 민족을 '일본의 소수민족'으로 인정했지만, 결코 선주(先住)민족으로는 인정하지 않고 있습니다. 거기에는 아이누 모시리에 대한 침략과 함께, 필설로 다할 수 없는 가혹한 지배를 인정하지 않으려는 의도가 숨겨져 있습니다. 그러므로 일본의 전쟁책임을 추궁하는 경우 아이누 모시리에 대한 침략과 동시에 아이누 민족을 침략 전쟁에 동원했던 일본의 국가적 책임도 추궁해야 할 것입니다.

4. 아이누 민족의 인권

※ 성침략에 의한 매독의 만연, 질병 감염에 의한 인구 격감

1937년 필자가 초등학교 2학년 때였습니다. '홋카이도 위생박람회'가 필자가 다니고 있던 토마코마이(苫小牧) 동초등학교에서 개최되었습니다. 필자도 집안 식구와 함께 구경하러 갔습니다.

학교 안의 넓은 실내체육관에는 빈틈이 없을 정도로 빼곡하게 전시물이 진열되어 있었습니다. 필자는 부모님 뒤를 따라 언니와 둘이서 전시회장을 빙 둘러 보았습니다. 언니가 "이것은 천연두라는 병이다"라고 해서 쳐다보니 유리병 속의 표본이 설명서 옆에 놓여 있었습니다. 그 외에 이질, 결핵, 폐렴, 위염, 기관지염, 중이염, 트라코마, 피부염, 매독 등 여러 가지 질병 표본이 설명과 함께 진열되어 있었습니다. 필자의 가족들은 처음으로 보는 질병 표본을 보며 "아! 기분나빠" 라고 말하면서 부모 뒤를 따라 다니며 걸어 다녔습니다.

그 날 밤의 일이었습니다. 부친(히라무라 이치로)이 식사가 끝난 뒤 "어떤 질병이건 모두가 와진(일본인) 이민이 많아 지고 나서 증가했다. 많은 우타리(아이누인 동포)들이 병에 걸려 사망했다. 유행성이다. 원인을 알 수 없다"고 말을 들었으며 "의사에게 진찰을 받아 봐도 도와 줄 방법이 없었다" 고 설명해 주었습니다. 노인이나 젊은이, 어린이 등 연령에 관계없이 잇따라 죽게 되면 "사망자가 나온 집 앞을 지나지 말라" 라든가, "그런 집을 어쩔 수 없이 지나가지 않으면 안될 때는 숨을 쉬지 말고 달려서 지나가라" 고 말을 들었습니다만 그 진짜 이유는 바로 병 때문이었습니다. 당시의 유행성 질병에 대해 아이누 민족들은 저항력이 없었기 때문에 아이누 민족에게 심각한 인구 격감을 초래했습니다.

일본은 아이누 모시리(=인간이 사는 조용한 대지라는 뜻으로 아이누 민족이 살고 있던 땅을 의미한다) 침략 과정에서 질병을 퍼뜨림으로써 아이누 민족을 감염시키고, 성 침략에 의한 매독의 만연 등을 수반했다는 사실을 간과해서는 안될 것입니다.

그 외 수해라든지 냉해를 당해 가난에 시달려야 했습니다. 햇빛이 잘 드는 곳이나 방수가 잘 되는 곳 등 조건이 좋은 곳은 일본인에게 모두 빼앗겼기 때문에 아이누 민족의 생활은 몹시 어려웠습니다. 그래서 남자들은 카라후도(사할린)로 측량 인부로 가기도 하고, 치시마(쿠릴) 열도나 카라후도 어장(漁場) 등으로 돈벌이하러 갔습니다. 그러나 그 실태는 빚쟁이가 되거나 감언이설에 사기를 당하는 등 사실상 강제노동·강제연행 그 자체였습니다. 그 결과 노인들과 어린이들만 집을 지키면서 얼마 되지 않는 밭을 경작하면서 집을 지키고 있었습니다.

※ '인류관(人類館)' 사건에 나타난 민족차별, 민족 배외주의

또 부친은 저희들에게 1903년 일본 오사카(大阪)에서 개최된 권업박람회1)

---

1) 1903년 일본 오사카 천왕사(天王寺)에서 제5회 내국 권업박람회가 개최될 당시 '학술 인류관'이라는 이름의 전시관을 설치하여 아이누민족·오키나와(류큐)인·타이완인·조선인을 산 채로 '진열'했다. 1903년은 러일전쟁 1년전으로써 일본인의 대국(大國)의식, 민족 배외의식(사상)을 고취하고 식민지 지배 이데올로기를 강화해 가는 것을 목적으로 하였다.
청일전쟁에서 승리하여 교만하게 우쭐거리는 일본인들에게 '우수한 민족'이라는 관념과 '우승열패'의 민족 차별관을 부식시켜 침략자를 양성하고 있었다. 이렇듯

에서 있었던 차별사건에 대해 가르쳐 주었습니다. 부친이 10살 때의 일이었다고 합니다. 이 박람회에는 '인류관'이라는 이름의 조그만 전시관을 설치하여 거기에 아이누 민족·타이완의 선주 민족·오키나와인·조선인 등을 모아 여흥 등을 시키는 전시물로 삼았습니다. 산 사람을 전시하고 "손님이 오면 웃는 얼굴로 맞이하라. 천황이 오면 웃는 얼굴로 고개를 숙여라" 고 지시하였으며, 이 '인류관'에 끌려온 민족에게는 명찰까지 부쳐 놓았으니 이른바 '인간표본' 이었습니다.

이 인류관에 홋카이도의 비라토리(平取)로부터 2~3명이 끌려 갔습니다. 채찍을 든 일본인이 구경꾼들에게 설명했다고 합니다. 부친은 말했습니다. "와진(일본인)은 아이누 민족은 무식하고 비위생적이다" 라고 말했지만, 천연두와 콜레라, 매독 등은 일본인들이 가지고 들어온 것이며, 앞에서 설명했던 질병 표본과 마찬가지로 아이누 민족을 '인간표본'으로 진열했습니다. 이 같은 일은 모두 '민족학 연구자' 들의 편견과 차별에 의한 것이며, 그것이 '인간 표본'의 전시로 이어졌다고 대단히 분노한 말투로 말씀하셨습니다.

이 '인류관'에는 아이누 민족을 사람으로 간주하지 않았던 일본 정부의 태도가 노골적으로 드러나 있습니다. 또한 이 '인류관'으로 끌고 와 전시한 이민족(異民族)에 대해 일본 정부는 식민지 지배를 하는 기분으로 사람을 전시했습니다. 그러나 이들 여러 민족들은 독자적인 문화·종교·언어 등을 가지고 있었습니다. 그럼에도 불구하고 일본은 이들 민족을 침략하여 인권 보장은 커녕 민족차별을 하는 오사카 권업박람회에 '인류관'을 설치한 것입니다. 민족 차별과 편견을 부채질하는 전시품으로 일본인과 외국인들 앞에 전시했던 것입니다. 그러나 아이누 민족은 침묵하며 따랐던 것이 아닙니다. 비라토리(平取)로부터 끌려 간 사람들은 민족의 전통문화를 자랑스럽게 여겼으며, 아이

심각하고 또한 잔학한 민족차별에 대해 일본정부는 아직도 자기비판을 하고 있지 않다.

누 민족 고유의 전통 무용이라든지 할아버지와 할머니들이 먼 옛날부터 전해 내려온 이야기 - 그것은 독특한 가락으로 그 가락에 따라 여러 신(神)들에 대한 이야기라든지 영웅에 관한 이야기를 관객 여러분들에게 보여주며 전해 주고자 했던 것입니다. 그러나 오사카에 가서 보니 자신들의 생각과는 완전히 달랐습니다. 즉시 돌아가려고 교섭을 했지만 "박람회는 이제 막 시작되었다. 무슨 말을 하느냐" 라고 몇 번이나 교섭을 했어도 받아 들여 주지 아니하였습니다. 그러는 가운데 다른 민족들도 돌아가겠다고 말을 하기 시작하고 격렬하게 항의함으로써 결국 민족문제가 되어 5개월간 개최 예정이었던 것이 얼마가지 않아 폐관하게 되었습니다.

※ 아이누 민족의 고운 마음을 배반하는 정책

메이지(明治) 정부가 홋카이도에 호적을 도입한 것은 1872년의 '임신(壬申)호적'이 처음입니다. 이후 '아이누 호적'의 작성, '구토인(舊土人)'이라는 차별적 호칭을 써서 아이누 민족을 일방적으로 일본 국적으로 편입시킵니다. 그리하여 1899년에 〈홋카이도 구토인 보호법〉을 만들어 민족 동화정책을 펴가게 됩니다. 이처럼 아이누 민족을 일본 국가 속으로 편입시키는 정책을 계속하는 한편, 메이지 초기 이래 일본 본토로부터 많은 이주민을 아이누 모시리(=홋카이도)에 송출하였습니다. 일본 본토(혼슈라고 부름)에서는 토지가 없어서 먹고 사는데 부족함이 있는 가난한 사람들이라든지 범죄자를 감형시켜 둔전병(屯田兵;무장한 개척단)으로 만들어 개척 이민으로 투입했습니다. 그러나 아이누 민족은 원래 아이누 모시리(인간이 사는 조용한 대지)에서 아무런 부자유없이 생활하고 있었습니다. 바다·산·강·지하자원도 모두 아이누 민족의 것으로 어디를 가서 나무를 베도 나무랄 사람이 없었으며, 산나물 채취나 사슴·곰 사냥 등은 자신들의 생활에 필요한 분량 만큼만 취했기 때문에 대자연이 있었습니다. 이와 같이 마음씨 고운 아이누 민족을 배반하는 정책을 시행한 측이 바로 일본 정부입니다.

아이누 모시리에서 풍족하고 자유로운 생활을 하고 있던 필자의 선조는 에도(江戶)시대 마츠마에(松前)번과 장소청부인(場所請負人), 악덕상인의 손에 의해 강제로 코탄(아이누 민족의 고향마을)으로부터 끌려가 노예노동을 강요당했으며, 질병에 감염되기도 하고 학살되기도 하는 등 목숨을 잃어갔습니다. 고향마을로 돌아갈 수 없게 된 사람도 많았기 때문에 급속히 인구가 감소했습니다. 이와 같이 각지에서 차별과 인권을 무시하는 정책이 자행되었습니다.

아이누 민족에 대한 일본의 국가정책은 아이누 민족에 대한 존경도, 권리보장도, 인간평등도 아니었습니다. 민족 말살을 하면서 강제로 동화시키고 집단적으로 아이누 모시리의 토지를 강탈했습니다. 그리고 아이누 민족의 종교적 의식도 할 수 없게 되었으며 조상들의 성지인 묘지와 주거지 등이 장소불문하고 파괴되었습니다. 모든 자원이 일본인의 손에 관리 당하여 연어포획과 수렵을 자유롭게 하던 아이누 민족의 생활 터전의 권리들도 빼앗겼습니다.

일본정부는 아이누 모시리에 대해서 '탐험하여 발견' '사람이 살지 않는 땅' '미개지'라고 말을 바꾸면서 잔인한 약탈을 하고 질병 등을 가지고 들어왔으며, 선주 민족을 깔보는 입장에서 〈구토인 보호법〉이라는 것을 제정하여 아이누 모시리에 대한 침략을 계속해 왔습니다.

※ 모든 존재들은 서로 연결되어 있으며 모두 친구들이다

일본은 지금도 아이누 민족이 살던 대지를 오염시켜 환경파괴를 계속하고 있습니다. 토마리(泊) 원자력 발전소뿐만 아니라 핵폐기물 처리·저장·연구시설을 호로노비쵸(幌延町)에 계획하고 있습니다. 그 위에 골프장 건설, 산림벌채, 리조트 개발 등을 기업 차원에서 시행하여 산촌과 섬 구석구석까지 개발의 파도가 밀어 닥치고 있습니다. 모든 사람들이 자연의 혜택을 입고 살고 있다는 사실을 망각하고 있는 것이 아닌지요?

일본 정부가 아시아 여러 나라에 대해 무모한 침략과 개발을 수 없이 자행해 온 사실, 모든 사람들의 권리를 부정해온 사실, 수 없는 나쁜 짓을 한 전쟁의 역사 등과 함께 아이누 민족에 대한 차별이 지금도 여전히 불식되지 않은 채 민족 자결권을 박탈당하고 있는 사실 등을 오늘을 사는 우리들 한 사람 한 사람이 스스로 묻고 따져서 새로운 사회로 바꿔가지 않으면 안됩니다. 전쟁이 존재한다는 것은 인권이 박탈당하는 것을 의미하며, 침략이 계속되는 한 민족 자결권·민족의 명예를 빼앗긴다는 사실을 똑똑히 인식하지 않으면 안됩니다.

전 세계를, 우주와 지구를 더럽히는 일 없이 전 인류에게 진정한 평화가 도래하도록!

아이누 민족은 인권과 명예 및 권리의 회복, 민족 자결권 획득을 목표로 계속 싸울 것입니다. 여러분과의 연대(連帶)를 염원하며 이상 발표를 마칩니다.

"이야이 라이 케이"(대단히 감사합니다)

アイヌ民族にとっての戦争と人権

北川しま子(アイヌ民族に関する人権啓発写真パネル展実行委員会・副代表)

はじめに

　1995年7月、　私たちの会(グループ)の代表である山本一昭さんらアイヌ民族の手によって、北海道大学文学部が管理する人類学者(退官した吉崎昌一教官)の研究室から6体の「頭骨」が新聞紙につつまれ「ワレモノ注意」「人骨」と書かれたダンボール箱におしこめられた状態で長い間放置・隠蔽されていたことが社会的に明がかにされました。

　この6体の頭骨の内訳は、

　①珍島から持ち出された東学農民革命のリーダーであり、　韓国側調査委員会から提供された資料などからこの遺骨はパク・チュンジン(朴仲辰)氏と思われる遺骨、　②日本国家によって先住・少数民族が強制移住されたサハリンの「オタスの杜(もり)」の墓地から持ち出されたウィルタ民族の遺骨3体、③日本人男子20歳遺骨1体、④寄贈頭骨、出土地不明と書かれた遺骨1体です。

　北海道大学医学部が研究材料にしてきた1500体余りのアイヌ民族らの遺骨に続いてのこのあらたな「北大人骨事件」は、　単に北大にとどまらず日本の民族学・人類学・歴史学・生物学などがアイヌモシリ(アイヌ民族は、　北海道だけでなくサハリン、　クリル列島を含めてアイヌ語で「人間の住む静かな大地」と呼んできました)をはじめとして北方侵略に果たしてきた役割、　つまり侵略と他民族抑圧に奉仕してきた学問・研究の犯罪性を具体的に問いただす新たな契機ともなり、　私たちピリカ全国実行委員会の主体的責任も問われる課題となっています。　これから私は、「北大人骨事件」について明らかにしつつ、　アイヌ民族にとっての戦争と人権について報告させていただきます。

(1)「北大人骨事件」とは民族差別事件であり、侵略戦争責任を伴っている

　1982年ごろアイヌ民族の海馬沢博さんが児玉作左衛門ら北大医学部が研究材料にしてき

たアイヌ民族をはじめとする1500体余の人骨を動物実験室に放置していたことを告発・糾弾してきたことを知っている私たちにとって、この新たな「人骨事件」は衝撃でした。

　さらに、この年の1995年は日本の敗戦後50年目にあたり、また東学農民革命から100年目という年であったことを考えれば、日本の近・現代史におけるアジア、北方地域への侵略、植民地支配にたいする主体的な反省というものがいかに稀薄、無責任なものであるかを鋭く告発する事件でもあったのです。

　同時に、アイヌ民族をはじめ先住諸民族の人権、権利回復が求められている今日の世界的な流れのなかで、ヤマト(日本)単一民族国家観にからめとられ、それを「学問」としてデッチあげてきた日本の学者・研究者の人権意識、学問・研究のありようも暴露するものでした。

　北大をはじめ「人類学者」たちは、アイヌ民族をはじめ先住諸民族の遺骨を埋葬地から盗掘して「研究材料」としたのみならず、副葬品も「コレクション」として収集してきました。

　さらに、諸民族の習慣、言語、歌、叙事詩、世界観、生活や労働用具など、精神と肉体までありとあらゆることを研究対象にし、侵略と植民地支配に奉仕してきたのです。アイヌ民族、沖縄人、台湾の先住民族、朝鮮民族らを「陳列」し、見世物にした1903年の「人類館事件」(後述)は、日本国家の植民地支配の象徴であり、絶対に忘れられない事件です。

　日本国家のアイヌモシリ侵略、略奪と不可分の差別・同化政策は、沖縄、台湾、朝鮮半島、サハリンなど北方諸地域にたいする植民地支配の原型、出発点であることを是非とも皆さんは理解し、アイヌ民族の先住権、自決権の獲得の運動に連帯していただきたいと思います。

　私たちは、昨年8月、韓国ツアーに取り組み、珍島・全州で現地の人々と交流し、東学農民革命の意義を学び、それを軍隊をもって鎮圧した日本軍(天皇制日本国家)の残虐性を改めてとらえなおす事ができました。珍島・井邑(東学農民革命記念館)では、犠牲者にたいするイチャルパ(アイヌ語で供養のこと)も実施し、北大に放置されていた東学農民革命のリーダーの遺骨が一日も早く珍島に安置する運動を強めることも誓いました。

　私たちは、韓国民衆と連帯しながら、ひきつづき北海道大学文学部との間で「話し合い」を続け、真相の究明のための活動に努力してまいります。

(2) アイヌ民族と戦争 - 「日の丸」を背負わされて

　私は、先祖代々からアイヌ文化を伝承してきた北海道の平取(びらとり)で1930年に生まれました。この平取は、昔は沙留太(さるた)といっていましたが今では富川(とみかわ)と町名が改名されているところから16キロメートルのところです。

　昔は振内に鉱山がありましたので、鉱石の運搬や木材の積み出しのために小さな汽車が平

取－富川間を走っていました。 しかし鉱石や木材を取り尽くしてからはこの鉄道は廃止され、 その後はトラック運送、 バスの運行になり、 車がくると車がとおり過ぎるまでは道端によけて顔をかくしていない頭から埃をかぶる状態なのでした。

沙流川（さるがわ）に沿って日勝峠（にっしうとうげ）のある日高村までの間には沢山のコタン（村）がありました。このコタンで結婚式があるとか、 悲しい知らせがきた時とか、またアイヌ民族の伝統儀式であるクマ送りの時などは、 昔はみんな歩いたり馬に乗ったりして通ったのです。

昼にきつい労働をしていても、そのような知らせがくると、 お天気のよい日は星空をあおぎながら月の光で自分の影を踏み締めながら仲間と連れ立って歩きました。 川上に向かって産卵のために上ってくる「シシャモ」や「サケ」を待ちわびながら、 その川を横目で見つつ足を運んだのです。 また、 天気が悪く日高山脈から吹きおろす吹雪が荒れすさび、 寒風に身を吹きさらされながらもコタンの一つの灯に向かって歩をすすめて一夜の宿をお願いし、 次の日の朝に出発して目的地のコタンに着くというように、 昔の人は交通に大変苦労しました。そのようにしてウタリ（同胞）の連帯があり、 みんな仲良く生きてきたのです。

沙流川はよく洪水がありました。 平取の向かいの山であるペンケ、 パンケ、 ヤメの沢やその山の麓を流れる川が注ぐ沙流川沿いを平取から富川まで延々と長い堤が築かれるときに私の家族もその仕事にでました。 私も当時19歳でしたが家の作業の合間を見ては働きに行きました。

父は馬をもって出ると一日の賃金が1500円ぐらい、 女の私たちは240円でしたが、 大勢で働くので楽しかったです。 仕事はトロッコにスコップで砂利を積む仕事でしたが、 若いのでいくら働いても疲れを知らない時代でした。 アイヌ民族の誇りがありますから何をやっても負けないぞと一生懸命に働きました。

兄は戦争（アジア・太平洋侵略戦争）にとられ帰ってきていませんから、 家族は父母と姉、 私の4人で農業をやっているのですが、 女の私たち姉妹は男と同じように馬を使って仕事をし、 家族を支えていたのです。 平取でも多くのウタリが戦場に引き出され、 戦死で逝ってしまい、 残された家族は大変でした。その家族を支えるために親せきだけでなく隣近所の人が援助をしてきました。

ある時、 平取コタンのことですが、 たった一人の息子が兵隊にとられ、 中国で戦死しました。この息子に生きがいをかけていた70歳近いおばあさんが、 すっかり気を落として病気になってしまい、 亡くなってしまいました。 しかしみんなの支えで残された男の子と女の子の孫は元気に育ちました。

このように沙流川沿いのコタンのウタリにも、 日本が戦争を起こす度に招集令状がきて戦地に駆り出され、大事な命を使い捨てられてたのです。

戦争で父や兄たちを失った家族は大変な毎日でした。 父を失った「母子家庭」では、 貧乏をしながらも子どもたちは人一倍元気に朝早く起きて新聞配達などをしながら家族を支えたのです。新聞配達少年や少女が、 雨の日も、 風の日も、 たたきつけるような吹雪の日も、 瞼にかかった雪

を払いながら、 あるいは一晩に音もなく降り積もった雪の中を腰までつかりながら一軒一軒新聞を配達しました。 この人達のように「戦争孤児」の多くは新聞配達などをして生活を支えてきたのです。

戦地の兄やウタリの消息を心配する母

私も子どものころ3年ぐらいの間、新聞配達をしました。新聞配達をしたことによって、私は字を読み、書けるようになったのです。 といいますのは、 私は小学校は三年生までしか行っておらず、母が新聞の配達を終えて自宅に帰ってきた私に毎日のように「しま子よ、新聞に何を書いてあるのか、 読んで聞かせてくれ」と頼み、 日課のように読んだから自然に文字を覚えたのです。 だから私にとっては、新聞は辞書でもありました。私は朝の食事をしてすぐにも学校に行かなくてはならないのですが、 時間を気にしながら新聞を開いて母に読んできかせました。

母は、 日本軍の戦争の状況を知りたかったのです。 私たちの二番目の兄は戦争にとられていましたから、「元気なんだろうなあ」、「もう二年間も音信不通だがどこで戦っているのだろうか」と心配し、また同じコタンの友太郎さん(先に述べました戦死を知らされて気落ちして亡くなったおばあさんの息子)、 裏の勇さんのことなどを心底から心配していたから私に新聞を読ませたのです。 若いウタリたち、また生活の中心であった夫たちは一枚の「赤紙」(あかがみ、戦争動員の「招集令状」のこと)で招集されていったのです。

当時は、 ラジオは私たちのような貧しい家にはなく、 ましてやテレビがある時代ではありませんでしたから、多くの家庭では新聞だたけが便りだったのです。だから私は「コタンの家族たちは夫や親せき、 息子の安否を心配しながら新聞を待っているのだな」と思って、 新聞を汚さないように、早く届くように心掛けて、 寒い朝も自然に足が前に進み「新聞でーす」と声をだして配ってまわったものです。 「ご苦労さん」と声をかけられたり、 家々の煙突から煙りが出ていると、 小さい私にも社会に少しでも何か役に立っていると思って「今日もがんばるぞ」と自分をはげましました。

アイヌ民族に「日の丸」を背負わせた責任をただす

ところで、 日本は西洋(アメリカやヨーロッパ)のまね事が上手です。侵略を進出とか、開拓と言い換え、 武装した屯田兵を送り込み「北の守り」につきました。「日の丸」(日章旗)は戦場や侵略の時に必ず掲げられ、 世界にむけての人殺しの旗です。 日本国家は英雄きどりで、 アイヌ・モシリ侵略百年を記念して「開拓記念館」を建てています。

だが、 アイヌ民族は、 人間みんな仲良く生きるものと信じてきたのです。「開基百年」とか

「開基○○年」という市や町の記念日、記念塔をみると腹がたちます。あれは強盗団の印だからです。アイヌ民族には無断で入りこみ、侵略してきたからです。

江戸期以来から何百年もの間、アイヌ民族に対して日本人(和人)は一体何をしてきたのですか。アイヌ・モシリの全域、つまり北海道だけではなく千島列島やサハリン(樺太)においてです。墓を勝手にあばき、埋葬品を研究と称して盗み、学者は「コレクション」として自分の宝にしています。日本人のアイヌ民族研究者が墓を掘りおこして遺骨を収集し、研究材料にしていたことは北海道大学医学部構内にある「アイヌ納骨堂」が証明しています。奪った埋葬品や遺骨などは即刻アイヌ民族に返すべきです。

日本人は武器をもってアイヌ民族撲滅作戦を何度も何度もアイヌ・モシリで行ってきたのです。これに対してアイヌ民族は、1457年のコシャマインの戦い、1669年のシャクシャインの戦い、1789年のクナシリ・メナシリでの蜂起と武装して戦ってきたのです。

明治以来の日本国家はアイヌ・モシリへの侵略と同時にアイヌ民族を日本国家の侵略戦争に動員しました。皆さんはつぎのよう事を知っていますか。

昔(1910年)、白瀬中尉という人が日本から初めて南極探検に行ったのですが、隊員26人の内アイヌ民族は10人を占め、またアイヌ犬(セタ)10頭も参加しているのですが、こうしたことは全く歴史に書き込まれていません。白瀬中慰の「名誉」だけが教科書などでうたいあげられ、勇敢なアイヌ民族のことは唯のひとことも触れられていないのです。

さらに、旧日本陸軍がロシアとの戦争に備えて、青森県の八甲田山で耐寒雪中行軍という軍事演習を行い、青森歩兵第五連隊が遭難し、199名もの兵隊が死亡した事件がおこりました(1902年1月)。その捜索を軍隊や地元住民が全力をあげて何度も何度も行いますが発見できません。最後になって寒さに強く、雪山の山歩きになれているアイヌ民族に捜索を頼むということになって、急拠北海道の長万部からアイヌ民族10人とアイヌ犬(セタ)が捜索に出向き、遭難現場を発見したのです。しかし、軍部は遭難にあったことも、その発見をアイヌ民族が行ったことをひた隠しにし、かん口令をしきました。それは天皇の軍隊の遭難であり、指揮官の責任が問われる無謀な訓練であったからです。さらに、遭難現場を発見したのはアイヌ民族であるということは、天皇の軍隊ではあってはならないことであったのかもしれません。差別というしかありません。しかし、アイヌ民族の間ではひそかに言い伝えられており、このことは父から私も教えられていました。

明治以来の日本国家の侵略戦争にアイヌ民族も動員されました。戦場に駆り出され、屍となり、多くのアイヌ民族は犠牲となり、日本人の国家に使い捨てられたのです。

私の兄や父のことについて述べましょう。

1番上の兄である勇(いさむ)さんは海軍に入隊し、厳しい訓練などで体をこわし、コタンに帰ってきて療養生活をしていましたが急性肺炎で1936年9月に急に亡くなりました。

　2番目の兄である保(たもつ)さんも兵隊にとられ、中国東北部(旧満州)、中国の戦線に動員され、ソ連に抑留されました。強制労働で体をいため生命だけ落とさずにやっと帰ってきましたが、綿入りのオーバーを着て骨と皮だけで歩いている姿は、見るものにとっても痛々しい病人でした。栄養失調から結核を患い、平取町立病院に入院し、肋骨を七本も切りとられて一生を病身の床につかなくてはならない生活をよぎなくされています。兄はその時の病気が原因で、70歳になる今も病院のベッドで横になっています。私は、兄は激しい気性の怒りを独り心におさめているものと思います。

　父(平村一郎)も日露戦争(1904年)に動員されて、樺太(現、サハリン)の北の方までいったそうです。札幌の月寒にある第25連隊付きで、父は射撃が得意だったそうで射撃大会では何度も優勝したそうです。

　父は生命がけの戦争体験を語りながら次のように言っていました。戦地で弾丸が激しく飛び交うなか、司令部などに伝令の役を命令されるのは、足が速いということでアイヌや沖縄、台湾出身の兵隊が多かったのです。また、寒い北の地での戦争を遂行するために、軍隊の上官はアイヌから天気予報、食べるものについての情報、薬草などの知恵などを聞き出しました。アイヌ民族は、風の音、犬のなき声、鳥のさえずりかたなどに耳をすますことによって、また、天気の変化を読んで危険を予感し災難から逃れることができましたから、軍隊はアイヌ民族を利用したのです。これらは、アイヌ・モシリ、沖縄、台湾を日本国家が侵略し、天皇の軍隊に若い者を徴兵し、侵略戦争を推し進めたことを意味していると、述べていました。

　私の父や兄たちと同様に、アイヌ民族の多くは戦争に動員されました。日本国家によるアイヌ・モシリへの侵略と支配によって、アイヌ民族は主権も奪われ、生きていくのが精一杯であったのです。日本国家が強いた差別および貧乏な生活と徴用、徴兵が、アイヌ民族に「日の丸」を背負わせたのです。日本国家に殺されたウカリたちは無念でしょう。

　アイヌ民族は「カムイ(神様)はすべてのものを公平に守ってくださる」と信じてきましたから、今日の無事を明日に生きる糧として、すべての人々を愛し、いつくしみ、みんななかよく生きてきたのです。決して戦争のように自らの命をなくするようなことはしない、そのようなことをもししたならば決して「カムイモシリ」(天国)に行けないと教えられてきたのですから。

　日本政府は、やっとアイヌ民族を「日本の少数民族」と認めだしても、決して先住民族とは認めていません。そこにはアイヌ・モシリへの侵略と筆舌につくしがたい苛酷な支配を認めようとしない意図が隠されています。したがって、日本国家の戦争責任を追及する場合、アイヌ・モシリへの侵略と同時にアイヌ民族を侵略戦争に動員した日本国家の責任も追及すべきです。

(3) アイヌ民族にとっての人権

性侵略よる梅毒の蔓延，病気の感染による人口の激減

　1937年、 私が小学校2年生の時でした。「北海島衛生博覧会」が私たちの通っている苫小牧東国民学校でひらかれたのです。私は一家総出で見にいきました。

　学校の広い室内体育館には、 ところ狭しとばかりに展示物が並べられていました。 私は、 親の後について姉と2人で展示会場をぐるぐると見てまわりました。　姉が「これは天然痘という病気だ」というので、 見ると、ビンづめの標本がその説明書の横に置かれていました。 その他に赤痢、結核、肺炎、胃炎、気管支炎、中耳炎、トラホーム、皮膚炎、梅毒などといういろんな病気のビンづめが説明とともに並べられていました。 私たちは、 はじめて見る病気の標本に「あ〜気持ち悪い」と言いながら、 父母の後をついて歩いたものです。

　その夜のことでした。父(平村一郎)が食事のあとで、「どの病気もみんな和人(日本人)の移民がおおくなってから増えてきた」、「多くのウタリ　(アイヌの同胞)が病気にかかり亡くなった」、「はやり病だ、 原因がわからないからと言われ、 医者に診せても助けることはできなかった」と説明してくれました。 老人、 若い者、 こどもと年齢をとわずに次々に死ぬと、「死者をだした家の前を通るな」とか、「その家の前をどうしても通らなければならない時は、 息をしないで走って通れ」と言われましたが、本当は病気だったのです。 その時代の「はやり病」は、 アイヌ民族にとっては抵抗力がないため、アイヌ民族にとって深刻な人口の激減をもたらしたのです。

　日本のアイヌモシリ侵略には、病気の持ち込みによるアイヌ民族への感染、 性侵略による梅毒の蔓延をともなっていることを見落としてはなりません。

　そして、貧乏に追い打ちをかけるように水害とか冷害に見舞われました。 陽あたりが良いところとか、 防水がよいところなど、 畑の条件がいい土地などは日本人にとられていましたから、アイヌ民族の生活は厳しいものでした。したがって、男たちは樺太(サハリン)に測量の人夫としていったり、天島列島(クリル諸島)や樺太の漁場などに出稼ぎに行きました。その実態は、 借金の片 (かた)であったり、甘言に騙 されたものなど、事実上強制労動、 強制連行そのものです。そして、 老人とこどもだけが留守番をしながら、わずかな畑をつくりながら家を守っていたのでした。

「人類館」事件の民族差別、民族排外主義

　さらに父は、私たちに1903年に大阪で開催された勧業博覧会1)での差別について教えてくれ

---

1) 1903年、大阪で勧業博覧会が開催された際、「学術人類館」という名目で設置し、アイヌ民族、沖縄(琉

ました。父が10歳の時だったそうです。

　この「博覧会」では「人類館」という名の見世物小屋を設け、そこにアイヌ民族、台湾の先住民族、沖縄人、朝鮮人などの民族を集め、余興などをやらせ見世物にしたのです。人間を展示し、「お客さまがきたら笑顔で迎える」「天皇さまが来たら笑顔で頭を下げろ」などと言われ、この「人類館」に連れ出された民族には名札までつけさせられていたのです。まさに「人間の標本」です。

　この「人類館」に平取(びらとり)からも2、3人連れて行かれています。鞭(ムチ)をもった日本人が見物人に説明したといいます。

　父は言いました。和人は、アイヌ民族は無知であり、非衛生的だというが、天然痘やコレラ、梅毒などはかれら和人がもちこんだものであり、冒頭にのべたこれらの病気の標本と同じように「人間の標本」としてアイヌ民族たちを陳列したのでした。それらはみんな「民族学研究」者たちの偏見と差別によるものであり、それが「人間の標本」の展示となったのだと、激しい怒りの言葉をもって言いました。

　この「人類館」には、アイヌ民族を人間とみなしていない日本政府の態度が露骨にでています。

　さらに、日本政府はこの「人類館」に連れ出した異民族に対して、植民地支配の気分で人間の展示をおこなったのです。これらの諸民族は、独自の文化、宗教、言語などをもっているのです。にもかかわらず、日本はこれらの民族を侵略し、人権保障どころか民族差別として大阪勧業博覧会に「人類館」を設置したのです。民族差別と偏見をあおる見世物として、日本人や外国人の前に陳列したのです。

　しかし、アイヌ民族は黙って従っていたのではありません。

　平取から連れて行かれた人たちは、民族の伝承文化を誇りにしており、アイヌ民族独自の伝統舞踊とか、エカシやフチたちが遠い昔から語り伝えてきたお話―それは独特の節回し(ふしまわし)で、その節にのせて神々の話とか英雄の物語(ユーカラ)を、観客のみなさんに見せたり伝えたかったのです。だが、大阪に行ってみると自分たちの思いとまったく違っていたのです。すぐにでも帰りたいと交渉したのですが、「博覧会はいま始まったばかりだ。なにをいうのか」と、なんど交渉してもそういう返事でき入れないのです。そのうちに他の同胞も帰ると言いだし、激しく抵抗し、民族問題ともなり、5ヶ月の開催予定であったのですが、まもなく閉館になったそうです。

　球)人、台湾人、朝鮮人を「陳列」した。この年は、日露戦争の前年であり、日本人の大国意識、民族排外主義(思想)を鼓吹し、植民地支配のイデオロギーを打ち固めていくことを目的としていた。

　「日清戦争」に「勝利」し、おごりたかぶる日本人に「優秀な民族」という観念と「優勝劣敗」の民族差別観を植えつけ、侵略者に仕立てていった。この深刻かつ残虐な民族差別に対して、日本政府(国家)は、いまだに自己批判していない。

アイヌのやさしい心を裏切る政策

　明治政府が北海道に戸籍を導入してくるのは、　1872年の「壬申戸籍」が出発点にあります。以来「アイヌ戸籍」の作成、「旧土人」という差別呼称というように、アイヌ民族を一方的に日本国籍に組み込みます。そして、1899年に「北海道旧土人保護法」をつくり民族同化政策をおしつけてきます。このようにアイヌ民族を日本国家に組み込む政策を続ける一方、明治の初頭以来本州から多くの移民を北海道(アイヌ・モシリ)に送りこんできたのでした。

　本州では土地をもてないで食べていくのにことかく貧しい人とか、犯罪者を減刑し、屯田兵(武装した開拓団)としての開拓移民に投げ入れたのです。

　しかし、アイヌ民族は、もともとアイヌ・モシリ(人間の住む静かな大地)で、何不自由なく暮していました。海、山、川、地下資源もみんなアイヌ民族のもの、どこにいって木を伐っても誰も怒る人がいないし、山菜採りや鹿、熊などの狩りは自分たちの生活に必要な分量しかとらないから大自然があったのです。このようなアイヌ民族のやさしい心を裏切る政策をおこなってきたのが日本政府なのです。

　アイヌ・モシリで豊かで自由な暮らしをしていた私たちの先祖は、　江戸時代の松前藩や場所請負人、悪徳商人の手により、強制的にコタンから連れさられ、奴隷として働かされ、また病気をうつされたり虐殺されるなどして命を落としていったのです。故郷(コタン)にも帰れなくなった人々もたくさんいたので、急に人口は減少したのです。このようにいたるところで差別と人権無視の政策がおこなわれてきたのです。

　日本国家のアイヌ民族に対する政策は、アイヌに対する尊敬も、権利の保障も、人間平等でもなかったのです。民族絶滅をしながら強制同化し、集団でアイヌ・モシリの土地を奪っていったのです。そして宗教的儀式もできなくなり、先祖たちの聖地である墓地、住居跡(遺跡)などがところかまわず破壊されてきました。すべての資源が日本人に管理され、サケの捕獲や狩猟を自由におこなうアイヌ民族の生活の場の権利なども奪われたのです。

　日本政府は、過去おこなってきたアイヌ・モシリについて、「探険して発見」「無主地」「未開の地」と言い換えながら、残忍な略奪、病気などの持ち込み、先住民族を見下した見方から「旧土人保護法」なるものを制定して、アイヌ・モシリ侵略をつづけてきたのです。

すべてのものにつながりがあり、みんな仲間のはず

　日本(和人)はアイヌ民族の大地を汚染し、環境の破壊をいまも続けています。泊原発だけでなく、核廃棄物処理・貯蔵・研究施設を幌延町に計劃しています。さらにゴルフ場づくり、森林の伐採、リゾート開発を企業がらみでおこない、山村や島々のすみずみまでその開発の波はおし

よせています。　みんなが自然界のめぐみをいただいて生かされていることを忘れてはいないでしょうか。

　日本政府がアイヌの国々に無謀な侵略と開発をかずかずおこなってきたこと、 すべてのひとびとの権利を否定してきたこと、 かずかずの悪事を働いた戦争の歴史などとともに、アイヌ民族に対する差別がいまなおくならず民族の自決権がうばわれていることなどを、 いま生きている私たちの時代に一人ひとり自ら問いただし、新しい社会につくりかえなくてはなりません。

　戦争があることは人権は奪われていること、 侵略が続くかぎり民族の自決権、 名誉が奪われていることをはっきりと確認しなくてはなりません。

　全世界を、宇宙や地球をけがすこともなく、真の平和が全人類に迎えられるように…。

　アイヌ民族は人権と名誉、 権利の回復、 民族自決権の獲得をめざしてたたかい続けます。皆さんとの連帯をこめて、報告といたします。

　イヤイ ライ ケレ（どうもありがとうございました）。

토론

제 2 - 2 부　일본 제국주의와 동아시아인의 인권

> **사 회**: 신영우(충북대 교수)
> **토 론**: 강정구(동국대 교수), 林雄介(일본, 메이세이대 교수)
> 　　　　 서　승(일본, 리쓰메이칸대 교수)

사회자 : 지금부터는 약정 토론자 세분의 토론 말씀을 듣겠습니다. 토론자 세분께 는 사과의 말씀을 드리겠습니다. 사회자가 시간을 잘 조절하지 못해서 토론 시간이 충분하지 않은데 간략하게 요점만 정리해서 말씀을 해주시 면 고맙겠습니다. 먼저 강정구 교수님의 말씀을 듣도록 하겠습니다.

강정구 : 여섯분 선생님의 아주 좋은 발표를 잘 들었습니다. 저는 세 가지 이야기 를 하겠습니다.

　　첫째는 오늘 오전 발표도 그렇고 지금 발표하신 분들 거의 다 그런 것 같습니다. 일본의 역사왜곡이라든지, 과거청산의 문제라든지, 침략주의 라든지 이것을 설명을 하는데 일본인 내적인 요인들만 가지고 주로 설명 을 하고 있다, 그리고 조금 더 확장시켜서 동아시아 질서정도까지는 이 야기를 하고 있는데 이것이 세계 질서와의 연관속에서 특히 19세기말의 아시아 침략의 경우에는 러 · 일 전쟁에서 영 · 일 동맹에 의해서 영국의 지원을 받는다든지 그 다음에 조선을 합병을 할 때 다프타가즈라라든지 미국의 지원을 받는 일본의 그런 상황, 여기에 대한 분석이 거의 없는 것 같아요. 오전에 과거 청산을 이야기를 할 때 일본 내부의 이야기만 했지 독일하고 비교를 해서, 그야말로 미국의 의도와는 달리 독일에서는 과거청산을 하지 않을 수 없는 영국이나 프랑스, 소련의 점령정책 이런 점을 주목을 하지 않고, 또 일본의 경우에는 완전히 미국 일변도로 점령 정책을 꾸려 갔기 때문에 전혀 과거청산을 하지 않았다는 거지요. 이런 미국의 책임문제 이런 것을 대부분 발표에서 빠뜨리고 있어서 충분한 설명이 되기는 힘들다 하는 점을 지적하고 싶습니다.

그 다음 두 번째, 오늘날의 역사왜곡의 문제 그 다음에 일본의 우경화 문제 그 다음에 일본의 군사대국화문제, 이 군사대국화 같은 건 심각한 정도입니다. 미국의 군사비가 1년에 약 3,000억불인데 요즘 부시정권이 들어서자 마자 2,800억불에서 벌써 3,050억불로 올려 버렸어요. 근데 제 2위가 사실은 일본이에요. 1년에 500억달러를 쓰고 있고, 흔히들 중국 어쩌고 그러는데 중국의 공식적인 군사비는 약 180억불밖에 안됩니다. 이런 일본의 군사대국화라든지 이런 조짐들을 일본 내적인 요인들만 가지고 설명을 했을 때 과연 우리가 107년 전의 동학농민전쟁에서 일본이 개입을 하고 청일 전쟁을 통해서 대만을 빼앗은 이런 과거역사로부터 우리가 무엇을 느꼈느냐 저는 상당히 의문입니다.

그래서 오늘날의 이런 일본의 반동적인 움직임을 세계 질서의 변화 속에서 찾아보는 그런 분석이 절실히 필요하다고 봅니다. 1894년은 그야말로 중화주의 중심의 동아시아 질서에서 일본 중심의 동아시아 질서, 일본 패권주의 질서로 이행하는 출발이다 이렇게 볼 수가 있지요. 또 오늘은 뭡니까? 탈냉전의 싯점에서 신냉전의 새로운 질서로 이행하는 그런 출발기에 놓여 있다. 이런 맥락에서 일본의 역사왜곡이나 이시하라 신따로 같은 극우주의자들이 판을 치는 것이 바로 이 기원은 1995년의 탈냉전 싯점에서 미국의 세계지배전략구도라든지 여기에 기원이 있다고 봅니다.

물론 내적인 조건도 있지만 외적인 기원은 그렇다는거죠. 바로 1996년에 미·일 신안보공동선언을 하고 그 이후에 신방위협력지침이라든지 그 다음에 99년에는 북조선의 인공위성 발사를 빌미로 해가지고 신방위협력지침이나 주변 유사법이라든지 온갖 그런 법을 다 통과를 시켜서 대만이나 한반도에 일이 생길 경우에 일본이 군사적으로 개입하는 그런 법적, 제도적 장치를 다 만들고 심지어는 이제는 헌법까지 개정하려는 이런 움직임이 미국의 동조나 묵인과 아주 분명히 드러나지는 않겠지만 내부적인 결탁 이런 것이 없이 가능했겠느냐 여기에 분명히 의문을 제기를 하고, 이런 일본의 문제점과 동시에 미국의 문제점을 분명히 짚고 넘어가야만 여기에 대한 올바른 해결책이 나오지 않을까 하는게 제 생각이고, 그 점을 좀더 우리가 중시를 해야 된다는 생각입니다.

그래서 이런 상황하에서 특히 동아시아나 남북 통일한국이 어떤 대응을 해야 될건가 하는데 대해서 세 가지만 이야기를 하겠습니다. 특히 일본의 문제라고 보는데 이제는 동아시아 문제를 동아시아인에 의해서 동아시아화를 할 필요가 있지요. 그건 미국 의존적인 그런 동북아 질서나 안보질서에 매달리지 말고 이제는 유럽 EU와 같이 유럽 통합과 같이 스스로 동아시아의 문제를 우리 스스로 해결하려는 이런 움직임을 보여야 한다. 그것은 아마 민중연대라든지 시민연대라든지 진보적인 아시아 민중들의 연대가 확산이 되고 그걸 발판으로 해서 정부라든지 이쪽을 압박하는 그런 식으로 동아시아화를 우리가 추진을 해야 된다는 거죠.

그 다음에 우리 남북한의 특수적인 여건 속에서 여기에 대한 대응은 저는 이런 것을 제안하고 싶습니다. 1894년의 조선은 사실 굉장히 무력한 존재였죠. 러시아나 일본이나 청 사이에서 갈팡질팡하고 전혀 제어력이라고 할까 통제할 수 있는 힘을 못 가졌습니다. 하지만 지금의 남한이나 북조선의 경우에 또 통일한국이나 통일조선의 경우에 옛날에 19세기 말처럼 그렇게 일본이나 청나라에 오락가락하는 그렇게 힘없는 존재는 더 이상 아니다. 비록 동아시아에서 패권을 지향한다거나 대국주의를 지향하지는 않겠지만 못하겠지만 최소한도 남북한이 일본과 동맹체제를 맺을 경우에 중국이나 러시아가 상당한 위협을 느낄테고, 중국과 동맹체제를 맺을 경우에 일본이 상당한 위협을 느낄 수밖에 없다. 바로 이런 조건 때문에 우리 남북한이 동아시아에서 중립적인 자세로써 동북아 세력균형과 평화조정자의 역할을 하면서 동북아협력안보를 이끌어가는 주도적인 역할을 해야 된다는 거지요. 이렇게 함으로써 우리 한반도의 평화도 보장을 받고 동북아 전체의 평화를 만드는데 기여하고, 이것은 세계

의 평화에 기여하는 이런 적극적 자세로 우리 스스로가 자긍심을 가지고
나아가야 되고 또 일본이나 중국이나 러시아 동아시아인들도 남북한의
그러한 세력균형이나 평화조정의 역할을 동아시아의 평화를 위해서 굉장
히 필요한 것이라는 이런 인식을 공유할 필요가 있다는 거지요. 그래서
그런 질서로 우리가 나아가도록 과거의 역사로부터 교훈을 얻어야 되지
않을까 하는 게 제 두번째 이야기입니다.

  그 다음에 세번째는 그 전쟁과 인권의 문제에서 가장 문제가 되는 게
민간인 학살이죠. 이 민간인 학살에 대해서는 우리가 아주 잘못된 인식
을 가지고 있어요. 그래서 저는 잘못된 인식을 고치고 올바른 민간인 학
살에 대한 접근을 제안을 하고자 합니다. 첫번째 전쟁이라는 것은 전쟁
이란 특수한 상황 때문에 이게 민간인 학살이나 민간인들이 피해보는 것
은 불가피하다, 이래서 상황논리 불가피론을 많은 사람들은 주장을 하고
있어요.

  그런데 이건 순 엉터리 이야기인 것 같습니다. 전쟁은 꼭 학살이 필연
적이라는 이야기는 경험적으로 맞지가 않습니다. 한국전쟁에서 그야말로
미군이나 그 다음에 남한군이나 그 다음에 정도의 차이는 있지만 북한
군인들도 상당히 민간인 학살을 자행을 한 측면이 많습니다. 하지만 중
국인민해방군은 이제까지 보도된 바에 의하면 거의 학살을 아직까지 지
적이 전혀 보도되지 않고 있습니다. 이건 뭐냐, 그 군인이나 국가가 무
엇을 지향하느냐에 따라서 얼마든지 민간인 학살 문제는 안 일어날 수
있다는 것을 경험적으로 입증을 해 준 것이라고 저는 보고있습니다.

  그리고 민간인 학살의 문제는 이게 아주 개인적인 차원이고 우연적인
차원에서는 아주 소규모로 일어날 수도 있습니다. 하지만 우리가 문제를
삼는 것은 결코 이런 사소한 개인적이나 우연적인 학살을 이야기하는 게
아닙니다. 그야말로 체계적이고 명령적이고 집단적이고 대규모적이고 조
직적이고 국가 테러리즘에 의해서 대거학살을 일으키는 것이 지금 문제
가 되고 있고 이것의 반인권적인 문제점을 우리가 논의하고 있다는 사실
을 다시 한 번 강조를 하고 싶습니다.

  그 다음 두번째, 이 학살에 있어서 주범은 도대체 누군가, 이걸 또 따

져봐야 될 것 같습니다. 일본군이 난징대학살이라든지 여러 곳에서 학살을 저지른 장본인이라는 점에서는 의심의 여지가 없습니다. 그런데 다른 군인들은 어땠느냐? 예를 들어서 베트남전쟁을 이야기를 해봅시다. 베트남전쟁에서 민간인 학살 그러면 완전히 누구든지 한국군을 먼저 들먹입니다. 그래서 한국군은 마치 베트남전쟁에서 민간인 학살의 대명사인 것처럼 그렇게 지적을 하고 있습니다. 하지만 이것은 역사의 진실이 아닙니다.

베트남전쟁에서 그야말로 민간인 학살 약 200만 명 내지 300만 명이 학살이 됐는데 그 주범은 바로 미국입니다. 미국 제국주의자였습니다. 물론 한국군도 학살의 잔인성이나 그런 것은 거의 비슷했지만 그야말로 대규모, 처음부터 조직적인 학살을 한 것은 전형적인 미국이다. 그런데도 불구하고 미국은 마치 밀라이사건 이것 정도만 있었고 다른 것은 없었던 것처럼 세계 사람들이 인식을 하고 있는데 이건 분명히 역사의 오류이고 잘못된 인식입니다. 그래서 지금 만약에 신경전이 생겨서 또 동북아에서 전쟁이 일어나면 이런 민간인 학살을 가장 먼저 자행할 장본인들이 누구냐? 저는 서슴없이 이야기를 하건데 일본과 미국 제국주의라고 이야기를 하고 싶습니다. 이런 점을 우리는 좀더 주목을 할 필요가 있다고 봅니다.

그 다음에 세번째 이 학살에 대해서 우선생님께서 아까 말씀을 하셨지만 난징 대학살, 베트남전쟁에서의 학살도 바로 인종주의죠. 베트남 동양계 사람들은 미국한테는 인간이 아닙니다. 인간이 아니니까 죽여도 좋다, 그 다음에 2차대전때 일본을 미국이 폭격을 할 때도 일본인은 벌레다 이렇게 인식을 했던거죠. 그러니까 벌레 죽이는 것 뭐 어때, 인간이 아닌 것 죽이는 것 뭐 어때, 그 다음에 천황을 위해서는 죽이는 것 당연한거야. 천황에게 영광을 돌리는거다, 이게 뭡니까? 전쟁 이데올로기죠.

인종주의라든지 이 문화적인 학살, 폭력은 그야말로 엄청난 학살을 일으키는 가장 밑바탕에 있는거다. 그래서 이런 배타적인 민족주의라든지 지금 이야기하신 아이누족이라든지 이런 문제, 이런 문화적 폭력이나 학살이 근원에 있다는 것을 우리가 조금 더 제대로 파악을 하고 거기에 대한 대책을 강구하는 게 우리의 할 일이 아닌가 생각합니다.

　마지막으로 과거청산의 문제를 이야기를 했는데요. 정말 미국이나 일본은 한국에서 배울 점이 있다고 봅니다. 특히 베트남전쟁에서 한국군의 민간인 학살에 대해서는 정말 한국의 경우는 일본이나 미국의 제국주의에서 피해를 입은 학살을 당한 장본인이면서 동시에 가해자입니다. 베트남전쟁에서 그런 학살을 저질렀죠. 피해자이면서 가해자인 우리 한국, 우리 한국이 앞장서서 노근리학살이나 군위안부 이런 것에 앞장서서 베트남의 한국군 학살에 대한 과거청산을 위해서 상당히 우리 시민사회에서 지금 노력을 하고 있습니다. 이런 게 바탕이 되어서 베트남에 대한 과거청산이 이루어지면 우리 한국은 아주 당당하게 일본이나 미국에 대해서 우리 조선이나 한국에 저지른 엄청난 죄악, 거기에 대해서 강력한 목소리로 올바른 청산을 촉구를 할 것입니다. 그것은 충분히 도덕성이 뒷받침이 돼있기 때문에 지구촌의 전폭적인 지지를 받을 것이라고 저는 확신을 하고 이런 것이 일본이나 미국의 과거청산에 본보기가 되었으면 하는게 제 마지막 바램입니다.

사회자 : 지금 말씀은 발표에 대한 구체적인 질문이나 토론이 아니기 때문에 나중에 역할 연대 말씀이 나오면 언급해 주시기 바라고, 두번째로 하야시 선생님의 토론 말씀을 듣겠습니다.

하야시 : 저도 특별히 보고자들에 대한 질문을 드리는 것이 아니라 많은 분들의 보고를 제가 들으니까 제가 이른바 일본인으로써 여기에 앉아있는 입장, 그러니까 여러분들께서는 현재 교과서문제도 일어나고 있으니까 현황과 지금 제 생각을 말씀을 드리는 것이 더 좋지 않을까 싶어서 그 얘기를 드리겠습니다.

　이른바 새로운 역사를 만드는 모임, 이와 같은 그러한 교과서는 유감스럽게도 일본 국내에 이미 나와버렸습니다. 그러나 우리들의 힘으로 그것을 강제할 수 없었다 라는 것이 먼저 굉장히 부끄럽고 그리고 유감스럽게 생각을 합니다. 이 문제와 관련해서 일본의 역사학계에 있어서도 몇 가지 비판 성명이 나왔습니다. 그래서 저희들도 그 비판 성명을 내는 데 참가를 했습니다만 다만 이에 대해서 역사학계로써는 어려운 곤란한 점이 있어서 그것에 대해서 간단하게 말씀드리겠습니다.

우선 첫번째는 민주주의라고 할까요. 의견개진의 자유라는 점과 또 하나는 교과서에 대한 재판문제입니다. 여러분이 아시는 바와 같이 일본의 교과서라고 하는 것은 국정이 아닙니다. 검정교과서입니다. 그래서 이번에 문제가 된 것은 여덟가지 종류의 교과서가 나오게 되는데 여덟 개의 교과서가 이번에 나오면서 그 여덟 개의 교과서에 대해서 학교들이 선택을 합니다. 정확히는 지방자치단체들이 선택을 하면 되는 것이죠. 그래서 일본의 정부 입장은 지금 어떤 식이냐 하면 이것은 이번에 아주 분명하게 잘못된 것을 기록하지 않는 한 적극적으로 우리가 뭐라고 할 수 없다라는 것입니다.

실제 이번에 되는 새 역사 교과서 만드는 모임의 교과서는 분명히 잘못된 것이 많이 있습니다. 그리고 한국측에서 지적한 것도 많이 있지요. 그런데 다른 교과서들도 역시 잘못된 기술이 있습니다. 그런 의미에서 사실이 잘못됐다는 점에서는 다른 교과서들도 마찬가지인 것입니다. 그런데 사실이 잘못돼있으니까 이 부분을 수정을 하라 그러면 그걸로 끝이 나는 겁니다.

이 부분이 잘못됐습니다. 수정됐습니다. 됐습니까? 이런 식으로 하는 건데 그런데 이번에 새 역사를 만드는 모임의 교과서가 결정적으로 차이가 나는 것은 역사연구 학자가 지금까지 축적해온, 무엇 때문에 우리가 역사를 배우는가, 쉽게 말하면 과거에서부터 우리가 배운다라는 것에서 역사를 배우는 의미가 있는데 이것을 완전히 기본에서부터 뒤흔들기 때문입니다. 그 사람들은 역사는 과학이 아니다라는 얘기를 합니다. 역사는 무엇이냐? 역사는 국민의 스토리를 이야기를 만드는 것이다라는 식으로 얘기를 합니다. 새역사 교과서 만드는 모임이요. 그러니까 국민국가라는 절대적인 가치를 인정한다는 그런 입장인 것이죠. 아까 강창일 선생님께서 근대사회라고 하는 것은 여러 가지 좋은 점도 있었지만 그러나 비참한 그림자의 역사도 많이 있었다. 음해의 역사도 많이 있다는 말씀하셨는데 그 중에서 하나가 저는 국민국가라고 생각합니다.

앤더슨이라고 하는 역사학자가 있는데 그녀의 말을 빌면 20세기라고 하는 것은 창조의 산물, 다시 말해서 국민국가에 의해서 수천만명의 사람들이 기꺼이 사람을 죽이는 일에 동원이 됐다라고 얘기를 했습니다. 그러한 시스템이 현재 그 국가시스템이 기본으로 서있으면서 우리들은 거기에서 국가라는 것을 운영하고 있는 것이죠. 그래서 결국은 국민국가라고 하는 것이 지금 현재의 사회에서 작동이 되고있는 이상 그리고 그 국민국가가 교과서라는 것을 활용해서 아이들을 교육하려고 하는 이상 그리고 다시 말해서 국가가 교과서를 만들려고 하는 그 과정에 참여를 개입을 하는 이상, 반드시라고 해도 좋을 정도로 자신의 국민국가를 소중히 하기 위해서 이데올로기를 주입하고자 하는 것은 어떤 나라에서도 일어나는 일입니다.

그래서 국가가 교과서 만드는데 개입을 해서 이 부분은 균형이 잘못 잡혔으니까 그만둬라, 이것은 자유가 아니니까 그만 둬라라는 식의 판단을 국가가 내리는 것이기 때문에 국가에 있어서 불리한 것은 기본적으로 교과서에 실리지 않게 됩니다. 어떤 나라도 마찬가지입니다. 한국도 저는 마찬가지라고 보는데요. 국가가 개입하는 이상은 아까 아이누민족의 역사같은 것도 일본 사회에서 중요하지 않다, 그런 것 중요하지 않다, 아이누 민족이 판단 안합니다. 그건 국가가 판단하는 겁니다. 중요하다, 않다라는 것은. 오키나와민족이 어떤 형태 어떤 과정을 겪으면서 일본민족이 됐느냐, 오키나와 민족에게 이게 중요하니까 이것 써달라 얘기해 봤자 소용이 없습니다. 오키나와민족이 그것을 판단하는 것이 아니라 국가가 판단을 하는 겁니다. 그러니까 국가가 교과서를 만드는데 개입을 하고 국가가 교과서를 만드는 입장에 서있는 이상 이 문제는 영원히 해결이 안될 겁니다.

예를 들어 한국에 대해서 중국이 좀더 고대사 부분에서 중국의 역량을 강력하게 너희들이 써라 이런 식으로 이야기를 했을 경우에 한국측은 어떤 식으로 반응을 하겠습니까? 충분히 여러분이 그걸 생각하면 이해를 해 주시겠지요. 어떤 나라에 있어서도 국가가 전제가 되고 국가가 교과서를 만드는 이상 이 문제는 아마 거의 절망적으로 생각을 하고 있습니다. 따라서 저희들이 물론 이번 교과서문제와 관련해서 역사 교과서를 새롭게 만드는 모임에 대해서 비판을 했는데 사실 우리는 그 이전에 큰 딜레마에 빠져있는 것입니다.

지금까지 일본의 역사학계는 그 교과서 검정재판을 통해서 검정제도의 자체에 대해서 반대 서명, 반대 의견을 냈습니다. 그런데 이번에는 검정을 통과했다 라는 것에 대한 비판이 전세계에서 일어나고 있는 것이죠. 거기에는 검정제도가 잘못됐다 라는 것이 아니라 검정을 통과했다 라는 것이 잘못됐다 라는 그러한 결과가 나온 것이죠. 다시 말해서 역사를 새롭게 만드는 모임의 입장에서 보면 우리들에 대해서 너희도 지금까지 검정제도에 대해서 반대라고 이야기하지 않았느냐 그런데 지금 와가지고 갑자기 더 검정을 정확히 해라 이런 식으로 얘기를 하는 건 모순이 아니냐, 너희 무슨 생각을 갖고 있느냐 논리적으로 추궁을 당하게 됐습니다. 그러면 역사학계에서는 이것은 굉장히 어려운 입장에 몰리게 되는 것입니다.

그래서 저희들 입장에서는 이번에 이 역사교과서 문제를 검정을 통과했느냐 안 했느냐하는 차원의 문제가 아니라 최종적으로 이런 문제 이런 과정을 통해서 교과서가 만들어지는 검정제도 그 자체에 대해서 우리가 재조명하지 않으면 안 되는 것입니다. 그리고 아까 말씀드렸듯이 국가가 국민국가라는 것을 만들기 위해서 이데올로기를 주입하기 위해서 교과서를 만든다는 그러한 과정을 생각하면 그로 인해서 국가가 개입을 하는 이상 지금과 같은 형태의 교과서는 계속될 것입니다. 따라서 우리가 최종적으로 지향해야 할 것은 국가가 교과서를 책정하는 과정에 개입한다 라고 하는 시스템 그 자체를 없애는 그런 방향으로 밖에는 나갈 수가 없습니다. 논리적으로 볼때도요. 그래서 그것이 역사학계가 지금 가지고 있는 최대다수는 아니지만 많은 분들이 이 문제점 이 딜레마에 빠져있는 것입니다.

그리고 또 한가지 제가 말씀드리고 싶은 것은 이것은 교과서 채용과정 문제입니다. 일본의 경우 학교교육에 있어서 교과서채택은 어떤 식으로 이루어지냐? 아까 말씀드렸듯이 교과서는 복수, 여러 개가 있습니다. 그 교과서를 누가 어떤 식으로 그 지역에서 쓰는 것을 결정하느냐 이것을 법률상 교육위원회라는 것이 각 지방자치에 있습니다. 그래서 그 교육위원회의 교육위원이 있는데 그 사람들이 결정을 하는 겁니다.

법률적으로는 그렇게 돼있는데요. 그런데 이번에는 지금까지는 교육위원회도 물론 최종적인 결정을 하지만 그러나 현실적으로는 현장에 있는 실제로 교실에서 역사를 가르치는 선생님들의 의견을 반영한 다음에 교과서를 책정을 했습니다. 이것을 이런 식으로 하다 보니까 이것이 각의 결정을 통해서 이루어지는데 그것이 이번에 교과서문제와 연동되는 형태로 이 시스템이 지금 무너지려고 하고 있습니다. 다시 말해서 법률을 토대로 해서 교육위원회가 결정한 교과서를 사용해라 그러한 움직임이 지금 굉장히 강하게 나오고 있습니다.

그런 의미에서는 어느 분이 말씀했듯이 전면적인 경과 속에서 프로세스의 하나의 이론이랄까요. 새역사 교과서를 만드는 사람들은 검정이 시작되기 전부터 어떤 출판사인지 모르도록 출판사 이름을 감추고 해가지고 검정이 일어나는, 한창 일어나고 있는 책을 지방자치단체에 보여서 앞으로 이 책을 우리가 만들테니까 꼭 채용을 해달라면서 사전 운동을 하는 겁니다. 그런데 불행하게도 이 교과서를 읽은 지방자치단체의 교육위원들이 아, 정말 이것은 훌륭한 교과서다, 채택을 하자 이런 식으로 나간다는 것이 정말로 불행스러운 일입니다.

그래서 문제는 교과서 그 자체라고 하는 것은 몇 가지 종류 중에 하나를 선택하게 되는데 그리고 사람들은 교과서를 통해서 가르칩니다. 이렇게 봤을 때 실제문제, 현장에 있는 선생님들이 예를 들어서 새역사 교과서를 만드는 사람들이 만든 교과서를 사용을 해서 받는 교사를 쓸 수도 있는 것입니다. 그런데 제가 더 지금 무섭다고 생각을 하는 것은 그 채용방식에까지 국가가 결정적으로 개입을 해서 현장 선생님들의 의견을 배제하는 그런 풍조로 현재 진행되고 있다라는 것이 저는 더 무서운 일이라고 생각을 합니다. 그래서 앞으로 이러한 흐름을 어떻게든지 역사연구자의 손에 의해서 그렇게 큰 힘은 안 됩니다만 요새 일본의 국내에서는 그것을 막는 노력을 해나갈 필요가 있다고 봅니다.

사회자 : 다음은 서승 선생님의 토론 말씀을 듣겠습니다.

서 승 : 오늘 좋은 말씀 많이 들었습니다. 이번에 제가 이 학술회의에 참가함에 있어서 상당히 동요를 많이 했습니다. 사실은 107년 전의 동학문제에 대해서 동학농민전쟁에 대해서 일본의 보통 사람들은 거의 알지도 못하고 또 관심도 없는 것이 현실입니다. 그리고 저 자신이 동학이 오늘날에 어떻게 이어질 수 있을까 하는데 대해서 제대로 생각을 전혀 할 수가 없었습니다. 거기에다가 이 페이퍼를 받은 것이 바로 어제였습니다. 그래서 어떤 회의에서 무엇이 논의될지도 전혀 모르는 상태에서 또 일본에 맹목적으로 사람을 동원하라고 해가지고, 동원해서 오기는 왔지만 도대체 어떻게 될 것인가 해서 매우 우려를 하고 있었습니다. 그러나 오늘 말씀을 듣고 제가 이 회의에 와서 정말로 좋았다 하는 생각을 갖게 되었습니다.

　물론 이 회의는 국제학술회의라는 이름을 가지고 있습니다만, 이 섹션에서는 아까 말씀하신 유진경 선생 그리고 아이누 여성분 그리고 다른 분들도 그 나름대로의 자기의 체험 속에서 일종의 증언에 가까운 말씀을 해 주심으로써, 이 회의가 단순한 학술회의가 아니라 매우 강렬한 타오르는 분노로 가득 찬 그런 회의가 되어 가고 있는 것을 느끼면서 저는 말씀을 들었습니다. 오늘의 이야기의 중심은 학살, 제노사이드의 문제인데 이것이 강정구 교수님께서 잠시 말씀하셨습니다만 20세기에서 21세기로 넘어가는 이 싯점에 있어서 인권문제 가장 중요한 이슈의 하나로 등장하고 있습니다. 제노사이드는 여러분들이 잘 아시다시피 나치스 독일에 의해서 주로 유태인을 대상으로 해서 저질러진 만행이었습니다. 그것이 반세기이상 거쳐서 오늘날에 왜 국제적으로 중요한 인권이슈가 됐나, 이 문제에 대해서 많이 생각을 할 필요가 있습니다. 오늘 시간이 없으므로 이 문제에 대해서 자세히 말씀드릴 수는 없습니다만 한마디로 말씀드려서 그 동안 서구중심적이었던 인권문제 이슈가 점점 피지배였던 아시아, 아프리카, 라틴아메리카로 옮겨가고 있고 또 바로 한국에서나 대만에서나 그 동안에 있었던 국가권력에 의한 민간학살문제가 커다란 문제로 전면에 떠오르고 있는 그런 싯점에서 이것이 문제가 되어 있다는 것, 그것에 우리가 간여하고 있는 동아시아의 냉전과 국가 테러리즘, 한국에서는 동아시아의 평화와 인권위원회가 간여를 해왔다는 것을 단순히 우연한 일이라고 저는 생각하지 않습니다. 이 제노사이드의 문제에 대해서 개념의 정리를 하자면 제노사이드라는 것은 어떤 국가에 의한 국민적, 민족적, 종교적, 언어적인 집단에 대한 전체 또는 일부에 대한 말살의도를 가진 학살을 말합니다.

그런 의미에서 오늘 이노우에 선생님 발제에서 하신 갑오농민전쟁에 있어서 일본군이 동학교도를 살육하라는 군명령이라는 것은 제노사이드의 요건을 충족 시키기에 충분한 것입니다. 그리고 제노사이드의 문제에 대해서 동학에서부터 시작해서 대만, 아이누, 오키나와 이러한 일련에 과정에 대해서 상세하고 또 체험적인 이야기를 들을 수 있었고 강창일 교수께서는 일본의 식민지통치 자체가 민족말살을 의도한 것이 있으며 문화말살에서부터 전체적인 말살에 이르고 거기에 강제 동원이라는 방법이 쓰여졌다는 것을 매우 명쾌하게 밝혀 주셨고, 이것이 엄밀한 의미에서 법적인 제노사이드라고 규정할 수 있을지는 모르겠습니다만 일본의 헤게모니에 의한 동아시아 여러 민족에 대한 말살정책이라는 맥락에서 매우 중요한 말씀이었다고 생각을 합니다. 오늘 이야기 속에서 제노사이드에 대한 동아시아의 맥락에서의 의미를 분명히 했다는 것, 이것이 하나의 초점이었다고 생각하고요.

두번째로서는 학살이 이루어지는 것은 바로 동아시아에 있어서의 일본의 지배 즉, 동아시아에 대한 이론적인 지배가 그 배경에 있다라는 것이 분명히 되었다고 생각합니다. 이것이 오키나와의 이야기 그리고 아이누의 이야기 등에서 소상하게 밝혀졌습니다만 아이누의 기타가와씨가 밝혀 주셨듯이 아이누의 민족은 징병에 의해서 일장기를 등에 짊어지게 강요받았다 이렇게 말씀을 하셨습니다만, 오늘 발제 속에서 아이누민족의 경우 그리고 오키나와의 경우 이것이 결국은 거기에서부터 강 교수가 말씀하셨던 문화 말살의 과정을 겪어서 결국은 일장기를 오늘날도 지고 있어야만 되는 그런 상황에 있다는 것입니다. 이것이 우리가 아이누민족이나 오키나와 분들의 문제라고 치부할 수 없는 문제입니다. 우리는 그것을 겨우 간신히 벗어 던졌습니다만 그러나 자칫하면 이분들과 같이 오늘날도 일장기를 지고 살았을지도 모른다는 생각을 할 때에 숙연한 그런 느낌을 가지고. 그리고 동시에 이분들의 운명에 대해서 이분들의 현실에 대해서 우리는 결코 무관하지 않다는 생각을 가지게 될 것입니다.

우리가 발표에서부터 해온 심포지움 속에서 느낀 것인데요. 일본의 지배가 이렇게 동아시아 전체에 미쳐서 이론적인 성격을 가지고 있었음에도 불구하고 우리는 서로 분단되어 살아왔습니다. 한국에 사는 분들은 오키나와에 대해서도 모르고, 아이누에 대해서도 모르고, 대만에 대해서도 모르고 살아 왔던 것이 과거의 현실이었다고 생각합니다. 기타가와씨가 말씀을 하셨습니다만 아이누민족에서도 그러한 교류, 지배를 당하고 있는 사람들이 지배의 통합성을 깨닫고 우리 스스로가 서로 연대를 하자는 움직임이 지금 나타나고 있다고 생각하고 있고, 이것은 이러한 비인도적이고 비인간적인 대학살을 막아내는 유일한 방법이라고 저는 느끼고 있습니다.

세번째 오늘 이야기의 중심은 바로 일본 천황제의 범죄성이었다고 저는 생각합니다. 강 교수가 국제 전체학적인 측면에서 미국의 지배에 대한 언급이 적었다는 지적이 있었습니다만 그럼에도 불구하고 여기서 오키나와의 오시로 선생이 논문 속에서 일본의 해방전쟁 이후에 일본 헌법의 상징 천황제로써 민주적으로 제정된 천황 숭배의 기본은 조금도 흔들리지 않고 있다 지적하셨는데, 이것이 바로 일본의 헤게모니가 1945년을 계기로 해서 미국과 유착 내지는 존속하면서 오늘날까지 이어지고 있다는 그런 내용을 의미한다고 저는 생각을 하고 있습니다. 과거청산문제에 있어서도 바로 이러한 천황제의 범죄성이 제대로 극복되지 않는 그러한 맥락 속의 문제는 있고요. 이 문제에 대해서 중국에서 오신 우 선생님은 상당히 재미있는 발표를 해주셨는데 남경대학살의 계기가 된 남경점령의 영광을 일본 천황의 가족 즉, 황족에 돌리기 위해서 일부로 거기에 사령관으로 보냈다는 이야기, 그리고 동시에 유진경 선생님이 말씀하셨다시피 대만침략을 하기 위해서 근위사단 즉, 천황 직속부대를 보내고 일본 귀족, 황족을 사령관으로 임명하고 보냈다는 이점은 매우 중요한 연관성을 가진 것으로 주목해야 할 것이며, 그리고 우 선생님이 말씀하신 태평양전쟁에 대해서는 황족을 사령관으로 임명하지 않았다는 지적 이것은 검토해야 할 여지가 있다고는 생각합니다만 이것도 매우 재미있는 지적이었다고 생각합니다.

이야기를 하자면 상당히 여러 가지가 있습니다만 오늘 우선 동아시아에 있어서의 제노사이드의 성격이 무엇인가 하는 것에 대해서 구체적으로 각 민족문제 그리고 역사적인 성격 이런 것이 검토가 되었다고 생각하고요.

두번째로서는 일본 지배, 동아시아에 있어서의 이론성 이러한 문제 이것이 아까 빠뜨렸습니다만, 기타가와씨가 말씀하셨던 오사카 박람회에 있어서의 인골사건 여기에도 매우 상징적으로 나타나 있는 것이 오키나와 사람, 아이누 사람, 대만 소수민족 그리고 조선사람이 함께 진열물로 거기서 전시되었다는 것, 그것이 바로 일본 제국주의 지배의 본질이고 피지배를 받은 우리의 현실이었다는 것 이것을 다시 한 번 상기를 하고 싶다고 생각하고요.

마지막으로 이러한 학살과 일본의 동아시아 지배의 핵심이 바로 천황제에 있었다는 이런 세 가지 부분으로 정리를 하겠는데요. 거기에 또 강 교수님이 말씀하셨듯이 동아시아 지역에 있어서 오늘날의 헤게모니라는 것이 일본의 천황을 총살하지 않고 자기의 이용물로 삼아왔던 미국과 일본의 결탁과 유착 속에서 이어지고 있다는 그러한 이야기가 되겠습니다.

마지막에 이노우에 선생님이 지적하셨듯이 동학농민전쟁에 있어서 학살이라는 것이 바로 일본군의 동아시아에 있어서 최초의 제노사이드가 되었다는 이야기는 제가 제일 처음에 말씀드린 이 회의에 참가하기 전의 의문과 주저를 깨끗이 해소해 주신 말씀이라고 저는 생각을 합니다. 바로 오늘날의 한국이나 대만이나 또 오키나와에서 문제가 되어있는 현대에 있어서 동아시아의 민간인 집단학살의 문제가 바로 여기에 뿌리가 있

고, 그렇기 때문에 우리가 동학과 현대적인 문제 연속성을 강하게 인식
할 수 있다고 저는 결론을 짓고 싶습니다.

사회자 : 역사학은 과거를 연구하는 학문이지만 미래를 대비하고 미래를 지향하는
학문이기도 합니다. 오늘 발표 토론한 그러한 내용들은 역사의 사건과
관련된 내용들인데 아직 우리는 미래를 위한 그런 논의를 하기가 어렵지
않은가 싶습니다. 과거에 어떠한 일이 있었는가 그것의 반성을 촉구하는
그런 내용 그리고 구체적인 사실이 무엇이냐 이것을 규명하는 그런 내용
으로 발표와 토론이 진행이 됐습니다. 여기서 토론을 마치겠습니다.

제 2 - 2 부 발표 및 토론

동학농민혁명의 동아시아사적 의미

제3부　동학농민혁명의 21세기적 계승 전략

중국 태평천국 농민혁명과 한국 동학 농민혁명의 비교

王曉秋
북경대학 교수

19세기 하반기에 동아시아 지역에서는 두 차례의 대규모 농민혁명이 발생하였었는데, 바로 중국의 태평천국 농민혁명과 한국의 동학농민혁명이었다. 중한 양국의 학자들은 이미 본국의 농민혁명에 대해서 대량의 구체적인 연구를 진행하였었고, 풍부하고도 큰 성과를 얻어왔다.

태평천국 농민혁명에 대한 연구는 중국 근대사에 대한 연구 중에서 성과가 제일 많고 논쟁이 제일 치열한 영역 가운데 하나다. 불완전한 통계에 의한다면 중국에서 출판된 태평천국사에 대한 역사 연구 저작은 100여종이 있다고 하며, 논문도 수 천 편이 발표되었다고 한다. 중국 학자의 대표적인 저작을 소개하면 뤄얼깡〔羅爾綱〕저『太平天國史』는 4책, 88권, 약 150만 자로 이루어 졌으며 ; 마오지아치〔茅家琦〕주편의『太平天國通史』는 3책, 130만 자로 구성되었다. 홍콩의 지앤요우원〔簡又文〕이 쓴『太平天國全史』와『太平

天國典制通考』는 합계 6권 300만 자에 이른다. 논쟁이 되었던 문제들은 태평천국 혁명의 성질, 정권의 성질, 기의의 원인과 시간, 혁명의 각종 강령·제도·정책·종교·사상·문화예술, 군사상의 전략전술과 실패의 원인과 역사적 의의, 그리고 각종 역사사건과 개별의 전투 및 각 역사인물에 대한 분석과 평가 문제 등에 걸쳐 있었으며, 아울러 몇 차례에 걸쳐 태평천국사에 대한 학술토론회를 거행하였었다.

　한국 학자의 동학농민혁명에 대한 연구 성과 또한 매우 많은데, 대표적인 저작으로는 노태구(盧泰久) 저 『東學革命硏究』, 한국역사연구회가 편찬한 『1894年農民戰爭硏究』 5권, 이관희(李觀熙)의 『東學革命史論』 등이 있으며, 또한 허다한 연구논문들이 있다.1)

　그러나 지금에 이르기까지 중국의 태평천국 농민혁명과 한국의 동학농민혁명을 비교한 연구는 비교적 드물다. 중국에서는 아직까지 이에 대한 연구논문을 보지 못하였으며, 한국에서도 겨우 노태구의 「中國 太平天國의 民族主義 政治思想—東學革命과 비교」와 강영한(姜永漢)의 「新宗敎로서의 拜上帝敎와 東學의 비교」 등이 있다.2)

---

1) 太平天國史에 대한 중국 학자의 대표적인 저작으로는, 羅爾綱著, 『太平天國史』, 中華書局, 1991년 ; 茅家琦 主編, 『太平天國通史』, 南京大學出版社, 1991년 ; 簡又文著, 『太平天國全史』·『太平天國典制通考』, (홍콩)猛進書屋, 1962년·1958년 등이 있다. 한국 학자의 동학농민혁명에 대한 대표성의 저작으로는 盧泰久著, 『東學革命硏究』, 백산서당, 1981년 ; 한국역사연구회編, 『1894年農民戰爭硏究』, 역사비평사, 1993~1995년 ; 李觀熙, 『東學革命史論』, 大光書林, 1998년 등이 있다.

2) 중국의 태평천국 농민혁명과 한국의 동학농민혁명에 대해서 비교한 연구 논문을 중국에서는 아직까지 보지 못하였다. 한국에서도 겨우 盧泰久의 「中國 太平天國의 民族主義 政治思想—東學革命과의 비교」, 『國際政治論叢』 제36집, 1996년 ; 姜永漢, 「新宗敎로서의 拜上帝敎와 東學의 비교」, 『韓國社會學』 제31기, 1997년 등이 있다. 필자가 북경대학에서 지도한 한국 유학생 盧在軾이 이 방면에 대한 연구를 진행하였으며, 석사학위 논문을 작성하였다.

비교연구는 역사연구방법 중에서 중요한 한 항목이고 또한 현재 국제 역사학계에서 광범위하게 운용되고 있는 연구방법이다. 서로 다른 시공간(時空間)에서 발생하였던 비슷한 유형의 역사현상에 대한 분석과 비교는 시야를 넓히고 사고의 폭을 넓혀주는 것이고, 역사적인 연계와 본질을 진일보하게 게시해 주어 역사 발전변화의 규율을 찾는데 도움을 준다. 필자는 중국(中國) 북경대학(北京大學) 역사계(歷史係)에서 중국 근대사와 중외관계사에 대한 강의와 연구를 여러 해 동안 종사해 왔으며, 또한 한국의 고려대학 동양사학과에서도 강의를 했었다. 중국과 한국의 근대역사의 진행과정에 대해서 모두 흥미가 있으며, 아울러 북경대학 역사계에서 한국 유학생들을 지도하면서 이 방면에 대한 연구와 학위논문 집필을 지도하였었다. 따라서 본문에서는 비교연구의 방법을 시험적으로 운용하여, 몇 개의 서로 다른 각도에서 중국 태평천국농민혁명과 한국 동학농민혁명의 유사점과 차이점에 중점을 두고 초보적인 고찰과 비교를 해보도록 하겠다. 만약에 타당하지 않은 곳이 있다면, 각국의 학자 여러분께서 비평과 지도를 해주시기 바란다.

1. 태평천국 농민혁명과 동학 농민혁명의 유사점

1) 역사적인 지위로 보면 모두 본국의 근대 역사에 있어서 규모가 제일 큰 농민혁명이었다.

중국과 한국은 모두 농업국으로 농민이 인구의 대부분을 점하고 있으며, 농민문제는 양국의 중요한 사회문제였다. 중한 양국의 고대와 근대의 역사에 있어서 일찍이 크고 작은 수많은 농민기의(農民起義)가 발생하였었는데, 태평천국 농민혁명과 동학 농민혁명은 중한 양국의 근대 역사에서 규모가 제일 크고 영향이 제일 컷던 농민혁명이었다.

중국 태평천국 농민혁명은 1851년 금전기의(金田起義)로부터 1864년 천경(天京)의 함락까지 전후 14년 간 지속되었다. 태평군(太平軍)이 전투를 하였던 성(省)은 18개에 달하며, 점령하였었던 도시[城鎭]은 당시 중국 강남(江南)의 최대 도시였던 남경을 포함하여 600여 개에 달하였다. 태평천국은 "백만대군"(실제로 적게 잡아도 최소한 수십만은 되었다)을 스스로 칭하였었는데, 전쟁 중에 청조(淸朝)의 정부군과 지방무장세력 수 십 만을 소멸시켰었다. 태평천국은 청 봉건왕조와 대치되는 농민국가의 중앙정부와 지방정권들을 건립하였었다. 농민혁명강령인 『천조전묘제도(天朝田畝制度)』와 중국의 첫 번째 근대화 개혁방안인 『자정신편(資政新篇)』을 반포하였었고, 성고제도(聖庫制度)와 향관제도(鄕官制度) 등 일련의 제도와 정책을 실행하였었다. 따라서 태평천국은 규모와 수준과 영향 면에서 모두 중국 농민혁명의 최고봉이라고 말할 수 있을 뿐만 아니라, 동아시아 내지 세계의 역사상에 있어서도 규모가 제일 큰 농민혁명이었다고 말할 수 있다.

한국의 동학농민혁명의 규모 또한 매우 컸는데, 1984년 1월의 고부민란(古阜民亂)으로 시작되어 전봉준(全琫準)이 체포되어 실패로 돌아간 11월까지 전후 10개월에 걸쳐 진행되었다. 기의는 전라도를 중심으로 하여 거의 전국으로 파급되었다. 두 번에 걸쳐 일어났던 동학농민군은 10여 만 명에 달하였었다. 농민군은 조선 남부의 큰도시[重鎭]인 전라도의 수부(首府) 전주를 점령하였었고, 아울러 전라도 53개 군현에 지방자치기구인 집강소를 설치하였으며, 20조를 내용으로 한 "폐정개혁방안(弊政改革方案)"을 제출하였었다. 동학농민혁명이 기본적으로 실패한 후, 일부분의 잔여 부대는 항일의병투쟁(抗日義兵鬪爭)과 영학당(英學黨) 기의에 가입하였었다. 따라서 동학농민혁명은 한국의 근대사에 있어서 그 규모와 영향과 수준으로 보아 전에 없이 중요한 것이었다.

2) 그 원인과 성질의 각도에서 살펴본다면, 모두 외국의 세력이 침략해 오면서 조성된 엄중한 사회위기의 원인 아래서 폭발한 반봉건(反封建) 반침략(反侵略) 성질의 농민혁명이었다.

중한 양국의 전통적인 농민혁명은 모두 본국의 봉건지주관료(封建地主官僚)의 착취와 압박이 불러일으킨 것으로, 이른바 "관핍민반(官逼民反)"적 성격을 갖고 있었다. 중국은 진말(秦末)의 천썽[陳勝]과 우광[吳廣]의 기의로부터 청대 중엽의 백련교(白蓮教) 기의에 이르기까지 모두 그러하였다.

1840년 아편전쟁(阿片戰爭)때부터 서방의 열강이 중국으로 침입하게 되면서, 중국 농민에게는 새로운 재난과 고난이 따라오게 되었다. 전쟁 중에 발생하는 침략군의 살육과 약탈을 제외하고라도, 전쟁이 끝난 후의 영국에 대한 2100만원(萬元)의 배상금과 방대한 군비 지출은 대부분이 가렴잡세(苛斂雜稅)로 변하여 농민에게 부과되었다. 탐관오리들은 기회를 틈타 교묘히 명목을 세워 속여 착취하였다. 전후 아편이 대량으로 수입되고, 서양상품[洋貨]가 싼 가격에 대량으로 들어오게 되면서 대량의 백은(白銀)이 유출되었는데, 이는 중국에 엄중한 재정적 위기를 가져오게 된다. 뿐만 아니라, 봉건통치계급들이 사용할 아편이나 양화를 구입하는데 필요했던 자금 또한 대부분이 농민들에게 그 부담이 전이되었다. 대량의 농민과 수공업자들이 빈곤으로 파산하였고, 토지와 생계를 잃은 이들은 심지어 유리걸식하게 되었다. 전후에 단행된 군대 축소와 해운의 개통은 대량의 실업군인과 실업 뱃사공을 만들어 내었다. 1851년, 외국침략의 위험을 직접 받고 있으며, 계급모순이 첨예하게 대립하고 있었고, 반항투쟁(反抗鬪爭)의 전통이 있으며, 토착세력(土着勢力)과 객가세력(客家勢力)의 모순이 아직까지 존재하고 있던 꽝둥[廣東]과 꽝시[廣西] 지방에서 태평천국 혁명이 폭발하게 되었다. 여기에서 (우리는) 태평천국 혁명은 외국세력의 침략이 사회모순을 격화시킨 상황에서 발생한 반봉건(反封建)·반침략(反侵略)의 이중적(二重的)인 성질을 갖는 농민혁명이 었음을 알 수 있다.

한국은 19세기 40년대 이래로 프랑스·미국·영국·러시아 등 외국세력의 침입을 받아서 여러 차례의 "양요(洋擾)"사건이 발생하였었다. 특별히 1876년 일본이 무력을 사용하여 강제로 『강화조약』을 체결하고 개항을 하게 한 이후, 일본 상인들이 대량으로 국내로 들어와서 한국의 자원을 약탈하고, 아울러 조약의 규정을 들어 납세를 하지 않는 등 한국의 대외무역과 금융을 통제하였다. 일본은 또한 한국으로부터 대량의 값싼 쌀을 수입해가서, (한국 내에서) 양식의 품절과 미가 앙등 현상이 발생하게 하였다. 그러나 조선의 봉건통치자들은 재정상의 곤란을 고려하지 않고 낭비를 일삼으면서 한편으로는 가렴주구를 통해 재정문제를 해결하려고 하였으므로 심중한 부담이 농민군중에게 전이되었다. 따라서 한국 농민은 외국세력 특히 일본의 침략과 봉건통치자들의 폭정에 대해서 깊은 원한을 가지고 있었다. 1894년, 고부(古阜) 군수 조병갑(趙秉甲)이 만석보(萬石洑)를 독점하여 강제로 수세를 징수하다가 끝내 "고부민란(古阜民亂)"를 불러일으켰다. 동학농민혁명은 시작하자마자 곧바로 "안으로는 탐관오리를 처단하고, 밖으로는 횡폭한 강적을 몰아내자"는 구호를 제출하였다.3) 이 같은 사실은 동학농민혁명 또한 외국의 침략이 사회의 모순을 격화시킨 원인 아래서 폭발한 반봉건(反封建)·반침략(反侵略) 성질의 농민혁명이었음을 설명해 준다.

---

3) 東學農民軍,「白山檄文」, 吳知泳, 『東學史』, 大光文化社, 1941年版, p.112.

3) 그 발동과 조직의 각도에서 살펴볼 때, 모두 하층의 지식분자출신인 영도자들이 종교의 형식을 이용하여 농민을 발동하고 조직하여 혁명을 진행하였다.

농민의 분산적이며 산만하고 문화수준이 낮은 특징으로 인해 농민혁명의 영도자들은 종종 일정한 문화소질을 갖추고 있는 하층의 지식분자들인 경우가 많으며, 종교의 신비적인 역량을 이용하여 농민군중을 발동하고 조직하였다. 중국 역사상에서 예를 들어 동한(東漢) 말년의 농민기의는 태평도(太平道)와 오두미교(五斗米教)를 이용하였으며, 청대의 농민기의도 백련교(白蓮教)와 천리교(天理教) 등을 이용하였었다.

태평천국 농민혁명의 발기와 영도자는 농촌 사숙(私塾)의 교사(教師)를 지낸 적이 있는 하층 지식분자인 홍쉬췐[洪秀全]이었다. 그는 1814년 꽝뚱[廣東]의 화쉬앤[花縣]의 한 농가에서 출생하여 7세에 사숙에 들어가 유가(儒家)의 시서(詩書)를 익혔으나, 가정의 경제상황이 나빠 중도에 포기하고 농업에 종사하다가 사숙에 초빙되어 교사가 되었다. 홍수전은 전후 4차에 걸쳐 과거에 참가하였으나 모두 낙방하였다. 개인적인 좌절은 그로 하여금 사회적인 어둠과 부패현상을 더욱 통한하게 하였다. 기독교의 전도 서적인 『권세양언(勸世良言)』을 읽은 후, 그는 서방 기독교의 일부 교의(教義)와 교규(教規)를 이용하여 배상제교(拜上帝教)를 창립하였다. 홍수전은 기독교의 지고무상(至高無上)하고 무소불능(無所不能)인 상제를 이용하여 기치를 삼고, 황제(皇帝)로부터 공자(孔子)에 이르기까지의 봉건 권위에 대항하였다. 그는 또 『성경』중의 예수 부활 신화를 이용하여 자신이 걸렸던 병과 꾸었던 괴상한 꿈을 부회(附會)하여 "상제로부터 명령을 받았다"고 말했다. 스스로 상제의 둘째 아들이자 예수의 동생이라고 칭하였으며, 상제의 명을 받들어 청조의 황제 "염라요(閻羅妖)"를 토벌한다고 주장하였다. 아울러 기독교의 "천당(天堂)"·

"천국(天國)" 이상(理想)을 이용하여 농민들에게 태평천국 "인간소천당(人間小天堂)"을 건설하자고 호소하였다. 그는 또한 기독교의 모세 10계 등 계율을 빌려서 "십관천조(十款天條)"등 혁명규율을 제정하였다. 이 같이 청조를 몰아내자는 농민혁명 위에 종교의 외투를 입혀 신비색채를 덧칠 하였다. 홍수전은 상제의 아들이라고 자칭하고 "상제로부터 명령을 받았다"는 것을 이용하여, 교주와 최고 지도자의 지위를 만들었을 뿐만 아니라, 기타 지도자들, 예를 들어 양쉬칭[楊秀清]・샤오차오꾸이[肖朝貴] 등도 상제의 아들을 자칭하거나 혹은 천부와 천형으로부터 말을 전해들을 수 있다고 칭하여 자신의 지위를 높이고 아울러 군중들을 호령하였다. 배상제교는 태평천국 혁명이 발동되고 발전하는 단계에 있어서 일정한 긍정적인 작용을 하였다. 그러나 후기에 오게 되면 종교미신과 천명사상은 갈수록 부정적인 작용을 하게 된다. 난징이 청군의 포위로 식량이 끊어진 후 홍쉬췐은 여전히 주동적으로 포위를 뚫으려고 시도하지 않고, "천병(天兵)이 물보다도 많다"고 믿거나, 심지어는 상제가 하늘로부터 "감로(甘露)"를 내려 태평천국의 군민들을 구원할 것이라는 환상을 갖고 있었다.4)

동학의 창시자인 최제우(崔濟愚)는 한국의 경상북도에서 출생하였는데, 부친은 향촌의 사숙 교사였다. 그는 8세에 부친을 따라 유학을 배웠다. 10세에 모친을 잃었고 16세에 부친을 잃었으며, 가세가 급락하였다. 뿐만 아니라 서자(庶子) 출신이어서 과거에 참가할 수 없었으므로 오직 명산을 찾아 유람하고 좋은 스승을 찾거나 친구를 구해 돌아 다녔다. 그는 서방 전교사들이 포교하는 것을 보고 새로운 종교를 만들어 서양의 종교와 대항할 생각을 얻었으며, 그리하여 천성산(千聖山)에 들어가서 수도를 하였다. 최제우는 홍수전과 마찬가지로 개인의 곤궁한 처지를 현실의 암흑통치를 반대하는 것과 결합

---

4)「李秀成自述」,『太平天國文書彙編』, 中華書局, 1979年, p.528, 513.

해 냈다. 1860년 최제우는 유불도(儒佛道) 삼교의 장점을 취하여 동학도(東學道)를 창립하였다. 1862년에는 포접제(包接制)를 만들고 천주대신사(天主大神師)라고 스스로 부르고, 아래로 각도마다 대접주(大接主)를, 군마다 접주를 두어 대량의 농민 신도들을 흡수하였다. 1864년에 최제우는 정부에 의해 사형을 당하였다. 그의 제자인 최시형(崔時亨)이 계속 전교를 하면서 아울러 엄밀한 교단조직을 건립하였다. 1892년과 1893년에는 교조의 신원을 위하여 삼례(三禮) 집회와 복합상소(伏闕上疏), 그리고 보은(報恩) 집회를 거행하였다. 동학도(東學道)의 남접주(南接主)인 전봉준(全琫準)은 고창군(高敞郡)의 한 아전집안에서 태어났는데, 부친은 군수의 폭정에 반항하다가 피살되었다. 스스로 어려서부터 사서(史書)를 읽어 고금에 통달했었다. 1894년, 전봉준은 동학의 종교조직을 이용하여 고부민란을 일으켰다. 동학농민혁명이 지역성 민란으로부터 전국성 농민전쟁으로 능히 발전할 수 있었던 것에는 동학도(東學道)의 종교 선전과 포접제(包接制) 조직형식이 큰 작용을 일으켰다. 교주 아래에 포(대접주)가 있었고, 포 아래에는 접(접주)가 있어서 엄밀한 조직체계를 형성하고 있었다. 동학농민혁명이 폭발하기 직전에 동학교단은 이미 19개의 포와 대접주를 가지고 있었다. 기의는 먼저 전봉준을 우두머리로 한 "남접도소(南接都所)"에서 일어났으며, 각지에서 "기포(起包)"들이 분분히 호응하였다.

4) 역사적인 작용과 실패의 원인이라는 각도에서 살펴보았을 때, 모두 본국의 봉건통치와 외국의 침략세력을 타격(打擊)하여 충격을 주었으나, 본국 봉건통치자와 외국 침략자의 연합에 의해 진압(鎭壓)당하고 실패하였다.

태평천국 농민혁명은 중국 청조(淸朝)의 봉건통치를 심각하게 타격하였다. 태평군은 꽝시[廣西]로부터 기의(起義)하여 후난[湖南]·후뻬이[湖北]·

지앙시[江西]·안휘[安徽]·지앙쑤성[江蘇省]을 거쳐 남경으로 진군하여 거의 전체 장강(長江) 이남지역을 석권하였었다. 남경에 건도한 후에는 다시 병력을 북벌군(北伐軍)과 서정군(西征軍)으로 나누었었으며, 각지의 각 민족 인민들이 기의하여 호응하였었다. 태평군은 14년의 전투 중에 팔기병(八旗兵)·녹영병(綠營兵) 및 상회군(湘淮軍) 등을 포함하여 최소한 몇 십만의 청조 군대를 궤멸시켰으며, 탐관오리와 토호열신(土豪劣紳)을 처단한 것은 그 수를 헤아릴 수 없이 많았다. 북벌군은 티앤진[天津]을 공격하고 북경을 위협하여 조정을 떨게 하였으며, 심지어 함풍(咸豊)황제가 러허[熱河]로 도망가려고 한다는 소문이 나게 하였다. 태평천국은 청조의 최고통치자들에게 한인(漢人)을 관료로 등용하게 압박하여, 청궈판[曾國藩]·리홍장[李鴻章]을 위수로 한 상회계(湘淮系) 집단이 일어나게 하였으며, 한인이 지방의 군정실권을 장악하게 하여 청조 중앙정부의 지방에 대한 통제를 약화시켜 만청기(晚淸期) 외중내경(外重內輕)의 국면을 조성하게 하였다. 태평천국 농민혁명은 그 후기에 외국의 침략세력을 직접 타격(打擊)하였다. 태평군은 전후 삼차에 걸쳐 외국 침략세력의 근거지인 상하이[上海]를 공격하였었고, 영불연합군[英佛聯軍] 및 외국 침략자들이 조직한 양창대(洋槍隊)와 격전을 벌여, 프랑스 해군 소장 A. L. Protet과 상승군(常勝軍)의 미국인 통령(統領) Ward·상첩군(常捷軍)의 프랑스인 통령(統領) Ce Brethon 등이 전사하게 하였다. 태평천국은 1856년의 천경사변(天京事變)으로 발생한 엄중한 내분을 겪게 되는데, 상회군(湘淮軍)에 의지하는 한편 외국의 침략군과 연합한 청 정부에의 진압당하게 된다. 따라서 태평천국의 간왕(干王) 홍런깐[洪仁玕]은 체포당한 후 일찍이 말하기를 "우리 조정의 화근은 양인이 요괴를 도왔기 때문이다"라고 지적하여 말하였던 것이다.5)

---

5) 「洪仁玕自述」, 『太平天國文書彙編』, p.555.

동학농민혁명 또한 한국의 이조(李朝) 봉건통치를 타격하였다. 1894년 2
월 15일, 전봉준이 영도하는 고부농민폭동은 고부 관아를 습격하였고, 군수
조병갑은 황급히 도망하였다. 5월 4일, 전봉준은 다시 동학농민군을 이끌고
태인현을 습격하였으며, 현감 이면주(李冕周)를 몰아 내었다. 각지의 기의군
(起義軍)이 백산(白山)에서 연합하여 호남창의군(湖南倡義軍)을 만들었으며,
일주일 동안에 몇 개의 군현을 함락시키고, 5월 11일에는 황토현(黃土峴)에
서 관군에 크게 이겼다. 6월 1일에는 전라도의 수부(首府)인 전주를 점령하
였다. 당시 이조 정부는 공포에 질려 황망히 중국정부에 구원을 요청하였는
데, 일본이 도리어 기회를 타고 출병하여 대거 침입해 와서 심지어 왕궁을 점
령하였다. 동학농민군은 이미 정부와 담판을 진행하여 정전협의에 서명하였
었으나, 일본의 침략과 정부의 매국행동을 보고 다시 기치를 높여 기의하여
일본 침략군을 타격하였다. 일본의 주(駐) 조선(朝鮮) 공사 井上馨은 보고하
기를, "동학이 우리군의 군용 전신선을 절단하고 병참부대를 습격하며, 일본
의 상인과 인부들을 살해하고 있다"[6]고 보고하였다. 동학농민군은 공주 부근
에 5만 여명을 집중시켜 먼저 공주를 공격하여 점령하고 이어서 "한성으로
공격"해 가려고 계획하였다. 그러나 일본군의 병력과 무기가 우세하였으므로,
전봉준이 지휘하는 농민군은 두 차례에 걸친 공주 진공전(進攻戰)에서 모두
실패하였다. 마지막으로 전봉준은 배반자의 밀고로 체포당하여 한성으로 압
송(押送)당하였고, 동학농민혁명은 실패를 고하게 된다. 한국의 역사서들은
동학농민군이 관군 및 일본군과 9개월 동안 전투를 거치면서 죽은 자가 약
30만명에 달하였고 그 흐르는 피가 유래가 없었다"[7]고 쓰고 있다. 동학농민
혁명도 최종적으로 일본 침략군과 한국 친일파 정부의 연합진압(聯合鎭壓)

---

6) 戚其章 주편, 『中日戰爭』(七), 中華書局, 1996年, p.제37.
7) 丘坂玄瑞, 『解腕痴言』, 자세한 것은 王曉秋, 「太平天國革命對日本的影響」, 『歷
   史研究』 1981年 第2期.

하에 실패하였던 것이다.

2. 태평천국 농민혁명과 동학 농민혁명의 차이점

1) 그 시간의 선후(先後)와 처해 있던 환경(環境) 및 형세(形勢)의 차이

중국의 태평천국 농민혁명은 1851년부터 1864년까지 사이에 발생하였었으나, 한국의 동학농민혁명은 1894년부터 1895년 사이에 발생하였으므로, 양 자 사이의 선후 차이는 30여 년이었다. 이 시간상의 차이와 동아시아 국제형세의 변화는 두 농민전쟁이 처한 환경이 서로 다르게 하였다.

19세기 50년대부터 60년대 초까지 중국은 두 차례의 아편전쟁을 겪으면서 닫혔던 문호를 여는 과정을 실현하였다. 외국의 침략세력들은 아직까지는 내륙 깊숙이 들어오지 못하였고, 중국의 경제적인 명맥도 완전히 통제하고 있지는 못하였었다. 서방 열강은 아직까지는 중국에서 격렬한 경쟁과 세력범위를 나누어 갖는 각축을 벌이고 있지는 못하였다. 당시 중국사회의 주요한 모순은 농민계급과 봉건통치계급간의 모순이었으며, 이 같은 상황에서 발생한 태평천국 농민혁명의 투쟁의 창 끝은 주로 봉건통치자인 청왕조(淸王朝)와 귀족과 관료지주에게 맞추어져 있었다. 태평천국을 진압한 주요한 역량은 중국 한족의 지방무장세력인 상회군(湘淮軍)이었다. 태평천국 측은 일관하여 서방침략자들을 상제를 믿는 "서양 형제[洋兄弟]"라고 생각하였고, 그들의 도움을 얻겠다는 환상을 가지고 있었다. 그런데 서방 열강 또한 일찍이 태평천국에 대해서 "중립(中立)"관망의 태도를 채택하고 있었다. 당시의 일본은 아직까지 막부(幕府) 말년에 처해 있었으며, 서방열강의 침략을 받아 반식민지(半植民地)로 전락(轉落)할 수도 있는 위험에 처해 있었다. 따라서 일본은 아직까지 중국을 침략하는 열강의 행렬가운데는 참여하지 못하였을 뿐 아니라,

태평천국이 서방 열강의 역량을 견제하여 (서방의)일본에 대한 압력을 경감시켰으므로, 일본의 명치유신을 위해 유리한 국제적인 조건을 만들어 주었다. 일본의 유신지사(維新志士)인 久坂玄瑞는 1862년에 "영국과 프랑스가 아직까지 우리나라에 대해 대량의 군대를 보내지 못하는 것은 장발적(長髮賊, 즉, 태평천국)의 기세가 왕성하기 때문이다"[8]라고 지적하였었다.

그런데 1894년 한국에서 동학혁명이 발생하던 때에는 국내와 국제적인 형세가 이미 크게 달라져 있었다. 한국은 19세기 70년대에 개항을 한 이후, 서방 열강과 일본 세력의 경쟁적인 침략을 받고 있었다. 더욱이 명치유신 후의 일본은 한국을 대외확장의 첫 번째 목표로 삼고 "정한론(征韓論)"을 고취시키고 있다. 일본은 경제적으로 한국의 대외무역과 경제명맥을 통제하고 있었을 뿐 아니라, 정치·군사방면에도 침투하여 있었고, 한국의 친일파들을 지지하여 갑신정변을 일으키게 하였다. 19세기 90년대의 한국은 이미 일본 및 영국·미국·프랑스·러시아 등 열강의 쟁탈대상이 되어 있었다. 일본은 또한 한국과 중국간의 전통적인 종번관계(宗藩關係)를 그들이 세력을 확장하는데 있어서 장애물로 여기고 있었고, 동시에 조선반도를 중국대륙으로 향한 침략의 발판으로 만들려고 기도하고 있었다. 따라서 그들과 중국과의 전쟁을 한국에서 벌일 수 있는 기회를 얻고자 노심초사하고 있었다. 1894년 한국정부가 중국에 파병하여 동학농민혁명을 진압하는 것을 도와달라고 청한 기회를 이용하여 대거 출병하였고, 사단(事端)을 만들어 돌연 습격을 하였고, 중일 갑오전쟁을 일으켰다. 동시에 일본군은 한국의 왕궁을 점령하여 친일파 정권이 집권하게 도왔다. 따라서 동학농민혁명의 후기에 있어서 주요한 투쟁 대상은 일본 침략자들이었다. 그리고 동학농민혁명의 최후 또한 주로 일본의 군대에 의해 진압 당하게 된다.

---

8)「天朝田畝制度」,『太平天國印書』(上), 江蘇人民出版社, 1979年, p.409.

2) 그 정치강령(政治綱領)과 혁명조치(革命措置)의 차이

중국의 태평천국 농민혁명은 완비된 강령과 제도와 정책을 제시하였었다. 1853년, 태평군은 남경(南京)을 점령한 직후, 천왕(天王) 홍수전이 태평천국의 기본강령인 『천조전묘제도(天朝田苗制度)』를 반포하였다. 그것은 농민의 요구인 토지와 평등의 희망을 반영하여 인구에 따른 토지 평분(平分) 방안을 제시하고 있었다. 즉, "천하의 토지를 천하사람들로 함께 경작하게 하라", "남녀를 불문하고 인구에 따라 토지를 나눈다"는 주장을 하고 있었다. 또한 절대적인 평균주의 분배제도를 실시하고 있었다. 즉, "천하의 사람마다 사적으로 받지 않고, 모든 물건은 상주(上主)에게 돌아가 한다", 수확하면 필요한 식량을 제외하고 "남는 것은 모두 국고(國庫)에 돌린다"고 하고 있다. 군사체제를 운용하여 전국의 인민을 조직하여 생산활동과 각종 사회활동을 하게 하였다. 지방의 향관들은 민중들이 선출하게 하였다. 여기에 나타나는 것은 "밭이 있으면 함께 경작하고, 밥이 있으면 함께 먹는다. 옷이 있으면 모두 입고, 돈이 있으면 함께 사용한다. 한 곳도 고르지 않은 것이 없게 하고 기한에 떠는 사람이 한 사람도 없게 하는" 농민들의 이상사회(理想社會)였다. 이 것은 선명한 반봉건 색채를 갖추고 있는 농민의 혁명강령이었다. 그러나 당시의 전쟁환경과 절대적인 평균주의는 생산력 발전에 불리하였으므로 진정으로 실행되지는 않았다. 태평천국이 점령한 지역 중 일부 지방에서는 농민에게 토지를 나누어주고, 조세를 경감시켰었지만, 나머지 대부분 지역에서는 "옛날 예에 따라 양식으로 납세하게 하는" 정책을 계속하여 집행하고 있었다. 태평천국에서는 또한 통일된 분배공급제도인 성고제도(聖庫制度)와 수공업에 대한 통일적인 관리방법인 제장영백공아제도(諸匠營百工衙制度)를 실시하여 혁명전쟁에 필요한 물자를 안정적으로 공급할 수 있게 하였다.

홍콩을 가 본적이 있는 간왕(干王) 홍런깐[洪仁玕]은 서방 자본주의 국가를 향해 배워 근대화 개혁을 진행하자는 강령인 『자정신편(資政新篇)』을 1859년에 제출하여, 홍쉬췐[洪秀全]으로부터 허락을 얻게 된다. 『자정신편(資政新篇)』은 세계 각국의 정황을 소개하고 아울러 근대 교통·공업·우정(郵政) 등을 발전시켜야 한다는 주장을 하였고, 민간에서 투자하여 광산을 개척하고, 은행을 세우며, 과학기술의 발명을 격려하고, 학교와 의원(醫院), 신문사를 설립하는 것을 허락하자는 내용도 들어 있었다. 또한 서방 열강과 경쟁하여 새로운 세계를 건설하자는 주장도 제출하였었다.9) 『자정신편(資政新篇)』은 중국 근대에 자본주의를 발전시키자고 주장한 첫 번째 근대화 강령이었으며, 태평천국 농민혁명이 이미 서방을 향해 배워서 나라를 구하고 백성을 구하는 길을 찾으려고 모색하였던 특징을 갖고 있었음을 보여주고 있다. 그러나 당시는 이 같은 계획을 실행할 수 있는 조건과 환경을 갖추고 있지 못했으므로 실현할 수 없었다.

태평천국과 비교해 볼 때, 한국의 동학농민혁명이 제출하였던 강령과 조치는 비교적 간단하였다. 1894년 2월 전봉준(全琫準)이 영도하던 동학농민군은 백산(白山)을 근거지로 하여 『사대명의(四大名義)』라고 이름 붙인 행동 강령을 반포하였다. 그 내용은 "첫째, 살인하지 말고 짐승을 죽이지 말라 ; 둘째, 충과 효를 모두 온전히 하고 세상을 구하고 백성을 편안하게 하라 ; 셋째, 오랑캐와 왜인을 몰아내어 성도(聖道)를 맑게 하라 ; 넷째, 군대를 몰아내고 서울에 들어가 권귀(權貴)를 섬멸하자"10)고 하여 그 반봉건(反封建)·반침략(反侵略)의 종지를 체현하고 있다. 1894년 6월, 전봉준과 양호초토사 홍계훈(洪啓薰) 등은 담판을 통하여 「전주화약(全州和約)」을 체결하고, 12조의 "폐정개혁안(弊政改革案)"을 제출하였는데, 이는 동학농민혁명의 강령성(綱領性) 문건이다. 정치상으로 정부의 동학에 대한 진압을 중지할 것과 탐관

---

9)「資政新篇」, 『太平天國印書』(下), p.679.
10) 曺中屛, 『朝鮮近代史』, p.150.

오리와 포악한 부호·타락한 유림양반 및 일본 침략자의 앞잡이 등을 엄히 징벌하자는 요구를 하였다. 또한 노비문서를 불사르고 칠반천역(七班賤役)에 대한 대우를 개선하고 사회신분으로부터 오는 질시를 폐지할 것을 요구하였다. 경제적으로는 토지를 평균분배하여 농민에게 경작하게 주고, 가렴잡세(苛斂雜稅)를 폐지하고, 공사의 채무를 폐지할 것을 주장하였다. 사회생활방면에서는 젊은 과부의 개가를 허용하자는 등의 주장을 제출하였다.11) 이들 개혁 조치는 광대한 농민들의 요구를 반영하는 것이었으므로 농민들의 환영과 지지를 받았다. 그러나 곧 이어서 갑오 중일전쟁이 발생하였으므로, 농민군은 집강소에서 이 조치들을 전면적으로 추진해 볼 기회를 갖지 못하였다. 그러나 그 내용 중 일부분은 개화파 관원들이 진행한 "갑오경장(甲午更張)"개혁에서 채택되어 졌다.

3) 본국의 봉건정권(封建政權)과 유학사상(儒學思想)을 대하는 태도의 차이

중국 태평천국 농민혁명의 목표는 청왕조의 통치를 무너트리고 새로운 왕조를 세우는 것이었다. 홍쉬췐은 청왕조를 비유하여 "염라요(閻羅妖)"라고 하였고, 청조의 관리와 군대를 "요괴(妖怪)의 졸병"이라고 하면서, 상제가 그를 지상으로 내려보내 세상을 구원하고 요괴들을 몰살시키라고 명령하였다고 말하였다. 그는 삼합회(三合會)의 "반청복명(反淸復明)"구호를 비판하면서 명왕조는 멸망한지 이 백여 년이 넘었으므로 "우리는 반청(反淸)을 주장할 수는 있지만 복명(復明)을 말해서는 안 된다. 어떻게 부르든지 불문하고 우리는 한족(漢族)의 산하를 회복하여 새로운 왕조를 열어야 한다"12)고 지적하여 말하였다. 태평천국은 자신의 농민혁명정권을 만들었고 청조 봉건정권과 십 여년을 대치하였다. 아울러 북벌군을 파견하여 북경으로 진군하여 일거에 청왕

11) 吳知泳, 『東學史』, 大光文化社, pp.126~127.
12) 「太平天國起義記」, 『太平天國』(六), p.872.

조를 타도하려고 기도하였다.

그런데 한국의 동학농민혁명에 제시하였던 목표는 "안으로는 탐관오리를
처벌하고 밖으로는 외래세력을 몰아낸다"13)는 것이었다. 당시 한국사회에 존
재하던 사회위기와 농민의 빈곤과 통한은 주로 각지의 탐관오리의 부패와 학
정이 만든 것이라고 생각하고 있었으며, 이조(李朝)의 국왕을 여전히 "성상
(聖上)"이라고 부르고 "충군보국(忠君報國)"을 강조하고 있었다. 동학농민군이
발표한 창의문과 통문들은 "임금의 밝으심이 위에 있는데 백성들은 도탄에 허
덕이니 어디에 민폐(民弊)의 근본이 있는가? 아전들의 착취에 있는데, 아전
이 착취를 하게 되는 근본원인은 탐관오리에게 있다"14)라고 말하고 있으며,
『사대명의(四大名義)』 가운데에서도 "군대를 몰아내고 서울에 입성하여 권귀
(權貴)를 섬멸하고, 기강을 크게 진작하고, 명분을 세우며, 성훈(聖訓, 임금
의 敎訓)을 따르자"15)고 말하고 있다. 동학농민군이 『폐정개혁안(弊政改革
案)』에서 역점을 두어 요구한 것은 탐관오리·잔폭한 부호·타락한 유림양
반의 징치(懲治)였다. 동학농민혁명은 이조통치(李朝統治)를 타도하자고 주
장하지 않았고, 다만 이조 체제 내에서 개혁을 진행하기를 희망하였고, 탐관
오리를 타도하고 어진 신하를 등용하며, 국가를 보위하고 세상을 구하고 백
성을 안정시키는 것을 통하여 한국의 사회적인 모순을 해결하려고 하였음을
알 수 있다.

동아시아 국가에 있어서 통치지위를 점하고 있던 전통 유가사상에 대한
양국 농민혁명의 태도 또한 크게 달랐다. 태평천국은 그 전기에 강력한 배유
반공(排儒反孔)의 행동이 출현하였었다. 이는 청조 정치를 타도하려는 정치
투쟁의 필요를 제외하고도 태평천국이 믿고 있는 배상제교(拜上帝敎)의 배타

13) 吳知泳, 『東學史』, p.112.
14) 韓國國史編纂委員會, 『東學亂記錄』(상), (영인본), 1971년, p.138.
15) 曹中屛, 『朝鮮近代史』, p.150.

성 및 홍쉬촨[洪秀全] 자신이 몇 차례 과거에서 실패하였던 개인적인 경험과 관련이 있는 것이다. 홍쉬촨은 1843년에 네 번째로 낙방한 후, 이후로 다시는 "청조의 과거"에 응시하지 않겠다는 결심을 하였으며, "자신이 스스로 과거(科擧)를 개설하겠다"고 말하였다. 그가 기독교를 모방하여 배상제교(拜上帝教)를 만들었으며, 오직 "유일한 진짜 신"인 황상제(皇上帝)만을 숭배하고, 모든 중국 전통의 우상숭배를 폐기(廢棄)하였다. 홍쉬촨은 1844년 우선 마을의 사숙에 모셔져 있던 공자[孔丘]의 위패를 부수어 버렸으며, 상제가 공자의 "사람을 가르치는 책에 착오가 많다"고 질책하였다는 말을 만들어 내었고,16) 심지어 (상제가) 공자를 채찍으로 때려 벌을 주고 채소밭에 가서 일을 하라고 보냈다는 고사까지 만들어 내었다. 태평군은 진군 도중에 도착하는 곳마다 공묘(孔廟)를 부수고, 유가의 경전을 불살랐다. 그리고 태평천국이 남경에 정도를 한 후에는 산서아(刪書衙)를 설치하여 유가의 경전을 고쳐 쓰게 하였다. 그러나 홍수전 자신도 유가의 사상적인 영향에서 완전히 벗어 날 수는 없었으며, 후기에 이르면 그 통치지위를 공고히 하기 위하여 삼강오륜 등 유가의 윤리도덕관(倫理道德觀)을 크게 선양하게 된다.

한국 동학농민혁명이 믿었던 동학은 동방의 전통문화 특히 유가사상을 계승·발전시켜 서학에 대항하는 것을 자신의 소임으로 삼고 있었다. 동학혁명은 시작부터 "충군보국(忠君報國)", "충효쌍전(忠孝雙全)"등 유가사상을 표방하였으며, 아울러 늘 유가사상을 사용하여 그 기의의 종지와 목적을 설명하였을 뿐 아니라, 유생의 참여를 환영하였다. 예를 들어서 1893년 3월 16일, 동학 지도부가 반포한 『동학인령(東學人令)』을 보면, "여러 도유(道儒)들이 한 마음과 한가지 뜻으로 참여하여 요괴를 깨끗이 물리치고 종사를 회복하여 중광일월(重光日月)을 다시 보게 하기를 엎드려 바란다. 이 것이 어찌 선비된

---

16) 「太平天日」, 『太平天國印書』(上), p.38.

자의 위충(爲忠)·위효(爲孝)하는 도가 아니라고 말할 수 있겠는가?"[17]라고
말하고 있으며, 1894년 5월에 동학농민군이 반포한 『사대명의(四大名義)』
정강 중에서도 "충효쌍전(忠孝雙全), 제세안민(濟世安民)", "대진기강(大振綱
紀), 입명정분(立名定分)"[18]을 더욱 강조하고 있었다. 이 같이 동학농민혁명
은 농후한 유가사상 색채를 체현하고 있었다.

4) 종교의 이용과 외국 열강을 대하는 태도에 있어서의 차이

  중국의 태평천국 농민혁명과 한국의 동학농민혁명은 비록 모두 종교를 이
용하였었으나, 그들이 이용한 종교는 큰 차이가 있었다. 태평천국은 서방으로
부터 전래되어 온 기독교를 개조하여 창립한 배상제교(拜上帝敎)를 이용하였
다. 이 것은 중국 역사에 있어 왔던 전통 문화나 종교와는 완전히 다른 외래
종교였는데, 농민들에게 신선함과 신비감을 느끼게 하였다. 홍쉬췐[洪秀全]
은 기독교의 상제(上帝)·천당(天堂)·천하일가(天下一家)·천조(天條) 등
사상소재를 가공하고 개조하여 중국의 농민조직을 발동하고 조직하였으며,
아울러 청조정부·지주계급 및 봉건전통사상과 대항하였으며 큰 효과를 만들
어 내었다. 그러나 동시에 또한 종교미신에 빠져서 투지를 상실하였고, 전통
사상과의 모순충돌로 인해 일부분 군중, 특히 지식분자의 지지를 상실하였다.
  태평천국 농민혁명은 중국 농민혁명 역사상 첫 번째로 외국세력과 관계를
발생시켰었다. 그들은 국제적인 지식이 없었고 외교경험도 없었으므로, 더욱
이 종교적인 원인으로 의해 태평천국의 농민지도자들은 혁명 초기에 천진하
게도 서방열강을 동일한 상제를 믿는 "서양형제(洋兄弟)"로 간주하였고, 우호
관계를 유지할 수 있다고 계속 믿고 있었다. 1854년 4월, 북왕(北王) 웨창휘
이[韋昌輝]는 영국인 密迪樂(원명은 불상, 중국어 발음은 Mi Di Re 임)를

---

17) 『東學亂記錄』(上), pp.113~114.
18) 曹中屛, 『朝鮮近代史』, p.150.

만났을 때, 영국인들 또한 상제를 믿고 있다는 말을 듣고 연거푸 말하기를
"우리와 같다, 우리와 같다"[19]고 하였다. 뿐만 아니라 서방 열강이 태평천국
을 도와 "청조 요괴"들을 몰살시킬 것이라고 환상을 갖고 있었다. 태평천국
전기에 서방 열강은 중립의 고깔모자를 쓰고 있었는데, 영국·미국·프랑스
공사가 차례로 남경을 방문하였었다. 태평천국의 농민지도자들은 중국의 전
통적인 화이사상(華夷思想)의 영향을 받았으므로, 천왕인 홍쉬췐[洪秀全]이
야말로 "천하 모든 나라의 진정한 주인"이라고 말하고, 서방 열강의 공사들이
내방하는 것을 "우리 조정(朝廷)에 귀순(歸順)"한 것으로 보았으며, 그들이
"우리를 따라 천왕을 모시고 공을 세워 천신(天神)의 깊은 은혜에 보답하
기"[20]를 희망하였다. 그러나 서방 공사들은 도리어 태평천국이 서방 열강과
청 왕조가 체결하였던 불평등조약과 그들의 각종 특권을 승인할 것을 요구하
였다. 그러나 그들은 태평천국이 민족독립과 자주의 입장을 견지하여 불평등
조약의 승인을 거절할 것을 발견하였을 뿐이다. 태평천국의 동왕(東王)은 영
국의 선장 麥勒西(원명은 불상)가 제출한 문제에 대한 답변인『고유(誥諭)』
중에서 외국의 통상은 허락하지만, 반드시 태평천국의 법령을 준수하여야 하
며, 항구를 개방하는 문제는 청조를 평정한 후에 다시 상의하여야 하며, 아편
등 사람을 해치는 물품은 금지한다[21]고 분명하게 표시하였다. 따라서 서방
열강은 최종적으로 판단하기를 태평천국은 "상상하고 있던 것보다 훨씬 더 겁
나는 단체"[22]라고 규정하였고, 청왕조가 태평천국을 진압하는 것을 지지하기
로 하였다. 그들은 우선 청조의 지방정부가 소도회(小刀會)·홍건군기의(紅
巾軍起義)를 진압하는 것을 도왔었고, 아울러 군함을 이용하여 태평군을 위

---

19) 「英國藍皮書中之太平天國史料」,『太平天國』(上), p.903.
20) 「太平天國東王西王致英國公使文翰復信」,『太平天國』(六), p.909.
21) 「東王楊秀淸答復英人三十條誥諭」,『太平天國文書彙編』, p.300.
22) 羅爾綱,『太平天國史稿』(增補版), p.207.

협하였다. 제이차 아편전쟁 후, 청정부는 서방침략자들에게 "군대를 빌려주어 도적을 토벌하는 것을 도와달라"고 청하였다. 서방 열강은 돌연히 중립으로 위장하였던 것을 벗어 던지고 군대와 외국인이 지휘하는 무장조직인 양창대 (洋槍隊)를 파견하여 태평군과 직접 교전을 하였다. 이때서야 태평군은 점차로 서방 열강의 침략자로서의 면모를 인식하게 되었고, 열강이 제출한 '상하이 〔上海〕를 공격하지 않고, 닝보〔寧波〕의 태평군 포대를 철수한다'는 무리한 요구를 거절하였다. 아울러 외국 침략자와의 전투에 힘껏 참여하여 지앙쑤 〔江蘇〕와 쩌지앙〔浙江〕의 전투에서 영프〔英佛〕 연합의 양창대〔洋槍隊〕에 통렬한 타격을 가하였다.

한국의 동학농민혁명이 이용하였던 종교는 동방 전통문화사상의 산물이었다. 제일대 교주인 최제우는 유·불·도 삼교의 장점을 취하여 동학을 창립하였다. 동학은 시작할 때부터 서학에 대한 강렬한 대항의식을 포함하고 있어서, 서학(西學)과 서교(西教, 서방 기독교, 천주교)는 서방세력의 동아시아에 대한 침략의 선봉이라고 인식하고 있었으므로 동학의 교리를 사용하여 그를 철저하게 비판하였다. 일본은 한국을 침략하여 한국의 자원을 약탈하고 한국의 경제를 장악하여 한국 농민의 생활에 엄중한 영향을 미쳤으므로 인하여 동학은 또한 강렬한 "척왜(斥倭)", 즉 반일색채를 가지고 있었다. 1893년 3월 동학이 "보은집회(報恩集會)"를 거행하였을 때, 공공연하게 "척왜양(斥倭洋)"의 구호를 내 걸었다. 보은의 관아에 보낸『통고문(通告文)』중에서 말하기를 "오늘날 왜인과 양인들이 심장에 들어와 있어 대란(大亂)이 극에 이르게 되었다", "오늘날의 수도를 자세히 보면 바로 왜인과 양인의 소굴이다"라고 말하였으며, 따라서 군중을 모아 "소파왜양(掃破倭洋)"한다23)고 말하였다. 또한 보은에 설치한 대도소(大都所) 문앞에 "척왜양창의(斥倭洋倡義)"의 깃발을 내

---

23)『東學亂記錄』(上), p.108.

걸었다. 1894년 전봉준이 동학농민기의를 발동한 후, 창의군 대장의 명의로 『사대명의(四大名義)』정강을 반포하였는데, 그 중의 제3조가 바로 "축멸이왜(逐滅夷倭), 징청성도(澄淸聖道)"[24]였다. 그러므로 동학농민군은 시종 외국 침략자를 자기의 투쟁대상으로 삼고 있었다. 특히 일본의 군대가 출병한 후, 전봉준은 이조 정부의 화의 요청을 받아들이기로 결정하고 담판을 거쳐 『전주화약(全州和約)』을 체결하게 되는데, 그 중에는 "일구(日寇)와 내통(內通)하는 자를 엄히 다스린다"는 내용이 들어 있었다. 갑오전쟁이 발발한 후, 동학농민군이 다시 기병(起兵)하여 각지에서 항일투쟁을 전개하여 일본의 군용 전선을 절단하고 일본군의 병참부대를 습격하였다. 1894년 11월, 전봉준은 충청도 관찰사에게 보낸 편지에서 "일구(日寇)가 군대를 움직여 우리 임금을 위협하고 우리 백성을 죽이고 있다"[25]고 질책하였다. 전봉준은 패전하여 포로가 된 후에 관원이 왜 다시 기의(起義)하였는가를 묻자, "일본군이 한성으로 진입하여 야밤에 왕궁을 습격하여 임금을 놀라게 하였으니, 들판의 사민(士民)들이 충군애국(忠君愛國)의 마음으로 분통함을 이기지 못해 의로운 무리를 모아 일본과 접전하려"[26]고 기의하였다고 대답하였다. 여기에서 우리는 동학농민군이 다시 기의한 주요한 원인은 바로 일본의 침략세력에 저항하여 민족의 독립과 주권을 보호하려는 것으로, 강렬한 반침략(反侵略) 애국주의 정신을 체현하고 있었음을 알 수 있다.

3. 결론

위와 같은 비교연구를 통하여 근대 중국과 한국에서 발생한 두 차례의 대

---

24) 曹中屛, 『朝鮮近代史』, p.150.
25) 『東學亂記錄』(下), pp.383~384.
26) 「全琫準供招」, 『東學亂記錄』(下) 제529쪽.

규모 농민혁명에 대한 인식을 심화시켜 보았으며, 아울러 동아시아지역을 배경으로 한 더욱 광활한 시야와 다양의 시각으로 동아시아 국가의 농민과 농민혁명문제에 대해서 고찰해 보았다. 동시에 이를 계기로 중한 양국 역사의 비교연구가 더욱 진전되고, 중한 양국의 문화학술교류가 더욱 촉진되기를 희망해 본다.

中国太平天国农民革命与韩国东学农民革命之比较

王晓秋(北京大学历史系教授)

19世纪下半叶， 在东亚地区曾经发生过两次大规模的农民革命， 这就是中国的太平天国农民和韩国的东学农民革命。 中韩两国的学者已经分别对本国的农民革命进行了大量具体深入的研究， 取得了丰硕的成果。

太平天国农民革命研究是中国近代历史研究中成果最多、争论最热烈的领域之一。据不完全统计，在中国出版的关于太平天国史研究的著作有一百多种，论文有数千篇。 中国学者代表性的著作，如罗尔纲著《太平天国史》，共 4册，88 卷，150多万字；茅家琦主篇《太平天国通史》，共3册， 130多万字； 香港简又文著《太平天国全史》与《太平天国典制通考》，共 6 册，300 万字等。争论的问题涉及太平天国革命的性质，政权的性质，起义的原因时间，革命的各种纲领、 制度、 政策、 宗教、 思想、 文化艺术，军事战略战术、 失败原因、 历史意义、以及各种历史事件、历次战役、 各种各样历史人物的分析评价问题等等，并举行过许多次太平天国史的学术讨论会。

韩国学者关于东学农民革命研究的成果也很多，代表性的著作例如卢泰久著《东学革命研究》；韩国历史研究会编《1894年农民战争研究》，共5卷；李观熙《东学革命史论》等，还有许多研究论文。[1]

但是，至今为止，把中国太平天国农民革命与韩国东学农民革命两者加以比较的研究还很少见。 在中国尚未见到这方面的研究论文，在韩国仅见卢泰久《中国太平天国的民族主义政治思想——与东学革命比较》、姜永汉《作为新宗教拜上帝教和东学的比较》等文。[2]

---

1) 中国学者研究太平天国史的代表性著作如罗尔纲著《太平天国史》，中华书局 1991年；茅家琦主编《太平天国通史》，南京大学出版社，1991年；简又文著《太平天国全史》、《太平天国典制通考》，香港猛进书屋，1962年、1958 年等。韩国学者关于东学农民革命研究的代表性著作如卢泰久著《东学革命研究》，白山学堂 1981 年；韩国历史研究会编《1894年农民战争研究》，历史批评社，1993－1995年；李观熙《东学革命史论》大光书林，1998年等。

2) 对中国太平天国农民革命与韩国东学农民革命进行比较的研究论文在中国尚未见到，在韩国仅见卢泰久《中国太平天国的民族主义政治思想——与东学革命比较》，《国际政治论丛》第 36 辑，1996 年，姜永汉 《作为新宗教拜上帝教和东学的比较》，《韩国社会

比较研究是历史研究的一种重要的方法，也是当今国际史学界广泛运用的研究方法。通过对不同时间或空间条件下同类历史现象的剖析比较，可以开阔视野、活跃思考，还可以进一步揭示历史的联系和本质，探寻历史发展变化的规律。 笔者在中国北京大学历史系从事中国近代史和中外关系史的教学和研究多年，也曾在韩国高丽大学东洋史系讲学。对中国和韩国近代历史的进程和比较都有兴趣，并曾在北京大学历史系指导韩国留学生进行过这方面的研究和撰写学位论文。 因此本文试图运用比较研究的方法，从几个不同的角度，着重对中国太平天国农民革命与韩国东学农民革命的相似点和不同点，进行初步的考察分析和比较。若有不当之处，敬请各国学者批评指教。

一、太平天国农民革命与东学农民革命的相似点

（一）、从其历史地位角度考察，都是本国近代历史上规模最大的农民革命。

中国和韩国原来都是农业国，农民占人口的大多数，农民问题是两国的重要社会问题。 在中韩两国古代和近代的历史上，曾经发生过大大小小许多次的农民起义，然而太平天国农民革命和东学农民革命则是中韩两国近代史上规模最大而且影响最大的农民革命。

中国太平天国农民革命从 1851 年金田起义到 1864 年天京失陷，前后持续了 14 年。 太平军战斗过的省份共计 18 省，占领过的城镇包括当时中国江南最大的城市南京在内达600 多个。太平天国号称 "百万大军"（实际上至少也有几十万），战争中消灭了清朝政府军和地方武装有几十万。太平天国建立了与清封建王朝对峙的农民国家中央政权和各级地方政权。 颁布了农民革命纲领《天朝田亩制度》和中国第一个近代化改革方案《资政新篇》，实行了圣库制度、乡官制度等一系列制度政策。因此太平天国可以说无论是规模之大、水平之高、影响之深，都达到了中国农民革命的高峰，而且也成为东亚甚至世界历史上规模最大的一次农民革命。

韩国的东学农民革命规模也很大，从 1894 年 1 月古阜民乱开始到 11 月全琫准被捕失败，前后历时 10 个多月。起义以全罗道为中心，几乎波及全国。两度崛起的东学农民军人数达 10 万余人。 农民军曾占领朝鲜南部重镇全罗道的首府全州，并在全罗道53 个郡中建立地方自治机构执纲所，提出了有十二条内容的 "弊政改革方案"。东学农民革命基本失败后，一部分余部还加入了抗日义兵斗争和英学党起义。 因此，东学农民革命在韩国近代史上，就其规模、影响和水平来说，也是前所未有的。

学》第 31期，1997 年等篇。 笔者在北京大学历史系曾指导韩国留学生卢在轼进行过这方面的研究并撰写硕士学位论文。

(二)、 从其原因和性质角度考察，都是在外国势力入侵造成严重社会危机的原因下爆发
的反封建反侵略性质农民革命。

中韩两国历来的农民起义都是由于本国封建地主官僚的剥削压迫引起的，即所谓 "官
逼民反"。中国从秦末陈胜吴广起义至清代中叶白莲教起义均是如此。

自 1840 年鸦片战争起，西方列强入侵中国，给中国农民带来新的灾难和苦难。除了
战争中侵略军的烧杀抢掠外，战后对英国的 2100 万元巨额款和庞大军费开支，大部分
变成苛捐杂税向农民摊派。 贪官污吏还乘机巧立名目敲诈勒索。 战后鸦片大量输入，洋
货大量倾销，白银大量外流，不仅造成中国严重财政危机，而且封建统治阶级吸鸦片、
买洋货的大量耗费也大多转移到农民身上。 大批农民、手工业者贫困破产、丧失土地与
生计，甚至流离失所。 战后裁撤军队和开通海运，又造成了大批散兵游勇和失业挑夫。
1851 年，太平天国革命终于在曾经直接受到外国侵略危害而且阶级矛盾尖锐，又有反抗
斗争传统，还存在土著客家矛盾冲突的广东广西地区爆发了。 可见太平天国革命是在外
国势力入侵激化中国社会矛盾背景下发生的具有反封建、反侵略双重性质的农民革命。

韩国自 19 世纪 40 年代以来也遭到法国、美国、英国、俄国等外国势力的入侵，发
生过多次 "洋扰" 事件。 特别是 1876 年日本用武力强迫签订《江华条约》而开港以
后，日本商人大量涌入，掠夺韩国资源，并依仗条约规定不纳税等特权，控制韩国的对
外贸易和金融。 日本还从韩国大量进口廉价大米，造成粮食匮乏，米价暴涨。 而李朝封
建统治者不顾财政困难，仍然挥霍浪费，并横征暴敛，把沉重负担转移到农民群众身上。
因此韩国农民对外国势力尤其是日本的侵略和封建统治者的暴政深痛恶绝。1894 年古阜
郡守贪官赵秉甲霸占万民洑，强惩水税，终于直接引发 "古阜民乱"。 东学农民革命一开
始就提出了 "内斩贪虐之官吏，外逐横暴之强敌" 的口号。[3] 说明东学农民革命也是在外
国入侵激化韩国社会矛盾原因下爆发的具有反封建反侵略性质的农民革命。

(三)、 从其发动和组织角度考察，都是由下层知识分子领导者利用宗教形式来发动组
织农民进行革命。

由于农民的分散、散漫、文化低等特点，农民革命的领导者往往是一些具有一定文化
素质的下层知识分子，而且常常利用宗教的神秘力量来发动和组织农民群众。 中国历史
上如东汉末年农民起义利用太平道、五斗米道、清代农民起义利用白莲教、天理教等等。

太平天国农民革命的发起和领导者是当过农村塾师的下层知识分子洪秀全。 他 1814
年出生于广东花县一个农民家庭，7岁入塾读书，熟读儒家诗书，因家庭困难辍学务农，
后被聘为村塾教师。洪秀全 4 次参加科举考试均告落榜。个人遭遇使他更加痛恨社会的

---

3) 东学农民军 《白山撒文》，吴知泳 《东学史》大光文化社， 1941 年版，第 112 页。

黑暗腐败。 在阅读了基督教传教书籍《劝世良言》后，他利用西方基督教的一些教义、教规，加以改造，创立了拜上帝教。 洪秀全利用基督教至高无上无所不能的上帝作为旗帜来对抗从皇帝到孔子的封建权威。 他又利用《圣经》中耶稣降生的神话，把自己生病和怪梦附会为 "上天受命"。自称是上帝次子、耶稣之弟，奉上帝之命讨伐清朝皇帝 "阎罗妖"。并用基督教 "天党"、"天国" 理想来号召农民建设太平天国 "人间小天堂"。他还借助基督教摩西十戒等戒律制订 "十款天条" 等革命纪律。 这样就为这场旨在推翻清朝的农民革命披上宗教外衣，涂上神秘色彩。不仅洪秀全利用自称上帝之子和 "上天受命" 树立了教主和最高领袖地位，而且其他领导人如杨秀清、 肖朝贵也自称上帝之子并能为天父、 天兄传言而提高自己地位并号令群众。 拜上帝教在太平天国革命发动和发展阶段曾起到一定积极作用，但到后期宗教迷信和天命思想却越来越产生消极作用。 以至南京被清军包围断粮后，洪秀全仍不肯主动突围，竟迷信 "天兵多于水"，甚至幻想上帝会降 "甘露" 拯救太平天国军民。[4]

东学的创始人催济愚出生于韩国庆尚北道，父亲是乡村塾师，他 8 岁就随父学习儒学，10 岁丧母，16 岁丧父，家道衰落，而且由于庶子身份不能参加科举考试，只得遍游名山，访师求友。 他见到西方传教士布道，便萌发了创立新宗教与洋教对抗的想法，于是入千圣山修道。 催济愚与洪秀全一样把个人的坎坷境遇与反对现实黑暗统治结合起来。1860 年催济愚取儒佛道三教之长创立了东学道。1862 年又设立包接制，自号天主大神师，下面各道有大接主，郡有接主，吸引了大批农民信徒。1864 年崔济愚被政府处死。其弟子崔时亨继续传教，并建立严密的教团组织。1892 年和 1893 年以为教祖伸冤为名发起了参礼集会、 伏阙上书和报恩集会。 东学道南接主全琫准，出生于高敞郡一个衙吏属家庭，父亲因反抗郡守暴政被杀。自己幼读史书，略通古今。1894 年，全琫准利用东学宗教组织，发动古阜民乱。 东学农民革命能从地区性民乱发展成全国性农民战争，东学道的宗教宣传和包接制组织形式起了很大作用。 教主下有包（大接主），包下有接（接主），形成严密组织体系。东学农民革命爆发前夕，东学教团已有 19 个包与大接主。起义首先由以全琫准为首的 "南接都所" 发起，然后各地纷纷 "起包" 响应。

(四) 从其历史作用和失败原因角度考察，都打击了本国的封建统治和外国侵略势力，但是也都是在本国封建统治者和外国侵略者的联合镇压下失败。

太平天国农民革命沉重打击了中国清王朝的封建统治。太平军从广西起义经湖南、湖北、江西、安徽、江苏进军南京，几乎席卷整个长江以南地区。建都南京后又分兵北伐、西征，并有各地各族人民起义响应。太平军 14 年战斗中消灭清朝军队包括八族兵、绿

4)《李秀成自述》，《太平天国文书汇编》，中华书局 1979 年，第 528 页，513页。

营兵及湘淮军不下几十万，杀死贪官污吏、土豪劣绅更是不知其数。北伐军曾长驱天津、逼近北京，震惊朝廷，甚至传闻咸丰皇帝要逃往热河。　太平天国革命还迫使清朝最高统治者重用汉人官僚，使以曾国藩、李鸿章为首的湘淮系集团崛起，掌握地方军政实权，削弱了清中央政权对地方的控制，造成晚清外重内轻的局面。　太平天国农民革命在后期也直接打击了外国侵略势力。　太平军曾三次进攻外国侵略势力盘踞的上海，并与英法联军及外国侵略者组织的洋枪队激战，击毙法国海军少将卜罗德（A. L. protet）、"常胜军"美国统领华尔（Ward）、"常捷军"法国统领勒伯东（Ce Brethon）等人。太平天国经过1856　年天京事变遭到严重内耗，最终被清政府依靠湘淮军并勾结外国侵略军联合所绞杀。因此太平天国干王洪仁玕被俘后曾沉痛指出："我朝祸害之源，乃洋人助妖之事。"[5]

东学农民革命也打了韩国李朝的封建统治。1894 年 2 月 15 日，全琫准领导古阜农民暴动，袭击了古阜郡衙，郡守赵秉甲仓皇逃跑。5月 4 日，全琫准又率东学农民军袭击泰仁县，驱逐县监李冕周。　各路起义军会师白山，成立湖南倡议军，在一周内连下数郡，5 月 11 日又在黄土岘大败官军。6 月 1 日攻占全罗道首府全州。当时李朝政府惊恐万状，慌忙向中国政府求援，而日本却乘机出兵，大举入侵，甚至占领王宫。　东学农民军已与政府谈判签订停战协议，但鉴于日本的侵略和政府的卖国，再次揭竿而起，抗击日本侵略军。日本驻朝公使井上馨报告："东学曾切断我军用电线，袭击兵站部，虐杀日本商人和人伕等。"[6]　东学农民军在公州附近聚集了 5 万多人，计划先占领公州，然后 "驱兵入京"。但由于日军兵力和武器占优势，全琫准指挥农民两次进攻公州均遭失败。　最后全琫准被叛徒告密被捕解送汉城，东学农民革命宣告失败。 韩国史书称东学农民军 "与官军及日兵交战九个月仍罢，死者三十余万，流血之多，亘古未有。"[7] 东学农民革命最终是在日本侵略军和韩国亲日派政府的联合镇压下失败。

二、太平天国农民革命与东学农民革命的不同点

（一）其时间先后和所处环境、形势的不同。

中国太平天国农民革命发生于 1851 - 1864 年，而韩国东学农民革命则发生于 1894 - 1895 年，两者时间先后差不多相距 30 多年。由于这个时间差和东亚国际形势的变化，使两次农民战争所处的环境有所不同。

---

5)《洪仁玕自述》，《太平天国文书汇编》，第 555 页。

6) 戚其章主编《中日战争》（七），中华书局，1996 年，第 37 页。

7) 久坂玄瑞《解腕痴言》，详见王晓秋《太平天国革命对日本的影响》，《历史研究》1981 年第 2 期。

19 世纪 50 年代到 60 年初, 中国刚经历了两次鸦片战争, 实现了打开闭关门户的过程。 外国侵略势力还没有普遍深入到中国内地和完全控制中国经济命脉。 西方列强尚未在中国展开激烈的竞争和瓜分势力范围的角逐。 当时中国社会的主要矛盾尚是农民阶级与封建统治阶级的矛盾, 在这种形势下发生的太平天国农民革命斗争锋芒主要指向封建统治者清朝皇帝、贵族和官僚地主。 镇压太平天国的主要力量是中国汉族地方武装湘淮军。 太平天国一度以为西方侵略者是信仰上帝的 "洋兄弟" 而幻想得到他们的帮助, 而西方列强也曾一度对太平天国采取 "中立" 观望态度。 当时日本尚处于幕府末年同样遭到西方列强侵略和存在沦为半殖民的危险。 不但还没有加入到侵略中国的列强行列之中, 而且太平天国牵制了西方列强的力量, 减轻了对日本的压力, 为日本明治维新创造有利的国际条件。日本维新志士久坂玄瑞在1862 年指出: "英法现在还未向我国大动干戈, 是因为长发贼 (即太平天国) 势盛之故。"8)

而 1894 年韩国发生东学农民革命时, 国内国际形势已大不相同。 韩国自 19 世纪70年代开港后, 遭到西方列强和日本势力的竞相入侵。尤其明治维新后的日本把韩国作为对外扩张的首要目标, 大力鼓吹 "征韩论"。日本不仅从经济上控制韩国对外贸易和经济命脉, 而且在政治、军事各方面进行渗透, 并支持韩国亲日派发动甲申政变。19 世纪90年代韩国已成为日本及英、美、法、俄等列强激烈争夺的对象。日本还把韩国与中国的传统宗藩关系看成妨碍其扩张的重要障碍, 同时企图把朝鲜半岛变成其向中国大陆侵略扩张的跳板, 因此处心积虑要在韩国挑起与中国的冲突和战争。1894 年日本抓住韩国政府请中国派兵帮助镇压东学农民革命的机会, 立即大举出兵, 制造事端, 发动突然袭击, 挑起中日甲午战争。 同时日军占领韩国王宫, 扶植亲日派政府。 因此东学农民革命后期的主要斗争矛头针对日本侵略者, 而东学农民革命最终也主要被日本军队所镇压。

(二) 其政治纲领、革命措施的差异。

中国太平天国农民革命曾经提出了一整套纲领、制度和政策。1853 年太平军占领南京后不久, 天王洪秀全就颁布了太平天国的基本纲领《天朝田亩制度》。 它反映了农民要求土地和平等的愿望, 提出按人口平分土地。"凡天下田, 天下人同耕", "凡分田照人口, 不论男妇。" 并实行绝对平均主义分配制度。"天下人人不受私, 物物归上主", 收获除留口粮外, "余则归国库。" 还用军事体系把全国人民组织起来, 进行生产和各种社会活动。 地方乡官则由下面保举。 期望建立一个 "有田同耕、有饭同食、有衣同穿, 有钱同使, 无处不均匀, 无人不饱暖" 的农民理想社会。 这是一个具有鲜明反封建色彩的农民革命纲领, 但是由于当时的战争环境和绝对平均主义不利于生产发展, 而未得到真正

---

8)《天朝田亩制度》,《太平天国印书》(上), 江苏人民出版社 1979 年, 第 409 页。

实行。 太平天国占领区有些地方把土地分给了农民或减轻地组，多数地方仍是执行 "照旧交粮纳税" 的政策。 太平天国还曾实行统一的分配供给的圣库制度和对手工业生产统一管理的诸匠营百工衙制度，以保证革命战争的需要。

太平天国后期由去过香港的干王洪仁玕在 1859 年提出了一个向西方资本主义国家学习，进行近代化改革的新政纲《资政新篇》，并得了洪秀全的批准。《资政新篇》介绍了世界各国情况，并提出发展近代交通、工业、邮政等，允许民间投资开矿、办银行、鼓励科技发明、提倡兴办学校、医院、报馆和社会福利事业。还提出 "与番人并雄" 即与西方列强竞争，建设 "新天、新地、新世界".9)《资政新篇》是中国近代第一部要求发展资本主义的近代化纲领，表现出太平天国农民革命已具有向西方学习探索救国救民道路的新特点。但是当时尚没有实行这些计划的条件和环境，因此无法实现。

比起太平天国来，韩国东学农民革命提出的纲领，措施比较简单。1894 年 2 月，全瑝准领导的东学农民军以白山为根据地曾颁布名为《四大名义》的行动纲领，内容是 "一曰不杀人，不杀物；二曰忠孝双全，济世安民；三曰逐灭夷倭，澄清圣道；四曰驱兵入京，尽灭 权贵."10) 体现其反封建反侵略宗旨。1894 年 6 月，全瑝准与两湖招讨使洪启薰等经过谈判签订《全州和约》，提出 12 条 "弊政改革案"，也可看作东学农民革命的一个纲领性文件。 如政治上要求停止政府对东学的镇压，严惩贪官污吏， 残暴富豪、不良儒林两班及勾结日本侵略者的韩奸。烧毁奴婢文书，改善 "七班贱人"（苦役）待遇，废除以社会身份的歧视。 在经济上提出平均分配土地给农民耕作，废除苛捐杂税，取消公私债务。 在社会生活方面也提出允许年轻寡妇改嫁等。11) 这些改革措施反映广大农民的要求，受到农民的欢迎和支持。 但不久就发生了甲午中日战争，农民军没有机会在各执纲所全面推行改革，但是一部分改革内容却被后来开化派官员进行的 "甲午更张" 改革所采纳。

(三) 对待本国封建政权和儒学思想态度的不同。

中国太平天国农民革命的目标是推翻清王朝统治，建立新王朝。洪秀全把清朝皇帝比作"阎罗妖"，而清朝官吏、 军队则是 "妖徒鬼卒"，声称上帝命他下凡救世，诛灭妖魔。他曾批评三合会的 "反清复明" 口号，指出明朝已灭亡二百多年，"我们可以仍说反清，但不可再说复明了。无论如何，如我们可能恢复汉族山河，当开创新朝."12) 太平天国建立了自己的农民革命政权与清朝封建政权对峙十余年，并派出北伐军进军北京企图一举

---

9)《资政新篇》, 《太平天国印书》(下), 第 679 页。
10) 曹中屏《朝鲜近代史》第 150 页。
11) 吴知泳《东学史》大光文化社, 第 126—127页。
12)《太平天国起义记》, 《太平天国》(六), 第 872 页。

推翻清王朝。

而韩国东学农民革命提出的目标是 "内惩贪官污吏，外逐外来势力。"[13] 他们认为当时韩国存在的社会危机和农民贫困痛苦，主要是各地贪官污吏的腐败和暴虐造成的，而仍把李朝国王称为 "圣上"，强调 "忠君报国"。东学农民军领发的倡议文和通文中说 "圣明在上，生民涂炭，何者民弊之本？ 由于吏逋，吏逋之根，贪官之所纪。"[14] 在 《四大名义》中也声明要 "驱兵入京，尽灭权贵，大振纲纪，立定名分，以从圣训。"[15] 东学农民军在 《弊政改革案》中重点要求严惩贪官污吏、残暴富豪与不良儒林两班。可见东学农民革命并不主张推翻李朝统治，只是希望在李朝体制内进行改革，通过打击贪官污吏，革除苛政，任用贤臣来保国济世救民，解决韩国的社会矛盾。

对于在东亚国家占统治地位的传统儒家思想，两国农民革命的态度也大不相同。太平天国前期曾出现强烈的排儒反孔行动，除了由于推翻清朝政治斗争的需要外，也与太平天国信奉拜上帝教的排他性以及洪秀全本人屡次科举考试失败的个人经历有关。 洪秀全1843 年第4 次应试落榜后下决心今后再也 "不考清朝试"，而要 "自己来开科举士"。他仿效基督教创立的拜上帝教，只崇拜 "唯一真神" 皇上帝，而废弃一切中国传统的偶像崇拜。 洪秀全在1844 年首先打掉了村塾中供奉的孔丘牌位，而且编造了上帝斥责孔子 "教人之书多错"[16]，甚至鞭挞孔子并罚他去种菜园的故事。 太平军在进军过程中所到之处往往拆毁孔庙、焚烧儒家经书。 而在太平天国定都南京后，又成立删书衙，删改儒家经典。 但是洪秀全不可能完全摆脱儒家思想的影响，到后期为了巩固其统治地位，仍要大肆宣扬三纲五常等儒家伦理道德观。

韩国东学农民革命所信仰的东学本身就是以继承发扬东方传统文化尤其是儒家思想来对抗西学为己任。东学革命一开始就标榜 "忠郡保国"、"忠孝双全" 等儒家思想，并经常用儒家思想阐明其起义的宗旨目的，而且欢迎儒生参与。如 1893 年 3 月 16 日东学指导部颁发的《东学人令》中说 "伏愿佥员道谊，一心同志，扫清妖氛，克复宗社，更睹重光之日月，岂非士郡为忠为孝之道乎!"[17] 在 1894 年 5 月东学农民军颁布的《四大名义》政纲中更强调 "忠孝双全，济世安民"，"大振纲纪，立名定分"。[18] 体现了浓厚的儒家思想色彩。

---

13) 吴知泳《东学史》第 112 页。
14) 韩国国史编纂委员会编《东学乱记录》(上)，(影印本) 1971 年，第 138 页。
15) 曹中屏《朝鲜近代史》第 150 页。
16) 《太平天日》，《太平天国印书》(上)，第 38 页。
17) 《东学乱记录》(上)，第 113—114 页。
18) 曹中屏《朝鲜近代史》第 150 页。

(四) 利用宗教及对待外国列强态度的差异。

中国太平天国农民革命与韩国东学农民革命虽然都利用了宗教，但他们所利用的宗教有很大的差异。 太平天国是利用了从西方传来的基督教加以改造而创立的拜上帝教。这是一种与中国过去的传统文化和宗教完全不同的外来宗教，使农民感到新鲜和神秘。洪秀全用基督教的上帝、天堂、天下一家、天条等思想素材加工改造来发动组织中国农民群众，并与清朝政府、地主阶级及封建传统思想相对抗，产生轰动效应。 但同时也因沉缅宗教迷信，而丧失斗志，因与传统思想的矛盾冲突，而失去一部分群众特别是知识分子的支持。

太平天国农民革命是中国农民革命史上第一次与外国势力发生关系。他们缺乏国际知识也没有外交经验，尤其是因为宗教的原因，太平天国农民领袖在革命前期一直天真地把西方列强都当成同样信奉上帝的 "洋兄弟" 而友好相待。1854 年 4 月北王韦昌辉接见英国人密迪乐时，听说英国人也信奉上帝时就高兴地连声说： "同我们的一样，同我们的一样，" 而且表示 "吾辈今后不特彼此相安无事，而且还可以成为亲密的朋友."[19] 并且幻想西方列强会帮助太平天国诛灭 "清妖"。在太平天国前期西方列强曾经打出中立幌子，英国、美国、法国公使先后访问了南京。 太平天国农民领袖由于受到中国传统华夷思想影响，声称天王洪秀全是 "天下万国之真主"，而把西方列强公使来访看作是 "归顺我朝"，希望他们 "能随吾人勤事天王，以立功业而报答天神之神恩."[20] 而西方公使却要求太平天国承认列强与清政府签订的不平等条约和各种特权。 可是他们发现太平天国坚持民族独立自主的立场，拒绝承认不平等条约。 太平天国东王在一份回答英国船长麦勒西所提问题的 《诰谕》中明确表示允许各国往来通商，但必须遵守太平天国法令，开埠之事要等平定清朝后才定，鸦片毒品等 "害人之物为禁."[21] 因此西方列强最后认为太平天国是 "一个比一个想象的还要可怕的团体."[22] 决定支持清政府镇压太平天国。他们先是帮助清朝地方政府镇压小刀会、红巾军起义，并用炮舰威胁太平军。 第二次鸦片战争后，清政府向西方侵略者 "借师助剿"。西方列强便完全撕下中立伪装，公然派军队和组织由外国人指挥的洋枪队直接与太平军作战。 这时太平军才逐渐认识西方列强的侵略真面目，严正拒绝列强提出的不进攻上海，拆除宁波太平炮台等无理要求。 并奋起于外国侵略者战斗，在江苏、浙江战场上痛击了英法联军的洋枪队。

韩国东学农民革命利用的宗教东学则是东方传统文化思想的产物。第一代教主崔济愚取儒、佛、道三教之长，创立了东学。 东学一开始就包含着对西学强烈的对抗意识，认

---

19)《英国蓝皮书中之太平天国史料》，《太平天国》(六)，第 903 页。

20) 太平天国东王西王致英国公使文翰复信，《太平天国》(六)，第 909 页。

21) 东王杨秀清答复英人三十条诰谕，《太平天国文书汇编》第 300 页。

22) 罗尔纲《太平天国史稿》(增订本) 第 207 页。

为西学与西教（西方基督教、天主教）是西方势力向东亚侵略扩张的先导，因此要用东学抵判它，由于日本对韩国的侵略，并掠夺韩国资源、控制韩国经济，严重影响了韩国农民的生活，因此东学还具有强烈的 "斥倭" 即反日色彩。1893 年 3 月东学举约 "报恩集会" 时，就公开进出了 "斥倭洋" 的口号。在给报恩官衙发送的《通告文》中指出："今倭洋之赋，入于心腹，大乱极矣。""诚观今日之国都，竟是倭洋之穴。" 为此号召群众起来 "扫破倭洋。"23) 还在报恩大都所门前插上 "斥倭洋倡义" 大旗。1894 年全琫准发动东学农民起义后，曾以倡义军大将名义颁布了《四大名义》政纲，其中第三条就是："逐灭夷倭，澄清圣道。"24) 所以东学农民军始终以外国侵略势力作为自己斗争的对象。特别是当日本出兵后，全琫准决定接受李朝政府的议和建议，经过谈判签订了《全州协议》其中包括 "严惩与日寇奸通者" 的内容。甲午战争爆发后，东学农民军再次崛起，并在各地进行抗日斗争，切断日军军用电线，袭击日军兵站部。1894 年 11 日，全琫准在致忠清观察使的信中愤怒谴责 "日寇动兵，逼我郡父，扰我民黎。"25) 全琫准战败被俘后，官员问其为什么要再 "起包?" 全琫准回答 "因日军入都城，夜半击破王宫，惊动主上，故野士民等，忠郡爱国之心，不胜慷慨，纠合义旅，与日接战。"26) 可见东学农民军再起的原因主要是抵抗日本侵略势力，维护民族独立和主权，体现了强烈的反侵略爱国主义精神。

结论

通过上述比较研究可以加深对近代中国与韩国的这两次大规模农民革命的认识，并从东亚地区更广阔的视野和多种视角来考察分析东亚国家的农民和农民革命问题。同时也希望以此进一步推动中韩历史比较研究的进展和促进中韩两国的文化学术交流。

---

23)《东学乱记录》（上），第 108 页。
24) 曹中屏《朝鲜近代史》第 150 页。
25)《东学乱记录》（下），第 383—384 页。
26)《全琫准供草》，《东学乱记录》（下），第 529 页。

1894년 농민전쟁 기념 조형물의 역사 상

박 준 성
역사학연구소 연구원

왜 조형물을 묻는가?

역사의 현장에 세워진 조형물은 쓰여진 설명과 함께 조형물의 상(모양, 형상)도 역사의 상상력을 촉진하고 역사인식에 영향을 준다. 나아가 과거의 기억을 특정한 형상으로 고정시키기도 한다.

1894년 농민전쟁의 역사 현장에는 곳곳에 알림판이나 기념 조형물이 많이 세워져 있다. 역사의 현장에 세워진 조형물도 재구성한 역사이다. 1894년 농민전쟁의 현장에 세워진 기념 조형물은 설립 시기와 주체에 따라 설립 의도가 다르며, 조형물의 상도 바뀌어 왔다.

건립시기, 의도, 주체에 따른 변화상을 잘 보여주고 있는 1963년의 황토재 「갑오동학혁명기념탑」, 1973년의 우금티 「동학혁명군위령탑」, 1987년의 황토현기념관 「전봉준장군동상」, 1994년의 고부 「무명동학농민군위령탑」을 보기로 들어 지금까지 조형물의 형상이 어떻게 바뀌어왔는가를 살펴보려고 한다. 이 조형물들은 나름대로 건립시기, 주체, 의도에 따른 특성과 변화상을 잘 보여주고 있다. 나아가 앞으로 조형물은 어떠한 형상으로 세우는 것이 좋을지 방향을 모색해 보려고 한다.

황토재 〈갑오동학혁명기념탑〉

1963년 정부 주도로 구성된 '동학혁명기념탑 추진위원회'가 그 해 10월 세운 탑이다. 1894년 4월 6일 밤부터 7일 새벽까지 황토재 일대에서 농민군은 전라 감영군과 보부상으로 이루어진 관군과 맞붙어 큰 승리를 거두었다. 여기에 세워진 탑은 농민군 투쟁의 승리를 기념하여 처음으로 세운 조형물이다. 그 이후 농민군 승리를 상징하는 조형물로 자리잡아 왔다.

좌우 보조 석물과 중앙 기둥 사이를 비웠으나, 좌우 균형 대칭 중심에 육중한 돌기둥을 우뚝하게 높이 세워 권위적이고 위압적인 기념조형탑의 전형을 만들었다. 탑 위쪽에 전서로 새긴 '제폭구민(除暴救民) 보국안민(保國安民)' 구호는 가까이 갈수록 고개를 젖히고 올려다보아야 할 자리에 있다.

농민군은 위아래를 양반 상놈으로 엄격하게 나누는 상하 수직의 신분 질서를 깨트리고 수평의 인간관계를 맺고 서로 대등한 인간으로 살 수 있는 세상을 꿈꿨다. 또한 농민전쟁은 기존의 질서와 지배의 균형을 깨고 세상을 바꾸려는 밑으로부터 일어난 투쟁이었다. 그렇다면 조형물도 수직으로 우뚝 세우는 것보다 수평으로 낮게 세우는 편이 그 뜻을 담기에 마땅하다. 좌우 균형 중심에 수직으로 치솟는 조형의 상은 현실의 질서를 유지하려는 국

갑오동학혁명기념탑

가주의적 의도가 담겨있는 형상이다.

왼편 보조 석물에 갑오혁명기념사업협회장 문학박사 김상기가 쓴 '갑오동학혁명기념탑명문'에는 갑오동학혁명이 '동학교문의 대혁명가 전봉준 선생의 영도아래에서' 일어났으며 '국민생활의 근대화'를 촉진시켰다고 하여 전봉준 중심의 인식에서 벗어나지 못했고, 5.16군사쿠테타 이후 '근대화론'의 영향을 담고 있다. 조형의 상과 명문에 국가가 주도한 의도가 담겨있다.

우금티 〈동학혁명군위령탑〉

공주에서 부여로 넘어가는 우금티에 있는 '동학혁명군위령탑'은 1973년 11월 11일 '동학혁명군위령탑 건립준비위원회'가 세웠다. 우금티는 농민군이 1894년 10월 23일부터 25일, 11월 8일부터 11일까지 두 차례에 걸쳐 공주 감영을 점령하려고 경군·일본군과 치열하게 싸우다 수많은 목숨을 잃은 곳이다.

위령탑 비문은 황토재 갑오동학혁명기념탑과 마찬가지로 좌우 균형 대칭의 중심에 육중한 돌기둥이 수직으로 서있는 형상이다. 화강암 이중 받침대 위에 수직 기둥이 하늘을 찌르고 있어 더 엄격하고 위압적인 균형 질서를 보여준다. 국가 중심주의, 관료주의 형상의 변형일 뿐 아니라 의도했던 아니던 남성의 성기를 상징하여 가부장적 남성주의를 담고 있다. 2층 받침돌 중앙에 붙여놓은 비문에 탑 건립 의도가 잘 드러나 있다.

"님들이 가신지 80년. 5.16혁명 이래의 신생조국이 새삼 동학혁명군의 순국 정신을 오늘에 되살리면서 빛나는 10월 유신의 한 돌을 보내게 된 만큼 우리 모두가 피어린 이 언덕에 잠든 그 님들의 넋을 달래기 위해 이 탑을 세우노니 오가는 천만대의 후손들이여! 그 위대한 혁명정신을 영원무궁토록 이어받아 힘차게 선양하라......"

동학혁명군위령탑

'동학혁명'을 끌어다 박정희 정권이 그 역사를 계승한 것처럼 합리화하고, 군사독재의 시작인 '5.16혁명'과 폭압적인 '10월유신'을 정당화하였다. '동학혁명군'의 혁명정신을 부정하는 것은 곧 10월 유신에 대한 부정이며, 농민군의 저항정신을 순국정신으로 규정하여 국가에 대한 충성의식을 강조하였다. 희생당한 '동학혁명군'을 대상으로 탑을 세웠으되 목적은 유신체제에 국민들을 순응시키려는 것이었다.

비문을 보고는 농민군이 어떠한 억압과 착취에 대항하여 싸웠는지, 무엇을 지향하였는지 알 수 없다. 반농민군의 무자비한 폭력과 학살도 드러나 있지 않다.

지금 위령탑 비문을 보면 '5.16혁명' '10월유신' '박정희' 글귀 부분은 알고 읽지 않으면 뭐라고 써있었는지도 모를 정도로 희미하게 흔적만 남았다. 수많은 답사객들이 돌멩이로 수없이 쪼아 그렇게 되었다. 역사는 글로만 쓰는 것이 아니라 돌로도 쓴다는 것을 보여주는 흔적이다.

황토현기념관 〈전봉준 장군 동상〉

1983년 전두환 정권은 1894년 농민전쟁을 기념하는 지역 민간단체의 자율활동이 정권에 대한 비판으로 활성화되지 않도록 기념사업단체를 해체하고 황토재 전적지 일대 4만 5천평 부지에 '황토현기념관'을 세웠다. 정권이 역사를 '정화'하고 통제하고 억압하겠다는 의도가 담겨있는 사업이었다.

기념관 바깥 쪽 문을 열고 들어가면 마당 왼쪽에 '전두환 대통령의 유시(諭示)'로 역사 유적지를 정화하였다는 1987년에 세운 '황토현전적지정화기념비'가 세워져 있다. 기념비의 '전두환' 이름 위에도 어김없이 돌로 찧은 흔적이 보인다.

기념관 바깥문을 열고 들어가면 사당의 형태를 본따서 안쪽에 또 하나의 문이 있고, 그 안 가장 뒤쪽에 1987년에 세운 전봉준 장군 동상이 서있다. 전봉준 장군 동상 머리는 맨상투다. '압송당하는 전봉준'으로 알려진 사진을 따라 그렇게 만든 모양이다. 사진을 어떤 상황에서 찍었는지 전봉준 장군이 잡혀 '죄수'상태였기 때문에 맨상투다. 그런데 동상의 머리를 맨상투로 만들었으니 몸체는 농민군 지도자고 머리는 죄수가 된 꼴이다.

전봉준 장군 동상

전봉준 동상은 높은 화강암 받침대 위에 청동 짙은 색으로 우람하게 우뚝 서 있다. 이 모양 또한 군사파시즘 정권 때 세워진 수많은 동상들과 꼭 닮은 우상화된 전형의 동상이다. 스스로가 농민이었으며 농촌 지식인으로 농민들과 아픔을 같이했고 결국 사형을 당한 녹두장군의 모습과는 거리가 먼 모습이다. 동상 뒤쪽에 좌우를 에워싸고 있는 화강암 날개돌의 농민군 부조는 동상 받침대와 비슷한 높이로 자리잡고 있기 때문에 장군의 발치 아래 눌리고 있는 꼴이다. 죽창과 농기구를 무기로 들고 목숨걸고 싸움터로 나가는 비장한 농민군의 표정은 보이지 않고 위압적인 지도자에 복종하는 양순한 농민들 같다.

동상 받침대 뒤쪽에는 시행청이 '전라북도'이고, 만든 사람이 김경승(金景承)이며, 1987년 10월 1일 완공했음을 알려주는 까만 표지판이 붙어 있다.

김경승은 1915년에 태어나 1992년에 죽었으며 동상제작에서 최고 권위자로 평가받는 인물이다. 그는 1939년 동경미술학교 조각과를 졸업하고, 조선미술전람회(선전)에서 몇차례 입선 특선을 하면서 총독상, 창덕궁상까지 받았다. 홍익대, 이화여대 교수를 하였으며 오랫동안 국전심사 위원을 거쳐 심사위원장까지 지냈다. 그의 경력에 걸맞게 그가 만든 동상의 주인공들도 손꼽히는 위인들이었다. 그는 김유신 장군상, 세종대왕 동상, 이충무공 동상, 안중근 의사상, 김구 선생상, 안창호 선생 동상을 만들었으며, 4월 혁명 때 무너진 이승만 동상, 인천 자유공원의 맥아더 동상, 친일 행적이 있는 고려대 김성수, 이화여대 김활란 동상도 그의 작품이다.

김경승에게는 엄혹한 '우리 근현대사의 전개 과정에서 시대의 모순과 과제를 해결하려 온몸을 던져본 삶과 사상이 없다. 그런 사람들을 이해하고 가까이 지냈던 흔적도 눈에 띄지 않는다. 1894년 목숨걸고 치열하게 싸웠던 농민군의 투쟁의지, 농민전쟁의 의미, 전봉준 장군의 정신을 제대로 이해하고 형상화 할 수 있는 실천과 경험이 없었다. 그렇기 때문에 동상은 위압적이나 1894년은 사라졌다.

고부 〈무명동학농민군위령탑〉

전봉준 같은 농민군 지도자는 이름과 흔적이 남아 있고 동상이나 기념물도 세워졌다. 그러나 농민전쟁의 역사는 지도자들만이 싸워 이룬 것이 아니다. 이름이 없던 것이 아니라 이름은 있으되 역사에 그 이름이 기록되지 않은 수 많은 농민들이 함께 싸워 1894년 농민전쟁의 역사를 만들었다. 그렇게 이

름 남기지 못하고 쓰러져간 농민군의 영혼과 넋을 위로하고 추모하려고 정읍
동학농민혁명계승사업회가 주축이 되어 1994년 9월에 '무명동학농민군위령
탑'을 세웠다. 사발통문이 발견된 정읍시 고부면 신중리 주산부락 녹두회관
앞에 있다. 관이 주도한 것이 아니라 시민단체와 뜻 있는 지역 주민들이 성금
을 모아 세웠다.

　여기 세워진 조형물들은 엄격한 좌우 균형의 받침대나 보조물 중간에 육
중한 기둥이 하늘을 찌를 듯 우뚝 솟아 있지 않다. 가운데 주탑은 '無名東學
農民軍慰靈塔'이라고 이름을 새긴 받침대 위에 네모난 화강암 판을 세우고 쓰
러진 동료를 일으켜 감싸안고 죽창들고 외치는 농민군 모습을 얕게 파서 새
겼는데 그 방법은 80년대 많이 쓰던 민중판화나 걸개 그림 양식을 따랐다.
농민군이 외치는 장면은 1987년 6월 항쟁이 본격화 되기 바로 전, 6월 9일
최루탄을 맞고 쓰러져 피흘리는 이한열을 동료학생이 일으켜 안은 채 전두환
정권을 향해 분노의 눈길로 바라보는 사진에서 이미지를 빌려온 것 같다.

무명동학농민군위령탑

주탑을 에워싸고 토막 토막 따로 세운 1 - 2미터 크기의 32개 보조탑에는 하늘 같은 밥그릇, 무명농민군의 얼굴, 농민들이 무기로 썼던 농기구를 새겼다. 화강암 돌기둥 위, 아래, 중간에 새긴 농민군 머리는 표정과 거칠기를 달리하여 삶과 죽음을 표현하였다.

탑 사이에 공간을 두어 가까이 다가가 들여다 보고 안아보고 손으로 만져 볼 수 있게 하였다. 먼 역사가 아니라 역사를 직접 가깝게 느껴 볼 수 있도록 한 배려이다.

그런데 주탑의 직사각형 선이 거슬리고, 보조탑 어느 기둥에도 농민전쟁에 참여했던 여자들과 어린이 모습은 없다. 모두 어른 남자 머리 뿐이다. 이처럼 좌우 균형대칭과 수직의 질서를 깨뜨리고 가깝게 다가갈 수 있도록 낮추고 넓혔지만 아직도 남성중심, 어른 중심의 시각에서 벗어나지 못했다. 농민군 무기 가운데 오랫동안 민중의 무기로 썼던 '짱돌'도 빠졌다.

오른 쪽 한 귀퉁이에 외따로 '무명동학농민군위령탑건립기념비'를 세웠다. 역사의 사건을 해석하고 평가하는데 정답은 있을 수 없다. 그러나 비문의 "구월봉기는 일본군의 궁성침입으로 나라의 운명이 위태롭게 되자 일본군을 무찌르기 위한 민족적인 거사였으며 나아가 민족의 自衛를 위한 민중의 항쟁이었다. 甲午先烈들은 그들의 의로운 뜻을 이루지도 못하고 限을 품은 채 匪徒의 누명을 쓰고 방방곡곡 전장터에서 일본군의 총탄에 처절하게 쓰러져 갔다."는 내용은 반침략의 성격과 일본군에 의한 희생만을 강조하고 있다.

9월 봉기 이후의 2차 농민전쟁 또한 반봉건적 성격이 없었던 것이 아니며, 농민군을 탄압하고 학살한 반농민군 세력에는 일본군뿐만 아니라 정부군과 각 지방의 보수 민보군도 포함되어 있었다. 조선사회 내부의 갈등과 대립은 슬쩍 비켜갔다.

어떤 방향으로 갈 것인가?

몇가지 기념 조형물을 간단한 보기로 들어 보았다. 조형물 건립을 군사독재정권이 주도했느냐 시민세력이 주도했느냐에 따라 같은 사건인데도 이처럼 다르게 형상화된다. 그 다름 사이에는 현실과 역사를 변화 발전시키려는 1987년 6월 민중항쟁, 7.8.9 노동자 투쟁과 농민전쟁 100주년 기념사업 활동이 있었다. 현실에서 전개된 치열한 실천과 경험이 역사인식과 함께 역사를 재구성하는 주체의 변화도 가져온 것이다.

1894년 농민전쟁 조형물은 '무명동학농민군위령탑'까지 변화해 왔다. 앞으로 농민전쟁 기념 조형물을 만든다면 이 위령탑을 딛고 한 단계 발전된 모습을 담아야 할 것이다. 조형물이 다시 거꾸로 돌아가 정권을 정당화 하는 상징 조작이 되어서는 안되며, 지자체의 업적 과시용 사업의 수단이 되어서도 안된다.

기념사업은 국가나 지자체에서는 재정(국민 세금)을 지원하되 주관은 민간단체가 하는 것이 바람직하다. 조형물은 역사를 좀더 가깝게 보고 만지고 느낄 수 있도록 낮추고 기울일 필요가 있다. 국가주의 권위주의 관료주의 남성주의 상징인 좌우 균형의 우람하고 육중한 수직 탑에서 벗어나 생존권 생활권을 바탕으로 계급모순 민족모순을 해결하려고 싸웠던 투쟁의 정신과 농민들이 염원하던 수평적 인간 관계를 형상으로 표현해야 할 것이다. 지도자와 농민군 뿐 아니라 온 몸으로 고통과 희생을 감내해야 했던 가족과 후손도 조형의 대상으로 삼아야 한다.

올바른 역사를 만드는 일은 과거의 기억을 제대로 재구성하는 것만으로는 가능하지 않다. 지금 여기의 모순과 과제를 해결하는 실천과 맞물려 나가야 한다.

토론

제 3 부
동학농민혁명의 21세기적 계승 전략

> **사 회 :** 정남기(동학농민혁명유족회 회장)
> **토 론 :** 정근식(전남대 교수), 우윤(역사문제연구소 연구원), 황한식(부산대 교수), 이영일(여수지역사회연구소 소장), 박명규(서울대 교수), 宮嶋博史(일본, 도쿄대 교수)

사회자 : 그러면 두분 발표에 대해서 우윤 선생님과 정근식 선생님 두 분의 질문을 먼저 듣고 거기에 대한 답변을 듣겠습니다. 우윤 선생님 말씀해 주시죠.

우 윤 : 발표 잘 들었습니다. 지금까지 태평천국농민혁명과 동학농민혁명의 연구가 대단히 많았으나 각각 진행됐습니다. 그런데 왕 선생님의 발표는 비교연구란 측면에서 대단히 귀중한 연구라고 생각이 됩니다. 그래서 이번 국제학술대회의 의의가 상당히 크다고 생각이 됩니다. 저는 사실 태평천국농민혁명과 동학농민혁명을 비교연구는 하지 않았습니다. 그래서 그런 측면에서는 제가 왕 선생님으로부터 상당한 가르침을 받아야 될 것 같습니다. 그런 뜻에서 제가 몇 가지 묻고 가르침을 받고자 합니다.

우선 두가지 농민혁명은 여러 가지 점에서 유사하고 또 여러 가지 점에서 다른 점을 보인다고 발제문에 돼있습니다. 우선 크게 본다면 두 농민혁명은 당시 새롭게 떠오르는 국제관계에 국내모순이 결합한 그러한 조건이 농민혁명의 길을 열어서 각각 농민혁명이 일어난거로 볼 수 있습니다. 그래서 양국의 농민혁명은 반외세, 반침략이죠. 반침략과 반봉건적인 성격을 띨 수밖에 없었던 것입니다. 그래서 거기에서 이른바 전근대적인 체제를 지양하고 소위 말해서 근대적인 체제이겠죠. 발전된 체제를 보여줄 수 있는 프로그램을 제시할 수가 있는 것이라고 생각이 듭니다. 그래서 태평천국농민혁명과 동학농민혁명도 그런 측면에서 살펴본다면 우리 한국 근현대사 뿐만 아니라 중국 근현대사에서 귀중한 분기점과 같다 이렇게 볼 수 있는데요. 우선 제가 궁금한 것은 크게 나눠서 두가지로 요약해서 말씀드리도록 하겠습니다.

한가지는 중국의 태평천국농민혁명이 반외세적인 성격이 아닌 외세에 대한 환상을 가졌습니다. 그래서 우리 동학농민혁명과 달리 반외세적인 성격이 상당히 약한 건 사실이었습니다. 오히려 왕선생님의 발제문에서 지적을 했습니다만 반봉건, 반청의식이 강했다 이렇게 돼있습니다. 그래서 반외세에 대한 이 부분이 왜 빠졌는지? 반외세 부분이 빠진 태평천국농민혁명이 과연 어떤 새로운 국가 사회의 프로그램으로서 적절한 것이었는지 선생님으로부터 가르침을 받겠습니다.

그리고 그 결과인데요. 중국의 태평천국농민혁명과 한국의 동학농민혁명은 어떤 의미에서 다소 외세에 의한 개입으로 좌절하고 말았습니다. 그것을 보는 관점에 따라서 물론 외형적인 좌절이지만 실질적으로는 대단히 중요한 의미를 가지는 것인데요. 중국쪽은 태평천국농민혁명이 좌절되었지만 식민지로는 나가지 않았습니다. 보기에 따라서는 반식민지 이렇게 이야기를 합니다만 식민지로 나가지 않았는데 한국의 농민혁명은 좌절의 결과로서 사실상 식민지 길로 걸었습니다. 공식적으로는 우리 한국에서 1910년을 식민지화로 이렇게 잡고 있는데요. 그러나 제가 보기에는 1894년에 한국은 농민혁명이 좌절됨에 따라서 이미 식민지화로 들어갔다고 봅니다.

우선 한가지 측면에서 물론 어제도 지적이 됐을 겁니다만 농민군이 일본군과 관군으로부터 대량 학살을 당했습니다. 그것도 조직적이고 의도적으로. 그런 점에서 자국의 국민을 외국군대에 의해서 학살시키도록 하는 그런 정권은 사실상 더 이상 존속할 필요가 없는, 더 이상 그런 명분

을 가질 수 없는 그런 국가라고 생각이 됩니다. 그래서 이미 1894년에
망했다고 할 수 있겠지요. 다만 그것은 청산절차가 남아서 조금 시간을
끈 것이라고 생각이 드는데요. 그런 점에서 한국 농민혁명의 성공과 좌
절이라는 것은 한국 근현대사와 연결해서 대단히 중요한 의미를 가진다
고 보입니다. 중국과 한국은 농민혁명이후 왜 다른 길을 걷게 되었는지
좀더 비교사적인 관점에서 왕 선생님의 가르침을 듣고자 합니다.

정근식 : 원래 오늘 오전 섹션은 동학혁명정신을 어떻게 현재적인 관점에서 계승
하고 발전시킬 것인가 라고 하는 그런 문제 의식으로 만들어진 섹션입니
다. 조직상의 문제로 이진영 선생님이 어제 발표를 했는데 사실은 이진
영 선생님 발표도 오늘 이 섹션에서 이루어졌어야 하는 것으로 알고 있
습니다.
　　제가 생각하기에는 역사를 발전시키기 위한 그런 민중봉기라고 하는
것은 항상 그 당시의 싯점에서는 철저한 패배 속에 묻혀지게 돼있고 시
간이 흘러감에 따라서 그 정신을 계승시키려고 하는 사람들에 의해서
이른바 기억투쟁 또는 추념 내지 기념 투쟁을 통해 현재에 되살아 옵니
다. 과거의 그런 역사를 발전시키려고 하는 역사적 대사건들은 절대 저
절로 우리에게 살아오는게 아니라 현재 살아있는 사람들의 문제의식을
통해서 끊임없는 기억투쟁을 통해서만 살아온다 라고 하는 것, 그런 관
점에서 우리가 기념사업의 문제를 접근해야 한다고 생각을 하고요.
　　우선 간략하게 제 말씀을 드리면 우선 왕 교수님 발표에 대해서 간단
하게 코멘트를 하겠습니다. 제가 보기에는 왕 교수님이 태평천국농민혁
명과 우리 동학농민혁명의 비교연구, 유사점과 차이점을 아주 잘 지적해
주셨다고 생각을 합니다. 근데 저희들이 한가지 염두에 둬야 할 것은 동
아시아에서 일어난 현대적 사건들, 근대적 사건들이라고 하는 것은 단순
히 비교만 할 수 있는게 아니라 사실은 선행하는 사건이 그 뒤에 오는
사건에 상당히 큰 영향을 미친다고 생각을 합니다. 따라서 태평천국과
동학농민운동을 같이 묶어서 연구를 하는 경우에는 한가지는 비교의 관
점에서, 한가지는 선행하는 사건이 후행하는 사건에 어떻게 영향을 미쳤

는가 라고 하는 그런 관점에서 파악이 되어야 한다고 생각을 하고요.

제가 보기에는 1894년 동학농민혁명 당시에 또는 청일전쟁 당시에 이미 중국이나 한국이나 국가 또는 민중들이 태평천국의 경험을 나름대로 알고 있었다고 생각을 합니다. 다시 말하면 태평천국의 경험을 국가적으로 기억하는 사람과 민중적으로 기억하는 사람들이 있었고 마찬가지로 조선반도에서도 동학농민전쟁의 발생을 물으면 태평천국이 나름대로 어떻게 민중적으로 또는 국가적으로 해석되고 있었는가 라고 하는 부분이 앞으로 연구를 좀더 해야하지 않을까 그런 생각이 들거든요. 그래서 적어도 동아시아의 민중사적인 맥락에서 볼 때는 단순한 비교를 넘어서서, 실제로 선행하는 사건이 어떻게 역사적 교훈으로 후행하는 사건에 작용을 하는가 라고 하는 관점이 포함되면 더욱더 좋겠다 라고 하는 생각을 한가지 하고요.

또 한가지는 원래 이 섹션의 문제의식에 비춰보면 저희들이 태평천국의 경험에 대한 기억이, 기념이 어떤 방식으로 어떤 과정을 겪어서 지금까지 이르렀는가에 관해서 사실 잘 알지 못합니다. 그래서 가능하면 우리 왕 교수님께서 태평천국에 관한 기념사업이 언제부터 시작되었고 현재 기념사업의 실태가 어떤 상태에 있는지 그리고 그것이 동학농민혁명의 올바른 계승에 어떤 교훈을 줄 수 있는지 그런 설명이 가능하면 부탁을 드립니다.

그리고 박준성 선생님 발표는 선생님들이 다 보셨다시피 아주 감동적인 발표였다고 생각을 합니다. 발표문에는 간략하게 돼있지만 발표를 직접 들어보면 우리가 생각할 것이 많고 사실은 우리가 오늘 2001년 이 싯점에서 동아시아의 여러 학자들과 운동가들이 모여서 동학혁명에 관한 토론을 하고 있지만 이 논의 자체가 몇 년 지나면 평가의 대상이 되는 엄정한 자리가 되고 있지 않는가 그런 생각이 드는데요. 제가 보기에 가장 큰 어려움이라고 하는 것은 갑오농민전쟁이 발발하고 나서 곧바로 청일전쟁 과정으로 접어들면서 농민적 경험이 제대로 보전되지 못했고 그것이 무려 100년이나 지나갔기 때문에 100년이 지난 싯점에서의 올바른 경험을 복원해 내는 것, 그리고 그것을 현대적인 계승이라고 하는 맥락에서 올바른 기념형식으로 만들어간다라고 하는 것 그것은 상당히 어려운 그런 작업이었다 라고 생각을 하거든요. 그래서 사실상 100년이 지난 싯점에서 이미 사람들의 머리 속에 많이 지워졌습니다. 농민적 경험이라고 하는 것이.

그 농민적 경험을 어떻게 생생한 생활의 장에서 기억해 낼 수 있고 오늘을 살아가는 사람들의 양식으로 바꿔낼 수 있는가 그런 부분이 가장 중요한 문제라고 생각을 하는데요. 실질적으로 동학혁명기념의 상황을 보면 동학혁명이라고 하는 것 자체가 상당히 여러 지역에, 장기간에 걸쳐서 오랫동안 지속되었기 때문에 각각의 지역에서 기억하는 동학농민의 핵심적인 그 부분이 서로 다릅니다. 그리고 근래에 오면 예를 들면 고부나 정읍이나 또는 김제나 전주나 또는 장성이나 공주나 장흥이나 전부 자기들의 동학이라고 하는 개념이 존재를 하고 때때로는 동일한 하나의 기념을 놓고 과도하게 경쟁을 하는 그런 양상이 벌어지고 있다 라고 하는 생각을 하거든요.

그래서 어떻게 하면 지역성을 살린 민중적 경험을 그대로 드러낼 수 있을 것인가 라고 하는 문제 하나하고 동시에 이런 것들을 하나로 묶어서 통일적으로 오늘날의 문제의식을 거기에다가 각인시키는 그런 어려운 과제가 있다고 생각을 합니다. 다시 말하면 각 지역마다의 고유한 경험을 그 경험을 그대로 살려주는 문제하고 전체적인 그런 기념사업에 유기적, 통일적 연결망을 구성하는 것하고 이게 굉장히 어려운 작업이라고 생각을 하는데 바로 그런 문제를 어떻게 우리가 접근해야 할 것인가에 관한 박준성 선생님의 나름대로의 의견이 있으면 듣고 싶은 생각이 들고요.

또 한가지는 박 선생님 발표를 들으면 어떤 시사를 받느냐 하면 아하, 동학혁명 기념사업 전반에 관한 그리고 특히 동학혁명의 문화적 예술적 형상화에 관한 전반적인 리뷰가 이제 필요한 싯점이 되었다 그런 생각을 하지 않을 수가 없습니다. 그래서 가능하다고 하면 동학혁명기념사업회에서 어제 문학적 성과도 거론을 하고 토론을 했습니다만 좀더 더 넓은 시각에서 기념사업 전반에 관한 엄밀하고 객관적인 그런 리뷰 작업이 필요한 싯점이 아닌가 그런 생각을 합니다.

　그리고 어제 발표에서도 나왔지만 오늘날의 현재적 과제라고 하는 것은 역시 한민족의 평화적 통일의 문제입니다. 통일의 문제하고 동학혁명의 기념의 문제를 연결시켜야 한다라고 하는 당위적인 말은 얼마든지 할 수 있습니다. 근데 실질적으로 그것 쉽지 않지요. 그래서 좀더 더 구체적으로 현재적 과제와 동학기념이 어떻게 연결될 수 있는가에 관한 구체적인 프로그램을 이제 개발을 해야 하지 않을까 그런 생각이 들고요. 그런 맥락에서 박 선생님이 의견이 있으시면 한마디 해주시면 아주 도움이 많이 될 것이라고 생각을 합니다.

사회자 : 첫 번째 주제를 발표하셨던 북경대학의 왕 교수님의 답변을 듣도록 하겠습니다.

왕효추 : 우윤 교수님, 정근식 선생님 좋은 의견을 많이 말씀해 주셨습니다. 몇 가지 질문하신 것에 대해서 답변을 드리면, 우윤 선생님이 지적하신 것은 왜 태평천국운동에 있어서는 반외세의 그런 성질이 적었나 라는 애긴데요. 그 전후기가 다르다는 것입니다. 태평천국이라는 것이 외세침략하고는 연관이 됩니다. 그런데 전반기에는 태평천국의 종교 신앙적인 문제에서 그러니까 상제 숭배교였기 때문에 아주 천진난만하게 우리 모두다 하느님을 믿으니까 한 형제다, 서양 사람이긴 하지만 형제라는 생각이 있었다는거지요.

　또 하나는요, 그 당시 서방열강들이 채택했던 조치가 비교적 중립적인 조치였습니다. 그러니까 태평천국이라는 것이 도대체 무엇이냐? 태평천국이 우리의 요구를 들어줄 것이냐 라는 것에 대해서 관찰을 하자는 그런 시기였던 것이죠. 근데 실제적으로 태평천국이 그들의 요구에 부합된 것은 아니었습니다. 그리고 반대를 했던 것이죠. 그러기 때문에 후반기 들어서부터는 서방열강들이 공개적으로 청정부에게 진압해야 된다라는 요구를 하게 됐던 것입니다. 두번째 아편전쟁이 끝난 다음에 청정부는 서방열강에 대해 굴복적인 태도를 취하게 되지요. 그래서 서방열강에 대해서 어떤 구실을 제공합니다. 그러니까 태평천국의 난을 진압해 달라는 원조를 요청하게 됩니다.

이때 농민들이 굉장히 반항심을 갖게 됩니다. 그래서 역사적인 서술에도 많이 반영이 되고 있는데 3차 시기로 접어들면서 태평천국의 농민봉기가 상해를 침공하게 됩니다. 강소 절강지역을 침공하게 되는데 이때 그 신식부대 양창뚜에하고도 많은 격전을 벌이게 됩니다. 그러기 때문에 후기 들어서부터는 반제, 반외세적인 특징을 갖게 됩니다. 그래서 이렇게 구분이 된다라는 말씀을 드리고 싶고요.

또 하나는 태평천국이 실패한 이후에, 그렇지만 식민지통치로는 접어들지 않았다 라는 것하고 동학농민하고는 이점에서 다르다라는 그러한 말씀을 하셨는데요. 이것은 중국이 태평천국 그러니까 제2차 아편전쟁 이후부터 서양에 대해서 이화, 제화 그런 정책을 취했습니다. 그러니까 자칫 잘못하다가는 서구열강에 의해 완전히 중국이 합방될지도 모른다 이런 우려를 하고 있었다는 거지요. 그래서 특히 2차 아편전쟁 이후로는 열강들이 이러한 청정부를 지지하고 청정부가 스스로의 문제를 해결할 수 있는 그런 기본적인 노선을 견지했기 때문에 식민지통치로는 가지 않고 청정부를 유지하면서 반식민지 체제로 들어갔던 것입니다. 그런데 당시 동학농민혁명이 발발했을 때는 그 동학농민혁명이 실패로 돌아간 다음에 개혁이 되지 않고 실질적으로 일본의 식민지통치가 벌어지게 됩니다. 그리고 결국은 합방이 되지요. 이러한 차이가 있었다는 것입니다.

정 교수님이 두 가지 문제를 제시하셨는데요. 하나는 좋은 말씀을 해주셨던 것 같습니다. 그러니까 비교연구를 할 때 먼저 발발했던 그 사건이 뒤에 발발했던 사건에 어떤 영향을 끼쳤는가를 고찰해야 된다는 건 중요한 지적이십니다. 저도 한국학자들에게 당시 지식분자들이라든가 또 민중들이 태평천국에 대해 어떻게 이해하고 있었는지를 배우고 싶습니다. 당시 일본의 국민들과 지식분자들은 태평천국의 상황에 대해 굉장히 관심있어 했습니다. 그리고 그 정보를 얻어 가려고 했었지요. 왜냐면 태평천국이라는 것이 일본이 볼 때는 시사하는 바가 컸기 때문입니다.

그리고 일본 학자들은 태평천국에 대한 소설도 많이 썼습니다. 그러니까 농민군에 대한 동경을 토로하는 많은 글들이 발표됐었습니다. 당시에 일본이 태평천국을 정리하고 있었다는 걸 반증하는데요. 그 당시에 조선은 어느 정도 이해를 했는지 저는 잘 모르고 있습니다. 그래서 이것은 배워갔으면 좋겠습니다.

그리고 중국이 태평천국의 활동을 어떻게 기념하고 있는지에 대한 말씀이 있으셨는데 해방 이후에 농민혁명에 대해서 굉장히 저희는 중시하고 있습니다. 그리고 연구를 대대적으로 벌이고 있는데요. 그래서 이 분야에 있어서 발전이 빠르게 이루어지고 있습니다. 기념관, 박물관 건립사업이 적극적으로 추진되고 있고요. 남경이 그 당시 태평천국의 수도였기 때문에 여기에 역사박물관이 건립이 되었습니다. 동남부에도 천황부에도 현재 역사박물관을 건립하고 있는 중입니다. 현재 광서에도 기념관이 건립이 계획되고 있습니다. 홍수천 고향인 광동에도 홍수천 기념관이 추진되고 있습니다. 그리고 많은 국제 학술대회를 우리가 개최를 했었고요. 많은 자료를 수집하고 있습니다. 태평천국에 대한 연구가 중국에서는 굉장히 중시되고 있다라고 말씀드릴 수 있습니다. 그리고 여러 분야에 걸친 심도있는 연구가 추진되고 있습니다. 우리가 농민혁명의 그러한 정신을 잘 계승 발현하기 위해서 노력하고 있습니다. 그리고 태평천국의 난이 농민혁명에도 어떤 영향을 끼쳤는지에 대한 그런 분야에 대해서도 연구가 되어야 될 거라고 생각이 됩니다.

박준성 : 정근식 선생님의 지적 고맙습니다. 역사를 어떻게 기억하고 재현할 것인가 하는 문제, 그것을 여러 가지 기념사업 과정에서 조형물로 재구성할 때 지금까지 만들어진 그 조형의 상들에 대한 문화적, 예술적 접근이 좀 더 필요하다는 생각을 많이 했습니다. 그런데 저 자신이 공부를 한다고 해 봤습니다만 그쪽 전문가는 아닙니다. 그렇지만 우리가 역사와 일상을 매개한다면 그 매개는 아마 문화적으로 매개하는 측면이 제일 강하지 않을까 싶습니다. 그런 면에서 좀더 고민이 있어야 된다는 그런 지적에 적극 동의를 합니다.

그리고 지역사와 전체를 어떻게 통일적으로 기억할 것인가, 참 어려운 문제입니다만 일반적으로 이렇게 말씀을 드려볼 수 있지 않을까 싶습니다. 사람들이 자연과 사람들 사이에서 또 역사와의 사이에서 끊임없이 연대 소통이 이루어져야 될터인데 관계맺기라고 할 수가 있겠지요. 일단은 그럴려면 그 차이를 이해하고 그것을 바탕으로 연대 소통이 가능하다고 생각이 됩니다. 그래서 일어났던 지역의 자연적 특성의 차이들 그리고 또 거기서 일어났던 그 당시 농민군들의 구체적인 투쟁의 역사들, 그렇다면 연구자들이 그런 특성들을 고려하면서 지역사가 지금보다 더 심화되고 활발하게 이루어져야 되지 않을까 싶습니다.

인간 중심의 기념사업회 사이에 경쟁이 아니라 차이를 이해하면서 더 연대 소통을 통한 전국적인 사업화가 필요할 터인데 지자체가 확대되고 발전돼 나가면서 자기 지역의 역사에 대한 관심이 집중 심화되는 것은 바람직한 현상이라고 할 수 있는데, 그것이 자칫 파편화되고 나아가서는 그 지자체 단위의 업적중심 사업으로 설정이 되면서 그 차이가 오히려 통일성으로 집중되는 것이 아니라 더 분리되고 때로는 이것이 다인 것처럼 과장되는 양상들 그런 위험들은 경계해야 될 것이 아닌가 하는 생각을 해봅니다.

그리고 우리가 분단된 우리 현실에 가장 중요한 통일의 문제, 그런데 통일을 농민전쟁과 관련지어서 어떻게 생각할 것인가 저는 그 요구 조건도 그렇고 해석과 평가는 차이가 있겠습니다만 가장 기본적인 것은 예나 지금이나 생존권과 생활권을 중심으로 한 밑으로부터의 그 민중들의 투쟁과 저항이었다고 생각을 합니다. 그것이 우리 근현대사를 움직였던 한 축의 기본 동력이기도 했습니다.

이러한 밑으로부터의 생존권 생활권을 중심으로 하는 대중시대, 주민 집단이죠, 국민들 대중들이 어떻게 밑으로부터 역사 주체화되는가 하는 이런 과정과 밑으로부터의 남북 민중들의 교류, 그것을 매개할 수 있는 것 중에 하나가 1894년 이 사건일 수도 있다고 생각을 합니다. 남쪽에서만 일어났던 것이 아니라 북쪽에서도 일어났으니, 같이 조형에 대해서 고민도 하고 서로 연구하고 교류하고 하는 작은 매개가 될 것 아닌가,

그 걸 바탕으로 지배층 중심의 통일이 아니라 한단계 발전된 그리고 해방된 민중중심의 통일을 모색해 나갈 수 있는 한 역사의 기억으로 농민전쟁이 재구성될 수 있지 않을까, 막연한 답변입니다만 이렇게 말씀드리겠습니다.

사회자 : 이 문제는 종합토론에서 다시 재론이 될 수 있을 것이라고 기대를 해봅니다. 오늘 주제를 발표하신 분 그리고 질문을 해주신 두 분에게 감사를 드리면서 종합토론으로 들어가도록 하겠습니다.

　동학농민혁명의 현재적 의미에 대해서 여러 가지 발표와 토론이 있었습니다. 이제 동학농민혁명은 정읍이나 전주 혹은 전라도 어느 특정 지역의 것에 머무를 수가 없습니다. 그렇다고 그런 것들을 전체적으로 무시해서도 아니되겠지만 통일과 조정을 거쳐서 이제는 동아시아 혹은 세계와 연대해서 어떻게 하면 좀더 우리가 동학농민혁명을 계승하고 발전시킬 수 있을 것인가 하는 문제에 초점을 맞추어서 종합적인 토론을 전개하도록 하겠습니다. 첫 번째 종합토론의 토론 질의자로 서울대학교 박명규 교수를 소개해 드리겠습니다.

박명규 : 저는 우선 저 나름대로 어제와 오늘 발표된 논문들을 보면서 또 이번 학술대회를 보면서 느꼈던 것 두 세 가지를 말씀드림으로써 동학농민혁명의 현재적인 의미를 어떤 식으로 계승해야 될 것인가에 대한 생각의 단초를 마련해 볼까 합니다.

　제가 어제와 오늘 발표된 글들을 보면서 한가지 느낀 것은 동학농민혁명에 관한 그 동안의 연구가 어제 정창렬 선생님 기조발제에서 말씀하셨던 것처럼 근대극복이냐, 이런 논의들의 축으로 변화되어 왔다 라고 한다면, 이번 이 국제대회에서는 동학농민혁명에 관한 연구가 한 나라의 역사 중심의 해석으로 이루어지는 것이 아니라 큰 텍스트에서 논의되는 계기를 마련하게 되는 것이 아닌가 이런 생각을 하게 됐습니다.

　예컨대 구체적으로 최원식 선생님께서 1894년에 있었던 일이라고 하는 게 결코 조선반도 한국내에서만 일어나는 일이 아니라 여기에는 세

계사적인 모순, 동아시아 지역질서의 모순 그리고 한국사회내의 모순들
이 서로 뗄 수 없을 만큼 상호 작동되어 있었던 현상이고 그 부분을 같
이 보지 않으면 안 된다라고 지적하신 것이라든지, 이노우에 선생님께서
조선침략에 대한 일본군의 역사 해석의 방식이 지금까지도 일본의 자기
역사를 해석하고 이해하는 것과 맞물려 있다라고 말씀하신 것이라든지,
우대용 선생님께서 협의한 민족주의의 맹목성을 넘어서서 민중에 주목
하는 농민혁명의 의의를 찾아야 된다든지 하는 말씀들은 단순히 한국내
에서 또는 한국과 중국과 일본을 단순 비교하는 수준을 넘어서서 19세
기, 20세기에 있었던 역사적인 현실이라고 하는 것이 한국, 일본, 중국
을 서로 하나하나 분리해서 이해하기는 대단히 어려운, 상호간에 굉장히
맞물려 있는 일들이 그 시기에 일어나기 시작했고 우리는 이 상호 맞물
림을 보지 않으면 동학농민전쟁에 대한 정확한 이해도 곤란하지 않겠나,
이 부분을 열어나가야 된다 이런 것이 이번 발표에서 많이 눈에 띄었고
이 부분이 저는 대단히 소중한 내용이 아니었나 생각합니다.

　두번째로 제가 생각하는 것은 바로 이점과 관련해서 우리의 역사이해
가 얼마만큼 국민국가와 밀접하게 연관되어 있는가에 대해서 성찰하는
기회를 이번에 갖게 되지 않았나 생각합니다. 예컨대 아이누나 오키나와
에 대해서 발표하셨던 분들의 글을 보면서 일본의 근대국가가, 일본이
근대적인 국민국가로 만들어지는 과정에서 어떻게 소수민족 또는 또 다
른 타자들이 그 속에서 억압되고 자신이 아닌 또 다른 존재로 이렇게
강조되었는가 이 부분을 말씀하신 내용이나, 이진영 선생님의 발표에서
본 것처럼 한국의 정부가 자신의 정치적인 이데올로기와 지배적인 정당
성을 확보하기 위해서 농민전쟁을 어떻게 왜곡되게 해석했는가 라고 하
는 문제 같은 것들을 보면 정말 20세기 동아시아 각국에서 이루어졌던
국민국가 건설이라고 하는 가장 크고도 중대했던 과제와 사실은 역사
해석의 문제가 그렇게 꼭 매끄럽게만 연결되어 있지는 못하다, 이 속에
는 이제는 여러 가지로 다시 따져 봐야될 쟁점들이 내포되어 있다, 이런
부분을 이번에 많은 발표들이 보여주지 않았나 하는 생각을 합니다.

　저는 그런 관점에서 기회가 되면 이런 토론을 한 번 해봤으면 하는 것

이 있는데요. 그것은 일본이라고 하는 근대국가가 만들어지면서 이루어진 오키나와나 아이누역사에 대한 억압 또는 그것에 강제동화 이런 부분, 이것도 일본의 내셔널히스토리의 문제이고 식민지조선이 자기 역사를 찾아야 되겠다 라고 하는 것 때문에 강하게 민족주의적인 경향을 띠게된 어떤 역사해석 이것도 우리가 내셔널히스토리라고 할 수가 있겠고, 좀더 폭을 넓혀 보면 지금 오키나와에서 일어나는 자기 역사찾기운동이라고 하는 것도 어떤 의미에서 보면 자기 역사를 다시 찾겠다 라고 하는 일종의 민족주의적인 또는 집단주의적인 성향일 수 있는데, 우리는 이런 것들을 어떻게 차별적으로 인식할 것인가 또는 이것을 동일한 관점에서 내셔널히스토리의 한계와 문제로 지적할 것인가, 이 부분이 저로써는 여전히 풀기 어려운 문제인 것 같고 기회가 되면 이런 논의가 한번 앞으로 이루어졌으면 좋겠다 하는 생각을 하게 됐습니다.

마지막으로 간단히 한가지 더 생각한 것은 역시 이번 대회가 동학농민혁명을 100년 전의 사건으로 보지 않고 오늘날의 인권과 평화라고 하는 현재적인 문제의식과 접목시키려고 하는 부분이 이 대회의 새로운 면모를 보여주는 것이 아닌가 이렇게 생각합니다. 정창렬 선생님께서 기조발제에서 진혼의 역사학이라는 표현을 쓰시기도 했고, 어제 발제하셨던 나카스카 선생님께서 역사학이 앞으로 전시국제법의 문제와 어떻게 연결되어야 될 것인가 라고 하는 것을 앞으로의 과제로 삼겠다 하신 말씀을 들으면서, 정말 역사에 대한 이해와 공부라고 하는 것이 현재 우리 사회, 동아시아의 새로운 미래를 열어가기 위해서 어떻게 현재적 책임과 맞물려야 하는가, 어떻게 현재의 과제들에 도전하는 책임감과 과거사에 대한 역사해석이 뗄 수 없이 맞물릴 수밖에 없는가 이런 부분들을 이번 학술대회가 보여 준 것이 아닌가 이런 생각들이 들어서 어제, 오늘 발표와 토론에서 많은 것을 배우고 매우 유익한 자리가 아니었는가 이런 생각을 갖고 있습니다. 저의 소감을 이렇게 말씀드리겠습니다.

사회자 : 다음은 일본 도쿄대학에 미야지마 교수께서 말씀해 주시겠습니다.

미야지마 : 어제부터 오늘까지 많은 선생님들의 발표를 아주 흥미스럽게 들었습니다. 그 가운데서도 제일 저에게 감명 깊었던 것은 어제 맨 처음에 발표하신 정창렬 선생님의 기조강연이었습니다. 그 가운데 정 선생님은 지금까지 동학농민혁명에 대한 연구사를 정리하시면서 그것을 세 가지 유형으로 분류하셨습니다. 그 첫째는 동학농민혁명은 근대적인 성격이 결여된 것이다. 두 번째는 그게 아니고 근대지향적인 것이다. 최근에 와서 세 번째 유형으로 근대를 극복할 성격을 가지는 것이다. 그렇게 정리하셨습니다.

이번 심포지움의 공통 제목인 '동학농민혁명의 21세기적 의미'를 생각할 때, 아마 정창열 선생님으로써는 세번째 연구방향을 더욱 발전시키는 것이 올바른 것이다 그렇게 말씀하셨던 것 같습니다. 저도 그런 관점에 대해서는 완전히 같은 생각을 가지고 있습니다만 그러면 문제는 근대를 극복하겠다는 것이 어떤 것인지, 그것이 다시 우리들이 같이 생각해야 되는 큰 문제인 것 같습니다.

그런 문제하고 관련해서 제가 조금 오늘 정 선생님이 안 계시기 때문에 아쉽습니다만 질문하고 싶은 것이 있었는데요. 정 선생님이 어제 발표하신 문장하고 맨 처음에 책자로 된 정 선생님의 문장은 조금 차이가 있습니다. 맨 처음에 제출하신 논문에서는 첫번째 연구사적으로 분류하신 것 가운데 첫번째하고 두번째 유형은 근대교류, 근대지향적이다. 그 반대 생각이지만 똑같은 기본적인 공통점이 있다고 지적하셨습니다. 그것이 뭐냐하면 두 가지 다 근대라고 할 때 서구적인 근대를 지표로 해서 그것이 결여되었다, 그것을 지향했다, 그런 연구경향이 있었다는 그런 지적이 있었습니다.

그런데 어제 발표문에서는 그 부분이 빠졌는데 왜 빠졌는지 저로써는 아주 궁금한 점이고, 정 선생님에게 물어 보고 싶은 것이었습니다만 그 첫번째하고 두번째 연구 경향, 만약 그런 서구적인 근대를 기준으로 해서 한국근대사를 보았다면 그러면 그때 근대를 극복하겠다고 할 때 그 근대는 무엇을 의미하는 것인지, 서구적인 근대를 의미하는 것인지 그렇지 않고 전혀 다른 근대를 산정하면서 그걸 극복하겠다는 말씀이신지 그런 문제에 대해서도 깊이 생각할 필요가 있다고 생각합니다.

그 문제를 생각하기 위해서 어제 오후에 있었던 제2부 제 1분과에서 조경달 선생님이 발표하셨던 내용 중에서, 동학농민혁명은 일군만민체제를 지향하는 것이었다 그렇게 말씀하셨고 그것이 극복할 서구적인 근대가 아닌 다른 이상이라고 할까요, 그런 것을 제출하셨는데요, 그래도 제 생각으로써는 일군만민체제가 혹시 서구하고 다른 이상적인 사회인가 그런 것에 대해서 또 깊이 생각하고 싶습니다. 왜냐하면 어떻게 보면 명치유신 이후에 일본은 그야말로 일군만민체제를 구축했다고 할 수도 있습니다. 그래도 그런 체제하에서 아시다시피 어제 토론에서도 발표 있었던 것과 같이 그런 여러 가지 만행이라고 할까요, 그런 것이 많이 왜 생겼는지, 일군만민체제란 것은 혹시 그렇게 이상적인 체제인가 그런 문제에 대해서 또 깊이 생각할 필요가 있지 않을까요.

제 생각으로써는 동학농민혁명의 21세기적 의미라고 할 때 그러면 근대를 극복하겠다고 해도 그 내용은 어떤 것인지? 지금 사회주의가 근대를 극복할 길이다는 그런 생각도 아닌 것 같고, 그러면 근대를 극복하겠다는 내용 자체에 대해서 동아시아의 역사, 근대 이후의 역사를 다시 돌이켜 보면서 그 내용을 역사 속에서 찾을 필요가 있지 않은가 그런 느낌을 제일 강하게 느꼈습니다.

사회자 : 다음은 여수지역사회연구소 소장으로 계시는 이영일 선생님 말씀이 있겠습니다.

이영일 : 저는 집단학살 제노사이드를 조사하고 연구하는 민간인학살 실태조사를 하는 입장과 또 내년도 10월에 동아시아국제회의를 준비하는 입장에서 동학농민혁명 국제대회를 지켜보아 왔습니다. 그리고 많은 것을 보고 느끼고 지금 머리에 스크랩을 하면서 좀더 나은 방향과 전망들을 제시하는 학술대회가 무엇일까 이런 부분들을 계속적으로 고민하면서 이 자리에

와있습니다. 몇 가지 정도를 같이 고민해 봤으면 좋겠습니다.

첫번째로는 동학농민혁명에 대한 많은 분야별 글들이 나왔습니다만 소위 당시의 정세를 분석하는 글들이 나왔으면 좋겠다. 어제도 잠깐 동국대 강정구 교수님이 그런 이야기를 했는데 세계 질서의 재편 과정 속에서 이것을 이해하는 측면들이 있어 줘야 되겠다. 저는 더불어서 이걸 좀더 구체적으로 당시의 자본의 흐름 속에서의 질서 재편과정, 제국주의의 팽창과 대립과정, 자본주의의 팽창과 대립과정서 미국, 일본 그리고 거기에 따라 가려는 조선과 청나라 이런 부분들에 대한 정세분석을 시도해 보면 좀더 본질적인 것으로 접근해 나갈 수 있지 않겠는가 라는 부분들을 생각해 봤습니다.

두번째로는 실태조사작업을 이제는 좀 해봐야 되겠다. 100년전의 경험, 당시의 피학살자들이, 집단학살을 경험했던 피학살자들이 남아있지는 않습니다. 그러나 그 유족들이 오늘 사회를 보는 정남기 선생민도 계시고 이런 부분들이 중심이 돼 가지고 피해 실태를 한 번 구체적으로 조사해 봤으면 좋겠다. 명단을 바탕으로 해서 이런 것들은 결과론적으로 진상규명과 손해배상을 제기할 수 있는 부분들이 될 것인데 법적인 문제라든지 실무적인 문제들은 저희들이 잘 모르겠습니다만, 우리나라에는 다행히도 민주변호사모임이 있기 때문에 이 부분의 도움을 받아서 해낼 수 있지 않겠는가 라는 생각들을 합니다. 그래서 실태조사 그리고 피해 실태의 규모를 통해서 손해배상을 적극적으로 시도하면서 유족들을 좀더 광범위하게 결성해 볼 필요가 있지 않겠느냐 라고 생각이 됩니다.

세번째로는 저희들은 지금까지 당위적으로 동학은 농민혁명이었다 라고 생각했는데 이런 것들은 저희들의 서론적인 인식이었다 하는 것을 이진영 선생님은 이야기해주셨던 것 같습니다. 동학농민혁명에 대한 인식의 변화가 동학난에서 동학운동, 그리고 동학농민혁명으로 자리매김하기까지는 많은 과정들이 있었고 그리고 이렇게 올바른 자리매김의 싯점은 지금으로부터 별로 멀지 않은 싯점이었다는 것을 보고 생각외의 충격을 받았습니다. 지금까지는 동학난, 동학운동으로 불려졌었구나, 그에 따라서 이런 명칭의 변천과정이 오늘 동학농민혁명을 이해하는데 많은 도움을 줬다고 봅니다.

이것과 더불어 박준성 선생님의 조형물에 대한 역사상, 이것은 하나의 미학이라고도 볼 수가 있습니다만 이런 것은 새로운 시청각 자료를 통해서 글을 발표할 적에 좀더 쉽게 청중들과 모든 부분들에 다가설 수 있겠구나, 우리가 시청각 자료가 좋은 건 알았지만 이렇게 많은 부분들을 좀 긴시간입니다만 빠르게 그리고 폭넓게 사로잡는 이런 예들은 보지 못한 것 같습니다. 아주 인상적이었고 특히 잘 짜여진 시나리오라든지 자기 경험에서 우러나오는 선동적인 발언, 선동적인 톤 이런 것들은 우리들을 사로잡기에 그만이었습니다.

그래서 이제 우리들은 많은 유적답사를 이 이후에 갖게 될 겁니다. 전북지역과 충청지역을 가게 되면서 동학농민혁명에 대한 인식의 변화 이런 것들도 그려낼 수가 있을 것이고 조형물에 대한 역사상에 대해서도 우리가 역사적 교훈과 더불어서 어떤 것이 혁명적이었는가, 어떤 것이 혁명적으로 계승이 되야 될 것인가라는 부분에 빠르게 와닿을 것 같습니다. 예를 들어 혁명은 민이 주도해 왔기 때문에 이 동학농민혁명사업의 주체도 민이 해야 된다는 것들, 그리고 이런 것은 결코 정치적으로 정략적으로 이용되어서는 안된다는 것들을 역사적으로 가르쳐 주고 있는 것 같습니다.

그리고 조형물의 제작자에 있어서도 제작자의 삶과 사상은 동학혁명정신을 바르게 투영하고 있어야 하지 않는가, 이런 부분들은 좀더 확대 재해석을 한다면 지금 광주 5월 망월동에 세워졌던 그런 거라든지 앞으로 세워질 제주 4 · 3에 있어서도 많은 교훈이 된다고 봅니다. 비문의 문구 내용이라든지 이런 부분들에 대해서 동학농민혁명의 정신을 제대로 담아내지 못하면 짱돌로 찍어 버린다, 짱돌이 말을 한다, 돌들이 일어선다, 이런 부분들에 대해서 어느 미사어구의 이야기보다도 마음에 와 닿는 그런 부분이었습니다. 시청각을 통한 발제 대단히 인상적이었습니다.

사회자 : 다음은 부산대학교 황한식 교수님 말씀이 있겠습니다.

황한식 : 저는 역사를 전공하고 있지 않고 경제학을 전공을 하고 있고 오늘 현실
의 당면문제를 중심으로 연구하고 생활하고 이렇게 하고 있습니다. 그래
서 역사를 어떻게 이해할 것인가 하는 것을 오늘의 현재 과제와 어떻게
연결시켜서 이해할 것인가 또 오늘의 현재적 과제를 풀어 나가는데 있어
서 어떠한 교훈을 얻을 것인가 라든지 저는 그런 쪽으로 생각을 하는 쪽
입니다. 그래서 역사쪽 보다는 현재쪽에 관심을 갖고있다 이렇게 이야기
를 할 수 있겠습니다.

　　조금 전에 종합토론하신 서울대학교의 박명규 교수님께서 우리가 역사
를 인식함에 있어서 오늘의 현실의 정착이나 실천에 있어서도 민족사적
또 국민국가적 차원만이 아니라 세계사적 차원, 동아시아적 차원 이 3자
의 통합적인 차원에서 인식과 실천 이런 것을 상당히 강조하셨는데 전적
으로 동의를 합니다. 그러면서 특히 국민국가주의적인 또 민족주의적인
역사인식이 갖는 문제를 말씀하시기도 하셨고 또 미야지마 선생님께서
동학농민운동의 성격지향과 관련해서 근대를 극복하는 근대극복을 이야
기를 했습니다만, 극복을 해야할 근대의 내용이 무엇이냐, 또 바꿔 얘기
해서 지금 우리가 오늘 현재 우리 사회가 가야할 방향이 무엇이냐 그런
것에 대한 분명한 것이 뭔가 없었다 라고 하는 그런 느낌을 갖습니다.
그리고 박준성 선생님께서 슬라이드를 보여 주면서 통일과 혁명과의 관
계를 이야기를 하면서 문제의 단초는 이 시대를 남한이나 북한이나 간에
이 시대를 살아가는 국민대중, 민중의 일상적인 생존권, 생활권에서부터
출발하고 그렇게 할 때 문제 해결의 단서가 나올 것이다 하셨는데, 그런
세분의 세 가지 논의가 대단히 중요한 것이다 저는 그렇게 생각을 합니
다.

　　저는 제가 강조하고 싶은 부분만 말씀을 드리고 싶은데요. 동학농민혁
명에 대해서 기념사업회가 있고 또 동학농민혁명의 역사적인 의미가 오
늘 현재 가장 집중적으로 집약돼서 나타났던 호남지역 주민들의 노동과
삶의 향상에 실질적으로 어떤 의미를 가지고 있는 것인가 하는 맥락에
서, 세계사적 차원도 좋고 민족사적 차원도 좋지만 오늘 현재 호남지역
을 살아가고 있는 사람들의 일상적인 삶과 동학농민혁명과는 어떤 관계

를 갖고 있는가, 이런 쪽에 문제의식을 갖는 것이 필요하지 않는가 그런 말씀을 드립니다.

그런 맥락 속에서 제가 몇 가지만 말씀드리고 싶은데, 첫째로 아시다시피 동학농민혁명은 그 지역의 풀뿌리 주민 대중, 농민의 일상 생활성의 요구에서 출범해서 이러한 요구와 지역주민 대중의 힘을 결집한 그러한 대중운동이었다 이렇게 생각이 됩니다. 오늘 우리 한국사회에서 위기는 기본적으로 정치, 경제, 사회, 문화 등 모든 영역에서 국민대중, 지역주민의 총체적인 소외에서 비롯되는 것이고, 보수주의든 개혁주의든 간에 엘리트주의에 의해서 우리 주민들이 소외되고 이런 뒤에는 문제 해결의 방식이 위기에 봉착하고 있는 것이 아니냐, 이런 측면에서 생각해 봤을 때, 동학농민운동으로부터 우리가 배워야 할 것은 철저히 풀뿌리 주민 대중의 일상생활상의 요구에서부터 출발하고 그리고 그 주민들의 주체적인 힘을 함께 결집시켜서 당면한 문제를 풀어가는 것이다 하는 입장을 우리가 다시 확인하는 것이 중요한 것이 아니냐, 그것이 어떤 의미에서는 오히려 세계사적 의미일 수도 있지 않겠느냐 그런 생각을 해보고요.

그 다음에 두번째로는 바로 이와 연결되겠습니다만 동학농민혁명의 담당 주체는 아시다시피 소농, 빈농등 일반지역 농민이었고 기타 동조층과 또 지도세력이 있었습니다만, 현재 오늘의 우리의 상황을 가지고 봤을 때, 지역주민 대중과 그에 충실한 참여 민주주의적 지향세력, 이와 같은 지역 일상생활에 대중 속에 뿌리를 두고서 진보를 지향하는 세력은 오히려 관치주의와 신자유주의를 기조로 하는 그런 엘리트주의적인 개혁의 대상과 수단으로 설정되거나 전락되고 있는 모습을 우리는 볼 수가 있습니다. 그리고 현재 이와 같은 주민 대중과의 충실한 참여 민주적 지향세력은 아직은 대단히 그 주체적인 역량이 취약합니다. 이념이라든지 전략이라든지 조직이라든지 대중성이라든지 지도력이라든지 이런 점에서 취약합니다만, 우리 사회가 가지고 있는 사회적인 모순 그리고 중앙집권 서울집중으로 표현되는 이와 같은 지역적인 모순의 격화에 대응하는 그런 대중적 실천의 새로운 가능성 속에서 우리는 주체적 역량이 성장하고 있는 것을 주목해야 할 것이라고 생각을 합니다.

그래서 제가 말씀드리고 싶은 것은 우리 사회의 진정한 진보적인 사회개혁의 주체가 동학농민혁명에서 보듯이 보수든 혁신이든 엘리트주의적인 세력이 아니라 주민 대중과 이에 충실한 세력임을 확실히 하고, 주민 대중이 참여 민주적인 개혁의 주체로서 그 주체적인 역량의 강화를 중심에 둔 그러한 운동으로 추구해야 할 것이다 그렇게 생각을 합니다.

그리고 세번째 포인트는 아시다시피 동학농민혁명 과정에서 농민군이 사실상 전라도지역을 장악한 가운데서 농민들이 스스로 자기 자신의 힘으로 스스로 주체적으로 지방자치기구인 집강소를 설치하고 폐정개혁을 실현한 것을 주목하고자 합니다. 오늘날 지방자치가 실시되고 있습니다만 동학농민혁명 과정에서 지방자치기구로써 주민자치권력으로써 집강소의 설치와 폐정개혁, 이점을 저는 다시 한 번 주목하고자 합니다.

이것은 근본적으로 자기 결정과 자기 관리의 원리에 충실한 주민권력의 창출의 원형으로써 주목되어야 한다라고 생각을 하고 주민의 내재적인 권력과 그리고 현실적으로 제도적인 권력기구에 외화되어 있는 권력, 내재적 권력과 외화된 권력간에 그런 괴리가 일치되는 그런 것이었습니다만 그런 의미에서 원형이라고 저는 생각을 하고 있습니다. 이제 한국 사회 오늘의 현실 상황을 가지고 봤을 때, 아시다시피 87년 6월 항쟁이래로 대의민주주의나 또는 지방자치가 어느 정도 일정하게 진전되어 왔습니다. 그럼에도 불구하고 이 외화된 권력과 내재적 권력의 모순과 갈등은 더욱 심화되고 증폭되고 있습니다. 그래서 이와 같은 모순과 갈등을 극복하는 과정에서 주민자치권력의 창출, 참여 민주주의적인 사회질서를 지향하는 새로운 분권, 자치, 참여 민주주의 운동, 분권과 자치참여 민주주의혁명 이와 같은 것은 무엇보다도 중요한 시대적 과제로 재인식할 필요가 있는 것이 아닌가 저는 그렇게 생각을 합니다.

그 다음에 특히 주민자치권력과 폐정개혁의 실행이 봉건사회를 개혁하는데 실질적으로 미친 영향이나 그 이후에 농민군의 성장이나 또는 농민운동의 발전에 미친 영향, 실질적으로 한 지역권을 장악함을 역사 속에서 봤을 때, 오늘날 우리가 현실적으로 주민자치권력을 분권과 주민자치

권력의 창출이 가지고 있는 의미를 여기서도 다시 한 번 새롭게 확인할
수 있지 않겠나 저는 그렇게 생각을 하고요.

그리고 한 두 가지만 더 말씀드리면 우리는 동학농민혁명 과정에서 민
중문제, 계급문제, 반제, 반봉건의 문제 이런 이야기를 하고 있습니다만
그간에 세상이 많이 변화되어 가지고 도시화, 근대화되는 과정에서 우리
사회는 남북 분단도 됐고 또 남한사회 안에서도 중앙집권 서울집중이라
고 하는 지역간의 모순 또 지역문제, 지역갈등이 대단히 심각한 그런 문
제가 돼있습니다. 그래서 저는 민족문제와 계급문제, 지역문제 이렇게
민족문제와 계급문제라는 것이 지역에서 살아가는 일상적인 대중의 삶
의 문제를 중심으로 한 지역문제와 함께 유기적으로 결합해서 우리가 우
리의 과제를 제시해야 될 것이다 이렇게 생각을 합니다.

마지막으로 한가지 말씀드리고 싶은 것은 동학농민혁명의 계승과 관련
해서 누가 계승할 것인가 하는 문제에서 우선 1차적으로 기념사업회가
대단히 중요한 역할을 한다고 생각합니다만, 저는 이 자리에서 말씀드리
고 싶은 것은 광주의 5. 18항쟁 또 부산을 중심으로 한 10월 항쟁, 11
월 부마항쟁 그리고 전북지역의 동학항쟁 이런 각 지역 별로 민주항쟁을
기념하는 사업회도 있고 또 여러 가지 사업을 하고 있습니다만, 오늘의
우리 사회에 중앙집권 서울집중의 문제라든지 또 이와 같은 세계화에 대
해서 대응하는 주체로써의 지역현장, 지역의 주체성을 중요하게 생각한
다면 이와 같은 운동의 계승의 면에 있어서도 지역간의 연대를 통해서
계승해 나가는 것이 대단히 중요한 것이 아닐까 이렇게 생각을 해봅니
다. 그래서 가령 부산과 영남과 호남과 충청도 각 지역간에 이런 기념사
업회단위 또는 다른 차원에서의 단위를 통해서 오늘의 현실 속에 역사적
계승사업을 각 지역의 주체성을 분명히 하면서 전국적으로 통합해 나가
는 그러한 맥락 속에서 지역간의 연대를 강조해 드리고 싶습니다.

사회자 : 지금까지 약정 토론자 네 분께서 말씀해 주셨는데 대체로 의견을 제시해
준 그런 것이었고 특정한 질문은 적었습니다. 그래서 진행상 우선 박명
규 선생님의 말씀에 대해서 일본 북해도대학의 이노우에 선생님 그리고

중국 북경대 곽위동 선생님께서 의견을 말씀해 주셨으면 합니다.

　일본의 국민국가 성립과정에서 제국주의 침략이 전개됐고 또 이에 맞서 싸웠던 지역에서도 역시 민족주의 의식에 의해서 일련에 저항운동이 전개됐는데, 이것을 본다면 근대 역사해석은 한 국가 한 민족사 차원에서 정리할 수 있는 것이 아니라 서로 맞물린 역사사건이기 때문에 통합해서 전체적으로 이해를 해야 될 것이 아니냐 하는 것이 논점이었습니다. 이에 대해서 이노우에 선생님, 곽위동 선생님께서 말씀을 해주셨으면 좋겠고, 두번째는 미야지마 선생님 말씀은 정창렬 선생님의 동학농민혁명연구사에 관련된 기조연설 중에서 근대를 극복하는 연구가 어떤 것이었느냐, 그것이 서구적 근대지표를 설정해서 그것을 극복하려 한 것이냐 아니면 전혀 다른 근대를 만들려고 해 나갔던 것이냐 그리고 사회주의가 근대를 극복하는 그런 길이었는가 하는 의문점과 더불어서 의견을 듣고 싶다고 했는데, 이에 관해서는 정창렬 선생님이 안 계시기 때문에 오늘 발표하신 분, 토론으로 나오신 분 가운데서 의견이 있으시면 제시해 주셨으면 좋겠고, 세번째 이영일 선생님의 토론에 대해서는 이이화 선생님께서 말씀해 주셨으면 어떨까 싶습니다. 제노사이드에 관련된 실태조사작업, 이것이 일정하게 진행이 잘 돼야 하는데 실제 그렇지 않다, 피해실태조사와 더불어서 손해배상을 하게 하고 전반적인 국민의 이해를 달리하는 차원까지 나가야 될 것이 아니냐 하는 그런 논점에 관해서 이이화 선생님 의견 말씀을 부탁드립니다.

　끝으로 황한식 선생님 말씀은 동학농민혁명기념사업회가 만들어지고 그 역사적 의미를 추구하고 하는 그런 일련의 작업들이 진행되고 있는데 이것이 호남지역주민들의 삶의 향상에 어떤 의미를 가지고 있는가, 이것은 어제 2부 1의 사회를 맡았던 박맹수 선생님께서 이 지역에 살고 있고 이 지역에서 이 문제를 연구하고 있으니까 대답을 해주시면 어떨까 이렇게 생각이 됩니다. 먼저 이노우에 선생님 말씀해 주시겠습니까?

이노우에 : 국민국가의 형성 문제에 대한 말씀이 있었는데요. 제가 그에 답변드리는게 적당한 것인지 의문스럽습니다만, 일본에서 국민국가를 형성하는

과정에서 역시 이번 보고자로도 나와 계시지만 제가 살고 있는 곳, 제 대학도 그와 관계가 있는데요, 아이누 민족의 문제입니다. 억압, 동화 정책에 의해서 민족을 말살했다는 문제가 있습니다. 그것은 일본에서 는 어떤 재판이 있었는데요. 그게 아이누민족이 자기가 살고있는 지역 이 댐 때문에 수몰지구가 되는 것을 막기 위해서 재판을 일으켰습니다. 그래서 싸웠습니다.

그러는 과정에 있어서 제가 느꼈던 것은 실제로 변호사들이라든가 혹은 원고의 투쟁의식과 연구자들의 문제의식과는 차이가 있습니다. 괴리가 있습니다. 그 재판에서 아이누민족이 주장을 했던 것은 일본 명치정부의 동화정책이었다. 그 동화정책이 우리들을 침략을 하고 우 리들을 말살시켰다 라고 얘기를 했습니다. 그런데 연구자들은 에도시 대부터 쭉 어두운 길을 아이누민족이 점차적으로 걸어갔다 라고 연구 를 해왔던 것이지요. 그래서 제 생각에서는 아이누민족에 대한 동정사 관이었다고 생각합니다.

아이누민족들이 원했던 것은 동정사관이 아닙니다. 에도시대 막부가 아이누민족을 억압하거나 약간의 동화정책을 실시했지만 그러한 가운 데서도 자기들의 고유한 문화를 지키는, 그리고 그러한 영위를 끈질기 게 억압받으면서도 계속해 왔던 것이다라는 것이, 선주라고 하는 것을 법적으로 인정하는지 안 하는지를 법정에서 다툼이 일어날 때 그게 제 일 중요했는데요. 그때 연구자들은 그 아이누민족을 약하고 비참한 존 재로 보는 것이 아니라 그 힘든 가운데에서도 싸워왔다, 투쟁을 해오 면서 영역을 지켜왔다라고 증명을 하는 것입니다. 역시 연구는 그 민 족의 실제적인 그러한 목소리를 듣고 교류를 해가면서 진행시키지 않 으면 안 된다고 느꼈습니다. 한계가 있다고 느꼈습니다. 댐재판이라고 불리우는 재판을 진행하는 과정에서 느꼈습니다. 그에 관한 두꺼운 책 이 나와있습니다. 그 재판에서 학자가 참가해서 북해도대학의 아이누 민족을 연구하는 연구자들이 변호사에 대해서 증언을 하고 그 재판에 참가했습니다. 그러한 일들이 앞으로 일어나는 것이 중요할 것입니다. 그래서 각 계층이 결집을 해서 동참하는 그러한 노력이 필요하다고 생각합니다.

그리고 국제적인 문제로써 동학농민혁명을 생각한다라는 문제인데요, 예를 들어서 카와카미 소로쿠의 '말살을 시킨다'라는 명령이 나와 있죠. 그것을 전후해서 제가 이번 보고서에 조금 취급을 하고 싶어서 서둘러 읽어보았습니다. 그런데 도저히 시간이 될 수가 없어서 그 부분을 아직 충분히 다 이해를 못했습니다. 방위청 같은데 기록을 정확히 읽고 그러한 명령이 나오게 되는 과정을 연구하는 그런 것을 한·일이 공동으로 하는 것이 중요하다고 생각합니다.

인천 병참의 지시에서는, 서울 수비대 18대대는 동학농민혁명 탄압을 위해서는 투입하지 않는다라고 하고 있습니다. 그것은 왜냐, 서울이 중요하기 때문이죠. 서울 비워두게 되면 외국이 들어올지도 모른다라는 것을 우려하고 있었던 것입니다. 이것은 서울의 왕궁점령사건이 경복궁 쿠테타가 국제적으로 약점을 지닌 것이었다라는 것을 아마도 인천 병참, 히로시마 대본영측은 충분히 인식하고 있었다는 것입니다. 그래서 그 후미 19대대. 시꼬시마에 있으면서 중국과 개전을 해가지고 일본이 이겼기 때문에 시모노세끼를 수비할 필요가 없어서 그 사람들을 투입하는 것이 탄압부대가 됩니다. 다른 부대를 불러서, 진중일기에도 쓰여 있지만 동학농민혁명의 탄압을 위한 전문부대, 토벌을 위한 부대죠. 거기에는 유능한 지휘자도 있었습니다.

서울 근교에서 인천, 정확하게 발음했는지 모르겠지만 그 다음에 그 북쪽에서 병참을 동학농민군이 습격했습니다. 문자 그대로 게릴라전이죠. 그래서 일본의 수비대는 진중일기에 쓰여있지만 아주 고전을 합니다. 그러한 강력한 운동이 북쪽의 병참부분에서 발생을 하는 것이지요. 그것이 카와카미 소로쿠가 처음에는 일본군도 국제법의 위법성을 알고 있었기 때문에 조선병을 엄호한다는 취지를 지켜야 한다라는 식으로 생각을 하게 했었고 또 기회가 있으면 그것을 빌미 삼아서 말살시키자, 명분은 조선군을 엄호한다는 명맥만 있었지만 사태가 점점 더 커지니까 카와카미 소로쿠는 거기에서 말살 명령을 내리는 것이지요. 그것이 전개되어 갔다고 생각을 합니다. 그러한 사실들은 역시 여러

지역 주민들, 연구자들 각 계층사람들이 같이 결집해서 규명을 해야
한다고 생각합니다. 그것이 앞으로 서로 필요한 작업이라고 생각을 합
니다.

　한가지만 더 말씀드리겠습니다. 가와미라 선생님도 계시고 기타가와
선생님도 여기에 계십니다만 지금 선주를 인정하지 않았기 때문에 아
이누민족의 새로운 재판, 공유재산을 둘러싼 재판이 이루어집니다. 그
공판이 아마 어제 이루어졌는데요. 아마 최고 재판까지 대법원까지 가
는 아주 어려운 재판이 될 것입니다.

곽위동 : 일본의 국민문제와 일본 국내에서의 민주에 대해서는, 일본의 과거 이
부분에 대해서는 제가 연구를 많이 하지 못했습니다. 이번에 회의를 참
여하면서 제가 느낀 생각은 일본과 일본의 아이누의 문제라든가 일본이
나 아니면 다른 오키나와의 그런 문제를 이번 회의를 통해서 알게 된
것입니다.

　이번 회의를 통해서 제가 말씀드리고 싶은 것은, 제가 생각하기에는
일본 국내의 아이누민족이나 아니면 유큐에 대한 탄압 이러한 민족문제
들은 일본의 중국이나 한국에 대한 침략행위와 매우 일맥상통하는 것이
라고 볼 수 있습니다. 메이지유신 이후로 일본의 군국주의는 점차적으
로 확대를 해나갔고 단계적으로 발전을 해왔던 것입니다. 유큐문제라든
가 동학문제라든가 두 차례 중국에 대한 침략전쟁 같은 것, 이런 것들은
아이누문제와 같이 모두 다 군국주의의 발전과 아주 일맥상통하는 밀접
한 관련을 가지고 있는 것이라고 할 수 있습니다. 이것은 바로 제가 어
제 주제보고를 하면서 말씀드린 바와 같이 일본의 군국주의는 근대 아
시아에서 일어났던 여러 가지 전쟁에 있어서 가장 중요한 근원이라고
말씀드릴 수 있습니다. 그리고 일본 국내에서도 민족 압박에 대한 그런
근원이라고 말씀드릴 수 있습니다.

황한식 : 제가 아까 말씀드렸던 것은 동학농민혁명이란 것이 호남지역 주민의 일
상생활에서 어떤 의미를 갖느냐 하는, 오늘 현재 호남주민의 일상생활의

향상이란 점에서 어떤 의미를 갖느냐 이런 문제를 제기했던 것은, 실제로 동학농민혁명이라고 하는 것이 혁명이나 이와 관련된 사업이 호남지역 주민의 삶에 어떤 영향을 미쳤느냐 하는 이런 측면을 알고 싶어하기보다는 포인트는 이런데 있습니다. 동학 얘기하면 반제, 반봉건의 민중문제해결, 계급문제 해결 그걸 중심으로 이야기를 하고 있는데 오늘 현재 세상은 민중문제나 계급문제 뿐만 아니라 지역간의 갈등, 지역간의 발전의 격차, 민족적 이해관계, 계급적 이해관계뿐만 아니라 지역적 이해관계라고 하는 것도 분명히 존재한다는 사실 그리고 한국처럼 서울을 중심으로 중앙을 중심으로 중앙집권, 서울집중 이렇게 돼있는 이런 상황에서, 호남지역 주민이나 경상도지역 주민이나 입장에서 본다면 오늘 지금 현재 핵심은 영호남간의 지역갈등이라기 보다는 말하자면 중앙집권, 서울집중체제와 모든 지역 주민간의 갈등문제가 가장 핵심문제이다. 이 문제가 한국사회에서 심각한 문제라고 한다면 민족문제와 계급문제만이 아니라 과거 동학에서 호남지역 주민들의 일상 생활의 문제에서부터 동학혁명이 출발되었었듯이, 앞으로의 과제라는 측면에서 봤을 때 민족문제나 계급문제의 차원이라는 이런 측면만이 아니라 보다 폭넓게 사람들의 일상생활의 문제라는 측면에서 이 지역모순, 지역문제 이 문제를 주목해야 한다. 그렇게 하는 것이 진정하게 동학농민의 혁명을 계승하는 길이다 이런 맥락에서 말씀을 드린 것이니까 구태여 답변 필요하지 않습니다.

사회자 : 제노사이드, 대학살에 관련된 실태조사가 국내뿐만 아니라 국외, 아시아에서 벌어진 많은 그런 것들이 어떻게 진행되는지 여러 가지 문제가 있고 궁금점이 있습니다. 이이화 선생님 말씀해 주시지요.

이이화 : 사실 피해실태라는 것은 우리가 연구자 입장에서 조사하기가 매우 어렵습니다. 어느 규모라고 얘기해야 할지. 그런데 조경달 선생께서 지금 직접적으로 학살된 숫자가 5만 명 그 다음에 사상자의 개념이 애매하지만 3, 4십만 명, 또 우리끼리도 10만 명이 죽었느니 3십만 명이 죽었느니

물론 일본군과 일본군의 지휘를 받는 우리나라 관군들 또는 일본군까지도 포함해서 얘기가 됩니다. 실제로 일본군이 직접 죽인 그런 기록도 나타나지요. 가령 진주 하동에 가면 고승당산이라는 데가 있는데 일본군이 직접적으로 공격해서 거기에서 몇 백 명이 죽었다는게 분명히 뚜렷이 나타납니다. 일본 기록에서도.

그러나 오늘날 우리가 학살의 실태를 정확하게 파악한다는 것은 매우 어렵습니다. 그래서 우리같은 연구자들은 전체의 기록이라든가 답사 이런 것들을 통해서 어떤 느낌을 갖게 되는 것이지요. 그래서 과장하지 않으려고 애를 쓰기는 씁니다만 정확하지 않으니까 최대로 잡는 사람도 있고 최하로 잡는 사람도 있고 이렇게 들쭉날쭉 합니다. 청일전쟁이 일어나고 경복궁을 강점할 때에 그런 실상들은 상당히 정확하게 나타나 있어요. 가령 청일전쟁 때 평양같은 데는 거의 황무지가 되다시피 했다 이런 기록도 있고. 그러나 이 농민전쟁관계는 일본군이 과장할 때도 있고 숨길 때도 있고 우리나라 관군도 과장할 때도 있고 숨길 때도 있습니다. 어떤 게 유리하냐, 포상을 받고 전승을 기리려고 할 적에는 과장을 하고 책임 회피를 하는 쪽에서는 또 축소를 하고 해서 그 시대의 통계라는게 믿을 수가 없습니다.

그러나 그 피해상황에서는 엄청납니다. 때로는 방화, 약탈, 강간 그리고 죽이는 것도 합법적으로 죽이는 게 아니지요. 원래 일본군의 투입, 이것이 국제적으로 불법적인 것은 어제도 얘기 했습니다만 국내에서 일본군이 마음대로 돌아다니면서 공격하고 불태우고 이런 것이야말로, 우리 말속에 무도란 말을 잘 쓰는데 불법가지고 안되니까 불법무도하다 이렇게 했는데 이런 것을 우리가 실증적으로 조금 더 개발을 하고 찾아내야 됩니다. 그래서 일본 자료도 찾아냈지만 우리나라 국내 자료도 먼저 몇 차례에 걸쳐서 간행되고 그랬습니다. 이 얘기를 하려면 대단히 깁니다만 압축적으로 얘기해서 대만이니 이런 쪽에 제가 감히 얘기할 수도 없습니다. 이 문제가 하도 복잡하기 때문에.

그래서 연대해서 우리가 배상 요구는 할 수가 있겠지요. 그러나 우리 국내에서도 지금 배상요구를 할 적에 대개 초점은 식민지시대의 것입니다. 관동대지진 문제라든가 정신대문제 이런 것이지만 그 이전단계 1894년의 농민전쟁관계는 지금 배상 논의도 한적 없고 제의를 한적도 없습니다. 그것은 왜 그럴까? 우리 국내에 다른 문제들도 해결되고 있지 않습니다. 박준성 선생이 조형물 얘기를 했지만 용어도 우리가 통일되지 않아 가지고 한 열가지를 지금 쓰고있는 현실이고 또 바라보는 눈도 다릅니다.

그래도 한가지 꼭 강조하고 싶은 것은 이 자리에도 유족회 회원들이 많이 나오셨는데, 지금 이것은 정부에다 건의는 했지만 아직 결정을 못 보고 있고 앞으로 더 지속적으로 운동을 하려고 하는데 독립유공자 즉, 국가유공자나 독립유공자나 비슷한 말이지만 하여튼 그것이 전부 1895년부터 이루어져 있어요. 그러면 1894년의 이것은 반봉건 운동만이 아니라 여러분 다 들으셨지만 이건 반침략이 가장 첫 번째 단계입니다 이게. 1895년은 이른바 명성황후 민비가 죽고 이런 관계 속에서 의병이 일어나고 단발령이 내리고 개화정책을 쓰니까 갑오개혁에 의해서, 그래서 그때부터 기산해서 유공자 대접을 하고 있는데 더 처절하게 일제에 대해 항쟁을 한 유공자도 우리가 빼고있는 처지입니다.

이렇게 아직도 엉터리같은 이런 역사와 엉터리같은 정부하고 우리가 지금 싸우고도 힘에 부쳐서 우리는 지금 허덕거리고 있습니다. 우리 후손들은 정말 가난하고 불쌍하고 교육도 못 받고 근래에 달라졌지만 일제시대에 그렇게 살아 왔는데, 조상 원하나 풀어 달라고 하는데 그것도 안 해주고 있는 형편입니다. 그러니까 이런 속에서 지금 국제적으로 일본에다 배상요구하자, 사실 관심이 아직도 없습니다. 그러나 실현 가능성이 있건 없건 우리는 연대해서 배상요구를 할 수는 있다고 보는데 그럴려면 앞으로 여러 가지 복잡한 단계가 있고 힘이 많이 드는 그런 과정을 거쳐야 되지 않을까. 이렇게 생각해서 저는 오히려 그 실태조사가 어땠다는 것도 여러분 공감할 겁니다. 그것이 제대로 될리도 없으니까 서로 뜻을 같이해서 이런 일은 오히려 아시아평화인권회의 같은데서 더욱더 힘을 가지고 만들어 내는 것이 온당하지 않을까 이렇게 생각합니다.

박맹수 : 제노사이드에 관련해서 저도 간단하게 1분만 말씀을 올리겠습니다. 이노우에 선생님께서 동학농민군 학살은 근대에 들어서 일본이 아시아에서 저지른 최초의 대량학살행위가 아닌가 이렇게 말씀을 해주셨는데, 그것과 관련지어서 보면 동학농민혁명 과정에서 희생된 농민군들은 한국 근현대사에서 우리 민중들이 대대적으로 억압받은 최초의 사건이라고 이렇게 생각이 됩니다.

　　이번 107주년 학술대회에서 제가 조금 아쉽게 생각한 부분이 일본에서 4년을 살면서 재일동포들의 삶의 문제에 대해서 여러 가지 고민을 했습니다. 그런데 이번에 유감스럽게도 재일동포들의 문제에 대한 발표가 없어서 대단히 아쉽게 생각하고, 또 실태조사 관련해서 말씀이 나왔는데 현재 재일동포들 가운데는 식민지시대 때 강제연행된 분들의 후손이 많이, 일본 정부가 공식적으로 발표한 강제 연행자 숫자만해도 약 70만 명이 넘습니다. 제가 추산할 때는 비공식적인 숫자까지 합하면 100만 명에 육박하지 않을까 이렇게 생각이 되는데 그 많은 후손들이 아직도 생존해 있고 여러 가지 유형 무형의 차별 속에서 때로는 민족적 정체성조차 지킬 수 없는 그런 자기소외 속에서 지금 일본에서 우리 동포분들이 생활하고 있습니다. 이것은 지금 우리들의 눈에 보이는 일로써 관심 갖고 실태작업을 할 수 있는 조사작업을 할 수 있는 것 아니냐 하는 생각을 갖습니다.

　　최근에 일본에서는 100만인의 신세타령이라는 강제연행자 당사자나 후손들의 증언을 수록한 책이 나왔습니다. 이게 부끄럽게도 뜻있는 일본분들과 그리고 뜻있는 재일동포들이 또는 그것을 후원하는 일본사회의 지식인들의 도움으로 나왔습니다. 부끄럽게도 우리 한국사회에서는 그 작업을 지금 해내지 못하고 있지요. 그런 점에서 이제 동학농민혁명을 현재적으로 계승한다고 하는 문제는 완성이 아니라 하나의 새로운 출발점이자 전환점이 아니겠느냐 또 이번에 유감스럽게 빠진 재일동포들의 문제에 대한 관심을 가져 주십사하는 그런 차원에서 한 말씀드렸습니다.

우　윤 : 제노사이드하고도 이게 관련되는 문제입니다. 그리고 조금 전에 이이화 선생님께서 유공자문제에 대해서 언급했기 때문에 제가 조금 보충설명을 해드리겠습니다. 우선 독립유공자 예우에 관한 법률이 있습니다. 여기에 따라서 유공자를 선정하고 대우를 하고 있는데요. 간단하게 말씀해 드리면 지금 현재 을미의병 이후부터 유공자를 선정하고 예우를 하고 있습니다. 그에 관한 조항에 '일제의 국권침탈 전후로부터' 전후라는 이 명문에 따라서 조금 신축성 있게 적응을 하는데 그게 바로 1895년까지만 올라간다 이겁니다.

그런데 이게 도대체 언제 1895년으로 확정되었는지 그것을 보충설명해 드리겠습니다. 우선 독립운동의 기점을 1895년 을미의병부터 잡은 것은 1962년이었습니다. 1962년 문교부에서 주관한 공적심사위원회에서 였습니다. 그때 심사위원은 당시 차관으로 있었던 분하고 그분이 위원장이었죠. 그리고 여섯 명의 사학자가 참가했습니다. 황의돈, 장도빈, 이병훈, 신석호, 유홍열, 홍희섭 이런 분들이 참가해서 공적심사를 했습니다. 그래서 여기에서 바로 독립운동의 기점이 을미의병이다. 유권해석을 내리게 된 것이죠.

그런데 그 당시 1962년이라는 것은 어제 오늘 발제에서도 누차 밝혔습니다만 농민전쟁에 대한 연구가 대단히 일천할 때입니다. 그리고 또 실제로 농민혁명에 대한 용어조차도 민란수준을 벗어나지 못하는 그런 시점이었습니다. 또 군사정권이 되기 바로 직전인데 그런 여러 가지 정치적인 사회 경제의 조건 속에서 농민혁명은 독립운동에서 빠지게 된 것이죠. 그래서 크게 본다면 우선 연구가 대단히 일천한 싯점이었고, 사회 경제적인 측면에서 대단히 정치적 의도가 강하게 작용하던 그런 싯점이었다. 그리고 지금까지 한 4, 50년 됐죠. 지금까지 그러한 인식이 전혀 변하지 않았다는 이야기입니다.

그동안 우리 농민혁명에 대한 연구가 수백편, 수천편에 이르고 또 대중적인 매체 이런 것들을 통해서 농민혁명에 대한 인식제고가 엄청나게 많이 있습니다. 그에 비해서 을미의병은 그 이후에 거의 사실 연구가 이루어지지 않은 상태지요. 그럼에도 불구하고 이게 1962년에 결정된 것이 아직도 바뀌지 않고 있다는 것은 지금 현재 농민혁명에 대한 인식제고 뿐만이 아닌, 도대체 우리가 21세기에 어떤 사회를 만들 것인가 하는 이 문제와 직결되는 대단히 중요한 문제라고 생각합니다. 국가적인 문제, 제노사이드 이게 다 같이 맞물려 있는 것이라고 생각하는데요. 여기에 대한 우리의 환기랄까요. 소위 말해서 방향제시 이런 것이 참여한 사람들끼리 진지하게 하는 그런 장이 되었으면 합니다.

사회자 : 동학농민혁명의 21세기적 의미를 가늠해 보는 이번 전주세미나의 대단원의 막을 내려야겠습니다. 이러한 크나큰 행사를 맞으면서 동학농민혁명의 후손들, 유족들은 그야말로 눈물겹도록 감사합니다.

제 3 부 발표 및 종합토론

참가자

동학농민혁명기념사업회 학술총서 04

동학농민혁명의 동아시아사적 의미

초판 인쇄일 • 2002년 5월 20일
초판 발행일 • 2002년 5월 25일

펴낸이 • 김선경

글쓴이 • 동학농민혁명기념사업회 편

발행처 • 서 경 문 화 사

서울특별시 종로구 동숭동 199 – 15(105호)

Phone : 743 – 8203 / FAX : 743 – 8210 / E-mail : sk8203@chollian.net

등록번호 • 1 – 1664호

값 29,000원

ISBN 89 - 86931 - 45 - 1   93910